D1726046

JUS ECCLESIASTICUM

Beiträge zum evangelischen Kirchenrecht
und zum Staatskirchenrecht
Band 23

Herausgegeben von

AXEL FRHR. VON CAMPENHAUSEN
GERHARD GRETHLEIN · MARTIN HECKEL
KLAUS OBERMAYER · RUDOLF WEEBER

WILHELM MAURER

Die Kirche und ihr Recht

Gesammelte Aufsätze zum evangelischen Kirchenrecht

Herausgegeben von

GERHARD MÜLLER und GOTTFRIED SEEBASS

1 9 7 6

J. C. B. MOHR (PAUL SIEBECK) TÜBINGEN

CIP-Kurztitelaufnahme der Deutschen Bibliothek

Maurer, Wilhelm
[Sammlung]
Die Kirche und ihr Recht: ges. Aufsätze zum evang. Kirchenrecht /
hrsg. von Gerhard Müller u. Gottfried Seebass. – 1. Aufl. – Tübingen: Mohr, 1976.
  (Jus [Ius] ecclesiasticum; Bd. 23)
  ISBN 3-16-637702-6

Geschäftsführender Herausgeber: Martin Heckel

©
Wilhelm Maurer
J. C. B. Mohr (Paul Siebeck) Tübingen 1976
Alle Rechte vorbehalten
Ohne ausdrückliche Genehmigung des Verlags ist es auch nicht gestattet,
das Buch oder Teile daraus
auf photomechanischem Wege (Photokopie, Mikrokopie) zu vervielfältigen.
Printed in Germany
Satz und Druck: Gulde-Druck, Tübingen
Einband: Heinrich Koch, Großbuchbinderei, Tübingen

Sehr verehrter, lieber Herr Maurer!

Sie gehören zu den wenigen evangelischen Theologen, die das früher intensiv geführte Gespräch mit der Jurisprudenz aufgenommen haben. Dabei haben Sie es stets verstanden, das Proprium Ihrer Disziplin in die Diskussion einzubringen. Ob es um die Bedeutung des Bekenntnisses, des Amtes oder der Sakramente für die Gestalt und damit für die Rechtsfragen der Christenheit ging, stets haben Sie die Wechselbeziehung zwischen Rechtswissenschaft und Theologie aufzuzeigen gewußt. Dieser Fragestellung wird heute im Bereich der evangelischen Theologie nicht das Gewicht beigemessen, das ihr gebührte.

Wenn nun zu Ihrem 75. Geburtstag Ihre wichtigsten Aufsätze aus diesem Gebiet in einer kirchenrechtlichen Reihe vorgelegt werden, so wird darin deutlich, welche Beachtung Ihre Arbeiten auch und gerade im juristischen Bereich finden. Dieser Gruß zu Ihrem Geburtstag möge – so hoffen und wünschen wir – ermuntern, das Gespräch zwischen evangelischer Theologie und Rechtswissenschaft wieder intensiver zu führen. Wir denken, daß dies Ihren Intentionen am meisten entspricht. Denn es ging Ihnen in Ihrer Arbeit in Kirche und Theologie stets um die Sache, nicht um Ihre Person.

Wir sind sicher, daß wir im Namen all Ihrer dankbaren Schüler, der Sie schätzenden Kollegen und Sie liebenden Freunde sprechen, wenn wir Ihnen Gottes Segen für Ihren weiteren Lebensweg wünschen.

Erlangen, den 7. Mai 1975

Ihre

Gerhard Müller und Gottfried Seebaß

INHALT

I. ZUR GRUNDLAGENPROBLEMATIK

1. Bekenntnis und Kirchenrecht 1
2. Theologie und Jurisprudenz 22

II. ZUR GESCHICHTE DES EVANGELISCHEN KIRCHENRECHTS

3. Von Ursprung und Wesen kirchlichen Rechts 44
4. Typen und Formen aus der Geschichte der Synode 76
5. Geistliche Leitung der Kirche 99
6. Die Entstehung des Landeskirchentums in der Reformation . 135
7. Reste des kanonischen Rechtes im Frühprotestantismus . . . 145
8. Erwägungen und Verhandlungen über die geistliche Jurisdiktion der Bischöfe vor und während des Augsburger Reichstags von 1530 208
9. Über den Zusammenhang zwischen kirchlicher Ordnung und christlicher Erziehung in den Anfängen lutherischer Reformation 254
10. [Zur Vorgeschichte der Rheinisch-Westfälischen Kirchenordnung von 1835] 279
11. Bekenntnis und Recht in der kurhessischen Kirche des 19. Jahrhunderts 310
12. R. Sohms Ringen um den Zusammenhang zwischen Geist und Recht in der Geschichte des kirchlichen Rechtes 328
13. Die Auseinandersetzung zwischen Harnack und Sohm und die Begründung eines evangelischen Kirchenrechtes 364
14. Das synodale evangelische Bischofsamt seit 1918 388

III. ZUM ZEITGENÖSSISCHEN KIRCHENRECHT

15. Ende des Landeskirchentums? 449
16. Die rechtliche Problematik der Lebensordnungen in der Evangelisch-Lutherischen Kirche Deutschlands 474
17. Zur theologischen Problematik des kirchlichen Mitgliedschaftsrechtes 493
18. [Evangelisches Kirchenrecht in Deutschland 1965] 518
19. Verwaltung und Kirchenleitung 526

Bibliographie Wilhelm Maurer 1969–1976, zusammengestellt von Gottfried Seebaß 554

Verzeichnis der Literatur 555

Personen- und Autorenregister, bearbeitet von Gerhard Simon . . 571

Sach- und Ortsregister, bearbeitet von Gerhard Simon 577

VORBEMERKUNG

Die Arbeiten wurden originalgetreu abgedruckt. Kleinere Versehen wurden in Absprache mit dem Autor stillschweigend korrigiert. Die originale Seitenzählung findet sich am inneren, oberen Rand. Die Seitenübergänge werden durch einen Strich (|) gekennzeichnet. Zusätze der Herausgeber stehen in eckigen Klammern. In den Anmerkungen wurden die Literaturangaben gekürzt und egalisiert.

Die Abdruckerlaubnis wurde uns von allen Verlagen freundlicherweise erteilt. Wir sagen dafür unseren herzlichen Dank. Die Egalisierung der Anmerkungen für den Neudruck hat dankenswerterweise Herr Vikar Werner Jendreiek durchgeführt.

Wir haben folgenden Institutionen sehr herzlich für die Unterstützung des Druckes zu danken: Vereinigte Evangelisch-Luthersche Kirche in Deutschland, Zantner-Busch-Stiftung in Erlangen, Evangelische Kirche von Kurhessen-Waldeck, Evangelisch-Lutherische Kirche in Bayern, Evangelisch-Lutherische Landeskirche Braunschweig, Evangelisch- Lutherische Landeskirche Eutin, Evangelisch-Lutherische Kirche im Hamburgischen Staate, Evangelisch-Lutherische Landeskirche Hannover, Evangelisch-Lutherische Landeskirche Schleswig-Holstein und Evangelische Landeskirche in Württemberg.

Aus verschiedenen Gründen hat sich die Drucklegung, die zum 75. Geburtstag von Herrn Professor D. Wilhelm Maurer vorgesehen war, leider verzögert.

Die Herausgeber

BEKENNTNIS UND KIRCHENRECHT*

I.

Bekenntnis und Kirchenrecht gehören zusammen. Das Recht der Kirche ist der Niederschlag ihres Bekenntnisses, das ist die Erfahrung, die die deutsche evangelische Christenheit in den Jahren des Kirchenkampfes zwischen 1933 und 1945 gemacht hat. Aus dieser Erfahrungserkenntnis hat die Wissenschaft vom evangelischen Kirchenrecht neue Impulse bekommen. Auch Juristen, die in ihrer Fakultät das Kirchenrecht vertreten, geben zu und praktizieren, daß sie ihre Arbeit nicht ohne Vertiefung in die Theologie vollbringen können. So fundamentale Leistungen zur Lutherforschung, wie sie Johannes Heckel in seiner ,Lex charitatis'[1] hervorgebracht hat, sind aus solchen theologischen Bemühungen eines Kirchenrechtlers hervorgegangen. Auf der anderen Seite haben sich die Theologen um die Grundfragen des Rechtes in zunehmendem Maße gekümmert. Seitdem Karl Barth mitten im Kirchenkampf das Kirchenrecht vom zentralen Geschehen der Rechtfertigung aus zu begründen versuchte[2], haben zwischen den Konfessionen und theologischen Schulen die theologischen Erörterungen über diese Grundfrage nicht aufgehört. Von lutherischer Seite darf man dabei auch auf Walter Künneths umfassenden Versuch einer politischen Ethik[3] verweisen.

In diesen Bemühungen von juristischer und theologischer Seite spielen selbstverständlich die lutherischen Bekenntnisschriften eine | entscheidende Rolle. Aber sie werden mehr gelegentlich als Beweismittel herangezogen. Sie werden nicht auf ihre grundsätzliche Stellung zum Recht

---

* Aus: Acta Universitatis Upsaliensis, Acta Societatis Theologicae Upsaliensis, Nova Series 1 : 1, Uppsala 1963, S. 1–23.

[1] *Heckel,* Lex Charitatis. (Anders als in der Vorlage wurden die Anmerkungen im folgenden fortlaufend numeriert.)

[2] *Barth,* Rechtfertigung und Recht. Das Thema wurde weiter ausgeführt von *Jacques Ellul,* Le fondement théologique du droit, ins Deutsche übersetzt von Weber, Die theologische Begründung des Rechts.

[3] *Künneth,* Politik.

untersucht, nicht auf ihren Rechtsinhalt befragt[4]. Das ist eine Aufgabe, deren Lösung einer besonderen Untersuchung bedarf[5]. Hier kann es sich für uns nur um eine vorläufige geschichtliche Besinnung handeln. Was uns der Kirchenkampf über das Hervorgehen des Kirchenrechtes aus dem Bekenntnis gelehrt hat, soll auf die Situation des Jahres 1530 angewandt werden. Es soll gezeigt werden, wie die werdenden lutherischen Landeskirchen in Deutschland, bedrängt durch die Übermacht von Kaiser und Papst, sich gezwungen sahen, mit dem Bekenntnis ihrer Lehre auch das evangelische Recht ihrer Existenz und ihre Ordnung zu bekennen. Bekennendes Kirchenrecht — das entsprach nicht nur der Lage der deutschen evangelischen Christenheit in den Unheilsjahren 1933 bis 1945, das war auch die Forderung, die im Entscheidungsjahr 1530 an sie gestellt war.

Für unsere gegenwärtige Lage müssen wir uns zunächst darauf besinnen, wie neuartig diese Begründung des Kirchenrechtes auf das Bekenntnis ist, wie ungewohnt daher die Befragung der lutherischen Bekenntnisschriften nach ihrem Rechtsinhalt erscheinen mußte. Seitdem sich im zweiten Drittel des 19. Jahrhunderts das Kirchenrecht von dem Rechtsboden der Aufklärung — dem Kollegialismus und dem Episkopalismus — zu lösen begonnen hatte, war es den Ideen der Historischen Schule verhaftet gewesen und schließlich dem Rechtspositivismus verfallen[6]. Es ging den Kirchenrechtlern darum, die organische Entwicklung des evangelischen Kirchenrechts von den Anfängen des 16. Jahrhunderts an nachzuweisen, die Abweichungen, die im Zeichen der Aufklärung an dieser Entwicklung vorgenommen worden waren, aufzuzeigen und das Kirchenrecht des 19. Jahrhunderts auf seine reinen Ursprünge im 16. Jahrhundert zurück-|zuführen. Die Kirchenordnungen dieses Jahrhunderts spielten dabei eine große Rolle, die reformatorischen Rechtsgedanken aber eine viel geringere als die demokratischen oder konservativen Ideen der modernen politischen Welt. Aus dem Ideengut des 19. Jahrhunderts sind die kirchenrechtlichen Theorien gewonnen, die bis 1933 das kirchliche Leben beherrschten. Man glaubte sich dabei mit den Erkenntnissen der Reformation in völliger Übereinstimmung.

Nur *ein* Mann bestritt diese Übereinstimmung: Rudolph Sohm in sei-

---

[4] Eine vorläufige Bestandsaufnahme gibt *Kahl*, Der Rechtsinhalt des Konkordienbuches, S. 305 ff.

[5] Vorarbeiten habe ich geliefert in: Pfarrerrecht und Bekenntnis.

[6] Die theologischen Parallelen zu dieser rechtsgeschichtlichen Entwicklung werden erkennbar bei *Fagerberg*, Bekenntnis, Kirche und Amt; vgl. dazu *Heckels* anerkennende und weiterführende Besprechung in ZRG Kan. Abt. 42, 1956, 507–523.

nem Kirchenrecht[7]. Seine berühmte These: „Das Kirchenrecht steht mit dem Wesen der Kirche im Widerspruch" sollte nicht nur vom Neuen Testament her, sondern auch von Luther aus bewiesen werden. Die Frage nach Luthers Rechtsgedanken war damit gestellt, aber noch lange nicht beantwortet.

Seit Beginn des Kirchenkampfes mußte Sohms These eine verhängnisvolle Rolle spielen. Denn wenn die Kirche nur unter Verletzung ihres Wesens eigene Rechtsordnungen bilden konnte, dann mußte sie ja dem Staate ein ausschließliches kirchliches Gesetzgebungsrecht zuerkennen und ihm bei dessen Handhabung völlige Freiheit lassen. Der Einbruch der nationalsozialistischen Weltanschauung in die evangelische Kirche aber vollzog sich auf dem Wege einer Neuordnung des kirchlichen Rechtslebens; und die Deutschen Christen leisteten dabei Handlangerdienste. Während der sog. Reichsbischof mit seinen Trabanten eine Schlüsselstellung in der Kirche nach der anderen besetzte und überall das Führerprinzip durchführte, versicherte er unentwegt, das Bekenntnis werde nicht angetastet. Tatsächlich aber bedeutete die organisatorisch-rechtliche Gleichschaltung der Kirche auch ihre Auslieferung an die nationalsozialistische Ideologie. Indem der Gehorsam gegen die deutsch-christlichen Führer die kirchliche Verkündigung zugleich legitimieren und begrenzen sollte, wurde das Bekenntnis praktisch außer Kraft gesetzt.

Und umgekehrt: Wenn die bekennende Gemeinde sich gegen die gewaltsamen Eingriffe des Staates wehren wollte, konnte sie das unter der politischen Diktatur nicht mit politischen Mitteln tun. Sie mußte vielmehr klarmachen, daß durch jene Eingriffe ihr Bekenntnis verletzt sei. Und der totale Staat, der alle Lebensgebiete | zu beherrschen sich anmaßte, mußte sich diesem Bekenntnis gegenüber als inkompetent erklären. Er konnte es nicht akzeptieren, konnte es aber auch nicht schlechthin außer Kraft setzen, wenn er den Grundsatz der Religionsfreiheit nicht augenfällig verletzen wollte. So stand dieser allmächtige Staat, wie der Erlanger Kirchenrechtler Hans Liermann es zutreffend formuliert hat, „der normativen Wirkung des Bekenntnisses hilflos gegenüber. Hier war ein Gebiet, in das er trotz aller Totalität nicht einbrechen konnte. Er konnte es nur von außen bekämpfen, aber nicht von innen auf juristischem Wege aushöhlen"[8]. Die bekennende Gemeinde aber be-

---

[7] *Sohm*, Kirchenrecht. Bd. 1 erschien 1892 und wurde 1923 anastatisch neu gedruckt, Bd. 2 wurde 1923 aus dem Nachlaß herausgegeben.
[8] *Liermann*, Rechtsgutachten, S. 12 ff.

hauptete, indem sie diese normative Wirkung des Bekenntnisses geltend machte, einen Zusammenhang zwischen Bekenntnis und Recht.

Zunächst geschah das meist nur negativ. Es wurde klargemacht, daß bestimmte kirchenrechtliche Maßnahmen die bekenntnismäßige Verkündigung hinderten; dafür gab es praktische Beispiele genug. Aber indem so deutlich wurde, daß das Bekenntnis sich nicht mit jeder Verfassungsform gleichgut vertrug, wurde die Frage nach dem positiven Zusammenhang zwischen Bekenntnis und Recht in der Kirche unabweisbar. Es gelang nicht sofort, die Frage befriedigend zu beantworten; dazu war die Not zu groß und zu drängend. Zu entscheiden, was denn ‚bekennendes Kirchenrecht‘ sei, dafür gab es viele Möglichkeiten. Die eine, die sich heute in Deutschland weithin als die alleinige Antwort ausgibt, leitet das bekennende Kirchenrecht ab aus dem Akt des Bekennens. Indem die bekennende Gemeinde in einer besonders bedrohten Situation die evangelische Wahrheit bezeugt, setzt sie damit ein höheres, geistgetragenes Recht, das das Siegel der göttlichen Wahrheit an sich trägt und von dem sie gewiß ist, daß Gott es in der Welt durchsetzen wird. Die Wahrheit des evangelischen Bekennens und der Anspruch des kirchlichen Rechtes sind also identisch. Die Schar der Bekenner macht Gottes Anspruch geltend nicht nur für die göttliche Wahrheit, die sie vertritt, sondern auch für die Existenz ihrer eigenen Gemeinschaft und für die rechtliche Form, in der sie nach Gottes Willen mitten in der Welt besteht. ‚Bekennendes Kirchenrecht‘ hat damit gleich-|sam einen prophetischen Charakter. Es wird gelegentlich auch Rechtsformen der Vergangenheit aufnehmen; grundsätzlich aber ist es jeweils aus Gottes Geist neu geboren, ein Ausdruck des Widerstreits, mit dem dieser Gottesgeist dem ihm widerstrebenden, zerstörerischen Rechtswillen der Welt begegnet, ein Angebot der Rettung, die Gott der ihm widerstrebenden Welt durch die Christusbotschaft anbietet. Diesen unmittelbaren Zeugnischarakter hat das bekennende Kirchenrecht, indem es im Kirchenkampf geltend gemacht wurde, vielfach bewährt und damit seine Wahrheit bewiesen.

Und doch ist diese Konzeption, die wesentlich von Karl Barth[9] entwickelt wurde, im Kirchenkampf keineswegs allein herrschend gewesen. Auch manche Schüler Barths haben das Verhältnis von Bekenntnis und Recht nicht so ausschließlich vom Bekenntnis*akt* aus bestimmt, sondern vom *geschichtlichen* Bekenntnis her. Dieser Rückgriff auf die literarisch fixierten, historisch greifbaren Bekenntnisse lag ja nahe, nicht nur dem

---

[9] Vgl. vor allem *Barth*, Die Ordnung der Gemeinde [Separatdruck aus KD Bd. 4.2, § 67.4]. Dazu *Wolf*, Ordnung der Kirche.

Staate gegenüber, der nach einlösbaren Rechtstiteln verlangte, sondern auch dem eigenen Gewissen gegenüber. Die junge Generation, die nach 1933 die Last des Kirchenkampfes vornehmlich trug, war ja nicht nur mit Karl Barth, sondern auch mit Karl Holl und der Luther-Renaissance in Berührung gekommen. Sie hatte hier einen neuen Zugang zu den reformatorischen Bekenntnisschriften gefunden. Und das Ordinationsgelübde, durch das sie auf diese Schriften verpflichtet worden war, war ihr keineswegs eine Formsache geblieben. In der Verpflichtung des Pfarrernotbundes vom Anfang November 1933, in dem die Anwendung des Arierparagraphen in der Kirche als eine ‚offenbare Verletzung von Schrift und Bekenntnis' verworfen wird, griff man ausdrücklich auf die Ordination zurück und bekräftigte neu die ‚Bindung an die Heilige Schrift und die Bekenntnisse der Reformation'. Und in der von Martin Niemöller formulierten Fassung heißt es: „Ich verpflichte mich, gegen alle solche Verletzung des Bekenntnisstandes mit rückhaltlosem Einsatz zu protestieren."[10] | Der Bekenntnis*stand*, von dem hier die Rede ist, ist festgelegt in den Bekenntnisschriften der Reformation. Eine rechtliche Maßnahme, die diesen Bekenntnisstand verletzt, steht also im Widerspruch zum Bekenntnis.

Die Verteidigungskraft dieses Rückzugs auf den gültigen Bekenntnisstand wurde bald offenbar, als am 14. November 1933 die Deutschen Christen im Sportpalast zu Berlin die Grundlagen des biblischen Glaubens in zynischer Weise in den Schmutz zogen. Gewiß verletzte dieser brutale Angriff die einfachsten biblischen Wahrheiten so offenbar, daß eine Widerlegung anhand der Bekenntnisschriften unnötig schien. Aber in der theologischen Begründung der einzelnen Schritte, die die beken-

---

[10] *Schmidt*, Bekenntnisse und Äußerungen, Bd. 1, S. 77 f. – Eine allgemeine allen wissenschaftlichen Ansprüchen genügende Darstellung des Kirchenkampfes existiert noch nicht. Aus dem unmittelbaren Eindruck des Erlebens schrieben *Heinrich Schmid*, Apokalyptisches Wetterleuchten, ein Beitrag der ev. Kirche zum Kampf im ‚Dritten Reich', München 1947; *Walter Künneth*, Der große Abfall, eine geschichtstheologische Untersuchung der Begegnung zwischen Nationalsozialismus und Christentum, Hamburg 1947; *Wilhelm Niemöller*, Kampf und Zeugnis der Bekennenden Kirche, Bielefeld 1948; *Joachim Beckmann*, Kirchliches Jahrbuch 1933–1944, Gütersloh 1948; *Heinrich Hermelink*, Kirche im Kampf, Dokumente des Widerstands und des Aufbaus in der ev. Kirche Deutschlands von 1933–1945, Tübingen-Stuttgart 1950. Inzwischen ist die Einzelforschung in Gang gekommen: *Wilhelm Niemöller* (Die Ev. Kirche im Dritten Reich, Handbuch des Kirchenkampfes, Bielefeld 1956) bietet einen Einblick in die Archive der Bekennenden Kirche (vgl. dazu *Friedrich Baumgärtel*, Wider die Kirchenkampf-Legenden, Neudettelsau, 1959²); *Kurt Dietrich Schmidt* gibt in Verbindung mit *Heinz Brunotte* und *Ernst Wolf* „Arbeiten zur Geschichte des Kirchenkampfes" heraus, bis jetzt 9 Bände, 1958–1961. Als Bd. 1 erschien *Otto Diehn*, Bibliographie zur Geschichte des Kirchenkampfes 1933–1945, [Göttingen] 1958.

nende Kirche nun gegenüber dem deutsch-christlichen Kirchenregiment unternahm, erwiesen die Bekenntnisse ihre praktische Bedeutung. Die sog. Glaubensbewegung der Deutschen Christen wurde in einzelne Splittergruppen aufgelöst und verlor allmählich den kirchlichen Einfluß. Der Reichsbischof und die anderen deutsch-christlichen Bischöfe wurden in der Kirche isoliert und schließlich vom Staate aus politisch kaltgestellt. Das kirchliche Leben zog sich in die einzelnen Landeskirchen zurück. Und hier gewannen die Kräfte die Oberhand, die eine innerkirchliche Erneuerung auf der Grundlage der Bekenntnisse anstrebten. Die Zeit zum Aufbau einer neuen kirchlichen Ordnung aufgrund des Bekenntnisses schien gekommen.

Am 23. Mai 1934 unterzeichneten evangelische Lehrer der Theo|logie ein Gutachten, das den Zusammenhang von Bekenntnis und Verfassung in den evangelischen Kirchen, den lutherischen wie den reformierten, darstellte[11]. Es zeigte, daß in beiden Konfessionen die äußere Ordnung der Kirche mit Glauben und Bekenntnis verbunden war und nicht davon getrennt werden konnte. Es forderte die grundsätzliche Scheidung der Aufgaben und Ziele, wie sie der politischen Ordnung einerseits, der kirchlichen andererseits gegeben sind. Es proklamierte damit die Selbständigkeit des evangelischen Kirchenrechtes gegenüber allem staatlichen Recht. Und es begründete diese Selbständigkeit aus der Gewalt des Wortes Gottes, dem Pfarrer und Gemeinden in gleicher Weise zu gehorchen haben.

Die Bekenntnissynode der Deutschen Evangelischen Kirche in Barmen (29.—31. Mai 1934) hat gewiß in den sechs Punkten ihrer theologischen Erklärung in erster Linie die Irrlehren der Deutschen Christen abgewehrt[12]. Aber sie hat zugleich daraus in einer ‚Erklärung zur Rechtslage‘[13] die kirchenrechtlichen Konsequenzen gezogen. Sie stellt fest, die deutsch-christliche Kirchenregierung habe die Grundlagen des christlichen Bekenntnisses verlassen und dadurch den Anspruch verwirkt, rechtmäßige Leitung der Deutschen Evangelischen Kirche zu sein. Sie betont die bekenntnismäßige Bindung der einzelnen Landeskirchen und ruft die Gemeinden auf, sich zur Pflege und zum Schutz ihres Bekenntnisses in lebendigen Gemeinden zusammenzuschließen. Und im Rück-

---

[11] *Schmidt*, Bekenntnisse und Äußerungen, Bd. 2, S. 81–83.
[12] Ebenda, S. 92–95.
[13] Ebenda, S. 95 f. – *Niemöller* schildert (ArbGeschKK 5) „Die erste Bekenntnissynode der DEK zu Barmen" und bietet (ArbGeschKK 6) eine kritische Verarbeitung der wichtigsten Dokumente und Berichte. Eine theologische Stellungnahme bei *Wolf*, Barmen.

gang auf das Bekenntnis sucht sie die Einheit des deutschen Protestantismus zu gewinnen: nicht in einer allgemeinen Unionskirche, sondern so,
daß sich die bekenntnisgleichen Landeskirchen und Gemeinden auf der
Grundlage ihres Bekenntnisstandes zusammenschließen. Damit ist eine
Grundlage gegeben für die später viel umstrittene sog. Drei-Säulen-
Theorie; nur im Zusammenschluß der Lutherischen Landeskirchen innerhalb der Vereinigten Evangelischen Lutherischen Kirche Deutschlands ist etwas davon seit 1949 verwirklicht.

Auch als die Dahlemer Bekenntnissynode vom 19./20. Oktober | 1934
das kirchliche Notrecht gegen den Reichsbischof und seine Organe proklamierte[14] und daraufhin am 23. Nov. 1934 die Vorläufige Leitung der
Deutschen Evangelischen Kirche aus den bekenntnistreuen Kräften gebildet wurde, blieb der Grundsatz anerkannt, daß das Recht der Kirche
von dem in ihr gültigen Bekenntnis abhängig sei. Aber gegenüber den
Nöten und Erfordernissen, die das Jahr 1935 mit sich brachte, ließ sich
dieser Grundsatz nicht direkt durchführen. Es zeigte sich vielmehr, daß
das Ordnungsgefüge der Kirche sich vom lutherischen Bekenntnis her
anders darstellte als vom reformierten und unierten Standpunkt aus.
Nachdem die Deutschen Christen alle rechtlichen Ordnungen der Kirche zerstört hatten, und die Bekennende Kirche sich als unfähig erwies,
die Ordnung wieder herzustellen, wurde der Kirche eine staatliche
Rechtshilfe teils aufgedrängt, teils von ihr erbeten. Sie erfolgte nach vor-
bereitenden Maßnahmen durch die Einsetzung des Reichskirchenausschusses am 14. Okt. 1935. An der Spitze stand der preußische Unions-
lutheraner Zoellner, der angesehene frühere Generalsuperintendent von
Westfalen; für die meisten Landeskirchen wurden Landeskirchenaus-
schüsse bestellt.

Damit war die Frage nach der bekenntnismäßigen Leitung der Kirche angeschnitten, die Frage also, die für den Zusammenhang von Bekenntnis und Kirchenrecht schlechterdings entscheidend ist und die im
19. Jahrhundert schon von den preußischen ,Altlutheranern' im Kampf
gegen das unierte Kirchenregiment aufgeworfen worden war. Denn
wenn das Bekenntnis die Grundlage für die Rechtsordnung der Kirche
bildet, muß die Kirchenleitung imstande und willens sein, sich in ihren
Entscheidungen an das Bekenntnis zu binden. An solchem Willen fehlte
es Zoellner und seinen engeren Mitarbeitern keineswegs; fraglich blieb,
ob ihnen ihr staatlicher Auftraggeber die Möglichkeit gewährte, diesen

---

[14] *Niemöller,* Die 2. Bekenntnissynode der DEK.

Willen praktisch zu betätigen. Anstatt das aber abzuwarten, haben vor allem die von Karl Barth bestimmten Kreise der Bekennenden Kirche den Ausschüssen von vornherein ihr Vertrauen entzogen, aus Mißtrauen gegen den Staat, der ihnen den Auftrag erteilt hatte, aus Mißtrauen aber auch gegen die Männer, die diesem Staate gegenüber das Anliegen des Bekenntnisses zu vertreten hatten. Dieses Mißtrauen wäre berechtigt | gewesen, wenn die Ausschüsse kirchliches Recht aus ihrem *staatlichen* Auftrag zu schöpfen versucht hätten; es schloß einen Mangel an brüderlichem Vertrauen ein, wenn es den Ausschußmitgliedern das Recht bestritt, *kirchliches* Recht aufgrund des Bekenntnisses zu schaffen. Hinter diesem Mißtrauen aber stand letztlich eine eigentümliche Anschauung von Bekenntnis und Recht. Mit der reformierten Tradition fanden die Bestreiter der Ausschüsse im Bekenntnis bestimmte Rechtsformen der Kirche nach Gottes Willen eindeutig festgelegt, speziell die Ableitung des geistlichen Amtes aus dem Willen der Gemeinde. Das göttliche Mandatswort begründet nach dieser Auffassung in der Kirche bestimmte Ämter und Dienste, die allein geistliche Vollmacht besitzen; wer aus staatlichem Auftrag in ihr handelt, widerstreitet damit an sich schon dem Bekenntnis.

Demgegenüber haben die Lutheraner die Kirchenleitung der Ausschüsse von Fall zu Fall daran geprüft, ob ihre Entscheidung dem *Inhalt* des Bekenntnisses entsprach oder nicht. Sie entnahmen also dem göttlichen Wort nicht eine bestimmte Rechtsform, sondern sie stellten vorhandene oder neu zu schaffende Rechtsformen unter Gottes Wort. Sie blieben dessen eingedenk, daß alles kirchliche Recht menschlichen Bemühungen entspringt; nicht auf den menschlichen Auftrag oder Anspruch kommt es dabei an, sondern daß diese menschlichen Bemühungen der Freiheit der evangelischen Verkündigung dienen. Solange die Ausschüsse um diese Freiheit kämpften, haben die Lutheraner sie unterstützt und mit ihnen zusammengearbeitet. Im Kampf um diese Freiheit sind die Ausschüsse schließlich der Auflösung verfallen, hat Zoellner am 12. Februar 1937 seinen Rücktritt erklären müssen.

Schon lange ehe dies geschah, hatten die bestehenden Spannungen zur Aufspaltung der Bekennenden Kirche geführt. Das geschah auf der Bekenntnissynode von Bad Oeynhausen vom 13./22. Febr. 1936[15]. Die Vorläufige Leitung trat zurück. In der Folgezeit standen zwei Leitungsorgane nebeneinander, einmal die Bruderräte der bekennenden Gemeinden, vor allem Altpreußens, die aufgrund des kirchlichen Notrechtes

---

[15] *Niemöller,* Die 4. Bekenntnissynode der DEK.

ihre Leitungsbefugnisse beanspruchten[16]; auf der | anderen Seite der
Lutherrat der intakten Landeskirchen von Hannover, Württemberg,
Bayern und die Bekenntnisgemeinschaften in den lutherischen Landeskirchen Sachsen, Thüringen, Braunschweig und Mecklenburg, die Vor-
wegnahme der heutigen Vereinigten Evangelischen Lutherischen Kirche
Deutschlands. Hier bildete nicht das kirchliche Notrecht, sondern das
bestehende landeskirchliche Recht die Grundlage kirchlichen Handelns.
Man versuchte die Rechtskontinuität nach Möglichkeit zu wahren. Aber
man war offen für eine Weiterbildung des Rechtes im Sinne des lutherischen Bekenntnisses. Hier wurde unter den Drangsalen des zu Ende
gehenden Dritten Reiches der Weg eröffnet, auf dem die kirchliche Entwicklung in den Landeskirchen nach 1945 weitergeschritten ist.

Die Aufgabe, aus dem Bekenntnis das Recht der Kirche zu entwikkeln, blieb während des Kirchenkampfes im ganzen also ungelöst. Die
Forderungen der Barmer Synode blieben vergeblich. Zwar erklärte sie
grundsätzlich: „In der Kirche ist eine Scheidung der äußeren Ordnung
vom Bekenntnis nicht möglich"[17]; aber sie machte den Zusammenhang
nicht klar. Zwar übergab sie ihre Beschlüsse „den Bekenntniskonventen
zur Beantwortung verantwortlicher Auslegung von ihren Bekenntnissen
aus"[18]; aber diese Konvente sind nie zusammengetreten. Die ungelöste
Aufgabe ruft weiterhin nach der Zusammenarbeit von Juristen und
Theologen, d. h. im Sinne von Barmen nach lutherischen Juristen und
Theologen, die sich bemühen, den Zusammenhang zwischen Bekenntnis
und Kirchenrecht darzustellen.

II.

Eine solche Aufgabe kann nicht gelöst werden, wenn nicht das lutherische Bekenntnis selbst auf seinen Rechtsgehalt hin befragt wird. Hier
liegen noch ungelöste Aufgaben vor uns, die nur in exakter historischer
Interpretation der Bekenntnisschriften bewältigt werden können. Wir
müssen uns hier auf Andeutungen beschränken, die wir nicht nur der
CA und der Apologie, sondern auch den Schmalkaldischen Artikeln und
Melanchthons Traktat De potestate et primatu Papae entnehmen. Wir
müssen uns dazu die Bekenntnissituation der dreißiger Jahre des 16.
Jahrhunderts verdeutlichen. |

---

[16] *Niesel*, Die Bekenntnissynoden.
[17] *Schmidt*, Bekenntnisse und Äußerungen, Bd. 2, S. 95.
[18] Ebenda, S. 92.

Denn das ist das Besondere dieser Jahre, daß hier Bekenntnisakt und formuliertes Lehrbekenntnis in eins zusammenfallen. Die Übergabe der Augustana an den Kaiser und die Stände des Reiches am 25. Juni 1530 war ein Bekenntnis*akt*. Und Luther hat ihn als solchen gepriesen; das Motto, das die Augustana in ihrem Drucke trägt, ist aus seinem Brief vom 6. Juli hervorgegangen[19]. Aber die eigentlichen Bedrängnisse für die Bekenner von Augsburg kamen erst nach dem 25. Juni; der Inhalt der CA selbst wurde angefochten. Und zwar ging es zunächst nicht um den zentralen dogmatischen Inhalt des ersten Teiles, sondern um die Ordnungsfragen des zweiten. Hier aber sind ja gerade die kirchenrechtlichen Prinzipien keimhaft enthalten, die in dieser Auseinandersetzung mit Rom geklärt werden mußten. Melanchthon hat hier selbst seine innere Unsicherheit zugestanden[20]. Nur in der Meßfrage war er sich klar: Daß das Abendmahl in beiderlei Gestalt gefeiert werden müsse und daß nur die Kommunikantenmesse und nicht die als Opfermesse verstandene Privatmesse christlich zu begründen sei. In allen Fragen aber, die sich auf die kultischen Zeremonien, auf die Neuordnung des Priester- und Möchswesens und die Autorität der Bischöfe bezogen, tappte Melanchthon weithin im dunkeln. Gewiß waren ihm die dogmatischen Grundgedanken, von denen aus die Kritik an diesen Ordnungen zu führen war; aber wie man von den theologischen Sätzen zu konkreten Ordnungen gelangen sollte, war und blieb ihm in Augsburg ein offenes Problem. Seine vielgetadelte Nachgiebigkeit und Kompromißbereitschaft während des Reichstages bezog sich denn auch wesentlich auf diese Ordnungsfragen. Ging es ihm doch in den Ausgleichsverhandlungen neben der Durchsetzung des Abendmahls in beiderlei Gestalt um die Priesterehe und um die Grenzen des Gehorsams gegen die altgläubigen Bischöfe, um die rechtliche Gestaltung also der werdenden Landeskirche. Wie sie nicht geregelt werden durfte, wußte er genau; wie man aber vom Evangelium aus zu kirchenrechtlichen Prinzipien gelangen könnte, darum hat er in den Augsburger Monaten mit sich selbst und brieflich mit Luther heiß gerungen. |

Man muß sich wundern, daß trotz dieser Unsicherheiten dennoch so bedeutsame Rechtsprinzipien in der Augustana dargelegt worden sind; in der Apologie sind sie noch klarer herausgehoben worden. Luther hat

---

[19] „Ich rede von deinen Zeugnissen vor Königen und schäme mich nicht", Psalm 119, 46; WAB 5, Nr. 1626, S. 14 ff.

[20] Wenigstens in bezug auf CA 23, 25–28; in CA 1–21, 22 und 24 erklärte er sich Luther gegenüber am 14. Juli 1530 (WAB 5, Nr. 1646, S. 15 ff., 27 ff.) für sicher.

durch seine Briefe, die er von der Coburg aus an Melanchthon richtete, in dieses Ringen entscheidend eingegriffen. Einen Abschluß haben beide Wittenberger Reformatoren erreicht, als sie für den Schmalkaldischen Bundestag vom Februar 1537 die endgültige Absage an das Papsttum formulierten: Luther in seinem ‚Testament wider Rom‘, den Schmalkaldischen Artikeln, Melanchthon in seinem Traktat, der recht eigentlich eine kleine kirchenrechtliche Monographie genannt werden kann.

Worum es in diesen Auseinandersetzungen eigentlich ging, hat Luther wiederholt ausgesprochen. Entscheidend ist bei der Begründung eines evangelischen Kirchenrechtes nicht der Wille von Königen oder Bischöfen, es handelt sich um das Mandatum Dei. Gottes Wort ist die causa efficiens (Wirkursache) alles legitimen Kirchenrechtes. Diesen Begriff eines ius ecclesiasticum hat Luther hier zum ersten und, so weit ich sehen kann, einzigen Male am 29. Juli 1530 gebraucht[21], und zwar nicht in herkömmlichem, sondern in kritischem Sinne. Wenn Melanchthon, wie das ja CA 28 offengelassen ist, den bisherigen Bischöfen kirchliche Rechte zugestehen will, dann widerspricht das nicht nur dem profanen, sondern auch dem kirchlichen Recht. Es gibt für Luther also ein legitimes Kirchenrecht, von dem aus er das überlieferte kritisch zu werten vermag; es findet sich im göttlichen Recht, im mandatum Christi.

Diesen Begriff des ius divinum, gleichgesetzt mit dem des mandatum oder der ordinatio Dei, können wir in den lutherischen Bekenntnisschriften an mehr als hundert Stellen finden[22]. Er muß in seiner spezifisch reformatorischen Deutung im Mittelpunkt jeder Bestimmung des Verhältnisses von Bekenntnis und Recht stehen. Er ist vieldeutig, gewiß; und es ist schwer, ihn in der richtigen Weise in die Praxis umzusetzen. Melanchthon ist in den Augsburger Ausgleichsverhandlungen vor diesen Schwierigkeiten zurückgeschreckt. Er hat den Begriff zwar kritisch gegenüber der kirchenrechtlichen Überlieferung angewandt; aber er hat nicht gewagt, in kühnen Forderungen vor Kaiser und Reich jenes göttliche Recht | positiv geltend zu machen und, darauf gestützt, die Freiheit der evangelischen Verkündigung auf der Grundlage eines evangelischen Kirchenrechtes zu verlangen. Wir wissen, warum Melanchthon vor dieser Radikalität zurückgeschreckt ist. Er wollte die Einheit des Reiches und die Einheit der abendländischen Christenheit nicht zerbrechen. Gerade im Zeitalter neuer ökumenischer Besinnung, das von Uppsala ausgegangen ist, verstehen wir die zarte Scheu, die ihn hier zurück-

---

[21] WAB 5, Nr. 1656, S. 63 ff.
[22] *Kahl*, Der Rechtsinhalt des Konkordienbuches, S. 348.

hielt. Er wollte die mittelalterliche Diözesanverfassung nicht zerschlagen, die bisherigen Bischöfe vielmehr auf den Boden der Reformation hinüberziehen. Er wollte die Institution des Papsttums als das Symbol kirchlicher Einheit auf das vom Evangelium her mögliche Maß zurückführen und so in gereinigter Form erhalten wissen. Er ahnte die zerstörende Wirkung der konfessionellen Aufsplitterung der Christenheit, er sah bereits die Blutopfer der kommenden Konfessionskriege vor Augen. Darum wagte er es nicht, mit einem eigenständigen evangelischen Kirchenrecht Ernst zu machen, für das er in der Augustana die Grundlage gelegt hatte. Erst 1531 in der Apologie und erst recht 1537 in seinem Traktat ist er einige Schritte auf dem erforderlichen Wege weitergegangen.

Luther dagegen spricht sich in seinen Briefen von der Coburg immer wieder darüber aus, daß der Bruch zwischen Wittenberg und Rom unheilbar und die religiöse Einheit des Reiches daher endgültig zerbrochen sei. So bestehen für ihn keinerlei Hemmungen, aus der Existenz eines evangelischen Kirchenrechtes praktische Folgerungen zu ziehen. Zunächst einmal macht er einen grundsätzlichen Unterschied zwischen politischen und kirchlichen Gesetzen. Die christliche Gemeinde — dabei wird zwischen Einzelgemeinden und Landeskirche und Gesamtchristenheit nicht unterschieden — ist eine Größe eigenen Rechtes. Und dieses Recht unterscheidet sich vom politischen dadurch, daß Zwang und gesetzlicher Gehorsam ausgeschlossen sind, die Freiheit eines Christenmenschen gewahrt bleibt. Zwar weiß Luther, welche fast unlösbare Aufgabe der kirchlichen Gesetzgebung damit gestellt ist. Sie ist nur möglich in fester Bindung an das göttliche Recht, an das Wort der Verkündigung also, das im Gottesdienst laut wird. Jenes Recht wird in seinem verpflichtenden Charakter nur von dem anerkannt, der dieses Wort annimmt. Solus spiritus hic iudex est: Der Geist vernimmt aus Gottes Wort den göttlichen Anspruch, der durch das Gesetz der Kirche an den Gläubigen gestellt ist. Es ist also der usus theologicus | des göttlichen Gesetzes, der durch solches kirchliche Recht praktiziert wird. In einem Plakatdruck vom Ende Juli, der in Augsburg während des Reichstages öffentlich angeschlagen wurde[23], hat Luther dieses sein ‚bekennendes Kirchenrecht' aller Welt kund getan.

---

[23] Propositiones adversus totam synagogam Sathanae et universas portas inferorum, WA 30.2,5 (413) S. 420 ff.

III.

Wir müssen nunmehr diese Andeutungen Luthers und Melanchthons, die in den frühen Bekenntnisschriften enthalten sind, genauer entwikkeln. Wir fassen dabei die Augustana mit der Apologie zusammen und diese beiden Schriften wiederum mit der Schriftengruppe aus dem Jahre 1537. So brauchen wir uns nicht auf die grundsätzlichen Bestimmungen über das ius divinum zu beschränken, sondern können auch seine Anwendung entfalten, wie sie 1537 festliegt. Wir behandeln das Grundsätzliche zuerst und zielen in einem Schlußabschnitt auf die praktische Anwendung[24].

Der Begriff eines ,ius divinum' hat sich in der Geschichte als außerordentlich vieldeutig erwiesen; die verschiedensten Richtungen haben ihn für sich in Anspruch genommen. Das mittelalterliche Papsttum hat sich seiner bemächtigt, um seine geistliche Omnipotenz und seine universale Weltherrschaft damit zu begründen. Juristen, Theologen und Philosophen haben ihn mit dem Naturrecht gleichgesetzt und damit eine Möglichkeit gewonnen, das Allgemein-Menschliche auf seinen göttlichen Ursprung zurückzuführen. Die spätmittelalterliche Armuts- und Sektenbewegung — beides hängt ja eng zusammen — hat einige ihr besonders wichtige Bibelstellen als Inbegriff des göttlichen Rechtes gefaßt und ihre kirchliche Stellung danach bestimmt. In den offiziellen Quellen des Kirchenrechts — bei Gratian schon und erst recht in den Dekretalien — durchkreuzen sich beim Verständnis des göttlichen Rechtes die hierarchischen, naturrechtlichen und biblizistischen Motive.

Luther hat keines derselben beibehalten, jedes bekämpft. Er hat | dem ius divinum einen völlig neuen Sinn gegeben[25]. Es ist Gottes unwandelbarer, dem natürlichen Menschen verborgener, unerschöpflich quellender Geistwille, in sich lebendig und ständig Leben wirkend. Das ius divinum ist schöpferische und neuschöpferische Kraft zugleich, wirksam in der kreatürlichen und der geistlichen Welt. Der natürliche Mensch vermag es in seinem eigentlichen Wesen nicht zu erfassen; noch weniger kann er ihm von sich aus konform werden. Nur wenn dieses göttliche Gesetz ihn ergreift, kann er von ihm neu geschaffen werden, kann er es erfüllen.

Diesen Begriff des göttlichen Rechtes hat Melanchthon in der Augu-

---

[24] Außer in „Pfarrerrecht und Bekenntnis" habe ich vom göttlichen Recht anhand der luth. Bekenntnisschriften gehandelt in dem Aufsatz: Harnack und Sohm.
[25] Vgl. *Heckel*, Lex Charitatis S. 52 ff.

stana und der Apologie von Luther übernommen. Vielleicht hat er ihn
ein wenig abgeschwächt und vereinfacht. Die Überschwenglichkeit des
Geistcharakters tritt bei Melanchthon nicht so deutlich hervor wie bei
Luther. Wohl im Gegensatz gegen die Schwärmer hat jener — im Grunde
mit Luther völlig eins — die Bindung des ius divinum an das Wort der
Schrift betont. Es ist identisch mit dem mandatum Dei, mit der ordinatio
Dei. Im Wort der Schrift hat Gott seinen Geistwillen offenbart; nur in
ihr ist er deshalb zu erkennen. Aber das Wirken dieses Geistwillens ist
nicht auf den Buchstaben der Schrift beschränkt. Sie bezeugt uns selbst,
wie dieses ius divinum die natürliche Schöpfung im Schwang hält, wie es
die Geschichte durchwaltet und dann schließlich in dem durch Menschen
verkündigten Christuswort neuschöpferisch-heilsmäßig zur Vollendung
kommt. Durch dieses göttliche Recht ist das Kirchenrecht nach dem
Zeugnis des lutherischen Bekenntnisses gesetzt und begrenzt.

An der *Absolution* ist dieser Charakter des ius divinum am deutlichsten erkennbar, an der zentralsten Stelle also des kirchlichen Handelns,
da das heilsame Geschehen der Rechtfertigung Gestalt gewinnt, an der
Stelle zugleich, da die Schlüsselgewalt des geordneten Amtes in die empirische Wirklichkeit des kirchlichen Lebens regelnd eingreift. Die Absolution ist ‚vox Dei‘ und beruht auf Gottes unmittelbarem Mandat (CA 25,
§ 3 ff.). In ihr gipfelt alle Verkündigung des Wortes, sie erschließt den
Zugang zu den Sakramenten. In ihr ist die potestas ecclesiastica zusammengefaßt, die identisch ist mit der Wortverkündigung und Sakramentsverwaltung. Sie beruht auf dem göttlichen Mandat, sie ist insofern iure
divino | (CA 28, § 12). Aber sie ist reine Geistgewalt, hat mit weltlicher
Strafgewalt nichts zu tun, wirkt ‚sine vi humana, sed verbo‘ (CA 28,
§ 21). Eine Jurisdiktionsgewalt abgesehen von dieser Geistgewalt gibt es
in der Christenheit nicht; der Bruch mit dem mittelalterlichen Kirchenrecht ist hier radikal vollzogen.

In diesem Sinne kann die Apologie von der Absolution sagen: vere est
iuris divini (12, § 12). Sie ist wirkendes Wort, neuschöpferisches Wort,
weil der neuschöpferische Geistwille Gottes durch das Absolutionswort
hindurch wirkt. Der Diener, der die Absolution ausspricht, ist nichts;
die Gemeinde, die die Möglichkeiten ordnet, unter denen der Sünder die
Absolution erlangt, hat in dem Vorgang selbst keine eigene Bedeutung.
Es kommt hier nur darauf an, daß der göttliche Heils- und Gnadenwille
durch ein menschliches Wort zum Ziele gelange. Die Unwandelbarkeit
dieses Willens tritt in der Absolution hervor. Sie auszusprechen ist nicht
in das Belieben des menschlichen Dieners gestellt; er spricht nicht sein

eigenes Wort, sondern das feste, prophetische Wort, das Gott selbst alle Zeit hat verkündigen lassen. Gottes unwandelbare Treue tritt in diesem Mandatswort ans Licht. Melanchthon kann in diesem Zusammenhange sagen: iure divino ist, was notwendig ist zum Heil (Apol. 11, § 6).

Damit ist eine kritische Norm aufgestellt. Was nicht heilsnotwendig ist, das ist auch nicht iure divino in der Kirche gesetzt. Man kann also nicht, wie die römische Kirche es tut, kirchliche Rechtssatzungen, die keine Heilsnotwendigkeit besitzen, mit der Würde des göttlichen Rechtes bekleiden. Tut die Kirche das in ihrem Kirchenrecht, dann schändet sie nicht nur das wahre göttliche Recht, dann verwirrt sie auch die Gewissen der Gläubigen, macht sie blind für das Heilsnotwendige und verschließt ihnen den Zugang zum göttlichen Heil. Was nicht heilsnotwendig ist, kann nicht göttlichen Rechtes sein — nach diesem Grundsatz durchforstet das lutherische Bekenntnis das bisherige Kirchenrecht, haut ab, ja entwurzelt alles, was menschliche Satzung ist und dabei dem Heilswillen des Schöpfers Konkurrenz machen will. An diesem Punkt, wo es für das wahre göttliche Recht zu streiten gilt, läßt es der angeblich so vermittlungsfreudige Melanchthon keineswegs an Härte und Entschiedenheit fehlen. Hier liegt der eigentliche antirömische Affekt des lutherischen Bekenntnisses — CA 4 enthält bekanntlich keine damnatio.|

Es muß hier noch etwas über den *Wort*charakter des ius divinum hinzugefügt werden. Das mandatum Dei unterliegt immer der Gefahr des Mißverständnisses, daß es nämlich mit dem buchstäblich verstandenen Bibelwort gleichgesetzt wird. Dieser Gefahr ist nicht nur das mittelalterliche Christentum sowohl in der Großkirche wie in den Sekten erlegen. Auch das nachreformatorische Christentum ist weithin einem formalen Biblizismus verfallen, der den Bibelbuchstaben vergöttlichte. Dann hat man es sehr leicht, ein buchstäbliches und leicht zu handhabendes göttliches Recht zu gewinnen.

Das lutherische Bekenntnis ist von diesem Mißverständnis fern. Das göttliche Mandatswort ist niemals ein Wort des Buchstabens, ist immer mündlich verkündigtes, hier und jetzt aus dem Geist gewirktes und geistwirkendes Wort. Als ein Wort der Treue Gottes ist es immer ein festes, sicheres Wort. Aber seine Festigkeit gewinnt es eben aus jenem unverbrüchlichen göttlichen Heilswillen und nicht aus dem äußeren Buchstaben. Und der es zu verkündigen hat, ist eben dadurch an das Zeugnis von der Treue Gottes gebunden, von dem die ganze Heilige Schrift erfüllt ist. Inhalt dieses Zeugnisses aber ist Christus. Das göttliche Recht ist das Christusrecht, das mit der Botschaft von der Vergebung der Sünden und vom Glauben in der Welt wirksam werden will.

Aber das ist nur die eine Seite der Sache. Das lutherische Bekenntnis kennt das göttliche Recht auch im *natürlichen* Bereich[26]. Und es ist auch hier nicht im Rückgriff auf Aristoteles oder Stoa konstruiert, sondern aus dem schöpferischen Geistwillen Gottes gewonnen. Der durchwaltet nicht nur das geistliche Leben der Kinder Gottes in der Kirche, sondern weckt und erhält auch das natürliche Leben. Er macht die Erde fruchtbar und begründet damit auch die Fortpflanzung des Menschengeschlechtes. Das Wort, das die Ehe stiftet: „Seid fruchtbar und mehret euch", ist zugleich ein Urwort göttlichen Rechtes. Die Ehe ist mandatum Dei et ordinatio Dei und damit dem Menschen zur Pflicht und zum Segen gesetzt. Und mit der Ehe sind auch alle anderen zur Erhaltung menschlichen Lebens bestimmten Ordnungen göttlichen Rechtes, und als legitimae ordinationes civiles bona opera Dei (CA 16). Gott erhält seine Schöpfung | durch sein wirkendes Geistwort — damit ist die unerläßliche Voraussetzung für das neuschöpferische Geistwort gegeben. Schöpfung und Erlösung liegen also nicht als zwei Seinsschichten übereinander, so daß man das Kirchenrecht zwischen ihnen aufteilen könnte, wie das spätere Luthertum bis hin zu Theodosius Harnack lehrte. Sondern beide haben ihr Wesen in demselben Geistwillen Gottes, der sich in seinem Worte kund tut und der sich in der Verkündigung von Gesetz und Evangelium in der Kirche vollzieht. Dieser Wille umfaßt heilsam-erhaltend das Leben der Schöpfung, die Anerkennung dieses Willens ist die wahre Ehrfurcht vor dem Leben.

IV.

Wie kommen wir nun von diesem göttlichen Recht, das die Natur und die Kirche durchwaltet, zum konkreten Recht der Kirche? Wir sahen, dieses Wort ist ein schöpferisches Wort, und dieses Wort will verkündigt, bezeugt werden. Als wirkendes Wort bemächtigt es sich gewisser Menschen, um sich in der geschaffenen Welt durchzusetzen und den göttlichen Erhaltungs- und Heilswillen an ihr zu erfüllen. In der natürlichen Welt sind solche Menschen die Eheleute, die Erzieher, die Beamten, die Fürsten. In der Kirche sind das alle ihre lebendigen Glieder, die sich in

---

[26] Über das Verhältnis der beiden Bereiche vgl. besonders meinen Aufsatz: Harnack und Sohm.

den Dienst nehmen lassen. Das göttliche Wort ist die allein wirksame
Instanz im evangelischen Kirchenrecht. Es ergreift sich in der Kirche
seine Werkzeuge, durch die es sich verwirklicht. Das göttliche Recht setzt
menschliches Recht. Das göttliche Kirchenrecht ist der unwandelbare
Ausdruck der Treue Gottes; das menschliche Kirchenrecht ist stets wan-
delbarer Ausdruck der Vergänglichkeit des Menschen, seiner Verhaftung
an die Geschichte. Das wandelbare Kirchenrecht ist abhängig von dem
schöpferischen Geistwillen Gottes, der die Geschichte durchwaltet; und
es bleibt Recht der Kirche nur, weil und soweit es auf das unwandelbare
göttliche bezogen bleibt. Es gibt keine rechtsfreie Kirche. Aber das
menschliche Recht der Kirche bleibt nur dann gesund, wenn es die Verbindung mit dem göttlichen nicht verliert, wenn es nichts anderes will
und tut, als der Verkündigung des göttlichen Heils zu dienen.

Kraft göttlichen Rechtes gibt es Menschen, denen die Wortverkündigung und Sakramentsverwaltung anvertraut ist, und kraft göttlichen
Rechtes sollen die Gemeinden ihnen gehorchen, soweit sie | wirklich
das Evangelium predigen, und ihnen widerstreben, wenn sie das nicht
tun (CA 28, § 21 ff.). Das göttliche Recht, der göttliche Geistwille, bindet Verkündiger und Hörer des Evangeliums zusammen. Er bindet sie
nicht so zusammen, daß die einen bloß aktiv, die anderen bloß passiv
wären. Beide sind passiv im Hören; wer nicht hört, kann weder glauben
noch verkündigen. Beide sind aktiv im Verkündigen; auch wenn die hörende Gemeinde prüft und eventuell verwirft, verkündigt sie. Sie verkündigt auch in den Häusern und Familien, in der Werkstatt und auf
dem Felde. In dieser spannungsreichen Einheit von Amt und Gemeinde,
von Gemeinde und Amt liegt die Wurzel aller kirchlichen Ordnung. Sie
kann und darf nicht aufgebaut werden nach dem Gemeindeprinzip,
auch nicht nach dem Amtsprinzip, auch nicht in einer kunstvollen Mischung beider Prinzipien. Sie soll aufgebaut werden vom göttlichen
Recht her, das Amt und Gemeinde in gleicher Weise bindet.

Das bedeutet für die evangelische *Gemeinde,* daß ihr Rechtsprinzip
nicht die demokratische Ordnung der politischen Gemeinde bildet. Das
bedeutet für die Synode, daß sie nicht wie ein demokratisches Parlament
den Willen der Gesamtkörperschaft repräsentiert. Die kirchliche Gemeinde
ist keine Genossenschaft von Gleichberechtigten, in der der Mehrheits-
wille gilt, sondern eine congregatio fidelium, die um Wort und Sakrament sich sammelt und die ihr ganzes Gemeinschaftsleben so einrichtet,
daß dies Wort gepredigt, gehört, im Glauben und in der Liebe angenommen und der Welt glaubwürdig bezeugt werden kann. Und die Synode

ist keine parlamentarische Repräsentation der Kirche, die nach politischen Rücksichten kirchliche Gesetze erlassen kann. Gemeinde und Synode verkehren ihren Sinn ins Gegenteil, wenn sie sich in solcher Weise selbst mißverstehen. Nur ein solches Mißverständnis innerhalb der Christenheit selbst hat die deutsch-christlichen Einbrüche in die evangelische Kirche Deutschlands möglich gemacht; der Kampf der Bekennenden Kirche hat dieses Mißverständnis grundsätzlich unmöglich gemacht.

Es hätte nicht aufkommen können, wenn die Forderung des Bekenntnisses klar erkannt worden wäre: In der Kirche regiert ausschließlich das göttliche Recht, das mandatum Dei. Die Gemeinde gibt sich ihre Ordnung aufgrund der geschichtlichen Gegebenheiten nach menschlicher Zweckmäßigkeit; und über diese Zweckmäßigkeiten darf der Mehrheitswille entscheiden. Aber Grundvoraussetzung, juristisch gesprochen die Generalklausel, ist immer, daß | diese menschliche Ordnung die Verkündigung des göttlichen Heilswortes stützt, trägt und fördert. Darum kann sich die Gemeinde keine rechtliche Ordnung geben, ohne sich mit den Verkündigern dieses Wortes im Einklang zu wissen. Die Gemeinde steht dem Amt nicht gegensätzlich gegenüber wie im konstitutionellen Staate das Parlament der Regierung. Es gibt keine Gemeinde ohne das Amt; es gibt keinen Beschluß der Gemeinde ohne die Zustimmung der Träger des Amtes; es gibt keine gültige Ordnung, die die Verkündigung hemmen oder unglaubwürdig machen könnte. Gültige Ordnungen sind nur da, wo Verkündiger und Hörer des Evangeliums gemeinsam die Wahrheit des göttlichen Wortes bezeugen.

Es gibt keine Gemeinde ohne das Amt; es gibt aber auch kein *Amt* abgesehen von der Gemeinde. Und sie ist niemals nur Objekt der Verkündigung, sondern sie ist immer auch verkündigende Gemeinde. Sie kann nicht hören, ohne zugleich zu verkündigen, denn auch sie steht unter dem göttlichen Recht, ist Werkzeug des wirkenden Wortes, das sich in der Verkündigung des christlichen Heiles selbst bezeugt. Deshalb faßt man CA 5 zu eng, wenn man den Artikel *ausschließlich* auf das institutionelle Amt bezieht. „Von den göttlichen Gnadenmitteln Wort und Sakrament", so könnte man ihn aufgrund seiner ursprünglichen Fassung am besten überschreiben. Er handelt von den äußerlichen Mitteln des Heils, die uns durch menschliche Vermittlung zugute kommen. Aber diese menschliche Vermittlung ist nicht auf die amtliche beschränkt. Um solchen Glauben zu erlangen, ist die menschliche Verkündigung eingesetzt. Wäre sie unerläßlich an das Amt gebunden, so hätte dieses, wie in der römischen Kirche, heilsmittlerischen Charakter.

Nein, das Amt hat seine Eigenständigkeit nicht im Bezug auf die Gemeinde, sondern im Bezug auf die Welt. Der Verkündigungsauftrag, den
jedes Gemeindeglied zu erfüllen hat, erstreckt sich bloß auf den Umkreis
seines Hauses und seines Berufes. Dem Träger des Amtes aber ist die
publica doctrina nach CA 14 anvertraut. Dieses öffentliche Lehren bezieht sich nicht nur auf den Gottesdienst der Gemeinde. Er ist seinem
Wesen nach, sofern er Wortgottesdienst ist, allen Menschen zugänglich;
und zum Wesen des Sakramentes gehört es ebenfalls, daß sein Vollzug
vor Zeugen, also öffentlich geschieht[27]. Aber der Öffentlichkeitsbereich,
den das ‚pu-|blice docere‘ erfüllt, erstreckt sich über den kultischen
Raum hinaus. Was von der Kanzel verkündigt wird, greift — ganz abgesehen von der großen oder kleinen Zahl der unmittelbaren Hörer —
hinein in die ganze Stadt, das ganze Land. Der öffentliche Lehrer hat
eine öffentliche Verantwortung, die weit über den Umkreis, den er mit
seiner Stimme erfüllen kann, hinausreicht. Er verkündigt ja das Heil der
Welt, das Gott an sein Wort gebunden hat; nur Glaube und Gehorsam
können dieses Heil empfangen. Das göttliche Recht des mandatum Dei,
das nach menschlichen Zeugen als seinen Werkzeugen verlangt, will die
ganze Welt zum Glauben bringen. Wer den Auftrag der göttlichen Wortverkündigung erlangt, empfängt einen missionarischen Auftrag.

Der öffentliche Lehrer, auch in der kleinsten Gemeinde, hat eine welt-
weite öffentliche Verantwortung, weil er das Heilswort bezeugt, durch
das die Welt selig wird. Weil Gott die *Welt* in Christus geliebt hat, erhebt das göttliche Recht, durch das sein Wort sich verwirklichen will,
einen universalen Anspruch. Und das evangelische Kirchenrecht, in dem
dies göttliche Recht sich menschliche Formen seiner Durchsetzung sucht,
ist ein ökumenisches, ein missionarisches Kirchenrecht. Nicht daß es die
kirchenrechtliche Einzelprägung in den einzelnen Völkern und Kirchen
uniformieren wollte, sondern so, daß es an alle rechtlichen Formen innerhalb der Christenheit die kritische Frage richtet, ob sie und wie sie der
Verkündigung dieses heilsamen Wortes dienen.

Der Versuch, das göttliche Recht des christlichen Mandatswortes in
den Formen menschlichen Rechtes zu konkretisieren, könnte fortgesetzt,
die hier nur angedeuteten Linien könnten weiter ausgezogen werden. Es
wäre noch viel zu sagen von der Ordination zum Amt und welchen Anteil die Gemeinde daran nimmt, vom Amt der Kirchenleitung und ihrem

---

[27] In bezug auf die Taufe macht das anschaulich klar *Lau*, Die Konditional- oder
Eventualtaufe, besonders S. 126 ff., 133 ff.; in bezug auf das Abendmahl besagt der
Kampf gegen die Privatmessen genug.

Verhältnis zu den einzelnen Gemeinden und einzelnen Pfarrern, vom
Verhältnis von Bischof und Synode und deren Anteil an der Kirchenleitung und von manchen anderen Fragen. Sie alle sind in Deutschland in
Folge des Kirchenkampfes in Fluß geraten und werden seit 1945 leidenschaftlich diskutiert, ohne endgültig geklärt zu sein.

Dem Fremdling mögen noch ein paar Worte gestattet sein zu einer
Frage, die in Skandinavien so leidenschaftlich diskutiert wird | und von
der man wünschen müßte, daß sie in der evangelischen Christenheit
Deutschlands mit größerem Ernst behandelt würde. Es handelt sich um
den Dienst von Frauen im Amt der öffentlichen Wortverkündigung.
Zwar gibt es auf diese Frage keine direkte Antwort in den Bekenntnisschriften, weil sie völlig außerhalb des geschichtlichen Horizontes liegt,
den man im 16. Jahrhundert erfassen konnte; von der Antwort, die das
Neue Testament gibt, ist hier nicht zu reden. Wohl aber kann man aus
unseren bisherigen Erwägungen entnehmen, welche kirchenrechtlichen
Begründungen für das weibliche Pfarramt unzutreffend sind. Man kann
es nicht darum fordern, weil es zeitgemäß sei und das bürgerliche Recht
die Gleichberechtigung von Mann und Frau sanktioniert habe. Dann
würde man die Eigenständigkeit des evangelischen Kirchenrechtes aufgeben; man würde behaupten, daß es dem jeweils geltenden bürgerlichen
Recht gleichgeschaltet werden müsse. Wir haben während des Kirchenkampfes mit solcher Gleichschaltung schlechte Erfahrungen gemacht.

Mit dieser Feststellung ist das bürgerliche Recht nicht entwertet. Wir
haben hier das göttliche Recht in der Kirche nicht proklamiert, um das
menschliche für minderwertig zu erklären. Wir haben behauptet, daß in
der Kirche das universale göttliche Recht, das die Verkündigung des
Heils fordert, immer nur in menschlichen Formen, die nach Raum und
Zeit verschieden sind, in die konkrete Wirklichkeit überführt werden
kann. Entscheidend aber ist, wie diese konkrete Rechtssetzung in der
Kirche zustande kommt. Sie kann nicht dadurch vollzogen werden, daß
sie mit Stimmenmehrheit beschlossen wird. Daß in der Kirche nicht ohne
weiteres Recht ist, was eine Abstimmungsmehrheit für sich hat, haben
wir im Kirchenkampf gelernt. Im evangelischen Kirchenrecht gilt nur
das, was den Nachweis erbringt, der Verkündigung des Wortes Gottes zu
dienen. Wenn sichergestellt werden könnte, daß das volle öffentliche
Lehramt der Frau im Wort Gottes gefordert wird und zur wirksamen
Verkündigung dieses Wortes in der Welt von heute unerläßlich wäre, so
wäre vom lutherischen Bekenntnis aus nichts mehr dagegen zu sagen; das
göttliche Recht wäre insofern nicht verletzt.

Wohl aber muß auch dann immer noch bedacht werden, daß das göttliche Recht nicht nur im Raum der Kirche, sondern auch im natürlichen Bezirk sich durchsetzen will. Hier erfordert es die | Ehe, weil es das wirkende Wort ist, das Leben schafft und durch das das Leben der Menschheit erhalten wird, damit Gottes Heil sich in ihr vollende. Unter den Anspruch dieses göttlichen Rechtes sind wir als Geschöpfe Gottes gestellt; keiner ist ein Abstraktum ,Mensch', er ist immer nur — und auch als Christ — Mann oder Frau oder Kind. Daß Frauen und Kinder sich aus den Banden eines patriarchalischen Rechtes gelöst haben, schließt nicht aus, daß sie nach göttlichem Recht Frauen und Kinder sind. Das sind sie auch in der Kirche, auch in der Art, wie sie das Wort Gottes hören und weitergeben. Die Frau, die in das Amt der göttlichen Verkündigung gerufen wird, ist immer zuerst Gattin, Mutter. Sie ist es nach Gottes Willen, kraft göttlichen Rechtes. Sie würde dieses Recht verletzen, würde sie Vestalin, Nonne sein.

Es kommt also alles darauf an, wie wir in unserem Zusammenhang das göttliche Recht in Natur und Kirche, wie wir das lebenwirkende Schöpfungswort Gottes und sein neuschöpferisches Heilswort in der rechten Weise miteinander verbinden. Wir können diese Meisterfrage christlicher Theologie hier nicht im Vorbeigehen lösen. Aber wir müssen darauf hinweisen, daß ohne ihre Lösung das öffentliche Lehramt der Frau theologisch nicht geklärt und begründet ist. Nur wenn darin die Frau als Frau dem Schöpferwillen Gottes nachkommen kann, erfüllt sie den Anspruch des göttlichen Rechtes. Und dieses Recht ist unteilbar. Es kann nicht im Verkündigungsauftrag erfüllt werden, wenn es im Raum des kreatürlichen Lebens verletzt wird.

So erfordert das lutherische Bekenntnis ein bekennendes Kirchenrecht, ein menschliches Recht, das das göttliche Recht anerkennt. Die Gemeinde, deren Glieder sich dankbar und willig dienend dem Leben weckenden und erhaltenden Schöpferwillen Gottes hingeben und die zugleich ihren Verkündigungsauftrag ernst nehmen, die Gemeinden, die ihre Ordnungen so einrichten und immer wieder revidieren, daß dieser Verkündigungsauftrag am besten ausgerichtet werden kann, die Gemeinden, die das göttliche Lehramt in ihrer Mitte respektieren und mit ihren Anstrengungen unterstützen, diese Gemeinden gehorchen dem göttlichen Recht. So entwickelt sich — auf der Stufe der Ortsgemeinde, der Diözesangemeinde, der Volksgemeinde — ein menschliches Kirchenrecht, das dem Bekenntnis entspricht, weil es dem göttlichen Rechte nachkommt.

THEOLOGIE UND JURISPRUDENZ*

Ihre Begegnung im Kirchenrecht

I.

Die Theologie hat es mit dem Heile zu tun, dem Heile des Menschen und dem Heile der Welt. Dieses Heil ist Gottes Gabe, kann vom Menschen nicht erlangt werden durch Erfüllung des Gesetzes. Das Heil wird geschenkt durch das Evangelium, nicht verdient durch Befolgung des Gesetzes. Indem die Theologie scharf zwischen Gesetz und Evangelium scheidet, setzt sie den Bereich des Rechtes außerhalb des Heils.

Hier liegt ein, vielleicht *der* Hauptunterschied zwischen evangelischer und römisch-katholischer Anerkennung des Kirchenrechts. Hier stoßen wir auf ein entscheidendes Anliegen der Reformation: Die Gabe des Heils wird empfangen ohne Bindung an ein als göttlich ausgegebenes Kirchenrecht. Wo ein solches Recht der Gabe des Heils notwendig vorgegeben wird, da nimmt die evangelische Kirche die Haltung des Protestes ein. Sie protestiert gegen jegliches Kirchenrecht, das die Unmittelbarkeit des Gottesbezuges aufhebt, den Empfang der Heilsgabe reguliert und den heilsverlangenden Menschen abhängig macht von einer irdisch-menschlichen Instanz.

Die Theologie hat es mit dem Heil zu tun. Ihre Aufgabe besteht nicht darin, dieses Heil direkt zu verkündigen; aber sie überprüft kritisch die kirchliche Verkündigung. Sie mißt sie an der norma normans der Heiligen Schrift, die durch Gesetz und Evangelium Gottes unverbrüchlichen Willen bezeugt. Als normierende Wissenschaft verfügt die Theologie nicht über selbstgesetzte Normen. Sie entnimmt sie vielmehr dem Zeugnis der Schrift, wie es durch Gesetz und Evangelium zu uns spricht. Sie sorgt dafür, daß die Heilsbotschaft des Evangeliums lauter und rein verkündigt und das Heil nicht von einer vorausgegangenen Erfüllung des

* Aus: Festschrift für Hans Liermann zum 70. Geburtstag. Erlanger Forschungen Reihe A: Geisteswissenschaften Bd. 16, Erlangen 1964, S. 124–143.

Gesetzes abhängig gemacht wird; sie scheidet das Gesetz vom Evangelium.

Aber indem sie das tut, begegnet sie der unumgänglichen Forderung des göttlichen Gesetzes. Sie muß in ihm den heiligen Willen Gottes anerkennen, denselben Willen, der im Evangelium | der Welt das Heil zuspricht. Um der Treue Gottes willen, die das Evangelium bezeugt, muß die Theologie auch den göttlichen Gesetzeswillen ernst nehmen. Sie soll ihn nicht nur vom Evangelium scheiden, sie muß ihn auch richtig mit dem Evangelium verbinden. Und wie immer sie das tut, stößt sie dabei auf ein gottgewolltes Recht. Mit dem Usus politicus des Gesetzes bejaht die Theologie das Recht der menschlichen Gemeinschaft. Mit dem Usus theologicus des Gesetzes erkennt sie an, daß es auch die Kirche irgendwie mit dem Recht zu tun hat. Worin es besteht und wie es in sich selbst begrenzt ist, das aufzuzeigen ist der Beitrag der Theologie zum evangelischen Kirchenrecht.

II.

Aber nicht nur vom Inhalt des biblischen Zeugnisses aus, durch das Gesetz und Evangelium nicht nur voneinander geschieden, sondern auch miteinander in das rechte Verhältnis gesetzt werden, stößt die Theologie auf die Notwendigkeit des Rechtes; sie begegnet ihm auch, wenn sie die praktische Verkündigung normiert. Die Theologie hat es zu tun mit dem Heil des Menschen, dem Heil der Welt. Sie mißt die gegenwärtige Verkündigung der Kirche nicht nur am Inhalt der Schrift; sie hat auch dafür zu sorgen, daß diese Verkündigung den gegenwärtigen Menschen trifft. Das *reine* Wort ist nicht ein *steriles* Wort. Es ist ein Samenkorn, das dem Erdreich anvertraut werden muß. Dasselbe Erdreich, das von dem Gesetzeswillen Gottes wie von einer scharfen Pflugschar aufgewühlt wird, soll den Samen der Heilsverkündigung aufnehmen. Die Theologie ist bemüht, daß der Samen zu Boden fällt (und nicht bloß Objekt der kritischen Beobachtung bleibt), daß vielmehr jenes Wort den wirklichen Menschen in der wirklichen Welt erreicht.

In dieser Sorge um den Menschen und seine Welt, denen das göttliche Heil zugesagt ist, trifft sich die Theologie mit den anderen Wissenschaften. Sie haben es ja alle mit dem Menschen zu tun, mit dem Menschen in der Natur, was er von ihr hat, wie er sie beherrscht, wie er sich in ihr behauptet, wie er ihr schließlich im Tode anheimfällt; um diesen Menschen, wie er denkt und handelt und sich sehnt zu handeln, wie er konstruiert und philosophiert und dichtet, um diesen Menschen sorgt sich mit allen Natur- und Geisteswissenschaften auch die Theologie. Sie ist dafür verantwortlich, daß die Verkündigung des Evangeliums ihn in seiner gegenwärtigen Lage trifft.

Und dabei begegnet die Theologie auch der Jurisprudenz. Die erfaßt den Menschen als ζῷον πολιτικόν. Sie erkennt die Gesetze, auf denen das Zusammenleben der Menschen beruht, und wendet sie auf die gegenwärtigen Gegebenheiten menschlicher Gemeinschaften an. Das weltliche Recht, das sie pflegt und weiterbildet, schafft nicht das Heil der Welt, aber hilft das Leben der Menschheit be|wahren, so daß sie des Heiles teilhaftig werden kann. Die Theologie erkennt in jenen Gesetzen und Ordnungen, die das Leben schützen, den gnädigen Erhaltungswillen Gottes, der in seiner Schöpfertreue die Welt für das Heil bestimmt hat. Und indem die Theologie die Verkündigung des Heils im Blick auf den gegenwärtigen Menschen normiert, bemüht sie sich auch um die kirchenordnungsmäßigen Voraussetzungen, unter denen solche Verkündigung den Menschen in der gegenwärtigen Welt erreicht. Sie schafft solche Ordnungen nicht; aber sie fordert, daß sie geschaffen werden, und prüft die vorhandenen auf ihre Schriftgemäßheit hin. Zur gesetzlichen Begründung und Weiterbildung dieser kirchlichen Ordnungen sind Theologie und Kirche auf die Mitarbeit der Jurisprudenz angewiesen.

In ihrer Sorge um den Menschen und sein Heil erkennt die Theologie in der Jurisprudenz ihre Schwester und Mitarbeiterin und in weltlichem und kirchlichem Gesetz und Recht ein Zeichen der Treue Gottes, der die Welt dem Heile entgegenführt. Die Theologie bedarf der Mitarbeit von Juristen, die innerhalb der Kirche leben, damit Recht und Gesetz in Kirche und Welt Geltung behalten. Usus politicus und Usus theologicus beziehen sich auf dasselbe Gesetz, das in verschiedenen Ausprägungen das Leben erhält und die Heilsverkündigung ermöglicht.

III.

Aber im Blick auf die Kirche rücken Gesetz und Evangelium, Jurisprudenz und Theologie noch näher zusammen. Das Gesetz ordnet ja nicht nur die politische Welt, sondern auch die Kirche, von der die Heilsbotschaft verkündigt wird.

Es ordnet sie nicht im Usus politicus. Gewiß kann in der Kirche nicht Ordnung und Recht sein, was in der politischen Wirklichkeit offenbares Unrecht ist. Was in der Welt richtiges, d. h. gottgewolltes Recht ist, muß

auch in der Kirche Recht sein. Aber nicht alles, was in der Welt empirisch als Recht anerkannt ist, hat ohne weiteres auch kirchliche Gültigkeit. Man kann die Gesetze der politischen Welt nicht einfach auf die
Kirche übertragen. Auch wenn sie gerecht sind, reimen sie sich nicht mit
der Gerechtigkeit, die vor Gott gilt, und von der die Kirche in ihrer
Heilsbotschaft Zeugnis ablegt. Alles, was mit dem Heil des Menschen
und dem Heil der Welt zusammenhängt, ist dem Juristen als Juristen –
natürlich nicht als Christen – absolut unzugänglich. Seine Bemühungen
erstrecken sich primär auf die Ordnungen menschlicher Gemeinschaft,
durch die Gott das Leben der Menschen erhält. Wenn er hier richtiges,
d. h. sachgemäßes Recht findet, dient er Gott, ganz abgesehen davon, ob
er ein persönliches Gottesverhältnis pflegt oder nicht. Die Gemeinschaft,
in der die Botschaft vom Heil verkündigt und geglaubt wird, folgt anderen Ordnungsprinzipien als die natürlich-menschliche Gemeinschaft.
Die Gesetze, die jeweils | gelten, lassen sich nicht von der einen Gemein-
schaft auf die andere übertragen. Deshalb folgt das Kirchenrecht nicht
ohne weiteres den Normen des allgemeinen Rechtes.

Aber ebensowenig kann man aus dem Bereich, in dem das Heil verkündigt und geglaubt wird, Prinzipien für die allgemeine Rechtsordnung gewinnen. Es stimmt nicht, was Karl Barth sagt[1], daß die menschliche Gerechtigkeit, die in der Welt gilt, die göttliche abzubilden habe
und insofern Gottes Willen entspreche. Das Gegenteil ist der Fall. Die
Gerechtigkeit, die vor Gott gilt und die dem Sünder das Heil zuspricht,
ist in den Augen der Welt eine schreiende Ungerechtigkeit. Ein menschlicher Richter, der wie Gott dem Schuldigen aus freier Gnade ohne Re-
kompensation die Vergebung zuspricht, würde seinen Beruf verfehlt haben. Gegenüber der Behauptung, das Recht der Kirche sei „exemplarisch
für die Bildung und Handhabung des menschlichen Rechtes überhaupt"[2], ist daher äußerste Vorsicht geboten. Und ebensowenig ist das
weltliche Recht im Hinblick auf das kirchliche gleichnisbedürftig und
gleichnisfähig, so daß im weltlichen die λόγοι σπερματικοί des kirchlichen enthalten wären[3]. Die beste Gerechtigkeit, die in der Welt
Gottes Willen entspricht, gilt nichts, wo der Mensch vor Gott steht.

---

[1] Vgl. zum Folgenden *Barth*, KD, Bd. 4. 2 (§ 67, 4: Die Ordnung der Gemeinde) S.
765 ff., besonders S. 815 ff., wo die Vorbildlichkeit des Kirchenrechts dargestellt
wird. Auch *Erik Wolf* bekennt sich (Rechtsgedanke und biblische Weisung, S. 37) zu
„einer Entsprechung zwischen himmlischem Jerusalem und irdischem Staat", vgl. S.
105. „Figurale Relationen" zwischen Rechtsordnung und Ekklesia stellt auch *Schoch*
(Kirchenrecht und biblische Weisung, S. 79 ff.) fest.
[2] *Barth*, KD, Bd. 4. 2, S. 815.   [3] Ebd., S. 822.

Darum kann man gültiges Kirchenrecht nicht dadurch gewinnen, daß man richtiges, d. h. gottgewolltes Recht ohne weiteres auf die Kirche überträgt; umgekehrt kann man das Recht der Christengemeinde nicht als schlechthin gültig für die Bürgergemeinde ansprechen.

Trotzdem liegt in unserer These: Was in der Welt gültiges, d. h. gottgewolltes Recht ist, dem kann und darf das Kirchenrecht nicht widersprechen, ein unverlierbares Wahrheitsmoment. Zwar wird das weltliche Recht im Bereiche des Heilsgeschehens außer Kraft gesetzt, ja in sein Gegenteil verkehrt. Aber weil Gottes Gesetzeswillen auf seinen Heilswillen bezogen ist, kann auch das weltliche Recht, das dem Usus politicus des göttlichen Gesetzes dient, indirekt zu jenem Heilsgeschehen in Beziehung treten. Es kann den Empfang des Heils nicht positiv fördern; aber wo es fehlt oder mangelhaft ist, kann der Empfang erschwert werden. In der Kirche, in der Gesetz und Evangelium verkündigt werden, wird daher das weltliche Recht respektiert. Es ist durch Gottes Gesetzeswillen geheiligt; darum soll es auch in der Kirche des Evangeliums zwar nicht sanktioniert, aber in rechter Umformung ge | heiligt werden[4]. Gewiß läßt es sich nicht einfach ins Kirchenrecht übertragen, aber es soll in ihm seiner Intention nach zur Geltung kommen. Wie das geschieht, wie und in welchen Grenzen sich weltliches Recht in kirchliches verwandele, kann der Jurist nicht von sich selber sagen, das muß der Theologe ihm deutlich machen. Er muß ihm die Funktion zeigen, die in der Kirche dem Recht zukommt. Das Kirchenrecht hat nicht, wie das allgemeine Recht im Usus politicus, die Aufgabe, gefährdetes Leben zu schützen und zu erhalten. Es hat der Verkündigung des Heils, der Gesetzespredigt und der Evangeliumsverkündigung, zu dienen. Der Unterschied in der Funktion erfordert zwar einen Unterschied in den rechtlichen Maßnahmen und Mitteln, aber er hebt die Gemeinsamkeit der Rechtsidee nicht auf[5]. Der Jurist, der in der bürgerlichen Gemeinschaft dem Rechte dient, soll diesen Dienst nicht verleugnen, wenn er sich um das Recht der Kirche bemüht. „Recht muß doch Recht bleiben" – das darf sein

---

[4] Es ist klar, daß damit das Staatskirchenrecht nicht theologisch legitimiert ist. Die congregatio sanctorum, die sich um die Verkündigung des göttlichen Wortes sammelt, versteht sich eben damit nicht als soziologisches Gebilde wie andere auch, mag auch der Staat sie als solches ansehen, vgl. *Barth*, aaO., S. 778 f. Gewiß kann Staatskirchenrecht als solches niemals Kirchenrecht werden. Wohl aber ist ein Kirchengesetz nicht schon deshalb ungültig, weil es im staatlichen Recht formale oder inhaltliche Parallelen findet.

[5] Eine gemeinsame Grundstruktur „des Rechtseins" erkennt auch *Wolf* an, vgl. „Ordnung der Kirche", S. 12 f.

beständiger Leitstern sein. Der steht ihm auch dann vor Augen, wenn er die Mittel und Wege sucht, auf denen das Recht der Verkündigung der Kirche dienen soll.

Für die Normierung dieser Verkündigung ist in erster Linie die Theologie zuständig; nur sie allein kann deutlich machen, welcher Gesetze und Ordnungen die Kirche bedarf, damit in ihr das Heil verkündigt werde. Erst wenn die Theologie die Ordnungsprinzipien geklärt hat, auf die es in der Kirche ankommt, kann sie die Jurisprudenz bitten, diese Prinzipien in einzelnen Gesetzen auszuformen. Bestimmend ist hier die Sorge um den gegenwärtigen Menschen und die Welt, in der er lebt. In dieser Sorge ist die Jurisprudenz mit der Theologie geschwisterlich vereint. Sie wird nicht Magd der Theologie, sondern sie tut in der Kirche dasselbe, was sie überall tut. Überall erkennt und übernimmt sie die Ordnungsprinzipien, die einen bestimmten Wirklichkeitsbereich beherrschen, und formt daraus und bildet fort die Gesetze, die jenen Ordnungen entsprechen. Indem Juristen als Christen diese Aufgabe innerhalb der Kirche erfüllen, ist das Kirchenrecht eine Disziplin der Jurisprudenz, für die die Theologie nur Hilfssätze, Lehnsätze, bereitstellt.

Die Theologie hat es zu tun mit dem Heil des Menschen und seiner Welt. Sie sorgt dafür, daß das Heil rein verkündigt wird und den Menschen in seiner gegenwärtigen Lage trifft. Damit steht sie in einer doppelten Verantwortung. |

1. Sie muß mithelfen, daß in der Kirche die Organe entwickelt werden, die den Umständen der Zeit gemäß imstande sind, den Auftrag der Verkündigung wahrzunehmen. Die Bildung dieser Organe selbst herbeizuführen ist nicht Aufgabe der Theologie. Sie sind z. T. wie das öffentliche Predigtamt unmittelbar mit der Existenz der Kirche gesetzt, ihr unmittelbar eingestiftet. Zum anderen Teil brechen sie wie die Diakonie der Liebespflege, der Verwaltung und der Pädagogik unmittelbar aus der Liebesfülle der Kirche hervor und gewinnen je nach den Bedürfnissen der Zeit ihre besondere Gestalt. Daß alle diese Organe vorhanden sind und ihren Verkündigungsauftrag wahrnehmen, steht nicht in der Vollmacht der Theologie. Das hängt ab von dem Maß geistlicher Begabung, die der Kirche geschenkt ist. Die Theologie kann die Gabe des Geistes nicht wecken, geschweige denn hervorbringen; sie ist selbst nicht Wurzel, sondern Frucht des Geistes. Die Theologie muß sich – ebenso wie die Jurisprudenz – in demütiger Selbstbeschränkung eingestehen, daß sie in bezug auf die Gestaltung der Kirche nicht schöpferisch ist.

2. Wohl aber ist sie dafür verantwortlich, daß jene Organe ihren Auftrag *richtig* wahrnehmen; daß der Dienst der öffentlichen Verkündigung stiftungsgemäß, d. h. lauter und rein geschehe, daß der diakonische Dienst so geordnet werde, wie es der Wahrheit der Schrift und der Not der Zeit entspricht. Indem die Theologie in alledem vom Wort Gottes und der Lage der Welt her Ansprüche geltend macht, greift sie ein in das Ordnungsgefüge der Kirche, stellt sie Grundsätze auf für das kirchliche Recht. Und ihr oberster Grundsatz lautet: Alles kirchliche Recht soll der Verkündigung des Heils dienen; es hat Existenzberechtigung nur, sofern es diesen Dienst leistet. Die Theologie hat diese Existenzberechtigung ständig zu überprüfen.

Aber die Verantwortung der Theologie beschränkt sich nicht auf den innerkirchlichen Bereich der Verkündigung und der dazu dienlichen Rechtsordnung. Es geht um das Heil der *Welt*; der Verkündigungsauftrag weist die Kirche an alle Völker und an alle Lebensbereiche. Die Theologie ist mit dafür verantwortlich, daß er in universaler Weite ausgerichtet ist. Sie sorgt für die Reinheit des Wortes nicht nur um der Kirche willen; sie fragt nach der Lage des gegenwärtigen Menschen nicht, damit sich die Kirche in der Gegenwart behaupte. Der Acker ist die Welt; das reine Wort soll auf dem Acker der Welt ausgestreut, die Kirche Christi in alle Welt ausgebreitet werden. Im 16. Jahrhundert hat die evangelische Theologie protestiert gegen ein kirchliches Recht, das den Zugang zum Heil vom Gehorsam gegen sich selbst abhängig machte. Im 20. Jahrhundert hat sie zu protestieren gegen ein introvertiertes Kirchenrecht, das sich perfektionistisch auf den kirchlichen Raum beschränkt, das unterläßt, die Organe kirchlicher Verkündigung so zu entwickeln, daß ihr Dienst der ganzen | Welt zugute komme. Wir kommen dem, was hier erforderlich ist, nicht dadurch bei, daß wir ein ökumenisches Kirchenrecht proklamieren. Es ist notwendig, aber es bleibt immer der Gefahr der Introvertiertheit ausgesetzt[6]. Wir müssen heute ein mis-

---

[6] Der Begriff eines ‚ökumenischen Kirchenrechts‘ ist noch sehr schwankend, entsprechend dem unklaren Verständnis dessen, was Ökumene eigentlich ist. Sie wird sowohl empirisch als auch geographisch und theologisch verstanden. *M. Schoch* denkt wesentlich institutionell: „Die ökumenische Einheit wird durch ökumenische Organisation, durch tatsächlich eingeführte Ordnungen, durch das positive Recht bekannt", Kirchenrecht und biblische Weisung, S. 169; er versteht dabei jede die Einzelgemeinde übergreifende Ordnung als ‚ökumensch‘. *Erik Wolf* dagegen geht aus von einem ‚ökumenischen Kirchengedanken‘ und mißt daran die kirchenrechtliche Methode, „Ordnung der Kirche", S. 23 ff. Er beruft sich dabei auf den gemeinsamen urchristlichen Ansatz aller Kirchen und die allgemein vorbildlichen biblischen Weisungen; die Bekenntnisgebun-

sionarisches Kirchenrecht fordern, ein evangelisches Kirchenrecht, das
Ordnungen schafft für den Dienst der Kirche zur Verbreitung des
Evangeliums in allen menschlichen Verhältnissen, in aller Welt[7].

IV.

Aber mit der Proklamation dieser Forderungen ist noch nicht das
Entscheidende getan, sie müssen auch in der Kirche verwirklicht wer-
den. Dabei muß klar zu erkennen sein, was an kirch|lichen Formen zur
Erfüllung dieser Forderungen schon als vorhanden vorausgesetzt werden
kann. Es geht primär nicht um die Schaffung eines *neuen* Kirchenrech-
tes, sondern um die ständige Reformierung des traditionell gegebenen[8].
Diese Reformierung bedeutet zugleich eine Entfaltung; sie schließt die
Schaffung neuer Rechtsordnungen in Anpassung an neue Gegebenheiten
in sich ein.

---

denheit des Kirchenrechts erscheint von hier aus als „ökumenisch-theologisches Postulat", ebd., S. 18.
Die Kritik an den bisherigen Versuchen, den Charakter eines ökumenischen Kirchenrechts zu bestimmen, darf dessen Notwendigkeit nicht bestreiten wollen. Es handelt sich hier sowohl um die Aufgabe der Rechtsvergleichung wie die der theologischen Würdigung der rechtlichen Unterschiede. Nicht gedient ist uns mit allgemeinen
,ökumenisch'-rechtlichen Grundsätzen, die jede Konfession von ihren Voraussetzungen
aus interpretiert und propagiert.
[7] Das Verständnis für ein missionarisches Kirchenrecht wächst in dem Maße, wie
die Integration von Mission und Kirche fortschreitet. Es darf sich aber weder auf Ergänzungen des kirchlichen Verwaltungsrechtes noch darauf beschränken, innerhalb der
Ökumene rechtliche Beziehungen zwischen einzelnen alten und jungen Kirchen herzustellen. Wie in der Kirche überhaupt, so bezeichnet auch in ihrem Recht der Begriff
,Mission' die Gesamtdimension ihres Lebens – auch ihres rechtlichen. Man kann sich
also nicht damit begnügen, die rechtliche Organisation der Kirche nur danach zu be-
werten, wie sie die Ausbreitung des christlichen Glaubens fördert oder wenigstens
nicht hemmt; so *Emil Brunner* im vorletzten Kapitel seines Buches „Das Mißverständnis der Kirche", S. 105 ff.: „Die Aufgabe der Kirchen, dem Werden der Ekklesia zu
dienen." Missionarisches Kirchenrecht hat einen positiven Sinn. Es ist ,universales
Dienstrecht' und beansprucht jeden Christen, je an seinem Ort (so *Barth*, aaO., S.
785 f.). Es soll in der besonderen Art seiner Gestaltung und Anwendung den eigentümlichen Wert des Evangeliums auch Nichtchristen gegenüber anschaulich machen,
soll in der Kraft seines universalen Anspruchs den weltweiten Auftrag der Evan-
geliumsverkündigung und damit den eschatologischen Anbruch der Königsherr-
schaft Christi bezeugen (vgl. ebd., S. 817 ff.). Das Entscheidende an dem missionarischen Kirchenrecht ist dies, daß dadurch jeder Christ in den Dienst genommen
wird. Daß evangelisches Kirchenrecht *Dienstrecht* ist, diese unverlierbare Einsicht
Barths (ebd., S. 781 ff.) muß von allen christologischen und soziologischen Spekulatio-
nen befreit und in der praktischen Gestaltung (vgl. unten Abschnitt V) verwirklicht
werden.
[8] Der ,Mut zum Provisorium' (*Barth*, aaO., S. 811) ist schon immer der Urheber

Dies alles zu verwirklichen kann die Theologie wohl Anstöße geben;
sie kann aber den rechtlichen Aufbau nicht im einzelnen durchführen.
Dazu ist die Unterstützung durch die Jurisprudenz nötig. Nur das geübte Auge des Rechtshistorikers vermag zu erkennen, was in der kirchenrechtlichen Überlieferung Ausdruck vergangener Rechtstheorien, Anpassung an überlebte soziologische Verhältnisse darstellt. Was dann von der
kirchenrechtlichen Tradition noch bleibt, ist von der Theologie auf seine
theologische Relevanz hin, vom Juristen auf seine juristische Entwick-
lungsfähigkeit hin zu beurteilen. In der kritischen Überprüfung der kirchenrechtlichen Tradition müssen Theologen und Juristen zusammenwirken.

Für die Weiterentwicklung dieser Tradition kann der Theologe nicht
mehr als die allgemeine Richtung angeben. Der Kirchenjurist muß auf
der hier gewiesenen Bahn die entscheidenden Schritte tun. In der Einzel-
gestaltung kirchlicher Ordnung kann der Theologe nur hinter ihm her-
laufen und gelegentlich seine warnende Stimme erheben, wenn ihm die
theologisch notwendige Ausrichtung auf den Verkündigungsauftrag der
Kirche verloren zu gehen scheint. Die eigentliche rechtliche Ausformung
ist Sache des Juristen.

Während der Theologe vom Verkündigungsauftrag her auf die Welt
schaut, an die dieser Auftrag ihn weist, blickt der Jurist in erster Linie
von der Welt her auf die verkündigende Kirche. Er kennt aus unmittelbarem Betroffensein die Lage des heutigen Hörers; er durchschaut die
Tendenzen und Formen, in denen heute menschliche Zusammenschlüsse
getätigt werden. Er weiß z. B. aus seiner sonstigen Berufsarbeit, wie sehr
die vom 19. Jahrhundert her auch in der Kirche gepflegte Vereinsform
überlebt ist und durch neue Ordnungselemente abgelöst werden muß. Er
wird solche neuen Elemente seiner Kirche nicht aufdrängen, weil sie
zeitgemäß sind. Er wird vielmehr in der Auseinandersetzung mit der
Theologie darum ringen, ob und wie sie gegebenenfalls dem immer gleich-
bleibenden Verkündigungsauftrag dienstbar zu machen sind. |

In solchen brüderlichen Auseinandersetzungen ist der Jurist dem
Theologen gegenüber der Anwalt des hörenden, fragenden, unter Umständen auch zweifelnden Menschen von heute. In seiner Mitverantwor-

---

rechtlicher Tradition gewesen. Jener Mut zur aktuellen, wenn auch provisorischen
Entscheidung genügt also nicht, um überlebte Traditionen zu überwinden; das schwei-
zerische Staatskirchentum ist dessen Zeuge.
  Überlebtes wird auch nicht durch Revolutionen überwunden; in ihnen lebt es vielmehr, als negatives Leitbild aufgerichtet, indirekt fort. In der gesunden Fortbildung
ihres Rechtes bewährt sich die gesunde Kirche als ,semper reformanda'.

tung steht es, daß der Anruf zum Heil vom heutigen Menschen gehört werden kann. Er bemüht sich um eine Ordnung der Christenheit, die es verhütet, daß jener Ruf sich in ihr verfängt, die es ermöglicht, daß jener Ruf durch die Christenheit hindurch nach außen dringt, durch die christliche Gemeinde gleichsam wie durch einen Resonanzboden verstärkt wird und so die Hörwilligen in aller Welt erreicht. So verficht gerade der Jurist den missionarischen Charakter des Kirchenrechtes. Eine solche anwaltschaftliche Vertretung der Welt in der Kirche ist ein viel wichtigerer Dienst des Juristen als seine vielgerühmte Formulierkunst, mit der er Anliegen der Theologen und Notwendigkeiten des kirchlichen Lebens in juristisch eindeutige und umfassende Rechtssätze bringt. Juristische Formulierungen nutzen der Kirche nur, wenn sie die Ordnungen kirchlichen Gemeinschaftslebens für die Wahrheit der Heilsverkündigung transparent machen helfen. Hier liegt die eigenständige und nur von ihr zu erfüllende Aufgabe einer dem Verkündigungsauftrag der Kirche innerlich verpflichteten Jurisprudenz.

Die Bindungen des Kirchenjuristen erstrecken sich also auf die kirchliche Verkündigung, auf ihren Inhalt sowohl wie auf ihren Vollzug. Er hängt nicht so von den „biblischen Weisungen" ab, daß er sie unmittelbar in Rechtssätze zu übertragen hätte; auch nicht so, daß er aus der theologischen Auslegung jener Weisungen die Richtlinien für die Gestaltung des kirchlichen Rechtes empfinge[9]. Er kann und darf Jesus, den

---

[9] *Erik Wolf* geht von der Voraussetzung aus, Christus habe „grundsätzliche Weisungen für das Rechtsleben erteilt" (Rechtsgedanke und biblische Weisung, S. 36) und bindet das kirchliche und staatliche Recht daran. Nicht freilich so, daß die biblischen Weisungen zu einer Summe von Rechtssätzen ‚positiviert' werden könnten, auch nicht so, als ob sie einen „bloß aktuellen Anruf des Gewissens oder brüderlicher Mahnung" enthielten; sie wirken vielmehr „in jeder konkreten Gelegenheit als Auftrag zum rechten Handeln mit dem Nächsten und für ihn" (*Wolf*, Recht des Nächsten, S. 19). Wie bei *K. Barth* (aaO., S. 768 ff.) ergibt sich dabei das Kirchenrecht aus dem Hauptsein Christi bzw. aus dem unmittelbaren Hören seines Wortes. Nach unserer Auffassung dient das Hören des Wortes dazu, den Sünder durch die Forderung des Gesetzes zur Buße und durch die Gnadenbotschaft des Evangeliums zum Glauben zu führen; Christus ist das Haupt seines Leibes, um den Gliedern das Heil zu übermitteln, nicht um Recht kundzutun. Das Hören seines Wortes ist ein völlig rechtsfreier Vorgang; auch daß er ermöglicht wird, ist reiner Heils- und Gnadenakt. Das Kirchenrecht hat nur subsidiär damit zu tun, indem es menschliche Ordnungen schafft, durch die die innerweltlichen Voraussetzungen für das Lautwerden des Wortes in der kirchlichen Verkündigung, soweit es menschenmöglich ist, gesichert werden. Der kirchliche Jurist bleibt hier im Rahmen des ihm sachlich Möglichen. *Erik Wolf* dagegen weist dem Kirchenrecht eine unmittelbar theologische Aufgabe zu, wenn er die biblische Weisung folgendermaßen definiert (Recht des Nächsten, S. 18): „Im tätig gehorchenden Hören auf *das Wort* in den Wörtern der Hl. Schrift erweist es sich als ‚Lex Christi'. Sie ist kein allgemeines Moralgesetz, kein System christlicher Ethik, auch keine Haustafel kasuisti-

Bringer des eschatologischen Heils, nicht zum neuen Gesetzgeber machen. |

Natürlich ist der christliche Jurist auch in seinem Berufsdienst innerhalb der Kirche auf das Hören des göttlichen Wortes angewiesen. Ohne nicht selbst von der Verkündigung betroffen zu sein, kann er nicht an den Ordnungen mitwirken, die ihren Inhalt vor Verfälschungen schützen und ihren Vollzug regeln sollen. Aber er setzt diesen Inhalt nicht unmittelbar in Rechtssätze um. Deren Rechtsgehalt leitet sich vielmehr ab aus dem Recht, das allgemein in der betreffenden Zeit gilt. Er kann nicht direkt in das Kirchenrecht übernommen, er muß, wie wir schon bemerkten, in dasselbe transformiert werden. Das geschieht unter dem Einfluß der eigentümlichen pneumatischen Wirklichkeit, aus der die Verkündigung der Kirche hervorbricht und durch deren Fortpflanzung die Kirche sich ausbreitet. Der Jurist ist an diesem Geschehen nur sekundär beteiligt. Jener pneumatische Akt der Transformierung vollzieht sich vielmehr innerhalb der Gesamtgemeinde. Der Jurist ist hier nur dienendes Glied, indem er diesen Akt nachdenkend festhält; im Maße seiner juristischen Berufsbegabung spricht er nur aus, was die Gemeinde erfährt. Der Hilfsdienst, den er damit leistet, drückt zugleich die Art und Weise aus, in der er das gehörte Wort weitergibt. Als Hörer des Wortes ist er damit zugleich zum Verkündiger geworden.

V.

Mit dem Vollzug der Verkündigung sind die Strukturelemente kirchlicher Ordnung gesetzt, die für Theologie und Jurisprudenz in gleicher Weise verbindlich sein müssen. Verkündigung setzt den Verkündiger voraus und die die Verkündigung hörende und ihr zustimmende Gemeinde. Beides gehört zusammen. Der Verkündiger bedarf der hörenden Gemeinde; und sie wiederum könnte nicht existieren ohne Menschen, die den Verkündigungsauftrag in ihr und für sie verantwortlich wahrneh-

---

scher Regeln oder Exempel der Ehrbarkeit, sondern direktes Gebot oder ‚Solidarität‘ (Lex Charitatis).; Die Bezugnahme auf *J. Heckels* Lutherinterpretation (Lex Charitatis) wird freilich in Zweifel gesetzt durch den gegen Luther erhobenen Vorwurf, er verwende in seiner Ablehnung Christi als eines Gesetzgebers „humanistisch-scholastische Rechtsgedanken" (Rechtsgedanke und biblische Weisung, S. 35), sowie durch die gegen *J. Heckel* und *K. Barth* gerichtete Kritik, sie beschränkten das Nächstenrecht auf Christen für Christen (Recht des Nächsten, S. 32 ff.). Interessant ist die vom Standpunkt eines gemäßigten Thomismus geführte Auseinandersetzung mit dem christokratischen Recht *Barths* und seiner Schule bei *Reber*, Rechtsbegründung.

men. Der Streit, den das 19. Jahrhundert geführt hat, welchem der beiden Partner die Priorität zukomme, ist der Streit um die Priorität von Ei oder Henne; er sollte unter uns gegenstandslos sein. Eine rechtliche Priorität des Amtes vor der Gemeinde wäre nur dann gegeben, wenn der Kreis der unmittelbaren Jesusjünger vor der Aus|sendung nicht eine hörende Gemeinde gewesen wäre. Das heißt aber, daß das Heilswort von Christus ausgeht und erst gehört werden muß, ehe es verkündigt werden kann. Weil dieses Wort aber über und hinter Amt und Gemeinde steht, sind Verkündiger und Hörer zu gleicher Weise an dieses Wort und dadurch aneinander gebunden. Der Verkündiger ist der Hörer, und der Hörende ist der Verkündigende. Was damit über jeden der beiden Partner und ihr gegenseitiges Verhältnis gesagt ist, ist das eigentliche Thema des Kirchenrechtes, das Theologen und Juristen in gemeinsamer Verantwortung gegeben ist. Wir suchen diesem Thema stichwortartig im folgenden nachzugehen.

a) Damit die Verkündigung des Heils recht geschehen kann, muß sowohl die Freiheit des Verkündigers wie seine Gebundenheit an das heilschaffende Wort gewahrt bleiben. In der Erfüllung dieser Aufgabe wirken Theologen und Kirchenrechtler zusammen.

1. Die *Freiheit* des Verkündigers setzt seine persönliche theologische Entscheidung für die Wahrheit des ihm aufgetragenen Wortes voraus. Nur wenn er diese bejaht hat, ist er frei zur Erfüllung seines Dienstes. Und die Theologie hat ihm zu dieser Freiheit zu verhelfen, indem sie den Wahrheitsgehalt des zu verkündigenden Wortes offen legt. Von innen her ist diese Freiheit bedroht, wenn die Theologie diese ihre Aufgabe nicht erfüllt oder wenn der Verkündiger sich der geforderten Entscheidung entzieht.

Aber diese Freiheit kann auch von außen bedroht werden durch Unordnung in der Kirche und durch ihr Mißverhältnis zur Welt. Die Unordnung kann die Beziehung von Verkündiger und Gemeinde berühren; sie kann auch das übergemeindliche Gefüge der Kirche erschüttern. In beiden Fällen hat das Kirchenrecht die Aufgabe, die Freiheit des Verkündigers zu sichern.

Die *Lehrfreiheit* des Pfarrers ist ein hohes kirchenrechtliches Gut; die Glaubwürdigkeit der Heilsverkündigung hängt davon ab. Es darf nicht der Eindruck entstehen, das Kirchenrecht zwinge dem Prediger des Evangeliums eine bestimmte Lehre auf; der Verkündiger sei wie ein Sprachrohr oder eine Grammophonplatte zur mechanischen Wiedergabe kirchlicher Glaubenssätze rechtlich verpflichtet. Das Kirchenrecht hat

es mit dem Inhalt der kirchlichen Verkündigung vor allem insofern zu
tun, als es deren freien Vollzug rechtlich sicherstellt. Dazu gehört, daß
der Inhalt der Heilsbotschaft ausgelegt und auf die Menschen der Zeit,
die sie hören, angewandt werden muß. Diese Möglichkeit muß in der
Kirche rechtlich begründet sein. Das Amtsrecht des Pfarrers ist damit in
den Grundzügen festgelegt. Wie dem Richter gebührt ihm das Recht der
Unversetzbarkeit gegen seinen eigenen Willen, dazu der Unantastbarkeit
theologischer und pastoraler Gewissensentscheidungen, soweit sie sich
von Schrift und Bekenntnis her rechtfertigen lassen. |

Die Freiheit der Verkündigung erfordert die Freiheit der *rechtlichen
Existenz* des Verkündigers. In Verfolgungszeiten mag gerade deren Be-
drohung oder Aufhebung die Wortverkündigung glaubwürdiger machen. Aber wenn selbst ein Paulus vom römischen Staat die bürgerliche
Freiheit gefordert und in Anspruch genommen hat, so tritt damit zutage, daß sie in normalen Zeiten zum bene esse, wenn auch nicht zum esse
der Kirche gehört. Der Pfarrer darf von kirchlichen und außerkirchli-
chen Instanzen nicht derart abhängig sein, daß die Glaubwürdigkeit seiner Verkündigung dadurch gefährdet wird. Wie seine Anstellung auf
Lebenszeit gesichert und begrenzt wird, wie er durch die Art der Amts-
einsetzung an seine Gemeinde gebunden und doch rechtlich und finan-
ziell von ihr unabhängig gemacht wird, das sind Fragen, die nur juristisch geklärt werden können.

Auch die Rechtsverhältnisse, die das Amt des Verkündigers an das
weltliche Recht binden, müssen im Blick auf die Freiheit dieser Verkündigung kirchenrechtlich durchleuchtet und notfalls umgeformt werden.
Hierher gehört die Lage des Pfarrers in Pfarrstellen, in denen noch Reste privater oder staatlicher Patronatsgerechtsame bestehen. Hierher gehört seine Koalitionsfreiheit: kann der Verkündiger des Evangeliums
sich auf die allgemeine bürgerliche Freiheit berufen und sich Vereini-
gungen anschließen, die Ansprüche an seine Zeit und Kraft, aber auch
an seine sittliche und religiöse Überzeugung stellen? Wird nicht, auch
wenn diese Überzeugung dem Inhalt jener Verkündigung völlig entsprä-
che, durch solche Bindungen die Freiheit und Glaubwürdigkeit seiner
Verkündigung gefährdet? Ähnliche Fragen erheben sich im Blick auf die
Zugehörigkeit zu politischen Parteien und auf aktive parlamentarische
Betätigung: wird durch eine öffentliche, ihrer Natur nach von Affekten
begleitete Parteinahme für politische Sondermeinungen die Unpartei-
lichkeit seines Dienstes und damit die Freiheit seiner Verkündigung

nicht gefährdet? Ähnliche Probleme ergeben sich im Blick auf den aktiven Waffen- und Wehrdienst.

Die Freiheit der Verkündigung erfordert schließlich die Freiheit der *sozialen Existenz* des Verkündigers. Die hiermit aufbrechende Not hat die Kirche im Mittelalter in den Armutsstreitigkeiten der Bettelmönche durchlitten; sie ist nicht beseitigt durch den Zölibat des zum öffentlichen Predigtdienste Berufenen. Sie nimmt in der Kirche, die den Dienst des verheirateten Pfarrers als Normalfall ansieht, besondere Formen an. Damit seine Verkündigung glaubwürdig bleibe und allen sozialen Gruppen und Schichten in gleicher Weise zugute komme, muß dem Verkündiger für sich und die Seinen die soziale Unabhängigkeit garantiert sein. Das kirchliche Besoldungsrecht, die Regelung von Ausbildungsbeihilfe und Altersversorgung, Stil, Bau und Instandsetzung der Pfarrhäuser – kurz alle diese mehr technischen Fragen kirchlicher Verwaltung sind unter dem Gesichtspunkt zu lösen, | daß mit der sozialen Unabhängigkeit des Pfarrers die Freiheit seiner Verkündigung gewahrt bleibe.

An allen diesen Fällen – Lehrfreiheit, Freiheit der rechtlichen und sozialen Existenz, – vollzieht das evangelische Kirchenrecht Anleihen beim allgemeinen Beamtenrecht, ohne daß die beiden Rechtsbereiche sich völlig decken. Nur der durchgebildete Jurist kann der Kirche verdeutlichen, welche Bestimmungen des Beamtenrechtes sie unbedenklich übernehmen kann oder muß und wo sie die allgemeinen Beamtenrechte verändern oder beschneiden muß, damit bei den öffentlichen Dienern des Wortes in der rechtlichen und sozialen Struktur von heute der Verkündigungsauftrag unversehrt bewahrt bleiben kann.

2. Die Freiheit des Verkündigers schließt seine *Gebundenheit* an das heilschaffende Wort in sich ein. Das ist, wie wir sahen, ein theologischer Satz. Es liegt hier der Ton nicht nur auf der Freiheit der Verkündigung, sondern auch auf der Gebundenheit an das Wort. Auch sie zieht kirchenrechtliche Konsequenzen nach sich.

Freiheit der Verkündigung schließt – so sagten wir – die Interpretation des göttlichen Wortes und seine Anwendung auf die gegenwärtige Lage des Menschen in sich ein. Wie aber soll entschieden werden, ob diese Interpretation richtig und diese Anwendung sachgemäß erfolgt? Wenn es wahr ist, daß der Gesetzes- und Heilswille Gottes, wie ihn die Schrift bezeugt, in sich klar und eindeutig ist, dann muß es auch, gemessen an diesem Willen, eine Möglichkeit der Entscheidung in Lehrfragen geben. Wohlgemerkt, sie wird nicht gefällt anhand der Tradition, es geht hier nicht um Methodenfragen, es geht um den Heilsgehalt der Botschaft und ob sie wirklich und wirklich sie an den Menschen der Gegenwart herangebracht wird. Es wird entschieden, ob der Verkündiger des Wortes bei seinem Dienst seine innere Bindung an das Wort nicht aufgegeben hat.

Das ist eine theologische Entscheidung und eine seelsorgerliche zugleich. Kein Jurist kann sie dem Theologen abnehmen. Aber der Jurist hat mitzubestimmen, *wer* jene Entscheidung zu fällen hat. Sicherlich nicht der Theologe allein; er sitzt nicht auf Moses Stuhl, denn Lehrentscheidung ist im Bereich der christlichen Wahrheit keine Gesetzesentscheidung. Seit der Reformation hat die christliche Gemeinde das Recht, alle Lehre zu urteilen und Prediger ein- und abzusetzen. Die hörende Gemeinde, die das Wort des Heils im Glauben angenommen hat, hat auch die Fähigkeit und Vollmacht, die Stimme ihres guten Hirten von der Stimme menschlichen Irrtums zu unterscheiden[10]. Und der Jurist, der sich für das Kirchenrecht verantwortlich weiß, ist ein Glied dieser Gemeinde. Er hat sie nicht nur zu vertreten, wenn sie in einer Lehrentscheidung ihre Vollmacht wahrnimmt. Er kann als wissen|schaftlicher Nachbar der Theologie nicht nur die Berechtigung des eigentlich wissenschaftlich-theologischen Anliegens anerkennen und zur Geltung bringen, sondern er kann mit alledem die Kompetenzfrage klären, die Ordnung festlegen, nach der die verschiedenen Instanzen – Kirchenregiment, Fachtheologie und Gemeinde – in einem Lehrverfahren tätig werden sollen. Solche Kompetenzabgrenzungen stellen ja spezifisch rechtliche Probleme, von denen das Verhältnis von Kirchenleitung und theologischen Fakultäten nur einen Teilausschnitt bietet. Hier liegen kirchenrechtliche Probleme, die zwar mit rechtlichen Mitteln, aber nur in Anerkennung des Verkündigungsauftrags der Kirche, der allen ihren Gliedern Verantwortung auferlegt, gelöst werden können.

Die Durchführung eines solchen Lehrverfahrens erfordert, so sagten wir, theologische Entscheidungen; das theologische Urteil, das ihnen zugrunde liegt, wird der daran beteiligte Jurist gemeinhin nicht umstoßen können. Zu sorgen aber hat er dafür, daß der daraus hervorgehende Spruch ein seelsorgerlicher ist in seiner Begründung sowohl wie in seiner Durchführung. Gerade weil er das beamtenrechtliche Disziplinarrecht kennt, ist er imstande, es gegen ein kirchliches Lehrzuchtrecht abzugrenzen. Immer handelt es sich in solchem Lehrverfahren um die Reinheit

---

[10] Vgl. CA 28, § 23; Melanchthons Traktat „De potestate et primatu papae", § 41 (BSLK, S. 485).

und Glaubwürdigkeit der kirchlichen Verkündigung. Dasselbe gilt auch
von allen Disziplinarentscheidungen in der Kirche. Es gibt kein Strafrecht im Kirchenrecht[11]. Was nach bürgerlichem Recht strafbar ist, soll
nach bürgerlichem Recht von bürgerlichen Gerichten entschieden werden. Das kirchliche Disziplinarrecht hat seine Maßnahmen im Hinblick
auf die Reinheit und Glaubwürdigkeit der Verkündigung zu treffen[12].
Auch hier hat der Kirchenrechtler das allgemeine Beamtenrecht dem
kirchlichen Auftrag zu subsumieren, indem er die Intentionen jenes
Rechtes in die eigentümliche, von jenem Auftrag erfüllte Sphäre der
Kirche überträgt.

b) Aber es geht im evangelischen Kirchenrecht nicht nur um den Verkündiger, um Freiheit und Gebundenheit seiner Verkündigung; es geht
hier ebenso um die hörende, glaubende und bekennende *Gemeinde*. Verkündigen kann nur – so sagten wir –, wer selber hört; und hören
kann nur, wer selbst zu verkündigen bereit ist. Die christliche Botschaft
verkündigt nicht nur das Heil des einzelnen, sondern das Heil der Welt.
Und keiner kann für sich das Heil empfangen, wenn er sich nicht anschickt, es weiterzutragen, in die Welt. Darum ist die hörende Gemeinde
zugleich die verkündigende Gemeinde. Das Kirchenrecht ist dazu da,
ihre Ordnungen und Organe so zu gestalten, daß ihr die Erfüllung ihres
Auftrages möglich wird. |

Auch hier steht die *theologische* Aufgabe voran. Die Heilsbotschaft
soll so verkündigt werden, daß sie Glauben und Liebe weckt. Hierbei
handelt es sich nicht um private Stimmungen, Gefühle oder Tätigkeiten,
sondern Glaube und Liebe bestätigen die elementaren Gemeinschaftsbin-
dungen, die allen Menschen schöpfungsmäßig gegeben sind, und schaffen neue Bindungen, die sich in der Gemeinde zu festen Ordnungen gestalten wollen. Hier erwachsen dem *Kirchenrecht* seine Aufgaben. Es
kann Glaube und Liebe nicht wecken, kann sie auch nicht erhalten.
Aber es kann und soll der Gemeinde zu den Ordnungen verhelfen, in
denen sie ihren Glauben und ihre Liebe betätigen und im Wachstum fördern kann. Und weil Glaube und Liebe zwar in der Gemeinde entstehen, aber über ihre Grenzen hinaus drängen, auf das Heil der Welt gerichtet sind, so dürfen auch ihre Ordnungen nicht bloß ihrem eigenen
Aufbau dienen, sondern sollen ihr helfen, den Dienst der Verkündigung

---

[11] Vgl. das ‚sine vi humana, sed verbo‘ von CA 28, § 21.
[12] Vgl. die Grundsätze brüderlicher Zucht gegenüber Pfarrern, die ich in meinem
Buche ‚Pfarrerrecht und Bekenntnis‘, S. 147 ff. anhand der lutherischen Bekenntnisschriften entwickelt habe.

in aller Welt auszurichten. Gegen ein introvertiertes, auf sich selbst be-
zogenes Kirchenrecht, das von irgendeinem Gemeindeideal bestimmt ist,
setzen wir ein missionarisches Kirchenrecht[13].

Welche Aufgaben erwachsen dem Kirchenrecht, das sich um die Ordnungen der hörenden und verkündigenden Gemeinde bemüht?

1. Das Kirchenrecht richtet sich zunächst auf die Ordnungen des
Gottesdienstes. Insofern ist es liturgisches Recht. D. h. nicht, wie Barth[14]
und eine romantisierende Liturgik annehmen, daß es sich aus dem
Gottesdienst bildete und daß es in seinen Prinzipien aus ihm zu erkennen wäre. Die Liturgie ist ihrem Wesen nach rechtsfrei. Im Gottesdienst bezeugt Gott seine Liebe durch die Verkündigung seines Heils,
und die Gemeinde antwortet darauf im Gebet und Lobgesang wie durch
das Opfer ihrer liebenden Tat. Aber die menschlichen Ordnungen, nach
denen jene Verkündigung geschieht und in denen die Liebe der gläubig
hörenden Gemeinde sich auswirkt, müssen so beschaffen sein, daß sie
den göttlichen Ruf rein weitergeben und dem Opfer liebender Hingabe
freie Bahn gewähren. Was die Theologie, die Lehre von der Predigt, die
Liturgik und die Diakoniewissenschaft, zur Erreichung dieses Zweckes
zu tun haben, muß hier unerörtert bleiben. Das Kirchenrecht wacht
über die Erhaltung solcher aus dem Glauben und der Liebe geborenen
gottesdienstlichen Ordnungen und über ihrer legitimen Fortbildung. Es
ist mit dafür verantwortlich, daß der Gottesdienst nicht seinen Bezug
auf die Botschaft des Heils und darum nicht den Zusammenhang mit der
lobenden und liebenden Heilsgemeinde aller Zeiten verliere. Es muß
aber | auch mit dafür sorgen, daß der Gottesdienst nicht zur Selbstbe-
friedigung der feiernden Gemeinde mißbraucht wird, sondern daß die
Botschaft vom Heil und die Kraft der Liebe über die Kirchenmauern
hinaus in die Welt getragen und die Menschen aller Rassen und Sprachen in das Gotteslob mit hineingezogen werden.

2. Der Gottesdienst ist nicht Quell des Kirchenrechtes und Erkennt-
nisgrund der kirchlichen Rechtsprinzipien. Wohl aber stellt sich in ihm
das Verhältnis zwischen dem *Amt* der Verkündigung und der hörenden
Gemeinde dar, das für das gesamte Ordnungsgefüge der Kirche maßgebend ist. Wir sagten schon: der Verkündiger ist nichts ohne die hörende

---

[13] Vgl. oben zu Anmerkung 7.
[14] AaO., S. 787 ff.; *Schoch*, Kirchenrecht und biblische Weisung, S. 101 ff. Wenn
ich hier den kausalen Zusammenhang zwischen *gegenwärtiger* Liturgie und *gegenwärti-*
gem Kirchenrecht ablehne, hebe ich die geschichtlichen Erkenntnisse nicht auf, die ich
in meinem Buche über „Bekenntnis und Sakrament" niedergelegt habe.

Gemeinde und diese nichts ohne den Verkündiger. Beide gehören so zusammen, daß keiner der beiden Partner vor dem anderen den Vorrang hat; denn über beiden steht Glauben weckend und Liebesgehorsam fordernd der im Wort offenbare Heilswille Gottes. Aber daß dieses in sich ausgewogene Spannungsverhältnis, wie es in jedem Gottesdienst in Erscheinung tritt, die Struktur des ganzen kirchlichen Ordnungslebens bestimme, das hat das Kirchenrecht zu besorgen in der juristischen Festlegung dieser Ordnungen und der Regelung aller Verstöße und Konflikte, die sich gegen sie erheben.

Was das konkret bedeutet, kann hier nur stichwortartig angedeutet werden. Der Verkündiger ist zugleich der Hörer des Evangeliums – die Gemeinde ist nicht ohne ihn, er ist nicht ohne die Gemeinde. Er ist ihr Glied. Auch wenn er verkündigend über ihr auf der Kanzel steht, ist er nicht ihr Herr. Der Pfarrer steht innerhalb der Gemeinde, man kann nicht von der Gemeinde reden ohne ihn. Sie steht ihm nicht als etwas Eigenständiges gegenüber. Man kann sie nicht gegen den Pfarrer ausspielen, man kann und darf weder ein abstraktes Gemeindeprinzip noch ein abstraktes Amtsprinzip entwickeln. Wie das Kirchenrecht Freiheit und Wortgebundenheit des Verkündigers schützt, so auch die Freiheit und Wortgebundenheit der hörenden Gemeinde. Darin ist auch die Möglichkeit eingeschlossen, die Kräfte des Glaubens und der Liebe, die ihrem Hören geschenkt werden, im verantwortlichen Dienst der Verkündigung sich auswirken und in eigenständigen Ordnungen Gestalt werden zu lassen.

3. Diese geistlichen Ordnungen heben die natürlichen, schöpfungsmäßigen nicht auf, sondern setzen sie voraus. Auch wenn Glaube und Liebe neue kirchliche Ordnungen erfordern, so ergießen sie doch zunächst ihre Kraft in die natürlichen. Auf dieser Verbindung von natürlicher und kirchlicher Ordnung beruht der *Jugendkatechumenat* ebenso wie die kirchliche Eheschließung. Beide haben ihre kirchenrechtliche Seite. Die Gemeinde entwickelt Ordnungen, in denen die Heilsbotschaft an ihre heranwachsende Jugend herangebracht werden kann. Sie verpflichtet die Eltern und ihre Kinder, diese Ordnungen anzuerkennen und | zu praktizieren. Das Kirchenrecht gibt diesen Ordnungen ihre verbindliche Gestalt, bestimmt Grade und Stufen ihrer Verbindlichkeit und sichert ihren Bestand und die Möglichkeit ihrer Fortentwicklung. Solange diese Verbindlichkeit sich noch im Rahmen der Volkskirche auswirkt, hat hier das Kirchenrecht einen missionarischen Bezug.

Die natürliche Ordnung der *Ehe* wird durch die kirchliche Eheschließung geheiligt, d. h. unter das göttliche Wort des Gesetzes und der Gnade gestellt. Das Kirchenrecht setzt die Voraussetzungen der kirchlichen
Eheschließung fest und bestimmt die sich aus ihr ergebenden Folgen[15]. Es will damit nicht in Konkurrenz treten zur staatlichen Ehegesetzgebung, sondern es will die Möglichkeit sanktionieren, daß die so geschlossene Ehe unter der Verkündigung des Wortes Gottes und d. h. in
der Bindung an die christliche Gemeinde geführt wird. Das kirchliche
Eherecht schafft Sicherungen nicht für den natürlichen Bestand der Ehe
– das ist Aufgabe der bürgerlichen Gemeinschaft –, sondern dafür,
daß sie unter der Verkündigung des Wortes Gottes geführt wird.

4. Die *Diakonie* ist die Tatverkündigung der Kirche. Sie geht ebenso
über die natürlichen, in der Familie verwurzelten Ordnungen hinaus wie
über den Bereich der spezifisch innergemeindlichen Ordnung. An ihr
wird deutlich, daß die unter der Heilsverkündigung geweckten Kräfte
des Glaubens und der Liebe sich nicht auf den Bau der Kirche beschränken, sondern mit missionarischer Kraft in die Welt hinaus wirken. In
den verschiedenen Formen der Diakonie[16] – in der Fürsorge für Ge-
fährdete und Arme – gestaltet die Kirche ihr Verhältnis zu ihrer Umgebung. An ihnen macht sie zugleich deutlich, daß ihre ökonomischen
Mittel und Kräfte nicht wirtschaftlicher Machtgewinnung, sondern der
Liebe dienen. Alle jene Mittel sind zweckgebunden. Soweit sie nicht unmittelbar der Wortverkündigung dienen, gehören sie zu den Aufgaben
der Diakonie. Wer diese Mittel im Auftrage und unter der Kontrolle der
Gemeinde verwaltet, verdient mit Recht den Ehrentitel eines Diakonen.

Der Jurist also, der in einer Kirchenleitung die Verwaltung des Kir-
chenvermögens beaufsichtigt, bekleidet das Amt eines Archidiakonen.
Nur in dieser Kategorie gewinnt das aus der staatskirchlichen Ordnung
unreflektiert übernommene Amt eines kirchlichen Verwaltungsjuristen
seinen Platz in der Kirche und in ihrem Recht. Für alle anderen diako-
nischen Kräfte gilt das Ent|sprechende. Der Weg, der über Vereine und
Anstalten im Stile des 19. Jahrhunderts die Werke der Inneren Mission
zu einer engeren Annäherung an die rechtlich organisierte Kirche geführt hat, wird fortgesetzt werden müssen. Darüber hinaus werden die

---

[15] In seiner Besprechung von *Hesse*, Evangelisches Ehescheidungsrecht in Deutschland, hebt *Dombois* (ThLZ 88, 1963, Sp. 152 ff.) mit Recht hervor, daß das evangelische Kirchenrecht nur ein Trauungsrecht, kein Scheidungsrecht kennt.
[16] Der Jugendkatechumenat als eine auf natürlich-schöpfungsmäßiger Basis ruhende
Ordnung gehört – vom kirchlichen Dienstauftrag her gesehen – zugleich zu den diakonischen Bereichen. Christliche Pädagogik ist Diakonie.

vielen Kräfte, die heute in einem mehr oder weniger gefestigten Ange-
stelltenverhältnis den Fürsorgedienst wahrnehmen oder in der Verwaltung der Kirche arbeiten, noch stärker für die Erkenntnis gewonnen
werden müssen, daß sie in ihrem diakonischen Dienst Exponenten der
verkündigenden Gemeinde sind. Sie richtig in das Gefüge der bekennenden Gemeinde und der Gesamtkirche einzuordnen, sie nach der Ordnung der Liebe mit den Inhabern des öffentlichen Predigtamtes zu verbinden, setzt ein theologisches Verständnis der Diakonie – auch der
Verwaltungsdiakonie – voraus, ist aber zugleich eine eminent wichtige
juristische Aufgabe, die weit über das bloß Organisatorische hinausgreift.

5. Indem das evangelische Kirchenrecht mit der volkspädagogischen
Wirksamkeit des Staates des patriarchalischen und des aufgeklärten Absolutismus konkurrieren mußte, hat es den Bezug auf eine spezifische
kirchliche *Zucht* verloren. Dieser Verlust ist ein Substanzverlust, nicht
nur eine Beschränkung des Geltungsbereiches für das Kirchenrecht. Gemessen am Verkündigungsauftrag der Kirche ist zwar ein kirchliches
Strafrecht illegitim, ein kirchliches Zuchtrecht aber theologisch begründet
und gefordert. Denn die Verkündigung des Heils schließt den Usus
theologicus des Gesetzes mit ein: die Botschaft der vergebenden Liebe
Gottes kann nur von dem verstanden und begriffen werden, der vom
Ernst der göttlichen Forderung ergriffen ist. Wie aber kann diese Predigt des göttlichen Gesetzes vernommen werden in einer Gemeinde, in
der mit der Gültigkeit dieses Gesetzes nicht praktisch Ernst gemacht
wird? Weil die Duldung offenbarer Übertretungen der göttlichen Gebote die evangelische Botschaft unglaubwürdig machen würde, muß die
Möglichkeit einer Kirchenzucht kirchenrechtlich gesichert sein. Gewiß
ist diese Zucht selbst seelsorgerlicher Art; sie hat auf alle Strafmittel zu
verzichten, kann also niemals zu Rechtsmitteln greifen. Sie macht den
Ernst des Gesetzes nur dazu eindrücklich, daß die Botschaft des Heils
ergriffen werde.

Das Kirchenrecht hat solche seelsorgerliche Kirchenzucht vom Verdacht persönlicher Willkür zu befreien, indem es die Grenzen umschreibt, innerhalb deren sie anwendbar und erforderlich ist. Es hat den
Diener des Evangeliums zu schützen, wenn er in der Ausübung solchen
seelsorgerlichen Dienstes beschränkt oder deswegen angefeindet wird. Es
hat die Mitwirkung der Gemeinde in ihren geordneten Organen festzulegen. Es hat das seelsorgerliche Geschehen innerhalb der Einzelgemein-
de in die gesamtkirchliche Ordnung einzufügen. |

6. Die Ordnungen der Gemeinde, in denen sie ihren Glauben und ihre
Liebe betätigt, werden ergänzt und im Gange gehalten durch *Organe*, in
denen sich ihr Dienst personhaft ausprägt. Für die Durchführung des Ka-
techumenats bedarf es der Katecheten und Lehrer, der Kindergärtnerinnen und Jugendleiter, für die Diakonie der Diakone und Diakonissen.
Seit den Tagen der Alten Kirche gehört auch die Verwaltung des kirchlichen Vermögens zur Diakonie; die kirchlichen Rechnungsführer sind
nicht Angestellte der Kassenverwaltung, sondern Diakone. Aus der natürlichen Gliederung der Familie ergibt sich die Gliederung der Gemeinde in Jugend-, Frauen- und Männerwerk; die Gemeindeglieder, die hier
geordnete Verantwortung tragen, haben ein Dienstamt in der Gemeinde.
Und solche kirchlichen Gliederungen beschränken sich nicht auf den engen Raum der Ortsgemeinde. Unter den heutigen wirtschaftlichen, sozialen und bildungsmäßigen Voraussetzungen entstehen übergemeindliche Zusammenschlüsse, deren verantwortliche Träger zwar in einer
Ortsgemeinde wurzeln, zugleich aber ein Stück gesamtkirchlicher Ver-
kündigungsaufgabe übernommen haben. Diese beamteten Diener sind
diejenigen Glieder der hörenden Gemeinde, durch die die Antwort des
Glaubens und der Liebe in exemplarischer Weise deutlich wird. Sie stehen zugleich in einem besonderen Dienst der Verkündigung und insofern
mit den Inhabern des öffentlichen Predigtamtes in einer Reihe. Man
kann die Aufgabe dieser Zwischenschicht haupt- oder nebenberuflicher
Amtsträger also sowohl aus ihrer organischen Zugehörigkeit zur verkündigenden Gemeinde wie auch aus einer Selbstentfaltung des Verkündi-
gungsamtes ableiten. Es kommt an dieser Zwischenschicht die span-
nungsvolle Einheit von Amt und Gemeinde zur Anschauung. In ihrer
Gesamtheit oder – in größeren Gemeinden – in der Auswahl wech-
selnder Vertreter bilden diese Organe der Gemeinden das, was man heute den Kirchenvorstand nennt. Ihn zu fundieren nicht auf das Repräsen-
tativsystem des 19. Jahrhunderts, sondern auf den Dienstauftrag der hörenden und verkündigenden Gemeinde scheint mit eine besondere Aufgabe heutiger kirchenrechtlicher Gestaltung zu sein, deren Lösung ohne
die Mitwirkung des Juristen unmöglich sein dürfte.

7. Entsprechendes gilt für die *Synoden* der heutigen Landeskirchen
und kirchlichen Zusammenschlüsse. Sie gehen wie die Kirchenvorstände
aus direkter bzw. indirekter Wahl hervor. Sie sollen die Gemeinde gegenüber den Kirchenleitungen repräsentieren. Der Brauch, auf die
Wahlliste Männer und Frauen zu setzen, die sich im Dienst ihrer Gemeinde und der Landeskirche bewährt haben, hat sich, z. T. auf Präam-

beln der Verfassungen gestützt, zwar allgemein durchgesetzt, ist aber nicht rechtlich verbindlich geworden. Ein Kirchenrecht, das sich am Verkündigungsauftrag orientiert, wird das Repräsentationsprinzip gänzlich | aufgeben und Mittel und Wege finden müssen, wie diejenigen Diener der Gemeinde – nicht nur die öffentlichen Prediger, sondern auch katechetische, diakonische und sonstige Kräfte –, deren Stimme besonderes Gewicht und deren Leistung besondere Bedeutung gewonnen hat, ihren Platz in den synodalen Gremien einnehmen können. Das Verhältnis von Synode und Kirchenleitung, heute manchmal noch gestaltet in den Rechtsformen einer konstitutionellen Monarchie des 19. Jahrhunderts, wird sich kirchenrechtlich dann ganz anders bestimmen, das Problem der geistlichen Leitung einer Kirche sich sehr viel einfacher lösen lassen.

Man mag über die hier angeschnittenen Einzelfragen urteilen, wie man will. Sicherlich wird dabei vieles zu bedenken sein, was über das hier Gesagte hinausgreift und hier nicht angerührt werden konnte. Die Erwähnung jener Fragen sollte nur die Tatsache illustrieren, daß die Orientierung des Kirchenrechtes an der Verkündigung der Kirche und damit seine theologische Begründung keine wirklichkeitsfremde Spekulation darstellt, sondern dem juristisch ausgestalteten Kirchenrecht eine Fülle neuer Aufgaben stellt, um die ja erst seit einem guten Menschenalter vom staatlichen Recht gelösten evangelischen Kirchen in Deutschland rechtlich neu zu ordnen.

VON URSPRUNG UND WESEN KIRCHLICHEN RECHTS*

Betrachtungen zu Hans Frhr. von Campenhausen,
Kirchliches Amt und geistliche Vollmacht in den ersten drei Jahrhunderten
(Tübingen 1953)

Man wird der Fülle des Gebotenen nicht gerecht, wenn man von Campenhausens umfassendes Werk *nur* unter der Fragestellung unserer Überschrift betrachtet. Es enthält viel mehr. Es gewährt einen allseitigen Durchblick durch die älteste Kirchengeschichte, auch nach der literarhistorischen, frömmigkeitsgeschichtlichen und dogmengeschichtlichen Seite hin.

Mit einer Menge eigener Untersuchungen, die die gesamte Forschung auf diesem Gebiete umspannen und verarbeiten, hat der Verfasser sein Werk vorbereitet, sich einen selbständigen Weg gebahnt und ihn an den entscheidenden Wendungen abgestützt und gesichert; ich zähle allein seit 1945 neun monographische Studien. Im Grunde aber sind alle seine Arbeiten auf dieses Hauptwerk ausgerichtet, seitdem er 1936 der Märtyrerkirche seiner baltischen Heimat mit der „Idee des Martyriums in der alten Kirche" ein Denkmal gesetzt hatte, das dem Historiker des Urchristentums gemäß ist. Damit hatte er die geschichtliche Abrechnung mit der eigenen Herkunft vollzogen, die den Geschichtsschreiber erst zu seinem Wirken befähigt und legitimiert. Das neue Werk ist ein Wurf in die Zukunft.

Wir tun ihm jedoch in seiner umfassenden Weite nicht Unrecht, wenn wir es unter unserer Überschrift betrachten. Denn unsere Spezialfrage liegt ihm zugrunde: der Verfasser hat sie sich auf Schritt und Tritt gestellt, und sie wird von der Mit- und Nachwelt immer wieder aufgeworfen werden. Sein Werk ordnet sich damit ein in eine stolze Tradition deutscher geistesgeschichtlicher und rechtsgeschichtlicher Forschung.

---

* Aus: ZevKR 5, 1956, S. 1–32.

Es | wird seinen Wert daran erweisen, daß es die berühmte Kontroverse zwischen Harnack und Sohm auf eine neue Basis gestellt und sie damit der endgültigen Lösung nähergeführt hat.

Wir wollen die Tatsache, daß hier eine neue Grundlage geschaffen wurde, dadurch zu klären versuchen, daß wir das Werk in den Forschungsgang des letzten Menschenalters hineinstellen. Die ausgezeichnete Zusammenfassung, die Olof Linton 1932 gegeben hat[1], bietet uns den erwünschten Ausgangspunkt, hinter den wir nur in besonderen Fällen zurückgehen.

I.

Es entspricht evangelischer Theologie und evangelischer Kirchenrechtswissenschaft, das Wesen des Kirchenrechts von seinem *Ursprung* her zu bestimmen. Der liegt im Neuen Testament. Und wenn er hier nicht nachzuweisen ist, dann ist das Kirchenrecht allerdings keine legitime Angelegenheit in der evangelischen Kirche. Ganz einerlei, wie man die Wandlungen seiner Form in vorreformatorischer und nachreformatorischer Zeit beurteilt – daß es sich in irgendeiner Form im Neuen Testament selbst findet, das ist schlechthin entscheidend. Insofern hängen Ursprung und Wesen des Kirchenrechtes untrennbar zusammen. Und die mit dieser Problematik gegebenen Fragen können nur im Zusammenwirken der Neutestamentler mit Kirchenrechtlern und Kirchenhistorikern gelöst werden.

Wieweit hier ein Unterschied zwischen katholischer und evangelischer Rechtswissenschaft besteht, wird am ehesten deutlich, wenn man zwei Fundamentalwerke, die Kirchliche Rechtsgeschichte von Feine und das Lehrbuch von Eichmann-Mörsdorf, miteinander vergleicht[2].

Eichmann-Mörsdorf gehen aus von einem allgemeinen, naturrechtlich begründeten Begriff des Rechts. Es ist „Ordnung des gesellschaftlichen Lebens", auch in der Kirche als einer Gemeinschaft von Menschen. „Das Kirchenrecht nimmt teil an der allgemeinen Natur des Rechtes und gewinnt seine Eigenart dadurch, daß es das Recht einer durch göttliche Stiftung ins Dasein gerufenen und in sakramentalem Leben wurzelnden Gemeinschaft darstellt" (S. 26). Das kirchliche Recht ist also nur ein Spezialfall des staatlichen: „Die kirchliche Rechtsetzung vollzieht sich, formal gesehen, in gleicher Weise wie die staat|liche", nur daß sie über

---

[1] *Linton,* Das Problem der Urkirche.
[2] *Feine,* Rechtsgeschichte, Bd. 1. – *Eichmann-Mörsdorf,* Kirchenrecht, Bd. 1.

klarere Richtlinien aus dem natürlichen und positiven göttlichen Recht
verfügen kann (S. 29); Christus selbst hat sie gelegt bzw. bestätigt. Damit gewinnt also auch das katholische Kirchenrecht die Anknüpfung an
das Neue Testament; sie ist aber nicht exegetisch aus ihm gewonnen,
sondern es werden letztlich außerchristliche Gedanken[3] in die biblischen
Urkunden hineingetragen.

Demgegenüber bemüht sich Feine um ein geschichtliches Verständnis
des Neuen Testamentes. „Schon die Christengemeinden des apostolischen und nachapostolischen Zeitalters haben unter einer christlichen
Rechtsordnung gelebt, als organisierte Gemeinschaften auf Erden eine
solche Ordnung gar nicht entbehren können, wenn sie auch durchaus sa-
kral empfunden und von religiösen Kräften getragen wurde."[4] Vergleichen wir die Formel mit dem obigen katholischen Ansatz, so gewahren
wir trotz der Anknüpfung an das Neue Testament kaum einen ernsthaften Unterschied: auch hier ein Gemeinschaftsrecht, das von der Kirche
aus religiösen Gegebenheiten[5] in besonderer Weise angewendet wird.
Und dabei ist Feine sicherlich von der katholischen Tradition unabhängig. Fragt man, von wem er herkommt, so wird man schließlich an Harnack gewiesen, bei dem ein im Grunde profanes Genossenschaftsrecht
den Mittelpunkt des Kirchenrechtes bildet, um den herum allerlei religiöse Motive schwingen, die jedoch ohne spezifisch rechtliche Bedeutung
sind[6]. Sohm scheint völlig vergessen, jedenfalls der jüngere Sohm, der
das Recht in schroffen Gegensatz stellte zum Geist und damit zur Kirche; soll man es als eine Konzession an den älteren Sohm auffassen, der
das altkatholische Sakramentsrecht bis zum Decretum Gratiani verfolg-

---

[3] Ius suum cuique tribuit; ubi societas, ibi ius (*Eichmann-Mörsdorf*, S. 13 f.).

[4] Rechtsgeschichte, Bd. 1, S. 1.

[5] Sie spielen auch bei *Eichmann-Mörsdorf* eine Rolle: „Es ist heiliges Recht, nicht
nur in dem Sinne, daß es der Aufrichtung des Gottesreiches auf Erden und damit der
Heiligung der Welt zu dienen bestimmt ist, sondern zutiefst dadurch, daß es dem sakramentalen Leben der Kirche verbunden ist und Anteil an dem sakramentalen Wesen
der Kirche hat" (aaO., S. 29).

[6] Vgl. *Feine*, aaO., S. 22 f., wo der Gegensatz zwischen Geist und Amt, zwischen
Prophetentum und Gemeindeverwaltung so gelöst erscheint, daß letzteres sich allein
durchsetzt. „Das Recht, bisher von der Liebe überdeckt, tritt mehr und mehr in reiner
Gestalt hervor, im Sinne einer von Gott gewollten Ordnung der Dinge, wie Gott im
Grunde alle Ordnung und Obrigkeit gesetzt hat." Dabei erscheint dann freilich diese
„reine Gestalt" des Rechtes bei Feine wie bei Harnack doch wieder in verunstalteter
Form: „Das endgültige Ergebnis der Verrechtlichung wurde freilich nicht eine körper-
schaftlich organisierte Gemeinde, sondern die zunächst allerdings stark mit genossenschaftlichen Beimischungen durchsetzte Gestalt der Bischofskirche" (*Feine*, aaO., S.
32).

te, wenn Feine jenes kirchliche Gemeinschaftsrecht als „durchaus sakral *empfunden*" (!) bezeichnet? Das | wäre freilich als eine Synthese zwischen Harnack und Sohm zu bezeichnen, die keinem der beiden Genüge täte.

Und doch scheint sich im letzten Menschenalter in der theologischen Betrachtung der rechtlichen Gegebenheiten des Urchristentums eine gewisse Synthese anzubahnen; hoffentlich nimmt sie das Wahrheitsanliegen der beiden großen Gelehrten vom Anfang unseres Jahrhunderts in der rechten Weise auf. Und vielleicht kann man die Anfänge dieser Synthese bis auf den älteren Harnack und den älteren Sohm selbst zurückverfolgen; nur daß beide aus Gründen persönlicher Verhärtung den Weg nicht mehr zueinander finden konnten. Hat doch erwiesenermaßen der spätere Harnack den eigentlich geistlich-charismatischen Motiven urchristlicher Ordnung im Laufe seiner wissenschaftlichen Arbeit immer größeres Gewicht zuerkannt. Und Sohm andererseits hat doch am Ende seines Lebens die Starrheit seiner positivistischen Rechtsanschauung erweicht. Er hat das Recht nicht ausschließlich angesehen als menschliche Gabe, verliehen als Teilhabe an menschlicher Macht, die auch von Menschen wieder entzogen werden kann; er läßt es sich nicht nur auf das leibliche Leben erstrecken und sich äußern in Geboten, die mit Strafandrohungen verschärft sind; er erblickt darin also nicht nur eine Zwangsgewalt, ausgeübt unabhängig von der Zustimmung derer, die sie trifft[7]. Sondern wenn der alternde Sohm die Grundsätze des altkatholischen Kirchenrechts[8] entwickelt, beschreibt er damit ein Recht rein geistlicher Art, das göttliches Recht ist und allein mit Zwangsmitteln geistlicher Natur arbeitet. Ja, dieses Sakramentsrecht ist so stark und ausschließlich auf geistliche Entscheidungen gerichtet, daß es sich in der Welt der rauhen Wirklichkeit nicht durchzusetzen vermag und zwangsläufig von dem neukatholischen Korporationsrecht abgelöst werden muß. Ganz einerlei, wie man zu dieser Konzeption eines altkatholischen sakramentalen Rechtes steht[9], auf | alle Fälle muß man zugeben, daß Sohm hier mit

---

[7] Vgl. die schöne antithetische Zusammenstellung von *Foerster,* Sohms Kritik, S. 66 ff.

[8] *Sohm,* Altkath. KR.

[9] Es ist immerhin bemerkenswert, daß die katholischen Gegner *Sohms,* die direkt gegen ihn aufgestanden sind, ihm wie Bileam nicht fluchen können, obwohl sie wahrlich nicht auf einem Esel reiten, sondern über eine beachtliche Gelehrsamkeit verfügen. *Barion* (Rudolph Sohm) kommt in einer geistvollen Analyse der *Sohm*schen Gedanken zu einer Bejahung seiner Thesen, diese freilich an den Voraussetzungen gemessen, von

einem Rechtsbegriff arbeitet, der von seinem ursprünglich für allein
maßgeblich gehaltenen weit abliegt, daß er hier ein geistliches Recht anerkennt, das ausschließlich aus geistlichen Prämissen gewonnen ist und
nicht als Abwandlung eines rein weltlichen Genossenschaftsrechts verstanden werden kann, zu ihm vielmehr in striktem Gegensatz steht. Mit
einer feinen Ironie wirft er seinen Gegnern das Schlagwort von der
„pneumatischen Anarchie" zurück[10]: Jenes sakramentale Recht war so
geistlich, daß der Versuch seiner Durchsetzung im Investiturstreite eine
pneumatische Anarchie, ein rechtliches Chaos hinterließ; die Schaffung
eines rein „juristisch" gedachten neukatholischen Kirchenrechts von seiten der Päpste und ihrer am römischen Recht geschulten Juristen war
die unausbleibliche Folge.

Sohm gibt also – wenn auch nicht für das Urchristentum, so doch
für die altkatholische Zeit bis zum Anbruch des Hochmittelalters – die
Existenz eines geistlichen Rechtes zu und erkennt damit die Möglichkeit
an, daß das Recht nicht nur als menschlich begründetes Ordnungsrecht,
sondern auch von oben her, auf göttlich-pneumatische Weise seine Gestalt gewinnen kann[11]. Das ist die eine Erkenntnis, die die Besinnung
auf Ursprung und Wesen des Kirchenrechts im letzten Menschenalter
vorwärts getrieben hat: Es gibt verschiedene Arten nicht nur von
Rechtsbegründung, sondern auch von Recht. Und so gibt es auch ein
geistliches, ein heiliges Recht, das nicht aus den Erfordernissen menschlichen Gemeinschaftslebens entsteht, das einer übermenschlichen Wirklichkeit und Gewalt Rechnung trägt. Das Heilige, an das es bindet,
kann sich auf verschiedene Weise offenbaren, auf mannigfaltige Art erfahren werden. Die spezifische Art, wie auf dem Boden neutestamentlicher Gottes- und Heilsoffenbarung solch heiliges Recht sich auswirkt,
muß erforscht und dargestellt werden.

Und damit ist ein weiteres Element gegeben, durch das die Entwick-

---

denen *Sohm* ausgeht; ja, er nimmt ihn sogar gegenüber *Günther Holstein* in Schutz.
Nur von den Voraussetzungen seiner eigenen katholischen Theologie aus muß er ihn
ablehnen, sich als Jurist gegenüber den Theologen bescheiden. Und die beiden aus *Gill-
manns* Schule stammenden Würzburger Dissertationen (*Fuchs*, Der Ordinationstitel;
Schebler, Die Reordinationen) gelangen bei aller Distanz im Grundsätzlichen bei der
Nachprüfung des Einzelmaterials doch zu weitgehenden Übereinstimmungen mit
Sohm.

10 *Sohm*, Altkath. KR, S. 126 ff.

11 Er wird als Protestant und unter Berufung auf das NT dem altkatholischen Kirchenrecht grundsätzlich diesen Charakter bestreiten. Aber er erkennt als Historiker an,
daß es sich unter dem Anspruch darauf durchgesetzt und die Geschichte ein Jahrtausend hindurch bestimmt hat.

lung des Kirchenrechtes gefördert worden ist. Die Vorstellungen, die Rudolph Sohm von der neutestamentlichen Geistlichkeit entwic|kelt, widersprechen – das dürfte heute allgemein anerkannt werden – den Tatsachen. Er erblickt in dem Pneumatiker einen Enthusiasten; er versteht die Freiheit des Geistes im Sinne der idealistischen Freiheit der Persönlichkeit[12]. Hier ist die innere Erfahrung der evangelischen Christenheit, hier ist auch ihre Theologie weit über die Erkenntnisse hinausgewachsen, die um die Jahrhundertwende herrschend waren. Gewiß besteht H. D. Wendlands oft wiederholte Klage zu Recht, daß die evangelische Theologie ihre Pneumatologie noch nicht genügend entwickelt habe; gewiß ist die geistliche Erfahrung der Christenheit noch mangelhaft. Aber im Verständnis dessen, was πνεῦμα im Neuen Testament bedeutet, sind wir doch weiter gekommen; und in demselben Maße ist auch die Erkenntnis von Ursprung und Wesen geistlichen Rechtes in der Urchristenheit fortgeschritten.

Schon Linton[13] hat die Beobachtung gemacht, daß in der neutestamentlichen Forschung der letzten Jahrzehnte das Anliegen Sohms sich immer mehr durchgesetzt hat. Und wir fügen hinzu, daß dabei die Realitäten, die hinter den Begriffen „Recht" und „Geist" stehen, immer klarer und besser, als Sohm es vermochte, erfaßt worden sind[14]. Es hat sich dabei immer deutlicher herausgestellt, daß sie beide eng zusammengehören.

In geistesgeschichtlicher Analyse hat Linton zunächst negativ gezeigt, wie die Begrifflichkeit sowohl beim Recht wie beim Geist von den Ideologien des 18. und 19. Jahrhunderts bestimmt ist. Hinter dem Konsensus von 1880, gegen den Sohm aggressiv wird, stehen „modern-protestantische Ideen", „reformiert-kongregationalistische, politisch-demokratische, idealistisch-individualistische" (S. 9). Letztere wirken aber auch in Sohms Geistanschauung nach: „Unsere moderne Auffassung des Geistes ist ‚geistig', die urchristliche war konkret" (S. 63); seit Gunkel sind wir auf dem Wege, sie zu erfassen (S. 121 ff.). Dabei ergibt sich der Zusammenhang zwischen Geist und Kultus, Ordnung und Kultus und damit die Möglichkeit charismatischer Ordnung. Auch wo „angewöhnte kor-

---

[12] In einer Weise, die grotesk und rührend zugleich ist, sind diese Züge übersteigert in der Verteidigung, die *Foerster*, Sohms Kritik, seinem Lehrer gewidmet hat.

[13] *Linton*, Das Problem der Urkirche.

[14] Einen wichtigen Beitrag leistet *Friedrich* (Geist und Amt, S. 61 ff.), indem er in sauberer begriffsgeschichtlicher Untersuchung Geist und Amt – jedes für sich und im Verhältnis zum anderen – beschreibt. Ich bin Herrn Kollegen *Friedrich* auch für wertvolle literarische Nachweise dankbar.

porative Elemente" (S. 188) nachweisbar sind, sind sie nicht konstitutiv, sondern Ausdruck charismatischer Akte. Sie | vollziehen sich in der Kultgemeinde; und diese ist keine pneumatische Anarchie, sondern eine „beschließende ungleichmäßige Versammlung" (S. 189). Ihre Aufgliederung sowohl wie ihre Entschlüsse setzen Ordnungstendenzen voraus, hinter denen Rechtsprinzipien stehen. Sie müssen sich finden lassen auf dem Wege historischer Vergleichung.

Diese kann sowohl von der Umwelt aus wie im Rückschluß von späteren Rechtsformen her erfolgen[15]. Das alles setzt die Erkenntnis voraus, daß die Charismen nicht als persönliche Ausrüstung des Einzelnen zu verstehen sind; sie sind vielmehr der gottesdienstlichen Gemeinde als ganzer verliehen. Geist und Amt, Geist und Tradition rücken damit nahe aneinander. „An der Quelle der ekstatischen Erlebnisse entsteht Tradition"; sie ist kein Zeichen dafür, daß die Geistesmacht versagt. Im Gegenteil, der Pneumatiker kann Amtsträger sein, ja sogar Amtsschöpfer werden.

Alle diese Erkenntnisse Lintons — bei ihm zuweilen durch allzu starke psychologische Erörterungen getrübt — sind Gemeingut der kommenden Forschung geworden. Von Campenhausen hat sie sich schon 1941 zu eigen gemacht; in seinem Aufsatz über „Recht und Gehorsam in der ältesten Kirche"[16] hat er das Verhältnis von Geist und Recht neu untersucht. Dabei lehnt er, unter Berufung auf Hans von Soden, eine Entgegensetzung von Geist und Recht ab, betont aber, daß im Urchristentum immer der Geist dem Recht und einem auf heiliges Recht begründeten Amt vorgeordnet bleibt.

So wird also der Geist nicht mit Sohm als das Prinzip reiner Innerlichkeit verstanden, sondern als Christi Geist immer geschichtlich und immer konkret gefaßt; er bezieht sich immer auf das kirchenbegründende Wort. Damit ist aber auch gesagt, daß dem Geist kein materiales Recht entquillt; sein Wirken wird vielmehr an der Art erkennbar, wie die vorhandene oder sich bildende Ordnung gewertet wird, wie der Geist in ihr

---

[15] Man muß versuchen, „das Recht der Alten Kirche *genetisch* aus dem orientalischen Recht, *regressiv* aus dem Recht der anatolischen Kirchen zu verstehen" (*Linton*, aaO., S. 195).

[16] *Campenhausen*, Recht und Gehorsam, S. 279 ff. Daß aus den 14 Jahren, seitdem *Lintons* Zusammenfassung erschienen war (1946 kamen *Ed. Schweizers* Arbeiten heraus), nur dieser eine Aufsatz zu nennen ist und daß die weitere Debatte erst nach dem deutschen Zusammenbruch einsetzte, ist ein Zeichen dafür, wie lange die theologische Wissenschaft brauchte, um den vom Kirchenkampf ausgehenden Impulsen nachzukommen.

sich auswirkt, ohne sich von ihr binden zu lassen. So wäre es falsch, mit
Günther Holstein in den nachpaulinischen Gemeinden ein „embryona-
les" Recht patriarchalischer Art finden zu wollen[17], | aus dem sich dann
der Altkatholizismus organisch entwickelt hätte. Es besteht vielmehr
pneumatische Ordnung auch in patriarchalischen Formen, solange sie im
Geiste dienender Demut begründet und im Geiste freiwilligen Gehorsams erfüllt werden. Der Geist wirkt nicht im Gegensatz zu den Ordnungen, sondern in ihnen und durch sie – dieses Verständnis von 1. Kor.
12–14 kann man wohl als heute unaufgebbar bezeichnen.

Wie ist aber unter diesen Voraussetzungen die Frage nach dem Wesen
geistlichen Rechtes zu beantworten? Von Campenhausen ist wohl der erste, der in diesen rechtsgeschichtlichen Zusammenhängen auf den eschatologischen Charakter des Geistes hinweist und der damit der ganzen
Auseinandersetzung die rechte Richtung gegeben hat. Der Geist ist das
Pfand, das Angeld der endzeitlichen Vollendung. Daraus ergibt sich die
Vorläufigkeit aller rechtlichen Ordnungen. Und das heißt wiederum, sie
dürfen nicht unter abstrakten Gesichtspunkten gewertet werden, die ihnen einen Seinscharakter zuschreiben wollen; alle Kategorien, die etwas
Derartiges ausdrücken möchten („Freiheit oder Zwang, Veränderlich-
keit oder Unveränderlichkeit, Göttlichkeit oder Menschlichkeit des ältesten Kirchenrechtes"), sind hinfällig. Weil der Geist immer auf Christus
weist, wird zwar das geistliche Recht immer als von Christus herkom-
mend, als apostolisch verstanden; aber es muß sich auch stets an diesem
Ursprung prüfen lassen. *Alle* Ämter sind Charismen; es gibt keine bloßen Verwaltungs- oder gar Leitungsämter. Auch die „Kybernesis" ist
eine geistliche Gabe. Aber darum hat kein Amt absolute Gewalt in der
Kirche; *alle* Gemeindeglieder – die Amtsträger einbegriffen – sind
Pneumatiker und unterstehen damit der Leitung des Heiligen Geistes.
„Das urchristliche ‚Recht' des Amtes ist somit kein formales und kein
absolutes Recht" (S. 286). Aber eben doch ein Recht, weil das Charisma
eine Dauerbegabung ist, die nicht sporadisch aufflammt und dann plötzlich verlischt; weil der geistliche Auftrag und Beruf einen dauernden
Dienst begründet; und weil daher Gabe und Auftrag dauernder Ordnungen bedürfen, deren Art nicht festliegt, deren Gültigkeit immer in
Frage gestellt bleibt, deren Handhabung immer der geistlichen Kritik
unterliegt, die aber nie beseitigt werden können, ohne daß andere an
ihre Stelle treten.

---

[17] Vgl. *Holstein*, Grundlagen, S. 56 ff.

Zehn Jahre später hat von Campenhausen dieselbe Problematik am Problem von *Tradition* und Geist aufgezeigt[18]. Die Parallelen sind offenkundig: Die Tradition steht nicht im Widerspruch zum Geist, bleibt ihm aber untergeordnet. Sie ist keine in sich selbst verständliche | Wahrheit, die in allgemeinen Kategorien gefaßt werden könnte, sondern sie ist immer auf das Christusereignis bezogen. Sie ist nicht in sich abgeschlossen, sondern weist über sich hinaus auf ein Eschaton hin. Als geisterfülltes Wort des Leben wirkenden Zeugnisses ist sie in alledem grundsätzlich verschieden von der gesetzlichen Tradition des Judentums, immer freilich in Gefahr, sich wie diese zu verstehen und damit der Verkehrung anheimzufallen[19].

Aber es handelt sich nicht nur um Parallelen, sondern es besteht ein direkter Zusammenhang zwischen Tradition und Recht. Indem die Tradition immer nach Trägern verlangt, die für ihre richtige Weitergabe verantwortlich sind, fordert sie rechtliche Ordnungen, in denen das geschieht und die im Urchristentum an demselben vorläufigen Charakter allen Rechtes Anteil haben, d. h. sie fordert das Amt.

Für „den urchristlichen *Apostel*begriff"[20] hat von Campenhausen diese Zusammenhänge klargelegt. „An der richtigen Erkenntnis des Apostolats hängt ... die Begründung jeder kirchlichen Vollmacht und jedes kirchlichen Rechtes" (S. 97). Der juristische terminus technicus „schaliach" als Bezeichnung für den bevollmächtigten Stellvertreter bildet die hellenistisch-jüdische Grundlage für den christlichen Apostelnamen. Auch hier wieder kann man sehen, wie eine überlieferte Rechtsform von der christlichen Gemeinde mit eigenem geistlichen Inhalt gefüllt wird. Denn der Apostel ist Pneumatiker, Wundertäter; aber mehr noch, er ist Augenzeuge des geschichtlichen Jesus, zum mindesten Zeuge seiner Auferstehung und von dem Auferstandenen gesandt. Damit aber ist er der Hort und Träger aller Geschichts- und Lehrtradition, nicht unfehlbare Autorität – die besitzt Christus allein –, aber doch maßgebliche Autorität für alle Fragen der Lehre und des Lebens. Darum fordert er Gehorsam und hat die Gewalt, seine Forderung durchzusetzen. Aber er wendet sie nicht an – wenigstens Paulus tut es nicht. Er ist nicht

---

[18] *Campenhausen*, Tradition und Geist im Urchristentum, S. 351 ff.
[19] Viel stärker treten diese „pneumatischen" Elemente der Tradition hervor bei *Cullmann*, Tradition als Problem. Hier wird der Versuch gemacht, den erhöhten Herrn direkt mit der Tradition zu verbinden. „Er ist gleichzeitig ihr Inhalt und ihr Urheber" (S. 19).
[20] *Campenhausen*, Apostelbegriff.

Herr seiner Gemeinde, sondern ihr Mithelfer zur Freude. Er „sucht nicht Unterordnung, sondern Gemeinschaft" (S. 124).

Auch hier stoßen wir auf denselben Charakter geistlichen Rechtes, den wir überall angetroffen haben. Und die Tradition, die weitergegeben wird, ist unabgeschlossen, weist nach allen Seiten über sich selbst hinaus, wie es dem Traditionsbegriff des Neuen Testamentes entspricht. Aber noch im Laufe des ersten Jahrhunderts, vielleicht also | noch zu ihren Lebzeiten, werden die Apostel zum Fundament der Kirche. Bei der Bejahung ihrer Autorität geht es „um die Identität der geschichtlichen Offenbarung und der Kirche mit sich selbst" (S. 119). Geistliche Vollmacht begründet die Tradition und wird durch sie begründet; und in dieser gegenseitigen Durchdringung bilden beide ein Element geistlicher Ordnung, ein Fundament geistlichen Rechts.

Überprüft man die Gesamtposition, die sich von Campenhausen erarbeitet hat und von der aus er an sein Hauptwerk herangeht, so sind die Punkte deutlich, an denen er über Linton hinauskommt. In den einzelnen zentralen Problemen, an denen er das Verhältnis von Recht und Geist illustriert, spiegelt sich die Mannigfaltigkeit der neutestamentlichen Tatbestände und Anschauungen; sie dulden zwar keine Systematisierung nach unseren Begriffen, aber sie müssen in ihrer Bezogenheit auf den Geist begriffen werden. Und dabei ist das Entscheidende, daß alles Geistesgeschehen als ein eschatologisches Ereignis, aller Geistbesitz als Hinweis auf das Eschaton verstanden wird. Daß die psychologischen Kategorien, die Linton gern gebraucht, durch ein eschatologisches Denken abgelöst sind, darin liegt ein Hauptfortschritt der Forschung.

Von seinem besonderen theologischen und kirchlichen Standort aus hat Eduard Schweizer seinen Beitrag zu ihr geleistet[21]. Gestützt auf die bekannte Arbeit von Käsemann versteht er die Gemeinde streng als Leib Christi: Als „die Gestalt Jesu Christi" hat sie Anteil an seiner Existenz zwischen Himmelfahrt und Wiederkunft, steht sie im „Noch-nicht" und im „Doch-schon". Dieses ihr eschatologisches Sein überträgt sich auch auf ihre Ämter und Ordnungen. Die Ämter sind Dienst (διακονία), nichts Herrschaftliches haftet ihnen an; alle Herrschaftsbezeichnungen, die das Griechentum kennt und die auch die Septuaginta auf den Dienst in der Gottesgemeinde anwendet, fehlen im Neuen Testament. Alle Dienste sind gleichwertig, weil alle charismatisch; bloß administrative Ämter gibt es nicht. Insofern bekennt sich Schweizer zu Sohm; auch

---

[21] *Schweizer*, Das Leben des Herrn, und zusammenfassend und weiterführend: Die neutestamentliche Gemeindeordnung, S. 338 ff.

darin, daß in der Wahl der Gemeinde Gott handelt und die Gemeinde sein Handeln nachträglich anerkennt. Aber beide, Harnack und Sohm, machen das bekehrte Individuum selbstherrlich und gemeindelos, stehen also in gleicher Verdammnis. Sohm läßt zudem die Treue Gottes zu seinen Gaben außer acht. Sie erfordert – im Normalfalle – die Dauer charismatischer Begabung für den einzelnen | und die Traditionsgebundenheit – die doch für Sohm mit dem Recht aufs engste zusammenhängt – für die Gemeinde. Und Sohm schränkt die Vollmacht Gottes ein, indem er von dem geistlichen Handeln die Strafgewalt ausschließt, die auch sichtbare Folgen nach sich ziehen kann. Wie es also für Schweizer kein vorrechtliches Stadium der Christenheit gegeben hat, so gibt es für ihn auch kein geistliches Recht ohne zwingende Gewalt (S. 120 ff.) – eine Vorstellung, die von Campenhausen immer wieder betont abweist und die sicher nur mit großer Vorsicht und in geläuterter Form in der Debatte geltend gemacht werden kann.

Zwei Arbeiten aus dem Jahre 1952 – von Greeven und Kohlmeyer[22] – führten die Entwicklung weiter. Greevens umsichtige Untersuchung stellt für die drei in seinem Thema genannten, in den paulinischen Gemeinden nachweisbaren Dienste fest, daß es sich in ihnen um abgegrenzte oder – bei der Prophetie – im Übergang zu fester Abgrenzung befindliche Gruppen handelt. Alle beruhen sie aber auf besonderer charismatischer Begabung, unbeschadet der Tatsache, daß alle Gemeindeglieder das Pneuma empfangen haben; alle diese Dienste sind damit zugleich Zeichen für den Anbruch der Endzeit.

Natürlich bestehen Abstufungen. Am deutlichsten ist die charismatisch-eschatologische Bewertung bei den Propheten; die Notwendigkeit ihres Dienstes wird gegenüber einer Überschätzung der Glossolalie besonders hervorgehoben. Aber auch die διδάσκαλοι sind Geistträger, wenn auch am weitesten von jeder Ekstase entfernt. Mag auch der technische Sinn des absolut gebrauchten Namens auf Zusammenhänge mit der griechisch sprechenden Synagoge hinweisen, mag es sich bei der „Lehre" wie im Judentum um die Weitergabe geformter Tradition handeln: es geht doch um die neue, geisterfüllte und geistwirkende Tradition des neuen Gottesvolkes; Geist und Tradition gehören zusammen. So sind Apostel, Propheten und Lehrer nicht scharf voneinander zu trennen. Auch der Apostel Paulus übt die Prophetie; auch die Propheten lehren; nur die Katechumenenunterweisung ist wohl mit einer gewissen Ausschließlichkeit

---

[22] *Greeven*, Propheten, S. 1 ff.; *Kohlmeyer*, Charisma oder Recht?, S. 1 ff.

den „Lehrern" vorbehalten. In der Reihe der Apostel, Propheten und Lehrer bildet also das folgende Amt immer einen Ausschnitt aus dem vorhergehenden.

Aber auch die Vorsteher (προϊστάμενοι, κοπιῶντες, νουθετοῦντες) sind Pneumatiker; bloße Verwaltungs- oder Repräsentationsaufgaben | gibt es nicht. Fragt man, welche Funktionen diesen Vorstehern nach dem Zeugnis der paulinischen Briefe zufallen, so werden nur Aufgaben sichtbar, die besondere pneumatische Begabung erfordern; die Vorsteher sind also mit den vorgenannten Charismatikern identisch. Zwar hat nicht jeder Prophet oder Lehrer Vorsteherfunktionen, aber kein Nicht-Prophet oder Nicht-Lehrer befindet sich in leitender Stellung. Nur eine Gesamtleitung besteht in den paulinischen Gemeinden noch nicht, auch nicht für den Gottesdienst. Die Gesamtleitung übt allein der Geist aus; er ordnet das Zusammenwirken der Geistträger.

Während so bei Greeven der Geist das organisierende Prinzip darstellt, müht sich Kohlmeyer um die Klärung der neutestamentlichen Vorstellungen vom Recht. Sowohl in der Ortsgemeinde judenchristlichen (Mt. 18,15 ff.) wie der heidenchristlichen Gepräges (1. Kor. 5,1 ff.) sieht er ein theokratisches Recht am Werke, das hinter der Disziplinargewalt der Gemeinde steht. Im Falle der judenchristlichen Gemeindezucht wirkt die sakrale Bannpraxis des Judentums nach, die die rituelle Unreinheit des Gebannten voraussetzt. Im Falle des korinthischen Blutschänders begegnen wir einer Übergabe an den Satan, die mit der antiken Devotion an die Götter der Unterwelt – Deißmann muß hier als Kronzeuge dienen – allernächste Verwandtschaft besitzt.

Als erster in unserem Überblick erfüllt also Kohlmeyer Lintons Forderung, man müsse die Rechtsvorstellungen des Neuen Testamentes mit denen der Umwelt vergleichen. Und er kommt dabei zu einem positiven Ergebnis. „Die Rechtsbildung im Urchristentum ... hat eine ganze Anzahl Keime, vom spätjüdischen Sakralrecht bis zum ‚hellenistischen‘ Kultus- und Sakramentsrecht" (S. 15 f.); es trägt selbst sakralrechtlichen Charakter. Insofern aber ist es immer geistgewirkt; und zwar ist nicht, wie Sohm meint, der einzelne der Träger des Charismas, sondern die ganze gottesdienstlich versammelte Gemeinde handelt in der Kraft des Pneuma.

Nach diesem gleichsam „öffentlichen" geistlichen Recht gibt es auch ein „privates". Der Verzicht auf den heidnischen Richter macht schiedsrichterliches Verfahren innerhalb der Gemeinde erforderlich. An dieser privaten Rechtsprechung ist nichts Sakrales. Vorbild ist hier offensichtlich die Praxis der jüdischen Synagoge; sie bietet für die Entscheidung auch die inhaltlichen Normen. Dabei tritt die aktive Mitwirkung der ganzen Gemeinde naturgemäß von Anfang an zurück; der Ansatzpunkt für die spätere bischöfliche Gerichtsbarkeit ist hiermit gegeben.

Die Eigenart jenes urchristlichen Sakralrechtes, das Kohlmeyer erstmalig festgestellt hat, hat dann Käsemann an einigen charakteristischen | Punkten näher zu bestimmen versucht[23]. Er geht aus von Anklängen an das Ius talionis, die sich im Neuen Testament finden (z. B. 1. Kor. 3,17; 14,38; 16,22); formgeschichtlich betrachtet haben solche Sätze in alttestamentlichen und sonstigen antiken Quellen ihre Vorbilder. Inhaltlich aber unterscheiden sie sich von ihnen durch ihren eschatologischen Bezug. Das Ius talionis fordert zwar ein gegenwärtiges Urteil heraus, dieses wird aber erst am Jüngsten Tage vollstreckt; freilich steht dieser unmittelbar bevor und wird jetzt mit prophetischer Vollmacht verkündigt. Die Glieder der Kirche stehen schon jetzt unter dieser Verkündigung und insofern im Endgericht. „Der Charismatiker warnt nicht bloß, sondern proklamiert die bereits gegenwärtige Macht des Richters" (S. 251). Christus selbst ist dieser Richter; das über der Gemeinde stehende Recht geht von ihm aus und ist ihm eigen.

An dem Verfahren gegen den Blutschänder (1. Kor. 5,3 ff.) wird die Eigenart dieses Rechtes am besten offenbar. Es handelt sich um einen solennen Rechtsvorgang, in den auch die Strafe mit allen ihren Konsequenzen mit eingeschlossen ist. Scheinbar ist der prophetisch handelnde Apostel der Richter; die Gemeinde hat das Recht der Akklamation. In Wirklichkeit aber handelt der im Geist anwesende Herr. Und die Strafe, die er verhängt, umfaßt Geistliches und Leibliches in einem. Mit Recht erinnert Käsemann an die Taufe als ein geistlich-leibliches Geschehen. Indem die Möglichkeit offen bleibt, daß der Verurteilte endlich gerettet wird, wird die Wirksamkeit der Taufe nicht annulliert; Gottes Freiheit bleibt gewahrt. Das ganze Verfahren zeigt, „daß der Apostel unsere Antithesen von Geist und Leib, Gericht und Gnade, dem himmlischen Christus und dem auf Erden durch seinen Geist und dessen Werkzeuge wirkenden Herrn, vor allem jedoch von Geist und Recht nicht teilt" (S. 253).

Wie kann der Charakter dieses geistlichen Rechtes näher umschrieben werden? Es ist klar: es handelt sich nicht um ein Vereins-, Verwaltungs- oder Disziplinarrecht! Käsemann lehnt aber auch den von Kohlmeyer

---

[23] *Käsemann*, Sätze Heiligen Rechtes im NT, S. 248 ff.

gebrauchten Begriff des Sakralrechtes ab; am ehesten scheint ihm noch
das antike Ordalrecht zum Vergleich herangezogen werden zu können[24]. Aber auch diese Zusammenhänge verfolgt er nicht näher; man
würde wohl auch über formale Parallelen kaum | hinauskommen. Ent-
scheidend ist doch, daß dieses charismatische Gottesrecht eschatologisch
ausgerichtet ist; damit tritt es in enge Verbindung mit dem neutestamentlichen Heilsverständnis und distanziert sich von allen religionsgeschichtlichen Entsprechungen. Und als eschatologisches Gottesrecht ist es
ausschließlich an das Wort gebunden, vollzieht es sich allein in der Proklamierung dieses Wortes.

Die Einzigartigkeit des geistlichen Rechtes im Urchristentum besteht
also darin, daß es weder äußerer Riten noch Institutionen bedarf, noch
mit formaler Rechtsgewalt ausgestattet ist. Der Prophet, der in seiner
Mahn- und Strafrede Gottes vergeltendes Handeln am Jüngsten Tage
proklamiert, ist sein Träger, der wiederkommende Christus sein Voll-
strecker. Auch wo dieses Recht Ordnungen des Gemeindelebens aus sich
heraus setzt und die Unterwerfung unter sie fordert, ist es nicht auf die
Unverbrüchlichkeit dieser Ordnungen aus, sondern will nur das der Liebe im Augenblick Erforderliche festlegen und verlangt die freie Einsicht
des geisterfüllten Christen in die damit gegebenen Notwendigkeiten.
„Die Liebe ist hier also nicht der Ersatz des Rechtes, sondern seine Ra-
dikalisierung. Sie beschlagnahmt mit dem Leibe zugleich Einsicht und
Herz." Dieses eschatologische Recht „dekretiert die totale Hingabe der
Freien und ist darin Recht und Gesetz, daß es Widerstand unter den
Fluch stellt, und ist darin Geist, daß es den sehenden Gehorsam ermöglicht" (S. 255).

Charismatisches Recht als Ausdruck eschatologischen Gottesrechtes –
mit dieser Formel wäre wohl im Sinne Käsemanns das im Neuen Testament wirksame Recht umschrieben und gegen alle anderen Rechtsbildungen innerhalb und außerhalb der Christenheit abgegrenzt. Daß diese
Formel gewonnen werden konnte, ist das Ergebnis einer mehr als zwan-
zigjährigen Forschungsarbeit, der man – man mag die Einzelergebnisse
beurteilen, wie man will – eine gewisse innere Geschlossenheit und Fol-
gerichtigkeit nicht abstreiten kann.

Die Entwicklung, die wir verfolgt haben, ist vor sich gegangen unter
Absehung von den spezifisch juristischen Fragestellungen und Begriffen.

---

[24] Wobei man nicht vergessen darf, daß Ordalzeremonien auch da, wo die Gottheit
das Schuldig spricht, ursprünglich der Urteilsfindung dienen und den Missetäter von
seiner Schuld überführen sollen; vgl. *Latte,* Heiliges Recht.

Sie ist nur möglich gewesen im Rahmen der spezifisch theologischen Interpretation des Neuen Testamentes, die für das letzte Menschenalter typisch gewesen ist und die alle anderen Auslegungsmethoden individualpsychologischer oder kulturpsychologischer Art an den Rand gedrängt hat. Gerade in dieser selbstgewollten Beschränkung liegt der Wert dessen, was schließlich als Ergebnis herausgekommen ist.

Das Ergebnis ist nicht unbestritten. Die katholische Forschung auf dem Gebiete des Neuen Testamentes ist an seinem Zustandekommen nicht beteiligt, kann es, so wie es vorliegt, auch aus dogmatischen Grün|den nicht übernehmen[25]. Auch ein Mann wie Bultmann hält sich sehr zurück. In der 1953 herausgekommenen Schlußlieferung seiner Neutestamentlichen Theologie (§§ 51 ff.) ist die bis dahin erschienene und von uns verwertete Literatur sorgfältig verzeichnet. Gegen ihre Ergebnisse wird nicht polemisiert, aber sie werden nur sehr selbständig und mit starken Einschränkungen benutzt, sie treten also nur ganz von ferne in Erscheinung. Daß Geist und Ordnung nicht im Widerstreit stehen, wird gegen Sohm betont; das eschatologische Moment wird selbstverständlich stark hervorgehoben. Aber die Unterscheidung Harnacks zwischen Gemeindebeamten und charismatischen Personen der Apostel, Propheten und Lehrer – Bultmann weigert sich, im Blick auf die Wortverkündigung von einem Amt zu sprechen – wird übernommen. Mit jenen Beamten ist auch das Recht da; aber es konstituiert die Kirche nicht, sondern reguliert bloß die Praxis ihres Gemeindelebens. „Recht" faßt Bultmann also in dem engen Sinne, wie wir ihn bei dem jüngeren Sohm wahrgenommen haben. Es ist untrennbar mit dem Zwang der Überwachung und der Strafe verbunden. Es hat schließlich das Charisma überwuchert; es dient zur institutionellen Sicherung des Geistes.

Das sind Klänge, die vor 1932 die Diskussion bestimmten, die seitdem zwar nicht verstummt, aber im Hinblick auf die Kernschriften des Neuen Testamentes doch nicht mehr so stark laut geworden waren. Daß sie

---

[25] Was *Gewieß* über die neutestamentlichen Grundlagen der kirchlichen Hierarchie (vgl. *Gewieß*, Grundlagen) ausführt, zielt schon in seiner Fragestellung auf die Rechtfertigung des gegenwärtigen Bestandes, obwohl in der Entfaltung des Quellenmaterials dem Entwicklungsgedanken kräftig Rechnung getragen wird. Methodisch wird die gesuchte Antwort so gewonnen, daß die paulinischen Aussagen von den unkritisch übernommenen Angaben der Apostelgeschichte aus interpretiert werden. Dabei wird, wie in der modernen protestantischen Exegese weithin, der von Harnack angenommene Unterschied zwischen charismatischen und verwaltungsmäßigen Ämtern geleugnet; auch der Charismatiker kann Ordnungsfunktionen übernehmen. Das wird gut synergistisch begründet: „Das Charisma schaltet das Mittun des Gläubigen in der Regel nicht aus, sondern ein" (S. 14).

bei einem Mann wie Bultmann noch so deutlich hervorbrechen, soll uns davor warnen, das einmal erreichte Ergebnis voreilig als endgültig feststehend zu betrachten. Aber wenn es sich auch in der weiteren Diskussion noch bewähren muß, die Gesichtspunkte und Methoden, die zu seiner Gewinnung geführt haben, sind für das Verständnis der kirchlichen Rechtsgeschichte und für den gegenwärtigen Versuch einer Neubegründung des evangelischen Kirchenrechtes von fundamentaler Wichtigkeit. Die neutestamentliche Forschung hat damit ein Werk vollbracht, das nicht nur theologisch, sondern auch juristisch | relevant ist. Die Grundlagen des evangelischen Kirchenrechtes, die Günther Holstein 1928 gelegt hat, sind in ihren theologischen, speziell aber in ihren neutestamentlichen Prinzipien erschüttert, wenn nicht umgestoßen; der Neubau eines evangelischen Kirchenrechtes darf nicht auf ihnen errichtet werden. Wenn es evangelisch sein will, muß es sich das neutestamentliche Verständnis geistlichen Rechtes zu eigen machen.

II.

Die Aufgabe, die sich Hans von Campenhausen im Blick auf kirchliches Amt und geistliche Vollmacht in den ersten drei Jahrhunderten gestellt hat, greift ja weit über das Fragengebiet hinaus, das die Neutestamentler bearbeitet haben. Sie führen – wir sind darauf noch nicht näher eingegangen – nur bis an den Umbruch heran, der die apostolische Zeit von der nachapostolischen trennt und der sich auch im Verständnis geistlichen Rechtes geltend macht. Von Campenhausen hat diese Wandlung selbst darzustellen. Erst angesichts dieses Umbruchs bewährt sich die Schau, die in bezug auf das geistliche Recht anhand des Neuen Testamentes gewonnen worden war. Es muß erklärt werden, was grundsätzlich anders wird in der Zeit nach den Aposteln, wie der Wechsel geschah und wodurch er sich vorbereitete. An der Darstellung dieses Umbruches wird das ursprüngliche Wesen des Kirchenrechtes erst deutlich.

Geschieht diese Verdeutlichung dadurch, daß dieses ursprüngliche Wesen sich durchsetzte und sich dabei wachstümlich vervollkommnete? So meint es die katholische Auffassung. Geschieht die Verdeutlichung so, daß das Gegenteil des Ursprünglichen dessen Eigenart um so klarer enthüllt, ist jener Wechsel also ein radikaler Abfall? So denkt der konsequente Protestantismus. Oder vollzog sich die Wandlung so, daß das ursprüngliche Wesen unter veränderten Verhältnissen eine andere Gestalt annahm, sich mit Elementen und Formen vermischte, die die Umwelt anbot, in der Auseinandersetzung mit der feindlichen Welt Konsequenzen entwickelte, die man nicht vermutet hatte? Kurzum, hat das ursprüngliche Wesen als Korrektiv und Regulativ auch bei veränderten Formen und Inhalten die weitere Entwicklung des kirchlichen Rechtes begleitet? Der bedächtige Historiker wird geneigt sein, diese letzte Frage zu bejahen, und so ein Prinzip gewinnen, das ihn die Geschichte des Kirchenrechts verstehen und deuten lehrt und das ihm zugleich zur Regeneration des gegenwärtigen Bestandes dienlich erscheint. Ist er dabei auf dem richtigen Wege? Und ist von Campenhausen solch ein bedächtiger Historiker? |

Wir müssen also sein Werk unter einem doppelten Gesichtspunkt betrachten. Wir müssen fragen, wie es sich in seinem auf das Neue Testament bezüglichen Teilen einordnet in den Forschungszusammenhang, den wir seit 1932 dargestellt haben und an dem sein Verfasser selbst mit wesentlichen Beiträgen beteiligt war. Und wir müssen von diesen Aussagen aus, die das Neue Testament betreffen, die Darstellung beurteilen, die von der nachapostolischen in die vorkonstantinische Zeit reicht; wir müssen sehen, wie die in diesem Zeitabschnitt hervortretenden Rechtsprinzipien sich verhalten zu dem Befund, der am Neuen Testament gewonnen wurde.

Dabei kann es sein, daß der in solchem weiteren Rahmen arbeitende Kirchenhistoriker eine Aufgabe angreift, die Linton 1932 gestellt hatte. Er wollte nicht nur, daß das Recht des Urchristentums aus dem Vergleich mit dem seiner orientalischen Umwelt verdeutlicht würde; das ist geschehen, wenn es dabei auch nicht in seiner Genesis erklärt wurde, wie Linton es doch wohl erhofft hatte. Er wollte auch, daß es „regressiv aus dem Recht der anatolischen Kirchen" verstanden werden sollte. Den Rahmen für diese umfassende, bisher ungelöste Aufgabe hat von Campenhausen gespannt; ist er ihrer Bewältigung näher gekommen, hat er damit unser Verständnis urchristlichen Rechtes über den von uns in unserem ersten Teil gewonnen Umfang hinaus bereichert, und sind vielleicht seine Abweichungen von der bisher geschilderten Forschung mit seinem weiter gespannten Rahmen zu begründen?

II a.

Wenn wir mit diesen Fragen an das große Werk herangehen, fällt uns zunächst die Tatsache auf, daß es in seiner Terminologie sehr zurückhaltend ist. Es geht nicht aus von der Spannung zwischen Geist und Recht, der der Aufsatz von 1941 gewidmet war. Er redet von der geistlichen Vollmacht, also von einer Größe, die jenseits *aller* rechtlichen Kategorien liegt, auch der am Neuen Testament selbst gewonnenen. Denn das Wesen geistlicher Vollmacht wird bei von Campenhausen bestimmt und veranschaulicht an der göttlichen Vollmacht Jesu selbst und hängt damit aufs engste mit dem Geheimnis seiner Person zusammen. Dieses wiederum offenbart sich am deutlichsten an der Neuheit seiner Verkündigung, speziell an seiner Vergebungsvollmacht, in der sich das Kommen des Reiches und die Heiligkeit einer erneuerten Menschheit jetzt schon dokumentiert. Aber erst nach seiner Auferstehung, die als konstitutives Faktum für die Geschichte der Christenheit nicht nur stehen gelassen, sondern auch positiv veranschlagt | wird, erschließt sich seiner Jüngerschaft ganz das Geheimnis seiner Person und seiner Vollmacht.

Diese Vollmacht Jesu, die in der Kirche geglaubt und bezeugt, bezeugt und geglaubt wird, ist das Urphänomen aller christlichen Geschichte und damit auch ihres Rechtes. Indem von Campenhausen mit ganzem Ernst und in keuscher Zurückhaltung, aber beständig auf sie hinweist, gewinnt sein Buch nicht nur systematische Einheit, sondern auch religiöse Tiefe. Und die metajuristische Tendenz, die sich in der Wahl dieses zentralen Ausgangspunktes kundtut und das ganze Werk bestimmt, ist theologisch viel tiefer begründet, steht dem Geheimnis der christlichen Offenbarung sehr viel näher als der Spiritualismus Rudolph Sohms, der von Mystik und Idealismus aus das Evangelium umdeutet.

Diese so unlösbar mit Christi Person verbundene Vollmacht war nicht ohne weiteres auf die Apostel zu übertragen. Und doch ist, was sie an Autorität in der Kirche besitzen, von Christi Person abhängig und damit ein Reflex seiner Vollmacht. Als Zeugen seiner Auferstehung sind sie zugleich – der ursprünglichen Bedeutung des Apostelnamens gemäß – seine beglaubigten Vertreter[26]. Sie handeln in Jesu Vollmacht, aber sie handhaben sie nicht so wie er; die seine ist unbegrenzt, die ihre beschränkt durch die seine, wirksam immer nur durch die Rückverweisung auf sie. Durch diesen Bezug auf das einmalige, allezeit gültige Faktum der Auferstehung unterscheidet sich ihre Vollmacht von der früherer Propheten; im übrigen ist sie dieser aufs engste verwandt.

[26] Ganz anders und viel direkter wird die rechtliche Problematik verstanden, wenn man mit *Mosbech* (Apostolos in the New Testament, S. 166 ff.) den Apostel als Beauftragten der sendenden ekklesia versteht, also als Missionar. Ganz unwahrscheinlich ist *Mosbechs* Konstrunktion, erst Paulus habe den Titel von der Autopsie des Auferstandenen her begründet und die Zwölf hätten ihn erst nachträglich und im Gegensatz zu Paulus von ihm übernommen.

In alledem kann weder von einem rechtlich geordneten Amt noch von einer rechtlichen Abgrenzung der Funktionen die Rede sein. Einen „Primat" des Petrus in rechtlichem Sinne anzunehmen, ist ebensowenig möglich wie eine machtpolitische Rivalität kirchenpolitischer Tendenzen, angeheftet an bestimmte Namen oder Gruppen, die unter dem vielfältig verstandenen Aposteltitel zusammengefaßt werden. Katholiken und Protestanten sind gleichermaßen im Unrecht, wenn sich ihnen der Apostelname mit kirchenrechtlichen oder kirchenpolitischen Vorstellungen verbindet. Die Einheit der Apostel liegt beschlossen in der Einheit ihrer Berufung und ihres Christuszeugnisses. |

Und dennoch kann von dieser absolut metajuristischen apostolischen Vollmacht geistliches Recht ausgehen. Gerade derjenige Apostel, der am leidenschaftlichsten und ganz bewußt die souveräne Freiheit jener Vollmacht für seine Person verteidigt, gerade Paulus läßt erkennen, wie in Auswirkung seiner Vollmacht sich charismatische Ordnungen bilden, die auf rechtliche Kontinuität hindrängen. Diese Entwicklung hängt keineswegs irgendwie an der Person des Paulus, sondern sie entsteht gerade dadurch, daß er auch seiner Gemeinde eine eigenständige geistige Vollmacht zubilligt, sie bei ihr anerkennt.

Paulus hat seine Gemeinde zur Freiheit berufen, indem er sie unter die wahre Vollmacht Jesu stellte, aus der auch die seine hervorgegangen war. Hier gibt es kein Verhältnis geistlicher Führung und Unterordnung, sondern das von apostolischer Verantwortung und gemeindlicher Selbstverantwortung. Alle Glieder der Gemeinde besitzen den Geist in der Mannigfaltigkeit charismatischer Begabung. Aber aus dieser Fülle hebt sich die Trias der Geistträger – Apostel, Propheten und Lehrer – heraus. Der Apostel besitzt in ihr die Autorität des unmittelbaren und grundlegenden Christuszeugen. Und wie er den Vorrang hat vor den Propheten, so dieser vor den Lehrern. Es handelt sich freilich keineswegs um eine hierarchische Über- und Unterordnung. Nicht der Geist ist verschieden, nicht das Maß geistlicher Vollmacht, wohl aber der Umfang des Auftrages sowohl in räumlicher – Propheten und Lehrer sind auf die Einzelgemeinde beschränkt – wie auch in inhaltlicher Beziehung – die Lehrer bewahren ausschließlich die Tradition.

Es handelt sich auch nicht um eine Überordnung dieser besonderen Geistträger über die Gemeinde. Es gibt keinen „inneren Kreis", keine pneumatische Aristokratie, erst recht keine Organisation, geschweige denn ein Leitungsamt von Wirtschaftsbeamten. Alles ist Dienst, ratende und helfende Tätigkeit aufgrund des Geistbesitzes, geschieht „von

selbst", ohne rechtliche Formen. Ursprünglich gibt es noch keine Amtsti-
tel; aber auch wenn sie sich gegen Ende der Missionstätigkeit des Paulus
und in einem fortgeschrittenen Stadium seiner Gemeinden (Phil. 1,1) finden, bezeichnen sie nicht eine neue sakrale Ordnung, kein heiliges Recht.

Und doch liegen hier Ansatzpunkte für die spätere Entwicklung des
Rechtes in der Kirche! Gewiß sind sie noch „bescheiden" (S. 82), aber
sie sind doch da. Es besteht eine gleitende Entwicklung zur späteren
rechtlichen Ordnung hin, ein halbflüssiger Aggregatzustand, ehe die
spätere Verfestigung des Rechtes eintritt. Von Campenhausen beobachtet nüchtern diese Entwicklung, schildert sie, aber wertet sie nicht
ab, | stellt sie nicht unter dem Verfallsschema dar. Es ist der bedächtige
Historiker, der so vorgeht. Aber erklärt er uns jene Entwicklung auch?
Er beschreibt sie als die notwendige Folge der selbständigen geistlichen
Vollmacht, die der paulinischen Gemeinde zukommt. Damit erhebt sich
in ihr die Frage nach dem Führungsamt; und Paulus hat für ihre Beant-
wortung wesentliche Voraussetzungen geschaffen (S. 58). Indem er den
Geist verstehen lehrt als die Kraft der Liebe, die die Einheit des Leibes
Christi bejaht und umfaßt, macht er den Geist „zum organisierenden
Prinzip der christlichen Gemeinde" (S. 62).

Von seinem Standpunkt aus ist von Campenhausen nicht zu widerlegen, wenn er den metajuristischen Charakter dieses Ordnungsprinzipes
hervorhebt. Sein Begriff von Recht ist mit dem des Zwanges und der
Befehlsgewalt untrennbar verbunden; Recht erscheint ihm als eine über
dem Menschen stehende Norm, der keiner ganz gerecht werden kann,
unter der immer die unlösbare Spannung herrscht zwischen der geforderten Pflicht und dem persönlichen Vermögen des Einzelnen (vgl. S. 75).
Die Frage, die wir bei Kohlmeyer oder bei Käsemann fanden, ob es im
Neuen Testament ein nur ihm eigentümliches Recht gebe, das dann in die
entsprechenden Kategorien gefaßt werden müsse, taucht nicht auf bzw.
wird wie bei Bultmann stillschweigend und doch deutlich mit „Nein"
beantwortet. Wie ist dann aber jene von von Campenhausen beobachtete
gleitende Entwicklung hin zu dem modernen Normenrecht zu erklären?
Sie aus einem grundsätzlichen rechtsfreien Zustand heraus zu verstehen,
erscheint doch — gerade wenn man nicht mit dem Moment des Abfalls
operiert – sehr viel schwerer, als sie aus einem schon vorhandenen, jedoch andersartigen Recht zu entwickeln. An dieser Stelle meldet sich ein
ungelöstes Problem an; hier wird die weitere neutestamentliche Forschung einsetzen müssen. Und vielleicht wird dabei die Beziehung zwi-

schen Geist und Kultus, die bei von Campenhausen sehr zurücktritt, eine
besondere Rolle spielen.

Um jene Entwicklung begreiflich zu machen, gewinnt die Darstellung
einen neuen Ansatzpunkt beim *Ältestenamt.* Es ist Amt im eigentlichen
Sinne, auch wenn man seine Stellung mehr patriarchalisch und mora-
lisch als autoritär begründet. Es ist seinem geschichtlichen Ursprung
nach völlig unpaulinisch – die Bezeichnung findet sich nicht in den
Briefen des Paulus –, vielmehr auf dem Wege über die Urgemeinde und
die hellenistische Synagoge in das Heidenchristentum eingezogen. Es
braucht seinem Inhalt und Wesen nach nicht mit den Grundsätzen charismatischer Ordnung, wie Paulus sie hegte, im Widerstreit zu stehen
und ist jedenfalls von dem jüdischen, ausschließlich auf die Wahrung
des Gesetzes bezogenen Ältestenamt toto coelo ver|schieden. Die Voll-
macht der Ältesten ist so lange nicht ungeistlich, „solange sie dem Geist
Christi gehorsam bleibt und der ursprünglichen Botschaft Christi dient,
für die sie berufen ist" (S. 86). Und das tut sie zunächst überall.

Der Fortschritt in der gleitenden Entwicklung vollzieht sich also
durch den Zustrom andersartiger, aber nicht wesensfremder, sondern
nur leicht anders deutbarer rechtlicher Einflüsse. Es ist – vom Standpunkt der paulinischen Gemeinden aus gesehen – das Ergebnis nicht einer immanenten, sondern einer von außen angestoßenen Bewegung. Und
in den vorpaulinischen und nebenpaulinischen Gemeinden liegt überhaupt kein Fortschritt vor; hier bejaht man einfach die Gegebenheiten
der Anfangssituation und entwickelt sich an den paulinischen Prinzipi-
en vorbei über sie hinaus.

Die rechtliche Entwicklung der Kirche ist die Folge einer Synthese
zwischen zwei verschiedenen Traditionen! Und dabei hat sich, durch die
äußeren Umstände der nachapostolischen Zeit begünstigt, die jüdisch-ju-
denchristliche Tradition als die stärkere erwiesen. Von hier aus läßt sich
vieles erklären, vor allem der Triumph von Moralismus und Gesetzlichkeit im nachapostolischen Zeitalter und das Mißverständnis bzw. das
Verschwinden des genuinen Paulinismus. Aber ist damit alles erklärt, ist
damit vor allem die Entstehung des Kirchenrechtes zureichend begründet? Handelt es sich dabei wirklich um einen Rückfall, der nur darum
kein Abfall ist, weil die innere Lage um die Wende zum zweiten Jahrhundert ihn mit Notwendigkeit gebot, weil man doch als unparteiischer
Historiker die paulinischen Gedanken nicht verabsolutieren darf und
weil mit ihnen doch auch weiterhin ein Korrektiv gegeben war gegen
allzu gefährliche Folgen der Verrechtlichung?

Wir sehen: Trotz aller Ansatzpunkte für eine kirchliche Ordnung, die von Campenhausen im Paulinismus aufgewiesen hat, hat er es doch nicht vermocht, die Entstehung des Kirchenrechtes aus einem grundsätzlich rechtlosen Zustand zu erklären. Jene Ansatzpunkte machen nur die geschichtliche Synthese begreiflich, die später stattfand. Bei ihr bildet aber nicht der Paulinismus, sondern das vor- und nebenpaulinische Christentum die treibende Kraft. In ihm hat das kirchliche Recht seine Wurzel, in ihm war es von Anfang an da, in ihm ist es als eine Umbildung jüdischen Rechtes entstanden.

Wie das freilich geschah, vermögen wir im einzelnen bei dem Mangel an Quellen nicht zu erkennen, wenn auch sicherlich die genauere Kenntnis des zeitgenössischen Judentums — wie auf anderen Gebieten der Erforschung des Urchristentums, so auch auf dem der Rechts|geschichte — noch mancherlei Neues zutage fördern dürfte. In diese Bahnen wäre also die Bemühung um die Ursprünge des Kirchenrechtes gewiesen, wenn sie von Campenhausens Anregungen weiter verfolgen will. Ob aber bei einer solchen Rechtsvergleichung nicht sehr bald die Gesichtspunkte in den Vordergrund rücken würden, von denen Käsemann in seiner Abhandlung ausgeht? Und ob dann nicht auch der ehemalige Pharisäer Paulus in ein neues Licht treten würde, ob nicht auch bei ihm schon eine Umbildung jüdischen Rechtes zum christlichen sich nachweisen ließe, ob dann also nicht doch die direkten Ursprünge des geistlichen Rechtes bei ihm zu finden sind, das alles muß späterer Forschung vorbehalten bleiben.

II b.

Das Verständnis vom Wesen geistlichen Rechtes, das am Urchristentum gewonnen ist, muß — so sagten wir — sich bewähren an der Deutung des kirchlichen Rechtes der nachapostolischen Zeit. Wie beschreibt und erklärt von Campenhausen dieses Recht?

Wir nehmen das Ergebnis vorweg, wie der Verfasser es anhand des Bischofsamtes illustriert hat. Nach einer glänzend durchgeführten Analyse des 1. Klemensbriefes, der Ignatianen und der Pastoralbriefe stellt von Campenhausen drei Typen nebeneinander (S. 131): „In Rom ist der Bischof zunächst privilegierter Kultusbeamter seiner Gemeinde, in Syrien ist er ihr geistliches Vorbild und ihr sakraler Mittelpunkt, in Kleinasien vor allem der ordinierte Prediger der apostolischen Lehre." In allen drei Gebieten bildet die patriarchalische Ältestenverfassung den alles bestimmenden Ausgangspunkt. Die paulinischen Grundlagen sind also überall verlassen; ihre tragenden Ideen wirken höchstens subsidiär nach. Aber auch das patriarchalische Verständnis, das der ursprünglichen presbyterialen Ordnung zugrunde lag, ist weithin aufgegeben, ersetzt durch eine „amtliche", und d. h. doch wohl rechtlich-statutarische Auffassung vom Amt; seine hierarchische Aufgliederung ist der sichtbare Ausdruck hierfür.

Nicht die geistliche Ordnung der paulinischen Gemeinden also, sondern die Presbyterverfassung hat sich durchgesetzt. Und die Wandlung des Patriarchalischen ins Autoritär-Institutionelle in bezug auf das Presbyteramt begründet das spätere Kirchenrecht. Durch diese Veränderung ist die ursprünglich vorhandene Angleichung an die charismatische, ihrem Wesen nach metajuristische Ordnung der paulinischen Gemeinden verlorengegangen. Nur auf einem Seitengleise der ursprünglichen Entwicklung also, das inzwischen zum Hauptgleis geworden war, | hat sich die Bildung des nachapostolischen Kirchenrechts vollzogen; in den ursprünglichen Bestand gehört es nicht hinein.

Wie ist jene Wendung vom Patriarchalischen zum Institutionellen eingetreten? So, daß aus jenem ein formales Ordnungsprinzip entwickelt worden ist, am deutlichsten bei Klemens, weniger stark betont in den Pastoralbriefen, am wenigsten bei Ignatius. Formal ist jener Ordnungsgedanke, weil er aus allgemeinen, natürlichen und unabänderlichen Gegebenheiten abgeleitet wird. Die Alten besitzen ihre Autorität ja als einen natürlichen Vorzug. Damit repräsentieren sie die Überlieferung und geben sie weiter; sie werden gleichzeitig samt ihrer Autorität von der Überlieferung getragen und gestützt. Auf dieser patriarchalischen Ordnung beruht nach Klemens Frieden und Eintracht der Christenheit; und darum verteidigt er die Würde der Ältesten gegen die Empörer zu Korinth. Jener Ordnungsgedanke ist also für ihn von moralischem Gewicht. Die gegenseitige Achtung und Liebe beruht darauf; eine gewisse Über- und Unterordnung ist damit gegeben. Und dies alles wird auf die Autorität der Apostel zurückgeführt; jenes allgemeine Ordnungsprinzip wird zu einem verpflichtenden Bestandteil der apostolischen Tradition gemacht.

Kein Zweifel, die charismatische Ordnung, die Paulus meinte, ist hier aufgegeben; ja, das Spezifisch-Christliche, d. h. das Historisch-Konkrete der christlichen Überlieferung ist ersetzt durch ein Allgemein-Menschliches. Die Ordnung ist statisch geworden, die eschatologische Spannung ist verlorengegangen. Das „sittlich Naturgemäße" – diesen Begriff hat einst schon Albrecht Ritschl im Blick auf Klemens gebraucht – hat sich durchgesetzt; die natürliche Ordnung ist die göttliche, das Geistliche wird zum geistigen Prinzip der Schöpfung. Alttestamentlich-jüdischer Schöpferglaube und zeitgenössische Popularphilosophie reichen sich zum Bunde die Hand und begründen so für die christliche Gemeinde ein Ordnungsrecht, wie es auch sonst überall in der Welt zu finden sein sollte, infolge sittlicher Mangelhaftigkeit der Menschen leider sich nicht überall zu behaupten vermag. Wie es die katholische Rechtswissenschaft bis zum heutigen Tage festgelegt hat und wie es auch die evangelische weithin annimmt: Das kirchliche Recht ist ein Spezialfall des allgemeinen, nur daß es die diesem zugrunde liegenden sittlichen Prinzipien reiner hat durchführen können.

Das sagt nicht der erste Klemensbrief, und noch viel weniger behauptet von Campenhausen das von ihm. Als sorgsamer Historiker ist er vielmehr bemüht, die retardierenden Elemente aufzuzeigen, die bei Klemens jene Annäherung an ein naturrechtlich begründetes allgemeingültiges Ordnungsrecht zunächst verhindern, den Anschluß an die | charismatische Ordnung noch gewährleisten. Vor allem kann er dabei mit guten Gründen darauf hinweisen, daß die ursprüngliche Selbstverantwortung der Gemeinde von Klemens bewahrt wird. Die Amtsführung der Ältesten untersteht auch jetzt noch ihrer Beurteilung, ihr Absetzungsrecht bleibt grundsätzlich unbestritten. Aber alle diese Elemente sind zwar nicht in der Praxis, jedoch im Hinblick auf das Wesen des kirchlichen Rechtes irrelevant. Soweit es Recht ist, hat es nichts mit den charismatischen Gegebenheiten zu tun; die widerstreiten ihm vielmehr aufs äußerste. Soweit es Recht ist, gehört es in jenes abstrakte Ordnungsgefüge hinein, auf das Klemens sich als erster in der Christenheit beruft, hat es Anteil an seinem statisch-institutionellen Charakter.

Bedeutet also für von Campenhausen nicht genau so wie für Rudolph Sohm der 1. Klemensbrief den Sündenfall ins Kirchenrecht? Er ist einer, aber in anderer Weise. In sorgfältiger historischer Untersuchung, die einzelnen Überlieferungsschichten aufs peinlichste befragend, macht v. C. deutlich, wie dieser Sündenfall keineswegs unvermittelt eintrat, wie er sich vielmehr langsam vorbereitete. Und es wird dabei erkennbar, wie die Entstehung des Kirchenrechtes allgemeinen historischen Gesetzmäßigkeiten unterliegt. Jene charismatische Ordnung, im Grund ein persönliches Axiom des Paulus, beruhend auf den besonderen Voraussetzungen seines Apostolats, war gar nicht imstande, sich in der ganzen Breite der Christenheit durchzusetzen; neben ihm stand von Anfang an die presbyteriale. Und die charismatische Ordnung war von Anfang an unvollständig, auf Ergänzung hin angelegt; die besonderen Dienste, die sie herausstellte, der Natur ihres Auftrages nach auf Dauer bemessen, mußten sich verfestigen, drängten hin auf das Amt. Der Presbyterat bot ein solches an; sein Sieg und sein weiterer Ausbau erfolgte zwangsläufig. Die nachträgliche Begründung aus einem allgemeinen Ordnungsprinzip ist bloße Theorie und darf keineswegs – das geschieht auch bei von Campenhausen nicht – überschätzt werden.

Und auf der anderen Seite zeigt seine weitere Darstellung, wie langsam und in welcher Mannigfaltigkeit das neue Rechtsdenken sich durchsetzte, wie immer wieder das Charisma seine korrigierende Wirkung geltend machte, wie die Amtsautorität in der Kraft geistlicher Vollmacht beschränkt wurde. Wir können diese Partien des Buches hier nicht weiter schildern, obwohl es sich dabei um Entwicklungen handelt, die kirchengeschichtlich und kirchenrechtlich von höchstem Interesse sind und die hier in einer souverän über die Quellen verfügenden Darstellungskunst nachgezeichnet werden. Wir glauben, die | mit unserem Thema gestellte Aufgabe im großen und ganzen erfüllt zu haben. Wir schließen mit einigen Beobachtungen über das Verhältnis zwischen urchristlichem und altkatholischem Recht.

III.

Wie finden die Neutestamentler, die gleichzeitig mit von Campenhausen an diesen Problemen gearbeitet haben, den Übergang von der apostolischen zur nachapostolischen Zeit? Wenn wir bei ihnen auch nicht viel mehr als Andeutungen über diese Frage erwarten dürfen, so wollen wir uns doch auch von ihrer Seite aus unsere Problematik verdeutlichen.

Wir setzen bei Käsemann (vgl. o. S. 56, Anm. 23) ein; wie hat sich nach ihm im nachapostolischen Zeitalter das eschatologische Gottesrecht verändert? Nach seiner Anschauung blieb der geistliche Charakter des Rechtes gewahrt; aber der Geist wird fortan nicht mehr mit der Macht des seiner Gemeinde als Herr und Richter begegnenden Christus gleichgesetzt, sondern er tut sich kund in dem Anspruch der heiligen und apostolischen Tradition. Dabei verblaßt die eschatologische Orientierung; die Christusgegenwart wird ersetzt durch die Christusüberlieferung. Im übrigen aber bleibt – inhaltlich gesehen – das heilige Recht der Urzeit im großen und ganzen erhalten. Immerhin tritt insofern eine Reduktion ein, als beim Zurücktreten der Naherwartung nur noch solche Fragmente

des von den Propheten verkündigten Gottesrechtes weitergegeben werden, die sich paränetisch, sei es zu dogmatischen oder zu ethischen
Zwecken, verwenden lassen.

Die entscheidende Veränderung aber besteht in einer neuen Bezogenheit auf den Geist. „Recht ist nicht mehr Funktion des Geistes, sondern
Geist ist Garant und sanktionierende Instanz des Rechtes" (S. 255 f.).
Damit aber wird der so garantierte *Inhalt* das Wesentliche der kirchlichen Ordnung; der göttlich-prophetische Zuspruch und Anspruch verschwindet. Das Kirchenrecht beruht nicht mehr darauf, *daß* der zukünftige Weltenrichter durch sein prophetisches Wort schon jetzt an seiner
Gemeinde handelt, sondern es besteht in dem, was er ihr durch die
Überlieferung mitteilen läßt, um das Zusammenleben ihrer Glieder pädagogisch und disziplinär zu regeln und ihren Bestand dadurch zu sichern. „Was wir Kirchenrecht nennen, entsteht durch eine Verkürzung,
bei welcher die anthropologische Tiefe durch die soziologische Ausdehnung in den Schatten gestellt wird" (S. 260).

So ist nach Käsemann die inhaltliche Kontinuität zwischen dem urchristlichen eschatologischen Gottesrecht und dem nachapostoli-
schen | traditionsgebundenen geistlichen Gemeinschaftsrecht erhalten ge-
blieben. Der Umbruch betrifft die Form, nicht die Substanz. Aber weil
in der ursprünglichen Form der prophetischen Gerichtsrede das Wesen
des urchristlichen Rechtes offenbar wird, schließt eine Veränderung dieser Form – trotz aller inhaltlichen Übereinstimmung – eine Wesensveränderung in sich ein, macht sie aber auch ohne weiteres verständlich.
Sie geschieht mit zwingender Notwendigkeit.

Indem Käsemann diese Zusammenhänge einsichtig macht, ist er allen
seinen Mitarbeitern überlegen, geht vor allem aber auch über Kohlmeyer hinaus, der ihm in manchen Stücken am nächsten kommt. Aber
Kohlmeyer versteht die Veränderung, die mit dem katholischen Kirchenrecht vorgegangen ist, durchaus in der herkömmlichen Weise: Das
sakrale Recht, das ursprünglich von der charismatischen Demokratie der
Gemeinde getragen war, gerät in die Hände der Amtstrias von Bischof,
Presbyter und Diakon und wird dadurch zu einem rituellen Sakramentsrecht. Man kann fragen, ob in dieser Bezugnahme auf das sakramentale Geschehen nicht ein ergänzendes Wahrheitsmoment liegt gegenüber einer Betrachtungsweise, die ausschließlich den prophetischen
Wortgottesdienst im Auge hat. Und man wird auch zugeben, daß sich
aus dem sakralen Recht, wie Kohlmeyer es im Neuen Testament findet,
der Übergang zum altkatholischen Sakramentsrecht viel leichter begreif-

lich machen läßt, als wenn man im Urchristentum einen rechtlosen Zustand annimmt. Aber die nackte Entgegensetzung von Gemeinde und Hierarchie, auf die Kohlmeyer als erklärende Ursache letztlich hinauskommt, ist eine zu große Vereinfachung, die der komplizierten Entwicklung nicht gerecht wird.

Auch Schweizer kommt ihr nicht in allen Stücken nach. Er findet die entscheidende Bruchstelle – wie Sohm und von Campenhausen – im 1. Klemensbrief. Von da ab hat man die Ordnung um der Ordnung willen erstrebt und festgehalten und ist damit in alttestamentliche Gesetzlichkeit zurückgefallen. Interessant ist in diesem Zusammenhang Schweizers Versuch, die Integrität des Neuen Testaments in bezug auf den charismatischen Charakter seines Rechtes festzuhalten. Das führt ihn dazu, auch die Pastoralbriefe in den Bereich dieser Integrität einzubeziehen. Eine Ordination durch Handauflegung kann es deshalb in ihnen nicht gegeben haben; das hieße, menschliche Garantien zu suchen, und wäre ein Abfall ins römische Denken[27]. Das Neue Testament richtet selbst den Schutzwall auf gegen eine mögliche Verkehrung, „die | Pastoralbriefe gegen die andringende Gnosis, die johanneischen Schriften gegen das versucherische Gift der Amtskirche"[28].

Die Amtskirche sieht Bultmann mit Harnack in den Gemeindebeamten schon vorgebildet; sie treten – so hatte auch Harnack die Entwicklung dargestellt – immer mehr in den Vordergrund. Die Charismatiker werden schließlich durch sie ersetzt; das persönliche Charisma wird zum Amtscharisma. Und wo, wie im Bereiche des Neuen Testamentes schon in der Apostelgeschichte und den Pastoralbriefen, das Gemeindeamt auf die Apostel zurückgeführt wird und diese schon als die Organisatoren der Kirche erscheinen, da konstituiert das Amt die Kirche und bildet die institutionelle Sicherung des Geistes. Die Wortverkündigung wird zur Sache der Gemeindebeamten und der Kultus zur sakramentalen Heilsveranstaltung. Die kirchlichen Ordnungen, die ihn regeln, sichern damit das Heil und erlangen dadurch den Charakter göttlichen Rechtes, obwohl doch auch weltliche Ordnungen in ihnen aufgegangen sind.

Äußerlich ähnlich und doch die Fülle der Motive auf ein einziges, entscheidendes Motiv reduzierend, hatte von Campenhausen schon in dem grundlegenden Aufsatz von 1941 die entscheidende Grenzlinie zwischen Urchristentum und Katholizismus da gesehen, wo man das Amt

---

[27] In 1 Tim 4,14 und 2 Tim 1,6 bezieht sich also die Handauflegung auf die Taufe. Vgl. dagegen *Lohse*, Die Ordination, besonders S. 80 ff.

[28] *Schweizer*, Die neutestamentliche Gemeindeordnung, S. 358.

und seine Rechte verabsolutierte, und nicht da, wo man bestimmte Theorien über seinen Ursprung aufstellte. Es kam ihm also nicht auf die Form an, sondern auf den Geistbezug. Auch Sätze „weltlichen" Rechtes können nach ihm von der Kirche übernommen und „geistlich", nicht gesetzlich gewertet werden, wenn ihre Beziehung auf das Christusgeschehen deutlich gemacht und ihre Befolgung geistlich und nicht durch äußeren Zwang durchgesetzt wird[29]. Von Campenhausen geht also mit Bultmann in der Konstatierung der Tatbestände zusammen, stimmt ihm auch in der Fassung des Rechtsbegriffes insofern zu, als er den Zwang als ihm inhärent betrachtet[30]. Aber er will es doch für grundsätzlich möglich ansehen, daß im kirchlichen Raum verschiedene Rechtsformen, verschieden begründete Ämter geistlich erfüllt werden können; und er kämpft für die Verwirklichung dieser Möglichkeit. Amt|lich-rechtliche und geistlich-charismatische Vollmacht gehören für ihn daher in einem unlösbaren Spannungsverhältnis notwendig zusammen.

Fragen wir von da aus noch einmal zurück zu der Bedeutung, die der allgemeinen schöpfungsmäßig begründeten Ordnung in der kirchlichen Rechtsgeschichte insbesondere im Hinblick auf den 1. Klemensbrief nach von Campenhausens Meinung zukommt. 1941 ist sie ihm „problematisch" erschienen; 1953 in seinem Hauptwerk (S. 328) erblickt er darin eine dauernd nachwirkende Verschiebung im Gleichgewicht der Kräfte. Ist das richtig gesehen? *Muß* die Existenz einer schöpfungsmäßig gegebenen, auch die Gemeinde in sich einbeziehenden Ordnung jenes Spannungsverhältnis zwischen amtlicher und charismatischer Vollmacht zugunsten der ersteren aufheben, den Bezug auf die Geschichte Jesu und die eschatologische Ausrichtung unmöglich machen? Wäre das alles der Fall, dann besäße der grundsätzliche Einwand Sohms gegen alles Kirchenrecht weiterhin seine Gültigkeit, dann wäre jene Gleichgewichtsverschiebung, die um das Jahr 100 herum erfolgte, irreparabel, die Beziehung zwischen amtlicher und charismatischer Vollmacht unheilbar zerstört. Gibt es eine Möglichkeit, daß in der Gemeinde Jesu Christi jene natürliche Ordnung gleichsam „getauft", geistlich eingeformt und umge-

---

[29] *Campenhausen*, Recht und Gehorsam, S. 281, 291, 293.

[30] Vgl. jedoch die vorsichtige, zunächst auf die Bannpraxis der Alten Kirche bezogene Formulierung *Campenhausen*, Recht und Gehorsam, S. 293: „Wenn die Erzwingbarkeit und der physische Zwang zum Wesen des Rechtes gehören, so gibt es in der Tat kein ‚Kirchenrecht'; aber es gibt nichtsdestoweniger von Anfang an das Gesetz der Gliederung, der Schichtung und Ordnung und in diesem Sinne ein ‚Recht', das auch bestimmte feste Formen ausbilden und Normen festsetzen kann, insofern also auch ‚formal' wirkt."

formt werden kann? Wer die Frage stellt, wirft schwierige theologische, speziell geschichtstheologische Probleme auf. Sie sollen hier wenigstens bezeichnet, wenn auch nicht gelöst werden.

Es geht dabei zunächst um das Verständnis geschichtlicher *Synthesen* in der Entwicklung der christlichen Kirche. Nach von Campenhausens überzeugender Darstellung steht am Anfang der Geschichte des Kirchenrechts die Verbindung zwischen der freien charismatischen Ordnung der paulinischen Gemeinden und der presbyterialen, halb patriarchalisch, halb legalistisch verstandenen Ordnung des Judenchristentums, an die sich Elemente eines populären, stoisch gefärbten Naturrechtes leicht ansetzen konnten. Ist diese Verbindung legitim, oder ist sie ein Konkubinat?

Die Antwort könnte sehr schnell von einer konfessionellen Vorentscheidung aus gegeben werden; aber wir wollen die Frage nicht voreilig abtun. Auf die Breite der kirchlichen Entwicklung gesehen, hat sich in jener Verbindung – darin hat von Campenhausen sicherlich recht – das vom Judenchristentum durchgeformte presbyteriale Element durchgesetzt. Gilt das auch in der Tiefe des Geschehens? Könnte nicht in einzelnen Fällen – und dann wäre ja in der Tiefe etwas anderes geschehen, als in der breiten Verwirklichung sichtbar wird – jenes formalrechtliche Element von der charismatischen Ordnung nicht | bloß äußerlich angenommen, sondern aufgenommen, gleichsam eingeleibt sein, so daß es zwar seinem jüdischen Ursprung nach ungeistlich wäre, in den Bereich schöpfungsmäßig begründeter Würdestellung gehörte, tatsächlich aber in einen neuen geistlichen Zusammenhang hineingenommen, gleichsam wiedergeboren – und für das Walten des Geistes transparent geworden wäre?

Wäre vielleicht, um es konkret zu sagen, der geheimnisvolle Älteste des 2. und 3. Johannesbriefes Repräsentant dieses neuen Aggregatzustandes, also eines charismatischen Presbyterates? Es handelte sich dann nicht, wie es bei von Campenhausen den Anschein hat (S. 132 ff.), um ein stehengebliebenes Stück einer im übrigen schon überwundenen Entwicklung. Und Ignatius, der als Bischof „Geistesmensch" ist und der seine geistliche Vollmacht nicht der der Gemeinde entgegensetzt, sondern der die bischöfliche Vollmacht versteht als „eine außerordentliche Steigerung des allgemeinen ‚geistlichen' Wesens, wie es den Christen insgesamt mitgeteilt ist" (S. 112 f.), wäre dann das Exempel einer Synthese[31], in der

---

[31] D. h. einer „Durchdringung des pneumatischen und des amtlichen oder kirchlichen Denkens" (Kirchliches Amt und geistliche Vollmacht, S. 113).

die charismatische Ordnung ihren geistlichen Charakter gewahrt hat, als sie sich mit den Elementen der patriarchalischen Ältestenverfassung füllte[32].

Wenn aber jene Synthese grundsätzlich möglich ist, wer sagt dann, daß nicht immer wieder ein ähnlicher Fall eintreten kann, da das Element charismatischer Freiheit eine von außen her übernommene rechtliche Form überwältigt, durchgeistet? Ich glaube mich mit von Campenhausen in Übereinstimmung zu befinden, wenn ich annehme, daß ein solcher Fall immer wieder vorkommt, ja, in jedem „geistlich", und d. h. sachgemäß geführten geistlichen Amt die Regel sein muß. Aber was bedeutet diese Feststellung für die Beurteilung der kirchlichen Rechtsgeschichte, was bedeutet sie auch für die geschichtliche Bewertung des römischen Presbyters Klemens?

Und damit bin ich bei einer weiteren Frage. Von Campenhausen verweist gelegentlich darauf, daß Paulus im Unterschiede zu seinen Nachfolgern (er nennt den Paulusschüler der Pastoralbriefe, könnte aber ebensogut Klemens anführen) in seinem Amte sein natürliches Wesen „preisgab und, täglich sterbend, nur vom Geist her ein neues Leben empfing" (S. 127), während die Epigonen die natürlichen Gaben direkt in den geistlichen Dienst stellten. Kann man das wirklich | im einzelnen Falle so genau wissen? Der Unterschied liegt doch wohl darin, daß Paulus von der Brechung ausdrücklich spricht, in die alles Natürliche, auch die Autorität, die einem Ältesten als Würdenträger zufällt, hineingegeben werden muß, während die Späteren nicht davon sprechen. Darf man aus solchem Schweigen so viel entnehmen, vor allem dies, daß die Paulusschüler da, wo sie von den schöpfungsmäßigen Gegebenheiten reden, den christologischen Bezug und die eschatologische Ausrichtung vergessen hätten? Ich bestreite nicht, daß das je und dann geschah. Aber ich behaupte, wir, die wir seit der Aufklärung in einem vom Schöpfungsglauben losgelösten Naturbegriff befangen sind, sind viel geneigter zu jenem Vergessen, sind viel gefährdeter also, wenn wir von kirchlichem Recht sprechen, als die Väter, die Christus als Mitschöpfer und Herrn des Kosmos ansahen. Wir sollten ihnen nicht ohne Not unsere Mangelhaftigkeit unterstellen, sollen ihnen zubilligen, daß sie jene christologischen und eschatologischen Bezüge viel mehr im Auge hatten, als wir von uns aus ohne weiteres annehmen können.

---

[32] Daß *von Campenhausen* Ignatius ebenso wie Paulus nahe an die Gnosis heranrückt, ohne beide in ihr aufgehen zu lassen, bestätigt nur die geistliche Kontinuität, in die er beide hineinstellt.

Das soll kein Blankoscheck sein zur Rechtfertigung des Klemens und seiner Genossen. Ich denke nicht daran zu leugnen, was in ihren Aussagen auf der Hand liegt. Ich weiß auch um ihre Gefährdung. Aber ich meine, man muß in der Geschichte damit rechnen, daß Dinge im lebendigen Geist aktuell vorhanden sind, die in den schriftlichen Lehrfixierungen nur unvollkommen oder gar nicht in Erscheinung treten. Man muß m. E. dann mit ihnen rechnen, wenn sie eine Generation vorher vorhanden gewesen sind und die Möglichkeit ihrer Kenntnis und ihrer Praktizierung damit gegeben ist.

Gewiß kann der Historiker nur vorhandene Quellen analysieren und beurteilen. Aber er muß wissen, daß es auch unterirdische Flußläufe gibt, die nur gelegentlich in Erscheinung treten. Die charismatische Ordnung, die uns im Neuen Testamente entgegentritt, ist mit ihnen vergleichbar. Ihre gestaltenden Kräfte sterben nicht ab, weil der Geist nach Gottes Verheißung nie aufhört, in der Kirche zu wirken. Auch wenn sie von den Prinzipien eines allgemeinen Ordnungsrechtes oder von anderen späteren Rechtsformen überlagert werden, bleiben sie lebendig. Auch in die Überlagerungen hinein wirkt Gottes Geist und macht, daß das Überlagernde verändert, seiner Profanität entkleidet oder – was dasselbe ist – mit seiner Profanität in den Dienst genommen wird.

Gewiß kann es dabei zu Pervertierungen des Geistes kommen; sie müssen dann durch den revolutionären Akt einer Reformation überwunden werden. Aber Revolutionen sind in der kirchlichen Rechts|geschichte seltener, als wir gemeinhin annehmen. Etwas Derartiges ist um das Jahr 100 jedenfalls nicht erfolgt; das Neue Testament hat uns davon kein Zeichen überliefert, auch in den Pastoralbriefen nicht. Im allgemeinen entwickelt sich die Geschichte des kirchlichen Rechtes nach dem Gesetz der Anreicherung. Und von Campenhausens Werk bringt dafür viele Beispiele, zeigt auch, wie dabei Heterogenes, ja Bedrohliches aufgenommen und überwunden wird. Mit jener allgemein menschlichen Naturordnung ist es nicht anders gegangen. Sie war fähig, getauft zu werden, und sie ist getauft worden. Nicht ihre Aufnahme ist gefährlich, sondern ihr Mißbrauch. Und sie wird mißbraucht, wo sie nicht im Hinblick auf Christus, seine Wiederkunft und seine gegenwärtige Herrschaft gebraucht wird.

Ich weiß mich in dieser Betrachtung der Dinge im Grunde eins mit dem Verfasser. Auch er will, im einzelnen vielleicht mit anderen Akzentsetzungen, die innere Kontinuität der kirchlichen Rechtsentwicklung nachweisen. Er tut das mit umsichtiger Beachtung aller geschichtlichen Faktoren, mit genauer kritischer Analyse der Quellen. Er zeigt mit peinlicher Genauigkeit die größeren und kleineren Schritte nach vorwärts, ist ängstlich darauf bedacht, nie zuviel zu konstatieren. Gerade in ihrer Ausgewogenheit werden die Ergebnisse ihre Haltbarkeit bewähren.

Wie antwortet das Gesamtergebnis auf die zwischen Harnack und Sohm strittige Frage nach Ursprung und Wesen kirchlichen Rechts? Es zeigt zunächst, daß es hier kein schlüssiges Ja oder Nein gibt; die Wahrheit liegt *über* dem aufgebrochenen Gegensatz, ja zum Teil jenseits, auf einem anderen Felde. Es macht ferner deutlich, daß es bei einer Vielfältigkeit der örtlichen Entwicklungen und der treibenden Kräfte keine radikalen Umbrüche gibt, sondern nur stetiges Wachstum. Wo Altes hinstirbt, steht Neues auf, lebt aber mit von den Kräften des Alten. Auch dieses Ergebnis, daß die Rechtsentwicklung der Kirche sich von Anfang an in kontinuierlicher Entwicklung befindet, wird unerschütterlich bleiben.

Und die kritische Frage, was an dieser Entwicklung vom Evangelium her zu rechtfertigen ist und was nicht, wird auch nach diesem Buche lebendig und aktuell bleiben. Aber seine Antwort wird auch Bestand behalten: Das Kriterium ist der Geist, der vom Vater und dem Sohne ausgeht, der ständig auf die Offenbarung des Vaters im Sohne zurückweist. Dieser Geist schafft Recht in der Kirche; und nur, was er schafft, ist Recht. Und alles, was er als Werkzeug aus dem Rechtsleben der Menschheit aufgreift, das heiligt er, indem er sich seiner bemächtigt. Und was sich nicht heiligen läßt, das wirft er weg. |

Im Rahmen dieser großen Gemeinsamkeiten werden Unterschiede bleiben: Wie bewirkt der Geist das Recht in der Urchristenheit, und wie sieht sie selbst das heilige Recht an? Hier haben die Neutestamentler das letzte Wort noch nicht gesprochen.

Wie wirkt dieses urchristliche Verständnis heiligen Rechtes in nachapostolischer Zeit nach? Welche Faktoren beteiligen sich an seiner Veränderung? Und bis zu welchem Grade schreitet sie fort? Hier haben die Kirchenhistoriker noch nicht das letzte Wort gesprochen.

Und wie ist dieses urchristliche – auch das nachapostolische – geistliche Recht für die kirchliche Gegenwart fruchtbar zu machen? Hier haben die Kirchenrechtler das letzte Wort noch zu sprechen. Vielmehr, sie werden nie ein letztes Wort sagen können, sondern werden immer wieder neu das ihnen gegebene und aufgegebene Recht an jenen Normen messen müssen.

Sie alle aber, Neutestamentler, Kirchenhistoriker, Kirchenrechtler, werden Hans von Campenhausen für seine reiche Gabe dankbar bleiben. |

TYPEN UND FORMEN AUS DER GESCHICHTE DER SYNODE*

I. Die Urform

Wir gehen aus von zwei Sätzen Rudolf Sohms[1]: „Die Synode ist aus der Gemeindeversammlung hervorgegangen." „Alle Christenheitsversammlungen sind Ekklesien, Versammlungen Gottes (Christi) mit seinem Volk; ihre Lebensäußerungen sind Gottes Lebensäußerungen." Ein Siebenfaches ist damit gegeben:

1. Die synodale Versammlung ist genau so eine gottesdienstliche Versammlung wie jede andere Gemeindeversammlung auch. Daß eine Gemeinde in einer besonderen Lage Abordnungen anderer mehr oder weniger nah benachbarter Gemeinden in ihrer Mitte hat, erhöht höchstens den Ernst und die Würde ihres gottesdienstlichen Eifers, degradiert aber keineswegs ihr Zusammensein zu einer brüderlichen Beratung mit anschließender Abstimmung und rechtsgültiger Entscheidung. Die Synode gehört ursprünglich in den Bereich des Kultus; sie kann nicht verstanden werden aus der Analogie zu irgendeiner rechtlichen Organisation.

2. Die Entscheidungen, die in einer solchen über den Ortsbereich hinausgreifenden gottesdienstlichen Versammlung gefällt werden, sind *geistliche* Entscheidungen; das Recht, das in ihnen gesetzt wird, ist *geistliches* Recht. Das muß ganz konkret und ganz unpsychologisch verstanden werden. Das heißt nicht, wie wir es heute verstehen würden, die Gemeinde entscheidet aufgrund von geistlich-seelsorgerlichen Erwä-

---

* Aus: Fuldaer Hefte, Schriften des Theologischen Konvents Augsburgischen Bekenntnisses, hrsg. von *Friedrich Hübner*, Heft 9, Berlin 1955, S. 78–99.

[1] *Sohm*, Kirchenrecht, Bd. 1, S. 258; ders., Altkath. KR, S. 64 f. – Dieses viel zu wenig berücksichtigte Alterswerk Sohms zeigt wie kein anderes die treibenden Kräfte der kirchenrechtlichen Entwicklung bis zum Hochmittelalter hin auf. In dem Kirchenrecht findet sich der Abschnitt über die Synode Bd. 1, S. 247–344. Sohms Grundthesen über die Synode, die wir im folgenden wiedergeben, sind von *Müller* (Kirchengeschichte Bd. 1, S. 318 f.) und *Lietzmann* (Alte Kirche, Bd. 2, S. 58 f.) im wesentlichen, wenn auch nicht ohne Einschränkungen und Ergänzungen im einzelnen, übernommen worden.

gungen, nicht aufgrund eines statutarischen kirchlichen Gesetzes. Vielmehr entscheidet der Geist selbst und unmittelbar. Die Gemeinde beschließt nicht, sondern sie akzeptiert und bezeugt in Form einer feierli-
chen Akklamation | und Proklamation den Beschluß des Heiligen Gei-
stes. „Es gefällt dem Heiligen Geist und uns" – diese klassische Formulierung des Aposteldekretes Apg. 15,28 steht über allen echten Synodalentscheidungen. Sie sind Ausdruck der unmittelbaren Herrschaft, die
Gott (Christus) im Heiligen Geiste über sein Volk ausübt. Indem die
Gemeinde ,praesente spiritu sancto' zusammentritt, erkennt sie diesen
Herrschaftsanspruch an. Insofern sie selbst eine Gemeinde der Pneumatiker ist, ist sie imstande, jenen Anspruch zu vernehmen und auf ihre gegenwärtige Lage praktisch anzuwenden. Daß die erweiterte Gemeindeversammlung in allen ihren getauften Gliedern vom Heiligen Geiste erfüllt ist, ist die Voraussetzung für das Zustandekommen und Funktionieren der ursprünglichen Synode.

3. Die ursprüngliche Ekklesia ist nur eine, so gewiß Christus, ihr
geistliches Haupt, nur einer ist, so gewiß das Pneuma in der Mannigfaltigkeit seiner Gaben nur eines ist. Darum gibt es auch keinen qualita-
tiven Unterschied zwischen einer gewöhnlichen und einer erweiterten
Gemeindeversammlung. Darum macht es auch nichts aus, ob eine Ortsgemeinde Abordnungen von zwei oder drei Nachbargemeinden oder solche aus der ganzen Ökumene in ihrer Mitte zählt. Was nur immer vom
Geiste manifestiert wird, erhebt den gleichen Anspruch und besitzt den
gleichen Wert, einerlei wie klein oder wie groß der Kreis der jeweils
Versammelten ist.

Es herrscht also kein Gemeindeprinzip in der ursprünglichen Christenheit. Die Synoden sind nicht dazu da, die Willensmeinungen verschiedener Gemeinden aufeinander abzustimmen, auf den gleichen Nenner zu bringen. Es gibt im Grunde gar keine verschiedenen Gemeinden;
räumliche Trennungen, örtliche Besonderheiten fallen gar nicht ins Gewicht. Es gibt nur die eine Gesamtekklesia. Es gibt daher auch keine
verschiedenen Willensmeinungen; sondern der eine und eindeutige,
durch den Geist manifestierte Gotteswille wird hier wie dort wahrgenommen, an der einen Stelle vielleicht deutlicher als an der anderen,
aber überall mit derselben Bereitwilligkeit des Hörens und des Gehor-
chens. Und indem die Geistträger auf der Synode gottesdienstlich gemeinsam miteinander handeln, werden sie durch die gleiche Stimme des
Geistes gemeinschaftlich von der Wahrheit des Geistes überführt und
dem Herrschaftsanspruch Christi unterworfen.

4. Wozu sind dann aber überhaupt Synoden nötig? Genügt es nicht, jede Gemeinde ihren eigenen Geistesstimmen zu überlassen und gläubig abzuwarten, wie sich die Einheit des Geistes innerhalb der ganzen Christenheit durch den Austausch der Geistesweisungen und Glaubenserfahrungen bewähre? |

Nun, eine Gemeinde kann schwach *sein*: gering an Zahl, jung gegründet, also ausgestattet mit einer Menge von Neophyten, noch ohne genügenden Anschluß an die durch die Altgemeinden vertretene apostolische Tradition. Oder eine Gemeinde kann schwach *werden*: durch Spaltungen, die in ihr auftreten, wie in Korinth am Ende des ersten Jahrhunderts; durch innere Unsicherheit, wie denn die Stimme des Geistes, die in ihrer Mitte laut wird, zu deuten und anzuwenden sei. Da kommt dann die stärkere, die gefestigtere Gemeinde der schwächeren zu Hilfe. Sie sendet ihr eine Abordnung ihrer führenden Geistträger zu, wie es damals die römische Gemeinde tat gegenüber der korinthischen. Sie gibt ihrer Abordnung ein Zeugnis mit des in ihr waltenden Geistes; so die römische damals den ersten Klemensbrief. Synoden sind Hilfeleistungen stärkerer Gemeinden für die schwächeren in ihrer Nähe.

Besonders tritt die Notwendigkeit solcher Hilfeleistungen ein für den Fall, daß eine Gemeinde ihren bisherigen Bischof verloren hat und ein neuer gewählt werden muß. Das tut keine Gemeinde für sich allein; sie nimmt vielmehr den Beistand ihrer Nachbargemeinden in Anspruch. „Der Fall der Bischofswahl bedeutet den praktisch häufigsten Fall des Zusammentretens einer Synode."[2] Dabei wird nun besonders deutlich, daß die Gemeinde nicht als homogene Summe von einzelnen, sondern als ein gegliedertes Ganzes in Erscheinung tritt. Bei der Neuwahl ihres Bischofs wirkt ihr Presbyterium mit, aber ergänzt durch Mitglieder der Nachbarpresbyterien; seit der zweiten Häfte des III. Jahrhunderts sind das Nachbarbischöfe, sie müssen bei einer rechtsgültigen Wahl mindestens in der Dreizahl vertreten sein. Aber nicht die Bischöfe entscheiden, weder allein, noch zusammen mit dem Presbyterium; sondern die Gemeinde als ganze vollzieht die Wahl. Und sie beschränkt sich dabei nicht auf passive Zuschauerschaft oder unverbindlichen Rat, sondern es wird eine *Gesamt*entscheidung gefällt, und zwar so, daß das Urteil des Geistes von allen zur Kenntnis genommen wird. Und wenn auch die anwesenden Bischöfe naturgemäß die Sprecher sind, „die Wahlhandlung von Klerus und Volk bedeutet grundsätzlich nur ein testimonium,

---

[2] *Sohm,* Kirchenrecht Bd. 1, S. 274.

ein deklaratorisches Zeugnis, daß durch die Stimme der Bischöfe wirklich Gottes Stimme gesprochen hat"[3].

5. Aber es sind nicht nur Ordnungs-, sondern auch Glaubensfragen, die auf den ersten Synoden verhandelt werden. Weil durch beides die Schwächung und Gefährdung einer Gemeinde herbeigeführt werden konnte, so mußte sich auch die Hilfeleistung der Nachbargemeinden nach beiden Richtungen hin erstrecken. Die Alte Kirche vermochte die | Ordnungsfragen nicht von den Glaubensfragen zu trennen; in den Auseinandersetzungen, die durch das Auftreten des Montanismus oder durch die Passahstreitigkeiten hervorgerufen wurden, überschnitten sich beide Problemkreise. Und dementsprechend haben die Ende des II. Jahrhunderts in Kleinasien einberufenen Synoden gehandelt, die jene Auseinandersetzungen zu entscheiden hatten. So mußte es ja auch geschehen, wenn in diesen Entschließungen wirklich die Stimme des Heiligen Geistes zur Geltung kam: der Geist der Ordnung ist zugleich der Geist der Wahrheit und umgekehrt. Bedeutsam ist, daß auch die Fragen des Glaubens nicht durch das Lehramt allein, nicht ohne die Zustimmung der Gemeinden beantwortet werden. Lehrentscheidungen sind Manifestationen des Geistes, dessen die ganze Gemeinde teilhaftig ist; der geistgewirkte rechte Glaube wird von ihr in ihrer Gesamtheit bezeugt.

Jede synodale Entscheidung der Ordnung und der Lehre beruht also auf der unmittelbaren Wirkung des Geistes, der die Ekklesia erfüllt. Und auch wenn diese Wirkung sich nur an *einer* Stelle der Christenheit in *einer* Gemeinde geltend gemacht hat, so gilt sie grundsätzlich für die Gesamtekklesia in der weiten Welt. Jede Einzelsynode, in der die Macht und die Wahrheit des Geistes bezeugt wird, ist also eine Stimme der Gesamtchristenheit und will von ihr gehört und bejaht werden.

6. Wie aber nun, wenn eine solche Einzelstimme ungehört verhallt oder wenn ihr gar durch eine andere Synodalentscheidung von einer anderen Ecke der Kirche her widersprochen wird? Kann der Heilige Geist sich selbst widersprechen? Das ist unmöglich. Durch diese Unmöglichkeit sind die ursprünglichen Synoden der Christenheit in ihren Entscheidungen zugleich ausgezeichnet und umgrenzt.

Der Heilige Geist stellt durch die Synoden nicht allgemeinverbindliche Gesetze auf, sondern trifft Entscheidungen für den jeweiligen konkreten Fall. Das geistliche Recht, das auf diese Weise zustande kommt, unterscheidet sich von dem menschlichen Recht dadurch, daß es derjeni-

---

[3] *Sohm*, Kirchenrecht, Bd. 1, S. 272.

gen Art von allgemeiner Verbindlichkeit ermangelt, die auf rationaler Einsichtigkeit beruht. Es bildet also keine Rechtsnorm im Sinne heutigen Kirchenrechtes; sondern als göttliches Urteil in einem bestimmten Falle wird es der Christenheit bezeugt durch die Zustimmung der Synode zum göttlichen Charakter dieses Urteils.

Diesem Zeugnis der einen Synode kann gar nicht durch das Zeugnis einer anderen widersprochen werden. Denn diese kann über den zuerst entschiedenen konkreten Fall nicht urteilen, sondern nur über einen ähnlichen. Ihr Widerspruch bezieht sich also nicht auf das Zeugnis, das die erste Synode vom Walten des Geistes in ihrer Mitte abgelegt hat, sondern auf den Unterschied der konkreten Fälle. Erst wenn große kirchliche Gesamtfragen in gleichgearteten Fällen die ganze Christenheit zur | Entscheidung rufen, werden einander entgegengesetzte Synodalentschließungen durch die Aufhebung der sakramentalen Gemeinschaft beantwortet. Sie wird erst wiederhergestellt, wenn die Gleichartigkeit des Geisteszeugnisses wiedergefunden ist.

An diesem Sachverhalt wird deutlich, wie Synodalentscheidungen in der ursprünglichen Christenheit sich durchsetzen: Nicht durch irdischen Zwang, nicht durch die Gewalt irgendeiner übergeordneten Rechtsinstanz, sondern einfach durch die allmähliche geistgewirkte Anerkennung ihres geistlich-göttlichen Ursprunges. Sie sind nach Entstehung und Wesen einmal aktuell. Sie werden in einem allgemeineren Sinne verbindlich, wenn andere Synoden die Ähnlichkeit eines ihnen vorliegenden konkreten Falles mit einem schon entschiedenen feststellen und entsprechend handeln.

Jede geistliche Entscheidung einer Synode ist also im Augenblick, da sie gefällt wird, vollständig offen, sie erhebt den *Anspruch* auf Universalität, sofern sie geistgewirkt ist. Aber das schließt die universale *Gültigkeit* ihrer Entscheidung nur von Fall zu Fall ein; in keiner Weise ist damit ein allgemeines Kirchengesetz gegeben. Damit hängt eine Rechtspraxis der Kirche zusammen, die zuletzt noch im Decretum Gratiani ihre äußerste Vollendung gefunden hat: Die Canones aller Synoden sind grundsätzlich gleichwertig und befinden sich untereinander und mit den Väteraussagen in grundsätzlicher Übereinstimmung. Unterschiede werden weder gemacht nach Raum noch Zeit noch nach Größe, Geltungsbereich und Ansehen der Synoden. Und unter der Voraussetzung dieser Gleichwertigkeit der Canones hat der Rechtslehrer die Concordantia discordantium zu üben und die Fälle in der rechten Weise zu klassifizieren und zu subsumieren.

7. Zu diesen sechs positiven Kriterien für die ursprüngliche Form und Bedeutung der christlichen Synode muß noch ein siebentes, negatives hinzugefügt werden. Die Synoden kommen – das ist aus dem bisher Gesagten verständlich – zustande weder durch Konföderation, noch durch Repräsentation. Die Führer der Einzelgemeinden treten also nicht zusammen, um – etwa im Montanisten- oder im Passahstreit – praktische Erfordernisse zu befriedigen; noch wählen sich die Gemeinden Abgeordnete, durch die sie auf solchen Zusammenkünften vertreten werden und ihre Meinungen zur Geltung bringen können. Solche Vorstellungen bilden sich nur dort, wo man Verhältnisse aus der profanrechtlichen Sphäre auf die kirchliche überträgt; sie sind in der Christenheit erst seit Ende des Mittelalters möglich. Wenn der Begriff ‚repraesentatio', wie etwa zuerst bei Tertullian[4], im Blick auf die Synode vor|kommt, so kann und will er nur besagen, daß die Einzelgemeinde – zumal in ihrer aus der Nachbarschaft erweiterten Form – die Gesamtchristenheit repräsentiert, nicht aber, daß sie durch gewählte Vertreter in einem gesamtkirchlichen Gremium, genannt Synode, repräsentiert wird. –

Wie lange haben sich diese Kennzeichen für die ursprüngliche Synode erhalten und in welchem Maße sind sie verschwunden? Dazu ist zunächst zu sagen, daß sie sich erstaunlich lange und z. T. in apokryphen Formen behauptet haben.

Bis zum heutigen Tage gilt in den beiden katholischen Kirchen die Anschauung, daß die ordnungsmäßig berufene Synode unbestritten ‚praesente spiritu sancto' zusammenkomme. Bestehen blieb damit der gottesdienstliche Rahmen, der nicht nur an bestimmten Eröffnungs- und Schlußfeierlichkeiten erkennbar wird, sondern auch den Verlauf der Verhandlungen von parlamentarischen Formen unterscheidet. Geblieben ist damit der Anspruch, daß in den synodalen Beschlüssen für alle Gläubigen die Stimme des Heiligen Geistes erkennbar werde und von ihnen Gehorsam heische.

Geblieben ist auch geraume Zeit ein Mitwirkungsrecht der Gemeinde bei den synodalen Entscheidungen. Aber es ist entweder zur völligen Unverbindlichkeit herabgesunken, wie die Akklamation bei der Wahl der Bischöfe und Päpste. Oder es besteht noch in versteinerten Resten äußerer Formen, die nur Museumswert haben: Wenn etwa auf den Synoden Bischöfe und Presbyter im Chor der Kirche sitzen, während die Diakonen sich stehend vor den Stufen aufhalten, so sind diese die letzten Reste der versammelten Gemeinde, die sie ursprünglich vor dem Al-

---

[4] *Hinschius,* Kirchenrecht, Bd. 3, S. 326, Anm. 1.

tar geordnet anführten, während der Klerus, der oder die Bischöfe in der Mitte, hinter dem Altare sitzend seinen Platz fand.

Die entscheidende Veränderung besteht also darin, daß sich der Unterschied zwischen Klerus und Gemeinde so sehr vertiefte, daß die Einheitlichkeit des Geisteszeugnisses gefährdet wurde. Indem man nämlich das χάρισμα κυβερνήσεως und das prophetische Zeugnis der göttlichen Wahrheit zu einem Amtscharisma machte, das ausschließlich dem in der Kette der apostolischen Sukzession stehenden Bischof eigen war, entmächtigte man die Gemeinde. Sie war nicht mehr als Ganzes der Ort, da der Geist gegenwärtig wirksam wurde und Entscheidungen in Ordnung und Lehre traf. Das geschah vielmehr ausschließlich innerhalb des Klerus und speziell durch den Bischof als den Träger des prophetischen Amtes und wurde von der Gemeinde höchstens nachträglich anerkannt. Die Klerikalisierung der Synode bedeutet die entscheidende Wendung innerhalb ihrer Geschichte. |

Die Synoden werden zu Versammlungen der Geistlichen im engeren Sinne, speziell der Bischöfe. Der Geist, der jetzt die Entscheidungen fällt, ist gegeben mit dem Amtscharisma der Bischöfe. Die Autorität der Synode beruht auf diesem Charisma, ist eine aus dem Amt abgeleitete, damit rechtlich faßbare und rechtliche Anerkennung fordernde Autorität. Der Charakter des geistlichen Rechtes, das von der Synode gesetzt wird, hat sich damit entscheidend verändert. Aus dem Geiste dienender Hilfsbereitschaft, der ἀδελφότης, wie Apollinaris von Hierapolis Ende des II. Jahrhunderts im Hinblick auf die Synoden seiner Zeit sagte[5], wird der Herrschaftsgeist; und die Synoden werden Stätten, da um die kirchliche Macht gerungen wird.

II. Reichssynode, Provinzialsynode, Diözesansynode

a) Die großen Ökumenischen Synoden[6] der konstantinischen und nachkonstantinischen Zeit setzen die eben skizzierten Wandlungen des Synodalwesens schon voraus; sie haben neue zur Folge gehabt. Durch sie hindurch als das Medium tritt das staatliche, weltliche Recht ein in den kirchlichen Raum. Das geschieht auf viererlei Weise:

1. Reichsrechtliche Erfordernisse bestimmen in dem christlich gewor-

---

[5] *Sohm*, Kirchenrecht Bd. 1, S. 279.
[6] Durch *Schwartz*, Reichskonzilien, ist die einseitige Schilderung von *Gelzer*, Die Konzilien, überholt.

denen Reiche Konstantins Berufung, Zusammensetzung, Verlauf und Geltung der Beschlüsse. Wer berief bisher eine Synode? Die Gemeinde, die in
einer besonderen Lage der Klärung, des Rates und der Hilfe bedurfte.
Jetzt beruft der Kaiser die allgemeine Synode, bestimmt den Kreis ihrer
Teilnehmer und zeichnet Männer seines besonderen kirchlichen Vertrauens durch eine besondere Einladung aus. Noch immer erfolgen ihre Beschlüsse unter Anrufung des Heiligen Geistes und gelten als geistgewirkt. Aber sie beziehen sich auf die vom Kaiser vorher bezeichneten
Fragen; und die Verhandlungen müssen, wenn sie zu rechtsgültigen Beschlüssen führen sollen, mit der Verlesung der kaiserlichen Botschaft beginnen. Die Rechtsgültigkeit aber der Entscheidungen ist abhängig von
der kaiserlichen Genehmigung, die auch verweigert werden kann; die
Beschlüsse gewinnen durch sie den Charakter von Reichsgesetzen. Ihre
Durchführung wird nicht nur dem Walten des Geistes überlassen, sie
kann mit der brutalen Gewalt der kaiserlichen Machtmittel erzwungen
werden, was oft genug geschieht. Während der Senat einst in der heidni-
schen Zeit nicht nur die weltlichen, sondern auch die geistlichen An|gele-
genheiten des Reiches entschieden hatte, sind diese jetzt der Reichssynode zugefallen. Als Erbin des Senates in gewissem Sinne ist sie zum ‚geistlichen Reichsparlament‘ geworden; die alten Privilegien und Formen
gelten auch ihr.

2. Auch die Reichssynoden sind Klerikerversammlungen. Die Bischöfe
besitzen Entscheidungsgewalt, die Presbyter haben wenigstens beratende
Stimme. Aber das zurückgedrängte Laienelement verschafft sich auf andere Weise Geltung. Der Kaiser, selbst ein Laie, ja in der Person Konstantins ein Katechumene, leitet die Versammlung, wenn er anwesend
ist. Sonst vertreten ihn seine bevollmächtigten Kommissare. Sie haben
den Ehrenplatz vor den Schranken des Altars; außerhalb des Chores stehen sie dem Klerus gegenüber, gerade so fähig, ihn am Zügel zu führen.
Die kaiserlichen Kommissare bestimmen Gegenstand und Gang der jeweiligen Verhandlungen. Sie verlesen die Vorlagen oder bestimmen deren
Verlesung. Sie rufen einzelne oder die ganze Versammlung zur Ordnung
und mahnen sie, ihre geistliche Würde nicht zu vergessen. Bis in die Einzelheiten der dogmatischen Formulierungen hinein erstreckt sich ihr
Einfluß. Und es gibt die wahre Verteilung der Kräfte nicht immer ganz
richtig wieder, wenn am Schlusse sich der Kaiser als gehorsamer Sohn
der Kirche den Lehrentscheidungen der frommen Konzilsväter demütig
beugt.

3. Denn die synodalen Beschlüsse haben immer auch eine politische

Bedeutung, nicht nur eine kirchliche. Das Reichskonzil repräsentiert die Einheit des Reiches in religiöser Beziehung; und von der geistlichen Einheit hängt nach den Vorstellungen der Zeit die politische ab. So sind die Lehrentscheidungen nicht mehr ausschließlich durch geistliche Rücksichten diktiert. Während in ihnen der Theorie nach und nach dem einfältigen frommen Glauben die Stimme des Heiligen Geistes zur Geltung kam, trugen sie in der Praxis oft einen Kompromißcharakter an sich, der durch die politischen Notwendigkeiten mit bestimmt worden war. Dogmatische Unklarheiten, Umwege und Abwege der dogmatischen Entwicklung sind die Folgen solcher Fehlbildungen des synodalen Lebens gewesen.

4. Damit aber wird deutlich, wie die Reichssynoden einen wichtigen Faktor in der Gewinnung und Behauptung der politischen Macht darstellen. Nicht nur die Einheit des Reiches hängt von ihren allgemeinverbindlichen Beschlüssen ab. Nicht nur verstecken sich die zentrifugalen politischen Kräfte in den Provinzen hinter die Polemik gegen bestimmte Entscheidungen der Reichskonzilien. Diese werden auch der Schauplatz des Ringens um die Freiheit der Kirche innerhalb des byzantinischen Staates. Besonders in den Bilderstreitigkeiten kommt der kirchliche Protest | gegen das staatliche Zwangschristentum zur Geltung. Und es ist ein Ausdruck dieses kirchlichen Freiheitsstrebens, wenn auf der 7. ökumenischen Synode von 787 und auf der 8. von 879 der ökumenische Patriarch von Konstantinopel den Vorsitz innehatte. Damit kündigt sich die Problematik schon an, die den großen allgemeinen Konzilien des Mittelalters ihr Gepräge gegeben hat.

Wir werfen damit schon unseren Blick auf die Fortentwicklung der Reichssynode im Mittelalter. Nachdem unter Karl dem Großen dem oströmischen Kaisertum das abendländisch-fränkische an die Seite getreten war, waren ökumenische Synoden im alten Sinne nicht mehr möglich. Seitdem läuft die synodale Entwicklung im Osten und Westen je in verschiedenen Bahnen. Für den Westen ist kennzeichnend, daß Karls des Großen Versuche, durch kaiserliche Berufung abendländische Reichssynoden zustande zu bringen, kein dauerndes Ergebnis fanden. In der Zeit des Zusammenbruchs der karolingischen Herrschaft ist Papst Nikolaus I. derjenige, der für sich das Einberufungsrecht in Anspruch nimmt, auch er zunächst ohne Erfolg. Erst nachdem die monastische Reformbewegung von Cluny und Lothringen aus die Kurie ergriffen hatte, hat das erneuerte Papsttum unter der Parole der kirchlichen Freiheit das Synodalwesen auf eine neue Grundlage gestellt. Seit dem XII. Jahrhundert

haben die Lateransynoden das Erbe der ehemaligen Reichskonzilien angetreten. Innozenz III. hat es, seinem Weltherrschaftsideal entsprechend,
gemehrt und die spätere naturrechtliche Entwicklung schon vorbereitet.
Die großen Konzilien von Lyon 1254 und Vienne 1311 haben es weitergegeben, bis dann in der konziliaren Ära am Ende des Mittelalters die
neuen Motive und Kräfte wirksam werden[7].

b) Auf den Reichssynoden haben unter den politischen und kirchlichen Streitigkeiten die Auseinandersetzungen zwischen den Patriarcha-
ten (Alt- und Neurom, Alexandrien, Antiochien, Jerusalem) nicht die
geringste Rolle gespielt. Die Macht der Patriarchen beruht nicht zum
mindesten auf den synodalen Zusammenschlüssen, die sie einberufen und
leiten. Am Beispiel Roms[8] wollen wir uns die Eigenart solcher *Patriar-
chats- und Provinzialsynoden* deutlich machen.

Auch in Rom haben wir vom Typus der erweiterten Gemeindeversammlung auszugehen. Das zeigt sich vor allem daran, daß auf den dort
gehal|tenen Synoden die römischen Presbyter – neben den Diakonen
als passiven Repräsentanten des Volkes – eine aktive Rolle spielen. Die
ersten römischen Synoden, von denen wir seit Anfang des dritten Jahrhunderts wissen, sind Versammlungen des römischen Klerus, an denen
auch mehr oder weniger zahlreich mehr oder weniger zufällig in Rom
anwesende italienische Bischöfe teilnehmen. Dabei muß man wissen, daß
die Bischöfe im näheren und weiteren Umkreis Roms vom dortigen Bischof eingesetzt und ordiniert worden waren und von ihm abgesetzt
werden konnten. Sie waren sehr oft aus dem römischen Stadtklerus hervorgegangen. Und wenn auch bis zur Wende des V. Jahrhunderts einzelne von ihnen zusammen mit römischen Presbytern durch Handauflegung an der Ordination des Papstes beteiligt waren und infolgedessen so
lange auch ‚eine Art richterlicher Aufsicht‘ über ihn besaßen, so ist doch
umgekehrt gerade die richterliche Stellung des Papstes über Nachbarbischöfe und Stadtklerus das Charakteristikum der römischen Synode.
Der Papst verkündigt ihre Entschließungen in der Ichform. Die Synode
hat also nur gutachtliche Bedeutung. Die Synodalen sind Ratgeber, nicht
Amtsgenossen des Papstes.

Dieser richterliche Typus der römischen Synode hat sich nicht nur für
ganz Italien durchgesetzt und ist auch zuweilen vom Osten her als
schiedsrichterliche Instanz in Anspruch genommen worden. Er hat sich

---

[7] *Hauck*, Die Synode im Mittelalter. – *Tangl*, Die Teilnehmer an den allgemeinen
Konzilien des Mittelalters.
[8] Vgl. zum Folgenden: *Roethe*, Zur Geschichte der römischen Synoden.

vor allem auf dem Wege über die römischen Vikariate und über die Missionskirchen im ganzen Westen verbreitet und den Typus der westlichen Provinzialsynode geprägt und bis ins hohe Mittelalter hinein entscheidend bestimmt. Die Ansprüche auf päpstliche Omnipotenz, die dann seit Ausgang des Mittelalters die konziliare Ära abgelöst und die Konzilien der Neuzeit nur zum Schattenbild der Größe, die früher den ökumenischen Synoden eigen gewesen war, degradiert haben, – dieser Papalismus ist zuerst auf jenen römischen Provinzialsynoden ausgebildet worden.

c) Die *Diözesansynode*[9], die der Bischof mit den Klerikern seiner Diözese hält, ist aus den Versammlungen des städtischen Klerus hervorgegangen und hat erst dann ihre eigentliche Bedeutung gewonnen, als sich um die Bischofsstädte herum ein System von Landpfarreien gebildet hatte. Im Orient sind die Diözesansynoden zuerst Ende des dritten Jahrhunderts nachweisbar, im Okzident Ende des sechsten, mit dem Ausgang der Völkerwanderung (Auxerre 585). Sie sind dann ein Hauptmittel für die kirchliche Erziehung von Klerus und Laien im Mittelalter geworden; Bonifatius hat sich ihrer besonders angenommen. Auch hier fällt | der Bischof die eigentliche Entscheidung. Die Angehörigen des Diözesanklerus, die Mitglieder des Domkapitels an der Spitze, haben nur beratende Stimme. Die Diözesansynode ist in erster Linie Gerichtsinstanz in Fragen der kirchlichen Disziplin und Lehre. Die anwesenden Kleriker sind nicht so sehr Richter wie Zeugen, wenn sie sich nicht in der Rolle der Angeklagten befinden. Zeugen sind auch die vielfach in den Teilnehmerlisten aufgeführten vornehmen Laien: Die Diözesansynode ist Forum für besonders bevorzugte Adelsfamilien des Sprengels, die von der niederen Gerichtsbarkeit der Archidiakonatssynode eximiert sind. Auch die Vorsteher (Vorsteherinnen) der im Diözesanverband stehenden Klöster gehören zu diesen Synoden; von den Zisterziensern an sind die neueren Orden von der Diözesangerichtsbarkeit eximiert.

Neben der jurisdiktionellen Aufgabe steht die verwaltungsmäßige. Bei solchen Verwaltungs- und Rechtsgeschäften hat die Synode vielfach ein Dezisivvotum. Das hängt wohl zusammen mit dem Anteil, den das Domkapitel an dem Bischofsgut besitzt und immer mehr gewinnt. Seit dem XIII. Jahrhundert reißen die bischöflichen Offiziale, juristisch gebildete Berufsrichter, die jurisdiktionellen Befugnisse der Synode in großem Umfange an sich, ebenso wie sie das Sendgericht der Archidiakone

---

[9] Vgl. außer dem entsprechenden Abschnitt bei *Hinschius*, Kirchenrecht, Bd. 3, S. 582 ff., *Hilling*, Die Westfälischen Diözesansynoden.

entmächtigen[10]. Wie stark die Verweltlichung dieser Synoden im Spätmittelalter fortgeschritten ist, zeigen uns die Zehntsynodalurteile, wie sie
uns z. B. aus dem Münsterland seit Anfang des XIV. Jahrhunderts überliefert sind. In formeller Anlehnung an die Weistümer der weltlichen
Gerichte haben hier Synodalvertreter allgemeine Rechtsnormen für die
kirchliche Verwaltung erlassen[11].

III. Der synodale Gedanke in der Kritik der Reformatoren
und im Aufbau evangelischen Kirchentums

Eine zunehmende Verweltlichung und Verrechtlichung haben wir in
dem Synodalleben des Mittelalters festgestellt. Beides wird besonders
deutlich in der Ära der Reformkonzilien[12]. Sie setzt mit dem avignone-
sischen Schisma am Ende des XIV. Jahrhunderts ein und erfüllt das
XV. Hier erleben wir den völligen Einbruch der antik-heidnischen Sozialphilosophie in das christliche Denken. Die Kirche wird verstanden
als die Summe ihrer gläubigen Mitglieder. Die Synode repräsentiert die
Gläubigen in allen | ihren natürlichen und sozialen Ständen. Jetzt erst
hat sich der naturrechtliche Gedanke einer Delegation kirchlicher Rechte von einer Mehrheit zunächst Berechtigter auf eine erwählte und in
Stellvertretung handelnde Minderheit durchgesetzt. Der ebenfalls naturrechtliche Gedanke der Repräsentation versucht seitdem das Verfassungsleben der abendländischen Christenheit zu beherrschen. Er hat in der
römischen Kirche seit dem Tridentinum seine Macht verloren; er gilt im
Synodalrecht der evangelischen Kirche als das eigentlich evangelische
Kennzeichen der Kirchenverfassung. Wir haben uns schon klargemacht,
daß alle diese Ideen mit der ursprünglichen Form der Synode nichts zu
tun haben. Wir befragen nunmehr die Reformatoren, welche Stellung sie
zu ihnen und überhaupt zur bisherigen synodalen Entwicklung der
Kirche eingenommen haben.

a) *Luther* hat zwar schon in Leipzig 1519 die konziliaristische
Grundthese von der Irrtumslosigkeit des allgemeinen Konzils widerlegt,
aber doch wesentliche Aussagen seiner okkamistischen Lehrer, soweit sie
das Konzil betrafen, zeitlebens festgehalten. Es steht für ihn in Lehrent-

---

[10] *Förster*, Offizialatsgericht Köln.
[11] *Müller*, Zehntsynodalurteile.
[12] Vgl. die ausführlichen Literaturangaben bei *Wolf*, Quellenkunde der deutschen
Reformationsgeschichte, Bd. 1, S. 62 ff.

scheidungen über dem Papst und repräsentiert die Gesamtkirche. Es soll so zusammengesetzt sein, wie es den Theorien des XIV. Jahrhunderts entsprach; wie damals, so haben auch jetzt die Gelehrten der Universitäten die entscheidende Stimme; selbst Laien sollen zugelassen werden. Auf ein „freies christliches Konzil" hat Luther sich schon 1518 und 1520 berufen. Und von der Augustana an bis zur letzten Phase des Tridentinums hat das Luthertum diesen Ruf nach dem rechten Konzil festgehalten. Und es hält es dabei nach dem Vorbild Konstantins 325 und Sigismunds 1415 und 1431 für eine vornehme Aufgabe der weltlichen Fürsten, das allgemeine Konzil einzuberufen. Den naturrechtlichen Repräsentationsgedanken hat Luther später freilich[13] charakteristisch dahin verändert, daß er ihn seiner rechtlichen Bestimmtheit entkleidete. Es hängt alles davon ab, daß in einem Konzil die *wahre* Kirche ihrem Wesen nach zur Geltung komme. Das ist aber nicht notwendig der Fall; die Römlinge repräsentieren auf dem Konzil die Kirche wie der Satan den Engel des Lichtes. Daß Luther durch den Gegensatz gegen Rom theologisch genötigt wurde, den naturrechtlichen Repräsentationsgedanken abzuweisen, ist für die Entwicklung des synodalen Gedankens auf dem Boden des Luthertums von fundamentaler Bedeutung geworden.

Daß die Versuche der konziliaren Ära, eine Reform der Kirche an Haupt und Gliedern herbeizuführen, gescheitert waren, hatte im Spätmittelalter | zu einer Resignation geführt, die Luther allen Konzilsplänen gegenüber geleistet hat. Schon im Sermon von den guten Werken spricht er sie aus; und die Schrift „An den Adel" ist geradezu bestimmt davon: Weil der Papst das Zustandekommen eines rechtmäßigen freien Konzils wohl zu verhindern wissen wird, sollen die Fürsten, von der Not der Kirche getrieben, helfend eingreifen. Die Aufgaben, die ihnen dabei zufallen, umschreiben den ganzen Umkreis der eigentlich vom Konzil zu bewältigenden Reform[14]. Und je älter Luther wurde, um so mehr war er davon überzeugt, daß der Papst aus Gründen eigener Selbstbehauptung die Einberufung eines freien, aufgrund der Schrift entscheidenden Konzils niemals zulassen könne und werde.

Darum hat Luther auch die romantischen Versuche der in beiden Lagern vertretenen humanistischen Mittelpartei abgewiesen, durch Wiederherstellung der altkirchlichen Reichssynoden die Einheit der Kirche zu-

---

[13] In der vielleicht am 10. Okt. 1536 gehaltenen Disputation De potestate concilii; vgl. hier in der 3. Thesengruppe (These 19–23; WA 39.1, S. 186,24 ff.) die eigentümliche Umbiegung des Repräsentationsgedankens: Die ‚vera Ecclesia' kann nur ‚casu', nicht notwendig zur Geltung gebracht werden, dazu ebd. S. 192,27 ff.

[14] *Kohlmeyer*, Entstehung S. 17 ff.

rückzugewinnen. Der Hauptteil seiner Altersschrift Von den Conciliis und Kirchen (1539) ist dieser Auseinandersetzung gewidmet. Der Gedanke einer konziliaren Einheit der Christenheit wird hier aufs heftigste kritisch zersetzt. Die Fragen, mit denen sich die altkirchlichen Synoden befaßten, haben mit dem Glauben und den göttlichen Geboten sehr wenig, mit Zeremonial- und Ordnungsfragen sehr viel zu tun; ihre Entscheidungen können uns also heute nichts helfen. Dazu sind sie selbst untereinander uneins; und niemand, auch Gratian nicht, besitzt den Schlüssel, um die Concordantia discordantium zu gewinnen. Selbst das gefeierte Konzil von Nicäa hat mit seinem Verbot des Blutessens und in seiner Begünstigung der Askese, speziell der Ehelosigkeit, schriftwidrige Beschlüsse gefaßt, die nicht zu halten sind. Was aber gut und verbindlich an den Entscheidungen der alten Konzilien ist, das ist die alte Wahrheit der Schrift, an die der Christ auch ohne sie gebunden ist. Das Beste, was Luther von den vier ersten Hauptkonzilien zu rühmen weiß, ist dies, daß sie keine neue Lehre aufgebracht, die alte der Schrift vielmehr bestätigt haben. Damit aber ist zugleich die unbedingte Notwendigkeit ihrer Existenz bestritten. Die Kirche kann leben ohne synodalen Apparat, wenn sie nur die Wahrheit der Schrift hat und festhält.

Einen zentralen Punkt der Kritik Luthers an den bisherigen Konzilien müssen wir noch hervorheben. Was er 1520[15] noch halb ironisch zugegeben hat, das hat er später radikal geleugnet: daß die Konzilien vom Heiligen Geist regiert werden und daß darauf ihre Autorität beruhe. | In seiner Disputation De potestate concilii hat er bestritten, daß die Autorität der Bischofssynoden auf dem Heiligen Geist beruhe, den sie kraft apostolischer Sukzession empfangen hätten und über den sie bei ihren Beschlüssen verfügten. Im Gegenteil, sie sind irrtumsfähig; ihr Geistbesitz ist kein Zubehör ihrer amtlichen Autorität. Der Geist ist vielmehr ein göttliches Gnadengeschenk, das je und dann wirksam wird und das erkannt wird an der Analogia fidei[16].

Luther hat damit den entscheidenden Punkt in der Entwicklung der synodalen Theorie klar erkannt: die Lehre von dem besonderen Amtsgeist, mit dem die Bischöfe ausgestattet sind und der sie bevollmächtigt, mit richterlicher Autorität synodale Entscheidungen zu fällen. Indem er allen Getauften denselben Geist zuerkennt, hat er die Basis wiederge-

---

[15] Dadurch, daß die Kurie die Fürsten vor Konzilsbeginn eidlich verpflichtet, sie von jeder Reformation zu verschonen, wird „dem heyligen geyst, der die Concilia regiren sol, ... die thür zugesperret"; WA 6, S. 258,23; vgl. S. 258,14 ff.
[16] WA 39.1, S. 185,28 ff., 194,1 ff.

wonnen, von der einst die synodale Entwicklung ausgegangen war. Aber es war ihm nicht vergönnt, den ganzen Schutt abzutragen und ein neues Gebäude zu errichten. Was er positiv über die Möglichkeit und die Aufgaben einer Synode gesagt hat, ist relativ unerheblich; wir kommen darauf zurück, wenn wir Melanchthons Beitrag zur Synodalfrage erörtern.

b) Auch *Melanchthon* hat gegenüber dem bisherigen Synodalwesen eine zwiespältige, halb ablehnende, halb zustimmende Stellung eingenommen. Freilich ist er stärker geneigt als Luther, die humanistischen Erwartungen zu teilen, daß durch konziliare Verhandlungen die kirchliche Einheit wieder herausgestellt werden könnte. Er schiebt also die Hoffnung auf ein freies Konzil nicht ganz beiseite. Wie die alte Kirche die Gefahren des Konziliarismus überwunden hat, so müssen auch wir dahin kommen, diese Gefahren zu meistern, anstatt durch einen Religionskrieg gewaltsam eine Einheitskirche schaffen zu wollen. Es ist eine Pflicht der Liebe, sich der durch den kirchlichen Zwiespalt angefochtenen einfältigen Seelen anzunehmen und die Eintracht im Glauben und in der Lehre zu suchen[17]. Dabei schlägt eine Stimmung durch, die in humanistischen Kreisen weit verbreitet war: In beiden konfessionellen Lagern gibt es viele gutherzige Menschen, die im Grunde ihres Herzens die kirchliche Einheit nie aufgegeben haben und die vermöge ihrer Frömmigkeit und Gelehrsamkeit imstande sind, das Amt unparteiischer Schiedsrichter zu übernehmen. Solche Leute sollen aus allen Völkern auf die Einheitssynode berufen werden. Sie werden aufgrund des Wortes Gottes die Streitfragen entscheiden[18]. Das wäre dann ein freies, vom Papste unabhängiges Konzil. Die Fürsten haben es einzuberufen; sie garantieren seine Freiheit. | Ein solches Konzil ist nur an das göttliche Wort gebunden. Es kann keine neuen Glaubensartikel setzen, sondern nur die in den Schriften der Apostel und Propheten gegebenen Wahrheiten bekennen und bestätigen. Genau dieselbe Auffassung hatte Luther vertreten und gefordert: „Ein Concilium sol allein mit des glaubens sachen zu thun haben und das, wenn der glaube not leidet"[19]. Und den positiven Wert einer Synode hatte er darin erblickt, daß sie ein Bekenntnis zum rechten alten Glauben ablege[20]. Genau entsprechend wendet Melanchthon den biblischen Begriff der ‚testes veritatis' (Luk. 24,48) auf die Synoden an, denselben

---

[17] CR 2, Sp. 667 ff., Sept. 1533.

[18] Gutachten vom 21. Dez. 1535, CR 2, Sp. 1018 ff.; vom 5. März 1537, CR 3, Sp. 314 ff.; Enarratio Symboli Nicaeni, CR 23, Sp. 200 f.

[19] WA 50, S. 618,36 f.

[20] Concilium debet esse exemplum confessionis, non nova condendi potestas; WA 39.1, S. 189, 12 f.

Begriff, den dann sein Schüler Flacius zum Grundprinzip der Kirchengeschichte gemacht hat. Die Synoden sind ‚testes seu testificationes de aliquo vetere dogmate'. Sie bezeugen damit, daß die Kirche beständig existiert hat und existieren wird; sie bezeugen die Einheit der Christenheit über Raum und Zeit hinweg. Solche ‚iudicia de doctrina, quae Synodi vocantur', will Gott haben, weil Er die wahre Lehre erhalten und die falsche verworfen haben will, weil Irrende und Schwache dadurch gestärkt werden, weil die Wahrheit dadurch für die Nachkommen bewahrt wird. Gott will also, „daß immer in der Kirche ein gewisser Kreis (coetus) sei, der ein gemeinsames Bekenntnis von der Lehre bezeugt, damit man wissen kann, was und wo die Kirche sei"[21].

Solche Synoden besitzen also nicht kraft göttlicher Autorität die juristische Vollmacht, analog den ‚iudicia civilia' Lehrstreitigkeiten durch ein verbindliches Wort zu schlichten. Sie verfügen nicht über die ‚autoritas regia aut praetoria'. Ihre Auslegung gilt nicht ‚propter gradum aut locum', sondern muß immer neu an der Schrift geprüft werden und vor ihr bestehen. Man kann also Synodalentscheidungen nicht mit menschlicher Autorität stützen und durchsetzen – damit weicht Melanchthon grundsätzlich von der Praxis der altkirchlichen Reichssynoden ab.

Direkt aber wendet er sich gegen die zeitgenössischen Konzilsväter von Trient. Sie nehmen eine Entscheidungsgewalt für sich in Anspruch, die die kirchliche Lehrautorität der interpretatio praetoris aut principis gleichsetzt. Eine solche Machtfülle steht indessen der Synode nicht zu. Sie hat vielmehr die Autorität des göttlichen Wortes zur Geltung zu bringen. Und sagt man, die müsse doch in keiner kirchlich verbindlichen Form ausgesprochen werden, um die christliche Einheit zu wahren, so hält Melanchthon solcher Rede die Macht des Wortes Gottes entgegen. | Dessen Wahrheit setzt sich schließlich durch, auch ohne Menschenhilfe[22].

So kommt Melanchthon auf eine geistliche Vollmacht der Synode hinaus, wie sie auch von der Urkirche in Anspruch genommen worden war. Damals freilich wurde die Geistesfülle in der gottesdienstlich versammelten Gemeinde und jetzt in dem in ihrer Mitte verkündigten und von dieser Gemeinde geglaubten Worte praesent gedacht. Der Unterschied ist indessen nicht allzu erheblich. In beiden Fällen beruht die Wirkung der synodalen Entschließungen in dem freien Walten des göttlichen Gei-

---

[21] Enarratio Symboli Nicaeni, CR 23, Sp. 200 f.
[22] CR 23, Sp. 202 ff.

stes, von dem die Kirche geleitet wird: „Deus tandem diiudicat tales controversias, deleta una parte"[23].

c) Bei Luther und Melanchthon ist die Synode Organ des Kirchenregimentes vornehmlich nur insofern, als sie Lehrentscheidungen durchzuführen hat. Beide Reformatoren sind sehr mißtrauisch gegen Synodalentscheidungen, die sich mit Fragen der kirchlichen *Ordnung* und *Disziplin* befassen. Hier hegen sie immer Verdacht, daß eine neue Gesetzlichkeit, ein neues kanonisches Recht aufgerichtet werde, und wollen am liebsten diesen ganzen Bereich der Gesetzgebung der christlichen Obrigkeit überlassen. Immerhin darf man doch nicht übersehen, daß unter den Augen der Wittenberger ein halbes Jahrhundert lang (von 1531–1581) die hessische Kirche synodal geleitet worden ist. Superintendentensynoden, die regelmäßig im Frühjahr und je nach den Notwendigkeiten auch sonst zusammentreten, führen die laufende Verwaltung der Landeskirche durch und geben ihr die grundlegenden Ordnungen. Nach dem Vorbild der altkirchlichen Reichssynoden lädt der Landesherr zu den Beratungen ein, läßt durch seine Räte die Vorlagen machen, veröffentlicht die Beschlüsse, verleiht ihnen dadurch Rechtskraft und überwacht ihre Durchführung. Diese hessische synodale Superintendenturverfassung ist der reinste Ausdruck, den das humanistisch-historische Synodalideal im Reformationsjahrhundert gefunden hat; es hat über Hessen hinaus die Verfassung der lutherischen Landeskirchen beeinflußt.

Man kann daraus sehen, daß das Luthertum eine kirchenordnungsmäßige Funktion der Synode keineswegs grundsätzlich abgelehnt hat: wenn nur potestas und iurisdictio der christlichen Obrigkeit durch eine angemaßte Rechtshoheit der Synode nicht beeinträchtigt, die Bezeugung des Evangeliums, die die vornehmste Aufgabe der Synode sein sollte, nicht durch eine neue evangelische Gesetzlichkeit verdunkelt wurde, hat man ihr auch Fragen der Ordnung und der Kirchendisziplin anvertraut. Kronzeuge dafür ist kein geringerer als Johann Gerhard. Er hat im Zusam|menhang der landesherrlichen Visitationen Pfarrersynoden gewünscht, die die dabei festgestellten Mißstände begutachten und Verbesserungen vorschlagen sollten. Eine seltsame Mischung zwischen humanistischen Ideen und spätmittelalterlicher Praxis! Nach altkirchlichem Vorbild werden diese Amtsträgersynoden vom christlichen Fürsten einberufen und geleitet; andererseits haben sie wie die mittelalterlichen Diözesansynoden und Sendgerichte kirchliche Zuchtmaßnahmen durchzuführen[24].

---

[23] CR 23, Sp. 206.   [24] *Gerhard*, Loci 6, S. 357 f.

Inzwischen hatte sich seit 1559 eine ganz neue Form der Synode herausgebildet. In diesem Jahre hatte man die französische reformierte Gesamtgemeinde auf der Pariser Nationalsynode konstituiert und ihr in der Discipline ecclésiastique eine einheitliche Verfassung gegeben. Nur eine Ortsgemeinde, die diesem Gesamtverband beitrat, wurde als evangelisch anerkannt. Die Unterwerfung unter die Generalsynode, die sich bald in Provinzialsynoden und Klassikalkonvente differenzierte, garantiert die Zugehörigkeit zur wahren christlichen Kirche. Wie in den Tagen der Urchristenheit wird der Unterschied zwischen Ortsgemeinde und Gesamtekklesia aufgehoben; die eine spiegelt sich in der anderen. Vor allem entspricht die Zusammensetzung der Synode genau der in der Ortsgemeinde bestehenden Ordnung der Ämter.

Und damit kommen wir auf einen der reformierten Kirche eigentümlichen Versuch, die geistliche Autorität der Synode zu begründen. Sie beruht nicht auf der Wahrheit der von ihr bezeugten Doctrina evangelica wie im Luthertum. Sie beruht auch nicht auf dem pneumatischen Charakter der gottesdienstlich versammelten Gemeinde, die sich noch im II. Jahrhundert unterschiedslos in allen ihren Ständen als den geistlichen Leib Christi empfunden hatte. Sondern die geistliche Autorität der reformierten Synode ist wie die der altkatholischen eine *Amts*autorität. Nur wird sie nicht aus der apostolischen Sukzession der Bischöfe abgeleitet, sondern aus der schriftgemäßen Ämterverfassung. Der aus dem dreifachen Amt der pasteurs, anciens und diacres gebildete ordo entsprach der von Christus gegebenen Rechtsordnung. Durch dieses Amt übt Christus die Regierungsgewalt über seine Gemeinde aus. Daran erkennt man die wahre Kirche: „Elle doit estre gouvernee selon la police, que notre Seigneur Jesus Christ a establie"[25]. Indem auf der Synode innerhalb der Gesamtgemeinde die Autorität dieses Amtes zur Geltung kommt, regiert Christus seine Kirche.

So ist die reformierte Synode die Versammlung der Amtsträger, die in Christi Auftrag das Kirchenregiment führen. Sie gleicht insofern der altkatholischen Bischofssynode, nur daß die Amtsträgerschaft eine andere | ist und ihre Autorität begründet wird nicht durch die apostolische Sukzession, sondern durch das Bibelwort, das als göttliches Recht verstanden wird. Dieses gesetzliche Verständnis der Schrift, das erst im Spätmittelalter entwickelt worden war, unterscheidet das synodale Verfassungsideal der reformierten Kirche von dem der altkatholischen. In seiner Ausgestaltung ist es als eine eigentümliche Ausprägung jenes roman-

---

[25] Confessio gallicana 1559 art. 29 [*Müller*, Bekenntnisschriften S. 229].

tischen, historisierenden christlichen Humanismus anzusehen, der sein Idealbild von der Alten Kirche unbesehen ins Neue Testament zurücktrug.

Die altreformierte Synode ist Amtsträgersynode. Ursprünglich gehören ihr in Frankreich alle pasteurs an. Um die Zahl der Ältesten und Diakonen nicht unverhältnismäßig hoch anschwellen zu lassen, hatte man von Anfang an ihre Teilnahme beschränkt. Aber wenn auch nur einzelne dieser Amtsträger zugelassen waren, so stellt deren Wahl durch die Gemeinde doch nur fest, wer aus Zweckmäßigkeitsgründen von dem ihm wie allen Amtsgenossen zustehenden Teilnahmerecht Gebrauch machen solle[26].

Indem die Zahl der Gemeinden in Frankreich und den Niederlanden wächst und sich im synodalen Aufbau die Untergliederungen immer stärker entwickeln, tritt eine gewisse Verschiebung ein. Nicht aus jeder Gemeinde mehr können die Amtsträger auf jeder Synode erscheinen. Es müssen Vertreter bestellt werden, Vertreter der Einzelgemeinden auf der Provinzialsynode, Vertreter der Provinzialsynoden auf der Nationalsynode. Der Wahlakt wird ein Akt der Delegation. Der Repräsentationsgedanke, der aus dem Naturrecht stammt und sich seit der konziliaren Ära in die synodale Entwicklung eingeschlichen hatte, setzt sich aufs neue durch. In der Emdener Kirchenordnung von 1571 ist er zum ersten Male klar ausgesprochen. Der Synodale bringt zur Sitzung eine Legitimation mit, die die Ordnungsmäßigkeit seiner Wahl bescheinigt; und er empfängt von seiner Heimatgemeinde eine Instruktion, die die Anliegen enthält, in denen er sie besonders zu vertreten hat[27]. Indem aber sowohl die Ordnung des lokalen consistoire wie die Gesamtsynodalverfassung göttlichen Rechtes ist, nimmt auch dieser naturrechtliche Repräsentationsgedanke den Charakter einer lex divina an. Aufgrund dieser ihm im Kirchenrecht verliehenen Würde hat er sich in der reformierten Welt auch politisch durchgesetzt. |

Es braucht nach dem Gesagten nicht weiter erörtert zu werden, daß dieses synodale Verfassungsideal dem des Luthertums diametral entgegengesetzt ist. Führen wir als Kronzeugen wiederum Johann Gerhard

---

[26] Doch spielt auch hier schon der naturrechtliche Repräsentationsgedanke mit hinein. *Hauck* (Die Synode im Mittelalter) weist S. 479 f. nach, daß zuerst auf dem 4. Laterankonzil von 1215 der Stellvertretungsgedanke auf die kirchlichen Amtsträger angewandt wurde. Die reformierte Kirche setzt die naturrechtlichen Traditionen des ausgehenden Mittelalters kritiklos fort.

[27] *Hoffmann*, Das Kirchenverfassungsrecht der niederländischen Reformierten, S. 156 f.; vgl. S. 153 ff.

an. Er hat in der Polemik gegen die Kalvinisten die absolute Notwendigkeit konziliarer Entscheidungen, die jene zu ihren Gunsten in Anspruch nahmen, bestritten. Wenn die Kalvinisten sich beschweren, sie seien noch nie durch eine synodale Entscheidung der Kirche der Irrlehre überführt worden, so weist Gerhard – bei aller grundsätzlichen Hochschätzung der Synode – darauf hin, daß der Heilige Geist in der Schrift auch ohne Synode ein ‚iudicium publicum perpetuum et ineffabile' ablege und daß sowohl die orthodoxen Väter der Alten Kirche, wie auch Melanchthon und Brenz 1530 auf dem Augsburger Reichstag die Konzilsforderungen der Häretiker abgewiesen haben. Er schließt seine Ablehnung des Kalvinistischen Verlangens mit der schneidigen Sentenz: ‚antequam fiat postulata a Calvinianis synodus, fiet mundi exodus'[28].

IV. Die Rheinisch-Westfälische Kirchenordnung von 1835 als das Vorbild der Synodalordnungen des XIX. und XX. Jahrhunderts

Im Zeichen der Aufklärung sind jene kalvinistischen Forderungen in gewissem Sinne schließlich doch noch erfüllt worden. Was dabei herausgekommen ist, ist freilich von der altreformierten Amtsträgersynode himmelweit verschieden. Der naturrechtliche Repräsentationsgedanke hat sie vollständig überwuchert.

Die Rheinisch-Westfälische Kirchenordnung stellt wie die altreformierte Verfassung die Gegenbildlichkeit von Einzel- und Gesamtekklesia her. Aber während damals streng von der Christokratie her gedacht worden war – Christus übt seine Herrschaft in beiden Bereichen aus durch das schriftgemäße dreifache Amt –, wird im XIX. Jahrhundert die Kirche als eine Religionsgemeinschaft konstruiert. Die Pfarrgemeinde ist eine Korporation, deren Mitgliedschaft jeder am Ort Ansässige durch die Konfirmation erwirbt (§ 1 und 2). Die Amtsträger sind ‚Kirchenbeamte' (§ 3). Der Pfarrer wird auf unbestimmte Zeit gewählt, und zwar grundsätzlich von allen Hausvätern, nicht, wie in der Discipline ecclésiastique von 1559 (Art. 6) durch Älteste und Diakonen. Diese sind Wahlbeamte auf Zeit, ursprünglich auf zwei Jahre, dann auf vier (§ 8)[29]. Die Kriterien der Wählbarkeit – ehrbarer Lebenswandel, Teilnahme am Gottesdienst (§ 10) – sind nur noch ein schwacher Abglanz

---

[28] *Gerhard,* Loci 6, S. 182 f.

[29] Von den Gemeinderepräsentanten, wo die Dinge noch klarer liegen, sehe ich hier ab; vgl. § 18.

von der geistlichen Vollmacht, die ursprünglich dem Ältestenamt inne-
wohnte. Die Kirchen|beamten sind Repräsentanten der Gemeinde, die
sie gewählt hat. Einen geistlichen Charakter tragen sie nur insofern an
sich, als sie das Glaubensbewußtsein ihrer Wähler repräsentieren.

Dementsprechend ist die Synode, obwohl sie immer noch aus Pfarrern
und Ältesten zusammengesetzt ist, keine Amtsträger-, sondern eine De-
putiertenversammlung. Die Parallelität zwischen Einzelgemeinde und
Gesamtgemeinde tut sich auch darin kund. Die Gesamtheit mehrerer
Ortsgemeinden bildet die Kreisgemeinde (§ 34), die Gesamtheit der
Kreisgemeinden die Provinzialgemeinde (§ 44). Die Synoden bilden jeweils die Presbyterien dieser Gesamtkörperschaften; ihre Mitglieder
werden von den Einzelpresbyterien ‚deputiert‘ (§ 34). Man sieht, die
Reste altreformierter Kirchenverfassung sind ganz in das demokratische
Naturrecht hineingenommen, damit aber in ihr Gegenteil verkehrt. Aus
der Christokratie ist eine Demokratie geworden.

Man hat sich gegen diese Verkehrung gewehrt, sich gemüht, den geistlichen Charakter der Korporation durch Zucht- und Auslesemittel zu
wahren und damit Reste der altreformierten Disciplina festzuhalten.
Der Versuch war vergeblich. Die ursprüngliche Fassung der Rheinisch-
Westfälischen Kirchenordnung unterschied zwischen Pfarrgenossen (den
abgabenpflichtigen, ortsansässigen Evangelischen) und den eigentlichen
Gemeindegliedern, die sich durch ihr Konfirmationsgelübde geistlich gebunden hatten und aufgrund dieser Bindung in Zucht genommen werden, u. U. ihrer Mitgliedschaft verlustig gehen konnten. Das Ministerium hebt 1839 jene Unterscheidung praktisch auf und verbietet, durch
Versagung von Kirchenzeugnissen Gemeindeglieder zu bloßen Pfarrgenossen zu machen[30].

Diesem allgemeinen Zuge demokratisierender Verweltlichung entspricht es auch, daß die Synode nicht mehr das Recht besitzt, in eigener
Vollmacht geistliche Entscheidungen zu treffen. Sie „wacht über der Erhaltung der Reinheit der evangelischen Lehre in Kirchen und Schulen"
(§ 49); aber sie besitzt keine Möglichkeit mehr, das von den Vätern
überkommene geistliche Erbe durch eigene Glaubensentscheidungen zu
vermehren. Sie kann sich über ‚Verletzung der kirchlichen Ordnung‘
und die Amtsführung der ‚Geistlichen und Kirchenbeamten‘ bei den

---

[30] Vgl. das in der von *Bramesfeld* [Kirchenordnung S. 24 f.] veranstalteten Ausgabe
der KO wiedergegebene Ministerialreskript vom 31. Juli 1839; ebendort der vermö-
gensrechtlich motivierte Antrag der rheinischen Generalsynode (!), die Unterscheidung
zwischen Pfarrgenossen und Gemeindegliedern gänzlich fallen zu lassen.

Staatsbehörden beschweren; aber sie besitzt keine eigene Exekutive mehr. Und jede Möglichkeit, durch Bildung eines Gesamtsynodalaus|schusses zu einer konstanten kirchenregimentlichen Tätigkeit zu kommen, wird ihr zunächst vom Staate abgeschnitten. Sie teilt mit den Landständen vor 1848 das Los, nur soweit die demokratische Vertretung ihrer Wähler durchführen zu können, als sie deren Wünsche vor der hohen Obrigkeit zu Gehör bringt; aber sie hat keine Vollmacht, von sich aus Abhilfe zu schaffen[31]. Erst nachdem die Märzrevolution der Demokratie auf politischem Gebiete freiere Bahn gemacht hat, übernehmen auch die Synoden von den Staatsbehörden in zunehmendem Maße kirchenregimentliche Befugnisse. Sie übernehmen sie aus der Hand des Staates; sie haben nicht die geistliche Vollmacht, sie aus sich selbst heraus in Anspruch zu nehmen. Daran wird die schwache Basis erkennbar, auf der das evangelische Kirchenrecht im XIX. Jahrhundert und auch heute noch ruht.

Es wurde längst erkannt und dargestellt[32], daß die Synode nach der Rheinisch-Westfälischen Kirchenordnung nicht auf dem altrefomierten Amtsprinzip, sondern auf den modernen demokratischen Prinzipien beruht, und zwar in der Form, in der sie vor 1848 in Preußen gerade noch geduldet werden konnten. So hat König Friedrich Wilhelm III. 1838 die Provinzialsynoden mit den Provinziallandständen insofern in eine Reihe gestellt, als beide Institutionen keine Verwaltungsbehörden sind und sich nicht in Konkurrenz zu solchen regimentliche Befugnisse anmaßen dürfen. Man hat eben damals in gutem Glauben altreformierte Kirchenordnungen und moderne Verfassungsprinzipien miteinander identifiziert, wie das ja auch heute noch immer wieder geschieht.

So hat der damalige preußische Kultusminister von Altenstein den wesentlichen Charakter reformierter Kirchenverfassung darin gesehen, „daß die Gemeinden durch ihre aus ihrer Mitte und von ihnen selbst gewählten und zu Presbyterien und Synoden vereinigten Vertreter die kirchengesellschaftlichen Rechte unter der Aufsicht und dem Schutz des Staates ausübten"[33]. Und die theologischen Mitverfasser der Rheinisch-Westfälischen Kirchenordnung, allen voran der spätere Bischof Wilhelm Ross, haben genau so gedacht wie der hochvermögende Herr Minister. Ross, der aus der reformierten Kirche stammt, hat seine Kirche aufge-

---

[31] *Bramesfeld,* Kirchenordnung, S. 110 f.
[32] *Bredt,* Neues evangelisches Kirchenrecht, Bd. 1, S. 301 ff.
[33] *Göbell,* Die Rheinisch-Westfälische Kirchenordnung vom 5. März 1835, Bd. 1, S. 198.

faßt, wie seine aufgeklärten Zeitgenossen auch, als „eine Gesellschaft, deren Glieder sich durch Übereinstimmung des Glaubens zur gemein- schaftlichen Ausübung der durch denselben be|stimmten religiösen Hand- lungen verbunden haben". Er hat dementsprechend Grundsätze für eine ‚Volkswahl' aufgestellt, die deutlich erkennen lassen, wie einseitig poli- tisch er denkt[34].

Von der Christokratie zur Demokratie – das ist der Weg, den der syn- odale Gedanke von 1559 an bis heute im Protestantismus genommen hat. Niemand aber hat es bis heute fertiggebracht, ein demokratisch waltendes Kirchenregiment theologisch zu begründen. Wer überhaupt über die Fragen des Kirchenregimentes nachdenkt, hat dabei vom geist- lichen Amt auszugehen und hat dieses Amt in die rechte Beziehung zu setzen zur geisterfüllten Gemeinde und dem in ihr waltenden göttlichen Wort. Wie unter diesen Voraussetzungen heute eine Synode gebildet wer- den kann, wie sie aussieht und welche kirchenregimentlichen Pflichten ihr zufallen, darüber neu nachzudenken scheint mir eine vordringliche Aufgabe zu sein. Und die Erfahrungen der Geschichte werden bei der Er- füllung dieser Aufgabe nicht unbeachtet bleiben dürfen.

---

[34] *Göbell*, aaO., S. 119 Anm. 30; S. 189 ff.

GEISTLICHE LEITUNG DER KIRCHE*

Geistliche Leitung ist eine Wirklichkeit, die mit der Existenz der Kirche gegeben ist. Die Kirche wird vom Geist Gottes in alle Wahrheit geleitet: das geschieht durch das geistgetragene Zeugnis von Christus. Die Apostel haben dieses Zeugnis zuerst ausgerichtet; die von ihnen zu Gemeinden gesammelten Christen haben es aufgenommen. Geistliche Leitung geschieht durch Menschen, die der Gemeinde dienen je nach den geistlichen Gaben, die sie empfangen haben. Unter den dienenden Gliedern der Gemeinde besteht kein Rangunterschied; sie geben alle nur weiter, was ihnen anvertraut wurde. Geistliche Leitung bedeutet nicht Herrschaft, sondern demütige Anerkennung der Regierung, die Christus durch den Heiligen Geist in der Christenheit ausübt.

Geistliche Leitung ist also eine Wirklichkeit, kein Problem. Wo sie als Problem empfunden wird, ist das ein Zeichen dafür, daß es an dienstwilligen Gliedern in der Gemeinde fehlt. Und dieser Mangel wiederum deckt auf, daß die Fülle der geistlichen Gaben nicht ernst genommen, nicht im Glauben empfangen wird. Geistliche Gaben sind da, sonst gäbe es keine Gemeinde; sie sind da, weil Christus durch sein Wort sie regiert. Aber die Christenheit muß die Gabe erwecken, die in ihr ist. Daß sie sie erkennt und anerkennt, ist der erste Schritt auf dem Wege solcher Erweckung. Daß jedes Glied sie dem andern zuerkennt, daran teilnimmt und sie durch Mitteilung der eigenen Gaben vergilt und zurückerstattet, darin besteht die Erneuerung der Kirche.

Kirchenreform ist ein geistlicher Vorgang. Er vollzieht sich nicht im Abbau alter und in der Konstruktion neuer Institutionen und Ämter. Reform der Kirche geschieht, indem die Kirche sich selbst ernst nimmt: als Herrschaftsbereich Christi, von dem aus er seine Gewalt im Himmel und auf Erden geltend machen will; als Stätte, da Gottes | Geist anhebt, die Welt zu erneuern. Was heute an der Kirche problematisch ist, besteht immer darin, daß ihr dieser Ernst fehlt. Sie ersetzt die Anerken-

---

* Aus: *Kurt Frör* und *Wilhelm Maurer*, Hirtenamt und mündige Gemeinde. Ein theologisches Votum zur Kirchenreform, München 1966, S. 51–95.

nung des göttlichen Herrscher-, Heils- und Vollendungswillens durch die Proklamation ihres eigenen Willens, ihrer eigenen Programme. Sie denkt und handelt von der Welt her, anstatt sich durch das Handeln Gottes mit der Welt für die Welt in den Dienst nehmen zu lassen. Geistliche Leitung der Kirche geschieht schlechterdings durch das Walten des Geistes Gottes, der in ihr und durch sie hindurch die Welt ergreift, um sie zu retten. Das Problem liegt da, wo sich die Kirche diesem Walten entzieht.

Die Lösung des Problems ist also zu allererst eine Frage des Glaubens und der Liebe; sie erfolgt, wenn überhaupt, in einer Tiefe der Herzen und Gewissen, die der nachträglichen Reflexion nur beschränkt zugänglich ist. Theologisches Denken ist hier immer nur ein Nach-Denken. Es bricht der Lösung keine Bahn; aber es vermag anzuzeigen, wie und unter welchen Umständen sie sich früher einmal angebahnt hat. Die Theologie reflektiert im Zusammenhang ihrer eigenen Geschichte. Wenn ein Problem an sie herantritt, das im geistlichen Mangel ihrer eigenen Gegenwart seine Ursache hat, dann verfolgt sie diese Ursache zurück in die Vergangenheit der Kirche und setzt sich mit den Versuchen auseinander, die früher gemacht wurden, den Mangel zu beheben.

In einer Zeit, die sich selbst als eine Übergangzeit begreift und die geschüttelt wird – gerade auch in der Kirche – von der Erwartung unerhörter Dinge, muß die Kirche früher Gesagtes zu Gehör bringen. Sie weiß, daß Gottes Wort allezeit in ihr bezeugt wurde und Gottes Geist in ihr am Werke war. Was frühere Zeiten von geistlicher Leitung geglaubt und bekannt haben, kann ihr hilfreich sein für ihre gegenwärtige Erkenntnis, damit Kräfte des Glaubens und der Liebe in ihr neu lebendig werden. Reform der Kirche geschieht nur, wenn in ihr etwas Neues geschieht. Aber es passiert nichts Neues, wenn die Verbindung mit dem Alten, Immerwährenden verlorengeht.

Wenn wir in diesem Sinne, wenn auch nur mit exem|plarischen Ausschnitten aus der Geschichte, an das Problem der geistlichen Leitung herangehen, so wünschen wir, daß es in ganzer Weite erfaßt werde. Entstehen konnte es nur aus Mangel an Glaube und Liebe – insofern ist es dem Gebet der Christenheit und der Kraft ihres Zeugnisses befohlen. Es bezieht sich auf die machtvolle Gegenwart des Geistes Christi in seiner Kirche – insofern ist es ein theologisches Problem. Und es erfordert schließlich die geistliche Kommunikation der Kirchenglieder untereinander – insofern ist es auch ein Ordnungsproblem und damit eine Grundfrage des Kirchenrechts. Wie falsch es wäre, geistliche Leitung *nur* als eine kirchenrechtliche Frage anzusehen, sie etwa gar auf die Gestaltung des Kirchenregiments zu beschränken, dürfte in diesen einleitenden Bemerkungen deutlich geworden sein. Daß dennoch die Väter unserer Kirche über die Probleme geistlicher Leitung vornehmlich im Zusammenhang kirchenrechtlicher Erwägungen nachgedacht haben, ist eine unbestreitbare Tatsache; vielleicht ist mit ihr schon eine Ursache gegeben für die Mangelerscheinungen, die heute unter uns offenkundig geworden sind. Wie dem aber auch sei, unsere geschichtliche Auswahl ist durch jene Tatsache bestimmt.

Wir handeln:

I. Von der Grundlegung in den lutherischen Bekenntnisschriften;

II. Von dem weiteren Ausbau durch Johann Gerhard;

III. Von den neuen Ansätzen bei Schleiermacher;

IV. Von dem Ringen um geistliche Leitung während des deutschen Kirchenkampfes;

V. Von den Ansätzen geistlicher Leitung im gegenwärtigen Verfassungsrecht der Evangelisch-Lutherischen Kirche in Bayern.

I.

Die *Lutherischen Bekenntnisschriften* erschöpfen sich nicht in Abweisung und Widerlegung der Vorstellungen über geistliche Leitung, die der abendländische Katholizismus des Mittelalters herausgebildet hatte. Sie bemühen sich zugleich | um eine neue, schriftgemäße Grundlegung. Sie gehen dabei zurück auf das geistmächtige Wirken von Wort und Sakrament.

Besonders deutlich geschieht das in CA 28. Der Artikel will zunächst Antwort geben auf die Frage, ob und unter welchen Voraussetzungen die bisherigen Bischöfe als Reichsfürsten noch in ihren geistlichen Funktionen anerkannt werden können. Die Augustana unterscheidet dabei zwischen der potestas gladii (potestas civilis) – diese wird anerkannt und damit auch die politische Ordnung des Reiches – und der potestas ecclesiastica. Diese wird beschränkt auf die eigentliche Wirkgewalt des ministerium ecclesiasticum in Wortverkündigung und Sakramentsverwaltung. In dieser Beschränkung und Ausschließlichkeit wird sie den altgläubigen Bischöfen abgefordert. Was diese darüber hinaus an geistlichen Rechten beanspruchen, wird ihnen nicht zugestanden. Wenn sie reine Wortverkündigung und rechte Sakramentsverwaltung nicht wenigstens zulassen, können sie nicht als Bischöfe anerkannt werden.

Geistliche Gewalt ist *Wortgewalt*. Sie schließt schon in CA 28 eine
Reihe von Funktionen in sich ein. Nicht nur die Vollmacht zu predigen
gehört dazu, sondern auch das Recht, eine gehörte Predigt zu beurteilen
und eine dem Evangelium widersprechende Verkündigung zu verwerfen. Vollmacht zu predigen ist auch Vollmacht zu absolvieren; jede
evangelische Predigt ist Zuspruch der Absolution. Die Absolutions-Voll-
macht schließt auch die Möglichkeit in sich ein, Sünden zu behalten; die
Retention trifft offenbare und unbelehrbare Häretiker und andere allgemein bekannte Sünder und Übeltäter. Dabei schließt das Recht der
Sakramentsverwaltung auch die Vollmacht ein, die, denen die Absolution verweigert wurde, vom Empfang des Sakramentes auszuschließen.

Diese Urelemente geistlicher Leitung stehen unter einer doppelten
Voraussetzung.

1. Bei ihrer Ausübung wird auf jede äußere Gewalt verzichtet. Die
geistliche Vollmacht muß sich durchsetzen kraft der ihr innewohnenden
göttlichen Autorität. Sie geschieht non vi, sed verbo und unterscheidet
sich eben | dadurch von jeder *weltlichen* Straf- und Gerichtsgewalt. Aber
als Verkündigung von Gesetz und Evangelium *ist* sie zugleich Straf- und
Gerichtsgewalt; ohne Bedenken redet CA 28 von einer iurisdictio ecclesiastica als einer iurisdictio episcoporum.

2. Diese iurisdictio ist *iure divino* den Bischöfen anbefohlen. Aber
sie ist nicht auf ein besonderes hervorgehobenes Leitungsamt beschränkt.
Für die Augustana gilt vielmehr wie für den „Unterricht der Visitatoren" von 1528 die Gleichung: episcopi *seu* pastores. Jeder Verkündiger
des Evangeliums und Verwalter der Sakramente hat gleichen Anteil an
jenem ius divinum. Er ist in seiner Verkündigung unbeschränkt in allen
ihren Konsequenzen. Aber er ist dabei nicht souverän. Die geistliche Gewalt liegt nicht in seinem institutionellen Amt, geschweige denn in seiner Person oder in seiner Bildung. Sie geht aus vom göttlichen *Wort*.
Und dieses Wort steht nicht nur über ihm, sondern über der ganzen
Christenheit. Sie hört dieses Wort, und sie unterscheidet die Stimme des
guten Hirten von der Stimme des Diebes und Mörders. Der Gehorsam,
den sie diesem göttlichen Wort schuldig ist, gilt also nicht dem Leitungsamt, auch nicht der Person seines Trägers, sondern dem im Wort offenbaren göttlichen Willen. Und umgekehrt: Wenn die Predigt dem Evangelium widerspricht, hat die ecclesia den göttlichen Auftrag, nicht zu
gehorchen, sondern sich von den falschen Propheten zu scheiden[1].

---

[1] Vgl. besonders CA 28, § 20–23. – Die Apologie fügt keine neuen Gesichtspunkte hinzu.

Aus dem übergreifenden Anspruch des göttlichen Wortes ergibt sich: Geistige Leitung ist nicht Vorrecht oder Auftrag einer besonderen Gruppe, eines bevorzugten Standes in der Christenheit. Geistliche Leitung eignet ihr in ihrer Ganzheit. Sie wird wechselseitig ausgeübt; denn sie erwächst aus gegenseitiger Verantwortung. Das geistliche Amt, das der Kirche kraft göttlichen Rechtes eingestiftet ist, übt sie kraft eben dieses Rechtes aus, in göttlichem Auftrag, aber nicht in eigenem Namen, sondern im Namen der ganzen Christenheit und so, daß kein Inhaber des Amtes für sich | isoliert dasteht, daß jeder vielmehr der geistlichen Leitung der ganzen Christenheit unterworfen ist. Geistliche Leitung gibt es also nicht nur in der Beziehung zwischen der einzelnen Gemeinde und ihrem Pfarrer. Sie verbindet vielmehr die ganze Christenheit zu einer geistlichen Einheit, sie ist das Merkmal der ecclesia universalis. Und in einer ecclesia particularis besteht die geistliche Ordnung vor allem darin, das Verhältnis der Gemeinden und ihrer Pfarrer so zu bestimmen, daß jeder der ihn angehenden und bindenden geistlichen Leitung unterworfen ist.

Diesem Bilde, das wir der Augustana entnommen haben, fügt Melanchthons Tractatus de potestate et primatu papae von 1537 ein neues Moment hinzu[2]. In den Jahren seit 1530 war es vollends klargeworden, daß die altgläubigen Bischöfe sich der evangelischen Predigt nicht erschließen würden. Es entstand damit zuerst die Frage nach einer eigenständigen kirchlichen Ordnung in den evangelischen Territorien, zum mindesten nach der Heranbildung und Autorisierung eines eigenständigen evangelischen Pfarrerstandes. In Wittenberg hatte man 1536 begonnen, Ordinationen durchzuführen. Wer sollte ordinieren? Melanchthon erklärt in seinem Tractat (§ 65), aufgrund göttlichen Rechtes gebe es keine besondere Instanz dafür, sondern sei jede von einem evangelischen Pfarrer öffentlich in seiner Kirche durchgeführte Ordination kirchenrechtlich gültig. Er bekräftigte damit noch einmal die These, daß alle geistliche Leitungsgewalt der Christenheit als ganzer gehöre. Kraft menschlichen Rechtes aber hielt er Abstufungen unter den kirchlichen Dienern für möglich, und damit auch ein besonderes Ordinationsamt, dem die Prüfung und Installation der von den Gemeinden gewählten Pfarrer zustand und das damit – wiederum kraft menschlichen Rechtes – über ein gewisses, wenn auch geringes Maß geistlicher Leitung gegen-

---

[2] Ansätze in dieser Richtung finden sich bei Melanchthon schon während der Augsburger Verhandlungen und in AC 14, § 1.

über Pfarrern und Gemeinden verfügte[3]. Dabei sollte | die umfassende Weite geistlicher Leitung durch dieses besondere, territorial begrenzte Aufsichtsamt nicht ausgeschlossen sein. Seine Träger sind nicht auf ihren Aufsichtsbezirk beschränkt, sondern üben einen Dienst aus, der der ganzen Christenheit eignet und zugute kommt.

II.

Johann Gerhard[4] hat in seinen Loci die melanchthonische Linie weitergeführt und das Amt geistlicher Leitung weiter ausgebaut. Er hat der Verkündigungs- und Schlüsselgewalt, die kraft göttlichen Rechtes allen Dienern der Kirche zukommt, eine besondere potestas ordinis – nicht bloß Ordinations-, sondern auch Ordnungsgewalt – hinzugefügt, die auf menschlichem Recht beruht und innerhalb der abgestuften Ordnung kirchlicher Amtsträger einigen der höchsten Stufen eigentümlich ist. Die geistliche Leitung, die diesen Männern zusteht, ist nicht qualitativ anders als die in CA 28 bestimmte, geht aber stärker in die Einzelheiten hinein und wird vor allen Dingen abgegrenzt gegenüber dem landesherrlichen Kirchenregiment.

Hier in dieser Abgrenzung der geistlichen Leitung gegenüber der obrigkeitlichen Gewalt liegt der eigentliche Beitrag Johann Gerhards zu unserem Thema. Verdeutlichen wir uns die Zeitumstände, auf die der Jenaer Dogmatiker Rücksicht zu nehmen hatte[5]: Der Passauer Vertrag hatte die Reichsstände, die sich zur CA bekannten, aus der Jurisdiktion der römischen Bischöfe herausgenommen und diese Gewalt ihnen für ihr Gebiet übertragen. Alle Rechte, die die Bischöfe vorher besessen hatten, übte jetzt der Landesherr aus – nicht für seine Person, nicht als evangelischer | Christ (wie Luther mit seiner Theorie vom evangelischen Notbischof gemeint hatte), sondern als Herrscher. Das *Episkopalsystem,* das diesen Rechtszustand übernahm und juristisch überprüfte, ist also kein evangelisches *Kirchen*recht, wie wir allzulange gemeint haben, sondern ein Teil des *Reichs*rechtes, speziell des Reichskirchenrechts. Es stand beiden Konfessionen grundsätzlich in der seit 1555 gebotenen Parität gegenüber. Es bestimmte die Rechtsstellung, die der Souverän beiden ge-

---

[3] Tractat § 60 ff. [BSLK, S. 489 f.]; vgl. Ablehnung der bischöflichen Jurisdiktion § 70 ff. [BSLK, S. 491 f.]

[4] 1582–1637. Die Loci theologici erschienen von 1610–1622. Ich zitiere hier nach der Ausgabe von Preuß nach Band, Seite und Spalte.

[5] *Gerhard,* Loci 6, 350 A; vgl. auch 365 A ff. Zum Ganzen die bahnbrechende Untersuchung von *Heckel,* Staat und Kirche.

genüber einnahm. Die Grenze konnte hier sehr weit gezogen werden, wie es hernach der *Territorialismus* den Kirchen gegenüber tat. Dieser ist daher durchaus als eine mögliche Fortbildung des Episkopalismus zu betrachten. Bei ihm lag im einzelnen gar nichts fest, alle Möglichkeiten blieben offen.

Einem Manne wie Johann Gerhard kam es darauf an, die geistliche Gewalt der Christenheit gegenüber säkularen Ansprüchen möglichst zu behaupten. Er versuchte das auf verschiedene Weise. Vor allem nahm er die reformatorische Lehre wieder auf, daß die Kirchengewalt nicht einem Gliede der Kirche ausschließlich zufalle, sondern der ganzen Christenheit gehöre. Er verband damit die lutherische Lehre von den drei Hierarchien, der hausväterlichen, der obrigkeitlichen und der kirchlichen. Allen dreien fiel, so betonte er, die kirchliche Gewalt zu; alle hätten an ihr Anteil, jeder Stand[6] aber dürfe sie nur in Gemeinschaft mit den beiden anderen handhaben. Gerhard nimmt also den Landesherrn, der nach dem Episkopalsystem als *Herrscher* anzusprechen war, als *Christen* in Anspruch[7] und band die kirchlichen Entscheidungen an die ausdrückliche bzw. stillschweigende Zustimmung der ganzen Christenheit. Dabei wirken die Hausväter als Untertanen mit; die Glieder des Lehrstandes müssen bei allen maßgeblichen Entscheidungen gefragt wer|den und antworten. Es gibt also kein monarchisches Regiment in der evangelischen Landeskirche, sondern ein aristokratisches[8]; dem christlichen Lehramt fällt dabei die spezifische geistliche Leitung zu.

Und hier nun spielt die potestas ordinis, die den leitenden Amtsträgern zukommt, bei Gerhard eine entscheidende Rolle. Sie ist nicht mehr bloß, wie wir es in Melanchthons Traktat gesehen haben, eine Ordinationsgewalt. Um guter Ordnung willen schließt sie vielmehr die Inspektion über alle Pfarrer und Gemeinden in sich ein[9]. Aber sie ist nicht beschränkt auf die Predigt und Zuchtgewalt, die jedem Pfarrer eigen ist. Sie ist vielmehr in erster Linie die öffentliche, auf die ganze Christenheit gerichtete und daher allgemein verbindliche Schriftauslegung[10]. Geistli-

---

[6] Zur Zeit Gerhards ist die lutherische Hierarchienlehre schon zur *Stände*lehre geworden; vgl. *Elert*, Morphologie, S. 58 f.

[7] Hierher gehört die melanchthonische Lehre von der custodia utriusque tabulae und die vom membrum praecipuum ecclesiae; vgl. *Heckel*, Cura religionis, besonders S. 266 ff.

[8] *Gerhard*, Loci 6, 352 A: Statuimus ecclesiae regimen esse aristocratiam et singulis ecclesiae statibus suas tribuimus partes.

[9] Ebd., 151 A.

[10] Ebd., 130 B: Ad hanc ordinationis postatem cum pertineat, ut dictum fuit, praedicatio verbi, ideo ad eam referri quoque debet publica scripturae interpretatio, qua

che Leitung trifft verbindliche Lehrentscheidungen, die in einer strittigen Frage die Einheit der Christenheit wahren bzw. wiederherstellen sollen. Hier besitzt das Lehramt seinen eigentlichen Rechtsboden. Hier hat die christliche Obrigkeit keine eigenen Entscheidungen zu treffen. Was ein solches Lehrkonzil maßgebender Theologen in Kontroversfragen entscheidet, hat die Obrigkeit zu hören, anzunehmen, rechtskräftig zu machen und die Widerstrebenden zu bestrafen[11].

Die obersten Träger des Lehramtes üben auch da geistliche Leitung aus, wo sie im Bau und in der Erhaltung | evangelischen Kirchenwesens mit dem Inhaber des landesherrlichen Kirchenregimentes zusammenwirken. Das geschieht bei der Berufung ins geistliche Amt, die keineswegs unter die landesherrlichen Regalien gerechnet werden darf[12], und bei der Ordnung des Schulwesens, das ganz auf die Vorbildung zum geistlichen Amt ausgerichtet sein muß[13]. Für die Erhaltung der Schulen und den Unterhalt der Pfarrer sind die Kirchengüter notwendig. Deren Verwaltung regelt der Landesherr, die zweckentsprechende Verwendung der Einkünfte obliegt der geistlichen Leitung[14]. Erst recht aber darf eine fromme Obrigkeit ohne Vorwissen des Lehrstandes keine kultischen Änderungen vornehmen. Sind diese auch rechtlich möglich, so darf doch durch sie die freie Verkündigung und Handhabung der Schlüssel nicht eingeschränkt werden[15]. Wir sehen, im Ringen mit der Staatsgewalt beginnt die geistliche Leitung ihre Wirkungsgebiete auszuweiten. Sie folgt gleichsam der staatlichen Ordnungsgewalt in alle Bezirke des kirchlichen Lebens nach, wo diese ihr ius circa sacra geltend zu machen bestrebt ist, und zeigt überall die Grenze auf, an der die res externae et indifferentes in den Bereich der potestas ecclesiae circa doctrinam et fidei dogmata übergehen[16].

Eine weitere Ausdehnung wird erkennbar, wenn man die Frage stellt,

---

coram tota ecclesia verus scripturae sensus eruitur et ad auditorum informationem adcommodatur.

[11] Ebd., 351 B: Sane magistratus debet iudicare de controversiis fidei, interim tamen non suo utatur arbitrio, sed in consilium adhibeat ministerium ecclesiasticum, convocet *concilia*, in illis viros pios et eruditos ex sacris literis de controversiis religionis et fidei articulis disserentes *audiat*, veritatem ex Scripturis monstratam *amplectatur* ac *propaget*, pertinaciter errantes *coerceat*.

[12] *Gerhard*, Loci 6, 354 B: Genaueres über die Mitwirkung der drei Stände bei der Pfarrereinsetzung ebd., 55 A–56 A.

[13] Ebd., 354 B: Wie die Adern im Körper, ita in corpore Christi mystico ecclesiae et scholae pulcherrima quadam harmonia sibi invicem sunt coniunctae.

[14] Ebd., 357 A/B.

[15] Ebd., 356 B.

[16] Ebd., 357 B.

ob bloß der *Lehrstand* an der geistlichen Leitung der Kirche Anteil habe.
Johann Gerhard verneint diese Frage mit dem Hinweis auf das *Konsistorium*. Hier arbeiten im Auftrag des Landesherrn Nichttheologen, also
Vertreter des hausväterlichen Standes, mit den Theologen zusammen.
Das Konsistorium ist also nicht, wie nachher im Territorialismus, un-
mittelbares Organ des landesherrlichen Kirchenregimentes. Es ist auch
nicht wie im Kollegialismus | staatliche Aufsichtsbehörde im Gegenüber
zu den genossenschaftlich verfaßten Religionsgemeinschaften. Das Konsistorium stellt vielmehr in Gerhards Augen die Repräsentation der ganzen Kirche dar, bei der alle drei Stände mitwirken, und zwar so, daß
hausväterlicher und Lehr-Stand hier mit dem Landesherrn zusammen
die spezifisch kirchlichen Aufgaben durchführen und dabei den eigentlich geistlichen Teil der landesherrlichen Episkopalrechte in kirchlicher
Eigenständigkeit übernehmen. Das Recht des Landesherrn circa sacra
ist also keineswegs uneingeschränkt, kein Privatrecht; es herrscht keine
Cäsaropapie, sondern der Landesherr muß um die Grenzen seiner bischöflichen Gewalt wissen[17]. Es gibt äußerliche Dinge, die er vermöge
seiner herrscherlichen Vollmacht unmittelbar regelt. Das meiste geht ihn
aber nur mittelbar an; er überläßt es teils seinen Superintendenten – das
ist die potestas ordinis, von der wir gesprochen haben –, teils dem Kir-
chengericht, d. h. dem Konsistorium[18].

Der Unterschied zwischen weltlicher und geistlicher Gewalt ist also
nicht einfach dem zwischen Theologen und Laien gleichzusetzen. Im
Konsistorium haben diese vielmehr eine entscheidende Stimme, besonders in den Fragen der Kirchenzucht. Gerhard setzt die Laienmitglieder
den neutestamentlichen Presbytern gleich und bezeichnet das Konsistorium daher auch als Presbyterium[19]. Hier übt der christliche Landesherr die potestas iudicialis aus, die in der Urkirche nach 1. Tim. 5,19
den Bischöfen zukam[20]. Der Kirchenbann ist also keineswegs Sache des
Landesherrn, | aber auch nicht ausschließlich der kirchlichen Aufsichts-

---

[17] Territorium und Landeskirche fallen also nicht zusammen. Die Kirche ist vielmehr, wie *Gerhard* im Anschluß an Optatus von Mileve sagt, *im* Territorium. So in
der Auseinandersetzung mit Bellarmin ebd., 351 A: Magistratus est praecipuum ecclesiae membrum et caput rei publicae, in qua est ecclesia.

[18] Ebd., 350 A.

[19] Das entspricht dem Zusammenhang zwischen der sächsischen Konsistorial- und
der hessischen Presbyterialverfassung, den ich in „Gemeindezucht, Gemeindeamt, Konfirmation" dargestellt habe.

[20] *Gerhard*, Loci 6, 136 A; 192 A ff.

instanz; sondern alle arbeiten im Konsistorium zusammen, „das die ganze Kirche repräsentiert"[21].

Hier kommt noch einmal zur Geltung, daß geistliche Leitung der *ganzen* Kirche gehört und nicht ausschließlich vom Lehrstand ausgeübt werden kann. Von der weltlichen Gewalt ist sie grundsätzlich getrennt und darf nicht mit ihr vermengt werden. Nicht als Landesherr, sondern als Glied der Kirche hat der Herrscher daran Anteil. Um Mißverständnisse auszuschließen, darf er sie nicht selbst ausüben, sondern hat sie seinen Superintendenten und dem Konsistorium zu überlassen. Diese kirchlichen Stellen stehen ihm als dem Herrscher gegenüber, wenn sie ihr geistliches Amt wahrnehmen. Sie stehen dabei im Dienste Christi, dem allein das absolute Lehramt, die absolute Leitung in der Kirche zukommt[22]. Wenn die Diener am Wort ihr eigentliches Amt der Wortverkündigung wahrnehmen, aus dem sich ja die potestas ordinis erst ergibt, sind sie Boten Christi und haben an der eigentümlichen Würde Anteil, die ihm zukommt[23].

Wir fassen zusammen: Johann Gerhard billigt der geistlichen Leitung einen Einflußbereich weit über die Ordinationsgewalt hinaus zu. Sie umfaßt nicht nur, wenn auch vor allem, die Entscheidung strittiger Lehrfragen, sondern erstreckt sich auf das gesamte Leben und Wirken der Pfarrer und ihrer Gemeinden. Fast alle Gebiete, in denen sich das ius circa sacra der weltlichen Obrigkeit auswirkt, haben | auch einen Bezug zur geistlichen Leitung. Deren Träger haben also beim Landesherrn auf ihre Mitwirkung in allen Entscheidungen zu dringen, die das ius circa sacra betreffen. Dabei beschränkt sich die geistliche Leitung nicht bloß auf die Theologen, sie zieht in den Konsistorien auch Vertreter des hausväterlichen Amtes aktiv mit heran.

---

[21] *Gerhard,* Loci 6, 193 A: Potestas excommunicandi non est penes unum aliquem episcopum, sed penes presbyterium, quod repraesentat totam ecclesiam. Ein Rangunterschied besteht zwischen Episkopen und Presbytern nicht quoad potestatem iurisdictionis.

[22] Ebd., 132 A: Potestas αὐτοκρατική, dominatus, magisterium absolutum et principatus in ecclesia soli Christo proprius est.

[23] Quamvis enim personae et res ministrorum certo modo subsint magistratui, illorum tamen officium non agnoscit ullum alium Dominum quam solum Christum, pro quo legatione funguntur; ebd., 194 A im Blick auf die Kirchenzucht an obrigkeitlichen Personen.

III.

Wenn wir die Bedeutung, die *Schleiermacher* für das Verständnis geistlicher Leitung gewonnen hat, richtig abschätzen wollen, müssen wir noch einmal Rückschau halten. Geistliche Leitung eignet der *ganzen* Christenheit und vollzieht sich im Zusammenwirken zwischen den Gemeinden und denen, die mit der öffentlichen Wortverkündigung und Sakramentsverwaltung betraut sind. Diese neutestamentliche Grundlage aller evangelischen Amtslehre fanden wir in CA 28 (§ 21 ff.) bestätigt; Joh. Gerhard hatte sie festgehalten. Aber er vermochte sie nur mühsam gegenüber den Ansprüchen staatlicher Kirchenleitung zu behaupten; seine statische Auffassung der Dreiständelehre gab ihm nur geringe Möglichkeiten dazu.

Wir haben damit schon angedeutet, daß die Entwicklung des Staatskirchenrechtes im 17. und 18. Jahrhundert die Ansätze zu einer geistlichen Leitung der Kirche mehr und mehr unterdrückte. Die Entmächtigung der Gemeinden ging Hand in Hand mit der Verweltlichung des geistlichen Amtes. Mit dem Fortschritt der Aufklärung wurde aus dem Verkündiger des heilschaffenden Evangeliums der von der Obrigkeit eingesetzte Morallehrer. Das Verständnis für die pneumatische Wirklichkeit verschwand mehr und mehr aus dem öffentlichen Leben der Kirche und zog sich auf kleine separatistische Kreise zurück. Die bürokratische Leitung der Kirche wurde als Selbstverständlichkeit hingenommen; rechtliche Möglichkeiten für eine geistliche Leitung der Kirche gab es kaum noch; sie zu gewinnen war eine kirchliche Existenzfrage geworden. Das alles hat Schleiermacher klar erkannt und sich um Abhilfe bemüht. Er hat damit nicht nur für die Eigenständigkeit evangelischen Kirchenrechtes | neue Ansätze geschaffen[24], sondern auch die Eigenart geistlicher Leitung wieder auf das Wirken des Geistes in der gesamten Christenheit zurückgeführt.

Zwischen Johann Gerhard und Schleiermacher stehen, kirchengeschichtlich gesehen, Pietismus und Aufklärung, kirchenrechtlich gesehen Territorialismus und Kollegialismus. Diese kirchenrechtlichen Systeme haben beide kein besonderes Interesse an einer geistlichen Leitung der

---

[24] Sie sind – wenn auch nur auf der verhältnismäßig schmalen Basis von *Schleiermachers* Praktischer Theologie – herausgearbeitet worden von *Holstein*, Grundlagen, S. 150 ff. Wir gehen im Folgenden von den authentischen Schriften aus, besonders von der Kurzen Darstellung des theologischen Studiums [KD] und der Glaubenslehre, und ziehen auch die Praktische Theologie mit heran.

Kirche; der Territorialismus nicht, weil er an der Religion äußerlich nur soweit interessiert ist, als sie zur Erhaltung von Ruhe und Ordnung im Staate beiträgt, der Kollegialismus, der ihm insofern verwandt ist, auch deshalb nicht, weil die Kirche als freie Gesellschaft überhaupt keine Leitungsbefugnis aus sich heraussetzen kann, sondern diese völlig dem Staate überläßt.

Mag uns auch bei Schleiermacher die Nachwirkung von Pietismus und Aufklärung von Schritt zu Schritt begegnen, so bedeutet es doch einen ungeheuren Fortschritt im Selbstverständnis der evangelischen Christenheit und ihres Rechtes, daß der Berliner Theologe den Begriff der Kirchenleitung in den Mittelpunkt seines theologischen Denkens gestellt hat. Schon in § 5 seiner „Kurzen Darstellung des theologischen Studiums" von 1811 hat er die christliche Theologie bestimmt als „Inbegriff derjenigen wissenschaftlichen Kenntnisse und Kunstregeln, ohne deren Besitz und Gebrauch eine zusammenstimmende Leitung der christlichen Kirche, d. h. ein christliches Kirchenregiment, nicht möglich ist". Und er hat dabei nicht nur an die theologische Bildung eines „Kirchenfürsten" gedacht, sondern jedem Pfarrer ein kirchenregimentliches Handeln zuerkannt[25]. Die historische | Theologie als „der eigentliche Körper des theologischen Studiums", auf den auch die systematische – Schleiermacher sagt die philosophische – Theologie ausgerichtet sein muß, zielt auf die Kirchenleitung und hat für jeden Zeitraum der Kirchengeschichte festzustellen, „nach was für leitenden Vorstellungen die Kirche während desselben regiert worden" ist[26].

Bei der zentralen Bedeutung, die Schleiermacher für die Theologie der letzten 150 Jahre gewonnen hat, sollte man annehmen, daß seitdem auch der Begriff der Kirchenleitung so wie bei ihm im Mittelpunkt der

---

[25] *Schleiermacher*, KD § 11: „Jedes Handeln mit theologischen Kenntnissen als solchen, von welcher Art es auch sei, gehört immer in das Gebiet der Kirchenleitung." Dementsprechend gilt (§ 12), daß „alle wahren Theologen auch an der Kirchenleitung teilnehmen und alle, die im Kirchenregiment wirksam sind, auch in der Theologie leben". Der Unterschied zwischen dem Theologen, den mehr das Wissen um das Christentum auszeichnet, und dem Kleriker, der sich mehr der Tätigkeit für das Kirchenregiment hingibt (§ 10), ist darum relativ. In der „Idee eines Kirchenfürsten" hat man sich „religiöses Interesse und wissenschaftlichen Geist im höchsten Grade und im möglichsten Gleichgewicht für Theorie und Praxis vereint" zu denken, § 9. Ähnlich *Schleiermacher*, Prakt. Theologie, S. 708. Wir zitieren die Kurze Darstellung nach der Ausgabe von *Scholz* mit Angabe des Paragraphen, den Christlichen Glauben (Chr. Gl.) nach der von *Martin Redeker* veranstalteten zweibändigen 7. Aufl. 1960. – In der Hauptsache aufgrund *Schleiermachers* „Christlicher Sitte" hat *Holger Samson* „Die Kirche als Grundbegriff der theologischen Ethik Schleiermachers" dargestellt.
[26] *Schleiermacher*, KD § 24–31.

Theologie gestanden habe. Das Gegenteil ist der Fall. Die Theologen haben Schleiermacher fast ausschließlich nach der Begründung, nicht nach dem Ziel seiner Theologie gefragt[27]. Und die Kirchenrechtler haben sich zwar stimmungsmäßig weitge|hend von Gedanken Schleiermachers positiv oder negativ anregen lassen, sein Interesse an der geistlichen Kirchenleitung aber nicht geteilt, weil sie im Staatskirchentum des 19. Jahrhunderts nicht direkt zu verwirklichen war[28]. So bildet die Schleiermachersche Konzeption der Kirchenleitung einen bisher ungehobenen Schatz. Man kann heute noch vieles daraus verwenden, was die dazwischen liegenden anderthalb Jahrhunderte unbeachtet beiseite geschoben haben. Man wird freilich auch vieles auszusondern bzw. umzubilden haben, was allzu deutlich den Stempel seiner Zeit an sich trägt oder sich in der Vergangenheit nicht bewährt hat.

Was ist der *Zweck* geistlicher Kirchenleitung? Schleiermacher bestimmt die Aufgabe so: „Dem Christentum sein zugehöriges Gebiet zu sichern und immer vollständiger anzueignen und innerhalb dieses Gebietes die Idee des Christentums immer reiner darzustellen."[29] Wir merken: Wir befinden uns auf dem Boden idealistischen Christentums. Die „Idee des Christentums" soll in ihrer Eigentümlichkeit klar dargestellt werden, losgelöst vom wissenschaftlichen Erkennen und vom sittlichen und künstlerischen Handeln und in die Klarheit des Bewußtseins erhoben – wie Schleiermacher das zuerst in seinen Reden über die Religion dargestellt hatte. Die Organe der Kirchenleitung sollen diesen Gang einer unendlichen Perfektion herbeiführen und fördern, weil und soweit jenes Bewußtsein sich in ihnen besonders rein entwickelt hat und ihre Kraft zur Einwirkung auf die Gemeinschaft besonders stark ist[30].

Heiliger Geist ist immer Gemeingeist. Insofern ist das gemeinsame Bewußtsein das Fundament der Kirche. Es spricht sich aus in Lehre und Kultus. „Das gemeinsame Bewußtsein ist fixiert im Lehrbegriff, in der Gesamtheit christlicher Vorstellungen, in denen man übereinkommt." | Im Austausch zwischen den Produktiven und den Empfänglichen ist dieses Bewußtsein ständig in der Entwicklung begriffen; dem Kirchenregiment obliegt dabei „die Leitung des Ganzen in der Entwick-

---

[27] *Nitzsch*, Prakt. Theologie Bd. 3.2, kennt, trotz vieler einzelner Abhängigkeiten von Schleiermacher, die universale und zentrale Bedeutung der Kirchenleitung nicht.

[28] *Holstein* hat, Grundlagen, S. 150 ff. und 175 ff., die Anregungen Schleiermachers und Nitzschs ausgewertet.

[29] So in *Schleiermacher*, KD § 28 der Ausgabe von 1830; nach der von 1811 ist der Zweck „soviel extensiv zusammenhaltend und anbildend".

[30] Ebd., § 263, 713.

lung des Lehrbegriffs". Jener Austausch vollzieht sich vor allem im christlichen Gottesdienst; ihn in der Ortsgemeinde herbeizuführen ist Aufgabe des Pfarrers. Aber er darf nicht örtlich beschränkt bleiben; der Gemeingeist fordert „eine Zusammengehörigkeit aller und eine Einwirkung aller auf alle". „Dies kann nur ausgehen von der Kirchengewalt, und dieser liegt ob die Leitung des Cultus in den einzelnen Gemeinden, um solche allgemeine Zirkulation hervorzubringen."[31]

Träger der geistlichen Leitung ist jedoch nicht ein einzelner Stand oder eine besondere Persönlichkeit, sondern die kirchliche Gemeinschaft als ganze. Schleiermacher nimmt den urevangelischen Gedanken wieder auf, daß geistliche Leitung immer der ganzen Christenheit zukomme. Für den Schleiermacher der Glaubenslehre steht hier der Begriff des „Gemeingeistes" im Mittelpunkt. Er wird direkt auf den Heiligen Geist zurückgeführt. Denn die christliche Kirche „bildet sich durch das Zusammentreten der einzelnen Wiedergeborenen zu einem geordneten Aufeinanderwirken und Miteinanderwirken". Aus diesen gegenseitigen Einwirkungen entsteht ein „Gemeingefühl", das alle einzelnen in seinen Bann zieht, die Willigen zur gemeinsamen Äußerung des Glaubens anreizt, die Widerstrebenden entweder zur Einheit zurückführt oder aus der Gemeinschaft ausscheidet[32]. Dieser Gemeingeist ist das eigentliche *movens* der Kirchenleitung. Er ist zugleich ein wesentlicher Ausfluß aus dem königlichen Amte Christi; dieser selbst hat durch seine Tätigkeit unter den Menschen den „Begriff eines leitenden Gemeingeistes" geweckt und illustriert[33].

Auf diese Weise sucht Schleiermacher dem reformatorischen Gedanken Geltung zu verschaffen, daß alle geistliche Leitung in der Kirche dienende Auswirkung des Dien|stes Christi ist. Aber wenn man die Vorstellung von der unendlichen Vervollkommnungsfähigkeit des Christentums hinzunimmt, wohnt diesen Begriffen Gemeingeist, Gemeingefühl ein gefährliches Moment inne. Denn um jenes Vollkommenheitsideal zu erreichen, muß der Gemeingeist gelenkt werden, müssen entgegengesetzte Äußerungen des Gemeingeistes harmonisiert, ihrer Gegensätzlichkeit entkleidet werden. Dazu bedarf es einer geistlichen Autorität, die feststellt, was das Fortschrittliche und was das Rückschrittliche in der Kirche ist. Sie schlägt sich nieder in der Gesetzgebung der Kirche. Deren

---

[31] *Schleiermacher,* Prakt. Theologie, S. 566 f.
[32] *Schleiermacher,* Chr. Gl. § 145 über das Amt der Schlüssel.
[33] Ebd. § 144,1.

Ziel muß es nach Schleiermacher sein, „die öffentliche Meinung in kirchlichen Dingen zum Anerkenntnis zu bringen"[34].

. Im Gegensatz zum starren Mechanismus der Staatskirche erwartet Schleiermacher das Entscheidende „von der öffentlichen Stimme, von den geistigen Autoritäten im Volk und von den Repräsentanten derer, die das religiöse Prinzip anerkannt in sich tragen"[35]. Die Gesetzgebung der Kirche muß „im Gemeingeist ihre Unterstützung finden", nicht nur so, daß sie ihm dient, sondern auch, daß sie ihn zugleich berichtigt. Das Kirchenregiment kann sich nur in Übereinstimmung mit dem „Gemeingefühl der Kirche" entwickeln, nur in der unbeschränkten Öffentlichkeit kann sich der Gemeingeist frei entfalten[36].

Kirchliche und allgemeine Öffentlichkeit bleiben hier ungeschieden. Der Gemeingeist ist mit der öffentlichen Meinung identisch. Unterwerfung unter sie ist das Ziel der geistlichen Leitung. Ein gefährlicher Weg, ein gefährliches Ziel! Wir stehen zu Beginn des 19. Jahrunderts mit seinen | liberalen und sozialistischen Massenbewegungen. Sollen sie in die Kirche eingeführt und die geistliche Leitung ihnen dienstbar gemacht werden? Nach Schleiermacher soll die kirchliche Autorität „ordnend oder beschränkend auftreten", wenn die Entwicklung zur reinen Idee des Christentums angestrebt wird. Woher nimmt sie ihre Überlegenheit, wenn sie sich dem Gemeingeist entgegenstellen muß? Wie kann sie, falls er sich irgendwo entgegengesetzt äußert, den Ausschlag geben, wenn innerhalb der Gemeinde keine Einigung zu erzielen ist[37]?

Das waren die schmerzlichen Probleme, die das Kirchenregiment im 19. und 20. Jahrhundert immer wieder beschäftigt haben. Woher sollte es die Autorität nehmen, einem falschen, aber sich als fortschrittlich gebärdenden Gemeingeist entgegenzutreten? Schleiermacher übersah diese Probleme, weil sein idealistisches Geistverständnis, durch pneumatische Erfahrungen aus der Brüdergemeine verstärkt, von seiner sieghaften Überlegenheit überzeugt war. Er sah den Ausgleich der Gegensätze sich leicht vollziehen, indem „die religiöse Kraft der Hervorragenden die

---

[34] *Schleiermacher*, Chr. Gl. Bd. 2, S. 375 zu § 145.

[35] *Schleiermacher*, Prakt. Theologie, S. 677 f. – Es bedarf keiner besonderen Hervorhebung, daß hier das offizielle Kirchenregiment nichts erreichen kann. *Schleiermacher* sucht sich auf dem Gebiete der Verfassung eine demokratische Lösung und „ein von unten auf entstehendes Kirchenregiment zu bilden", ebd., S. 678. Damit der Geist der Kirche im Kirchenregiment konzentriert sei, muß es zusammengesetzt werden „durch eine freie Gemeinschaft"; ebd., S. 657.

[36] Ebd., S. 698, 695, 704 ff.

[37] *Schleiermacher*, KD § 313, 320.

Masse anregt, und wiederum die Masse jene auffordert"[38]. Romantischer Religiosität entsprechend stellte sich ihm die leitende Tätigkeit in der Ordnung von Kultus und Sitte dar. „Der Kultus selbst besteht nur als geordnete Sitte", beides ist Ausdruck der an jedem Orte herrschenden Frömmigkeit. Es schien ihm ein leichtes, „beides durch die kirchliche Gesetzgebung zu vereinigen und vereint zu erhalten", „sowohl die Freiheit und Beweglichkeit von beiden anzuerkennen als auch ihre Gleichförmigkeit zu begründen"[39]. Wie schwer geistliche Kirchenleitung in diesen Fällen ist, zeigte sich bei der Durchführung der preußischen Agendenreform. Schleier|macher hat die Schwierigkeiten angesichts der Unionsagenden seines Königs reichlich erfahren[40]; er ist ihrer nicht Herr geworden.

Aber wir stehen damit noch einmal bei der Frage, *wer* denn geistliche Leitung auszuüben berufen ist. Unsere erste Antwort hatte gelautet: *Alle* Glieder der Kirche; indem sie geistlich zu ihr gehören, wirken sie geistlich zur Schaffung des Gemeingeistes mit. Diese Antwort kann nicht erschöpfend sein. Denn der Gemeingeist schafft sich Organe, durch die er sich ausspricht, durch die er wirkt. In welchem Sinne aber sind die Pfarrer Organe christlichen Gemeingeistes, und wie können sie als solche geistliche Leitung ausüben? In seinem Christlichen Glauben spricht Schleiermacher betont vom „öffentlichen Dienst am Wort", findet ihn „in allen Stücken an das Wort gebunden" und sieht in „der geordneten Darreichung des göttlichen Wortes" den geistigsten Dienst und den Mittelpunkt geistlichen Lebens[41]. Das klingt wie die Bindung geistlicher Leitung an das Amt der Wortverkündigung, die CA 28 gefordert wird. Aber der Klang täuscht. Schleiermacher bindet die geistliche Leitung an die gläubige Persönlichkeit. Dienst am Wort ist Selbstmitteilung persönlicher Frömmigkeit. „Diejenigen Mitglieder der christlichen Gemeinschaft, die sich überwiegend selbsttätig verhalten, verrichten durch Selbstmitteilung den Dienst am göttlichen Wort bei denen, die sich über-

---

[38] Ebd., § 268. – Nach Schleiermacher setzt sich der Gemeingeist immer in einer Gemeinschaft der Ungleichen durch, die durch die Polarität der Produktiven und der Empfänglichen in „lebendiger Zirkulation" gehalten wird, *Schleiermacher*, Prakt. Theologie, S. 15 f., S. 49 f.

[39] *Schleiermacher*, KD § 269, 318, 319.

[40] Dies gilt nicht nur für sein theologisches Bedenken von 1824 Über das liturgische Recht evangelischer Landesfürsten, sondern schon in dem etwas ironisch gehaltenen Glückwunschschreiben an die Agendenkommission von 1814 und in dem Urteil Über die neue Liturgie für die Hof- und Garnison-Gemeinde zu Potsdam und für die Garnisonkirche in Berlin, 1816.

[41] Hier und im folgenden *Schleiermacher,* Chr. Gl. § 133 und 134.

wiegend empfänglich verhalten". Und wo es sich um einen *öffentlichen* Dienst handelt, der bestimmten Personen übertragen wird, ist „die Gesamtheit als die Quelle dieser Übertragung anzusehen". Sie achtet dabei auf die individuellen Eigenschaften, die den von ihr Erwählten zur Durchführung seines | Auftrages befähigen; seine innere Berufung ist dabei unerläßliche persönliche Voraussetzung[42].

Allgemeine Voraussetzungen für diese Art geistlicher Leitung ist der Unterschied zwischen den durch Selbsttätigkeit hervorragenden und den passiv empfänglichen Gliedern der christlichen Gemeinschaft. Die einen sind die Mündigen, die andern die Unmündigen; und der religiöse Fortschritt besteht darin, daß die zweite Gruppe auf den Stand der ersten emporgehoben wird[43]. Geistliche Leitung ist insofern also Erziehung, Seelenleitung[44]. Aber sie bleibt nicht darauf beschränkt. Schleiermacher kennt durchaus die indirekte Seelsorge, die durch Einwirkung auf die kirchliche Gesamtheit auch den einzelnen erfaßt. Sie geschieht in gebundener Form durch die, bei denen das Kirchenregiment „die Basis eines besonderen bürgerlichen Standes" bildet, und in der ungebundenen freien persönlichen Einwirkung[45]. |

Organisatorisch *gebundene* geistliche Autorität, wie sie sowohl in der geistlichen Leitung der Einzelgemeinde wie des übergeordneten Gemeindeverbandes geübt wird, besitzt keine „äußere Sanktion für ihre Ansprüche".

---

[42] *Schleiermacher,* Chr. Gl. § 133 und 134; *Schleiermacher,* KD § 13. – Theologische Prüfung, Mitwirkung bei der Pfarrbesetzung und Qualifizierung der Pfarrer sind die Hauptaufgaben des Kirchenregimentes, wobei der wissenschaftlichen Beurteilung eine besondere Rolle zufällt; *Schleiermacher,* Prakt. Theologie S. 570 ff. Was Schleiermacher von der Methode der Praktischen Theologie sagt, gilt mutatis mutandis auch von der Aufgabe des Kirchenregimentes: „Keine Methode darf von der Art sein, daß sie mit dem wissenschaftlichen und kirchlichen Gemeingeist in Widerspruch steht, nicht von der Art, daß sie das christliche Prinzip schwächt oder den kirchlichen Gemeingeist aufhebt"; ebd. S. 39.

[43] *Schleiermacher,* KD § 267; § 291 ff.

[44] Über Kirchenleitung als Seelenleitung (ψυχαγωγία) s. *Schleiermacher,* Prakt. Theologie, S. 40 ff. – Hier liegt übrigens das wichtigste Element, das Nitzsch in unserem Zusammenhang von seinem Lehrer Schleiermacher übernommen hat. Der 3. Bd. seiner Prakt. Theologie [*Nitzsch,* Prakt. Theologie] ist betitelt: „Die eigentümliche Seelenpflege des evangelischen Hirtenamtes mit Rücksicht auf die innere Mission."

[45] *Schleiermacher,* KD § 13 und *Schleiermacher,* Christliche Sitte, S. 388 f. Hier wird die Perfektion des Gemeingeistes auf den einzelnen übertragen. Hat irgendwo der christliche Geist zu wirken begonnen, so hat die christliche Gemeinschaft – sie ist insofern der Schule gleich – die Aufgabe, die vom Geist Ergriffenen „auf den Punkt der religiösen Mündigkeit zu bringen und sie dann soweit zu fördern, daß sie ein Recht gewinnen zur Mitteilung ihres Urteils über alles, was die Vervollkommnung der christlichen Gesinnung darstellt, ein Recht also, an dem allgemeinen Steigerungsprozeß teilzunehmen".

Sie kann nur, wie wir hörten, „als Ausdruck des Gemeingeistes und Ge-
meinsinnes" wirken[46]. Schleiermacher unterscheidet also „die leitende
Tätigkeit mit der Richtung auf das Ganze" als Kirchen*regiment* vom
Kirchen*dienst* „mit der Richtung auf die einzelne Lokalgemeinde"[47]; in
den Grundsätzen entsprechen beide Formen einander.

Schleiermachers Hauptinteresse in bezug auf die geistliche Leitung der
Kirche liegt indessen bei der „*freien* Einwirkung auf das Ganze, welche
jedes einzelne Mitglied der Kirche versuchen kann, das sich dazu berufen glaubt"[48]. Hier verschwindet für ihn der Unterschied zwischen
Klerikern und Laien; hier tritt das reformatorische Grundanliegen zutage, daß die *gesamte* Christenheit zu geistlicher Leitung begabt ist. Dabei
ist sich Schleiermacher der Grenzen solcher freien Einwirkung durchaus
bewußt. Sie kann nur „aufregend und warnend" wirken, die amtlich gebundene „ordnend und beschränkend"; sie will es mit ihren Forderungen erst zum Gemeingeist bringen, die gebundene handelt schon ihm entsprechend[49].

Der evangelischen Kirche als einer freien Gemeinschaft geziemt es,
„daß einem jeden in dem Maße, wie ihm das | geistige Auge geöffnet
ist, eine Wirksamkeit auf das Ganze der Kirche sich eröffnet, und daß
man es einer jeden Wirksamkeit anmerken kann, inwiefern einer dem
Geiste nach der großen Gemeinschaft angehört, oder ob er freiwillig sich
davon ausgeschlossen hat und freiwillig aus dem Gesichtspunkt eines
kleinen Gebietes wirkt"[50].

Die freie Geistesmacht als das ungebundene Element der Kirchenleitung setzt „eine möglichst unbeschränkte Öffentlichkeit" voraus, „in
welcher sich der einzelne äußern kann"[51]. Hier liegt auch die besondere
Möglichkeit der Theologie. Schleiermacher scheidet von der „leitenden
Wirksamkeit, welche mehr klerikalisch ist", eine mehr theologisch gerichtete[52]. Hier kommt die freie Geistesmacht in der „freien For-

---

[46] *Schleiermacher*, KD § 313. – Darum wehrt sich Schleiermacher auch gegen eine
Beschränkung des geistlichen Amtes auf die *Lehre*; *Schleiermacher*, Prakt. Theologie,
S. 58 ff.

[47] *Schleiermacher*, KD § 274; vgl. § 271. In §§ 277–308 behandelt Schleiermacher
die Grundsätze des Kirchendienstes, in §§ 309–334 die des Kirchenregiments. Über
das Verhältnis von Kirchenregiment und Kirchendienst *Schleiermacher*, Prakt. Theologie, S. 52 ff., 62 f., 522 ff.

[48] *Schleiermacher*, KD § 312. Das organisierte Kirchenregiment sollte sich selbst
überflüssig machen; *Schleiermacher*, Prakt. Theologie, S. 600.

[49] *Schleiermacher*, KD § 313.

[50] *Schleiermacher*, Prakt. Theologie, S. 724.

[51] *Schleiermacher*, KD § 328.

[52] Ebd. § 270. – Beide Seiten gehören zusammen; im Idealfalle ihrer intensivsten

schung" zum Zuge; die Vervollkommnung des Kirchenwesens hängt davon ab. Auch die Inhaber der kirchlichen Autorität können sich an ihr beteiligen, freilich ohne dabei ihre Stellung autoritativ geltend machen zu dürfen[53]. Aber im eigentlichen Sinne liegt hier der „Beruf des akademischen Theologen und des kirchlichen Schriftstellers"[54]. Bei Johann Gerhard ist die Wahrung der Lehrautorität unmittelbar in die *potestas ordinis* hineingenommen; bei Schleiermacher ist sie ihr grundsätzlich entzogen und dem Kriterium des kirchlichen Fortschritts unterstellt. Geistliche Leitung in der Form theologischer Forschung führt die Christenheit in eine ihr selbst noch unbekannte, in sich ungewisse Zukunft, von der Schleiermacher glaubt, daß sie vom Heiligen Geist gewollt und bereitet sei[55]. |

Damit aber rühren wir an ein entscheidendes Problem, das Schleiermacher nicht gelöst hat und das für Johann Gerhard noch nicht bestand: Wie verhält sich geistliche Leitung zum überlieferten *Bekenntnis* der Kirche, wenn sie doch auf die Zukunft und nicht auf die Vergangenheit der Kirche ausgerichtet sein soll? Es ehrt Schleiermacher, daß er diesem Problem nicht ausgewichen ist, auch wenn er es zunächst nur beiseite schieben konnte. Er ist davon überzeugt, daß die Ortsgemeinde als Inbegriff „christlicher Hauswesen gleichen Bekenntnisses" aufgefaßt werden muß[56], und daß „nur die Gemeinden Eines Bekenntnisses organisch verbunden" sind „und die allgemein leitende Tätigkeit in ihrer Bestimmtheit nur auf diesen Umfang beschränkt" ist. Die Lutheraner in Preußen und anderswo, die ein bekenntnisgebundenes Kirchenregiment forderten, konnten sich also auf ihn berufen[57]. Trotzdem redet Schleiermacher unbefangen von einer „deutschen evangelischen Kirche"[58]. Er

---

Vereinigung verwirklicht sich das Ideal des Kirchenfürsten, ebd. § 9, § 329; oben Anm. 25. Über Kirchenregiment und Theologieprofessoren , ebd. § 328–334; *Schleiermacher*, Prakt. Theologie, S. 709 ff.

[53] *Schleiermacher*, KD § 323, Anm. 1.

[54] Ebd. § 328.

[55] Mit dieser Richtung der Theologie hängt wohl auch Schleiermachers Erwartung zusammen, daß, während in den verschiedenen Gemeinden die innere Verfassung eine andere ist, „die Theologie hingegen für alle dieselbe sein soll" (*Schleiermacher*, KD § 311). Daß jene Erwartung getäuscht, jene Richtungen einer Mannigfaltigkeit sich widerstreitender theologischer „Richtungen" aufgelöst wurde, darin liegt eines der schwierigsten Probleme geistlicher Kirchenleitung im 19. und im 20. Jahrhundert.

[56] Ebd. § 277.

[57] Jedoch ist 1811 diese Formulierung von ebd. § 272 nur auf „Zeiten der Kirchentrennung" bezogen. Die waren 1830 offenbar vorbei. In der Auflage dieses Jahres ist die Bezugnahme auf das konkrete Bekenntnis verschwunden und die allgemeine Erwartung ausgesprochen, daß „die Spannung der Gegensätze selbst sich auflöst".

[58] In ebd. § 273, wo der Begriff gebraucht wird (vgl. auch §§ 323, 309 ff.), gibt

läßt dabei bewußt die Frage offen nach dem „Verhältnis der kirchlichen Autorität zu dem Lehrbegriff"[59]. Er muß sie offenlassen; sonst könnte er die Berufung des einzelnen in die gebundene Leitung der Kirche nicht bloß von dessen | persönlicher Beschaffenheit und von dem kirchlichen Gemeingeist ableiten[60]. Obwohl er daher überzeugt ist, „daß keiner Autorität zustehe, den Lehrbegriff festzustellen oder zu ändern", und obwohl er „eine Mehrheit evangelischer Kirchenvereine, welche verschiedenen Maximen folgen", vor Augen hat, will er „doch eine evangelische Kirche und eine diese Einheit bezeugende Lehrgemeinschaft anerkennen"[61]. Dieser Wille beugt sich dem Anspruch des christlichen Gemeingeistes und bejaht damit die Union[62].

Schleiermacher zu, daß „die Theorie der Kirchenleitung eine andere sein (muß) für jede anders konstituierte Kirchengemeinschaft"; wenn er hier nur an Verfassungsunterschiede denkt, zeigt das, daß ihm der Zusammenhang zwischen Bekenntnis und Verfassung verborgen geblieben ist.

[59] Ebd. § 322.

[60] Vgl. oben S. 112 und 114 f.

[61] Ebd. § 323.

[62] Ohne hier Schleiermachers Begründung der Union und deren Verhältnis zur Kirchenleitung erschöpfend behandeln zu können, weisen wir hin auf die umfangreichen Erörterungen, die er darüber in seiner Prakt. Theologie angestellt hat. Sie beziehen sich auf Kultus- und Lehrunion.

a) Die *Kultusunion* findet Schleiermacher in der fortwirkenden Perfektibilität des reformatorischen Geistes von Anfang an angelegt (*Schleiermacher*, Prakt. Theologie, S. 605 ff.). Gibt man den beiden entgegengesetzten Prinzipien, der Anpassung an das Bestehende und der radikalen Verwerfung desselben, die Möglichkeit freier Entwicklung, so kommt es zu einer solchen Assimilation der Lutheraner und Reformierten, „daß sie nicht mehr in Beziehung auf den Kultus unterschieden werden können" (ebd., S. 608): Die einen geben auf, was sie zuviel, die andern nehmen ergänzend hinzu, was sie zuwenig hatten. Das Kirchenregiment hat auf beides hinzuwirken. Es tut das, indem es sanktioniert, was sich in den Gemeinden auf freie Weise gebildet hat. So ergibt sich die Kultusunion als „ein reines Produkt der freien Entwicklung des evangelischen Geistes in der Kirche . . ., indem das Antievangelische der Mehrzahl zuwider wird und sich verliert" (ebd., S. 609). Was damit geschieht, findet nicht nur seine Entsprechung, sondern auch seinen Realgrund in der allgemeinen Bildung. Auch hier vollzieht sich ein „Assimilationsprozeß geschichtlicher Differenzen". Hält man ihn auf, so hindert man auch „die Erscheinung der Einheit der Kirche im Kultus" (ebd., S. 615). Das positive Prinzip zu ihrer Förderung aber ist die allgemeine Erbauung „als erhöhte religiöse Stimmung, religiöse Erregung des Gemüts. Alles, was die religiöse Stimmung steigert, ist erbaulich" (ebd., S. 619).

b) Die *Lehrunion* ergibt sich für Schleiermacher ebenfalls aus dem Walten des evangelischen Gemeingeistes (*Schleiermacher*, Prakt. Theologie, S. 622 ff.). Ihm ist die Bindung an einen dogmatisch fixierten, durch Eidespflicht sanktionierten Lehrbegriff unerträglich. Die Überwindung des innerprotestantischen Gegensatzes durch ein neues Unionssymbol lehnt Schleiermacher kategorisch ab: „Wir müssen unseren Nachkommen die Freiheit lassen, daß sie wieder uneinig werden können" (ebd., S. 634). Es muß zwar „ein gemeinschaftliches religiöses Bewußtsein" geben; davon ist aber „eine ge-

Schleiermacher bindet damit die geistliche Leitung der Kirche an diesen Gemeingeist, verkennt die Gefahr, daß dieser sich vom Sinn der
Schrift entfernen könnte, und begibt sich der Möglichkeit, diesen Ge-
meingeist durch die | bindende und lösende Kraft des Wortes Gottes zu
formen und zu bestimmen[63]. Wenn geistliche Leitung ihre Autorität nur

---

meinsame Lehre, über die die Mitglieder einer Gemeinschaft einig sind", nicht notwendig (ebd., S. 627 f.). Notwendig ist vielmehr die ständige Auseinandersetzung über die
Lehre; „der Streit verbürgt eben die Gemeinschaft, weil er nichts anderes ist als die
Bürgschaft der Lehre dadurch, daß gemeinsame Kräfte in Bewegung gesetzt werden"
(ebd., S. 628).
    Die in den Bekenntnissen festgelegten konfessionellen Unterscheidungslehren sind in
den geschichtlichen Ablauf der gesamtchristlichen Bekenntnisentwicklung einzuordnen
und haben durch eben diesen Ablauf ihre Unterscheidungskraft verloren. Sie dennoch
verbindlich zu machen, wäre „ein mechanisches und knechtisches Haften an der gegebenen Erscheinung" (ebd., S. 637). An die Stelle des symbolischen Statuts hat die freie,
ständig in Bewegung befindliche Schriftauslegung zu treten. Die dabei ständig auftretenden Differenzen werden immer wieder durch die vorgegebene Einheit des Geistes
überwunden werden (ebd., S. 625 f., 638 ff.). Unter keinen Umständen darf das Kirchenregiment hier normierend eingreifen. Die Freiheit der Wissenschaft, besonders die
akademische Lehrfreiheit in den Fakultäten, wird schon den Ausgleich schaffen (ebd.,
S. 642 ff., 654 ff.). Nur wo die Entwicklung der Lehre als unevangelisch bezeichnet
werden müßte, hat das Kirchenregiment seine warnende Stimme zu erheben und die
Lehrfreiheit zu schützen (ebd., S. 629). Kirchenleitung hat also sowohl eine bewahren-
de wie eine vorsorglich-abwehrende Aufgabe: sie hat „die Freiheit der Schriftauslegung zu beschützen, damit es möglich sei, mit der Zeit zu einem Lehrgebäude zu gelangen". Das geschieht zugleich, indem sie „den Gegensatz zwischen der evangelischen
und katholischen Kirche feststellt", so daß „über diesen so viel als möglich kein Zweifel obwalte" (ebd., S. 626). In den in Deutschland anhebenden Unionsbildungen (ebd.,
S. 647 ff.) haben die konfessionellen Bekenntnisse für Schleiermacher eine exklusive Bedeutung nur noch Rom gegenüber, nicht mehr im innerprotestantischen Raum. Für den
entgegengesetzten Fall sieht Schleiermacher das Unglück voraus, das inzwischen eingetreten ist und vor dem schon Spener gewarnt hatte: Es würden sich drei Kirchenge-
meinschaften bilden, eine reformierte, eine lutherische und eine unierte, in der „von
dogmatischen Verschiedenheiten nicht mehr die Rede sei" (ebd., S. 649). Schleiermacher hat keine der drei gewollt, auch die letztere nicht. Aber weil er die Notwendigkeit eines geschichtlich geprägten und aus der Geschichte zu interpretierenden Bekenntnisses nicht anerkannte, sondern festgebannt auf die Vorstellung vom „Lehrbegriff" starrte, die die aufgeklärte Orthodoxie des 18. Jahrhunderts entwickelt und die
des 19. Jahrhunderts übernommen hatte, konnte er die Bekenntnisunterschiede nur politisch (ebd., S. 641 f.), aber nicht theologisch begreifen. Die Konsequenzen, die sich
aus seiner – unbestreitbar richtigen – geschichtlichen Deutung der Bekenntnisschriften für die Kirchenleitung ergeben, hat er nicht zu ziehen gewußt.
    [63] Wenn *Schleiermacher*, Chr. Gl. § 135, bestimmt: „Der öffentliche Dienst in der
Kirche ist in allen Stücken an das göttliche Wort gebunden", so ist diese Bindung
durch die in Ziffer 2 des Paragraphen gegebene Beurteilung der Bekenntnissse relati-
viert. Denn wenn diese nicht einmal in der Periode ihrer Bildung der christlichen Idee
vollkommen entsprachen, sondern vielmehr von vornherein ein solches Erzeugnis,
„weil bei dem oszillierenden Fortschreiten der Kirche in jedem Moment auch Folgen
rückgängiger Bewegungen mitgesetzt sind, hinter der Idee zurückbleibt", so ist eben

„als Ausdruck des Gemeingeistes" geltend machen | kann[63a], dann er-
scheint es als persönliche Willkür, wenn sie sich gegen den Gemeinsinn
auf das göttliche Wort beruft; es sei denn, daß sie ihre Auslegung der
Schrift als die der Gemeinschaft von ihrem Ursprung her bestimmende
einleuchtend und nachdrücklich zu machen versteht. Deshalb kann
geistliche Leitung nur da wirksam werden, wo der Gemeingeist nicht als
selbständig wirkende und produktive Autorität anerkannt, sondern
durch ein Bekenntnis gebunden ist, das alle Glieder der Gemeinschaft
anerkennen. Die Befestigung und Pflege dieser Bindung ist dann eine
vordringliche Aufgabe geistlicher Leitung.

Die Vernachlässigung dieser Bindung ist es vor allem, was Schleiermachers Lehre von der geistlichen Leitung problematisch macht. Das
zweite ungeklärte Moment liegt in der mangelnden Abgrenzung gegenüber dem *staatlichen Kirchenregiment*[64].

Schleiermacher geht von zwei einander widersprechenden Axiomen
aus. Einmal darf die Kirche nicht in die Organisation der weltlichen
Macht verflochten sein – was ja in der ausgehenden Aufklärung in
Deutschland stärker als je der Fall war. Andrerseits können Mitglieder
der Kirche, die an der Spitze des bürgerlichen Regiments stehen, nur in
der Form der Kirchenleitung in der Kirche wirksam werden. Wird das,
ja kann das in der Form geistlicher Leitung geschehen, zu der der einzelne doch begabt und berufen sein soll? Schleiermacher sieht die Schwierigkeiten. Der Staat hat das gesamte Bildungswesen seiner Organisation
eingefügt; die freie Geistesmacht, die allein kirchlichen Fortschritt verbürgt, befindet sich also in politischer Abhängigkeit. Und die Kirche
selbst ist mit der politischen Organisation verschmolzen; in kirchliche
Angelegenheiten greift der Staat mit äußeren Sanktionen ein. Geistliche
Leitung erscheint unter diesen Umständen unmöglich. Wie kann es besser werden? „Nur durch die Wirksamkeit der freien Geistesmacht." Die
bisherigen gebundenen Autoritäten müssen absterben, und die konfessio-
nell für sich abgeschlossenen | Gemeinvereine, die zusammen die evange-
lische Kirche bilden, müssen im Zusammenschluß ihre Sonderexistenz

---

jener „Fortschritt" zur Norm des Schriftverständnisses gemacht. Die selbstverständliche
Voraussetzung, daß der christliche Gemeingeist dadurch, daß er den Zusammenhang
mit dem Zeitgeist festhält, an sich schon im Fortschreiten begriffen sei, ist der Aufgabe
hinderlich, der Wahrheit der Schrift im Unterschied zum Zeitgeist in der Christenheit
immer wieder zum Durchbruch zu verhelfen. Das aber ist die eigentliche Aufgabe
geistlicher Leitung in Einzelgemeinde und Gesamtchristenheit.
[63a] *Schleiermacher*, KD § 313; vgl. oben Anm. 60.
[64] Ebd. § 324–327.

aufgeben und dem Staate gegenübertreten: Die Union eröffnet eine neue Wendung kirchlicher Selbständigkeit und freier geistlicher Leitung[65].

IV.

Zwischen Schleiermachers Tode und dem Ausbruch des *Kirchenkampfes* liegt ein Jahrhundert voller politischer, sozialer, weltanschaulicher, religiöser und kirchlicher Umbrüche. Für unser Thema ist der wichtigste die Aufhebung | der Staatskirche und die Ausbildung staatsfreier Kirchenverfassungen. Schleiermacher bleibt das ganze Jahrhundert hindurch eine Persönlichkeit, die Theologie und Kirche mit bestimmt; auch sein Verständnis von geistlicher Leitung hat nachgewirkt – bis in den Kirchenkampf hinein.

Seine Anschauung von der Produktivität und Perfektibilität des christlichen Gemeingeistes bestimmt die Forderung der Deutschen Christen, den Fortschritt des völkischen Durchbruchs und dem gemeinsamen öffentlichen Willen auch auf kirchlichem Gebiete Rechnung zu tragen. Die von jenem Gemeingeist erfüllte, ihn exemplarisch ausdrückende Leitungspersönlichkeit gewahren wir in den deutschchristlichen Kirchenfürsten, die Schleiermachersche Kunst, eine die Gegensätze ausgleichende, allen Ausprägungen des Geistes Raum schaffende Kirchenleitung zu

---

[65] In seiner Prakt. Theologie hat Schleiermacher für die Verwirklichung der von ihm geforderten geistlichen Leitung zwei Haupthindernisse im Auge, den staatlichen Zwang, daß jeder einzelne Bürger einer staatlich anerkannten kirchlichen Gemeinschaft angehören müsse, und die Abhängigkeit „von der Persönlichkeit des Staatsoberhauptes" (*Schleiermacher*, Prakt. Theologie, S. 561). Das erste Moment brachte geistliche Leitung in gefährliche Nähe zur Polizeigewalt; das zweite lieferte die Kirche der persönlichen Willkür des Herrschers aus und hemmte von außen her „das ruhige und natürliche Fortschreiten" (ebd., S. 562). Schleiermacher trat daher für die allmähliche Einführung der Presbyterial- und Synodalverfassung ein und bekämpfte die Konsistorialverfassung als „die allerschlechteste" (ebd., S. 564). Statt der geistlichen Leitung gewann hier die rein politisch orientierte Verwaltung das Übergewicht und der Kultusminister den entscheidenden Einfluß (ebd., S. 538 ff., 664 ff., 699 ff.). Trotzdem proklamierte Schleiermacher nicht die gänzliche Unabhängigkeit der Kirche vom Staate, mochte sie auch an und für sich als das wünschenswerteste Verhältnis erscheinen. In objektiver Würdigung aller Verhältnisse suchte er einen Weg, da „die Kirche sich durchwinden muß zwischen der kraftlosen Unabhängigkeit und der kraftgewährenden, aber in der Entwicklung hindernden Dienstbarkeit" (ebd., S. 670). Es war sein oberster Grundsatz: „Die Verfassung, die am meisten die freie Tätigkeit im Schriftverständnis befördert, wird die beste sein" (ebd., S. 558). Dazu genügte, daß der Landesherr sich des Eingreifens in die innerkirchliche Auseinandersetzung enthielt (ebd., S. 675 f.) und die Inhaber des Kirchenregimentes mit dem Einsatz ihrer Existenz seine persönliche Einmischung zurückwiesen (ebd., S. 670, 672 f.).

üben, in den vielen redlichen und unredlichen Gestalten, die zwischen den Parteien des Kirchenkampfes hin und her schwanken.

Es geht in diesem Ringen um die echte geistliche Kirchenleitung in der Bindung an das Wort Gottes. Alle Unklarheiten und alle Möglichkeiten, wie sie in Schleiermachers Vorstellungen über diese Bindung vorhanden waren, wachen wieder auf. Wir entgehen der Versuchung, hier eine Geschichte des Kirchenkampfes unter dem Gesichtspunkt der Wiedergewinnung geistlicher Kirchenleitung zu schreiben. Wir beschränken uns auf die Darstellung dessen, was in den besonders kritischen Jahren von 1935–1937 an neuen Erkenntnissen gewonnen wurde, und dessen, was unklar geblieben ist[66].

Was ist im Kirchenkampf in bezug auf geistliche Leitung endgültig *klar* geworden?

1. Der Staat kann sie seinem Wesen nach nicht bestellen. Die staatliche Kirchenhoheit – von allen Seiten anerkannt – kann kirchliche Gesetze wohl auf ihre formale Legalität hin prüfen, aber nicht selbsttätig kirchlich gültiges | Recht schaffen. Dieser in Deutschland jetzt auch staatskirchenrechtlich nicht mehr bestrittene Grundsatz ist sowohl Folge wie Ermöglichungsgrund geistlicher Kirchenleitung. Er beruht auf der allseitig anerkannten Tatsache, daß der heutige Staat jede religiöse Bindung abgestreift hat, eine Tatsache, die nicht rückgängig gemacht werden kann und darf. Die Schleiermachersche Aporie ist damit durch die Geschichte selbst gelöst worden.

Ob die vom Staate berufenen Kirchenausschüsse geistliche Leitung wenigstens für eine Übergangszeit beanspruchen könnten, war die damals heißumstrittene Frage. Sie ist nicht eindeutig zu beantworten. Die Antwort hing auch damals schon von der politischen Entscheidung ab, ob man den Nationalsozialisten zutraute oder nicht, nach einer Übergangszeit der Kirche wieder Freiheit zu geben.

Diese Schwierigkeit aber muß heute dazu Veranlassung geben, daß das evangelische Kirchenrecht die Nachfolge in den leitenden kirchlichen Ämtern in den Gesetzen zur Bischofswahl (oder ähnlichen) durch sorgfältige Vertretungsregelungen so weit wie möglich sicherstellt. Die Einflußnahme der größeren kirchlichen Zusammenschlüsse (EKD, VELKD) auf die Besetzung leitender Ämter kann in Krisenzeiten dazu führen, daß ein kirchenfeindlicher Staat die Kirche von ihrer Zentrale aus in die Gewalt bekommt und beherrscht. Eine Übernahme der

---

[66] Vgl. zum Folgenden *Schmidt,* Dokumente, Bd. 2. Im folgenden Text werden die einzelnen Nummern zitiert.

apostolischen Sukzession aus dem schwedischen Luthertum oder anderswoher würde die hier angerührten Gefahren zu bannen nicht imstande
sein.

Die Gefahr staatlicher Eingriffe in die evangelische Bischofswahl
muß uns immer vor Augen stehen. Verketzerungen, wie sie nach Oeynhausen (16. April 1936; Nr. 373 Ziff. 7) die damalige Vorläufige Leitung der deutschen evangelischen Kirche gegen Landesbischof Marahrens ausgesprochen hat, müssen uns immer in den Ohren klingen: „Wer
sich an einer Kirchenleitung beteiligt, die der Kirche vom Staate gesetzt
wird, macht sich der Errichtung einer fremden Herrschaft über die Kirche und der Zerstörung der Freiheit der Verkündigung schuldig."

2. Die unzertrennliche Verbindung zwischen geistlicher Leitung und
äußerer *Verwaltung* ist allseitig anerkannt. | Der Versuch des national-
sozialistischen Staates, durch die Errichtung staatlicher Finanzabteilun-
gen die Kirchenleitung zu lähmen, kann und darf nicht wiederholt werden. Die in der Verfassung der Altpreußischen Union von 1922 getroffe-
ne Regelung, daß der Generalsuperintendent geistliche Leitung losgelöst von allem Anteil an der kirchlichen Verwaltung auszuüben habe,
hat sich im Kirchenkampf als verfehlt erwiesen. Wo sie heute noch, etwa
im Braunschweigischen Bischofsamt, besteht, ist sie zu beseitigen. Auch in
der Struktur geistlicher Leitungsämter wie dem des hannöverschen Landessuperintendenten oder des bayerischen Kreisdekans ist die Verbindung mit der kirchlichen Verwaltung neu zu überprüfen.

Geistliche Leitung und Verwaltung gehören zusammen. Diese in der
theologischen Auseinandersetzung des Kirchenkampfes gewonnene Erkenntnis muß festgehalten werden. Für das künftige kirchliche Beamtenrecht kann das staatliche Beamtenrecht nicht einfach maßgebend
sein. Der theologischen Einsicht entspricht die Tatsache, daß auch die
Träger der kirchlichen Verwaltung an der geistlichen Leitung Anteil haben. Keine kirchliche Verwaltungsmaßnahme, kein Schriftstück, das in
Verbindung damit aus den Kanzleien ausgeht, ist ohne geistlichen Bezug. Das Bewußtsein geistlicher Verantwortung muß daher bei den Trägern der kirchlichen Verwaltung gestärkt werden. Das braucht nicht bei
ihren Dienstbezeichnungen anzufangen, obwohl hier mancher Rest
staatlicher Verwaltungstradition zu beseitigen wäre. Es bedarf vor allem
einer Heranführung der nichtordinierten kirchlichen Mitarbeiter an das
geistliche Leben der Kirche und ihre verantwortliche Teilnahme daran.
Damit sind an die geistliche Kraft der Gemeinde und der anderen Organe der Kirche hohe Anforderungen gestellt. Nur so kann jedenfalls die

Verwaltung rechtlich und geistlich in die geistliche Leitung einbezogen und das Vorurteil überwunden werden, geistliche Leitung sei nur eine Sache der Theologen.

3. Daß geistliche Leitung unlösbar an das *Wort Gottes* gebunden ist, ist ebenfalls eine unverlierbare, dem zentralen Verständnis der Reformation entsprechende Erkenntnis. | Sie ist im Kirchenkampf zunächst und vor allem in Hinwendung auf das innere Leben der Kirche hin geltend gemacht worden. Das Wächteramt der Kirchenleitung bestand ja zunächst und vor allem in der Wachsamkeit über die Reinheit der Verkündigung und richtete sich primär nicht an die weitere Öffentlichkeit. Kirchenpolitik war nicht und konnte nicht sein Stellungnahme zu allen möglichen innerkirchlichen und außerkirchlichen Fragen. Nach Hans v. Sodens unübertrefflicher Definition[67] betraf sie „die Einrichtung der Kirche unter den jeweils gegebenen politischen Verhältnissen für ihren unabänderlichen Auftrag, das Evangelium von Jesus Christus allen Völkern zu verkündigen". Die Kirche bedarf einer geistlichen Leitung, die vom Worte Gottes her auf ihren zentralen Auftrag hin ausgerichtet ist.

Bindung der geistlichen Leitung an das Wort Gottes – damit fangen aber die Widersprüche und *Unklarheiten* an, die die Geschichte des Kirchenkampfes umdüsterten.

1. Keine der in der bekennenden Kirche miteinander ringenden Gruppen berief sich auf das *Wort Gottes allein*. Jede von ihnen bezog es auf eine bestimmte bekenntnismäßige Interpretation des Wortes Gottes und verstand von da aus die aktuellen Forderungen, die es an die Christenheit richtet. Der Reichskirchenausschuß sah sich gebunden an Artikel 1 der Verfassung der Deutschen Evangelischen Kirche vom 11. Juli 1933[68] und fand sich damit unter | Bedingungen gestellt, „die einem rechten Kirchenregiment auferlegt sind". Die nach der Oeynhäuser Synode am 12. März 1936 gewählte zweite Vorläufige Leitung der DEK berief sich für ihren unabdingbaren Anspruch geistlicher Leitung auf die

---

[67] *Niemöller*, Die 4. Bekenntnissynode der DEK, S. 187. – Von Soden fährt fort: „Diesem Auftrag zu genügen, seine Grundlage und die mit ihr gegebenen Richtlinien immer wieder deutlich und wirksam zu machen, das ist die eigentliche wesentliche Aufgabe einer Kirchenleitung." „Sie muß selbst im Glauben und im Bekenntnis dieser Kirche stehen und die Leitung als eine andere Form oder ein anderes Mittel der Verkündigung auffassen und ausüben."

[68] Art. 1 lautete: „Die unantastbare Grundlage der Deutschen Evangelischen Kirche ist das Evangelium von Jesus Christus, wie es uns in der Heiligen Schrift bezeugt und in den Bekenntnissen der Reformation neu ans Licht getreten ist. Hierdurch werden die Vollmachten bestimmt und begrenzt, deren die Kirche für ihre Sendung bedarf."

Beschlüsse von Barmen[69]. Die lutherischen Landeskirchen und der am
19. März 1936 gebildete Rat der Evangelisch-lutherischen Kirche
Deutschlands gründeten sich auf die lutherischen Bekenntnisschriften.
Sie alle banden sich an das Wort Gottes. Sie alle vertraten eine verbindliche Auslegung dieses Wortes. Sie alle sprachen in einem Atemzuge von
Schrift und Bekenntnis und waren doch in der konkreten Anwendung
des Wortes Gottes auf die kirchliche Lage grundlegend verschieden.

2. Wahrscheinlich hätte Schleiermacher die enge Verbindung von
Schrift und *Bekenntnis* bei seinen Nachfahren nicht so ohne weiteres akzeptiert. Er kannte die Gefahr dieser Korrelation und suchte sie zu um-
gehen. Wenn man sie festhält, wird die von Schleiermacher offengelasse-
ne Frage nach der Beziehung der geistlichen Leitung zum Bekenntnis
noch prekärer als bei ihm. Ging es doch, wenn man diese Beziehung festhielt, um die Überwindung der Subjektivität bei der geistlichen Leitung.
Was gibt dem, der sie ausübt, geistliche Autorität? Sein hervorragendes
Amt? Seine hervorragenden geistlichen Qualitäten, seine höhere Bildung?
Das alles kann einen suchenden, fragenden, irrenden Menschen nicht
überzeugen. Gewonnen wird er nur durch die geistliche Kraft des Wortes Gottes selbst. Und wer es verkündigt, muß von dieser Kraft selbst
überwältigt sein. Das tut sich darin kund, daß er die Wahrheit des Wortes Gottes bekennt, bekennt nicht aufgrund seiner überlegenen theologischen Einsicht, sondern bekennt als die Wahrheit der ganzen Christenheit, als die Wahrheit, die die Väter gerettet hat und die gegenwärtig
Lebenden rettet.

In diesem Verständnis des Bekenntnisses und damit in dieser Überwindung der Schleiermacherschen Subjektivität stimmen alle Glieder
der bekennenden Kirche überein. Es | wäre zu primitiv zu sagen: Die
Leute von Barmen verstehen ihr Bekenntnis als ein zusammenfassendes
Unionsbekenntnis; die Leute vom Lutherrat berufen sich auf die reformatorischen Bekenntnisse. Auch die beliebte Unterscheidung zwischen
aktuellem Bekennen und geschichtlichem Bekenntnis ist zu einfach. Es
geht um die Frage nach der rechten Bindung der geistlichen Kirchenleitung an das Bekenntnis.

3. Hier muß nun geltend gemacht werden, was Generalsuperintendent Zoellner, der Vorsitzende des Reichskirchenausschusses, gegenüber
der bekennenden Kirche einmal kritisch ausgesprochen hat: „Für ein bekenntnisgebundenes Kirchenregiment kommt nur ein *geschriebenes* Be-

---

[69] Vgl. Beschluß der Oeynhäuser Synode: „Von der Kirchenleitung", *Schmidt*, Dokumente, Bd. 2, Nr. 165 und Nr. 190.

kenntnis in Betracht[70]. Geistliche Kirchenleitung, die aktuelle Forderungen ohne solchen Bezug geltend machen wollte, würde sich der Gefahr aussetzen, irgendeinem Gemeingeist, der im Augenblick geistert, Ausdruck zu verleihen. Man sage nicht, ein geschriebenes Bekenntnis habe Fragen geschlichtet, die heute nicht mehr aktuell seien. Man weise nicht auf die bekenntnistreuen Lutheraner hin, die im Bekenntniskampf umgefallen sind. Das lutherische Bekenntnis geht so tief in die zentralen Fragen des christlichen Glaubens, des christlichen Heils ein, daß der, der sich die hier getroffenen Entscheidungen wirklich zu eigen gemacht hat, auch für die aktuellen Fragen den rechten Maßstab in der Hand hält. Und wenn er ihn nicht anwendet, liegt die Ursache in menschlicher, theologischer oder geistlicher Unzulänglichkeit, die immer möglich ist und gegen die sich keine Kirche | sichern kann. Ebenfalls kann eine geistliche Kirchenleitung nur eine bekenntnisgebundene Kirchenleitung sein. Im anderen Falle ist sie eine ungeistliche Willkürherrschaft. An der Frage der geistlichen Leitung wird sich daher die Bekenntnisfrage im Protestantismus entscheiden. Will man geistliche Leitung, die sich gegenüber irgendeinem politischen oder theologischen Gemeingeist unabhängig behaupten kann, braucht man ein klar formuliertes, geschichtlich begründetes Bekenntnis, an das sie gebunden ist.

4. Wie kommt solche geistliche Leitung zustande und von wem wird sie ausgeübt? Hängt sie an geistlichen Persönlichkeiten mit bischöflicher Verantwortung oder an der inneren Einheit gemeinsamer kollegialer Verantwortung, bei der unter Umständen die Stimmenzahl entscheiden kann? *Bischöfliche* oder *bruderrätliche* Entscheidung – an dieser Alternative ist die Organisation der bekennenden Kirche zerbrochen, nicht erst in Oeynhausen (18./22. 2. 1936), sondern schon am 3. Januar 1936, als der Reichsbruderrat mit Stimmenmehrheit der vorläufigen Kirchenleitung Marahrens die Gefolgschaft aufkündigte. Bischöfliche Leitung und bruderrätlich-synodale Leitung stehen sich seitdem als zwei sich gegenseitig ausschließende Verfassungsprinzipien gegenüber, die erstere diskreditiert durch die formale Analogie zum nationalsozialistischen Füh-

---

[70] Kommt die Staatskirche? Vortrag vom 11. März 1936, *Schmidt*, Dokumente, Bd. 2, Nr. 184. Zoellner formuliert S. 84 in Form einer bedingten rhetorischen Frage sein Programm: „..., wenn es klar wurde, daß man ein Bekenntnis nicht einfach neu machen kann, besonders nicht in Zeiten der Gärung, wenn dagegen die durchaus als notwendig erkannte bekenntnisgebundene Kirchenleitung ohne ein bestehendes und anerkanntes wirkliches Bekenntnis nicht möglich war – was hatte dann zu geschehen, um das Bekenntnis der Väter, das reformierte und das lutherische, aus dem Reliquienschrein, in dem es für gewöhnlich verborgen war, wieder herauszuholen und zu aktivieren...?"

rerprinzip, die zweite der Konformität mit reformierten oder demokratischen Ideen beschuldigt. Wir sollten erkennen, daß beide Analogien nur leerer Schein sind und daß es sich nicht um zwei unvereinbare Prinzipien handelt, weil geistliche Leitung nicht ein Vorrecht der Repräsentanten des geistlichen Standes in der Christenheit ist.

5. Um ein ähnliches Scheinproblem handelt es sich auch bei der viel diskutierten Frage, ob der *Gehorsam* gegen die geistliche Leitung auch eine Forderung des vierten Gebotes sei, ob also der Kirchenleitung als einer kirchlichen Aufsichtsinstanz obrigkeitliche Autorität zukomme wie jeder anderen menschlichen Obrigkeit auch. Man wird diese von Werner Elert und Thomas Breit[71] vertretene These mit | manchen Vertretern der Bekennenden Kirche nicht ohne weiteres ablehnen können. Wo Verwaltung geübt, Ordnung durchgeführt werden soll, da geht es sicherlich nicht ohne schlichten Gehorsam. Aber weil Verwaltung und Ordnung nicht von der geistlichen Leitung zu trennen sind, ist dieser Gehorsam nicht das Primäre, sondern herrscht die geistgewirkte Liebe vor, die sich willig von den geistlichen Notwendigkeiten gefangennehmen läßt. Nur wo von seiten des Fordernden oder des Geforderten der Zusammenhang von geistlicher Leitung und Verwaltung grundsätzlich oder praktisch verneint wird, gewinnt die Kirchenleitung den Schein einer bloß obrigkeitlichen Autorität.

Überblicken wir noch einmal, wieviel Fragen der Kirchenkampf in bezug auf die geistliche Leitung ungelöst hinterlassen hat, dann verstehen wir die Schwierigkeiten, die heute bei einem Verfassungsneubau zu überwinden sind.

V.

Das bayerische Verfassungsrecht hat sich seit 1920, vornehmlich unter den Anforderungen und Anregungen des Kirchenkampfes, ständig weiter entwickelt. In die Verfassungsurkunde von 1920 ist das faktisch seit dem 8. Mai 1933 bestehende Bischofsamt unter dem 30. September 1948 eingetragen worden. Für die Fragen der geistlichen Leitung sind weiterhin wichtig die „Ordnung des geistlichen Amtes" vom 27. April 1939, die Lehrordnung der VELKD vom 16. Juni 1956 und deren Pfarrergesetz vom 14. Juni 1963, das in seinen bayerischen Sonderartikeln die

---

[71] *Schmidt*, Dokumente, Bd. 2, Nr. 306, Ziff. 4; *Schmidt*, Dokumente, Bd. 2 Nr. 352. *Breit*, Kirchenregiment.

Grundlagen für ein Bischofsgesetz enthält[72]. Zu dem allen kann man | noch Agende IV hinzuziehen als Quelle für das geistliche Verständnis der kirchlichen Ämter und Dienste.

Die Verfassungsurkunde will nach ihrer Präambel nur eine „äußere Ordnung" für das Leben der Landeskirche sein. Den Begriff der „Kirchenleitung" kennt sie nur im verwaltungsmäßigen Sinne (Art. 13). Indessen gebraucht sie für den Landesbischof (Art. 46 III) und die Kreisdekane (Art. 54 I) den Begriff der „oberhirtlichen Tätigkeit" und mutet den Kreisdekanen in der Verordnung über die Visitationen von 1922 (§ 4) zu, „oberhirtliche Ratschläge und Winke, Ermunterungen und Weisungen zu erteilen". Damit ist der Sache nach die Möglichkeit einer geistlichen Leitung gegeben. Sie wird in den späteren Gesetzen und Ordnungen theologisch und inhaltlich näher bestimmt. Wir überprüfen unter diesem Gesichtspunkt die einzelnen Instanzen der Landeskirche und fragen uns, wie weit sie an der geistlichen Leitung Anteil haben.

Der reformatorische, von Schleiermacher so verhängnisvoll modifizierte Gedanke, daß die *ganze* Christenheit an der geistlichen Leitung Anteil habe, wird nur in bezug auf die Lehrgewalt – also gänzlich losgelöst von der Schleiermacherschen Tradition – ausgesprochen. Nachdem vorausgeschickt würde, daß es in der evangelischen Kirche keine eigene Lehrgewalt abgesehen von der des Wortes Gottes geben könne, fährt die „Erklärung zur Lehrverpflichtung und Handhabung der Lehrgewalt" vom 16. Juni 1956 fort: „In diesem abgeleiteten Sinne ist die Lehrgewalt von Gott der *ganzen* Kirche, Amt und Gemeinde, übertragen. An ihr hat jeder, dem ein Amt in der Kirche übertragen ist, nach dem Maße seiner Berufung und seines Auftrages Anteil."[73] „Auch die Gemeinde und ihre berufenen Vertreter haben Recht und Pflicht, die ihnen dargebotene Verkündigung darauf zu prüfen, ob sie dem Evangelium gemäß ist." Was hier für das zentrale Anliegen geistlicher Leitung so klar gesagt ist, muß für alle ihre Funktionen zur Geltung kommen. In einer künftigen Verfassung muß klar aus|gesprochen werden, daß geistliche Leitung nicht nur von den Spitzenorganen der Landeskirche ausgeübt wird, sondern daß es sich hier um ein geistliches Anliegen handelt, das alle ihre Glieder wechselseitig verbindet. Es muß dabei erkennbar

---

[72] *Vischer*, Neuere Rechtsquellen. Einen allgemeinen Einblick in die gegenwärtige Problematik gewährt *Dombois*, Kirchenleitung; speziell für Bayern *Dietzfelbinger*, Bischofsamt. Aus reicher Erfahrung schöpft *Haug*, Der Dienst der Leitung.

[73] In erster Linie liegt sie natürlich bei denen, „die zur geistlichen Aufsicht in der Kirche bestellt sind" [*Vischer*, Neuere Rechtsquellen, B 12, S. 3, Abs. III].

werden, daß es sich hier um einen Dienst handelt, der alle Beteiligten in erster Linie Pflichten auferlegt, nicht Rechte zuspricht.

Von „dem vornehmsten *Amt* der Kirche", dem „Amt als Wortverkündigung", spricht zuerst die „Ordnung des geistlichen Amtes" von 1939, und zwar so, daß sie die Gemeindeleitung als konkrete und exemplarische Verwirklichung geistlicher Leitung hervorhebt. Sie „hat ihr Recht und ihre Grenze an dem Charakter des geistlichen Amtes als eines Hirtenamtes". Und dazu gehört der lapidare Satz, der das non vi, sed verbo von CA 28 wieder aufnimmt und fast wörtlich in das Pfarrergesetz von 1963 (§ 24,4) übergegangen ist: „Das Wesen des Hirtenamtes schließt die Anwendung ungeistlicher Mittel aus."[74] Dieses biblische, auch von Luther und der Konkordienformel[75] verwendete Bild vom Pastor ist grundlegend für das Verständnis des in sich vielleicht unklaren Begriffs des „Oberhirten", über dessen Weiterverwendung noch Erwägungen anzustellen wären. Klargestellt wird dadurch von vornherein und auf alle Fälle, daß es nicht zweierlei geistliche Leitung in der Landeskirche gibt, sondern daß es sich dabei um ein und dieselbe geistliche Bewegung handelt, die sich von der Spitze her bis in die kleinsten Gemeinden hinein erstreckt und von hier aus wieder zur organisatorischen Spitze zurückschlägt.

In der Verfassung von 1920 ist das Kollegium des *Landeskirchenrates* ausdrücklich nur als „die oberste Behörde für die Verwaltung der Landeskirche" bezeichnet. Erst mit der „Ordnung des geistlichen Amtes" von 1939 (III) tritt hier eine Änderung ein. Da wird ausdrücklich festgestellt, | es gebe nach dem lutherischen Bekenntnis „kein vom geistlichen Amt zu lösendes Amt des Kirchenregiments" und dieses sei „ein oberhirtliches Amt". Wenn auch erst 1948 die geistlichen Mitglieder des Landeskirchenrates, die vorher durch ihre Ernennung zu Kirchenbeamten aus ihrem Dienstverhältnis als Pfarrer ausgeschieden waren, „wieder Pfarrer im Sinne des Pfarrergesetzes" wurden, so war doch schon 1939 grundsätzlich festgestellt: Die *geistlichen* Oberkirchenräte üben in ihrem Amt geistliche Leitung aus. Und wenn nach Art. 49,2 der Verfassung der Landesbischof ihnen kollegial zugeordnet ist, ist damit zugleich festgestellt, daß sie an der ihm zustehenden geistlichen Leitung partizipieren[76].

---

[74] Aus der Erfahrung des Kirchenkampfes stammt auch der Zusatz, daß der Hirte, indem er falscher Lehre entgegentritt, „sich bemüht, den Irrenden und Verführten mit Gottes Wort in seelsorgerlicher Treue zurechtzuhelfen".

[75] Solida declaratio, Summarischer Begriff § 14 [BSLK, S. 839].

[76] Das kommt auch in § 30 des Pfarrergesetzes von 1963 [*Vischer*, Neuere Rechts-

Unbeantwortet bleibt die von uns schon berührte Frage, wie weit auch die *juristischen* Mitglieder des Landeskirchenrates an der geistlichen Leitung Anteil haben. Daß sie nicht deswegen von ihr ausgeschlossen werden können, weil sie keine Theologen sind, haben wir schon von Johann Gerhard und seiner Auffassung vom Konsistorium gelernt. Aus unserem Verfassungsrecht ergibt sich die Forderung, sie an der geistlichen Leitung teilnehmen zu lassen, aufgrund folgender Feststellung der „Ordnung für das geistliche Amt" von 1939 (III): „Das mit dem Kirchenregiment verbundene verwaltungsmäßige Regiment ist menschlichen Rechts. Es ist von dem gottgesetzten geistlichen Amt her auszurichten"[77]. Wenn Verwaltung und geistliche Leitung, | wie der Kirchenkampf gelehrt hat, nicht getrennt werden dürfen, dann sind auch die entsprechenden Ämter unlösbar miteinander verbunden. Das muß in der Verfassung der Kirche zum Ausdruck kommen[78].

Der Tatsache, daß Nichttheologen an der geistlichen Leitung Anteil haben, begegnen wir ja nicht nur im Blick auf den Landeskirchenrat, sondern auch auf die *Landessynode*. Wer miterlebt hat, mit welcher Intensität die letzte Landessynode die Lebensordnung behandelt hat, mit welcher seelsorgerlichen Feinfühligkeit sie etwa den Problemen der Geburtenkontrolle nachgegangen ist, der hat begriffen, daß auch eine Synode geistliche Leitung ausübt. In der Verfassungsurkunde ist wenig davon zu lesen, wenn man nicht das Zustimmungsrecht der Synode zu Änderungen betreffend Agenden, Gesangbuch und Katechismus (Art. 31)

---

quellen B 2, S. 14] zum Ausdruck: „Der ordinierte Inhaber eines kirchenleitenden Amtes hat den Auftrag zur öffentlichen Wortverkündigung und zur Sakramentsverwaltung im Rahmen seiner Aufgabe. Ihm obliegt die Sorge dafür, daß das Wort Gottes schrift- und bekenntnisgemäß verkündigt wird und die Sakramente recht verwaltet werden." In den folgenden Sätzen des Paragraphen wird auf die „Ordnung des geistlichen Amtes" von 1939 deutlich angespielt.

[77] Die Bezugnahme auf das menschliche Recht hat hier keine einschränkende Wirkung für die „weltliche Abteilung" des Landeskirchenrates; auch die geistlichen Aufsichtsämter sind weltlichen Rechtes, vgl. oben S. 128. Wie die Dinge zusammengehören, ist in der „Ordnung des geistlichen Amtes" von 1939 (I, Abs. 3) vom Pfarramt her klassisch formuliert: „Auch die sonstige Amtstätigkeit, insbesondere die Ausrichtung der mit dem Amt verbundenen ‚weltlichen' Geschäfte und die Einhaltung der in der Kirche aufgerichteten Ordnungen menschlichen Rechtes ist in die Verantwortung des geistlichen Amtes eingeschlossen und muß dazu helfen, daß das Wort Gottes laufe und wachse" [*Vischer*, aaO., B 1a, S. 2] Die umgekehrte Anwendung dieser Sätze auf die „weltlichen" Diener der Kirche ist unausweichlich.

[78] Selbstverständlich muß die kirchliche Verwaltung nach technischen Regeln abgewickelt werden und sich technischer Mittel bedienen. Aber deren Anwendung setzt geistliches Verständnis (das man nicht erst durch theologische Studien zu erwerben braucht!) und seelsorgerliche Verantwortung voraus, gehört also zur geistlichen Leitung.

oder die Bestimmung heranziehen will, daß bei Beschlüssen über die
Lehrverpflichtung der Geistlichen die Einwilligung von zwei Dritteln
der Abgeordneten erforderlich ist (Art. 33). Man kann fragen, ob geistliche Rücksichten hinter der Abfassung dieser Artikel gestanden haben.
Aber man kann nicht bezweifeln, daß den Synodalen hier geistliche
Entscheidungen abverlangt werden, daß also geistliche Leitung von ihnen ausgeübt werden soll. Genau dasselbe gilt von der Wahl des Landes-
bischofs. Wenn er das vornehmste | Organ geistlicher Leitung ist, so
trifft die Synode mit seiner Wahl eine geistliche Entscheidung (Art. 47).
Und ebenso übt sie geistliche Leitung aus, wenn sie bei der Abberufung
des Landesbischofs (Art. 113a, Abs. 2) oder bei seiner Versetzung in den
Ruhestand (Art. 117a, Abs. 2) das letzte Wort spricht.

Es ist zu fragen, ob diese Funktionen geistlicher Leitung, die der Synode schon nach der gegenwärtigen Rechtslage zufallen, bei der Bestimmung der Aufgaben, die ihr (Art. 27–33) bzw. dem Synodalausschuß
(Art. 40–45) zugehören und in dem Kirchengesetz über die Wahlen zur
Landessynode vom 16. 5. 1947 gebührend berücksichtigt sind. Der Bewährung in der örtlichen Gemeindearbeit und im heimischen Kirchenvorstand, die in geeigneten Fällen auch durch die Bewährung in allgemeinen kirchlichen Aufgaben ersetzt werden kann, kommt für die Auf-
stellung der Kandidatenlisten besondere Bedeutung zu und wäre kir-
chengesetzlich zu verankern. Evangelische Konfessionszugehörigkeit und
Bekleidung eines hohen öffentlichen Amtes können nicht allein für die
Zugehörigkeit zur Synode ausschlaggebend sein.

In den unmittelbaren Bereich geistlicher Leitung treten wir ein, wenn
wir von den Ämtern der *Kreisdekane* und des *Landesbischofs* sprechen.
Ihre oberhirtlichen Funktionen und damit ihre Beziehungen zum Pfarramt haben wir schon hervorgehoben (oben S. 128). Die Aufgaben der
Kreisdekane in „Pflege und Prüfung des gesamten inneren Kirchenwesens" hat Art. 54, II der Kirchenverfassung umschrieben. Sie hat damit
außer acht gelassen, daß auch die kirchliche Verwaltung eine innere Seite
hat und nicht ohne Mitbeteiligung der Kreisdekane vollzogen werden
darf. Das Maß dieser Mitbeteiligung so zu regeln, daß dabei keine Ver-
schleppung des Geschäftsganges eintritt, wird eine schwierige, aber auch
notwendige Aufgabe sein.

Noch wichtiger wird es sein, die Frage zu beantworten, wie die geistlichen Erfahrungen, die in der Leitung der einzelnen Kirchenkreise gemacht wurden, richtig ausgetauscht und so der Gemeinschaft der Brüder
im leitenden kirchlichen Amt und damit der ganzen Landeskirche

nutz|bar gemacht werden können. Es geht dabei auch um Abstimmung
und Kontakt mit dem Amt des Landesbischofs. Die bloße Teilnahme der
Kreisdekane an den Vollsitzungen des Landeskirchenrates dürfte dazu
nicht genügen.

Es wird von verschiedenen Seiten gefordert, daß der kirchliche Territorialismus durch eine Verkleinerung der Bischofssprengel überwunden
werden müsse; ein Bischof solle nur so viele Pfarrer beaufsichtigen, als
er persönlich kennen könne[79]. Man kann gegen diese zunächst beste-
chende Forderung einwenden, daß ein Kirchengebiet wie das bayerische,
das im Laufe der Geschichte zu einer Einheit zusammengewachsen ist,
nicht wieder zerrissen werden darf. Man muß aber auch auf die Last
der Repräsentation hinweisen, die dieses große Kirchengebiet seinem
Landesbischof auferlegt, und auf die daraus entstehende Schwierigkeit,
die eigentliche Aufgabe eines evangelischen Bischofs, Ordination und
Visitation, gebührend wahrzunehmen.

Es ist wohl sicher, daß die vorhandenen Schwierigkeiten nicht durch
eine stärkere Aufteilung der Landeskirche und die Erhebung der Kirchenkreise zu evangelischen Bistümern behoben werden können. Das
Amt des übergeordneten Landesbischofs würde dann erst recht in die
Repräsentation abgedrängt werden, auch wenn ihm ein kleiner Bischofssprengel, etwa in der Stadt München, zugesprochen würde. Vor allem
aber könnte und dürfte man bei dieser Aufteilung die Einheit der kirchlichen Verwaltung nicht zerschlagen. Rationalisierung der Verwaltung
muß auch in der Kirche die Parole sein. Sie erfolgt wie überall nur durch
rechte Zentralisation. Wenn man sie voraussetzt, würde dann die Verwaltung fast das einzig sichtbare Band für die Einheit der Landeskirche
sein; die evangelischen Bischofssprengel aber führten ein abgesondertes
Dasein in der Provinz.

Man kann die geistliche Leitung einer Landeskirche nicht durch ihre
Aufteilung verstärken; der umgekehrte Weg ist der richtige. Die an der
geistlichen Leitung besonders Beteiligten sollten zusammen den „Geistli-
chen Rat der Landes|kirche" bilden, der sich aus den Kreisdekanen un-
ter dem Vorsitz des Landesbischofs zusammensetzt und in längeren Ab-
ständen periodisch tagt[80]. Im Unterschied zum Landeskirchenrat befaßt
sich dann dieser „Geistliche Rat der Landeskirche" nicht mit den lau-

---

[79] *Brunner,* Vom Amt des Bischofs.
[80] Ähnliches gibt es in dem Leitenden Geistlichen Amt der südhessischen oder in der
Propstkonferenz der Kurhessen-Waldeckschen Kirche; vgl. *Dombois,* Kirchenleitung,
S. 51 ff.

fenden Tagesfragen, sondern mit den immer gleichbleibenden Grundfragen geistlicher Leitung und mit den langfristigen Planungen der Landeskirche. Er trifft keine eigenen Entscheidungen, besitzt aber das Recht, Gesetzesvorlagen bei der Synode einzubringen und den Landeskirchenrat zum Erlaß von Verordnungen und Verfügungen anzuregen.

In diesem „Geistlichen Rat der Landeskirche" würden die Erfahrungen zusammengetragen, die die Kreisdekane bei der geistlichen Leitung ihrer Kirchenkreise gemacht haben. Es käme die äußere und innere Lage des Pfarrerstandes zur Sprache, die theologischen und die Ausbildungsfragen. Es würden so die Hirtenbriefe des Landesbischofs geistlich von allen Trägern der geistlichen Leitung mit vorbereitet und mit verantwortet. Es würden die Veränderungen im Gemeindeleben regelmäßig beobachtet, der Wandel der wirtschaftlichen und gesellschaftlichen Struktur, der Wandel im familiären Leben. Die Fragen der Erziehung, der freien Jugendarbeit, der kirchlichen Werke, der politischen Verantwortung stünden immer wieder auf der Tagesordnung des Geistlichen Rates; der jeweils zuständige Referent des Landeskirchenrates wäre zu den betreffenden Sitzungen hinzuzuziehen.

Auf diese Weise wäre das Bischofsamt zugleich entlastet und zugleich näher an das geistliche Leben der Gemeinden herangeführt. Die geistliche Leitung der Landeskirche träte unmittelbarer und überzeugender an Pfarrer und Gemeinden heran. Die Aufgaben des Landesbischofs, die sich jetzt nach Art. 46 der Verfassung fast ausschließlich auf rechtliche Befugnisse erstrecken, kämen in ihrer ganzen Fülle zur Geltung. Sie wären in einer künftigen Verfassung ganz | anders als bisher mit dem Dienst der Kreisdekane zusammenzufassen und unter dem Gesichtspunkt der geistlichen Leitung zu umschreiben.

Es ist nicht zufällig, daß die Neuansätze zur verfassungsrechtlichen Fundierung des bischöflichen Amtes sich in der bayerischen Fassung des *Pfarrergesetzes* finden. Darin kommt zum Ausdruck, was wir wie in der bayerischen Kirchenverfassung so in der ganzen evangelischen Tradition als grundlegend festgestellt haben: Geistliche Leitung wird getragen und bestätigt von der gesamten Christenheit. Sie verbindet Pfarrer und Bischof, Hirten und Oberhirten zu demselben Dienst. Geistliche Leitung ist Ausdruck des geistlichen Lebens einer Landeskirche. Sie beruht auf der wechselseitigen Fürbitte. Sie ist der Ausdruck des evangelischen Gemeingeistes, aus dem allein eine von allen Gliedern der Kirche getragene geistliche Leitung erwachsen kann. Johann Gerhard hat diese Verbundenheit in dem Satz zusammengefaßt, der das eigentliche Geheimnis geistlicher Leitung umschreibt und auch für die heutige Lage der Kirche gilt:

Preces ecclesiae pro pastoribus requirunt,
ut pastores vicissim pro ecclesia sibi comissa orent.

DIE ENTSTEHUNG DES LANDESKIRCHENTUMS
IN DER REFORMATION*

Indem wir von der Entstehung des Landeskirchentums in der Reformation sprechen, vollziehen wir eine grundlegende Vorentscheidung. Wir behaupten: Das Landeskirchentum ist erst im 16. Jahrhundert *entstanden*, nicht schon im ausgehenden Mittelalter. Der Herzog von Kleve ist nicht schon im 15. Jahrhundert Papst in seinem Territorium, wenn er auch behauptet, es zu sein. Trotz aller Schismen, trotz aller Verweltlichung der Kurie, trotz der dagegen gerichteten Gravamina der deutschen Nation: Mit dem Papst ist die Einheit der abendländischen Christenheit gegeben; das päpstliche Kirchenrecht sichert diese Einheit, wenn es auch in Einzelheiten Unrecht geworden ist und von vielen Seiten mißbraucht wird. In diesem Kirchenrecht haben Advokatie und Patronat, mit deren Handhabung das Landesfürstentum seine Kirchenhoheit zu begründen suchte, ihren Platz ziemlich weit am Rande. Wer Ansprüche daraus geltend machte, geriet mit den Kernaussagen des Kanonischen Rechtes in Konflikt. Ganz einerlei, wie weit die landesfürstliche Kirchenhoheit sich im 15. Jahrhundert schon entwickelt hat, aufs Ganze gesehen ist das Streben danach mehr Usurpation als Recht, mehr Anmaßung als sicherer Gewinn. Wir werden *Ansätze* zum Landeskirchentum, die aus dem Spätmittelalter herüberwirken, mitveranschlagen müssen; entstanden ist es in der Reformation.

Die Ursache dafür wurde schon angedeutet. Sie liegt in Luthers Verwerfung des Kanonischen Rechtes. Er hat es am 10. Dezember 1520 vor dem Elstertor in Wittenberg verbrannt. Und wenn er auch später gelegentlich geneigt war, Reste des Kanonischen Rechtes in die werdenden Ordnungen des Landeskirchentums einzubauen, als Ganzes hat es für ihn und durch ihn für alle evangelischen Territorien seine bindende Kraft verloren. Und wenn auch der Kaiser als advocatus ecclesiae seinen

---

* Aus: Staat und Kirche im Wandel der Jahrhunderte, hrsg. von *Walther Peter Fuchs*, Stuttgart 1966, S. 69–78.

Gültigkeitsanspruch festhielt, durchsetzen hat er ihn nicht mehr können. Im Augsburger Religionsfrieden von 1555 war die Verbindung von Reichsrecht und Kanonischem Recht grundsätzlich gelöst. Und selbst in den katholischen Territorien ließ man sich seitdem den Aufbau eines eigenen Landeskirchentums durch besondere päpstliche Privilegien bestätigen. Erst durch die Befreiung von dem Zwang des Kanonischen Rechtes war die Entstehung eines evangelischen Landes|kirchentums möglich. Sie ist insofern eine indirekte Folge von Luthers frühem Kampf gegen das Papsttum und das päpstliche Recht.

Wir müssen aber noch eine andere indirekte Ursache für das evangelische Landeskirchentum anführen. Auf sie hat Werner Elert zuerst aufmerksam gemacht. Sie geht auf Luthers Gegenspieler im Reich, den Kaiser und die streng katholische Partei, zurück. Im Wormser Edikt hatte man gegen den gebannten Luther und seine Begünstiger die Reichsacht ausgesprochen, sie freilich zunächst auf seine fürstlichen Beschützer nicht anzuwenden gewagt. Diese Fürsten nun mußten sich so verhalten, daß sie sich gegen die kaiserliche Acht schützen konnten. Das war angesichts der territorialen Visitationen mit ihrer Unterwerfung des bisherigen Kirchenwesens unter die fürstliche Gewalt eine schwere Aufgabe. Die Visitationen waren, gemessen an dem Kanonischen Recht, dessen Anwendung die Reichsverfassung noch garantierte, geradezu ein revolutionärer Akt. Die Landesfürsten mußten alles tun, um ihn als legal zu rechtfertigen. Von den Torgauer Artikeln (März 1530) bis zur zweiten Hälfte der Confessio Augustana können wir diese Bemühungen verfolgen. Und auch die erste Hälfte der CA mit ihren Lehrartikeln mußten die fürstlichen Bekenner in Augsburg verantworten: Ecclesiae apud nos docent. Die Fürsten lehren nicht selbst; aber sie übernehmen die Verantwortung für das, was in den Gemeinden ihres Territoriums gelehrt wird, und machen sich vor Kaiser und Reich diese Lehre persönlich zu eigen. Custodia utriusque tabulae, Schutzwacht auch über die in den ersten drei Geboten enthaltenen Glaubensaussagen: Als Melanchthon seit 1534 diese aus antiker Ethik und reformatorischem Glauben geborene Formel übernahm, war das, was sie besagte, in dem tapferen Auftreten der evangelischen Fürsten zu Augsburg schon vorgegeben. Indem sie der kaiserlichen Banngewalt Trotz boten, mußten sie vor Kaiser und Reich bezeugen, daß die evangelische Lehre nicht Acht und Bann verdiene. Sie mußten dann freilich auch in ihren Territorien dafür eintreten, daß diese Lehre darin nicht in revolutionärer Zuspitzung wie bei den Schwärmern vorgetragen wurde. Cura religionis von seiten des Landesfürsten-

tums – das war die evangelische Antwort, die Acht und Bann gegen
Luther herausgefordert hatten.

I.

Der Aufbau des Landeskirchentums war freilich damals schon in den
verschiedenen Gebieten verschieden erfolgt. Es ist nicht uninteressant,
diese verschiedenen Typen, die am Anfang nebeneinander standen, ver-
gleichend zu betrachten. |

Markgraf Kasimir von *Brandenburg-Kulmbach* war ein Mann, der
sich vom Schuldenmachen ernährt hatte und der die an sich schon hohe
Schuldenlast seines armen Landes aufs doppelte zu erhöhen verstand.
Kasimir brauchte Geld; und er konnte es nur noch von den kirchlichen
Institutionen gewinnen. Deshalb betrieb er schon seit 1520 auf ver-
steckte Weise die Säkularisation und ließ seit 1523 die Klostergüter in-
ventarisieren. Diese Politik verfolgte eine Grundlinie der fränkischen
Hohenzollern, nämlich die Emanzipation ihres Territoriums von der
geistlichen Obedienz der Bistümer Bamberg und Würzburg. Kirchenpolitik und Territorialpolitik fielen hier so unmittelbar zusammen wie
sonst wohl nirgends in Deutschland. Der Ausbau der Kirchenhoheit war
hier das Hauptmittel zum Aufbau der Landesherrschaft.

Die Zeitumstände seit 1520 waren diesen Bestrebungen günstig. Kasimir ließ sich die evangelische Bewegung gefallen; auch wenn er innerlich nichts mit ihr gemein hatte, so benutzte er sie doch, um die kirchlichen Institutionen zu schwächen. Er war deshalb auch gegen das Wormser Edikt, das die geistliche Macht zu fördern schien, und nahm an der
vermittelnden Politik des Nürnberger Reichsregimentes positiven Anteil. Aber er dachte nicht daran, der evangelischen Bewegung in seinem
Lande zum Siege zu verhelfen. In dem Ansbacher Landtagsabschied
vom 1. Oktober 1524 trugen beide Seiten ihre Glaubensüberzeugungen
vor, und der Markgraf behielt die endgültige Entscheidung in seiner
Hand. Nur sehr indirekt kann man daher den evangelischen ‚Ansbacher
Ratschlag' an den Anfang der kirchlichen Neuordnung in der Mark-
grafschaft stellen. Im Bauernkrieg hielt sich Kasimir anfänglich zurück.
Nachdem der Schwäbische Bund die Empörung niedergeschlagen hatte,
ging der Markgraf mit brutaler Gewalt gegen die Aufständischen vor.
Am wichtigsten aber war für ihn, die Wirren der Zeit zum weiteren
Ausbau seiner Kirchenhoheit zu verwenden. Er nahm das Pfarrbeset-

zungsrecht auch da in Anspruch, wo es sich nicht um landesherrliche Patronatsstellen handelte. Er dehnte den Amtseid, den die Pfarrer bisher nur in den landesherrlichen Patronatsstellen hatten leisten müssen, auf die gesamte Pfarrerschaft des Territoriums aus und entzog sie dadurch der bischöflichen Obedienz. Er hob die Steuerprivilegien der Geistlichkeit auf und unterstellte sie den bürgerlichen Gerichten. Auch in den städtischen Abgaben und Diensten verschwand der Unterschied zwischen Priestern und Laien. Der Zehnte vom Pfründeneinkommen ging nicht mehr in die Hände der kirchlichen Obern, sondern floß in die landesherrlichen Kassen. Die Landeskirche hatte ihre rechtliche Einheit gewonnen.

Aber sie sollte nach dem Willen des Landesherrn keine religiöse Einheit | darstellen. Wir stoßen im Franken Markgraf Kasimirs auf ein landesherrliches Kirchenregiment ohne konfessionelle Bindung. Die Führer der evangelischen Bewegung im Lande, Kanzler Vogler und Pfarrer Rurer in Ansbach, wollten die Haltung des Landesfürsten gern zugunsten ihrer Sache umdeuten. Der aber entzog sich solchen Versuchen. Wenn er vom reinen Worte Gottes sprach, so war das in seinem Munde eine inhaltsleere religiöse Phrase. Er benutzte die evangelische Predigt zur Förderung des Untertanengehorsams, aber er verbot jede konfessionelle Polemik. Auf dem Ansbacher Landtag vom Oktober 1526 führte er eine Kultusordnung ein, die die mittelalterlichen Formen mit kleinen evangelischen Zutaten, besonders dem Laienkelch, verband. Hier griff die landesherrliche Kirchengewalt bis in die arcana des christlichen Glaubens ein. Die Führer der evangelischen Bewegung aber wurden entmachtet, Vogler ins Gefängnis gesteckt, Rurer vertrieben.

Dieser erste Versuch, unter Ausnützung der evangelischen Bewegung, aber zugleich unter ihrer Verwerfung, ein Landeskirchentum zu begründen, ist interessant, gerade weil er scheitern mußte. Er deckt nämlich die Motive der Staatsräson auf, die überall dahinterstanden. Er macht zugleich die Mängel der evangelischen Bewegung deutlich. Auch sie hatte mit jener Staatsräson paktiert und versucht, sie zur Erreichung ihrer Ziele zu benutzen. Man kam sich von beiden Seiten entgegen und war sich doch der grundsätzlichen Verschiedenheit mehr oder weniger deutlich bewußt. Das Streben nach Kirchenhoheit, wie es dann Kasimirs Bruder und Nachfolger Markgraf Georg der Fromme seit 1528 verwirklichte, hat erst durch die Befreiungstat Luthers die Erfolgsmöglichkeit gewonnen. Aber es ist nicht aus den religiösen Grundkräften der Reformation erwachsen, sondern hat sie sich dienstbar gemacht, ihnen dabei aber zugleich die Chance gegeben, sich in neuen kirchlichen Institutionen zu verwirklichen.

II.

Auch die Landgrafschaft *Hessen* verdankt ihre politische Existenz dem Kampf gegen den Mainzer Erzbischof. Freilich war die Entscheidung hier schon zu Anfang des 15. Jahrhunderts gefallen. Der revolutionäre Akt, in dem Landgraf Philipp dem Mainzer Stuhl 1528 in den Packschen Händeln durch den Vertrag von Hitzkirchen die kirchliche Unabhängigkeit der Landeskirche abzwang, bedeutete nur den *negativen* Abschluß lang dauernder Bemühungen.

Viel wichtiger aber ist die *positive* Entwicklung des hessischen Landes|kirchentums unter Landgraf Philipp. Es tritt dabei ein selbständiger Typus hervor, der sich von dem kursächsischen in wesentlichen Zügen unterscheidet. Schon der erste Schritt ist kennzeichnend: Unmittelbar nach Beendigung des Bauernkrieges, am 15. August 1525, bestellte Landgraf Philipp den Fuldaer Pfarrer Adam Krafft zu seinem Hofprediger und gab ihm den besonderen Auftrag, die Pfarreien seines Landes zu visitieren. Krafft war vorher Führer der evangelischen Bewegung im Südosten des Landes gewesen. In seiner neuen Funktion begegneten sich landesherrliche Kirchenhoheit und evangelische Bewegung zum Aufbau eines neuen Kirchenwesens. „Euer fürstl. Gnaden soll unser Papst und Kaiser sein", hatten schon 1523 die Bauern von Balhorn in Niederhessen erklärt, als sie vom Landgrafen einen evangelischen Pfarrer erbeten hatten.

Das ist das erste eigentümliche Kennzeichen der hessischen Reformation: Sie ist im Einvernehmen mit dem Volkswillen geschehen. Es hatte im Lande – im Unterschied zu Sachsen – keinen Bauernkrieg gegeben. Der Erneuerungswille der breiten Massen wurde vom Landgrafen ausschließlich auf die Kirchenreform gelenkt. Das zweite Kennzeichen besteht darin, daß sie in der Person Adam Kraffts einen hervorragenden *geistlichen* Leiter besaß. Während 1527 die Sequestration der Klöster ausschließlich durch weltliche Beamte erfolgte – in Kursachsen geschah sie erst vier Jahre später und unter Mitwirkung der Stände –, spielte bei der Visitation der Pfarreien und der Prüfung der Pfarrer der Hofprediger eine entscheidende Rolle. Seine weltlichen Begleiter hatten es nur mit Vermögensfragen zu tun. Damit war Krafft auch der entscheidende

Mann bei der Einsetzung der Pfarrer. Sie geschah im übrigen im Namen des Landesherrn. Der bediente sich also zur Wahrnehmung seiner Kirchenhoheit spezifisch kirchlicher Organe. Seit der Visitationsordnung von 1531 waren es 6 Superintendenten, die jährlich zu einer Synode zusammentraten und die allgemeinen kirchlichen Angelegenheiten regelten. Krafft wurde einer von ihnen, blieb aber der angesehenste. Das Verhältnis zum Landesherrn wurde nicht offiziell geregelt, gewohnheitsrechtlich aber lag die oberste Entscheidung in seiner Hand. Bemerkenswert ist dabei die Neigung der geistlichen Beamten, auch innerkirchliche theologische Entscheidungen, wie etwa die Einführung des Kirchenbannes, dem Landgrafen zu überlassen, und die Ablehnung dieses Verlangens durch den christlichen Fürsten. Er wollte den christlichen Bann als Ordnung der brüderlichen Liebe und nicht als Erziehungsmittel in der Hand des christlichen Polizeistaates. In dieser grundsätzlichen Haltung stimmte er ganz mit Luther überein. Die Freiheit in der christlichen Liebe, die Freiheit auch in der theo|logischen Begründung der öffentlichen Verkündigung – das ist die besondere Note, die dem hessischen Landeskirchentum im Unterschied zu dem sächsischen eigen ist. Die Superintendenturverfassung garantierte jene Freiheit und Mannigfaltigkeit der Lehre. Von einer *custodia primae tabulae* von seiten des Landesherrn konnte keine Rede sein. Erst als in dem viergeteilten Lande in den dogmatischen Kämpfen der siebziger und achtziger Jahre des Jahrhunderts auch die Einheit der Landeskirche zerbrach und die Superintendenturverfassung durch die Konsistorialverfassung ersetzt wurde, entwickelte sich ein landesherrlicher Episkopalismus, der vor allem in Kassel, aber auch in Darmstadt, im zeitgenössischen Protestantismus kaum seinesgleichen fand.

III.

Über das landesherrliche Kirchenregiment in *Kursachsen* hat Karl Holl die Meinung der Historiker bis heute bestimmt. Aus zwei Gründen muß sie überprüft werden: Holl hat die sächsische Entwicklung unter dem besonderen Gesichtspunkt dargestellt, ob und wie weit sie von Luther inauguriert war und dessen Billigung fand; die eigentümliche Verwirklichung des Unternehmens in den kursächsischen Gemeinden tritt darüber bei ihm zurück. Und zum zweiten hat er den Begriff des landesherrlichen Kirchenregimentes als eine fest in sich abgeschlossene Größe behandelt, die jeder Differenzierungsmöglichkeit entbehrt. Gerade um solche Differenzierungen ging es uns aber in unserem Zusammenhang.

Wir werden deshalb jetzt nicht die Begründungen vorführen, die Luther in seiner Vorrede zum Unterricht der Visitatoren für das Vorgehen des kurfürstlichen Notbischofs angibt, sondern ausgehen von dem offenbaren Widerspruch, der zwischen diesen Begründungen von 1528 und der kurfürstlichen Instruktion für die Visitatoren aus dem Jahre 1527 besteht und den Holl richtig bezeichnet hat. Hier betrachtet der Landesherr die Visitation als Ausfluß seiner Kirchenhoheit, nimmt die Visitatoren als seine Beamte in Anspruch und fordert ihnen nicht nur verwaltungsmäßige, sondern auch geistliche Entscheidungen ab. Für ihn ist, nach Holls schöner Formulierung, die Visitation Ausdruck landesväterlicher Fürsorge, für Luther stellt sie eine Selbsthilfe der Kirche dar. Daß die kurfürstliche Auffassung sich letztlich durchsetzte und Luthers Konzeption verdrängte, wird auf zwei Gründen beruhen: Einmal hat der Kurfürst tatsächlich und praktisch nichts ohne Luthers ausdrückliche Billigung verordnet. Und zum anderen benutzte | er zur Durchführung der von ihm angeordneten Maßnahmen die Universität, also eine innerhalb des Territoriums mit eigenem Recht ausgestattete Korporation, deren Mitglieder sowohl der Theologe Luther wie der Jurist Schürpff oder der Artist Melanchthon waren.

Diese Gründe bleiben zu Luthers Lebzeiten dauernd wirksam und verdecken die eigentliche Tendenz des Aufbaus der kursächsischen Landeskirche. Man muß nur einmal die Fülle gutachtlicher Äußerungen Luthers und Melanchthons auf sich wirken lassen, in denen sie kirchliche Ordnungsfragen entschieden. Sie antworteten darin auf Fragen, die ihnen entweder aus den Gemeinden oder von der landesherrlichen Kanzlei vorgelegt worden waren. Sie entschieden vorbehaltlich der Zustimmung des Landesherrn, aber sie entschieden; vor allem Johann Friedrich respektierte Luthers Autorität ohne Vorbehalt. Es ist die Autorität des Hauptes der theologischen Fakultät zu Wittenberg, die sich hier geltend machte. Auf dieser einmaligen Situation beruht die Besonderheit des landesherrlichen Kirchenregimentes in Kursachsen. Es wird ausgeübt durch die Fakultät Luthers im Namen des Kurfürsten. Auch die Gründung des Wittenberger Konsistoriums im Jahre 1539 ändert nichts an den tatsächlichen Verhältnissen, macht aber die latenten Spannungen noch deutlicher sichtbar. Auch hier sind die Mitglieder Professoren der Universität. Sie sollen unter Luthers Obergutachterschaft entscheiden. Es geht dabei zunächst nur um Fragen der Ehegerichtsbarkeit; die bisherige Visitationspraxis schien dadurch zunächst unberührt. Erst nach 1555 wird in Sachsen das Konsistorium als Organ des landesherrlichen Kirchenregimentes an die Stelle der bisherigen Visitationskommissionen treten. Als kollegiale Behörde, zusammengesetzt aus theologischen und juristischen Räten, hat es die von Melanchthon begründete custodia prioris tabulae der Territorialobrigkeit wahrgenommen.

IV.

In Luthers Altersjahre fällt – von ihm mit Kummer und Leidenschaft bekämpft – der Aufbau der Landeskirche im *albertinischen Sachsen* unter Herzog Heinrich und dann unter seinem Sohne Moritz, dem Schwiegersohn Philipps von Hessen. Der Aufbau erfolgte in engem Anschluß an das kursächsische Vorbild. Aber weil im Herzogtum Luthers Autorität je länger je weniger wirksam war, schälte sich die Linie ganz klar heraus, die wir an der kurfürstlichen Visitationsinstruktion vom 16. Juni 1527 zuerst festgestellt haben, die aber in Kursachsen später unter dem Einfluß der Wittenberger Theologen über|deckt worden war. Freilich war im albertinischen Sachsen die Macht der Stände größer als im Kurfürstentum, so daß die Rücksicht auf sie die stiftungsgemäße Verwendung der beschlagnahmten Kirchengüter verzögerte und die Ausbildung eines einheitlichen Pfarrerstandes erschwerte. Der wichtigste Unterschied gegenüber Kursachsen und Hessen bestand aber darin, daß im sächsischen Herzogtum der Aufbau der Landeskirche nicht durch eine evangelische Bewegung unterstützt und getragen wurde; was es davon in den Anfängen der zwanziger Jahre gegeben hatte, war inzwischen müde und einflußlos geworden. Unter den herzoglichen Räten gab es keinen überzeugten evangelischen Mann. Fürst Georg von Anhalt, den der Herzog als ,Verwalter des bischöflichen Amtes' zunächst nur für das Bistum Merseburg, tatsächlich aber für die gesamte Landeskirche bestellt hatte, war nur Platzhalter für den Landesfürsten, der sich selbst die bischöflichen Rechte anmaßte. Die Landeskirche im albertinischen Sachsen ist die erste, in der de facto die kirchliche Ordnung aus dem bischöflichen Recht des Landesherrn hervorgegangen ist.

Unser kurzer Vergleich ist abgeschlossen; wir greifen auf den Anfang zurück. Was Markgraf Kasimir von Brandenburg im Gegensatz gegen die lutherische Reformation nicht beschieden gewesen war: ein landesherrliches Kirchenregiment, das sich allein auf eine formale Kirchenhoheit gründete, das hatte Herzog Moritz von Sachsen erreicht im äußeren Anschluß an die Reformation, aber so, daß er sich inhaltlich nicht an deren Lehre band, vielmehr, was in seiner Kirche gelehrt und gehandelt werden sollte, von den politischen Notwendigkeiten des Tages abhängig machte.

Johannes Heckel hat richtig festgestellt, daß niemand im 16. Jahrhundert erschöpfend zu definieren gewußt habe, worin das landesherrliche Kirchenregiment bestehe. Wir wissen jetzt, warum das unmöglich war: weil nämlich die verschiedensten Formen dieses Kirchenregimentes von Anfang an nebeneinander standen und sich entwickelten. Wir haben die Darstellung dieser Entwicklung vorzeitig abgebrochen. Sie ist für die Zeit nach 1555 im einzelnen noch nicht genügend erforscht. Wir können nur sagen, daß sie in der kirchenrechtlichen Theorie des Kollegialismus ihren grundsätzlichen Abschluß gefunden hat. Die Kirchenhoheit ist – unabhängig von Person und Bekenntnis des Trägers der öffentlichen Gewalt – ein Stück der landesherrlichen Souveränität. In dieser Form und mit dieser Begründung hat das landesherrliche Kirchenregiment 300 Jahre lang dem deutschen Protestantismus sein Gepräge gegeben. |

Daß die evangelische Christenheit dabei mehr Verlust als Gewinn davongetragen hat, ist heute wohl unbestritten; die Rechnung kann hier nicht aufgemacht werden. Wohl aber seien einige Thesen gestattet über den Gewinn, den der moderne Staat, aufs Ganze seiner Entwicklung gesehen, aus der engen Verbindung mit seiner Landeskirche gezogen hat:

1. In einer Zeit, da der moderne Staat anfing, seinen Verwaltungs- und Beamtenapparat aufzubauen, ist ihm eine einheitlich disziplinierte Pfarrerschaft zugefallen, die den Willen des Landesherrn bis ins letzte Dorf hinein verbreiten konnte.

2. Die unbeschränkte Rechtshoheit, die der Staat des Mittelalters vergeblich erstrebt hatte, ist ihm infolge der kirchlichen Reformation zugefallen. Indem die geistliche Gerichtsbarkeit verschwand, nahm die weltliche die sittlich-religiösen Ideen der Reformation in sich auf.

3. Der Staat ist auf diesem Wege eine sittlich-religiöse Erziehungsmacht geworden, die die breiten Massen der Bevölkerung einheitlich zusammenzufassen vermochte. Bürgergesinnung, Staatsgesinnung, nationales Bewußtsein zu wecken hat der Staat bis in die Anfänge des 20. Jahrhunderts hinein der Erziehungsarbeit seiner Landeskirche überlassen.

4. Gelehrtenschulen und schließlich auch Volksschulen stellt der Staat bis weit ins 19. Jahrhundert hinein unter die Obhut seiner Landeskirche;

auch die Universitätsverwaltung ist bis zur Humboldtschen Reform ein Stück der staatskirchlichen Ordnung. Aus der cura religionis erwächst die Kulturaufgabe des modernen Staates.

5. Mit ihren Kasten- und Armenordnungen bringt die Kirche der Reformation eine auf christliche Liebesgesinnung begründete soziale Verantwortlichkeit in den modernen Staat ein. Ehe am Ende des 19. Jahrhunderts die aus dem Geiste Wicherns und Stöckers erwachsene Sozialgesetzgebung einsetzte, hat der Staat seine sozialen Pflichten durch seine landeskirchlichen Organe wahrgenommen.

An diesen kurzen Hinweisen wird deutlich, daß es von einem universalen geschichtlichen Standpunkt aus gesehen gar nicht darauf ankommt, was die Kirche auf ihrem Weg über das Landeskirchentum gewonnen oder verloren hat. Als Gewinn hat sie es auf jeden Fall zu verbuchen, daß sie in der jahrhundertelangen Verbindung mit dem Staate diesem geholfen hat, ein moderner Kulturstaat zu werden, der seine Aufgabe als eine sittlich-rechtliche Größe als Erziehungsmacht und als Hüter sozialer Gerechtigkeit erfüllte[1].

---

[1] *Literatur:*

Andersen, Das Wort Gottes.
Bornkamm, Kurfürst Moritz von Sachsen.
Bornkamm, Anfänge der sächs. Kirchenverfassung.
Elert, Morphologie, Bd. 1, S. 327 ff., besonders S. 329.
Heckel, Initia iuris.
Heckel, Cura religionis.
Heinemeyer, Landgraf Philipp.
Holl, Luther und das Kirchenregiment.
Ißleib, Moritz von Sachsen.
Krodel, Reformationsrecht.
Maurer, Reste des Kanonischen Rechtes.
Schornbaum, Markgraf Kasimir.
Sehling, Kirchengesetzgebung.
Simon, Vom Priestereid.
Sohm, Territorium und Reformation.

RESTE DES KANONISCHEN RECHTES
IM FRÜHPROTESTANTISMUS *

I.

In der ersten Hälfte des November 1529 sprach Luther in seiner Jesajavorlesung von den „Resten, aus denen das Gemeinwesen (politia) wiederhergestellt werden kann. So auch in der Christenheit (in ecclesiastica Republica), wo wir mit gewissen Resten aus der verwüsteten papistischen Christenheit die Kirche neu erbauen können"[1]. Es war die Zeit, nachdem die Visitationen vorläufig durchgeführt waren und die evangelischen Territorien sich anschickten, die neue kirchliche Ordnung vor Kaiser und Reich zu rechtfertigen. Es soll uns hier nicht die Frage beschäftigen, ob und wieweit in den Neubau evangelischen Kirchenwesens Bausteine aus dem mittelalterlichen Kirchenrecht eingefügt worden sind. Wir untersuchen hier nur, wieweit man darin verwertbare Reste überhaupt anerkannte. |

* Aus: ZRG Kan. Abt. 51, 1965 S. 190–253.

[1] WA 31.2, S. 485, 12ff. im Anschluß an Jes 58,2: Sepes et clavi reliqua significant reliquias, ex quibus potest restitui politia. Sicut in *ecclesiastica Republica*, ubi ex vastata Papistica, possimus ex aliquibus reliquiis iterum edificare ecclesiam. Ita Naamon Syrus post devastacionem restituit ex sepibus novam politiam. Ita et Joseph fecit. Von der respublica ecclesiastica hatte Luther schon 1519 – und zwar auch mit dem Seitenblick auf den Bereich der weltlichen Obrigkeit – gesprochen; und *Heckel* (Ges. Aufsätze, S. 31, Anm. 155) hat in dem Zitat die Quintessenz des lutherischen Verständnisses von Kirchenrecht gefunden. Genau lautet der Ausspruch (WA 2, S. 617, 1–5): Res publica quanto paucioribus legibus administratur, tanto foelicior est; at *ecclesiastica nostra, unica lege charitatis instituta*, ut esset una omniam foelicissima, quanto furore omnipotentis dei pro *una illa extincta* nubes, sylvas, maria legum sustinet, ut etiam titulos earum vix sufficias ediscere. – Schon hier wird deutlich, daß der ‚Rest‘ aus dem Kanonischen Recht qualitativ bestimmt ist, eben als lex charitatis. – Mit der respublica christiana meint Melanchthon in der Schrift gegen Rhadinus (1520/21) meistens die universale Christenheit (Melanchthon, StA 1, S. 108, 36 ff.; 139, 31; 144, 33 [vgl. Anm. 115]), gelegentlich auf die Papstkirche beschränkt (ebd. 85, 24), gelegentlich auch als geschichtliche Größe verstanden (ebd. 126, 28ff.). – Mit Jesaja 56 hatte Luther seine Vorlesung am 25. Oktober nach der Rückkehr aus Marburg wiederaufgenommen; am 15. November stand er bei WA 31. 2, S. 492, 8.

Solcher Anerkennung scheint die Verbrennung des Kanonischen Rechtes zu widersprechen, die Luther am 10. Dezember 1520 vor dem Elstertore vornahm. Es war, wie mit den Zeitgenossen bis heute jedermann anerkennen muß, eine revolutionäre Tat; die ganze Rechtsordnung, nicht nur der Kirche, sondern auch des Reiches, geriet ins Wanken. Aber man wird sich sehr genau die Begründung und die Stoßrichtung jener revolutionären Handlung vor Augen stellen müssen, wenn man den Umfang ihrer Wirkung richtig ermessen will. Es war ja keine unbedachte Tat, die Luther aus einer plötzlichen Zornesaufwallung begangen hätte. Schon eine Woche vorher, am 3. Dezember 1520, hatte Spalatin seinem Kurfürsten aus Wittenberg berichtet[2]: „Doctor Martinus hat decret und decretales zusammen verordnet, dieselben zu verbrennen, sobald er in glaublich erfarung kompt, das sie in Leyptzig sein bucher sich unterstanden zu verbrennen." Und schon fünf Monate früher, am 10. Juli 1520, ein Vierteljahr bevor Aleander in den Niederlanden und den Rheinlanden Luthers Schriften dem Scheiterhaufen übergab, hatte Luther Spalatin seinen inneren Bruch mit dem Papsttum mitgeteilt und angekündigt: „Ich werde das ganze päpstliche Recht, diesen Drachenpfuhl aller Ketzereien verdammen und öffentlich verbrennen."[3] Es handelte sich also nicht nur um eine Vergeltungsaktion des Wittenberger Professors, in der er dem Legaten mit gleicher Münze heimzahlte und „des Papstes und seiner Jünger Bücher verbrannte"[4] – an sich schon eine revolutionäre Tat ohnegleichen. Sondern es ging Luther um den theologischen Gehalt des Kanonischen Rechtes; ihn überprüfte er | anhand der Schrift. Und nur was vor einer solchen Kritik bestehen konnte, käme als brauchbares Element für den kirchlichen Neubau in Frage. Hat Luther einen solchen Rest anerkannt? Dann wäre auch seine Revolution wie so viele in der Geschichte nicht ohne die Anknüpfung an das bestehende Recht zustande gekommen.

---

[2] *Waltz*, Epistolae, S. 122.

[3] WAB 2, S. 310, 25 ff.

[4] Vgl. den Titel seiner vor dem 27. 12. 1520 herausgekommenen Rechtfertigungsschrift, WA 7, S. 161 ff. Außer ihr ziehen wir vor allem aus den Schriften des Jahres 1520 heran: Die Schrift gegen Alveld Von dem Papsttum zu Rom wider den hochberühmten Romanisten zu Leipzig, WA 6, S. 285 ff.; An den christlichen Adel deutscher Nation, ebd. S. 404 ff.; Adversus execrabilem Antichristi bullam, ebd. S. 595 ff.; dazu kommt vor allem aus dem Frühsommer 1519 die Resolutio Lutheriana super propositione XIII. de potestate Papae, WA 2, S. 180 ff. Auch in der Ende Oktober 1520 herausgekommenen Schrift Adversus execrabilem Antichristi bullam hat Luther die Handlung vor dem Elstertor schon angekündigt: Vos damnamus et una cum Bulla ista omnibusque Decretalibus Satanae tradimus in interitum carnis; WA 6, S. 604, 35 f.

Achten wir zunächst auf Umfang und Inhalt des von Luther kritisierten Rechtsmaterials; es handelt sich dabei um eine ganz bestimmte Auswahl. Sie ergab sich aus der Kampfsituation, in die Luther seit der Leipziger Disputation durch Eck hineinmanövriert worden war. Es ging dabei um die räumliche, zeitliche und sachliche Begrenzung des päpstlichen Universalepiskopats[5]. Unter diesem Gesichtspunkt hat Luther seit 1519 das Kanonische Recht durchforscht und kritisiert. Zwar hat er es nach eigenem Geständnis ganz durchgesehen und verglichen[6]; aber ein genauer Überblick zeigt, daß seine Auswahl der Canones nur beschränkt und einseitig war und daß er zunächst anhand der Glosse[7] und der üblichen Kommentare von ihrem landläufigen Sinne ausging. Selbständige kanonistische Studien dürfen wir von ihm nicht erwarten.

Die Zahl der von Luther erläuterten Canones ist verhältnismäßig gering. In der Schrift gegen Eck von 1519 werden 8 aus dem Dekret, dazu 3 aus den Dekretalen aufgeführt. Von jenen werden 4 in der Rechtfertigung der Verbrennungsaktion von 1520 übernommen; sie entstammen alle den Distinktionen 19–22[8]. Die 3 Canones aus den Decretalen[9] finden sich alle in der Verteidigungsschrift von 1520 wieder[10]. Aber hier | ist, trotz des geringen zeitlichen Abstandes von der Verbrennungsaktion, die Zahl der behandelten Canones vermehrt. Aus dem Dekret sind 8 neue hinzugekommen, aus dem Dekretalen nur 4; davon eine aus dem Liber Sextus (I tit. 2 c. 1, wo Bonifacius VIII. erklärte, er habe ,omnia iura in scrinio pectoris sui') und eine aus den Clementinen (II tit. 11 c. 2). Das ist im ganzen ein geringer Teil eines riesengroßen Mate-

---

[5] Eine gewisse Begrenzung liegt schon vor in den im Mai 1518 engültig redigierten und im August 1518 ausgedruckten Resolutiones disputationum de indulgentiarum virtute (WA 1, S. 525 ff.). Hier zitiert er zustimmend Clem. V, tit. 9, c. 2, die Glosse dazu und, von dieser richtig herangezogen, dist 25, c. 4 gegen die Meinung, der Papst habe Macht über die Seelen im Fegefeuer. Hier wird das Kanonische Recht als Maßstab und Grenze der päpstlichen Machtbefugnis positiv gewürdigt: Ego audio Papam ut papam, id est ut in Canonibus loquitur et secundum canones loquitur . . .; WA, 1, S. 582, 21–23, ähnlich ebd. S. 599, 5 f.

[6] WA 2, S. 227, 16: nisi diligentissime omnia pervidissem et contulissem.

[7] Vgl. z. B. WA 2, S. 224, 13; WA 7, S. 165, 13.

[8] Dist. 19, c. 2 hatte Luther schon im November 1518 in den Acta Augustana gegen die Extravagante lib. V, tit. 9, c. 2 ausgespielt, in der Papst Clemens VI. 1343 den 50jährigen Jubelablaß begründet hatte (vgl. *Mirbt,* Quellen Nr. 385; WA 2, S. 10, 8 ff.; 20, 36 ff.; *Heckel,* Ges. Aufsätze, S. 23, Anm. 113).

[9] Vgl. WA 2, S. 212 ff.

[10] Die wichtigste davon (Decretal. Greg. lib. I, tit. 2, c. 3; WA 2, S. 19 f.) hatte Luther bereits im November 1518 in den Acta Augustana ganz im Stile der späteren Polemik exegesiert.

rials. Auf dieser schmalen Basis ruht Luthers flagrante Absage an das Kanonische Recht.

Fragt man nach dem leitenden Prinzip, nach dem Luther seine Auswahl getroffen hat, so erkennt man, daß es mit dem Hauptthema seines Streites mit Eck gegeben war: Luther greift alle Stellen heraus, die in der zeitgenössischen Kanonistik verwandt wurden, den universalen Herrschaftsanspruch des Papstes zu stützen. Hier gab ja schon *Gratian* einiges her: Das Übergewicht der geistlichen Gewalt über die weltliche, das Gelasius I. 494 festgestellt hatte[11] und das Luther mit Gratian in der Konstantinischen Schenkung bestätigt fand[12]; die oberste gesetzgeberische Gewalt des päpstlichen Stuhles[13], besonders die Eheverbote[14] und Fastengebote[15]. Unerträglich erschien es Luther, daß ein gottloser Papst die ganze Christenheit verführen könne, ohne einen Richter zu finden[16], daß also die römische Kirche über alle anderen richten dürfe, ohne selbst gerichtet werden zu können: Das ist nach Luther „der heubt artickell“, der das ganze Kanonische Recht durchzieht, in dem man dessen Inhalt zusammenfassen kann[17]. Und als „ein rechter Endchrist“, „ein gott auf erden“, erweist sich der Papst, wenn er sich „über Gottes Wort setzt“ und sich anmaßt, die Hl. Schrift nach seinem eigenen Willen zu deuten[18].

Schärfer kann die Kritik nicht sein, die Luther aufgrund der *Dekretalen* gegen das Papsttum erhebt. Hier blieb die unbegrenzte Gewalt, die der Papst über alles kirchliche Recht beanspruchte[19], die Fähigkeit, | Gelübde aufzuheben[20], die Vermischung geistlicher Herrschaftsansprüche mit dem weltlichen Regiment[21] der Hauptanstoß für Luthers Kritik.

---

[11] *Mirbt*, Quellen, Nr. 187.
[12] Er hat WA 7, S. 173, 1 ff. „die große unchristlich lugen“ nach dist. 96, c. 13 und 14 auf einen Papst Nikolaus zurückgeführt, obwohl die Palea von Gelasius spricht. Dist. 96, c. 10 wird von Luther nicht erwähnt.
[13] C. XXV, qu. 1, c. 1 und 16: WA 7, S. 170, 1 ff.; 171, 6 ff.
[14] Dist. 27, c. 8; dist. 28, c. 8 und 9; WA 7, S. 172, 6 ff.
[15] Dist. 4, c. 6; WA 7, S. 172, 1 ff.
[16] Dist. 40, c. 6; WA 7, S. 167, 1 ff.
[17] C. IX, qu. 3, c. 17; WA 7, S. 167, 13 ff., besonders 168, 1; 169, 12; vgl. *Heckel*, Ges. Aufsätze, S. 2; weitere Belege ebd., S. 24, Anm. 121 ff.
[18] Dist. 15, c. 2; dist. 19, c. 2 und 6; WA 7, S. 175, 5 ff., besonders 176, 1; 177, 8.
[19] Sexti Decretal. lib. I, tit. 2, c. 1; WA 7, S. 166, 5 ff.
[20] Lib. III, tit. 34, c. 1 und 5; WA 7, S. 174, 9 ff.
[21] Clementin. lib. II, tit. 11, c. 2; WA 7, S. 173, 7 ff.

Wir wundern uns, daß er sie nicht schärfer gegen die Dekretalen richtete, in denen als den jüngeren Canones der päpstliche Universalepiskopat mit allen seinen Konsequenzen – auch weltlicher Art – viel schroffer geltend gemacht wurde als im Dekret. Aber wir müssen feststellen: Luther urteilt hier nicht als Historiker, der die zeitgeschichtliche Bedingtheit der verschiedenen Rechtsquellen in Anschlag bringt. Er hat die kanonistische Systematik seiner Zeit vor Augen; er wendet sich gegen die papalistischen Theorien, die die Kurie zur Überwindung des spätmittelalterlichen Konziliarismus aufgebracht hatte. Er beruft sich schon 1518 Cajetan gegenüber auf Nikolaus de Tudeschis (als Erzbischof von Palermo Panormitanus genannt), der als Anhänger des Baseler Konzilspapstes Felix V. die Überordnung des allgemeinen Konzils über den Papst gelehrt, ja, jedem Gläubigen das Recht gegeben hatte, ihm in Glaubensfragen zu widersprechen; mit Gerson und den „Gersonisten" weiß sich Luther eines Sinnes[22]. Es ist keine Frage: Luthers Kritik am Kanonischen Recht als einem Machtinstrument der Kurie wurzelt in der Ideenwelt des spätmittelalterlichen Konziliarismus: hier ist er formal nicht originell, ebensowenig in der Anwendung des Antichristmotivs, das seiner Rechtskritik ja die radikale Schärfe gab.

Auch darin kann methodisch nichts Neues gefunden werden, daß Luther verschiedene Canones gegeneinander auszuspielen trachtete; stand doch dahinter immer die These, daß das Kanonische Recht ursprünglich und nachweisbar eine Einheit gewesen sein müsse. Die Concordia discordantium canonum war seit Abaelard und Gratian ein allgemein anerkanntes Axiom; sie herzustellen war gerade die Methode, mit Hilfe deren die Kanonisten die kurialen Ansprüche als berechtigt nachgewiesen hatten. Und wenn Luther gelegentlich diese Anwendung des Prinzips bestritten hatte[23], so war es inkonsequent, wenn er sie selbst anwandte, um jene Ansprüche abzuweisen; es war methodisch dasselbe, ob man jene Einheit, wie die Papalisten es taten, vom Ziel der kirchenrechtlichen Entwicklung oder von ihren Ursprüngen aus begründete, | wie die Konziliaristen und Humanisten und mit ihnen Luther. So berief er sich etwa auf Isidor von Sevilla, dessen „erstaunliche Unwissenheit" in kirchlichen Rechtsfragen er nebenbei bescheinigte, um den römischen Universalepiskopat aus der Metropolitanatsverfassung

---

[22] WA 2, S. 10, 19 ff.; S. 8, 10 ff. – Zu Panormitanus vgl. *Nörr*, Kirche und Konzil, hier S. 45 ff. über das Recht des Papstes.
[23] [Vgl.] oben zu Anm. 8.

der Reichskirche zu widerlegen[24]. Wieweit sich aus dieser Vergleichs-
methode Ansätze einer historischen Kritik ergaben[25], steht noch zu erörtern.

Das Neue in Luthers Kritik an der mittelalterlichen Kanonistik ist jedenfalls nicht hier zu suchen, sondern in seiner eigentümlichen theologischen Methode. Schon in den Acta Augustana hatte er betont, daß die
päpstlichen Canones nicht immer den reinen Schriftsinn wiedergäben
und daher oft theologisch anders interpretiert werden müßten, als es den
Juristen naheliege. Das Nebeneinander von theologischer und juristischer Methode hatte er damals noch grundsätzlich für möglich gehalten,
wenn er auch die „kurialen Schmeichler" rücksichtslos bekämpfte, die
den Papst nicht nur über das Generalkonzil, sondern auch über die
Schrift erheben wollten[26]. 1519 sah er den Gegensatz noch schärfer und
beklagte es, daß die kurialen Juristen ohne Hinzuziehung von Theologen und ohne Berücksichtigung der Hl. Schrift ihre Gesetzestexte her-
stellten[27]. Und 1520 in der Schrift an den Adel wollte er das Kanonische Recht ganz von den Universitäten ausgeschlossen sehen; es lohne
sich nicht, es zu stu|dieren, weil es keine wissenschaftliche Grundlage
mehr habe, sondern bloß „in des bapst und seiner schmeychler mutwil"
stehe; es solle keinen Doctor Decretorum mehr geben[28].

Der Widerspruch, der hier laut wird, richtet sich nicht gegen den Inhalt des Kanonischen Rechtes, sondern gegen die scholastische Methode

---

[24] Dist. 21, c. 1; vgl. dist. 99, c. 1; WA 2, S. 200, 7 ff. Dest. 99, c. 1–5 wird auch
S. 202, 18 ff. gegen den Papalismus geltend gemacht.

[25] Belege bei *Heckel*, Ges. Aufsätze S. 24 f.

[26] Ich gebe die ungemein bezeichnende Stelle wörtlich wieder (WA 2, S. 22,
6–21): Sat igitur sit pro hac vice ostendisse, *non* in omnibus decretis pontificum haberi verum legitimum *sensum scripturae,* ideoque citra eorum iniuriam posse aliter dici,
teneri, sentiri, quam ipsi habent, siquidem ipsimet scripturae interpretandae auctoritatem doctoribus tribuunt, sibi vero iudicium descindendarum causarum. Deinde *alia* est
facultas *iuridica* quam *theologica*: multa permittuntur in illa quae in hac prohibentur.
Elevent *iuristae* suas traditiones, multo magis nos *theologi* puritatem scripturae serve-
mus, eoque magis, quo videmus nostro saeculo surgere nocentissimos adulatores, qui
Summum pontificem ultra Concilia elevant, scilicet ut uno Concilio per alterum repro-
bato nullum nobis certum relinquatur, tandem omnia simul conculcet unus homo Papa,
idem super Concilium et infra, supra, dum potest damnare, infra, dum accipit a concilio auctoritatem tanquam a maiori, qua fiat supra concilium. Sunt quoque, qui Papam non posse errare et *supra scripturam* esse impudentissime iactitent. Quae monstra
si admissa fuerint, scriptura periit, sequenter et Ecclesia, et nihil reliquum erit nisi verbum hominis in Ecclesia.

[27] WA 2, S. 205, 1 ff.; über die Schriftauslegung der „Notarii rhomani" auch ebd.
S. 212, 7 ff.

[28] WA 6, S. 459, 2 ff.

überhaupt, wie sie sowohl in der Theologie wie in der Jurisprudenz geübt wurde[29]; die Scholastik der letzten 300 Jahre wird dadurch ausdrücklich angegriffen. Luthers theologische Methode, mit der er kritisch
an das Kanonische Recht herangeht, ist die exegetische. Er prüft die
Canones auf die Stichhaltigkeit ihres eigenen Schriftbeweises hin und
muß immer wieder feststellen, daß die von ihnen herangezogenen Bibelstellen die ihnen zugeschobene Beweislast nicht zu tragen vermögen[30]. Oder aber – und das kommt häufiger vor – Luther weist nach,
daß die kanonischen Forderungen dem Gesamtsinn, und d. h. dem
Heilssinn der Schrift widersprechen, daß sie also Menschenwort über
Gottes Wort aufrichten[31]. Nur der Dienst des Wortes kann in der Kirche einen Vorrang beanspruchen[32]. In letzter Instanz ist es nicht der
spätmittelalterliche Konziliarismus, sondern das inhaltlich gefüllte reformatorische Schriftprinzip, das Luthers Bruch mit dem Kanonischen
Recht veranlaßt hat. Der Protest gegen den römischen Universalepiskopat ist letztlich nicht rechtlich, sondern religiös begründet: Es geht dabei
um die Freiheit Gottes, sein Heil ohne menschliche Vermittlung an den
Menschen zu verwirklichen. Der Anspruch des göttlichen Wortes kann
durch menschliches Recht weder begrenzt noch reguliert werden. Insofern gibt Luthers revolutionärer Bruch mit dem Kanonischen Recht ein
gesamtprotestantisches Anliegen wieder. Er enthält zugleich – positiv
verstanden – die Norm, der jedes evangelische Kirchenrecht sich unterwerfen muß.

Unsere Frage, ob es unter diesen Voraussetzungen noch einen theologisch legitimen Restbestand des Kanonischen Rechtes im Frühprotestantismus geben konnte, muß von der Voraussetzung ausgehen, daß trotz je-
nes revolutionären Bruches eine geschichtliche Kontinuität geblieben | sein
muß. Wir haben betont, daß Luthers Interpretation des mittelalterlichen
Rechtes die Anwendung historischer Methoden noch weithin vermissen
ließ. Das braucht aber nicht auszuschließen, daß Ansätze zu einer historischen Betrachtung der kirchlichen Rechtsentwicklung vorhanden waren.

---

[29] Libri illi infiniti tam Jurium quam Theologiae, WA 5, S. 259, 21; studium Magi-
stri Sententiarium et Gratiani, ebd. S. 281, 4 ff.; *Heckel*, Ges. Aufsätze, S. 25.
[30] Z. B. WA 2, S. 202, 19 ff.
[31] Ita vides per decretales extingui euangelium, per verbum hominis tolli verbum
dei; et hoc monstrum adoramus Christiani pro verbo dei; WA 2, S. 217, 38 ff.
[32] WA 2, S. 223, 34.

Sie sind schon dadurch gegeben, daß Luther in seiner gegen Eck gerichteten These ja behauptet hatte, die kirchenrechtliche Entwicklung
zerfalle mit dem Jahr 1100 in zwei ungleiche Teile; nur in den letzten
400 Jahren habe sich der papalistische Anspruch durchzusetzen vermocht, er werde aber durch die Geschichte der ursprünglichen Kirche –
diese zeitlich ganz weit gefaßt – widerlegt[33]. Dabei war sich Luther wohl
bewußt, daß eine genaue Scheidung zwischen den beiden Zeitabschnit-
ten unmöglich sei; hatte er doch selbst kurialistische Tendenzen in solchen Canones des Dekrets nachgewiesen, die aus der Wende zwischen
kirchlichem Altertum und frühem Mittelalter stammten. Er wollte zuge-
gebenermaßen mit seiner Zeitangabe nur einer Finte seines Disputations-
gegners zuvorkommen[34].

Dennoch steht hinter jener Zeiteinteilung ein Geschichtsbewußtsein,
das sich auch bei Konziliaristen und Humanisten findet und das den
kirchlichen Abfall rechtlich eigentlich erst beim Übergang vom Früh-
mittelalter zum Hochmittelalter ansetzte, in den Kirchenvätern aber noch
Vertreter einer relativ unverfälschten theologischen und kirchenrechtlichen Tradition anerkannte. Luther trägt diesem Bewußtsein Rechnung,
wenn er den Wunsch vorträgt, man hätte die päpstlichen Dekretalen seit
Gregor IX. nicht in Rechtssammlungen autorisieren und verbindlich
machen, sondern sie wie die brieflichen Entscheidungen der Kirchenväter und Bernhards der freien Benutzung eines jeden Ratsuchenden zur
Verfügung stellen sollen[35]; die Kirchenväter von Cyprian an spielen
daher als Kronzeugen für Luthers Ablehnung des papalistischen Kirchenrechtes eine bestimmende Rolle. Den päpstlichen Gesetzgebern im
Dekretalenbuch, besonders Gregor IX., wirft er vor, sie hätten der Kirche
mit einem Übermaß von Satzungen eine schwere Last auferlegt und seien
somit an der Verrechtlichung der abendländischen Christenheit schuld[36].

Für das Dekret Gratians bedeutet diese Einstellung zur Kirchengeschichte eine gewisse Aufwertung. Die Kritik an einzelnen seiner
Cano|nes kann ein positives Urteil über das Ganze nicht völlig überdek-
ken. Wenn Luther daher im Frühling 1520 in der Schrift gegen Alveld
zwischen geistlicher und räumlich begrenzter Christenheit – diese als
kultische Gemeinschaft verstanden – unterscheidet, so spricht er ihr als
äußere Zeichen nicht nur wie später immer Taufe, Sakrament und
Evangelium zu, sondern erkennt auch „das geystlich recht und men-

---

[33] Ebd. S. 185, 8 ff.   [34] Ebd. S. 227, 12 ff., 17 ff.
[35] Ebd. S. 227, 4 ff., 28 ff.   [36] Ebd. S. 226, 3 ff., 18 ff.

schen gesetz" in ihrer Mitte an: „Diße Christenheit wirt durchs geistlich recht und prelaten in der Christenheit regiert."[37]

Als Luther ein paar Wochen später in der Schrift An den christlichen Adel es für wünschenswert erklärte, daß „das geystlich recht von dem ersten buchstaben biß an den letzten wurd zugrund außgetilget", machte er zwei Einschränkungen, die wir wohl aufeinander beziehen können. Er fügte jener harten Forderung hinzu: „sonderlich die decretalen", nahm also das Dekret in gewisser Weise davon aus. Und diese Rücksicht mag auch dahinterstehen, wenn er noch einmal einsetzt: „Und ob schon *viel gutes drynnen* weere, solt es dennoch billich untergehen", eben weil der Papst es mißbräuchlich benutzt[38]. Das stimmt mit der abschließenden Erklärung Luthers genau überein, in der er rechtfertigte, „warum des Papstes und seiner Jünger Bücher verbrannt sind": „Und ob etwas guttis drynnen were, *wie dann ich von dem Decret muss bekennen,* ßo ists doch alles dahyn getzogen, das es schaden thun soll und den Bapst sterken in seynem Endchristischem regiment."[39] |

Die revolutionäre Verbrennungsaktion vor dem Elstertore ließ in Luthers Augen durchaus die Möglichkeit offen, in dem Kanonischen Recht „Reste" festzustellen, die für den Neuaufbau eines evangelischen Kirchenwesens verwendbar waren.

---

[37] WA 6, S. 296, 16 ff., bes. 296, 35 ff.; 297, 10 ff.; 301, 3 ff.

[38] WA 6, S. 459, 1 ff., 6 ff.

[39] WA 7, S. 180, 14 ff. – *Heckel,* Ges. Aufsätze S. 1 meint unter Hervorhebung des zitierten Konzessivsatzes, Luther habe es in seiner Rechtfertigungsschrift „ganz besonders auf das Decretum Grantiani abgesehen", stellt aber zugleich heraus, Luther habe – zu Unrecht – „in Gratian den Schrittmacher oder sogar Anhänger des voll ausgebildeten mittelalterlichen Papalsystems" erblickt. Obwohl niemand so deutlich wie *Heckel* den Unterschied zwischen Luthers Rechtslehre und dem Kanonischen Recht herausgearbeitet hat, kann *Heckel* auf der anderen Seite sagen (ebd., S. 136), Luthers Ansichten über Kirche und Kirchenordnungen seien, obwohl nicht im Kanonischen Recht wurzelnd, ja im Widerspruch mit ihm gebildet, eben doch aus ihm ‚herausgewachsen', und hätten sich „nach ihrer historischen wie juristischen Seite in steter Auseinandersetzung mit ihm gefestigt". Nach ihm spinnt sich von Luther zum Kanonischen Recht „nur noch ein dünner Faden" (ebd., S. 199). Er soll innerhalb der Literatur der Zeit in diesem Aufsatz sichtbar gemacht werden. Rechtsdogmatisch und theologisch tut das *Heckel* in beispielhafter Weise, wenn er etwa die evangelische Kirchenzucht aus der Auseinandersetzung mit der kanonischen Lehre vom Bußsakrament sich entwickeln läßt und dabei aufzeigt, wie sich der Kern der Bußlehre veränderte; ebd., S. 207 ff., 221 ff.

II.

Wir verstehen freilich die Bemühungen, die der Frühprotestantismus auf die rechtliche Ordnung des kirchlichen Lebens gesetzt und die Verwendung, die das Kanonische Recht dabei gefunden hat, nicht richtig, wenn wir nur auf die revolutionäre Handlung Luthers vom 10. Dezember 1520 schauen. Ihr geht eine Umdeutung des Kirchenrechtes voraus, die der Humanismus vorgenommen hat, die in ihren Nachwirkungen die der revolutionären Handlung vom 10. Dez. 1520 am Elstertore weit übertrifft und die sich nicht nur im Protestantismus, sondern auch in der Kirche der Gegenreformation geltend gemacht hat. Wir stellen diese Umdeutung des Kanonischen Rechtes am Beispiel des *Erasmus* dar. Wir müssen dabei die Frage offenlassen, ob dieser auf Luthers Anschauung vom Kirchenrecht eingewirkt hat, etwa durch die Annotationen zum Neuen Testament, die Luther in seiner Römerbriefvorlesung von Kap. 9 an benutzte. So hat er im Scholion zu Röm. 14,1 im Blick auf das Kirchenrecht die Freiheit in der Liebe gefordert, ganz im Sinne des Erasmus gegen das Übermaß jüdischen Zeremonienwesens in der Kirche protestiert und um der Liebe willen eine Reinigung und Änderung des Kanonischen Rechtes für nützlich gehalten[40]. Freilich ist Luthers Liebesgedanke stärker als der des Erasmus am Heil orientiert; die lex charitatis ist ausgerichtet auf den Glauben.

Erasmus hat sich allezeit gegen den Vorwurf verwahrt, einen revolutionären Umbruch in der Rechtsentwicklung der abendländischen Christenheit herbeiführen zu wollen. In seinem programmatischen „Enchiridion militis Christiani" vom Jahre 1501[41], in dem er die Grundlinien seiner Philosophia Christiana erstmals auszog, und in den An|notationes zur Ausgabe des griechischen Neuen Testamentes (1516) hat er auch die Erneuerung des kirchlichen Rechtslebens in Betracht gezogen[42]. Es ist

---

[40] WA S. 56, 496 f.; 497, 12: Utile esset totum pene decretum purgare et mutare; vgl. *Heckel*, Ges. Aufsätze, S. 22 Anm. 107. Auch in der Annotatio zu Röm 14,1 geißelt Erasmus den jüdischen Aberglauben.

[41] Gedruckt 1503; nach verschiedenen Auflagen vor allem 1518 neu – mit einer ausführlichen Widmung an den Hugshofener Abt Paul Volz – ediert, seitdem eine weitreichende Wirkung erlangend.

[42] Wir beziehen uns im folgenden vor allem auf die an Paul Volz gerichtete Vorrede zum Enchiridion vom 14. 8. 1518 und auf die Ratio seu Methodus von 1519, beide zitiert nach Ausgewählte Werke (Erasmus, AW). Hinzukommen exegetische Bemerkungen und Exkurse zum NT, die in Cler. 6 nach der 5. Auflage der Annotationes von 1535 zitiert werden, die aber mit der Originalausgabe von 1516 verglichen worden sind. Dabei hat sich gezeigt, daß in der Erstauflage nur Ansätze zu kirchenrechtlichen Erwägungen vorliegen und daß sie in aller Breite erst in den späteren Auflagen von

bedeutsam, daß er erst in den späteren Auflagen seines Bibelwerkes auf das kirchenrechtliche Detail eingegangen ist, seine systematischen Grundsätze also praktisch entfaltet hat. Das geschah – ohne direkte persönliche Polemik – im Gegensatz gegen Luther. Durch Erneuerung der ursprünglichen Grundlagen des kirchlichen Rechtes, und d. h. durch Neuinterpretation der gültigen Rechtsquellen, versuchte Erasmus die Folgen der Revolution des Kirchenrechtes, die von Luther ausgegangen war, aufzufangen, diese Revolution zu neutralisieren. Daß er dabei einigen Erfolg gehabt hat, nicht nur bei seinen Schülern, die im reformatorischen Lager Stellung bezogen hatten, sondern bis zu einem gewissen Grade auch bei dem Reformator selbst, kann in folgendem nur an einigen Beispielen verdeutlicht werden.

Jedenfalls hat sich Erasmus von jeder tumultuarischen Auflehnung gegen das geltende Kirchenrecht ferngehalten. Nur disputative will er die Möglichkeiten einer Rechtserneuerung erörtern; auch wo er Mißbräuche schonungslos anprangert, will er das formal Gültige nicht zerstören. Er reißt nicht ein; er hebt vielmehr die Besonderheiten des gegenwärtigen Rechtszustandes hervor, indem er sie in den historischen Zusammenhang hineinstellt, in dem sie entstanden sind. Eine Besserung kann nicht durch Gewalt herbeigeführt werden; weder der Türke noch ein Tyrann kann die Kirche reformieren. Damit ist auch die Absage an Luther vollzogen[43]. |

Zwei Grundmotive für die Erneuerung des Kanonischen Rechtes treten bei Erasmus hervor; und beide sind in der Tat in diesem Recht schon angelegt, konnten aus ihm weiterentwickelt werden, sind also keineswegs revolutionärer Natur. Das eine ist das *ethische Motiv*; von ihm ist das Dekret von seinen berühmten Eingangssätzen (dem Dictum Gratiani am Anfang von dist. 1) an durchzogen und bestimmt. Das andere ist

---

1519 ab durchgeführt werden. Der Exkurs zu 1 Kor 7,39 erscheint zuerst in der Auflage von 1519 (Froben, Basel; Exemplar Stadtbibliothek Nürnberg). Ohne Rücksicht auf die Entstehungszeit behandelt das exegetische Material *Telle*, Erasme de Rotterdam. Hingewiesen werden muß schließlich auch auf Schriften, die Erasmus zur Verteidigung seiner Annotationes gegen Edward Lee, Natalis Beda, die Sorbonne, Albert Pius und die spanischen Mönche gerichtet hat; sie werden ohne genauere Differenzierung mit Cler. 9 zitiert.

[43] Cler. 6, Sp. 702 E, 695 F, 65 D; Cler. 9, Sp. 485 A/B, 1060 C, 1087 E. An den letzten 3 Stellen wird Luther namentlich genannt. Wieweit Erasmus in seinem Erneuerungsstreben positiv auf den spätmittelalterlichen Konziliarismus zurückgreift, muß hier offenbleiben. Die Pläne eines deutschen Nationalkonzils hat er begrüßt; einem allgemeinen Konzil steht er offenbar in einiger Distanz gegenüber, vgl. Cler. 6, Sp. 64 F. Auf Gersons Kritik am spätmittelalterlichen Kirchenrecht beruft er sich Cler. 9, Sp. 828 F.

das *historische* Motiv; es war von der mittelalterlichen Kanonistik einer so vielschichtigen, vielfach heterogenen Rechtsmasse gegenüber mannigfaltig angewandt worden. Unsere Frage muß also lauten: Wie hat Erasmus in der Bearbeitung des Kanonischen Rechtes den ethischen und den historischen Gesichtspunkt gelten lassen? Wenn er auch nicht Kanonist von Fach war, so hat er doch über das Kirchenrecht Äußerungen genug hinterlassen, so daß eine Antwort auf beide Fragen möglich wird.

Der ethische Gesichtspunkt steht voran. Inhalt der christlichen Philosophie ist für Erasmus die *Liebe*; die Kirche wirkt nicht durch Gewalt und Drohungen, sondern durch väterliche Liebe[44]. Die „Regel der christlichen Liebe"[45] ist allen gesetzlichen Vorschriften übergeordnet; die „himmlische Philosophie Christi" darf nicht durch menschliche Satzungen befleckt werden. Die Prälaten und Lehrer der Kirche, „viri pii ac docti"[46], sollen aus den evangelischen und apostolischen Schriften Lebensregeln ableiten, die so kurz, knapp und klar wie möglich das sanfte und leichte Joch Christi erkennbar machen. Angesichts der christlichen Freiheit wäre das eigentlich genug für ein Kirchenrecht; es müßte in seelsorgerlicher Anwendung anpassungs- und milderungsfähig sein. Die Kritik an dem gegenwärtig herrschenden Zustand[47] mit seiner tyrannischen Überheblichkeit, Ungerechtigkeit, Lieblosigkeit, seiner Ausbeutung, Sittenlosigkeit und jüdischen Gesetzlichkeit ergibt sich daraus von selbst. |

Guido Kisch[48] hat den Unterschied zwischen der aequitas-Lehre des Erasmus und der der mittelalterlichen Kanonistik scharf herausgestellt, das antike Erbe hervorgehoben und in jener Erasmischen Lehre den „Humanitätsgedanken als Ausdruck der freien Entfaltung des menschlichen Geistes" wiederfinden wollen. Und in der Tat, wo Erasmus den Begriff der *aequitas* auf das geltende kirchliche Recht anwendet, bezieht er sich auf die aequitas naturalis; mit ihr stimmen manche Konstitutionen des Römischen Stuhles nicht überein[49]. Erasmus bejaht den römisch-rechtlichen Grundsatz: Lex non est lex, nisi sit aequa[50]. Aber für seine christliche Philosophie verbindet sich das antike Erbe lückenlos

---

[44] Erasmus, AW S. 6, 27 ff.
[45] Erasmus AW S. 9, 23; Luthers Lehre von der Lex charitatis kann hier nicht entfaltet werden; vgl. *Heckels* gleichnamiges Buch und seine Ges. Aufsätze.
[46] Erasmus, AW S. 7, 5.
[47] Erasmus AW S. 7, 31 ff.
[48] *Kisch*, Erasmus, besonders S. 387 ff., hier S. 395. – Stärker gewürdigt wird der christliche Einschlag von *Astuti*, L'humanisme chrétien.
[49] Cler. 9, Sp. 572 D.
[50] Ebd. Sp. 487 C.

mit dem Element erbarmender Milde (misericordia et clementia), das
dem Kanonischen Recht eigen war; er überwindet die mittelalterlichen
Kanonisten insofern, als er ihr zentrales Anliegen radikal durchführt
und es dabei mit seinem neuen biblizistisch-theologischen Ansatz verbindet. Die Gesetze Christi bilden den *Inbegriff* aller aequitas; vor ihnen
verblassen nicht nur die menschlichen, sondern auch die natürlichen Gesetze[51]. Die naturrechtliche aequitas ist in der christlichen aufgegangen.
Alle menschlichen Gesetze sollen das Heil verwirklichen helfen, das
Christus gebracht hat[52]; es besteht in der Glückseligkeit, die Irdisches und Himmlisches umspannt und vorchristliche und christli-
che | Weisheit miteinander verbindet. Für den Christen, der das Liebes-
gebot kennt und befolgt, bedarf es keiner juristischen Subtilität; er
bringt – so ergibt es sich aus 1. Kor 6,5 – in brüderlicher Unmittelbarkeit das Verkehrte zurecht[53].

Aus dieser ethischen Bewertung des kirchlichen Rechtes ergibt sich
nun ein kritischer Maßstab zur Beurteilung seiner *geschichtlichen* Entwicklung. Das Kanonische Recht wird betrachtet unter dem Gesichtspunkt seines reinen Ursprungs und seines späteren Verfalls. Die Aufgabe
der Kanonistik lautet dann: Es muß das Ursprüngliche wiederhergestellt
und unter Beseitigung späterer Mißbräuche in gereinigter Form der Gegenwart nutzbar gemacht werden.

In den reinen *Ursprüngen* des Christentums sprach das Kirchenrecht
die einfachen Grundzüge christlicher Sittlichkeit aus[54]. Äußeres Zere-
monienwesen war verbannt; es herrschte die volle Unmittelbarkeit des
Geistes[55]. Die Übereinstimmung der Philosophie Christi mit den Anfor-

---

[51] Iam nemo poterit inficiari, leges Christi multo *aequissimas* esse longeque praecel-
lere, sive cum lege naturali, sive cum humanis legibus conferantur; Cler. 6, Sp. 695
C/D. Daß es sich bei der Überhöhung des Christusrechtes über das Naturrecht im
Grunde um dessen Wiederherstellung handelt, zeigt das Beispiel, an dem sie illustriert
wird: Christus hat die Virginität nicht gesetzlich gefordert. Der Protest gegen die Beschränkungen, die das Kanonische Recht dem spurius auferlegt, rühren an die Tragö-
die, die mit der Herkunft des Erasmus verbunden sind. Viel stärker ist bei Hostiensis
das Naturrecht auf das Seelenheil ausgerichtet; vgl. *Lefebvre*, Aequitas; ders., La
notion d'équité, über den doppelten Aequitas-Begriff des Lombarden.

[52] ... praesertim quum Christus salutis sit auctor, et humanae leges non aliter valere debeant, nisi quatenus ad salutem conducunt hominum; Cler. 6, Sp. 696 A.

[53] Cler. 6, Sp. 682, Anm. 12.

[54] Cler. 6, Sp. 680, Anm. 17 zu 1Kor 5,11 ... quum Christianismus verus sit inno-
centia vitae.

[55] Cler. 6, Sp. 759, Anm. 10 zu 2Kor 3,6. – Was dieses Geistprinzip für den protestantischen Spiritualismus bis hin zu Rudolph Sohm bedeutet, kann hier nur angedeutet werden.

derungen, die die sittliche Natur des Menschen stellt, war offenkundig und allgemein anerkannt[56]. Dabei fehlte den apostolischen Gemeinden keineswegs ein Kirchenrecht. Es gab Streitfälle in ihrer Mitte: Schiedsrichter waren nicht ohne weiteres die Priester, sondern der ‚coetus Christianorum hominum' wählte sie aus seiner eigenen Mitte. Es gab schwere Sünder wie den Blutschänder in Korinth: In apostolischer Vollmacht verhängte Paulus den Bann über ihn, aber nicht allein urteilend, sondern communi Ecclesiae consensu[57]. In allen diesen Fällen setzte die Philosophia christiana Recht aus sich heraus, rein christliches Recht, das nicht mit menschlichem vermischt war[58]. |

Aber Erasmus ist überzeugt, daß dieser reine biblische Ursprung des Kanonischen Rechtes im Laufe der Geschichte nicht festgehalten werden konnte. Es erscheint ihm umgekehrt außerordentlich fraglich, das gegenwärtige Recht so auf das ursprüngliche zurückzuführen, daß es in allem den Gesetzen Christi entspreche. Erasmus wertet also den Abfall der Christenheit von ihren reinen Anfängen nicht als Schuld, sondern als eine geschichtliche Notwendigkeit; er hält die Rückkehr zum Ursprung, obwohl er ihn mit allen Mitteln erstrebt, im Grunde für eine Utopie. Die Zwangsläufigkeit des geschichtlichen Abfalls durchkreuzt bei ihm alle ethischen Erwägungen. Der Vorkämpfer des liberum arbitrium und der ethischen Freiheit des Individuums huldigt einem geschichtsphilosophischen Determinismus, der im Grunde alle Versuche, das Kanonische Recht zu erneuern, illusorisch machen mußte. In diesem Zwiespalt zwischen sittlichem Wollen und geschichtlicher Notwendigkeit tut sich der Abgrund auf, durch den Erasmus von der mittelalterlichen Kanonistik getrennt ist; hier erweist er sich als ein moderner Mensch.

Wenn man nur auf das Vordergründige schaut, gewahrt man wie eine Kulisse pädagogische Notwendigkeiten, mit deren Hilfe Erasmus jenen Abgrund verdeckt: Die Kirche sieht sich durch ihre pädagogische Verantwortung, durch eine Liebespflicht also, genötigt, sich den Verkehrt-

---

[56] Cler. 6, Sp. 63 D zu Mt 11,30: Nihil autem magis congruit cum hominis natura quam Christi philosophia, quae paene nihil aliud agit, quam ut naturam collapsam suae restituat innocentiae sinceritatique. (Mein Schüler E. W. Kohls macht mich darauf aufmerksam, daß „restitutio" bei Thomas ein Rechtsterminus ist; vgl. Summa Theologica II, II, 62, 5: „Per *restitutionem* fit reductio ad aequalitatem communitative iustitiae, quae consistit in rerum adaequatione.")

[57] Cler. 6, Sp. 681, Anm. 8 zu 1Kor 6,4; ebd., Sp. 678, Anm. 5 und *Allen* 3, Nr. 916, 78 ff. (Vorrede zu den Paraphrasen über die Korintherbriefe, am 5. Februar 1519 gerichtet an den Bischof von Lüttich, Eberhard v. d. Marck) zu 1Kor 5,4.

[58] Erasmus, AW S. 203, 30 ff.

heiten der Menschen laufend anzupassen, um durch rechtliche Maßnahmen den völligen Verfall aufzuhalten. Wenn man tiefer blickt, erkennt
man für diesen Abfall metaphysisch begründete Zwangsläufigkeiten, die
in der Weise eines Naturgesetzes ablaufen: „Der innerste Teil des Feuers
ist klarer als der höchste Bereich der Luftsphäre"[59] – so wird die Abweichung des Kirchenrechtes vom reinen biblischen Ursprung begründet. Wir befinden uns im Raume der areopagitischen Metaphysik und
ihrer neuplatonischen Kosmologie: Wie sich vom Empyreion her das reine göttliche Licht in immer tiefere, unreinere Sphären herablassen muß,
so die Wahrheit der christlichen Philosophie in immer schmutzigere
menschliche Bereiche. Und die Mittel, durch deren Hilfe sie immer noch
als Wahrheit erkannt und festgehalten werden kann, bietet das Kirchenrecht.

In einer Dreiteilung, die der areopagitisch gefärbten Soziologie des
Mittelalters entnommen ist, rechtfertigt Erasmus diese Funktion des
Kirchenrechts[60]. Um Christus herum als den unverrückbaren Mit-
tel‖punkt schwingen kreisförmig 3 Sphären. Zur innersten, reinsten gehören die, „die Christus am nächsten sind" und „deren Aufgabe es ist,
dem Lamme zu folgen, wohin es geht": „Priester, Bischöfe, Kardinäle,
Päpste." Sie geben das reine Licht dem nächsten Kreise weiter, den weltlichen Fürsten; und von ihnen empfängt es die Masse des Volkes, die
den dritten Kreis bildet. Es ist als kirchenrechtlicher, bildungsmäßiger,
religiöser zugleich ein geschichtlicher Vorgang, der sich hier abspielt;
Erasmus bezeichnet ihn als Akkommodation, mit dem Stichwort also,
das die theologische Aufklärung des 18. Jh.s wieder aufnahm, und beschreibt ihn folgendermaßen[61]:

Die Päpste, als Statthalter und unmittelbare Nachfolger Christi rein
von aller weltlichen Befleckung, sollen die Reinheit Christi in den zweiten Kreis hinüberfließen lassen. Seelsorgerliche Liebe verbietet es ihnen
daher, sich auf ihren Kreis zu beschränken; sie müssen sich in den zweiten, profanen Kreis hineinbegeben. Durch freundliches Entgegenkommen und Ablässe spornen sie die Trägen an, richten die Verzweifelten
auf und halten sie an, dem Zentrum sich zuzuwenden. Wenn sie sich
aber in Händel der Welt verstricken und Gesetze machen, die der

---

[59] Erasmus, AW S. 203, 29 f., vgl. 22 ff.
[60] Zum Folgenden vgl. die teilweise wörtlich übereinstimmenden Ausführungen im
Briefe an Volz, Erasmus, AW, S. 9, 28 ff. und in der Ratio seu methodus, ebd., S. 202,
1 ff.
[61] Erasmus, AW, S. 203, 10 ff.; vgl. auch 202, 7 ff.

menschlichen Eigensucht dienen, haben sie ihre Aufgabe verfehlt, das eigenste der christlichen Philosophie preisgegeben. Immerhin, geistliches Recht bleibt geistlich, auch wenn es mit weltlichen Dingen sich befaßt; es steht auch in seinen krassesten Ausprägungen Christus näher als das bürgerliche oder kaiserliche Recht.

Das Kanonische Recht ist also in allen seinen Canones geschichtliches Recht, in seiner relativen Notwendigkeit und seinen Mißbräuchen nur aus den geschichtlichen Umständen zu begreifen, die zu seiner ursprünglichen Entstehung und späterer Anwendung geführt haben. Während die mittelalterliche Kanonistik hinter den verschiedenen geschichtlichen Ausprägungen die unwidersprüchliche vorausgesetzte Einheit in der Concordia discordantium canonum gesucht und gefunden hatte, haftet der Blick des Erasmus gerade an den Besonderheiten; und indem er sie in ihrer geschichtlichen Jeweiligkeit begreift und rechtfertigt, relativiert er den ganzen Anspruch des Kanonischen Rechtes. Die Kanonistik wird Rechtsgeschichte; die ‚varietas temporum‘[62] wird hermeneutischer Schlüssel und gestaltendes Prinzip in einem. Die kirchenrechtlichen Gegebenheiten müssen unter Berücksichtigung der Zeitumstände, in | denen sie entstanden sind und in denen sie jeweils angewandt werden, der Verwirklichung christlichen Lebens in der Gegenwart angepaßt werden[63]. Dabei ist die Umdeutung der in der Schrift enthaltenen jüdischen Elemente dringendes Erfordernis; der Unterschied zwischen Christi Gesetz und dem mosaischen ist unüberbrückbar; wenn die christliche Kirche dieses heute noch festhalten will, gleicht sie dem Hund aus der Fabel Äsops, der nach dem Schatten schnappt und das Fleisch (die philosophia christiana) darüber verliert[64].

Den Unterschied zwischen altem, einmal notwendig gewesenem und dann überlebtem Kirchenrecht und dem neuen verfolgt Erasmus vom Neuen Testament an durch die kirchliche Rechtsgeschichte. Zum ersten Male war eine neue Lage gegeben durch die pfingstliche Ausgießung des Heiligen Geistes. Eine Reihe besonderer asketischer Gebote, die Jesus seinem speziellen Jüngerkreis gegeben hatte, wurde damit hinfällig,

---

[62] Erasmus, AW, S. 198, 33 ff., auch zum Folgenden.

[63] Dist. 29 fordert die Berücksichtigung der Umstände von Zeit, Ort und Personen aus allgemeinen Rechtsgründen auch für die Leges canonicae; Luther erkennt den Grundsatz als selbstverständlich und allgemein bekannt an: WA 1, S. 545, 19 ff.

[64] Cler. 9, Sp. 962 D. Innerhalb des NT wiederholt sich derselbe Gegensatz im Verhältnis Johannes des Täufers zu Jesus; Erasmus, AW, S. 199, 13 ff.

wie das Beispiel der apostolischen Gemeinden zeigt[65]. Aber der Entwer-
tungsvorgang ging weiter. Die Beschlüsse des Apostelkonzils, damals berechtigt, ja notwendig, sind heute völlig antiquiert; das zu leugnen wäre
ein Rückfall ins Judentum, es zuzugeben verletzt keineswegs die apostolische Würde[66]. Paulus riet der gläubigen Frau, die Ehe mit dem ungläubigen Mann festzuhalten; heute verbietet das die Kirche[67]. Und das
ist ein legitimer Vorgang. Immer wieder haben spätere Synoden die Entscheidungen früherer korrigiert. Denn immer hat die Kirche den Geist
ihres Bräutigams besessen; so hielt sie es für recht und billig, dem, was
ihr jeweils neu eröffnet wurde, in jeweiligen neuen Entscheidungen Ge-
setzeskraft zu verleihen. Daß es darüber zu Konflikten kam, ist kein
Zeichen dafür, daß der Geist die Kirche verlassen hätte[68]. |

Aus der positiven Beurteilung dieser geschichtlichen Wandlungen ergibt sich also eine positive Möglichkeit für die Kirche: Sie kann die bestehenden Canones allezeit neu interpretieren, ihren Geltungsbereich
erweitern oder einschränken, sie entgegenkommender oder strenger auslegen. Diese Vollmacht der Kirche ergibt sich aus ihrer Verfügungsgewalt über den Vollzug der Sakramente[69]. Der Verfall des ursprünglichen Rechtes hat also auch seine guten Seiten: Die Fülle menschlicher
Gesetze, unter deren Last die Freiheit des Gottesvolkes verlorenzuge-
hen drohte und die sich täglich vergrößert[70], kann reduziert, die Härte
des Druckes vermindert werden. Gewiß gilt der Satz: „Die Menge der
Gesetze beweist nicht die Reinheit des Christentums, sondern den Ruin
der Frömmigkeit."[71] Aber hier offenbart sich die reinigende Kraft, die
der Kanonistik gegeben ist. Sie besitzt das unbestreitbare Recht, „das,
was sie selbst bedachtsam und fromm (prudenter et religiose) festgesetzt
hat, um inzwischen wirksam gewordener Ursachen willen bedachtsam

---

[65] Gegen die Mönche, die jene Forderungen noch heute als verbindlich ansehen, erhebt Erasmus den Einwand: Alioque Christiani non essemus hodie, quos haec signa
constat non esse secuta; Erasmus, AW, S. 200, 15 f.

[66] Cler. 6, Sp. 696 B.   [67] Cler. 9, Sp. 961 f.

[68] Cler. 9, Sp. 961 D; Cler. 5, Sp. 642 B, 643 B. – Gratian selbst hält es für möglich, daß ein schon promulgiertes Kirchengesetz wieder außer Kraft gesetzt wird, quia
moribus utentium approbatum non est; Decr. Grat. dist. 4, c. 3; vgl. *Heckel*, Ges.
Aufsätze. S. 168, Anm. 268.

[69] Cler. 9, Sp. 962 A; vgl. Sp. 961 E/F mit 962 B/C.

[70] Cler. 6, Sp. 64. Luther begründet im Scholion zu Hebr 11,4 (WA 57.3, S. 230,
23 ff.) dieselbe Klage von der Glaubensgerechtigkeit aus: Traditio illa infinita huma-
norum decretalium, decretorum, statutorum etc., et sic obscurabit nobis solem purissi-
mae fidei.

[71] Cler. 9, Sp. 817 f.

und fromm zu verändern in das, was zur Zeit besser nützt"[72]. Und dabei hat sich das alte Recht nicht nur mit der altgewordenen Kirche überlebt[73]; seine Canones, längst vergessen und nicht mehr angewandt, können plötzlich und ungeahnt neue Bedeutung gewinnen. „Möchten doch Päpste und Bischöfe so viele alte Gesetze festhalten, die im Dekret und in den Dekretalen vorhanden sind"[74] – dieser Wunsch bezeugt, daß Erasmus vom Rückgriff auf das altkanonische Recht Möglichkeiten zu einer Erneuerung der Kanonistik und damit der Kirche erwartet. Die Zwangsläufigkeit der in der neuplatonischen Metaphysik begründeten Verfallsentwicklung ist durchbrochen. Der Glaube an die sittliche Kraft der von Gottes Geist geleiteten Kirche hat sich wieder durchgesetzt. Das gute alte Recht muß erweckt und neu geltend gemacht werden. Mit seiner Hilfe triumphiert die christliche Liebe über den rechtlichen Verfall. Geschichtswissenschaft und Ethik schließen wiederum ein verheißungsvolles Bündnis. |

So soll die Fülle kritischer Beobachtungen, die Erasmus im Blick auf die Vergangenheit anführt, doch nur dazu dienen, das gegenwärtige Recht zu heilen und in der Berührung mit dem kirchlichen Altertum zu erneuern. Früher durften Neophyten nicht Bischöfe werden[75] – es sollte auch heute nicht so sein. Früher hat man den Bann ganz selten und als Ausdruck seelsorgerlicher Liebe vollzogen; heute tut man das, um drei Silbergroschen einzutreiben[76]. Früher, als man die Buße noch öffentlich im Gottesdienst vollzog, hat man kanonische Strafen verhängt, die heute noch in den Canones aufgezählt werden; jetzt ist das Ablaßwesen daraus geworden[77]. Früher hat man den Dienern erlaubt, vom Evangelium zu leben; jetzt leitet man aus dieser Erlaubnis das üppige und erpresserische Pfründenwesen ab[78]. Früher war der Priesterzölibat nicht allgemein verpflichtend; jetzt – haben wir viele schlechte Priester, „und die veränderte Zeit rät, daß auch das Gesetz geändert werden möchte"[79]. Einstmals hatte eine christliche Minorität innerhalb des Heidentums gute Gründe, nicht zu heiraten; heute sollte man allen Christen, auch den Priestern, die Möglichkeit geben, keusch im Ehestande zu leben[80]. Früher hat die Kirche die jüdischen Speisevorschriften aufgeho-

---

[72] Cler. 9, Sp. 828 B.
[74] Cler. 9, Sp. 1183 A.
[76] Cler. 6, Sp. 757, Anm. 9 zu 2Kor 2,10.
[77] *Allen* 3, Nr 916, 110 ff.
[78] Ebd., Nr 916, 170 ff.
[80] Cler. 6, Sp. 685, Anm. 3 zu 1Kor 7,1.

[73] Cler. 9, Sp. 830.
[75] Cler. 6, Sp. 696 B.

[79] Cler. 9, Sp. 488 B/C.

ben; jetzt haben wir sie, uns selbst zur Schande, erneuert[81]. Früher hat man Fastenvorschriften zur Hebung der Frömmigkeit erlassen; jetzt sind sie zu einer Quelle des Lasters geworden[82]. Christus und seine Apostel sowie die Bischöfe des Altertums haben Pseudoapostel und Häresiarchen in ihrer Nähe geduldet und sie mit Worten zu überführen versucht; ein Mann wie Augustin hat bei den staatlichen Behörden für die Donatisten Straffreiheit erwirken wollen. Der heutige Bischof wählt drei Mönche aus, die das Urteil fällen. Was übrigbleibt, verrichtet der Henker, und ein Theologe beaufsichtigt den Hinrichtungsakt[83].

So gibt der Rückblick in die rechtliche Vergangenheit den Anstoß zur gegenwärtigen Erneuerung des Kirchenrechts. Es hängt vielleicht mit besonderen Lebenserfahrungen des Erasmus zusammen, daß er diese | Erneuerung an einem Punkte mit besonderer Zähigkeit erstrebt hat, in der Erleichterung der *Ehescheidung*. Hier schien ihm die Anwendung der christlichen Philosophie der Liebe auf das Kanonische Recht am dringlichsten geboten und durch die geschichtliche Entwicklung des Eherechts gerechtfertigt. Hier kann man deshalb auch seine Stellung zum gültigen Recht und seinen Reformwillen am deutlichsten erkennen.

Erasmus betrachtet die Entwicklung des Eherechts in der Christenheit als einen geschichtlichen Vorgang. Den Vätern der alten Kirche stand die Unauflösbarkeit der Ehe unumstößlich fest, wenn uns auch von ausnahmsweisen Konzessionen an die menschliche Schwachheit berichtet wird[84]. Obwohl die natürliche Billigkeit das gegenseitige Recht auf Scheidung fordert, hat Christus sie nur im Falle des Ehebruchs zugelassen; die Väter der alten Kirche sind ihm mit der Anerkennung dieser Ausnahme gefolgt[85]. Inzwischen hat die spätere Kirche auch andere Scheidungsgründe aufgestellt: Apostasie, Häresie, Klostereintritt nach der Abgabe des Eheversprechens und vor dem Vollzug der ehelichen Gemeinschaft; der Bruch mit dem ursprünglichen Eherecht ist unverkenn-

---

[81] Cler. 9, Sp. 473 A.   [82] Cler. 9, Sp. 486 C.

[83] Cler. 9, Sp. 464 C 580 f.

[84] Cler. 6, Sp. 692; Sp. 693 A – 964 C. – Die meisten der folgenden Zitate sind einem umfangreichen Traktat über die Ehescheidung entnommen, der Cler. 6, Sp. 692–703 nach der 5. Auflage der Annotationes wiedergegeben und seit der Auflage von 1519 lose an 1 Kor 7,39 angehängt ist. Ergänzend kommt hinzu die im Sept. 1526 ausgelieferte Christiani matrimonii institutio (Cler. 5, Sp. 615–724), die Erasmus am 15. Juli 1526 der unglücklichen Gemahlin Heinrichs VIII. von England, Katharina von Aragonien, widmete. Ihr Verfasser erweist sich freilich hier mehr als Moralist denn als Jurist. Die rechtlichen Aussagen stimmen mit denen des Traktates überein.

[85] Cler. 6, Sp. 97, Anm. 2 zu Mt 19,3.

bar[86]. Wenn die Kirche die Trennung von Tisch und Bett verfügt, vollzieht sie nach des Erasmus Meinung im Grunde ebenfalls die Scheidung; es geht ihm nicht um die Lockerung der rechtlichen Bindung, sondern um die rechtliche Aufhebung einer tatsächlich nicht mehr vorhandenen Ehe[87]. Die Kirche könnte sie nur dann verweigern, wenn sie im Laufe der Geschichte ihr Recht noch nie geändert hätte; hat sie es aber getan, was hindert sie daran, jetzt auch die Frage nach der Möglichkeit der Ehescheidung neu zu beantworten[88].

Nein, die Rücksicht auf die Schwachen, die in einer unglücklichen Ehe zugrunde gehen, und damit die Pflicht der Liebe erfordert dringend | eine Reform des kirchlichen Scheidungsrechts. Es wäre inkonsequent, über die einzige Konzession hinaus, die Jesus macht, neue Scheidungsgründe, die im Interesse der Kirche liegen, zuzulassen[89] und sich dem Anspruch der Menschlichkeit zu versagen[90]. Gewiß muß die Ehe im Normalfall unauflösbar bleiben; wo es aber das Heil der Seele erfordert, muß die Kirche die Auflösung der rechtlichen Bindung verfügen und das Eingehen einer neuen Ehe gestatten. Sie handelt damit zwar gegen den Buchstaben des neutestamentlichen Gesetzes, aber paßt es dem Geist der rettenden Liebe an[91].

Wir haben in diesen Ausführungen über die Ehescheidung ein vortreffliches Beispiel dafür, wie Erasmus die geschichtliche Wandelbarkeit des Kanonischen Rechtes als Argument dazu benutzt, um der christlichen Liebesforderung durch eine Änderung des gegenwärtig gültigen Gesetzes Genugtuung zu verschaffen. Wir dürfen seiner Versicherung glauben, es gehe ihm mit seinen Reformvorschlägen nur darum, leichtfertige Eheschließungen zu erschweren, wenn nicht zu verhindern[92]. Dabei bekämpft er die kanonistische Lehre, die auch Thomas vertrat und die den gegenseitigen Konsens der Ehepartner zum konstitutiven Element der Eheschließung macht. Er stellte sich wie Luther auf den römisch-rechtlichen Grundsatz, daß die Zustimmung der Eltern unerläßliche Voraussetzung für die Rechtsgültigkeit einer Ehe sei. Nur so schien

---

[86] Cler. 9, Sp. 963 A; vgl. Sp. 572 D.   [87] Cler. 9, Sp. 573 E, Sp. 975 C.
[88] Cler. 6, Sp. 98 F, 696 A; vgl. Cler. 9, Sp. 961 F.
[89] Vgl. zu Anm. 85.
[90] Cler. 6, Sp. 695 A. Cler. 9, Sp. 472 E/F: Equidem non damno constitutiones et morem Ecclesiae; sed mihi durum videtur matrimonium inter vix puberes insciis aut invitis parentibus per lenas, per vinum, per artes conciliatum, haberi pro matrimonio indissolubili.
[91] Aus der April 1520 hg. Responsio ad Notationes Eduardi Lei, Cler. 9, Sp. 138 E.   [92] Cler. 6, Sp. 703 C.

es ihm möglich, voreilig und leichtfertig abgeschlossene Ehebündnisse zu verhindern[93].

Daß Erasmus hier das ‚kaiserliche' Eherecht dem kirchlichen gegenüber bevorzugte, läßt die Frage entstehen, ob er überhaupt die sakramentale Eheauffassung des Kanonischen Rechtes teilte. Man wird die Frage verneinen müssen. Zwar erklärte er einmal beschwichtigend, man hebe den sakramentalen Charakter der Ehe doch nicht grundsätzlich auf, wenn man in wenigen, genau definierten Fällen die Ehescheidung gestatte. Aber er fügt sogleich hinzu, er habe jene sakramentale Eheauffassung bei den Kirchenvätern, wo immer sie auch über das Scheidungs|problem verhandelten, nirgends gefunden; für diese negative Behauptung bietet er einen solennen Väterbeweis an[94]. Schon 1520 hält er den auf Eph. 5,32 gestützten Schriftbeweis für widerlegt und findet den zu seiner Zeit gültigen Sakramentsbegriff erst bei den Nachfolgern des Lombarden wieder[95].

Um so verwunderlicher scheint es auf den ersten Blick, daß er dem Papst die Vollmacht zuschreibt, das Kanonische Eherecht zu ändern und von ihm die Anwendung dieser Vollmacht erwartet[96]. Und dennoch besteht zwischen jener Verwerfung der sakramentalen Eheauffassung und diesem Appell an den Papst ein Zusammenhang: Der sakramentale Charakter der Ehe macht sie so unauflösbar, daß auch der Papst nicht die verlangte Grundsatzänderung vornehmen könnte. Und umgekehrt: Jene oberste Entscheidungsvollmacht des Papstes war nur möglich gegenüber einem Recht, das aus menschlichen Entschlüssen hervorgegangen und daher manipulierbar war. Zudem hat Erasmus papalistischen Anwandlungen im Ernst keineswegs Vorschub leisten wollen: Er hat die päpstliche Unfehlbarkeit bestritten und sich gegen die Kurialisten gewandt, die die päpstliche Autorität ins Ungemessene erhöhten und die ganze Christenheit, ohne daß sie die Möglichkeit des Widerstandes besäße, dem Willen *eines* Menschen auslieferten; eine Art von Götzendienst wollte er in diesem Verfahren erkennen[97].

Aus dem allen wird ersichtlich, daß sich Erasmus eine gewisse Kenntnis des Kanonischen Rechts erworben hatte; der zeitgenössischen Kano-

---

[93] Cler. 6, Sp. 691, Anm. 36 zu 1Kor 7,36; ebd., Sp. 702 A, Cler. 5, Sp. 629 ff. Luthers Kampf um das Elternrecht bei der Eheschließung wird später von denselben Motiven bestimmt sein.

[94] Cler. 6, Sp. 98 D, Sp. 699 B–F. Cler. 5, Sp. 623 f.

[95] Gegen Lee, Cler. 9, Sp. 338 C–E.

[96] Cler. 6, Sp. 696 A.

[97] Cler. 6, Sp. 696 D/E, Sp. 785, Anm. 15 zu 2Kor 10,8; *Allen* 3, Nr. 916, 328 f.

nistik gegenüber bezog er selbständig Stellung. Die strengen Bestimmungen des Dekrets (Causa 32, qu. 7), die auch im Falle des Ehebruchs zwar die Aufhebung der ehelichen Gemeinschaft gestatteten, nicht aber die rechtliche Scheidung und Wiederverheiratung, lehnte Erasmus ab. Nicht alles, was im Dekret stünde, sei bindendes kirchliches Gesetz; die in der Quaestio zitierten „Meinungen" Augustins und Gregors werden widerlegt[98]. Wo aber eine päpstliche Entscheidung dem Geiste der christlichen Liebe entspricht – etwa in dem Verbot, daß ein Ehemann seine ehebrecherische Frau töten darf[99] –, da gilt sie unwiderruflich; wo sie aber aus „Aberglauben" hervorgegangen ist, muß sie abgelehnt | werden[100]. Die Beispiele geben ein Bild von der Unbefangenheit, mit der Erasmus Vätersentenzen des Dekrets von sittlichen und historischen Voraussetzungen aus kritisch würdigte.

Den Dekretalen gegenüber ist die Selbständigkeit noch größer. Wie die päpstlichen Entscheidungen sich im Armutsstreite häufig widersprachen, so geschah es auch im Eherecht; frühere Gesetze wurden durch spätere korrigiert[101]. So weist Erasmus u. a. auf den Widerspruch hin, der zwischen Dekretalen von Coelestin III. und Innozenz II. in der Frage besteht, ob jemand, der von einem Ungläubigen oder häretischen Ehepartner geschieden ist, eine neue Ehe schließen kann[102]. Am Ketzerrecht weist Erasmus darauf hin, daß die Dekretalen im Laufe der Zeit zu immer schärferen Strafmaßnahmen gegriffen haben; daß sie aber nie allgemeine Vorschriften aufstellen, sondern immer nur einzelne, namentlich genannte Ketzereien bekämpfen wollten. Sie verhängen Bücherverbrennungen, höchstens Enthauptungen, den Scheiterhaufen aber wollen sie nur gegen rückfällige Häretiker angewandt wissen. Die alte Kirche kannte keine Todesstrafe gegen Ketzer; sie zu vollziehen muß immer eine politische Entscheidung sein, darf niemals eine kirchliche werden. Erasmus lehnt die Todesstrafe nicht unbedingt ab, setzt sich aber für möglichste Milde ein[103].

Es fällt auf, daß Erasmus die Entscheidungen, die in den Sentenzen des Lombardus, namentlich im 4. Buche, über kirchliche Fragen gefällt werden, neben dem Corpus Juris Canonici als Quelle des Kirchenrechtes heranzieht. Im Blick auf das Eherecht werden die Distinktionen 31, 33,

---

[98] Cler. 9, Sp. 961 A/B.
[99] Causa 33, qu. 2, c. 5 u. 6; dazu *Allen* 3, Nr. 916, 200 f.
[100] Causa 33, qu. 4, c. 7; *Allen* 3, Nr. 916, 254 ff.
[101] Cler. 9, Sp. 961 C; Cler. 6, Sp. 696 D/E; hier auch das Folgende.
[102] Vgl. Decretal. Gregor. IX, lib. III, tit. 33, c. 1 mit ebd. IV, tit. 19, c. 7.
[103] Cler. 9, Sp. 1054–1060.

34 und 37 ausdrücklich angeführt; sie enthalten ja zum Teil dasselbe Traditionsgut wie das Dekret Gratians. Die Billigung, die Gratian der Vielehe der Patriarchen zuteil werden und die sich schon bei Origenes nachweisen ließ, gibt Erasmus Anlaß, auch für die gegenwärtige Ehegesetzgebung Erleichterungen zu fordern[104]. Wo aber Gratian in Anpassung an die Praxis seiner Zeit eine frühere Rechtslage verkennt (die der Gattin eines Ehebrechers eine zweite Ehe freigab), benutzt Erasmus seine geschichtliche Kenntnis, um für seine eigene Gegenwart eine Lockerung der eherechtlichen Bestimmungen zu propagieren[105]. In der kritischen Benutzung der Vätersentenzen weiß er sich dem Lombarden weit überlegen und versäumt nicht, ihm seine Irrtümer vorzuhalten.

Dieses Gefühl der Überlegenheit beseelt ihn auch den Kanonisten des Mittelalters gegenüber. Er zitiert Hostiensis (Henricus de Segusia, † 1270), Wilhelm Durantis (Durandus, † 1296), Johannes Andreae († 1348) und Panormitanus (Nikolaus de Tudeschis, † 1445), die besten Interpreten also der Dekretalen, Papalisten wie Andreae und Konziliaristen wie den von Luther so hoch geschätzten Panormitanus ohne Unterschied[106]. Erasmus nimmt diese Autoritäten z. T. für seine These über die Neuordnung des Scheidungsrechtes in Anspruch; Hostiensis z. B. hat es durchaus für möglich gehalten, geschiedenen Ehepartnern eines Häretikers den Eingang in eine neue Ehe zu gestatten[107]. Andererseits spielt er sie gegeneinander aus – so Andreae und Panormitanus in der Frage der eherechtlichen Auswirkung eines Klostereintritts – oder weist ihnen Fehldeutungen in bezug auf die Patristik nach[108]. Auch hier macht sich das neue, geschichtlich begründete Urteil, das auf der philologischen Interpretation der Kirchenväter fußt, vorteilhaft bemerkbar.

Aufs Ganze gesehen kann die selbständige Haltung, die Erasmus dem Kanonischen Recht gegenüber einnimmt, in ihren Folgen nicht überschätzt werden[109]. Sie stellt der – wie wir sahen, begrenzten – Revo-

---

[104] Cler. 9, Sp. 109 A zu IV dist. 33, c. 1, § 324.

[105] Cler. 6, Sp. 694 F ff. zu IV dist. 34, c. 5, § 334.

[106] Die eherechtlichen Schriften Andreaes bei *Schulte*, Canon. Recht, Bd. 2, S. 214–216; ebd. S. 128, Anm. 29 das Urteil des Hostiensis über den Papst: „tenet in terra locum Dei viventis".

[107] Cler. 6, Sp. 695 B.   [108] Cler. 6, Sp. 695 A, 696 B, 699 F.

[109] *Schulte*, Canon. Recht, Bd. 3.1, S. 678 will die kanonistische Bedeutung des Erasmus auf das Eherecht beschränkt wissen. Auf diesem Gebiete hat Erasmus aber nur aus einer allgemeinen, von ihm umfassend begründeten Konzeption die Konsequenzen gezogen. Auch bei der Neubelebung der Kanonistik, die seit der zweiten Hälfte des 16. Jh.s an den protestantischen Universitäten einsetzte, spielen die eherechtlichen Fragen eine Hauptrolle; vgl. außer *Heckel*, Ges. Aufsätze, auch *Liermann*, Das kanon. Recht.

lution das Prinzip der Evolution gegenüber und leitet eine Umwandlung ein, die der kanonistischen Wissenschaft in beiden Konfessionen neue Impulse gegeben hat. Und sie verleiht – das ist für unseren Zusammenhang wichtig – den Erasmusschülern im protestantischen Lager ein gutes Gewissen, das Kanonische Recht unbefangen für ihre Zwecke zu verwenden, das Corpus Juris Canonici gleichsam als Steinbruch zu benützen, aus dem sie Grund- und Ecksteine für den Neubau des Kirchenwesens gewinnen konnten. |

III.

Unter starkem Einfluß des Erasmus standen *Butzer* und die von ihm bestimmte Straßburger Reformation. Seit 1524 wird hier das Kanonische Recht zu Verteidigung der neuen Theologie und der kirchlichen Reformen benutzt, die der Rat unter dem Einfluß der Prädikanten durchgeführt hatte.

In einem „Kurtzen wahrhafftigen bericht" hatte Butzer im Oktober 1524 einen Angriff abzuwehren, den der Augustinerprovinzial Dr. Konrad Treger gegen die Anfänge der Straßburger Reformation gerichtet hatte. Butzer ging darin Tregers 100 Thesen der Reihe nach durch. Wo er sich auf das Dekret bezog, hatte sein altgläubiger Gegner fast immer die Veranlassung dazu gegeben. Ausgehend von der altkirchlichen Tradition und deren Übereinstimmung mit der Hl. Schrift hatte er den Vorkämpfern der neuen Theologie verwehren wollen, sich ihr Schriftverständnis von den Kirchenvätern bestätigen zu lassen. Butzer bekennt sich zur Schrift als der alleinigen göttlichen Autorität, die allem Menschenwort überlegen ist. Aber er läßt es sich nicht nehmen, frühere Konzilsbeschlüsse oder Väteraussagen, die er als schriftgemäß anerkennt, seinem Gegner vorzuhalten, um ihn für die biblische Wahrheit zu gewinnen. Und auf den Einwand hin, erst die Kirche habe den neutestamentlichen Kanon festgelegt, beruft er sich auf Gratian. Der hatte die konziliaren und patristischen Autoritäten an Hand des Gelasianum aufgezählt, also in einem Text, dessen früheste Bestandteile der neutestamentlichen Kanonsbildung um Jahrhunderte nachstanden und erst dem Anfang des 6. Jh.s entstammten. Das Dekret mußte also den geschichtlichen Nachweis liefern, daß der biblische Kanon die Grundlage und nicht die Folge der Vätertradition bildete[110]. Ja, es wurde direkt als Zeuge für

---

[110] Dist. 15, c. 3. – Butzers Kurzer wahrhaftiger Bericht ist mit einer lehrreichen Einleitung hg. von *Johannes Müller* in, *Bucer*, Bd. 2; vgl. hier S. 63 u. S. 95 f. Zur alleinigen Autorität der Schrift gegenüber den Konzilien vgl. auch S. 158 u. 160.

das protestantische Schriftprinzip in Anspruch genommen, band es doch
die gültige Auslegung des Alten Testamentes an das Verständnis der he-
bräischen, die des Neuen Testamentes an die Kenntnis der griechischen
Sprache[111], erfüllte also das Grundanliegen des biblischen Humanismus. Daß andererseits der Papst von niemandem, auch nicht der univer-
sitas fidelium, gerichtet werden könne, diesen für den Kurialismus
grund|legenden Kanon des Dekrets erwähnt Butzer nur mit Abscheu[112].
Das Werk Gratians ist also für ihn ein Waffenarsenal zur Verteidigung
der neuen Lehre geworden. Es hat dabei seine rechtlich verbindliche
Kraft verloren, enthält Zeugnisse der Vergangenheit wie andere altkirchliche Quellen auch.

Auch den politischen Instanzen gegenüber hat Butzer als Sprecher der
Straßburger Prädikanten diese Schutzwaffe zu handhaben gewußt. Am
13. Febr. 1525 verteidigte er dem Reichsregiment in Eßlingen gegenüber
die Priesterehe aus den „geistlichen und kaiserlichen" Rechten, nachdem
er vorher schon aus Konzilsbeschlüssen der Ostkirche denselben Nachweis geführt hatte[113]. Die Abschaffung der Stiftsmessen rechtfertigte er
vor seinem Stadtrat und vor der Eßlinger Instanz durch den nicht ganz
angebrachten Hinweis auf ein Dekretale Gregors des Großen, der den
Diakonen seiner Kirche den liturgischen Gesang verboten und ihren
Dienst auf Evangelienlesung, Predigt und Almosenspenden beschränkt
hatte; eine kanonische Grundlegung für das evangelische Predigtamt
wird man hier beim besten Willen nicht finden können[114]. Man sieht,
wie unentwickelt das historische Verständnis noch ist und wie abhängig
vom kirchenpolitischen Wunschdenken.

Melanchthon ist in seiner Ablehnung des Kanonischen Rechtes stärker
von Luther als von Erasmus beeinflußt. Entscheidend sind für ihn die Anregungen der Leipziger Disputation gewesen; in seinem Kampf gegen Eck,
den er im Winter 1519/20 zu führen hatte, hat er sie weiter verfolgt. Die
Irrtumslosigkeit der Päpste war ihm wohl schon vorher fragwürdig gewesen; daß Konzilien irren, also nicht in der Kraft des Heil. Geistes
verbindliche Glaubensartikel setzen können, hat er in Leipzig von

---

[111] Dist. 9, besonders c. 6; *Bucer*, Bd. 2, S. 100, 130 und 139.

[112] Dist. 40, c. 6; *Bucer*, Bd. 2, S. 144.

[113] *Bucer*, aaO., S. 154 (Synode von Gangra ca. 340, Trullanum II von 692) und
S. 443; hier Anm. 70. Hinweis auf Corpus iuris civilis c. I/III 19, *Herrmann*, Corpus
Juris Civilis, S. 29).

[114] *Bucer*, aaO., S. 452 und (in einem Schreiben Butzers an den Straßburger Rat
vom 8. 12. 1528) S. 543; dist. 92, c. 2.

Luther gelernt. Daß die Schrift der Prüfstein sei, an dem die Wahrheit und Rechtlichkeit jeder kirchlichen Entscheidung gemessen werden müsse, das hat er zuerst in dem Sendschreiben an den Breslauer Johann Hess vom Februar 1520 zusammengefaßt und in den Loci von 1521 bekräftigt[115]. |

Melanchthon betrachtet das päpstliche Recht als menschliches Recht; wenn er es an der Schrift prüft, bleiben kaum brauchbare Reste davon erhalten. Vor allem sind Glaubensentscheidungen, die es trifft, gottwidrig; sie widerstreiten grundsätzlich der Schrift (56,34–61,11). Melanchthon übernimmt dieses Urteil der Sache nach von Luther. Viel vollkommener als dieser handhabt er die historische Methode, die er von Erasmus gelernt hat. Indem er aus den von Gratian (dist. 16 c. 9 u. 10) aufgezählten konziliaren Autoritäten die wichtigsten herausgreift, weist er nach, worin sie irren und wie sie sich widersprechen. Offen häretisch ist das Ketzeredikt, das das Konzil von Verona 1184 erlassen hatte und das, von Gregor IX. in die Dekretalen (lib. V, tit. 7, c. 9) aufgenommen, noch aktuelle Gültigkeit besaß (59,15–18). Verwerflich sind vor allem diejenigen Konzilsentscheidungen, die unter dem Vorsitz der Päpste getroffen wurden (59,3–6,11), während ursprünglich die früheren Synoden den römischen Primatsanspruch abgelehnt hatten (60,20–22).

Offenbar wird Melanchthon von seiner historischen Betrachtungsweise zu viel radikaleren Ergebnissen geführt, als wir sie bei Erasmus festgestellt haben. Dieser hatte ja das Neue Testament in die geschichtliche Entwicklung einbezogen und der späteren Christenheit die Möglichkeit zugestanden, rechtliche Anordnungen der Apostel, ja Jesu selbst zu verändern oder gar abzuschaffen. Wenn man aber mit Luther und Melanchthon das geoffenbarte Gotteswort der menschlichen Rechtstradition entgegensetzte, mußte man dazu kommen, diese in den meisten Fällen zu verwerfen. So kann Melanchthon auch eine Tendenz zur Versittlichung in der Entwicklung des Kanonischen Rechtes nicht anerkennen; er betrachtet es schlechthin als unsittlich (61,12–17). Und wenn man die Zeremonialvorschriften im Lichte des Gotteswortes überprüft, bleiben nur Belanglosigkeiten (nugae) übrig. Man soll diese Restbestimmungen, soweit sie nicht als heilsnotwendige Forderungen geltend gemacht werden, also nicht den Glauben verdunkeln, ertragen, wie man eine unrechte Tyrannei erduldet (61,18–63,33).

---

[115] Melanchthon, StA 1, 49,37 – 52,26; StA 2.1, 55,34 – 65,39, im Nachtrag 159,29 – 161,10. Die Abkürzungen beziehen sich auf Band, Seite und Zeile der von *Stupperich* seit 1951 hg. Studienausgabe von Melanchthons Werken. Hinweise auf die Loci werden im folgenden nach Seite und Zeile [aus StA 2.1] im Text zitiert.

Zum Abschluß der Loci hat Melanchthon etwas mäßiger und positiver geurteilt. Wie die christliche Obrigkeit, so erkennt er auch Bischöfe an, verweist sie aber ausschließlich auf den Dienst der Wortverkündigung. Wenn sie den ausüben, sind sie zu respektieren wie Christus selbst. Wo sie mit Gesetzen, deren Erfüllung sie als heilsverbindlich erklären, die Gewissen verstricken, ist ihre Forderung abzulehnen. Wo sie ihren Auftrag überschreiten und den Gehorsam gegen äußere Gesetze fordern, soll man ihnen gehorchen, wie man sich der Gewalt von Tyrannen beugt. | Das Gewissen aber bleibt ihnen gegenüber frei. In bezug auf alles menschliche Recht hat die christliche Freiheit Regel und Maß im Glauben und in der Liebe und ist zugleich an beide gebunden. Dabei läßt Christus in bezug auf das bürgerliche Recht keine Erleichterung zu. Für das Kanonische Recht aber – Melanchthon nennt es das pharisäische –, das das Gewissen des einzelnen unmittelbar anspricht, gewährt Christus größere Freiheit. Hier sind Glauben und Liebe gerufen, sich persönlich zu entscheiden, und können bestimmen, welche Restbestände des Kanonischen Rechtes sie noch für sich als bindend anerkennen wollen (159,29–161,10)[116].

Welcher Maßstab dafür anwendbar ist, zeigt Melanchthon an einzelnen Beispielen aus der Entwicklung des Kanonischen Rechts (63,34–65,26). Das Nizänische Konzil hat, freilich ohne ausdrückliche Schriftbegründung, gewisse Bußregelungen getroffen. Innerhalb menschlicher Traditionen sind daraus Satisfaktionstheorien erwachsen, die anfangs vielleicht noch einen guten evangelischen Sinn haben mochten, späterhin aber für das Gewissen zu Fallstricken geworden sind. Ähnliches geschah mit der Beichte, die von den Päpsten zu grausamen Gewissensquälereien mißbraucht worden ist. Und was soll man erst sagen von dem Unterschied zwischen Laien einerseits, Klerikern und Mönchen andererseits, der die Christenheit zerreißt? Der Zölibatszwang, den Paulus ablehnte, bedeutet einen Teufelssieg in der Kirche zum Verderben vieler Tausender von Menschen. Und die Privatmessen sind zum Schacherhandel geworden und verdunkeln die Kraft des Sakraments bei Priestern und Laien.

So erscheint für Melanchthon wie für Erasmus die Geschichte des kirchlichen Rechts als ein zwangsläufig sich vollziehender Verfall. Aber der Lutherschüler versteht das Gesetz der Geschichte anders als sein humanistischer Lehrmeister. Die Verdunkelung der Wahrheit erscheint ihm nicht als metaphysische Notwendigkeit, wie sie sich für das neuplatoni-

---

[116] Vgl. meinen Aufsatz, Loci Melanchthons, S. 174 f.

sche Weltbild aus dem Übergang des Lichtes in die Finsternis ergab
(oben S. 158 f.). Der Bruch mit der Wahrheit ist die Schuld derer, die
den Fluß der Tradition nicht durch den Damm der Hl. Schrift regulier-
ten, seine Wasser nicht durch den Quell des Wortes Gottes reinigten. Zur
Erziehung der Menschen waren satisfaktorische Leistungen ein gutes
Mittel; aber sie dürften nicht die in der Schrift verheißene Gnade verdunkeln. Die Ehelosigkeit der Bischöfe sollte der Schicklichkeit Rechnung
tragen und hat Schande gebracht. Die Auswahl derer, die zur Mes-
se | zugelassen sind, konnte wohl deren Würde erhöhen; die Beschrän-
kung auf die Priestermesse verdarb ihre Frucht. Alle diese menschlichen
Traditionen hatten einen gutgemeinten Anfang, der sich aber ohne Gotteswort ins Gegenteil verkehrte (65,27–39).

Auch sonst lassen sich direkte Einflüsse des Erasmus auf Melanchthon
nicht verkennen. Wenn dieser (56,22–30) eine Beschränkung der Immunitätsprivilegien mit der Pflicht der Liebe begründet, führt er nur
Gedanken weiter, die Erasmus 1519 in seiner Vorrede zur Paraphrase
zu den Korintherbriefen über das Pfründenwesen ausgesprochen hatte[117]. Vor allem ist Melanchthons Abhängigkeit von dem großen Humanisten in der Frage der Ehescheidung erkennbar. Wir müssen dabei
bedenken, daß Erasmus seine Forderungen in der ersten Auflage der Annotationes und der Korintherbriefparaphrase noch nicht so umfassend
begründet hatte wie später, um das Maß der Übereinstimmung zu bestimmen. In seiner Vorlesung über das Matthäus-Evangelium, etwa im
März 1520, hat Melanchthon für den schuldlos geschiedenen Ehepartner
das Recht der Wiederverheiratung in Anspruch genommen und es für
eine ungerechte Forderung erklärt, einen unschuldigen Menschen ohne
Grund zum Zölibat zu verurteilen. Er hat dabei das kirchliche Eherecht
wie Erasmus als eine geschichtliche und darum veränderliche Gegebenheit angesprochen, unter ausdrücklicher Berufung auf ihn das geltende
päpstliche Eherecht verworfen und sich auf den Brauch der Priesterehe
in der Orientalischen Kirche berufen[118]. Und später, Anfang Juli 1521,
also etwa in der Zeit, da Melanchthon sein großes Kapitel über das Kanonische Recht für die Loci in die Druckerei gab, hat er den erasmischen
Standpunkt im Kolleg über 1. Kor. 7,11 wiederholt[119].

[117] *Allen* 3, Nr. 916, 170 ff. – Andere Beziehungen zu den Loci von 1521: Mißbräuche der kirchlichen Rechtsprechung, Nr. 916, 82 ff.; Ausartung des Bußwesens zu
Satisfaktionen und Ablaß, Nr. 916, 110 ff. Das harte Wort des Erasmus: Si pastores
vertuntur in lupos, quae spes gregi? (Nr. 916, 320 f.) gibt ganz die Stimmung wieder,
aus der heraus Melanchthon über das Kanonische Recht urteilt.
[118] Melanchthon, StA 4, 157, 8 ff.; 191, 20 ff.; 192, 4 ff.
[119] Melanchthon, StA 4, 45, 22 ff.

In derselben Zeit hat ein anderer Erasmusschüler, Justus *Jonas*, der als Erfurter Vertrauensmann des sächsischen Kurfürsten zugleich im Bannkreis der Wittenberger Reformation stand, eine radikale Stellung gegen das Kanonische Recht eingenommen. Er war am 6. 6. 1521 als Nachfolger Henning Goedes zum Propst des Wittenberger Allerheiligen-stiftes berufen worden und hätte nach den Universitätsstatuten zugleich über das Kanonische Recht Vorlesungen halten müssen. Er weigerte sich | indes, und zwar mit einer doppelten Begründung. Er berief sich auf Luther und dessen reformatorisches Evangelium: Danach seien Hirten und nicht Juristen zur Leitung der Kirche berufen; der Name und das Wort „Dekretalen" und „Päpstliches Recht" sei verachtet und stinke bei den Gelehrten. Zum anderen stützte sich Justus Jonas auf den durch Valla erbrachten Nachweis, daß die sog. Konstantinische Schenkung eine Fälschung sei; damit seien die Grundlagen des päpstlichen Rechtes er-schüttert. Humanismus und Reformation wirkten hier also zusammen, um an der Wittenberger Universität die kanonistische Lehrtradition fast völlig abreißen zu lassen; nur der Legalist Hieronymus Schürpff spann neben seinem Hauptamt einen dünnen Traditionsfaden weiter, bis dann 1536 eine Neuregelung eintrat[120].

Daß man freilich Melanchthon, der in diesen Auseinandersetzungen auf seiten von Jonas stand, nicht als grundstürzenden Revolutionär des Kirchenrechts ansehen kann, zeigen seine Bemühungen um eine ge-schichtliche Neubegründung des Kanonischen Rechtes, die in eben die-sen Sommer 1521 fallen. Wir besitzen noch aus der Hand von Stephan Roth Nachschriften der Vorlesung, die Melanchthon offenbar nur vor einem kleineren Kreis von Studenten, die des Griechischen einigermaßen kundig waren, über die Apostolischen Canones gehalten hat. In teilweise wörtlicher Anlehnung an Gratian und unter weitgehender Übernahme seiner Anschauungen hat Melanchthon gegen Meinungen polemisiert[121], es handle sich hier um apokryphe Quellen zweifelhaften Wertes. Vor seinen Studenten und in der Überschrift seiner griechischen Textausgabe (Canones, qui dicuntur apostolici, promiscue a graecis Episcopis conge-sti)[122] hat Melanchthon den griechischen Ursprung der Sammlung her-vorgehoben und in der lateinischen Vorrede sie als einen relativ reinen

---

[120] *Friedensburg*, Univ. Wittenberg, S. 200 ff.; *Liermann*, Das kanon. Recht; *Ka-werau*, J. Jonas, Nr. 54 u. 65; die Stellung Spalatins bei P. *Drews*, Spalatiniana.
[121] Dist. 16, c. 1–3; dagegen c. 4 und das auf c. 4 folgende Dictum Gratiani.
[122] Näheres bei *Clemen*, Melanchthons Briefwechsel, Bd. 1, Nr. 218 und *Benesze-wicz*, Melanchthoniana. Melanchthons Vorrede CR 1, Sp. 518 f. – Über diese Canones-Sammlung orientiert *Schwartz*, Kanones.

Anfang der Entwicklung des Kanonischen Rechtes bezeichnet. Natürlich darf sie nicht und kann sie nicht die Autorität der Hl. Schrift verdunkeln | oder ersetzen; aber das behauptet Melanchthon gar nicht. Es bleibt offen, ob er sie zu dem gefährlichen Unkraut der Menschensatzungen rechnet, das auf dem Acker der Christenheit wächst. Näher scheint es zu liegen, auf sie das Urteil zu beziehen, das er über die Anfänge kirchlicher Rechtsentwicklung fällt: Damals seien gewisse Ordnungen und Bräuche notwendig gewesen, die der christlichen Freiheit nicht abträglich waren, sondern den Umständen nach angewandt wurden. Und wenn er auch den apostolischen Ursprung der Canones nicht behaupten will, so geben sie ihm doch ein Abbild der ursprünglichen Christenheit. „Nascentis ecclesiae imago; ius vere canonicum", so hat Stephan Roth unter dem Eindruck von Melanchthons Vorlesung den Inhalt der neuen Quelle charakterisiert. Offenbar ließ der humanistische Grundgedanke von der ursprünglichen Reinheit der geschichtlichen Anfänge die Möglichkeit eines Kanonischen Rechtes erstehen, das mit den Anforderungen der Hl. Schrift übereinstimmte. Während bei Erasmus aller Nachdruck auf der Wandlungs- und Anpassungsfähigkeit der kirchlichen Rechtsentwicklung liegt, trachtet Melanchthon danach, die Ordnung der Kirche an die dem Neuen Testament entsprechenden Aussagen des ursprünglichen Kanonischen Rechtes anzuknüpfen. Er hat dieses Streben zunächst nicht weiter verfolgt, vor allem wohl deshalb nicht, weil er sich seit dem Abschluß der Wittenberger Unruhen stärker von der theologisch-kirchlichen Arbeit abwandte und seinen humanistischen Interessen wieder mehr Raum gewährte.

Immerhin spielte der Rückgang auf das alte gute Recht in Melanchthons Polemik schon vorher eine gewisse Rolle. In der Schrift gegen den Dominikaner Thomas Rhadinus, die er um die Jahreswende 1520/21 konzipierte und im Februar 1521 unter dem Pseudonym Didymus Faventinus herausbrachte[123], gibt er zu, daß die Väter der Kirche gute Ordnungen geschaffen haben, die an der evangelischen Richtschnur gemessen gebilligt werden können (64,22–30). Auf der altkirchlichen Disziplin beruhte die Würde des priesterlichen Standes; und Melanchthon nimmt mit allem Nachdruck Luther gegen den Vorwurf in Schutz, dieser habe hier das gute alte Herkommen verletzt oder gar aufgehoben. Das Gegenteil ist der Fall: Luther will die Ecclesiastica disciplina erhalten wissen und schützt sie gegen Gewalt und Tumult; er ist also ein kon-

---

[123] Melanchthon, StA 1, 56–140; die folgenden Zitate daraus im Text in Klammern mit Seiten- und Zeilenangaben.

servativer Reformer, kein Revolutionär (66,35–67,6; 67,15–24; 68,13–18).

Jener Vorwurf muß nur nach der richtigen Seite hin geltend gemacht werden: Mit den Neuerungen in der Lehre der Scholastik und im päpst|lichen Recht ist die gute alte Ordnung verschwunden, der Name ‚Kirche' fast ausgelöscht worden (73,20–29). Es war die Taktik des römischen Antichristen, mit der Lehre des Evangeliums auch das von den Vätern gesetzte Recht und die synodalen Gesetze in Europa zu vernichten (68,27–31). Das neue päpstliche Recht hat das altkanonische mindestens zugedeckt. Es gilt heute vieles, davon man im Altertum keine Ahnung hatte. Wie Erasmus stellt Melanchthon dem Einst das Jetzt in schneidend scharfen Antithesen gegenüber (65,2–22); wie jener erblickt er in dem wachsenden Zeremonienwesen einen Sieg des „Judaismus" (79,29–80,1). Aber während der Humanist dem Papst durchaus die volle Macht zugebilligt hatte, das überlieferte Recht nach den geschichtlichen Umständen und dem Gesetz der Liebe zu verändern, erblickte sein evangelischer Schüler in diesen Wandlungen des Kanonischen Rechts eine verderbliche Abkehr vom Evangelium, eine tyrannische Gewalt zur Knechtung der Gewissen (85,12–23). Da hatte Menschenmeinung gesiegt über das göttliche Gesetz, menschliche Gewohnheit über den göttlichen Willen – die consuetudo mit Gratian als Quelle des Kirchenrechtes zu betrachten, lehnt Melanchthon ab. (103,3–17).

Die Polemik Melanchthons ist so stark, daß die positive Würdigung des altkirchlichen Erbes bei ihm zunächst noch keine praktischen Konsequenzen nach sich zieht. Das Kanonische Recht ist als Ganzes für ihn päpstliches Recht und d. h. päpstliche Tyrannei, Papst Bonifaz VIII. sein typischer Vertreter (122,28–123,1). Mit den Mitteln des Konziliarismus bekämpft er den Papalismus, ohne von seinem Biblizismus aus das Rechtsanliegen der Konziliaristen positiv aufnehmen zu können (136,32–137,10). Maßgebend ist für ihn der Gegensatz zwischen menschlichem Recht und der Verkündigung des göttlichen Evangeliums; weil Luther nur von seinem Verkündigungsauftrag aus handelt, ist er kein Revolutionär (129,8–14). Das Kanonische Recht als von Menschen gesetztes Strafrecht ist wandelbar und vergänglich wie alles Menschliche (134,22–34); wo es sich aber mit dem Schein göttlicher Autorität umkleidet, relativiert es die christliche Heilsbotschaft und macht das Heil ungewiß (135,16–24)[124]. |

---

[124] In dem leidenschaftlich geführten Briefwechsel, in dem 1521/22 Ulrich Zasius mit seinem Lieblingsschüler Thomas Blaurer über das Recht der Reformation rang

So ergibt sich für Melanchthon aus der reformatorischen Theologie
eine sehr viel kritischere Haltung zum Kanonischen Recht, als sie bei
Erasmus vorliegt. Beide sehen das überlieferte Recht in einer geschichtli-
chen Wandlung begriffen. Aber während Erasmus sie als eine Möglich-
keit versteht, Überaltertes auszumerzen und das, was noch Wert hat, der
Gegenwart anzupassen, erblickt Melanchthon in dem Wandel des Rech-
tes nur die wachsende Anmaßung der Kurie und damit die Zeichen des
Verfalls. Für beide steht am Anfang der Entwicklung ein relativ reiner
Idealzustand, der mit der Nähe zum Neuen Testament erklärt wird.
Aber während für Erasmus auch die gesetzlichen Vorschriften, die in der
Urkirche galten, der historischen Relativität unterworfen und durch spätere Kirchengesetze korrigierbar sind, mißt Melanchthon die altkirchliche
Überlieferung in der Weise am Evangelium, daß er nach der Möglichkeit christlicher Freiheit fragt und alles Recht verwirft, das den Anspruch erhebt, heilsnotwendig zu sein. Die Gesichtspunkte, unter denen
in der rechtlichen Überlieferung noch gültige Canones anerkannt werden, sind also ebenso verschieden wie der Umfang dessen, was gelten
soll; das einzelne ist noch nicht – am wenigsten von Melanchthon –
herausgearbeitet[124a]. Daß es aber solche Reste gibt, an die die künftige

---

(*Schieß*, Briefwechsel, Bd. 1, Nr. 38, 47, 49), ist bei dem jungen, damals in Wittenberg
weilenden Studenten das Verständnis des Kirchenrechtes ganz dem Heilsverständnis
untergeordnet (vgl. ebd., S. 63 ff.). Zasius dagegen spricht den Rechtsprinzipien eine
selbständige Bedeutung zu und erinnert die jungen Anhänger des Humanismus
„Grammatiker und Poeten", daran, daß, wenn sie sich anmaßen, die Kirche zu reformieren, auch die Juristen einen notwendigen Dienst in ihr auszurichten hätten (. . .vel
legistae officium etsi non suum, tamen christiano debitum fungantur); ebd., S. 43.

[124a] In den *theologisch-lehrhaften* Canones des Dekrets hat Melanchthon die historische Methode sicherer angewandt. Die Art, wie er (CR 23, Sp. 745: Sententiae Veterum aliquot scriptorum de coena domini; März 1530) De consecr. dist. 2, c. 44 in die
einzelnen Quellenbestandteile zerlegt und alle Teilstücke aus einem quellenmäßigen
Zusammenhang heraus interpretiert, ist eine Meisterleistung. Sein Urteil über Gratian
ist historisch gerecht: als Privatmann hat er in seinem ‚Flickwerk' Widerstrebendes zu-
sammengefügt, die concordia ist ihm also nicht gelungen. Aber er ist ein vir bonus, der
für seine Zeit etwas Notwendiges geschaffen hatte, während die offizielle Kirche ali-
quam summam vel dogmatum vel ordinationum Ecclesiasticarum vermissen ließ. Melanchthons Sinn geht also, wie seit Speyer 1529 auf eine Sammlung verbindlicher Lehr-
artikel, so auch auf die Kodifizierung kirchlichen Rechts; vgl. CR 23, Sp. 744–748
und *Heckel*, Ges. Aufsätze, S. 30, Anm. 150. – Eine ähnliches Urteil über Gratian,
das allerdings das Schriftprinzip stärker hervorhob, hatte Luther schon im Herbst
1527 gefällt (WA 23, S. 419, 8–21, vgl. S. 418, 27 ff.), nachdem er vorher (WA 23,
S. 415, 8 ff.) aus dem Decr. Grat. die Kommunion sub utraque bewiesen hatte: aus
dist. 8, c. 4, 5, 6 (WA 23, S. 415, 10); aus de consecr. dist. 2, c. 12 (WA 23, S. 416,
16 f.), c. 73 (WA 23, S. 416, 28), c. 17 (WA 23, S. 417, 5), c. 15 (WA 23, S. 417, 13
falsch wiedergegeben); aus dist. 63, c. 28 (WA 23, S. 418, 11).

Entwicklung anzuknüpfen hat, ist für alle, die sich für die Ordnung der Kirche verantwortlich wissen, unbestreitbar. |

IV.

Luther und Melanchthon haben die rechte Ordnung der Kirche ge-wollt, auch wenn sie das Kanonische Recht verwarfen, so wie es sich nach dem Verständnis der mittelalterlichen Papalisten darbot. Im Herbst 1521, im Vorwort zum lateinischen Text des 2. Korintherbriefes, über den Melanchthon soeben sein Kolleg zu halten sich anschickte, hat er das Recht, das die ursprüngliche Christenheit bestimmte, gut eras-misch als das Recht der Liebe bezeichnet; an ihm will er die „christiana politia" erkennen[125]. Politia ecclesiastica, das war das Stichwort, unter dem schon Gerson[126] die kirchliche Ordnung im Einklang mit der welt-lichen gefaßt hatte, das auch Luther vor Augen hatte, wenn er in dem Zitat aus dem Jesaja-Kolleg, von dem wir ausgingen, von der ecclesiasti-ca Republica redete[127]. Politia ecclesiastica – das ist für beide Refor-matoren der geordnete Bereich, innerhalb dessen wir Reste des Kanoni-

---

[125] CR 1, Sp. 454 (Paulus bezieht sich auf die Jerusalemkollekte, 2Kor 8 und 9): Ad haec christianae caritatis multo pulcherrimum exemplum exhibet, Achaicarum eccle-siarum liberalitatem, ubi vere christianam πολιτείαν agnoscas ...

[126] Gerson (De vita spirituali animae) hat schon zwischen politia ecclesiastica und temporalis unterschieden und die Lehre von den politiae aus seiner Rechtslehre abgelei-tet (S. 141 ff). Die politia divina (= ecclesiastica) *proprie dicta* ist die politia beato-rum; in ihr verwirklicht sich unmittelbar das ius divinum, „cuius suprema *lex* est *cha-ritas*" (S. 143). Als empirische Größe untersteht sie den *leges divinae* der untersten vierten Stufe, auf der sie durch die Inspiration besonders dazu befähigter Personen of-fenbart sind; so begründet Gerson die Entstehung des Dekrets (S. 138). Als Schüler des Areopagiten versteht er die politia humana als Abschattung der divina (politia hu-mana, quae *exemplata* est a divina: S. 186). Auch wenn jede politia eine communitas ist, erweist sie sich immer als dominium, das durch Rechtsgewalt reguliert wird, und zwar so, daß immer ius divinum, naturale und humanum ineinandergreifen (S. 144). Das gilt auch von der empirischen politia ecclesiastica als einem ‚canonicum et spirituale-le dominium' ebenso wie von der politia temporalis als einem ‚legale et temporale dominium' (S. 150). In beiden Bereichen herrscht also das „ius practicum obligato-rium seu coercitivum" (S. 143). Den Unterschied von Wort- und Schwertgewalt kennt Gerson nicht; für die Zwei-Reiche-Lehre besteht keinerlei Ansatz. – Melanchthon hat die einschlägigen Partien aus Gersons Schrift gekannt, wie AC 15, § 28 beweist; vgl. dazu die Anmerkung *Bornkamms*, [BSLK, S. 302 f., Anm. 1].

[127] Am 18. Nov. 1523 beglückwünschte Melanchthon den eben als Pfarrer an der Breslauer Maria-Magdalenenkirche in Breslau eingeführten Joh. Heß dazu, daß ihm die οἰκονομία Ecclesiastica anbefohlen sei (CR 1, Sp. 642). Die drei Begriffe οἰκονομία, politia und respublica sind hier identisch und bezeichnen im reformatori-schen Verständnis die unter dem Wort geordnete Christenheit.

schen | Rechtes, die ihrem Verständnis entsprachen, zu suchen haben.
Wir können den Begriff hier nicht durch ihr Schrifttum der zwanziger
Jahre hindurch verfolgen. Wir stellen nur eine Reihe von Äußerungen
Luthers aus der Zeit um den Augsburger Reichstag von 1530 zusammen
und versuchen, ihnen Luthers Vorstellungen vom Kirchenrecht zu ent-
nehmen. Wir finden sie nicht nur im Schluß der ebengenannten Vorle-
sung über das Jesajabuch, sondern auch in seiner Vorlesung über das
Hohelied.

Luther hat dieses am 7. März 1530 begonnene Kolleg nach Beendigung des 1. Kapitels vor der Abreise nach Coburg (3. April) unterbro-
chen, am 8. November wieder aufgenommen und wohl am 22. Juni
1531 beendet[128]. Es umschließt also zeitlich die schweren Entscheidungen, die während des Augsburger Reichstages auch in bezug auf die
kirchliche Ordnung zu fällen und zu begründen waren. Der Inhalt der
Vorlesung, die in einer Ausführlichkeit wie sonst nirgends die Lehre von
den drei göttlichen Hierarchien behandelt, kann hier auch nicht annä-
herungsweise ausgeschöpft werden. Wir müssen uns darauf beschränken,
die Aussagen über die politia ecclesiastica zu interpretieren.

Dabei ist auszugehen von den Entsprechungen zwischen den drei Hierarchien Familie, Obrigkeit, Kirche; es kommt uns dabei besonders auf
das Verhältnis der beiden letzteren an. Alle drei sind die Ordnungen
Gottes, durch sein Wort gestiftet und erhalten. Wenn dieses Wort im
Glauben anerkannt wird, gelangt jede dieser Ordnungen zu ihrer gottge-
wollten Erfüllung. Thema des Hohenliedes ist nach Luther die Danksagung König Salomos für all das Gute, das Gottes Wort in seinem Lande in allen drei Hierarchien gewirkt hat. Und in der Vorlesung aktualisiert sich das Thema im Blick auf Sachsen und seinen Kurfürsten. Er
legt nicht nur in Augsburg vor Kaiser und Reich Rechenschaft ab für
das, was unter dem Evangelium in seinem Lande geschehen ist; er hat
dafür auch seinem Gotte zu danken. In diesem Zusammenhang erfahren
wir von Luther, wie er – und nun freilich im Zusammenhang mit dem
gesamten Rechtsgefüge des Territorialstaates – sich die kirchliche Ordnung vorstellt. Es wird dadurch der begrenzte Raum erkennbar, innerhalb dessen Reste des Kanonischen Rechts überhaupt noch wirksam
werden können.

In allen drei Hierarchien empfangen die, die darin Verantwortung
tragen, durch Gottes Wort ihre Weisung. Es steht im öffentlichen

---

[128] WA 31.2, S. IX–XIII; der Text (ebd., S. 586–769) wird hiernach unter Angabe von Seite und Zeile zitiert.

Ge|brauch; Könige, Richter und Propheten sind darauf angewiesen (622,1–2; 624,13–15). Predigen, das Haus regieren, das Gemeinwesen regieren – das alles ist ausgerichtet auf das Wort und empfängt Auftrag und Wirkkraft von ihm (605,6–8). Die öffentlichen Lehrer, die das Wort auslegen und die Lehre praktisch anwenden, sind der Schmuck eines Gemeinwesens (624,15–20). Durch das Wort küßt Gott das Reich Salomos, so daß dieser weiß, da herrscht nicht nur eine Ordnung wie bei den Heiden, sondern auch eine geistliche Ordnung[129]. Auch wenn es sich dabei um den Bereich der weltlichen Obrigkeit (politia temporalis, externa) handelt, geht doch von dem darin gepredigten Evangelium ein Einfluß, ein „guter Geruch" aus auf die benachbarten Regionen (599,9–13, 21–24) und dadurch wächst zugleich die Kirche (625,8–12). Denn das Wort ist wirksam unter den Menschen; es macht die gläubigen Hörer sich gleich, daß sie im Hause lehren, was sie in der Kirche gehört haben; ihm folgt der Geist mit seinen Früchten (654,5–8; 692,1 f.). Gott herrscht durch das Wort in allen drei Bereichen des Lebens (655,12–14).

Durch das Wort empfängt jede der drei Hierarchien die Bestätigung, daß sie von Gott gestiftet sind; sie stehen nicht nur unter dem Wort, sie gründen sich auch *auf* das Wort. Eine gute Politia erkennt man daran, daß hier das Wort und mit ihm die ordinatio Dei respektiert wird. In allen drei Hierarchien besteht die Versuchung darin, daß einer seine Berufung in Zweifel zieht; gegen die göttliche Ordnung in der Welt wütet Satan am grimmigsten (634,29–635,7; 614,17–615,5)[130]. Wo das Wort herrscht, wird Gott – ganz abgesehen von der religiösen und sittlichen Beschaffenheit der Menschen – in der rechten Weise verehrt. Nur da, wo Gottes Wort ist, kann auch rechter Kultus sein; denn nur da ist Gott selbst verborgen gegenwärtig, hat er die Stätte seines Gedächtnisses aufgerichtet (727,4–9; 717,1–4). Damit aber ist die Politia unter dem Wort anzusprechen als Kultgemeinschaft; und es besteht hier kein Unterschied, ob man das Gemeinwesen mehr von der politischen oder von der kirchlichen Seite aus betrachtet (586,22 f.). Wo Gott das Wort

---

[129] ... esse in politia non solum administrationem gentilem, sed spiritualem; WA 31.2, S. 586, 1; vgl. 585, 19 ff.

[130] Omnis nostra theologia huc vadit, quod corda nostra testimonio spiritus sancti certificentur de sua vita, spe, cruce, fide; WA 31.2, S. 674, 13 f. Dazu 656, 16–18: Ideo bonus magistratus et doctor, si non habet verbum et fidem, non potest subsistere in suo officio vel a recta via derivabit vel desperabit.

gibt, zieht er im Kultus das ganze Volk an sein Herz[131]. Dabei | wird
dieses Volk „una massa cum sacerdotibus". Der Diener des Wortes ist
Sauerteig und Bäcker zugleich; er fügt den Sauerteig in die Masse, bis
sie ganz durchsäuert wird (688,6–11). Und der Fürst kann rühmend
vor Gott bekennen: „Du weißt, daß wir dein Volk sind, du gabst uns
das Wort, das Priestertum, die Politia" (641,29 f.). Trotz der begriffli-
chen Sonderung zwischen der kirchlichen Institution des „Priestertums"
und der bürgerlichen Ordnung handelt es sich bei der kultischen Gemeinschaft des Volkes Gottes unter dem Wort um eine Einheit. Sie
meint das Hohelied, wenn es, „von den von Gott eingesetzten Obrigkeiten (magistratibus) oder von dem Volke Gottes" spricht (587,25).

Luther kann diese Einheit so beschreiben, daß er der Kirche ihren
Platz innerhalb des Bereiches der weltlichen Ordnung anweist; hier ist
das „sacerdotium" eingesetzt, damit Gott erkannt werde (596,20 f.). Innerhalb der politia, in der Fürst und Richter ihr Gott wohlgefälliges
Amt ausüben, gibt es auch den Hirten und Prediger (602,14–19)[132]. So
wie Luther in den Bereichen von Familie und bürgerlicher Obrigkeit immer von dem Auftrag dessen her denkt, der jeweils besondere Verantwortung trägt, so versteht er auch die Stellung der Kirche in der politia
externa vom sacerdotium, also vom geordneten Amt (ministerium verbi)
aus. Durch dessen Dienst empfängt die politia externa zu den Gütern
der äußeren Schöpfung auch geistliche Gaben; innerhalb des äußerlich
organisierten Gemeinwesens existiert das regnum spirituale (644,14 bis
645,9). Es manifestiert sich in der Verkündigung der evangelischen Lehre. Die sacerdotes und doctores, die sie darreichen, sollen wachsam sein
in der Abwehr der Ketzerei, streng und unbestechlich gegenüber denen,
die ihnen anvertraut sind[133], und einträchtig untereinander, so wie die
Herde eins ist in der Lehre (677,14–17; 679,1–11, 23–25)[134]. Dabei ist
der Dienst des Wortes vom Amt der weltlichen Obrigkeit deutlich verschieden. In beiden wirkt der Herrscher- und Liebeswille Gottes; es scheidet sich aber das Reich Gottes zur rechten von dem zur linken Hand: Gott

---

[131] Sinus dei ipse cultus dei et templum, ubi amplectitur et fovet populum; WA 31.2,
S. 666, 19 f.

[132] Vgl. WA 31.2, S. 587, 6–8: Sic quaelibet Politia, *in qua est Ecclesia et Princeps
pius,* potest hoc Cantico Salomonis nec aliter uti ac si de sui ditione seu politia compo-
sita esset.

[133] Eine strenge faust und gut, freundlich hertz; WA 31.2, S. 680, 4.

[134] Ähnlich WA 31.2, S. 682, 8–13 über die pastores et praedicatores, die im Vergleich zu den Inhabern der Schwertgewalt den Hals bilden, der den Kopf trägt; WA
31.2, S. 682, 19 – 683, 10. Vgl. auch die Inhaltsangabe zu Cant 4, WA 31.2, S. 675, 11
– 676, 1.

gebraucht beide Arme, wenn er sein Volk liebend an sich zieht: Sinistra est politia, dextera, quae amplectitur, est sacerdotium (649,13 f.). |

Das Innesein des sacerdotium im bürgerlichen Gemeinwesen beruht also auf Luthers Lehre von den beiden Reichen; es setzt die strukturelle Verschiedenheit des regnum externum und des regnum spirituale, der Schwertgewalt und der Wortgewalt voraus. Trotzdem bleibt die Einheit des Volkes Gottes als einer Kultgemeinschaft unter dem Wort bestehen. Unter dem äußeren Frieden, den die weltliche Obrigkeit durch Gottes Güte herstellt und sichert, waltet die „Religion". Religio bedeutet für den Luther der Hoheliedvorlesung die äußere Ordnung, die im evangelischen Territorium den Dienst des Wortes ermöglicht[135]. Religio ist für ihn kein allgemeiner, ‚religions'-geschichtlicher Begriff[136]; die Heiden haben nur „den Schein der Religion" (690,20). „Divina politia et religio" gehören also zusammen; beide sind „eine schöne Ordnung", haben „externam administrationem divinitus ordinatam", beide bestehen unter demselben Frieden, den Satan ständig bedroht (657,22–658,6; 658,12–17, 654,13–15; vgl. 660,17–21)[137].

Wir haben in allen diesen Unterscheidungen den Begriff ‚politia' immer nur auf das von der Obrigkeit regierte äußerliche Gemeinwesen angewandt, obwohl wir feststellen konnten, daß den Begriffen sacerdotium und religio Ordnungselemente eigen sind. Es fragt sich, ob und in welchem Sinne man um dieser Elemente willen mit Luther von einer politia ecclesiastica reden kann und wie diese sich zur politia externa verhält.

In seiner Jesajavorlesung hatte Luther die unter der Verkündigung des Wortes geordnete äußere Kirche als „novum genus vitae et Politiae" bezeichnet, als eine Politia eigner Art also, die von der Christusverheißung lebt und sich ganz auf Verbreitung dieses Wortes einrichtet[138]. | Diese Kirche bedarf zu ihrer äußeren Existenz der Hilfe und

---

[135] restituta pax, religio renovata et doctrina; WA 31.2, S. 653, 9.

[136] Sic nos habemus doctrinam puram et certam pietatem et *synceram religionem* docemus; WA 31.2, S. 667, 18 f.

[137] Wie sehr es sich bei diesen beiden Institutionen um äußerliche Ordnungen handelt, zeigt sich daran, daß Luther ihren Frieden durch die „Finantzer" bedroht sieht; WA 31.2, S. 661, 11.

[138] WA 31.2, S. 507, 5–12: *Nocum genus vitae et Politiae*, ubi tanta est securitas, ut nullius thirannidem formidet, sed est aperta, ut quottidie ingrediantur et egrediantur et convertantur plures gentes murique eius defendantur. Haec est promissio Ecclesiae *propagacionis*. Das heyst portas esse apertas, Ecclesiam semper esse in suo officio *vocare* peccatores ad penitenciam, *praedicare, instruere, docere, consolari, absolvere.* Ad hanc Ecclesiam quottidie ingrediuntur homines, sicut hodie, qui Wittembergam etc. ingrediuntur et verbo incorporantur. Vgl. die Auslegung von Jes. 60,10, WA 31.2, S. 505 f., wo

des Schutzes der Fürsten (509,19 f.); aber sie lebt nicht davon. Sie lebt
von dem Evangelium; sie besteht in den Herzen derer, die erleuchtet
und bestrahlt sind von Christus; insofern ist sie keine externa politia
(511,34–37). Sie ist von ihr so weit geschieden wie die politische Gerechtigkeit von der, die vor Gott gilt. Und doch bezieht Luther diese
politische Gerechtigkeit nicht nur auf das Amt der weltlichen Obrigkeit,
sondern auch auf das Regiment, das Pastoren und Prediger ausüben; und
er ermahnt die Fürsten, die Kirche entsprechend zu ordnen[139].

So gibt es also charakteristische Strukturübereinstimmungen in der
Ordnung von politia externa und ecclesia. Sie ergeben sich aus beider
Stellung unter dem Wort, beider Begründung durch das Wort[140]. In
beiden sammelt sich dasselbe Gottesvolk zum cultus Dei, beide empfan-
gen dabei göttliche Tröstung und Weisung[141]. Beide stehen sie unter
Gottes Schutz und werden von ihm erhalten; beide unterliegen sie den
Gefahren, in die der Teufel die Menschen durch falsche Sicherheit hin-
einführt (700,17–20; 701,3–6); beide sind darum ständigem Wandel
ausgesetzt[142]. Beide wirken sie nach außen hin und bezeugen die Kraft des
Evangeliums[143].

Zu diesen Übereinstimmungen, die zwischen beiden Herrschaftsberei-
chen Gottes bestehen, gehört nun auch dies, daß in beiden regiert wird,
daß Gott in ihnen seinen Herrschaftsanspruch durch Menschen wahr-
nimmt. Luther bezeichnet diesen Tatbestand mit dem Wort „magi|stra-
tus" und unterscheidet zwischen dem magistratus politicus und dem magistratus ecclesiasticus. Der Begriff hat eine doppelte Bedeutung: Er

---

deutlich von der „ecclesia quoad externam faciem descripta" geredet wird. Wir müssen
dabei auch den Unterschied zwischen der Kirche vor und nach Christus beachten, den
Luther feststellt: Ecclesia est maior post Christum quam ante; der Unterschied bezieht
sich auf die Wirksamkeit des Predigtamtes; WA 31.2, S. 680, 15–681, 6.

[139] WA 31.2, S. 527, 23–26: Zedeck iusticia i. e. apparebit ista iusticia et gloria, ut
videant eam omnes gentes. Zedeck accipimus pro politica iusticia, gubernacione *pastorum, praedicatorum, magistratuum*, quorum officio constituitur externa politia. Nam
in regno optime constituentur ordinaciones. Ita ut cuncti reges videant ecclesiam iusti-
ficatam et ordinatam optimis ordinacionibus.

[140] Gottes Volk dankt für empfangene Wohltaten, praesertim de sacerdotio ordinato
et magistratu instituto, et deinde de fructibus istius sacerdotii, et *utrunque est divina
ordinatio*, politia et ecclesia; WA 31.2, S. 694, 30–32.

[141] Scriptura sacra est promptuarium plenum, quod eructat ex abundantia consola-
tiones, instructiones et omnes necessitates in politia et ecclesia, confortat stantes arcere
duros; WA 31.2, S. 694, 35–695, 2.

[142] ... quod in ecclesia et politia sit semper vicissitudo; WA 31.2, S. 704, 25.

[143] Ista gloria verbi et splendor et fama *religionis* et politiae divinae macht ceteris
nationibus terrorem et pavorem, quia nomen et verbum domini est da; WA 31.2, S.
729, 26–28.

meint sowohl den Vorgang des Regierens als auch die Person, die das Regiment ausübt. Sie ist als „persona publica" von der Privatperson unterschieden. Aber der Regent hat in beiden Bereichen auch seine persönlichen Gaben und Kräfte einzusetzen. Magistratus virum ostendit (656,13) – das ist eine beliebte Redewendung Luthers[144]. Sie geht davon aus, daß der Träger des weltlichen oder kirchlichen Regieramtes besondere Anfechtungen zu bestehen hat[145]. Aber entscheidend ist nicht die persönliche Haltung, sondern der Auftrag, der jeweils wahrzunehmen ist. In beiden Bereichen befiehlt er die Abwehr gegen das Böse und gegen die Bösen; in beiden Bereichen herrscht das Gesetz. Das gilt auch von der Kirche als einer sichtbaren Organisation; als corpus mixtum zählt sie auch Ungläubige und Übeltäter zu ihren Gliedern, die sie durch das Gesetz in Zucht nehmen muß[146]. Dabei bleibt der entscheidende Unterschied bestehen, daß das kirchliche Strafamt sich auf die Gesetzespredigt bezieht, also rein das Gewissen angeht, das politische aber die gesetzlich verwirkten Strafen vollstreckt. So entspricht die Unterscheidung zwischen magistratus ecclesiasticus und politicus der zwischen „magistratus spiritualis et corporalis" (704,15).

Das herrschaftlich geordnete Volk Gottes hat also ein doppeltes Regiment, ein politisches und ein geistliches. So kann Luther von den Vorstehern in beiden Reichen reden[147], durch deren Dienst Gott seinem Volk Wohltaten austeilt. Was von der in Jerusalem versammelten Kultgemeinde gilt, das bezieht sich auf das Gottesvolk aller Zeiten: „Caput est congregatio sacerdotum et principum, der ober ym volck" (742,2 vgl. 704,18–743,7).

Es mag auffallen, daß Luther, wenn wir der Textwiedergabe Rörers vertrauen dürfen, es offensichtlich vermieden hat, den doch nicht ungebräuchlichen Ausdruck „politia ecclesiastica" zu verwenden, sondern lieber vom „magistratus ecclesiasticus" redet, das herrschaftliche Moment an der organisierten Kirche also besonders hervorhebt. Doch fehlt | der Ausdruck politia nicht ganz. Und zwar findet er sich bezeichnenderweise in einem Zusammenhang, da der rein passive Gehorsam des hörenden Volkes als ungenügend erklärt und ein „fruchtbarer" Gehorsam gefor-

---

[144] Vgl. *Buchwalds* Verweise im Text.

[145] Ideo bonus magistratus et doctor, si non habet verbum et fidem, non potest subsistere in suo officio vel a recta via derivabit vel desperabit; WA 31.2, S. 656, 16–18 (vgl. oben Anm. 130).

[146] Sunt pulchre administratae leges et sciunt malos. Et hoc pertinet ad Bonam rempublicam et ecclesiam. Man lest ydermann erein; WA 31.2, S. 741, 23 f.

[147] ministerium procerum utrisque regni; WA 31.2, S. 693, 24, vgl. 17 ff.

dert wird, bei dem Volk und Befehlshaber zur Einheit des Glaubens und Handelns zusammenwachsen. Wo das geschieht, gibt es „optimi praesides *in utraque politia*" (693,20), jede unter ihrem besonderen Regiment, dem weltlichen und dem geistlichen, gibt es eine doppelte „administratio"[148].

Luther kennt also eine äußerlich sichtbare, herrschaftlich organisierte politia ecclesiastica. Er macht in seiner Vorlesung keine direkten Angaben darüber, wie sie rechtlich geordnet sein soll; aber er läßt doch gewisse positive und negative Kriterien erkennen, nach denen solche Ordnung geschehen soll.

Zunächst einmal: Luther erkennt die Existenz einer solchen Ordnung unumwunden an; eine Kirche ohne Kirchenrecht liegt völlig außerhalb seines Gesichtskreises. Dieses Recht ist zwar ein menschliches Recht, aber ein Recht sui generis; die geistliche Obrigkeit, die es setzt, steht insofern selbständig neben der weltlichen. Zwar führt die Ecclesia ihr irdisches Dasein innerhalb der politia externa; ihr Amt ist ein öffentliches wie das der weltlichen Obrigkeit auch; ihr Recht ist ein Teil der allgemeinen Rechtsordnung. Aber es geht nicht aus ihr hervor. Wie der Zweck des kirchlichen Rechtes – die Ermöglichung der Evangeliumsverkündigung – und wie deren Wirkmittel – das reine Wort von Gesetz und Evangelium – außerhalb des weltlichen Machtbereiches liegen, so auch der Ursprung des kirchlichen Rechtes: Er liegt in Gottes Willen selbst. Politia externa und politia ecclesiastica haben ihr Mandat beide aus Gottes Wort, stehen beständig unter Gottes Willen. Aber das Mandat lautet für jede der beiden verschieden; Gottes Wille erstrebt in beiden ein verschiedenes Ziel. Auch wo er in Gottes Gesetz sich ausspricht, verfolgt er nicht dieselbe Absicht: Im weltlichen Bereich sichert er die Erhaltung des kreatürlichen Lebens. Die kirchliche Gemeinschaft will er gesetzlich so geordnet haben, daß die Menschen, die äußerlich dem Volk | Gottes zugehören, diesem Volk im Glauben auch angehören können; und das geschieht dadurch, daß ihnen das Evangelium gepredigt wird.

---

[148] Est pulchra in ista administratione proportio magnatum cum subditis et invicem ordinum in utraque administratione; WA 31.2, S. 743, 14 f. Zum Ganzen vgl. WA 31.2, S. 693, 17–22: non solum ornasti religionem et politiam, sed ut efficax et frugifera et politia et magistratus, nam non satis est habere populum obtemperantem, subditum, sequentem et audientem suos magistratus. Sic ergo vult dicere: Ubi essent turres, dentes, optimi praesides *in utraque politia*? Sequitur etiam efficacia, quod tota est pulchra, per quam manat efficacia, ut obediant *utrique magistratui Ecclesiae et politiae*.

Die *negativen* Kriterien, die damit dem Kirchenrecht gesetzt sind, begründen Luthers fortlaufende Ablehnung des überlieferten Kanonischen Rechtes: Kirchenrecht ist Menschenrecht. Es kann keinen geistlichen Anspruch erheben, der dem in der Hl. Schrift geoffenbarten Gotteswillen widerspräche. Auch soweit es sich auf das Wort des göttlichen Gesetzes beruft, ist es nur dessen menschliche Auslegung und Anwendung, ist es aber nicht ohne weiteres mit ihm identisch. Und soweit es sich auf das Evangelium bezieht, regelt es nur auf menschliche Weise dessen Verkündigung, soweit sie durch Menschen geschieht. Kirchenrecht verfehlt seinen Zweck, wenn es als Mittel gebraucht wird, menschliche Ansprüche durchzusetzen, menschliche Macht zu erhöhen. Wenn es seinem eigentlichen Zweck, der Verkündigung zu dienen, treu bleibt, kann es mit dem weltlichen Recht der Stadt, des Territoriums nicht in Konflikt geraten. Es erstrebt keine Immunitäten; sondern innerhalb der territorialen oder reichsstädtischen Rechtsordnung füllt es eine Lücke aus, die die weltliche Obrigkeit von sich aus nicht schließen kann, so sehr sie diese Lücke empfinden und so eifrig sie bei der Schließung mithelfen mag: Das kirchliche Recht steckt den Rahmen ab, der für die Verkündigung von Gottes Gesetz und Evangelium offensteht; es sorgt für den Vollzug dieser Verkündigung; es sichert die Möglichkeit, daß sie gehört werden kann, setzt die Zeit und den Ort dafür fest; es regelt den öffentlichen Kultus; wenn es auch nichts dazu tun kann, daß das gehörte Wort im Glauben angenommen und befolgt wird, so nimmt es doch die offenbar Ungläubigen und Ungehorsamen in Zucht und führt durch den Ernst des Gesetzes die Herzen zur Bereitschaft für die Stimme des Evangeliums.

Damit gibt Luther aber schon *positive* Kriterien für ein Kirchenrecht an; und es ist zu fragen, ob und wieweit die Canones des überlieferten mittelalterlichen Rechtes ihnen entsprechen. Zuerst und vor allem: Das Kirchenrecht setzt die göttliche Stiftung des Amtes voraus; und soweit es die Verkündigung regelt, ist es in erster Linie *Amtsrecht*. Damit aber berührt es sich – trotz aller Unterschiede im Amts- und Kirchenverständnis – auf weite Strecken mit dem Kanonischen Recht[149]. | Wiewohl

---

[149] An dieser Stelle berührt Luther sich mit Hieronymus Schürpff, zu dessen Restauration des Kanonischen Rechts er sonst weithin in Widerspruch stand. *Heckel* bezeichnet das Verdienst der lutherischen Juristen in besonderer Beziehung zu Schürpff folgendermaßen (Ges. Aufsätze, S. 33 f.): „Es ist ihnen geglückt, inmitten der religiösen Umwälzung die Rechtskontinuität des kirchlichen Gemeinlebens weithin aufrechtzuerhalten. Ihrem soliden kanonistischen Positivismus ist insbesondere die fortdauernde

Luther, wie wir sahen, die Einheit zwischen Predigern und Hörern notwendig voraussetzt und einen bloß passiven Gehorsam verwirft, versteht er das Kirchenrecht als herrschaftliches Recht; dem Willen Gottes, der durch den Prediger auf Grund der Schrift kundgetan wird, geziemt Gehorsam. Daß in der Kirche befohlen und gehorcht wird, ist nach Luther kein Hindernis, sondern eine Frucht des Glaubens; Befehl und Gehorsam müssen nur in der rechten Bindung an das Wort geübt werden. Auch hier eröffnen sich Möglichkeiten, Bestimmungen des überlieferten kanonischen Rechtes für einen kirchlichen Neubau zu benutzen.

Hat Luther diese Möglichkeiten gesehen und ergriffen? Im Blick auf manche seiner Äußerungen aus den zwanziger Jahren könnte man die Frage verneinen. Aber man wird genau abwägen müssen. Wenn Luther in der Trinitatispredigt von 1523[150] unter Berufung auf Joh. 3,8 sagt: „*Im geistlichen regiment* sol man ius canonicum mit fussen tretten", so trifft er damit jedes Kirchenrecht, das sich anmaßen sollte, unmittelbare geistliche Wirkungen hervorzubringen. Daß er in seinen eherechtlichen Erörterungen sich auf den Schriftbeweis beschränkt und das Kanonische Recht beiseite läßt[151], kann für dessen Einschätzung nicht negativ gewertet werden, sondern entspricht seiner Grundhaltung, die der Schrift den Vorrang gewährt vor allem menschlichen Recht. Als ihm vor allem seit der Durchführung der Visitationen in zunehmendem Maße eherechtliche Entscheidungen abgefordert wurden, ist er entsprechend verfahren. Das Kanonische Recht spielt bei diesen Entscheidungen die geringste Rolle. Höher steht ihm das Römische Recht; ihm folgend sieht er wie auch Erasmus den Elternwillen als konstitutiv für die Eheschließung an, ohne freilich die jungen Ehepartner der Elternwillkür auszuliefern. Das Recht der Vaterschaft darf nicht gegen die Nächstenliebe geltend gemacht werden[152]; dabei bleibt der Wille der Eltern von Braut | und Bräutigam unerläßlich[153]. Subsidiär gewinnt, und zwar als Ausdruck

---

Geltung eines *geistlichen Standesrechts* sowie die Abwehr von Zugriffen großer und kleiner Machthaber auf das Kirchengut zu verdanken."

[150] WA 11, S. 124, 15 f.

[151] Das gilt sicher von den De Digamia Episcoporum Propositiones (Frühjahr 1528; WA 26, S. 517 ff.), aber wohl auch schon von der Auslegung von 1Kor 7 (1523; WA 11, S. 92, 8 f.).

[152] Neque enim contra, sed pro Charitate proximi debet paternitas valere; WAB 4, Nr. 1320, 13 f.; Brief vom 8. 9. 1528.

[153] Primum iure christiano, hoc est, charitatis et spiritus certum est debere et iuvenis et puellae consensum accedere; Anfang eines nur von Aurifaber überlieferten, sonst nicht nachweisbaren undatierten Gutachtens; De Wette, Luthers Briefe, Bd. 2, S. 594 f.

des Naturrechts, auch das mosaische Recht eine gewisse Bedeutung[154]. Nur in *einem* der bis 1530 vorliegenden Fälle hat Luther das „Papst-Recht" als allgemein gültig anerkannt, in dem konkreten Falle freilich die Anwendbarkeit der einschlägigen Stellen bestritten[155].

Obwohl die Entscheidungen in Ehefragen immer wieder die Beschäftigung mit dem Kanonischen Recht erforderten, wird man sie für unser Thema nicht überbewerten dürfen. Viel bedeutsamer erscheint das unter Berufung auf 1. Kor. 14,40 erfolgte geschichtliche Urteil aus dem Unterricht der Visitatoren von 1528: „Das etliche kirchenordnung sind gemacht umb guter ordenung und fridens willen." Noch näher an das Kanonische Recht heran kommt die Rechtfertigung der Visitationen durch das Beispiel der alten Väter und heiligen Bischöfe, „wie auch noch viel davon ynn Bepstlichen gesetzen funden wird"; hier gibt Luther den Zusammenhang seiner kirchlichen Neuordnung mit dem überlieferten Kirchenrecht zu – ein Mann wie Erasmus hat dieses Urteil positiv aufgenommen. Und wenn nach dem Schluß der Vorrede der „Unterricht" nicht als strenges Gebot angesehen werden will, „auff das wir nicht newe Bepstliche Decretales auffwerffen", so will Luther zunächst nicht polemisieren, sondern wiederum nur die Grenzen aufweisen, die nach evangelischem Verständnis jedem Kirchenrecht gesetzt sind[156].

Unter diesen Umständen wird Luthers briefliche Versicherung vom Februar 1530 glaubwürdig, er habe sich „oft und lange" mit dem Dekret und den geistlichen Rechten befaßt, um einen Auszug daraus herzustellen, ähnlich der vom Nürnberger Ratschreiber Lazarus Spengler zuerst im Dezember 1529 anonym herausgegebenen Schrift: „Eyn Kurtzer außzug / auß dem Bebstlichen rechten der Decret und Decretalen / In den artickeln / die vngeuerlich Gottes wort vnd Euangelio gemeß sein / oder zum wenigsten nicht widerstreben", dem Luthers Brief als Vorrede | dient[157]. Der kommende Augsburger Reichstag mochte die Beschäftigung mit dem Corpus Juris Canonici besonders dringlich erscheinen lassen. Johannes Cochläus gab nachträglich eine Information wieder, nach der „vor ettlichen monaten" „Luther und Melanchthon tag und nacht im

---

[154] So Luther WAB 5, Nr. 1531, 4 f.; Brief vom 26. 2. 1530. Vgl. zu dem hier behandelten Falle ‚Ezold' die anderen reformatorischen Gutachten, deren Fundorte *Clemen* angibt. Luther wendet sich besonders gegen das rein zivilrechtlich bestimmte von Brenz; *Schleusner*, Anfänge, S. 426 f.

[155] WAB 5, Nr. 1384 vom 28. 2. 1529 zu causa 31, q. 1, c. 1 f.

[156] WA 26, S. 222, 19 f.; S. 196, 1–3; S. 200, 10–12.

[157] Auf dem Exemplar der Universitätsbibliothek Erlangen [Spengler, Auszug] findet sich der Besitzvermerk vom 10. Januar 1530. Luthers Vorrede, die wir hier analysieren (WA 30.2, S. 219), bezieht sich auf den Wittenberger Nachdruck des Auszugs.

decret umbgingen"[158]. Das mag richtig sein, auch wenn man die Nachricht nicht mit Cochläus darauf beziehen darf, daß Luther an der Entstehung der Spenglerschen Schrift Anteil genommen habe. Er war aber mit ihrer Tendenz einverstanden. Wie Spengler war er der Überzeugung, die im päpstlichen Recht enthaltenen Quellen bezeugten die Wahrheit der Reformation, sowohl deren Lehren wie Ordnungen. Die Übereinstimmung mit dem Kanonischen Recht sollte den gegen die Protestanten erhobenen Vorwurf der Ketzerei widerlegen. Und umgekehrt sollte – ein Erasmisches Anliegen, das Luther wieder aufnimmt – bewiesen werden, daß die gegenwärtige römische Kirche im Widerspruch lebe zu ihrem eigenen Recht, so wie es von den alten Vätern selbst aufgezeichnet und ausgelegt worden war.

Für die Kirche der Reformation aber erhebt Luther die Forderung, man solle ihr die Hauptstücke christlicher Lehre frei lassen, wie sie auch im Kanonischen Recht bezeugt seien. Und er erbietet sich für sich und die Seinen, er wolle in allen Ordnungsfragen den Gegnern nachgeben, in der Voraussetzung natürlich, daß sie sich an ihr eigenes Rechtsbuch hielten.

Alles, was der „Leisetreter" Melanchthon später auf dem Reichstag vertreten hat, ist in diesen Vorschlägen Luthers schon enthalten. Man hat kein Recht, ihn von Luther zu trennen.

Spengler aber antwortet uns auf die Frage, welche Ordnungsfunktion dem Kanonischen Recht in der politia ecclesiastica, in den Kirchentümern der Reformation, zufallen könne. |

V.

Spengler ist durch den Ansbachischen Kanzler Vogler im Namen seines Herrn, des Markgrafen Georg von Brandenburg, zur Abfassung seines deutschen Auszugs aufgefordert worden und hat seinen Auftrag, wie

---

[158] Die Schrift des Cochläus In obscuros viros qui decretorum volumen infami compendio theutonice corruperunt expostulatio wurde 1929 von *Greven* herausgegeben (*Greven*, Cochlaeus). Die Äußerung im Text (ebd. S. XXIX, 12–14) wird Ende März 1530 abgefaßt sein. Die Vorrede ist vom 22. April datiert. Falsch ist es, wie *Greven*, ebd. XII und ihm folgend *Clemen* WAB 5, Nr. 1401, Anm. 3 tun, jene Beschäftigung Luthers mit der von diesem selbst am 30. März 1529 genannten zusammenzubringen; dieser Brief beantwortet eine von Spalatin gestellte Ehefrage und Luthers ergebnislose Beschäftigung mit den Jura papistica bezieht sich eben darauf. Noch während des Augsburger Reichstags hat sich Osiander in polemischer Weise mit dem Dekret beschäftigt; vgl. seinen Brief an Luther vom 21. 6. 1530; WAB 5, Nr. 1598.

sein Widmungsbrief an den Markgrafen beweist, vor dem 2. September
1529 ausgeführt. Der Fürst hat das Werk bei Herzog Georg von Sachsen und Kurfürst Joachim I. von Brandenburg zu einer diplomatischen
Offensive benutzt, um diese befreundeten Reichsstände von der Unge-
fährlichkeit der Reformation zu überzeugen. Der Erfolg war negativ; es
entstand eine literarische Kontroverse, die zu den publizistischen Begleit-
erscheinungen des Augsburgischen Reichstages gehört und die wir hier
übergehen können[159].

Es ist wahr: Spenglers Auszug ist zunächst ein apologetisches Werk.
Es sucht die reformatorische Theologie und deren Anhänger gegen den
Vorwurf zu schützen, sie hätten im Gegensatz zur Schrift gelehrt. Aber
in der Verteidigung wird deren Inhalt dargelegt und behauptet; das
protestantische Schriftprinzip wird nicht nur – rein formal verstanden
– als Quell alles gültigen Rechtes gewertet, es wird auch inhaltlich von
der Rechtfertigung des Sünders her gedeutet. Es geht in der Auseinandersetzung mit Rom um die „allertapfferste gröste sach, da es Gottes
lere, das hayl der seele und die freyheyt menschlicher gewissen belangt"
(AII'). Wenn Luther dem Auszug seine Empfehlung mitgab, wird er diese Übereinstimmung in der reformatorischen Lehre besonders empfunden haben.

Mit diesem lutherischen Interesse begegnet sich bei Spengler ein erasmisches, das Luther nur zum Teil übernommen hat. Wir hörten schon,
wie er in seiner Empfehlung mit Erasmus das alte Recht der Kirche als
das gute, jetzt noch gültige herausstellte. So steht auch für den Verfasser des Auszugs neben dem in der Schrift niedergelegten Gotteswillen als
Vorbild jetzigen kirchlichen Rechts „die ordnung der anfäncklichen kirchen, der heyligen vätter leere und exempel, die alten Christenlichen ge-
preüch und ordnungen, auch der alten Concilien statut und satzungen"
(AII'); sie müssen von einem unparteiischen Richter als bindende
Richtschnur anerkannt werden. Und es gehört zum Unrecht, das der | Re-
formation von der Römischen Kirche angetan wird, daß dieses gute alte
Recht außer Kraft gesetzt wurde.

So negativ, anklägerisch würde Erasmus nicht geurteilt haben. Ihm
hatte der Rückgriff auf das alte Recht nicht als Waffe gegen die Hierarchie gedient; er hatte diese vielmehr, indem er sie mit der reinen, glän-
zenden Vergangenheit der Kirche konfrontierte, zu Reformen anreizen
wollen. Auch Spengler konnte so reden und die Wandelbarkeit des Ka-

---

[159] Außer der Anm. 158 genannten Edition von *Greven, Gußmann,* Quellen und
Forschungen, Bd. 1.1, S. 70–81; Bd. 2, S. 321–370; hier die Literatur.

nonischen Rechtes aus den Gegebenheiten und Notständen der jeweiligen Zeitlage erklären; war die Not vorüber, so meinte er mit Erasmus, so müsse die Kirche den ursprünglichen Rechtszustand wiederherstellen[160]. Aber Spengler ging es nicht nur wie Erasmus um eine Reform, sondern um eine totale Erneuerung der Kirche. Er und seine evangelischen Glaubensgenossen wollten mit dem Rückgang auf die alten, längst verschütteten Rechtstraditionen nicht eine Verbesserung, die sich den gegenwärtigen Umständen angepaßt hätte, sondern einen Neubau des kirchlichen Rechtes. Sie ergriffen die Zeit der Kirchenväter nicht als eine gegenwärtige Möglichkeit zur Umgestaltung des kirchlichen Lebens sie fanden in ihr vielmehr eine Bestätigung der Wahrheit der Heiligen Schrift. Und nur soweit das Kanonische Recht sich in dieser Blickrichtung bewährte, die von den Aposteln ausging, erkannten sie in ihm Urelemente einer auch in der Gegenwart durchzuführenden Rechtserneuerung an. Was Spengler daher in seinem Auszug an überlieferten Resten altkirchlicher Ordnung aufzählt, soll mehr den Abfall der gegenwärtigen Christenheit von ihren reinen Ursprüngen illustrieren und das Unrecht der Unterdrückung von Luthers Reformation dokumentieren, als daß es ohne weiteres als Element zum Aufbau eines neuen Kirchentums diente. Für Spengler und die Seinen ist das gute alte Recht in erster Linie Verteidigungswaffe in einem Existenzkampf, in dem es um Tod oder Leben geht; für Erasmus war es der Spiegel, in dem die römische Kirche ihr wahres Bild erblicken sollte.

Die Reinheit dieses Bildes bestand in der sittlichen Integrität der ursprünglichen Christenheit und ihrer Amtsträger; das Ethos der philosophia Christiana war daher für Erasmus der kritische Maßstab für sein Urteil über die kirchliche Rechtsgeschichte. Auch Spengler wendet in seinem Auszug diesen Maßstab an; Ehrbarkeit und Billigkeit (AIII') bilden neben Schrift und alter Tradition das Auswahlprinzip des Aus|zugs. Ehrbarkeit – das ist die persönlich gelebte Moralität, die Bescheidenheit, Treue, Rechtlichkeit des einzelnen Christen. Billigkeit, das ist das Prinzip des Naturrechts, das wir in der Aequitas-Lehre des Erasmus verfolgt haben.

Mit der Feststellung der Abhängigkeit Spenglers von Luther und Erasmus, die schon aus der Einleitung des Auszugs zu ersehen ist, sind auch die Gesichtspunkte gegeben, unter denen wir das Traditionsmaterial zu ordnen haben, das Spengler verarbeitet hat. Wir werden darstel-

---

[160] DII' zu Causa 1, qu. 7 (bei Spengler verdruckt zu 8) c. 6 u. 7, die sinngemäß richtig wiedergegeben sind.

len, wie weit er die altkirchlichen Canones als Kronzeugen für die reformatorische Theologie anführt. Wir werden sein Verhältnis zu Erasmus anhand seines Geschichtsverständnisses und der dafür normativen ethischen Ideale überprüfen und dabei Spenglers kirchenpolitische Stellung genauer fixieren.

Zuvor einige allgemeine Bemerkungen zur Anlage des Auszugs und zu den dabei verwendeten Ausleseprinzipien.

Wenn man Spenglers nicht ganz 6 Druckbogen umfassenden Auszug mit den stattlichen Folianten des Corpus Juris Canonici vergleicht, gewahrt man auf den ersten Blick, wie stark die volkstümliche Schrift gekürzt hat. Und wenn schon eine erste flüchtige Beobachtung zeigt, daß die Auszüge aus dem Decretum Gratiani mehr als das Fünffache dessen betragen, was den Dekretalen entnommen ist, so wird erkennbar, daß Spengler sich fast ausschließlich an das altkirchliche Traditionsgut gehalten hat; auch bei der Auswahl, die aus dem päpstlichen Recht seit Gregor IX. getroffen wurde, ist das übrigens der Fall. Aus dem ersten Teile des Dekrets sind von 101 Distinktionen 39 benutzt, von den 36 Causae des zweiten Teils 22, von den Distinktionen des dritten alle 5. Das Maß dessen, was aus den einzelnen Quellenpartien angeführt wird, ist verschieden, meistens aber gering; in manchen Fällen wird aus einer umfangreichen Distinctio oder Quaestio nur ein einziger Canon aufgenommen. Oft werden mehrere Canones inhaltlich zusammengefaßt, manchmal sind es nur zwei oder drei, an einzelnen Stellen auch viele. Immer aber ist die Wiedergabe sinngemäß.

Die Übersetzungen, soweit sie überprüft wurden, stimmen mit dem Urtext überein, höchstens, daß an einigen wenigen Stellen der vermeintliche Skopos durch kleine stilistische Zusätze stärker hervorgehoben wurde. Der Vorwurf der Fälschung, den Cochläus erhob, ist gegenstandslos; Spengler hat sich mit Recht dagegen verwahrt[161]. Die kritische | Distanz zu den Quellen ist entsprechend der zeitgenössischen Geschichtserkenntnis gewahrt. Eine Palea wird als solche gewertet, die Glosse mit Vorsicht zitiert; daß gelegentlich einmal[162] ein Dictum Gratiani als Canon zitiert wird, geschah auch sonst und entsprach der Quel-

---

[161] In einem „Entwurf", den *Gußmann* entdeckt und als Grundlage für die unter dem Pseudonym Hieronymus von Berchnishausen herausgegebene „Antwort" bezeichnet und den *Braun*, Spengler, abgedruckt hat, heißt es S. 64: „Sind dann die außgangen Canones fälschlich, ungetreulich und pübisch verteutscht, wie dieser Theologi schändt und lästerpüchlin in sich halten, warum verteutschen sie dann dieselben außgangen Canones nit selbs zum besten und getreulichsten . . ."?

[162] DII^r zu Causa 1, qu. 2, c. 10.

lenlage. Bemerkenswert ist, daß Spengler an einigen wenigen Stellen[163] einen persönlichen Kommentar gibt, der die gegenwärtige Bedeutung der Zitate hervorhebt; solche „Dicta Spengleri" sind klar – auch durch besondere Druckerzeichen – aus dem Übersetzungstext herausgehoben.

Spenglers Auszug ist also als eine im ganzen zuverlässige Übersetzung anzusprechen; es tritt uns in ihr ein geschulter Kanonist entgegen. Er will das überlieferte Kirchenrecht aus sich selbst heraus verstehen und deuten. Er kann es nicht verantworten, „das man gemeß der spinen auß disen geystlichen Rechts büchern allein das saugen, ziehen und geprauchen wil, das Göttlicher und menschlicher warheyt, der schrifft, auch aller erberkeyt und gleycheyt widerwertig und bey Got und den menschen ein greül ist" (AIIIʳ). Spengler setzt darum ein bei den ersten Distinktionen des Dekrets, in denen Gratian die naturrechtliche Grundlegung des Kanonischen Rechts vollzieht, und zwar bei dist. 8 (BI und II), da der mittelalterliche Sammler das Vorrecht des Naturrechts gegenüber der Consuetudo und der Constitutio begründete. Spengler zitiert hierbei zustimmend als Canon die Überschrift, die Gratian dem c. 3 gegeben hatte: „Mala consuetudo radicitus est evellanda" und beweist damit das Recht der Reformation aus dem Naturrecht. Gregor VII. wird dafür als Kronzeuge aufgerufen (c. 5); Christus hat gesagt: Ich bin die Wahrheit – nicht, ich bin die Gewohnheit.

Eine Gewohnheit also, die dem natürlichen oder göttlichen Recht widerstreitet, ist nicht als „billige Gewohnheit", sondern als Rechtsbruch anzusehen; sie kann nur dann als „ersessen" gelten, wenn sie der Ver|nunft nicht entgegensteht[164]. Positiv heißt das nach Pseudoaugustin (dist. 11 c. 6), „das ein gewonheit zuloben sey, die dem Christenlichen glauben kein abbruch thue" (BIIʳ). Damit wird der reformatorische Glaube zum Maßstab erhoben, an dem die Gewohnheit gerechtfertigt werden kann; es gilt also nach dist. 11 c. 7, „das in den dingen, davon die heilig schrift nichts verordnet oder gesetzt hat, die gewonheyt götlichs volcks und der alten einsatzungen für ein gesetz zuhalten seyen" (BIIʳ). Der kirchenrechtliche Traditionalismus wird also nicht nur durch das

---

[163] Vgl. CIIᵛ zu dist. 45, c. 5 (keine gewaltsame Judenbekehrung!); EIVᵛ zu Causa 12, qu. 1, c. 4; FIIʳ zu Causa 22, qu. 2, c. 1 u. 2; FIVᵛ zu Causa 23, qu. 8, Dictum Gratiani.

[164] JIʳ zu Decretal. Lib. I, tit. 2, c. 11 in sehr freier Übersetzung. Vgl. auch ebd. die reformatorisch zu deutende Übersetzung von c. 10: „Das kein gewonheit stat oder Kraft hab, durch welche jemandt zusündigen oder das sein schendtlich und unnützlich zuverthun verursacht würdet."

Naturrecht[165], sondern auch durch die reformatorische Wahrheit begrenzt und gesichert.

Denn es ist äußerst bemerkenswert, daß überall da, wo die altkirchlichen Quellen im naturrechtlich-stoischen Sinne von der allgemein verpflichtenden ethischen Wahrheit reden, Spengler im Sinne des reformatorischen Schriftprinzips die biblische Wahrheit einsetzt[166] und damit unmittelbar auf Luthers Rechtfertigungstheologie hinzielt: ihr Existenzrecht ist von Anfang an in der Kirche gesichert gewesen. Was nach Papst Nikolaus I. nur vom Römischen Recht zu sagen ist, gilt auch vom Kanonischen: Es geziemt keinem, „etwas wider die götlichen gepot und befelch furzunemen oder etwas, das den Euangelischen, Prophetischen oder Apostolischen regeln entgegen und wider ist, zuhandeln"[167]. Das Ineinander rechtlicher, sittlicher und theologischer Prinzipien, das wir hier bei Spengler feststellen, ist typisch für den humanistisch gebildeten Laienchristen der Reformationszeit.

Nur in der Umklammerung durch ethische und rechtliche Elemente lassen sich daher in Spenglers Auszug die Zeugnisse für die evangelische Wahrheit erkennen, die in den Canones enthalten sind. Daß jene Wahr|heit recht verkündet werde, darauf kommt alles an; die das hindern, werden „von dem blut jrer beuolhen unterthan nicht unschuldig sein"; den schweigenden Predigern „steet ...die straff ewigs tods on mittel vor"[168]. Und umgekehrt: „Wellicher einen lerer der warheyt betrübt oder beschwert, der sündigt in Christum, bewegt auch got unser aller vatter wider sich, darumb er dann auch des ewigen lebens beraubt wirdet"[169]. Christus ist also der Inhalt der verkündeten Wahrheit; deshalb muß wenigstens der Bischof den Psalter auswendig können, und es

---

[165] Vgl. dazu KIII^v zu Decretal. Lib 5, tit. 41, c. 4, wonach das Reformationsrecht naturrechtlich durch die „necessitas" begründet wird.

[166] BI^v zu dist. 9, c. 3, 5 und 8 in freier Wiedergabe: „Das allein den Biblischen schriften als denen, in den kein lügen und unwarheyt ist, ... solle geglaubt werden etc.; dann die andern lerer alle mögen yrren, die heylig schrift aber nymmermer." – Ähnlich schon BI^r in der Zusammenfassung von dist. 8, c. 4–7. Vgl. unten S. 204–206, Anm. 210.

[167] BI^v, II^r zu dist. 10, c. 1 u. 2. Das Zitat übersetzt c. 2; Spengler faßt hier die reformatorische Konsequenz, die aus den 13 Canones der dist. zu ziehen ist, geschickt zusammen.

[168] CII^r zu dist. 43, c. 4 und 5. Was hier dem Weheruf von 1Kor 9,16 als Frage hinzugefügt ist, wird in Spenglers Übersetzung zur unmittelbaren Drohung gesteigert.

[169] EII^v zu Causa 11, qu. 3, c. 12; die pseudoisidorische Sentenz erinnert in ihrem Eingang fast an den Bannspruch, den Luther als doctor veritatis am 10. Dezember 1520 vor dem Elstertor in Wittenberg fällte.

gilt ganz allgemein die Sentenz: Ignoratio scripturarum est ignoratio Christi[170].

So ist nach Spengler das evangelische Schriftprinzip nicht formal zu verstehen, sondern inhaltlich und d. h. christologisch gefüllt; das Kanonische Recht bezeugt dieses Zeugnis der Schrift. Und damit spricht es auch die reformatorische Rechtfertigungslehre aus. Christus ist der Türhüter, und nur wem er öffnet, gehört zu seiner Herde; nur vom Heil. Geist werden die Sünden erlassen, nicht durch die Verdienste der Menschen. Denn am Beispiel Kains und Abels ist schon zu ersehen, „das nit der geber von den gaben, sunder die gab von des gebenden wegen Got wolgefallen". Darum wird mit leichter Umdeutung aus Augustin übersetzt: „Wo nit ein rechter glaub ist, da mag auch nicht rechte frümbkeyt oder gerechtigkeyt sein." Glaube und Liebe gehören also für Spengler untrennbar zusammen; dabei wird gut reformatorisch die Vergebung der Sünden allein dem Glauben zugesprochen[171].

In reformatorischer Weise bestimmt Spengler auch das Wesen evangelischer *Buße*, indem er exegetische Anmerkungen von Ambrosius, Chrysostomus, Augustin und Cassiodor in freier Form wiedergibt: „Das ein rewig vertreülich hertz auff die eynig götlich verheyssung zu abtilgung menschlicher begangner sündt gnugsam sey on alle mündliche | peycht und menschliche gnugthuung."[172] Auch die lutherische Sakramentenlehre findet er im Decretum Gratiani wieder. Hier ist der Empfang in beiderlei Gestalt noch festgesetzt und im Gebrauch und wird „die teylung des eynigen gleychmessigen gehaymnus" als eine „mercklich gotslesterung" bezeichnet[173]. Und aus einem ganzen Chor von Väterstimmen hört Spengler die lutherische Abendmahlslehre heraus, daß nämlich „in diesem heyligsten Sacrament unter prot und weyn warlich der leyb und

---

[170] CI^v zu dist. 38, c. 6 u. 9; vgl. DI^v zu Causa 1, qu 1, c. 26.

[171] DII^r zu Causa 1, qu. 1, c. 82; DIV^r zu Causa 3, qu. 7, c. 5, § 1–3; GI^r zu Causa 24, qu. 1, c. 29; HI^r zu De poenitentia dist. 2, frei zusammengezogen aus c. 14 und dem nachfolgenden Dictum Gratiani, aus c. 17 und c. 5.

[172] GIV^v zu De poenitentia dist. 1, c. 1, 2, 5. Auffällig und für das großstädtische Laienchristentum in Nürnberg charakteristisch ist die reservierte Haltung gegenüber der Beichte. In ihr „würdet die sündt nit nach gelassen, dieweyl sie schon als nachgelassen anzeygt würdet". Sie geschieht also nicht, um „gnad und vergebung der sünden zuerlangen, sunder allen zu anzeygung vorgeender rew des hertzens"; HI^r zu De poenitentia dist. 1, c. 37 in freier Anlehnung und Wiedergabe des folgenden Dictum Gratiani. Das moralistische Verständnis der Reue tritt HI^v in der wörtlichen Übersetzung des Ambrosiuszitates aus De poenitentia dist. 3, c. 1 zutage.

[173] HII^r/^v zu De consecratione dist. 2, c. 12. Denselben Kanon führt später auch Hieronymus Schürpff als Zeugnis für die lutherische Abendmahlslehre an; vgl. *Hekkel*, Ges. Aufsätze, S. 34, Anm. 164.

das blut Christi genummen würdet von glaubigen und unglaubigen, durch die glaubigen zum hayl, durch die unglaubigen zum urteyl und verdamnus"[174]. Ebenso konnte er die lutherische Tauflehre mit dem bekannten, ins Dekret aufgenommenen Augustinwort wiedergeben: Accedit verbum ad elementum et fit sacramentum[175].

Daß der gute Lutheraner Spengler zugleich ein Erasmianer ist, haben wir an den Grundkonzeptionen des Auszugs schon wahrgenommen. Wir müssen dieses „Zugleich" besonders betonen. Selten wird ein erasmisches Anliegen so rein aufgenommen wie der Protest gegen das jüdische Zeremonienwesen, der sich bei Erasmus so häufig findet und den Spengler nicht ganz zu Recht in Gratian bzw. Augustin hineininterpretierte[176]. Meistens findet er im Kanonischen Recht praktische Forderungen verwirklicht, die Erasmus angemeldet hatte, die aber weithin auch von Luther aufgenommen worden waren – ein Zeichen dafür, wie nahe nicht nur die von beiden Männern ausgehenden Bewegungen sich | berührten, sondern auch, wie innig sie bei einem Manne des praktischen Lebens wie dem Nürnberger Stadtschreiber sich gegenseitig durchdrangen.

Am *Bildungswesen* sind diese Vorgänge am leichtesten erkennbar; das Kanonische Recht liefert die Beweisstellen für das Unterrichtsprogramm des Biblischen Humanismus. Aus dem Dekret[177] werden die Väterstellen herausgehoben, die vor einer allzu intensiven Beschäftigung mit der antiken Literatur – die Warnung des Hieronymus vor Virgil wird bezeichnenderweise ausgelassen –, Dialektik und Naturwissenschaft warnen und von den Priestern intensives Schriftstudium fordern. Die gemeinsame Erziehung des priesterlichen Nachwuchses soll an Domschulen von den besten Lehrkräften sorgfältig vorgenommen werden; die Klöster, eng verbunden mit den Kirchen, werden ausschließlich in den Dienst dieser pädagogischen Aufgaben gestellt[178]. Positiv übernommen wird in die-

---

[174] HII^v. Die Namen der Kirchenväter, die Spengler am Rande angibt, entnahm er nicht seiner Vorlage; sie finden sich auch nicht in Melanchthons Senteniae veterum aliquot scriptorum de coena Domini, die erst im März 1530 erschienen. Für die offizielle Stellung Nürnbergs im Abendmahlsstreit ist Spenglers Formel charakteristisch.

[175] DI^v zu Causa 1, qu. 1, c. 54.

[176] BII^r/^v zu dist. 12, c. 12. Dabei wird der frei wiedergegebene Canon ausschließlich von dem reformatorischen Schriftprinzip her verstanden und so auf die paulinisch-erasmische (nicht lutherische) Freiheit eines Christenmenschen gedeutet.

[177] CI^r zu dist. 37, c. 2, 3, 5, 16 und zu dist. 38, c. 1.

[178] EIV^r/^v zu Causa 12, qu. 1, c. 1 u. 3. Spengler merkt hier an: „Auß diesem Canon findet sich ye lautter, das die Clöster allein Zucht schulen und nit Teüffels fäncknus der seelen und gewissen, wie sie yetzo bey uns sein gewest." Luthers seit der Schrift an den Adel immer wieder erhobene und seit den Visitationen durchgeführte

13*

sem Zusammenhang die Forderung des 4. Laterankonzils von 1215, daß
die Domschulen erneuert und die Prälaten einen Theologen als Ratgeber
und Lehrer in ihre Umgebung ziehen sollten[179].

Ein *Bischof* muß selber in Lehre und Leben das Ideal der christlichen
Bildung verkörpern. Die Vorschriften des Dekrets über die Wahlfähig-
keit, die diese Forderung bekräftigen, werden von Spengler gebührend
hervorgehoben. Und wenn er verlangt, daß bei Bischofswahlen in erster
Linie „auff den gemaynen nutz gesehen werden sol", so stehen für ihn
diese Gesichtspunkte theologischer und sittlicher Bildung und nicht etwa
politische Erwägungen im Vordergrund[180]. Dieselben Gesichtspunkte
müssen natürlich auf die Auswahl und Prüfung der Priesterkandidaten
angewandt werden; Spengler übernimmt die entsprechenden Bestimmungen des 4. Laterankonzils, ohne auf die hierarchische Gliederung
einzugehen, die sie voraussetzen[181]. |

So ersteht für Spengler aus den kanonischen Quellen das Ideal des
altkirchlichen Bischofs, wie Erasmus es gezeichnet hatte; wie dieser kritisiert er von da aus den verweltlichten Klerus seiner Zeit und stellt Forderungen zur Besserung auf. Wer zum priesterlichen Stand erwählt werden soll, soll an Bildung und Frömmigkeit alle anderen überragen; das
Volk soll deshalb an seiner Wahl beteiligt werden und seine Vorzüge bestätigen. In wörtlicher Übersetzung gibt Spengler aus einer apokryphen
Quelle alle Vorzüge wieder, die einen tadellosen Lehrer ausmachen. Die
Drohungen und Strafreden, die die alten Canones gegen schlechte Priester vorbringen, werden wörtlich übernommen und auf die Gegenwart
angewandt; die Tatsache, daß Gott seinem Volk immer wieder im Zorn
und zur Strafe böse Bischöfe gegeben hat, ist für Spengler durchaus aktuell[182]. Und sein eigner polemischer Eifer flammt auf, wenn er in freier Zusammenfassung einschlägiger Canones und ohne Anhalt am Text
feststellt, „das ein Bischoue, der seiner dienstperkayt nit gnug thut, nicht
ein Bischoue, sunder ein unverschempter hund zuachten sey"[183].

Die polemische Absicht merkt man auch daran, daß Spengler aus den
sittlichen Forderungen eines Abschnittes bei Gratian einen ganzen La-

---

Forderung, Klöster in Schulen umzuwandeln, findet also hier eine kanonische Rechtfertigung.
   [179] KII^v zu Decretal. V, tit. 5, c. 4 u. 5.
   [180] BIII^r/^v zu dist. 23, c. 2, 3, 5; dist. 24, c. 2, 7; JI^r zu Decretal. I, 6, c. 7, 44;
EII^r zu Causa 8, qu. 2, c. 1 u. 2.
   [181] JI^v f. zu Decretal. I, tit. 14, c. 4 u. 14.
   [182] EI^r/^v zu Causa 8, qu. 1, c. 15, 12, 22, 23, 18.
   [183] DIII^r/^v zu Causa 2, qu. 7, c. 28, 29, 30, 34.

sterkatalog für untaugliche Priester zusammenstellt und deren Absetzung fordert[184]. Daß sich in den versuchlichen Lebensumständen der Kleriker vom Ausgang der Antike bis zum Ende des Mittelalters nichts Entscheidendes geändert hat, merkt man daran, daß Klagen über „fresserey und füllerey", über Wirtshausbesuch und „für sich selbs auch kein wirtschafft halten" wiederaufgenommen werden, ebenso Warnungen vor weltlicher Hantierung, vor Zutrinken, Kleiderpracht und leiblicher Wollust[185]. Und der reformatorische Hintergrund dieser Polemik Spenglers wird deutlich, wenn er die Klage des Pseudo-Chrysostomus über die vielen Priester aufnimmt, die ihrem Namen keine Ehre machen, und hinzufügt: „Nicht alle priester seyen heylig, sunder alle heyligen seyen priester." Dieser wörtlich übersetzte Ausspruch, der eine schon im Original sehr wenig hierarchische Sentenz abwandelt[186], ist für Speng|ler Ausdruck für das allgemeine Priestertum aller Gläubigen. Dessen Kritik ist für ihn das institutionelle Amt unterworfen. Damit überschreitet er die der erasmischen Reformtheologie gezogene Grenze und nimmt das altkanonische Recht für Luthers Reformation in Beschlag.

Untrennbar verschlingen sich humanistische und reformatorische Motive auch in der Frage der *Ehelosigkeit* der Priester. Stellen, die das Recht verheirateter Priester aus der christlichen Antike belegen, werden eifrig herbeigetragen: Auf der Verachtung der Ehe steht der Bann; das Nizaenum hat unter dem Einfluß des „eynigen frummen" Mannes Paphnutius die Priesterehe freigegeben, und spätere Konzilien haben diese Entscheidung bestätigt[187]. Wie Erasmus, so bekämpft auch Spengler die Ehescheidung beim Klostereintritt eines Ehepartners; noch schärfer als Augustin, auf den er sich beruft, hebt er den göttlichen Charak-

---

[184] CII[v] zu dist. 46.

[185] CII[r] zu dist. 44, c. 1, 2, 3; JIII[v] zu Decretal. I, lib. 3, tit. 1, c. 14 u. 15; FI[v] zu Causa 21 (verdruckt zu 22) qu. 4, c. 1 u. 3.

[186] Non cathedra facit sacerdotem, sed sacerdos cathedram; non locus sanctificat hominem, sed, homo locum; non omnis sacerdos sanctus, sed omnis sanctus sacerdos est; vgl. CI[v] zu dst. 40, c. 12.

[187] BIV[r] zu dist. 31, c. 8, 12, 13; dieser von Gratian ausdrücklich auf die orientalische Kirche beschränkte Kanon wird von Spengler sehr frei wiedergegeben, so daß die ursprünglich nur vorgesehene Erlaubnis zur Fortsetzung des ehelichen Verkehrs fast als Heiratsforderung erscheint: „... das ein yeder priester möcht ein weyb nemen und keiner schuldig sein solt, sich zur keuscheyt zuverpflichten." Vgl. auch BIII[v] zu dist. 23, c. 3 und zu dist. 26, c. 3; GIV[v] zu Causa 33, qu. 2, c. 10. – Über Paphnutius vgl. *Köhler,* Luther Bd. 1, S. 152–155; Köhler bemüht sich, die Erzählung über Paphnutius in der zeitgenössischen Publizistik zu verfolgen, ihre Herkunft aus dem Dekret erkennt er nicht.

ter einer einmal geschlossenen Ehe hervor, der durch menschliche Entschlüsse nicht aufgehoben werden kann[188]. In bezug auf die Ehescheidung verfährt er strenger als Erasmus und läßt nur den Ehebruch eines Partners als biblischen Scheidungsgrund gelten[189]. Eine polemische Note hat es sicherlich, wenn Spengler die Bestimmungen über die Priesterhuren aus den Dekretalen wiedergibt; man kann sich gut vorstellen, mit welchem sarkastischen Schmunzeln er hierbei die rechtliche Theorie mit der empirischen Wirklichkeit verglich. Auch das Verbot, bei Priestern, die Konkubinarier sind, Messe zu hören, dient sicherlich zur Rechtfertigung der Maßnahmen, die die evangelischen Territorien und Städte solchen Vertretern der alten Kirche gegenüber getroffen hatten[190].

Die Rechtsverhältnisse der Geistlichen in den evangelischen Gebieten stellt Spengler unter den Schutz zweier Grundsätze, die sich gegenseitig ergänzen und sowohl den konservativen Sinn erkennen lassen, den Lu|thers Reformation mit den Vorschlägen des Erasmus teilt, wie auch den revolutionären Bruch, den der vorsichtige Humanist immer verabscheute. Sie lauten:

1. „Was ordenlich und Christenlich fürsehen und beschlossen ist, das sol durch die nachkummenden nit widerfochten oder zerprochen werden";

2. „die ding, die unbillich zugelassen und beschehen sind durch die nachkummen (wöllen sie anders billichem schaden empflihen), sollen abgethan, verdampt und gepessert werden."[191]

Die Schärfe dieser Ablehnung ergibt sich aus dem reformatorischen Schriftprinzip; was ihm widerstreitet, kann und darf nicht bestehenbleiben[192]. Alte Rechtsbestimmungen, die dem gegenwärtigen kirchlichen Brauch direkt widersprachen wie die stabilitas loci oder die Möglichkeiten, die ursprünglich der kanonische Prozeß dem in Glaubensfragen Angeklagten bot (freies Bekenntnis des Glaubens, ordnungsmäßiges

---

[188] GIII^v f. zu Causa 27, qu. 1, c. 41; qu. 2, c. 19 u. 24.

[189] GIV^r zu Causa 32, qu. 4, c. 5; qu. 5, c. 13, 15, 17, 18.

[190] JIV^v zu Decretal. III, tit. 2, c. 2, 3, 4, 6; BIV^v zu dist. 32, c. 5. Zu den Konkubinariern vgl. auch CIII^r zu dist. 81, c. 6, 24, 30.

[191] HI^v f. zu Causa 35, qu. 9, c. 1, 2, 3, 6. Satz 1 gibt wörtlich die zweite Hälfte von c. 1 wieder; der revolutionäre Zusatz zu Satz 2: „Ob es schon durch den stul zu Rom beschehen und geurteylt were" stammt formal aus c. 6.

[192] GII^r/^v zu Causa 25, qu. 1, c. 2, 6, 7, 8. Bei der Aufzählung der entscheidenden Instanzen hat Spenglers Übersetzung von c. 8 („alles das, so wider die Evangelischen, Apostolischen und Prophetischen lere ... gehandelt würdet, kan mit nichten eynichen bestand haben"), den Hinweis auf die Rechtstradition (contra ... constitutionem eorum sive sanctorum Patrum) weggelassen und somit den Sinn entscheidend geändert.

Verhör, Ablehnung eines selbst straffällig gewordenen Richters) oder auch Canones, die den reformatorischen Protest des Laien gegen den Priester, des Ungelehrten gegen den Gelehrten zu rechtfertigen schienen, dienen als Waffen für die gegenwärtigen Auseinandersetzungen[193]. „Das die bösen und die mit öffentlichen laßtern beladen sein, sollen durch den rechten christenlichen bann gestrafft" werden, und zwar „on streych und peen" – diesen Grundsatz evangelischer Kirchenzucht übernimmt Spengler aus dem Dekret; Gott würde zum Zorn bewegt werden, wenn sie nicht geübt würde[194]. Aber nur ein gerechter Bann ist wirksam; ein Mißbrauch ist der, der „die kauffleut mit neuen zöllen und meuten beschwert"[195]. |

Es ist der juristische Verwaltungsbeamte einer weltberühmten Handelsstadt, der so schreibt; Spengler stellt das Kanonische Recht mitten hinein in die Verhältnisse eines evangelischen Stadtstaates. Er entnimmt ihm mit Zustimmung auch Grundsätze, die für die bürgerliche Gerichtsbarkeit gelten: Wille und Gemüt müssen miteinander beurteilt, Wille und Werk zusammen gestraft werden; nicht nur der Mörder mit der Hand, sondern auch der Helfer mit dem Rat muß der Strafe zugeführt werden[196]. Spengler billigt es, daß Priester und weltlicher Richter zusammenwirken, damit das Volk „bey den götlichen ämptern gegenwertig" sei[197]; Zauberei und Tagwählerei will er durch die ordentliche Obrigkeit gestraft wissen; wenn er auch die Todesstrafe gegen Ketzer mit dem altkanonischen Recht ablehnt, so stimmt er ihm darin zu, daß die weltliche Obrigkeit gegen die vorgeht, „die dem götlichen wort und desselben lerern nit gehorchen und ye in öffenlichen übertrettungen verharren wöllen"; Strafamt der weltlichen Obrigkeit und deren Schutzpflicht gegenüber der Kirche findet Spengler schon in der Alten Kirche und bei Gratian begründet[198], ebenso das Widerstandsrecht des einzelnen, des-

---

[193] DIV^v zu Causa 7, qu. 1, c. 19, 21–25; DII^v f. zu Causa 2, qu. 1, c. 1, 2, 5, 10, 11 u. 20; GIV^r zu Causa 30, qu. 5, c. 10 u. 11; DIV^r zu Causa 3, qu. 7, c. 7 (mit Dictum Gratiani); DIII^v zu Causa 2, qu. 7, c. 31, 39, 40, 43, 44.

[194] FIII^v zu Causa 23 (verdruckt zu 22) qu. 4, c. 1, 2, 11, 13, 14, 18, 19, 21, 24, 31, 50.

[195] EII^v zu Causa 11, qu. 3, c. 42, 46, 50, 64; GI^v zu Causa 24, qu. 3, c. 6, 19, 20, 23.

[196] GIV^{v}f. zu De poenitentia dist. 1, c. 9, 23, 25, 26.

[197] HII^v zu De consecratione dist. 3, c. 2.

[198] GIII^r/^{v} zu Causa 26, qu. 2, c. 7, 17; FIV^r/^{v} zu Causa 23, qu. 5, c. 1, 2, 22, 20, 38–40. – Aus der Schutzpflicht der weltlichen Obrigkeit leitet Spengler unter Berufung auf Decretal. III, tit. 1, c. 16 (JIV^v) die Gehorsamspflicht des Klerus ab: „das die geistlichen, die sich der gesetz und ordnung des vatterlands für sich geprauchen, auch dieselben wider sich gedulden und von iren obern dawider nicht beschützt werden sollen."

sen Pflicht, sich für den Nächsten einzusetzen, und den gerechten Krieg seitens der Obrigkeit[199]. Auf die kanonische Lehre vom Eid legt Spengler – nicht nur, um sich von den Täufern zu distanzieren – besonderen Wert: „ayd schweren sol haben dise drey gesellen, nemlich warheyt, das recht, gericht und die gerechtigkeyt."[200] Hier findet er die Grundlage alles Rechtes.

Mögen wir uns daher nicht wundern, daß für Spengler das Recht des werdenden Territorialstaates im Kanonischen Recht eine Stütze findet. Seine Interpretation hat dabei freilich oft einen gewaltsamen Zug, so wenn er, eine Fülle mittelalterlicher Kontroversen überspringend, schlicht feststellt, „das einem Römischen Keyser rechtlich zustehe, einen Bapst zuerwelen, des gleychen andern Fürsten die Bischoue"[201], oder wenn er aus der Trennung von weltlicher und geistlicher Gewalt stracks den Schluß zieht, daß „die geistlichen in weltlichen sachen der weltlichen Oberkeit und jren gesetzen unterworffen sein sollen"[202]. Einzelne Konsequenzen aus dieser Grundthese lassen sich aus dem Corpus Juris Canonici immerhin ableiten: Daß Geistliche im Falle der Not Wachdienst leisten müssen, daß sie sich in die Angelegenheiten der Bürgerschaft nicht einmischen, besonders auch keine weltliche Hantierung treiben oder Geschäftsleuten Dienste leisten dürfen[203]. Für den kirchlichen Besitz bedeutet das, daß er der Verfügungsgewalt der Geistlichen entzogen ist; sie dürfen ihn weder verkaufen, noch etwas dazuerwerben. Spengler stellt derartige Manipulationen unter den Begriff der Simonie und gewinnt dadurch eine breite Grundlage, sie zu bekämpfen. Andrerseits unterwirft er die Geistlichkeit der bürgerlichen Steuerpflicht; in allen weltlichen Dingen hat sie der weltlichen Obrigkeit untertänig zu sein[204]. Wir sehen, Luther war nicht der einzige mit seiner

---

[199] FIII^r zu Causa 23, qu. 3, c. 7, 8, 11; qu. 1, c. 5, 6: qu. 2, c. 1.

[200] FI^vf. zu Causa 22, qu. 1, c. 5 u. 6; qu. 2, c. 1 u. 2; dazu FII^r das Dictum Spengleri: „Darauß versteet nun ein yeder, wie Christlich es ist, so ein Bischoue im eingang seins Bischofflichen ampts schwert mer dann ein artickel, da er gewißlich wayß, das er sie weder halten wil oder kan, von dem er sich auch zu stund absolviern läst; und ob das laut dieses Canons nicht ein offenlicher betrug sey." Dazu FII^r zu Causa 22, qu. 2, c. 8 „von achterley geschlecht der lügen" im Anschluß an Augustin: „unter denen das erst, schwerst und färlichst ist, auch der höchsten, schedlichsten laßter eins, so man in der lere unser Religion und glaubens leügt oder die unwarheit sagt."

[201] CII^v zu dist. 63, c. 2, 16.

[202] DI^v zu dist. 96, c. 6.

[203] KI^vff. zu Decretal. lib. 3 tit. 49, c. 2: tit. 50, c. 1, 2, 4; lib. 4, tit. 17, c. 7. Über die 1525 eingeführte Wachpflicht der Nürnberger Geistlichen vgl. *Simon*, Vom Priesterrock, S. 19 f.

[204] DI^r zu Causa 1, qu. 1 in freier Zusammenfassung aller Canones; EII^v zu Causa

Meinung, man könne Reste des Kanonischen Rechtes in die Ordnung des
Territorialstaates einbauen.

Wieweit das päpstliche Recht als ein göttliches dem der mittelalterlichen Kaiser unterworfen sei, war jahrhundertelang die große Streitfrage
des Abendlandes gewesen; und wie das Römische Recht in das Kanonische einzubauen sei, war die Frage, die zwischen Legisten und Kanonisten offenstand. Für Spengler war die Problematik einfach: Für ihn war
das göttliche Gesetz identisch mit der biblischen Wahrheit, und | der
war natürlich auch der Kaiser unterworfen[205]. Um so wichtiger ist
dann die Feststellung, daß es außer dem kaiserlichen Recht kein anderes
menschliches mehr gibt, daß also das Kanonische Recht dem Römischen
gegenüber keine ausschließliche Rechtskraft besitzt. Das meint Spengler
offenbar, wenn er den in das Dekret übergegangenen justinianischen
Grundsatz wörtlich wiedergibt, daß nämlich „die ding, so den Keyserli-
chen gesetzen entgegen, nicht allein unnütz, sunder für unkrefftig zuhal-
ten sein"[206]. Auf der anderen Seite war der Kaiser und blieb er der
Schutzherr der Christenheit: alle deren Vorsteher durften von ihm als
ihrer ordentlichen Obrigkeit Hilfe erwarten. Um des Schutzes willen, den
die Kirche von ihm empfängt, soll die Kirche ihm willig Tribut und
Steuer geben; er umgekehrt wird sich nicht selbstherrlich Befugnisse anmaßen in den Dingen, die Gott zugehören[206a]. Dabei lehrt die Geschichte, daß ein Fürst sogar vom Papst Rechenschaft seines Glaubens
fordern kann; die Anwendung auf Karl V. und den Augsburger Reichstag lag auf der Hand[207].

Es ist klar, daß Spengler in seinem „Auszug" die Elemente hervorhob,
die im Kanonischen Recht zur Stütze der konziliaren Ideen bereitlagen,
und damit dem Verlangen des deutschen Volkes nach einem freien
christlichen Konzil entgegenkam. Eine Andeutung, die Papst Nikolaus I. über die Mitbeteiligung des Kaisers und aller Christen bei der
Entscheidung universaler Glaubensfragen gemacht hatte, münzt Spengler aus und fordert im Sinne des 14. und 15. Jh.s, daß „allen menschen

---

11, qu. 1, c. 27 u. 28. Der Sinn der angezogenen Stellen ist von Spengler fast ins Gegenteil verkehrt; Ambrosius erklärt gegenüber kaiserlichen Tributforderungen in c. 27:
„Imperatori non dono, sed non nego."

[205] BI'f. zu dist. 10, c. 1, 2.

[206] GIII' zu Causa 25, qu. 2, c. 13.

[206a] FIII' zu Causa 23, qu. 3, c. 2, 3, 10; GI' zu Causa 23, qu. 8, c. 21, 22.

[207] GIII' zu Causa 25, qu. 1, c. 10. – Spenglers dictum beschreibt das Bekenntnis
so, daß der Papst „auß vermög der göttlichen gesetz mit seinem glauben der heyligen
schrift schuldigklich unterworffen sey".

Geystlichs und Weltlichs stands gepüre und zustee, dabey zu sein, so von des glaubens sachen tractirt und gehandelt wirdet in Concilien oder andern versammlungen"[208]. Seinen Zusammenhang mit der konziliaren Ideenwelt gibt Spengler in dem Nachwort zu erkennen, in dem er die Reformartikel sich zu eigen macht, die Peter d'Ailly 1416 in seiner Schrift De reformatione ecclesiae niedergelegt hatte; dabei berührt sich vieles mit den Forderungen, die der Nürnberger Stadtschreiber aus dem Kanonischen Recht hervorgehoben hatte. Schon d'Ailly hatte sich in seiner Kritik an den kirchlichen Zuständen seiner Zeit auf Bernhard von Clairvaux berufen; Spengler nimmt diesen Hinweis auf und schließt seinen Auszug | mit einem Abdruck aus der Reformschrift De consideratione des großen Cistercienserabtes[209].

So haftet der Verfasser des Auszugs fest an den Traditionen des ausgehenden Mittelalters, wie denn auch seine freie Stadt Nürnberg in der Reformation ihres Kirchenwesens Tendenzen zu Ende führte, die schon im Spätmittelalter aufgebrochen waren. Letztlich fügen sich alle Anregungen, die von Luther und Erasmus ausgegangen waren, in den Rahmen ein, der durch jene Tendenzen vorgezeichnet war. In diesem Zusammenhang müssen wir auch die Neuinterpretation des Kanonischen Rechtes verstehen, die Spengler in seinem Auszug bietet. Wir fühlen ihm die Entdeckerfreude nach, die er empfinden mußte, wenn er Anklängen an Luthers evangelische Predigt, wenn er kirchenpolitischen Reformforderungen des Erasmus in den alten Canones begegnete. Was er ihnen an Rechtsgut entnahm, verstärkte die Bemühungen des spätmittelalterlichen Territorialstaates zur politischen und rechtlichen Hoheit auch die kulturelle, d. h. die kirchliche zu gewinnen und den Pfarrerstand in die territorialen Aufgaben einzugliedern.

Das Kanonische Recht, so wie Spengler es verstand, entmächtigte sich selbst, indem es dem Kaiser und den Fürsten die Rechtshoheit zubilligte, die sie erstrebten. Es wurde zur Grundlage gemacht für einen Säkularisationsvorgang, der sowohl das kirchliche Vermögen als auch den Klerus umfaßte. Vor allem schien die historisch begründete These, daß die Klöster ursprünglich zur Ausbildung des kirchlichen Nachwuchses bestimmt gewesen seien, die Inanspruchnahme der Klöster und kirchlichen Stiftungen – zumal der städtischen – für die Schulzwecke zu legalisie-

---

[208] DI^r zu dist. 96, c. 4.
[209] Vgl. *Mabillon*, MSL 182, S. 774 ff. In seiner oben Anm. 161 erwähnten ,Antwort' hat Spengler seine Hoffnungen auf ein neues allgemeines Konzil ausführlicher dargelegt; vgl. *Braun*, in: BbKG 22, S. 101–106.

ren. Die Aufnahme der Geistlichen in das Bürgerrecht der Städte, wie
sie 1525 in Nürnberg geschehen war, und ihre Einfügung in den Be-
amtenorganismus des Territorialstaates, wie sie im Zuge der Visitationen
erfolgte, gewann auf Grund von Spenglers Auszug ebenfalls den Schein
einer Legitimation durch das Kanonische Recht. Es ist deutlich zu erkennen, daß in diesen Deutungen und Umdeutungen der nüchterne Sinn
bürgerlichen Calculs zum Zuge kommt; es wäre interessant, das Jahrhundert der Aufklärung und seine Kanonistik zum Vergleich heranzuziehen.

Daß der Pfarrer in dieser bürgerlichen Gesellschaft verheiratet sein
müsse, war selbstverständlich. Die Zeugnisse aus der Alten Kirche
und | die Beispiele aus der Ostkirche, die sich für die Verehelichung der
Priester geltend machen ließen, wurden unterstützt durch den Kampf
gegen die Konkubinarier, den Gratian und seine Vorgänger mit der
Waffe des Kirchenrechts, und den die bürgerliche Frömmigkeit des ausgehenden Mittelalters mit Satire, Spott und moralischer Entrüstung aus
einem verletzten Rechtsgefühl heraus geführt hatte. Dem Artikel des
Bekenntnisses von der Priesterehe (vgl. CA 23, 27) bot das Kanonische
Recht eine Menge von Verteidigungswaffen an; nicht nur Spengler hat
von ihnen Gebrauch gemacht. Und das Priester- und Bischofsideal, das
ein durch Erasmus geschultes Auge in den alten Canones wiederfand,
paßte mit seiner Ausrichtung auf eine makellose ethische Haltung aufs
beste in diese bürgerliche Welt. Für Spengler als den Schüler Luthers
war es freilich unlösbar verbunden mit der evangelischen Predigt. Daß
sie die Wahrheit Gottes auf Grund der Hl. Schrift verkündigten, das
war in des Ratsschreibers Augen die einzig stichhaltige Legitimation für
die Träger des geistlichen Amtes. Darum war es für ihn auch so wichtig,
daß jene Wahrheit von den Canones immer wieder bezeugt worden war:
So stimmte also das Zeugnis der gegenwärtigen Prediger mit dem der
Christenheit aller Zeiten aufs beste zusammen. Äußerlich dokumentiert
aber wurde die evangelische Wahrheit in der Spendung des Altarsakra-
mentes unter beiderlei Gestalt. In dieser kultischen Handlung griffen
alle Motive Spenglers ineinander und stützten sich gegenseitig: Luthers
Sakramentsverständnis und die historische Kritik des Erasmus; der seit
dem Spätmittelalter erwachte Selbständigkeitsdrang des bürgerlichen
Laienchristentums und die Aufhebung der geistlichen Schranke, durch
die es vom Klerus getrennt war. Die Begründung des Sakramentsempf-
fanges sub utraque aus dem Kanonischen Recht gibt den kirchenrefor-

merischen Bemühungen Spenglers den Abschluß und rundet ab, was hinter seinem „Auszug" an kirchenpolitischer Rechtfertigung und Zielsetzung stand.

VI.

In den Einigungsverhandlungen, die nach dem 25. Juni 1530 der Übergabe der Confessio Augustana folgten, hat Melanchthon bekanntlich drei Forderungen gestellt: Abendmahl in beiderlei Gestalt, Priesterehe und Freigabe der evangelischen Predigt durch die Bischöfe. Wer von Spenglers Auszug herkommt, bemerkt sofort, daß diese drei Punkte aus dem Kanonischen Recht, wie die evangelische Seite es verstand, zu rechtfertigen waren. Melanchthon hat diese Rechtfertigung selbst vollzogen. | In CA 22 bezieht sich der Väterbeweis für das Abendmahl in beiderlei Gestalt auch auf zwei Dekretstellen[210], wobei die zweite ganz allgemein das mandatum Christi gegen die kirchliche Gewohnheit ausspielt. Gegen das Verbot der Priesterehe hat sich CA 23 auf die besten Canones berufen, „nicht nur von Päpsten, sondern auch von den berühmtesten Synoden gemacht", ohne jedoch seine Belegstellen besonders anzuführen[211]. Und in CA 28 (De potestate ecclesiastica) kann man zwar manche gedankliche Berührung mit den von Spengler aufgeführten Canones feststellen, eine direkte Erwähnung findet nur gelegentlich

---

[210] CA 22, § 7 De consecratione dist. 2, c. 12, CA 22, § 9; dist. 8, c. 4 ff., vgl. die Nachweisungen *Bornkamms* BSLK (auch zu den weiter angeführten Stellen der CA [BSLK, S. 85, Anm. 5; S. 86, Anm. 3]) und Spenglers Auszug HII$^{r/v}$, BI^r. Mit diesen Canones setzt Spenglers Auszug ein; sie bilden gleichsam die Generalklausel dazu. Wenn Melanchthon diese Stelle bei der Abfassung von CA 22 vor Augen hatte, hat er mit den „canones sequentes" vor allem dist. 8, c. 5, 7, 9 gemeint. Ob Melanchthon den Auszug wirklich benutzt hat, läßt sich schwer sagen; er führt sonst nur die Autorität der Canones allgemein an, ohne sie einzeln zu zitieren. – Genaueres über das grundsätzliche Verhältnis zwischen Decret. Grat und CA und deren Bezugnahme darauf in meinem Buch Pfarrerrecht und Bekenntnis, S. 85 ff., 123 ff.

[211] CA 23, § 13 u. 16. In CA 27 Von den Klostergelübden hat Melanchthon in § 6 – wie schon Erasmus – mit Recht auf die Milderungen der oblatio puerorum, die das Dekret zuläßt, hervorgehoben; vgl. Causa 20, qu. 1, c. 5 (worauf sich *Bornkamm* irrtümlich bezieht; er meint c. 3 und c. 8) mit dem Dictum Gratiani; auch c. 6 bezieht sich auf den schon halberwachsenen Mönch; vgl. auch die Einschränkungen, die Melanchton in CA 27, §§ 23, 31, 32, 35 und 40 aus den Gelübdevorschriften des Dekrets heraushebt. Für die ursprüngliche Bedeutung der Klöster als Schulen (CA 27, § 15 bis 17) beruft sich CA 27 nicht auf das Dekret. *Heckel* zählt, Ges. Aufsätze, S. 29, Anm. 144 die Zitate, Anm. 145 die Anspielungen auf und gibt dafür die mutmaßlichen Bezüge an.

statt: die Gehorsamspflicht der Gemeinde gegenüber gläubigen Priestern
(§ 27) oder die Beschränkung, der die gesetzgeberische Gewalt der Bischöfe von der Hl. Schrift aus unterliegt (§ 34); mit Erasmus wird die
aequitas als Richtschnur für das Kanonische Recht (§§ 64, 68) und die
Wandlungsfähigkeit aller durch Gewohnheit eingeführten Bestimmungen (§§ 72–75) proklamiert und das alte Recht gegen die neue Praxis
ausgespielt (§ 67).

Das alles sind mehr allgemeine Anspielungen als konkrete Bezüge auf
bestimmte Canones. So geschieht es auch in der Apologie, wo Apol. 22
die Darreichung von beiderlei Gestalt des Sakraments mit Konzilsbeschlüssen gerechtfertigt wird, die nicht alle in das Dekret aufgenommen
wurden (§§ 4, 8)[212]. Nach Apol. 23 widerspricht das Verbot der Prie-
ster|ehe den Canones der Konzilien (§§ 3. 6. 60), wobei zwischen deren
altem Recht und dem neuen der Päpste ein grundsätzlicher Unterschied
gemacht wird (§ 23 f.). Gegen diese wird – ganz im Sinne des Erasmus
– der Vorwurf erhoben, sie machten von ihrer Möglichkeit, strenges
Recht zu mildern, gerade in der Frage der Priesterehe keinen Gebrauch,
sondern verschärften die Maßnahmen gegen verheiratete Priester in
sinnloser Grausamkeit (§§ 56–58)[213]. In dem harten Kampf, den die
Reformation an dieser Stelle zu führen hatte und den der entsprechende
Artikel verschärft wieder aufnahm, war die Berufung auf das ursprüngliche Kanonische Recht von unschätzbarem Werte.

Im kirchenpolitischen Ringen der Jahre um 1530 spielte die Frage
nach der Gewalt der Bischöfe eine entscheidend wichtige Rolle; sie
konnte nur im Blick auf das Kanonische Recht gelöst werden. Melanchthon ist hier sehr zurückhaltend. Indem er in Apol. 28, § 2. seinen Re-
spekt vor dem weltlichen Recht (politicae ordinationes) bezeugt und
auch die Immunitätsprivilegien der Geistlichkeit darauf zurückführte,
hob er das Kanonische Recht in seiner Eigenständigkeit auf und ließ
ihm nur eine subsidiäre Bedeutung. Und indem er unterschied zwischen
Bischöfen „iuxta politiam canonicam“ und Bischöfen „iuxta Evangelium“, schränkte er auch von der religiösen Seite aus die kanonische

---

[212] In AC 22, § 4 ist auf De consecratione dist. 2, c. 11 Bezug genommen; der Kanon gehört zum 2. Toletanum von 681; vgl. *Mansi*, Conciliorum collectio, Bd. 11, S.
1033, c. 5. *Heckel* zählt die Verweise Ges. Aufsätze, S. 29, Anm. 149 auf.

[213] In bezug auf die Klostergelübde wird AC 27, § 10 umgekehrt hervorgehoben,
daß sogar die päpstlichen Dekretalen gewisse Auswüchse verwerfen: wie in CA 27, §
6 werden die Erleichterungen genannt, die das Dekret (vgl. Anm. 211) gewährt (AC
27, § 57), werden allerdings auch übertriebene Werturteile über das Mönchswesen zurückgewiesen (AC 27, § 47).

Rechtsordnung ein. Wenn er ihr auch seine Reverenz erwies, so galt sie nur, weil und soweit sie der Hl. Schrift nicht widersprach. Darin drückt sich, wie wir sahen, die gemeinevangelische Überzeugung aus.

Immerhin, damit war ein Bischofsamt innerhalb der politia canonica anerkannt. Es umfaßte nicht nur die Verwaltung von Wort und Sakrament (potestas ordinis), nicht nur die Bann- und Absolutionsgewalt (potestas iurisdictionis), sondern auch gewisse Befugnisse der Rechtssetzung. Im reformatorischen Sinne fordert Melanchthon, daß solche bischöfliche Gesetzgebung die Freiheit eines Christenmenschen nicht einschränken, sich also nicht zwischen Gott und den Gläubigen schieben dürfe (§ 15) mit dem Anspruch, der Gehorsam gegen sie sei heilsnotwendig. Im Sinne des Erasmus stellt Melanchthon fest, solche Gesetzgebung sei wandelbar gewesen von den Tagen der Apostel an (§ 16); selbst sie hätten die Erlaubnis zur Änderung gesetzlicher oder ritueller Vorschriften gegeben. |

Was gehört also nach der Apologie in bezug auf die Bischöfe zur politia canonica? Wenig genug. Sicher nicht die reichsfürstliche Gewalt. Aber auch auf dem Gebiete kirchlichen Rechtes nichts, was ein an die Schrift gebundenes, heilsverlangendes Gewissen belasten könnte. Was bleibt, ist die Begehung von Sonn- und Feiertagen, ein gewisses ius liturgicum also (vgl. CA 28, § 53–64), ist vielleicht eine gewisse Mitwirkung bei der Berufung und Einsetzung evangelischer Prediger, ein Recht, das wenigstens die Augustana noch den Bischöfen angetragen hatte, die die evangelische Predigt dulden würden. Die Reste kirchlichen Rechtes also, die nach Luthers Urteil von 1529 aus der verwüsteten Kirche des Papstes für einen kirchlichen Neubau verwendet werden könnten, sind sehr bescheiden gewesen.

Ist das der ganze Ertrag, den wir aus dem Überblick über ein Jahrzehnt entscheidender Geschichte des Kanonischen Rechts gewinnen können? Wir könnten noch auf anderes hinweisen: auf die Lebensdauer dieses Rechtes, die auch in einem Jahrzehnt revolutionärer Umbrüche nicht zum Verlöschen gebracht werden konnte; auf seine Fruchtbarkeit, mit der es aus der Tiefe seines Ursprungs Rechtssätze hervorzuholen verstand, die, zur Zeit ihrer Entstehung ganz anders gemeint, in einer neuen geschichtlichen Situation neue Bedeutung gewinnen konnten; auf seine Wandlungsfähigkeit, in der es Überlebtes abstoßen und Neues vorbereiten konnte. Wir wissen nicht, wie die rechtliche Entwicklung der abendländischen Christenheit weitergegangen wäre, wenn 1530 Melanchthons Einigungsbedingungen auf Grund der alten Canones anerkannt worden wären, wenn sich also jene Rechtsentwicklung einigermaßen kontinuierlich und einheitlich vollzogen hätte. Aber auch wenn wir es beklagen, daß das Kirchenrecht des modernen Staates den Protestantismus viel stärker in seinen Bann geschlagen hat als den Katholizismus, so müssen wir doch anerkennen, daß dieser Bann inzwischen gebrochen ist. Die Stunde ist da, in der die evangelische Christenheit ihre Ordnungen in Freiheit von der Staatsgewalt neu gestalten muß. Der Reste einer überlebten Vergangenheit sind es inzwischen viel mehr geworden, als Luther im Jahre 1529 zu ahnen vermochte. Dennoch könnte sich aus diesen Resten der eine oder andere noch als tauglich für einen Neubau erweisen. Diejenigen Elemente kirchlicher Ordnung jedenfalls, die aus den ältesten Traditionen der Kirche stammen, diejenigen Stücke der Überlieferung, in denen es sich um die Verkündigung des Evangeliums und die Darreichung der Sakramente handelt, werden auch für den Neubau eines evangelischen Kirchenrechts Grund- und Eckstein bilden müssen.

ERWÄGUNGEN UND VERHANDLUNGEN
ÜBER DIE GEISTLICHE JURISDIKTION DER BISCHÖFE
VOR UND WÄHREND DES AUGSBURGER REICHSTAGS VON 1530[*]

Die Jurisdiktion der Bischöfe ist nicht erst durch den Zusammenstoß der kirchlichen Gewalten mit der Wittenberger Reformation Gegenstand von kritischen Erwägungen und politischen Verhandlungen geworden. Schon längst vorher und in weiten Gebieten Deutschlands waren ihre Rechtmäßigkeit und ihre praktische Ausübung in Frage gestellt. Und schon vor der Reformation hatten die weltlichen Obrigkeiten begonnen, die bischöflichen Befugnisse einzuschränken oder gar aufzuheben und ihre eigene Rechtshoheit den geistlichen Gerichten gegenüber zu befestigen. Schon damals waren die Klagen weit verbreitet, die Geistlichen mißbrauchten ihre Jurisdiktionsgewalt, um sich selbst zu bereichern; ihre Organe, besonders die Offiziale, waren gehaßt und gefürchtet. Auf dem Augsburger Reichstag von 1530 sind diese gegenseitigen Gravamina der altgläubigen weltlichen und der geistlichen Fürsten behandelt und schließlich durch eine kaiserliche Konstitution vom 19. November verglichen worden[1]. Den Verhandlungen entnehmen wir dieselben Klagen über die bischöfliche Jurisdiktion, wie sie auch in den Äußerungen auf lutherischer Seite laut werden. Die weltlichen Fürsten beschweren sich über ungelehrte und ungerechte Offiziale, über mißbräuchliche Bannungen und über Kompetenzüberschreitungen. Bedeutsam ist die beiderseitige Übereinkunft, daß der Laiensend – und damit Inquisition und Denunziation durch eigens dazu bestellte Sendherrn – gänzlich abgeschafft und durch eine „förmliche und rechtmäßige Visitation" er|setzt werden soll, an der die bischöflichen Unterinstanzen vom Archidiakon bis zum Erzpriester – nicht der Offizial – teilnehmen.

[*] Aus: ZRG Kan. Abt. 55, 1969 S. 348–394.

[1] *Pfeilschifter*, Acta Ref. Cath. 1, Nr. 165, S. 514 ff., besonders S. 517–535 (Von der geistlichen Jurisdiction, dem bann und was demselben anhengig) und S. 535–539 (Von dem leyen sendt). Diese ausgezeichnete Quellensammlung liefert auch sonst viel einschlägiges Material.

Aufs Ganze gesehen haben bei dieser Übereinkunft die weltlichen Instanzen die Oberhand. Die Klagen der Bischöfe, die Entscheidungsgewalt werde ihnen entrissen, Unbotmäßige würden im Widerstand bestärkt, fanden kein Gehör. Dazu waren sie bei der Durchführung ihrer Maßnahmen auf die Unterstützung durch die Obrigkeiten angewiesen. Wenn man, wie bei der Umorganisierung der Sendgerichte, mittlere und untere kirchliche Instanzen an der Jurisdiktion beteiligte, bedurfte man auch der Unterstützung von seiten der fürstlichen Amtleute und des niederen Adels; wer anders als der Landesherr konnte sie erwirken? Die Bischöfe allein waren zu schwach.

Ein schlagendes Beispiel lieferten die Verhältnisse in Österreich. Der Bischof von Passau und der Erzbischof von Salzburg – beider Diözesen erstreckten sich weit in die Donau- bzw. Alpenländer hinein – waren dem staatskirchlichen Zentralismus in dem von den Türken bedrohten Lande nicht gewachsen. Am 17. November 1528 erließ der junge Erzherzog Ferdinand ein Generalmandat über die geistliche Jurisdiktion in seinem Territorium und zog darin das Fazit aus einer landesherrlichen Visitation, die er ohne Einvernehmen mit den Diözesebischöfen seit April d. J. durchgeführt hatte. Wie stark die kirchliche Ordnung in den territorialen Organismus eingefügt war, zeigt ein Gutachten vom 15. Juni 1529, das die Wiener Landesregierung über das Mandat vom 17. November erstattete. Die bischöfliche Jurisdiktion erscheint in diesen Vorgängen fast als ein Anhängsel des landesherrlichen Kirchenregiments[2].

Von diesem Hintergrunde aus gesehen kann man die Visitationen, die Kursachsen und Hessen seit 1526 vorgenommen hatten, kaum als reichsrechtlich bedenklich ansehen. Nicht *daß*, nur *wie* sie geschehen waren, konnte Gegenstand von Reklamationen auf dem Augsburger Reichstag sein. Sie waren nicht nur ohne Zutun der Diözesanbischöfe, sie waren im Gegensatz zu ihnen und zu der durch sie repräsentierten Ordnung der römischen Kirche durchgeführt worden; sie waren dadurch ein revolutionärer Akt. Zwar hatten Hessen – der Landgraf war hier aktiv – und Kursachsen dem Erzbischof von Mainz, dem Kardinalprimas Albrecht, jede Möglichkeit, auf dem Reichstag gegen sie vorzugehen, aus der Hand geschlagen. Beim Abschluß der Packschen Händel hatte der Kirchen|fürst im Feldlager von Hitzkirchen bei Gelnhausen am 11./12. Juni 1528 auf seine Jurisdiktion in beiden Ländern verzichten und da-

---

[2] Acta Ref. Cath. 1, S. 601 f. (mit wichtigen Korrekturen an *Eder,* Studien 2 auf S. 602[5]).

mit anerkennen müssen, die beiden evangelischen Fürsten hätten in der Konsequenz des Reichstagsabschiedes von 1526 gehandelt[3]. Aber war die kirchliche Revolution der beiden fürstlichen Visitationen durch diesen Abschluß einer kriegerischen Unternehmung legitimiert, die selbst weithin als revolutionäre Handlung galt? Wenn man vor und während des Reichstages in Kursachsen – nicht in Hessen – Möglichkeiten erwog, ob und wieweit man die bischöfliche Jurisdiktion doch wieder anerkennen wollte, so geschah es wohl doch auch deswegen, weil man jene revolutionären Akte kompensieren wollte. Wieweit das alles gelungen ist, gelingen konnte, soll im folgenden erörtert werden.

I. Erwägungen

Als Ende des Sommers 1530 die Augsburger Einigungsverhandlungen als gescheitert betrachtet werden mußten, Melanchthon von allen Seiten der falschen Nachgiebigkeit beschuldigt wurde und selbst Joachim Camerarius an ihm irre zu werden drohte, berief sich der Magister nicht nur auf sein beständiges Einvernehmen mit den Politikern, sondern auch auf Luthers Autorität. „Wir haben bisher", so schrieb er am 31. August an den gelehrten Freund nach Nürnberg, „den Gegnern keine anderen Zugeständnisse gemacht als die, die Luther zu vertreten gebilligt hat, und das auf Grund ernster und sorgfältiger Überlegungen vor dem Reichstag."[4] Melanchthon hat also nach gemeinsamen Planungen gehandelt, die vor der Reichstagseröffnung beschlossen worden waren und die er zusammen mit den kursächsischen Räten, in erster Linie Altkanzler Gregor Brück, während der Augsburger Verhandlungen durchzuführen versucht hat.

Wir besitzen als Dokumente jener Beratungen die sog. Torgauer Artikel[5]. Es ist allgemein bekannt, daß von den sechs Aufsätzen, die der | erste Herausgeber unter diesem etwas willkürlich gewählten Namen zusammengefaßt hat, nur der erste (A) und letzte (E), allenfalls noch der dritte (C) in die Zeit vor dem Augsburger Reichstag gehören und zugleich offizielle Bedeutung besitzen[6].

---

[3] *Schwarz*, Philipp von Hessen, S. 83 f.; *Dülfer*, Die Packschen Händel 1, S. 143 f.

[4] Ad haec, nihil adhuc concessimus adversariis praeter ea, quae Lutherus censuit esse reddenda, re bene ac diligenter deliberata ante conventum; CR 2, Sp. 334.

[5] Abgedruckt bei *Förstemann*, Urkundenbuch 1, S. 66 ff. Über die Torgauer Artikel habe ich gehandelt in: Entstehung. Ich beziehe mich im folgenden auf diesen Aufsatz.

[6] B ist eine wohl erst in Augsburg entstandene Vorarbeit zu CA 20, D eine spätere

Am 24. April brach der Kurfürst aus Coburg nach Augsburg auf; Luther blieb zurück. Vor diesem Sonntag Quasimodogeniti müssen also die Vorverhandlungen, wenigstens soweit Luther daran beteiligt war, beendigt gewesen sein.

Wie spiegeln sich in jenen bis dahin entstandenen Dokumenten die Themen der künftigen Augsburger Ausgleichsverhandlungen wider? In ihnen ging es, wie wir sehen werden, einerseits um die Sakramentsfrage (Abendmahl in beiderlei Gestalt und Meßfeier) und die Priesterehe, andererseits um die Gewalt der Bischöfe, also um die Themen, die in CA 22, 23, 24 und 28 abschließend behandelt worden sind, die aber bei den Auseinandersetzungen, die nach der Überreichung des Bekenntnisses (25. Juni) entbrannten, hauptsächlich umkämpft wurden. Sowohl in dem frühesten gemeinsamen Gutachten der Wittenberger, verfaßt wohl am 15./16. März (E), wie in dem etwas späteren A (Ende März von Melanchthon niedergeschrieben) sind jene Themen schon behandelt.

Bereits das früheste Gutachten E führt jene vier Themen an, die ersten drei schon in der späteren Reihenfolge: Abendmahl in beiderlei Gestalt, Priesterehe, Winkel- und Kaufmesse und in unmittelbarem Anschluß daran die Weihegewalt der Bischöfe. Bei den ersten drei Artikeln werden die Ergebnisse der kursächsischen Visitationen, wie sie im Unterricht der Visitoren von 1528 niedergelegt waren, schon vorausgesetzt: Das Abendmahl in beiderlei Gestalt wird überall im Lande gereicht. Und für den Fall, daß dem Kurfürsten auf dem Reichstag entgegengehalten wird, „das allein die aine gestalt solt bestettigt werden", soll er sich mit allerlei historischen und rechtlichen Gründen verteidigen können. Ebenso steht es mit der Priesterehe. Der Kurfürst hat ihre Notwendigkeit anerkannt und kann nicht gezwungen werden, sie aufzuheben. Die verheirateten Priester nach dem Ketzerrecht „mit schwerdt, feur, bann" zu bestrafen[7], | kann der Kurfürst nicht zugeben; dabei gerät er notwendig in den Konflikt mit den Ordinarien. Und ebensowenig kann er die jetzt in Kursachsen eingeführten und schriftgemäßen Pfarrmessen aufgeben und durch „winckelmessen und kauffmessen" ersetzen lassen. In allen diesen Fällen tritt er – und das ist ein Akt seiner landesväterlichen Fürsorge – für die evangelische Wahrheit gegen anerkannte kirchliche Mißbräuche ein.

Widerlegung der Privatmesse; F eine Vorarbeit zu Luthers Vermahnung an die Geistlichen.

[7] Die Reformordnung des Regensburger Konvents vom 7. Juli 1524, die nach dem Willen Campeggios, des päpstlichen Legaten, für alle deutschen Bischöfe verbindlich

Und im Artikel „Vom Ordinieren oder Weihen" wendet er sich beschwörend, warnend und bittend an die Bischöfe. Sie sollen ihre Ordinanden nicht mit Eid und Pflicht an gottlose Lehre und eheloses Leben binden. Sie sollen sich klarmachen, daß die Anwärter auf das Priesteramt sich so nicht mehr zwingen lassen, sondern sich notfalls die Ordination anderswoher holen werden. Noch ist hier also nicht von der vollen bischöflichen Jurisdiktion, sondern nur von der Weihegewalt die Rede. Und deren Beziehung zu Sakramentsverwaltung und Priesterehe ist nur durch die praktischen Verhältnisse bestimmt. Der Fürst hat hier Maßnahmen erlaubt und begünstigt, die nach dem geltenden Kirchenrecht verboten sind und von den zuständigen Bischöfen streng bestraft werden. Auf dem kommenden Reichstag werden sie den Kurfürsten vor Kaiser und Reich zur Rechenschaft ziehen und versuchen, ihre Strafmaßnahmen reichsrechtlich zu fundieren[8].

In der Umarbeitung, die Melanchthon Ende März nach längeren Besprechungen am Torgauer Hof und wohl nicht ohne juristische Beratung dem Gutachten hat angedeihen lassen, hat er diese rechtlichen Gesichtspunkte genauer erörtert[9]. Er rät dem Landesherrn, „der bischoffe Jurißdictio und Oberkayt" total abzulehnen (A, Abschn. 6). Vier Gründe führte er dafür an:

1. Ohne Zutun des Kurfürsten haben seine Untertanen die geistlichen Gerichte wegen mißbräuchlicher Praxis gemieden und fürstliches Gericht in Anspruch genommen. Das entspricht dem Recht der weltlichen Obrigkeit, ist auch – eine kanonistisch zweifelhafte Behauptung – nach dem geistlichen Recht nicht verboten. |

2. Die eigentliche Aufgabe der geistlichen Jurisdiktion besteht darin, unrechte Lehre zu strafen. Diese vornehmste Pflicht haben die Bischöfe nicht wahrgenommen; der gegenwärtige kirchliche Zwiespalt wäre sonst nicht entstanden, hätte sich jedenfalls nicht dermaßen ausgebreitet. Das Versagen der Bischöfe ruft das Notrecht der christlichen Obrigkeit auf den Plan; so hatte Luther es schon 1520 den deutschen Adel gelehrt.

---

sein sollte, zitiert aus c. 1. in VIto, III., tit. II. das Strafmaß für ketzerische (nicht für verheiratete!) Priester; *Pfeilschifter*, Acta Ref. Cath. 1, Nr. 124, S. 342.

[8] Ohne Zusammenhang mit dem hier Ausgeführten, aber nicht ohne Nachwirkung auf die folgende Entwicklung steht Art. 5 von E: Vom Papsttum. Hier wird vom Papst, ohne auf seine sonstige Stellung einzugehen, die Förderung der evangelischen Predigt verlangt.

[9] Eine Zwischenstufe zwischen E und A bildet das in meinem Beitrag zur Festgabe für J. Höfer (*Maurer*, Entstehung) auf März angesetzte Gutachten G (CR 2, Sp. 79 ff.), dessen noch unentwickelte Auffassung von der bischöfl. Jurisdiktion ich aaO., S. 366 f. dargelegt habe.

3. Die inquisitorischen Maßnahmen, die die Bischöfe gegen verheiratete Priester ergriffen haben, kann der Kurfürst nicht unterstützen. Vielmehr verpflichtet ihn seine Patronsstellung, tüchtige Priester gegen
Rechtsbrüche ihrer geistlichen Vorgesetzten zu schützen[10]. Aus dem Patronatsrecht wird, wie auch anderwärts im Spätmittelalter[11], das landesherrliche Kirchenrecht abgeleitet.

4. Die bischöfliche Ehegerichtsbarkeit wird um ihrer offenbaren Un-
gerechtigkeiten willen radikal abgelehnt. Die Not erfordert auch in diesem Falle das Eingreifen der weltlichen Obrigkeit.

Mögen die einzelnen Motive für die Ablehnung der bischöflichen Jurisdiktion sich auch anderswo und schon vor der Reformation nachweisen lassen; in solch geballter Massivität und Radikalität kommt die Kritik sonst kaum vor. Und ein Motiv ist neu, in allen vier Fällen tritt es
uns entgegen: Seine Schutzpflicht gegenüber den von den geistlichen Gerichten Verfolgten – seien es Geistliche, seien es Weltliche – versteht
der evangelische Landesherr als religiöse Gewissenspflicht. Selbst im
neutralsten Falle der Ehegerichtsbarkeit spricht sie sich aus: „Man kan
die leut nicht dringen, das sie solch gericht suchen solten mit beschwe-
rung irer gewissen."[12]

Diese religiöse Verantwortung tritt noch stärker hervor angesichts der
bischöflichen Weihegewalt (A, Abschnitt 7). Wie in E, so wird auch in
A jede Abschwörung der evangelischen Lehre und der Priesterehe als
widergöttliche Handlung verworfen. Die damals ausgesprochene Drohung, andere Formen der Ordination zu suchen, als die Bischöfe sie bieten, wird ergänzt durch die Erwägung, der Priester sei da zu lehren und
| nicht das Meßopfer zu vollziehen – die Verbindungslinie nicht nur zur
Lehre von der Ehe, sondern auch zur Sakramentspraxis wird damit gezogen.

Aber von der Fürsorgepflicht des evangelischen Landesherrn aus erscheint in A noch ein engerer Zusammenhang mit der Jurisdiktion der
Bischöfe. Der Kurfürst will nicht in seiner scharfen Polemik dagegen
beharren. Es geht ja nicht in erster Linie um seine Person, sondern um Land
und Leute. Unter ihnen aber hat die Kirchenspaltung verheerende Wirkungen hervorgerufen[13] und wird in Zukunft noch schlimmere Schäden

---

[10] Decr. Grat. II c. 32, c. XVI qu. 7 ist hier freilich überinterpretiert. Die Stelle besagt nur, daß die fundatores ecclesiarum zu *ihren Lebzeiten* auch gegen den Willen des
Bischofs die Einsetzung ihres Kandidaten erzwingen können.

[11] Vgl. *Simon*, Movendelpfründe; *ders.*, Vom Priestereid.

[12] *Förstemann*, Urkundenbuch 1, S. 80.

[13] „Und wird vom Pöfel vil mutwillens in diser spaltung geübet, und gewinnen die

nach sich ziehen. In dieser gefährlichen Lage müssen weltliche und geistliche Fürsten an einem Strang ziehen und „auf baiden seiten ir Ampt, dazu ir allerliebste kinder betrachten, denen sie nichts bessers verlassen kunden, den rechte Religion und ein gut Regiment".

Einen Kompromiß schlägt A den Bischöfen vor: „Den so sie wollen friden machen, sollen wir billich alles nachlassen, das man mit gutem gewissen kan nachgeben umb fridens willen, der hoher und besser ist zu achten den alle eußerlich freiheit, die man erdenken mag." Soll dieser Hinweis auf einen Freiheitsverzicht andeuten, daß dieser Kompromiß die Anerkennung der Jurisdiktion einschließt? Deutlich ist das nicht gesagt, aber doch wohl in den Gedankengang eingeschlossen. Wörtlich ist nur von etlichen „Mittelordnungen" die Rede, die man bisher bekämpft und aufgegeben hat. Im Hinblick auf sie will man „revociren", wenn auch die Gegenseite die Verdammung der evangelischen Lehre zurücknimmt, diese Lehre vielmehr den evangelischen Pfarrern erlaubt und für sich selbst anerkennt.

Die Ausführungen über Priesterehe und Sakramentsverwaltung stehen in A schon unter dem Zeichen dieses Kompromisses. Der Abschnitt De coniugio sacerdotum bezeichnet das Verbot der Priesterehe als einen Verstoß gegen Gott. Wo aber in E der Kurfürst sein Eintreten für die verheirateten Priester entschuldigt, stellt A den Bischöfen die schädlichen Folgen ihres Vorgehens warnend vor Augen: Sie werden die Priesterschaft – wie es schon bei Einführung des Zölibats während des Investiturstreites der Fall war – in revolutionäre Gewaltakte hineintreiben, die | angesichts der allgemeinen politischen Stimmung gefährliche Wirkungen nach sich ziehen werden[14].

Während die Gewährung des Laienkelches wie in E als eine geschichtliche und rechtliche Notwendigkeit hingestellt wird, schlägt A im Blick auf die Opfermessen neue Töne an. Die humanistische und lutherische Kritik an den volkstümlichen Mißbräuchen des Meßwesens wird aufgenommen: Der Kaufmann wünscht sich Geschäftserfolg, der Jäger Glück auf der Jagd, und dazu stiften sie Messen; die Meßpfaffen betreiben ihr Geschäft „umb des bauchs und geldes willen". Aber in der theologischen

---

Regiment mit zuthun, den welche schedlich und greulich ergernuß auß solchen spaltungen khommen, kan man leichtlich abnemen. Zudem ist zu betrachten, was in kunfftig furfallen mocht"; *Förstemann*, Urkundenbuch 1, S. 80. Melanchthon, der hier offenbar spricht, verweist auf den einmaligen, konservativen Einfluß Luthers; vgl. auch BSLK S. 38,37 ff.

[14] „So man die ehe furter weren wollte, es würde noch erger; dann die welt wirt je lenger, je schwecher"; *Förstemann*, Urkundenbuch 1, S. 74.

Begründung dieser Kritik begnügt sich Melanchthon in A nicht mit der erasmischen Sakramentenlehre, die die Eucharistie als Gedächtnisfeier betrachtet, sondern entfaltet im Anschluß an Luthers Frühschriften die reformatorische Abendmahlslehre. Auf ihr und damit auf Christi Einsetzung beruht die Pfarrmesse, die der Kurfürst in seinen Landen hat einführen lassen. Für die Anerkennung dieser Lehre und Praxis will er seine geistlichen Verhandlungspartner auf dem kommenden Reichstag gewinnen. Und er weist sie dabei darauf hin, wie ernsthaft man in Kursachsen dem Zwinglianismus widerstanden und wie eifrig man sich um eine Wiederbelebung des sakramentalen Lebens im Lande bemüht hat. Der Kurfürst ist also durchaus bündnisfähig für die Bischöfe.

So finden wir in A ein Programm für die künftigen Reichstagsverhandlungen niedergelegt, das die kursächsische Delegation in Augsburg bis zum Schluß durchgehalten hat. Es setzte ein Nachgeben und eine Anerkennung auf beiden Seiten voraus. Die evangelische Seite verzichtete auf die radikale Bekämpfung der „Mitteldinge", glich sich in den kultischen Formen der Tradition an und erkannte den Bischöfen eine gewisse Jurisdiktionsgewalt zu. Diese wiederum gewährten der evangelischen Verkündigung freien Lauf, ließen die verheirateten Priester gewähren und billigten die evangelische Pfarrmesse in beiderlei Gestalt. Natürlich waren bei diesem Kompromiß noch alle Fragen offen, alle Grenzen fließend; sie auszuhandeln, die offenen Fragen zu beantworten, mußte das Ziel der kommenden Verhandlungen sein. Und dabei mußte sich dann zeigen, ob der Kompromiß – den guten Willen auf beiden Seiten vorausgesetzt – durchführbar war, ob sich nicht etwa Grenzüberschreitungen als sachlich notwendig erwiesen, die keiner der beiden Partner anerkennen konnte. |

Das Gutachten A hat Melanchthon verfaßt, unmittelbar nachdem er Ende März von seinen Verhandlungen in Torgau nach Wittenberg zurückgekehrt war. Die „ernsthaften und sorgfältigen Überlegungen", von denen Melanchthon am 31. August rückblickend sprach (oben S. 209 f.), sind also zunächst zwischen ihm und den Diplomaten am Hofe angestellt worden. Dabei hat man natürlich alle theologischen und politischen Möglichkeiten ins Auge gefaßt, die bei einem solchen Kompromiß mit den Bischöfen zu bedenken waren; wir brauchen sie hier nicht zu rekonstruieren, weil sie sich in den kommenden Augsburger Verhandlungen von selbst herausstellen mußten. Luther war an den Torgauer Gesprächen nicht beteiligt. Melanchthon wird ihm darüber berichtet, die Niederschrift von A mit ihm vorbesprochen, mindestens aber zur nach-

träglichen Korrektur vorgelegt haben. Luther hat den Kompromiß, an
dessen Konzeption er nicht beteiligt gewesen war, nachträglich gebilligt.

Luther hat sich auch daran gehalten und ihn sich nachträglich zu eigen
gemacht. Der Zeitpunkt und die Form, in der das geschah, sind für unseren Gegenstand von großer Wichtigkeit. Man kann nämlich Luthers
„Vermahnung an die ganze Geistlichkeit zu Augsburg versammelt auf
den Reichstag Anno 1530"[15] als eine in Invektiven gehüllte Publikation
jenes Kompromißvorschlages deuten, der Ende März in A niedergelegt
worden war. Diese Schrift gibt uns zugleich einen gewissen Einblick in
die Überlegungen, die Luther und Melanchthon zuletzt in Coburg vor
ihrer Trennung am 24. April miteinander angestellt haben mögen. Luther hat diese Gelegenheitsschrift sofort nach seiner Übersiedlung aus der
Stadt auf die Burg und unter Zurückstellung weitergespannter literari-
scher Pläne in Angriff genommen. Schon am 29. April finden wir ihn an
der Arbeit[16]; Anfang Mai ist sie vollendet. Luther ist sich dabei dessen
bewußt, daß er dem Frieden dienen will; aber er muß dabei die kriegerischen Gedanken, die „Landsknechte", mit Gewalt aus seinem Herzen
verscheuchen, damit sie seine friedlichen Absichten nicht hindern. Auch
Melanchthon, der am 28. April auf der Weiterreise von Nürnberg aus
an ihn schreibt, erinnert an diese gemeinsamen Absichten und läßt sich
darin von den reichsstädtischen Freunden bestärken, die den zum
Reichstag ziehenden Kurfürsten als Friedensboten begrüßt haben. |

Der Friede, den Luther erstrebt, ist aber keine Kapitulation. Das
kommt in der „Vermahnung" durch die Unterscheidung zwischen der
„gleißenden" und der „rechten christlichen Kirche" zum Ausdruck, die
Luther schon aus den Vorarbeiten zu seiner Schrift übernimmt. Er will
den Bischöfen ins Gewissen reden, daß sie nicht „die Saiten zu hart
spannen" (273,31 ff.) und durch ihre Unnachgiebigkeit einen neuen Aufruhr entfesseln. Es geht ihm dabei wie dem Kurfürsten um das arme
Volk, dem durch den kirchlichen Zwiespalt der Zugang zum Evangelium versperrt wird (273,29 ff.). Wie der Kurfürst in E und A, so betont
auch Luther den Widerstand, den er zum Nutzen der Bischöfe gegen die
Rottengeister geleistet hat (276,15 ff., 277,22 ff.). Daß seine kirchenpolitische Tätigkeit anfänglich der „bischöflichen Oberkeit" (279,18) ebenso
zugute gekommen ist wie sein Vorgehen gegen die exempten Klöster

---

[15] WA 30.2, S. 268 ff. Hiernach im folgenden zitiert. Zur Tendenz der „Vermahnung" vgl. unten Anm. 90.
[16] WAB 5, Nr. 1552,3 ff.; Nr. 1558,15 ff.

(279,28 ff.), müssen die in Augsburg versammelten Herrn selbst anerkennen[17].

Aber es geht ja nicht nur um die Vergangenheit, sondern um die gegenwärtige Stellung des Episkopats. Luther ist in der „Vermahnung" bereit, sie anzuerkennen. Die Bischöfe sollen Herren und Fürsten bleiben und ihre Güter behalten; eine Revolution hussitischer Art wird ausgeschlossen (341,25 ff.). Abermehr noch: Wenn die Bischöfe ihre Jurisdiktion („bischöflichen Zwang", sagt Luther) wieder aufrichten können, will Luther ihnen dazu behilflich sein. Wie der Kurfürst, so betont er hier, ihre Rechte seien ihnen nicht gewaltsam genommen worden, sondern von selbst hingefallen[18]. Die evangelische Predigt und die bischöfliche Jurisdiktion sollen dann ineinandergreifen, eins das andere stützen (342,21 ff.): „Mehr und höher können wir uns warlich nicht erbieten . . ., nemlich: Ewer ampt wollen wir ausrichten, selbst wollen wir uns, on ewer kost, neeren, euch wollen wir helfen bleiben, wie ihr seid, dazu raten, das ihr überhand habt und drein sehet, das recht zu gehe" (342,35 ff.).

Aber alle diese Angebote stehen unter der Voraussetzung, daß die Bischöfe mit der Verfolgung der evangelischen Predigt aufhören: „Allein halt doch Friede und verfolget uns nicht. Wir bitten ja nicht mehr, haben auch nie anders gebeten, denn umbs frey Evangelion" (341,33 ff.). Das ist aber keine bloße theoretische Forderung; sie muß sich vielmehr in der | Praxis bewähren. Die römischen Bischöfe sollen auf den Kern ihres Amtes, die Wortverkündung verzichten, wenigstens so weit − und weil sie meist dazu nicht tauglich sind −, daß sie das evangelische Predigtamt neben sich anerkennen. Das schließt auch die wirtschaftliche Selbständigkeit der Pfarrer ein. Für die Bischöfe heißt das, auf die Verfügung über die Pfründen verzichten; über Ernennung und Installation wird hier nicht geredet (vgl. unten S. 218 f.); wie weit sich das Aufsichtsrecht erstreckt, wird nicht ausgeführt. „Und also hettet ihr denn zwei stück bischöflichen ampts, eines, daß wir und die Prediger, an ewer stat, das Evangelion lereten, das ander, daß ihr hülfet solches handhaben mit bischöflichem Zwang." (342,24 ff.).

---

[17] Vgl. das WA 30.2, S. 246 ff. abgedruckte Stück F aus den sog. Torgauer Artikeln. Die Kritik an den bisherigen Bischöfen ist hier schon teilweise vorweggenommen: Vernachlässigung der rechten Lehre (S. 251,4 ff.; 253, letzte Zeile; 255, die 5 letzten Zeilen; Eheverbot und Förderung des Konkubinats (S. 254,16 f.).

[18] Weitere Übereinstimmungen zwischen der „Vermahnung" und dem Entwurf A habe ich in der Festgabe für Josef Höfer (*Maurer*, Entstehung) S. 370, Anm. 20 angegeben.

Über die persönliche Haltung der Bischöfe ist damit noch keine Entscheidung getroffen. Luther weiß, daß hier die größten Schwierigkeiten bestehen: Die Domkapitel sind Bordelle und Räuberhöhlen geworden. Wie kann man von Bischöfen, die in ihrem engsten Wirkungskreise versagen, erwarten, daß sie die Kirchen regieren sollen? Aber sei es wie es sei, erklärt Luther. Damit man unsere Friedensbereitschaft sehe, „kan ichs wol leiden, das sie Pfarren und Predigtstül mit geistlichen personen versorgen und also das Evangelion helfen handhaben. Mir ist lieber, der mangel sei an ihn denn an uns" (344,19 ff.). Die Bedingungen für den Kompromiß liegen weder in Leben noch Glauben der Bischöfe, sondern allein darin, daß sie das Evangelium freigeben.

Von diesen Bedingungen auf Gegenseitigkeit ist in Luthers „Vermahnung" am wenigsten in dem Abschnitt über die Opfermesse (293-309) zu verspüren. Unerbittlich ist seine Kritik, verfolgt das Geschäftsgebaren der geistlichen Herrn bei der Vergebung von Meßstipendien und dgl. bis in die letzten Feinheiten, wehrt alle theologischen Beschönigungen rücksichtslos ab[19]. Die ganze Verflochtenheit zwischen Messe und Totenkult, Heiligenkult und Volksreligion deckt er auf. Rücksichtslos prangert er die Versäumnisse der Bischöfe an. Aber die Hand zur Versöhnung reicht er ihnen in diesem Zusammenhange nicht. Hier ist die Verderbnis zu groß, die Hoffnung auf Buße und Umkehr der Bischöfe zu gering. Nur zwei oder drei von ihnen werden wie Lot aus diesem Sodom gerettet | werden. Etwas günstiger fällt das Urteil aus im Blick auf Laienkelch und Priesterehe. Zwar über diese ist es immer noch scharf genug. Das Zölibatsgebot ist nicht nur eine päpstliche Neuigkeit im Gegensatz zum ewigen Gotteswort (323,28). Sondern die sich darin dokumentierende Verachtung der Frauenliebe und der Frau – deren Degradierung zur Pfaffenhure – ist ein apokalyptisches Zeichen nach Daniel (323,11 ff.)[20].

---

[19] Wie in A (*Förstemann*, Urkundenbuch 1, S. 75), so wird auch hier der Rekurs auf das von den Humanisten wiedererweckte Sakramentsverständnis der Kirchenväter abgewiesen. Andererseits weiß Luther oftmals „neue" kirchliche Mißbräuche durch den Vergleich mit den altkirchlichen Gebräuchen zu entlarven. Für solche historische Kritik hat ihm der Humanismus das Auge geschärft.

[20] Der in Luthers Handschrift nachträglich gestrichene Hinweis auf den Aufstand der Kleriker in Erfurt findet sich auch in A (*Förstemann*, Urkundenbuch 1, S. 74); ob ihn Luther daraus geschöpft hat? Oder deutet die Erwähnung der Annalen Lamberts in der Randbemerkung – sie waren auf Veranlassung Melanchthons herausgegeben – auf ein Gespräch zwischen den beiden Wittenbergern, das dann aus der Stelle in A den Anlaß gefunden hatte?

Die Mitschuld der Bischöfe ist entsprechend groß; ihr Versuch, die Zölibatslast durch ein unzüchtiges Leben abzuwälzen, ist schändlich (336,24 ff.), die Tötung verheirateter Priester in aller Welt unerhört. Und doch ist Luthers Brief an sie nicht hoffnungslos, seine Mahnung und Warnung entbehrt nicht der Herzlichkeit (303,24 ff.).

Vor allem aber erklärt sich Luther bereit, mit diesen Bischöfen einen Kompromiß zu schließen. Er traut ihnen zu, sie werden sich der armen verheirateten Pfarrer erbarmen und ihnen die Ehe gestatten (329,24 ff.). Und die in das Pfarramt hineinwachsenden jungen Gesellen werden sich dem Zölibatszwang nicht mehr lange fügen (321,18 ff.); hier schließt sich Luther an E 5 an. So kann er sich dazu verstehen, den Bischöfen eine Mitwirkung bei der Pfarrbesetzung zu gestatten. Freilich handeln sie dabei nicht als Bischöfe; sie sind nicht Hirten der Herde Christi. Sie besitzen keine geistliche Vollmacht, sondern dieselbe, wie sie einem weltlichen Patron, Fürst oder Magistrat zukommt (335,18 ff.); eine Lehraufsicht können sie also nicht ausüben (336,17 ff.).

Mit dieser Forderung der Priesterehe hat Luther den Kompromiß zwar angedeutet, aber nicht entwickelt; er schließt ihn vielmehr unmittelbar an (340,20 ff.; vgl. oben). Wir sehen schon jetzt: Der Verzicht auf Verfolgung der verheirateten Priester ist unerläßliche Voraussetzung für das Zusammenwirken mit den Bischöfen; ihre persönliche Einstellung zum Zölibat steht dabei nicht zur Debatte.

Eine ähnliche Lösung bietet Luther auch in bezug auf den Laienkelch an (320–323). Gewiß, seine Versagung ist eine ärgerliche Neuerung, die Verfolgung von Kommunikanten, die Christi letzten Willen erfüllt haben, eine Gotteslästerung (320,18 ff.); eine Kirche, die gottwidrige Gesetze auf|stellt, ist eine Teufelskirche (321,27 ff.). Aber selbst wenn die Bischöfe das nicht bußfertig anerkennen wollten, wäre ein Abkommen mit ihnen möglich. Es bestünde nicht in einem Lehrkonsens in der Abendmahlsfrage (322,21 ff.). Sondern es könnte sich auf das – vielleicht nur politisch motivierte – Zugeständnis beschränken, in der bisherigen Verfolgung zuviel getan und unschuldig Blut vergossen zu haben (322, 30 ff.). Luther spricht hier noch nicht aus, wodurch er diese bischöfliche Konzession kompensieren will. Er beschränkt sich zunächst auf eine Drohung: Geben die Bischöfe nicht nach, so werden die evangelischen Fürsten alles auf eine Karte setzen; und man wird sehen, was daraus folgt. Aber – und hier tritt wieder das Moment der Fürsorge hervor, das wir auch aus A kennen – um des Volkes willen muß eine Lösung gefunden werden, Gott zu Ehren und der Christenheit zu Nutz (322,34 ff.).

Luther hat sich ..en von Melanchthon und den kurfürstlichen Räten vorgeschlagenen Kompromiß zu eigen gemacht und ihn öffentlich vertreten. Aber er hat dabei – das klingt durch alle Teile der Vermahnung hindurch – die Akzente anders gesetzt als jene. Er ist wenig interessiert an der Erhaltung der bischöflichen Jurisdiktion, an der, wie wir sehen werden, Melanchthon alles gelegen ist. Für ihn kommt alles an auf die Freiheit der evangelischen Verkündigung. Und wie schon A findet er sie gewährleistet in der Sicherung der rechten evangelischen Abendmahlsfeier und der Heranbildung einer von der Zölibatslast befreiten evangelischen Pfarrerschaft. Diesem Anliegen hat er in Anlehnung an A und doch im einzelnen über die Niederschrift Melanchthons weit hinausgehend den größten Teil seiner Vermahnung gewidmet. Indem er den Kompromiß übernahm, hat er dessen evangelische Voraussetzungen aufs schärfste herausgestellt. Er tritt damit nicht in Gegensatz zu Melanchthon; aber die Spannungen, in die er mit ihm in den kommenden Monaten geriet, haben hier ihre Ursache. Und daß seine als Friedensschrift gedachte „Vermahnung" bei den maßgebenden Männern der Politik und der Kirche keine nachhaltige Wirkung erzielte, hängt mit jener einseitigen Schärfe zusammen[21].

Sechs Wochen lang hat man in Augsburg auf die Ankunft des Kaisers warten müssen. Während in dieser Zeit die Arbeit am Text der Augustana kräftig vorwärts getrieben wurde, hören wir zunächst wenig über den | vorbereiteten Kompromiß[22]. Nur einen diplomatischen Vorstoß Melanchthons bei Erzbischof Albrecht von Mainz haben wir zu verzeichnen[23], vielleicht zur Unterstützung von Luthers „Vermahnung" bestimmt. Die Erklärung der kursächsischen Friedensbereitschaft ruft den Kirchenfürsten auf zur Betätigung gleicher Liebesgesinnung. Er soll das Abendmahl in beiderlei Gestalt, die Priesterehe und die evangelische Pfarrmesse – unter Wegfall der Privat- und Opfermessen – gestatten; ihm wird dafür die Erhaltung bzw. Rückerstattung seiner Jurisdiktion und des kirchlichen Gehorsams zugesichert. Von den drei evangelischen Bedingungen ist die letzte – das weiß Melanchthon – am schwersten zu erfüllen. Aber sollte man nicht eine Uneinheitlichkeit im kirchlichen

---

[21] Luther hat sich noch 2 Jahre später über die Wirkungslosigkeit seiner Bemühungen beklagt; WATR 2, Nr. 1324; WA 30.2, S. 713.

[22] In den beiden Vorrede-Entwürfen Ja und Wa (BSLK, S. 35 ff., 36 ff.) hören wir wohl Klagen über die Versäumnisse der Prälaten und Bischöfe seit Luthers Auftreten (ebd. 38,17 ff.; 37,38 f.), aber keine Andeutung, wie man in Zukunft mit ihnen auskommen soll.

[23] *Bossert*, Drei Briefe, S. 67 ff. (nicht in CR).

Zeremoniell – mehr scheint die Meßfrage für den Präzeptor nicht zu sein – in Kauf nehmen, wenn man einen Krieg damit vermeiden kann? Aber wir sind der zeitlichen Entwicklung vorausgeeilt; jener Vorstoß ist in der Kleinarbeit am Augustanatext steckengeblieben. Hier nun stoßen wir auf Erwägungen, die sich nur von ferne mit ihm zu berühren scheinen, ihn aber tatsächlich von einer neuen Seite aus theologisch begründen. Unter den sog. „Torgauer Artikeln" findet sich eine Abschrift C „Von vermöge der Schlüssel", von der ich annehme, daß sie vor dem 11. Mai in Augsburg, und dann sicher von Melanchthon verfaßt worden ist[24].

Ihr erster Abschnitt De potestate clavium führt aus E 5 die Forderung weiter aus, der Papst solle das Evangelium frei lassen, wobei man an seiner politischen Macht nicht interessiert sei (oben Anm. 8). Unser Gutachten setzt sich dabei ausführlich mit den päpstlichen Herrschaftsansprüchen auseinander, wie sie in klassischer Form in der Bulle „Unam sanctam" von 1302 proklamiert worden waren, und setzt dagegen eine biblisch begründete Lehre von der Trennung der beiden Regimente. Aus ihr ergibt sich: Das Amt der Bischöfe *oder* Priester ist „allein geistlich Regiment, das Evangelium predigen, sünd strafen und vergeben, sacra|menta reichen". Alle päpstlichen Gesetze sind weltliche Gesetze und stehen wie diese unter der clausula Petri (Apg. 5,29). Wenn der Papst kirchliche Ordnungen etwa über neue Gottesdienste erläßt, kann das nicht aus Kraft der Schlüssel geschehen. Alle weltliche Gewalt des Papstes ist ein Geschenk des Kaisers; „die nehmen wir ihm nicht".

Von den Bischöfen ist in diesen Ausführungen kaum die Rede. Sie sind nur insofern mitbetroffen, als zwischen Priestern, Bischöfen und dem Papst kein Unterschied in bezug auf das geistliche Regiment besteht. Nur in bezug auf das weltliche werden die Bischöfe besonders genannt: Wie dem Papste den Kirchenstaat, so läßt man ihnen ihre Güter und scheidet sich damit bewußt von denen, die unter dem Vorwand einer Kirchenreform Gewalt anwenden und Aufruhr stiften wollen. Von der bischöflichen Jurisdiktion, für die ja doch die Unterscheidung der beiden Gewalten konstitutive Bedeutung haben muß, wird mit keinem Worte geredet, ebensowenig von einer Bedingung, an die die Anerken-

---

[24] *Förstemann*, Urkundenbuch 1, S. 87 ff. Meine Annahme, daß mindestens der erste Abschnitt dieses Gutachtens in dem am 11. Mai an Luther übersandten Entwurf die Abschnitte A 6 und A 7 (De iurisdictione; Von der Weihe) ersetzt hat, kann ich hier nicht näher begründen.

nung der bischöflichen Gewalt in irgendeinem Sinne geknüpft würde. Mit A 6 und A 7 hat der erste Abschnitt von C keinerlei Berührung.

Etwas anders steht es mit dem zweiten Abschnitt von C „Vom Bann". Das Thema wurde zwar weder in E noch in A ausdrücklich behandelt; es lassen sich aber zu A 6 Beziehungen herstellen. Während hier freilich die geistliche Befugnis der Bischöfe abgelehnt wurde, wird ihnen jetzt die Banngewalt unter gewissen Bedingungen zugebilligt. Sie müssen sich in dem Rahmen halten, der durch Matthäus 18,15 ff. und 1. Kor. 5,3 ff. abgesteckt ist; d. h. sie müssen sich auf den kleinen Bann beschränken gegen die, die „in öffentlichen lastern sind und nach Ermanung sich nicht wollen bessern". Damit aber dokumentieren sie, daß sie „der Lehr des Evangelii . . . nicht entgegen sein wollen".

Der Kompromiß also, den wir in A festgestellt haben, wird auch in C vorausgesetzt: Geben die Bischöfe das Evangelium frei, wird ihre Jurisdiktion anerkannt. Im Rückblick auf A 6 wird dieses Recht in C näher bestimmt. Gemäß der Unterscheidung der beiden Regimente wird es ausgeschlossen für Fälle des bürgerlichen Rechts; sie unterliegen der Zuständigkeit der weltlichen Obrigkeit[25]. Aber die bischöfliche Banngewalt wird – und damit sind wesentliche Zugeständnisse gemacht – auch auf die Gemeinden und ihre Pfarrer erstreckt: Es wird erwartet, daß die Bischöfe wieder ihre Visitationspflicht erfüllen. Und dabei wird das Sendgericht wieder eingerichtet: Die Ortspfarrer sollen öffentliche Sünder | dem Bischof anzeigen – auch außer der Zeit, wenn Gemeindeglieder trotz Vermahnung nicht kommunizieren oder in öffentlichen Lastern liegen.

Melanchthon kann sich mit diesen Konzessionen weithin auf Luther berufen und hat sich möglicherweise schon im März oder April mit ihm persönlich darüber ausgesprochen. Jedenfalls hat Luther schon damals in der Vorbereitung auf seine „Vermahnung" den großen Bann verworfen[26], den kleinen aber als Kennzeichen der rechten Kirche Christi gefordert[27]. In der „Vermahnung" selbst hat er diese Forderung unter Hinweis auf Matthäus 18 detailliert wieder aufgenommen. Von einer Mitwirkung der Bischöfe hat Luther freilich hier nichts gesagt. Im Gegenteil, von Rechts wegen stehen sie selbst im Bann, weil und soweit sie das Evangelium verachten. „Der bann ist ja not, aber Herr Gott, er

---

[25] Vgl. A 6 Ziffer 1 o. S. 211 f.

[26] Wa 30.2, S. 255a; vgl. S. 309,30 ff.

[27] Ebd. S. 250,18 f.: „Rechtgeschaffen pann, das ist, das etlich umb offentlicher laster willen zunn Sacramenten nit gelassen werden."

mus nicht mucken seygen und Kamel verschlingen, sonst wird nichts draus."[28]

Wenn es also durchaus fraglich bleibt, ob Luther die bischöfliche Banngewalt so weit ausgedehnt hätte wie Melanchthon in C, so darf als sicher angenommen werden, daß er sich ihrer Anwendung auf das Eherecht erwehrt hätte. Auch der Kurfürst hatte sich in A 6 ablehnend entschieden. C aber rechnet in dem dritten Abschnitt von den Graden der Sippschaft und Magschaft ebenfalls mit der Möglichkeit einer Wiederherstellung der Jurisdiktion.

Melanchthon meint freilich, daß hier nicht der Theologe, sondern der Jurist die Grenzen zwischen den landesherrlichen und den bischöflichen Gerechtsamen festzulegen habe. Nach seiner Darstellung bleibt für die Bischöfe wenig übrig. Die weltliche Macht schöpft ihr Eherecht aus der Vernunft; kirchliche Gesetze fallen dahin, wenn sie vernunftwidrige Ehehindernisse aufrichten, und kirchlichen Einsprüchen gegen bereits geschlossene Ehen braucht die Obrigkeit nicht ohne weiteres nachzugeben. Dabei bleibt das göttliche Recht oberste Norm in allen Ehefragen; auch die päpstliche Gesetzgebung, deren Berechtigung nicht grundsätzlich bestritten wird, ist daran ebenso gebunden wie das Gewissen des einzelnen.

Die Grenzen, die A 6 in bezug auf die bischöfliche Jurisdiktion in Ehefragen gezogen hatte, werden also in C genauer und grundsätzlicher be|stimmt. Als eine Neuinterpretation und damit als Ersatz für die in A getroffenen Bestimmungen haben wir C anzusehen. Und solcher Ersatz war nötig; was in A 6 (De iurisdictione) und A 7 (Von der Weihe) nebeneinandergestellt worden war, widersprach sich. A 6 erklärte scheinbar die bischöfliche Jurisdiktion für abgeschafft, A 7 richtete sie unter bestimmten Bedingungen wieder auf. Indem C am Beispiel der Papstgewalt zwischen weltlichem und geistlichem Regiment eine klare Unterscheidung traf, legte C die Grenzen einer geistlichen Jurisdiktion grundsätzlich fest. Innerhalb dieser Grenzen werden nun in C die Einzelfragen abgehandelt und schärfer beantwortet, als das in A 6 und 7 der Fall war. Noch waren damit nicht alle Probleme gelöst, die zwischen weltlicher und geistlicher Obrigkeit in der Praxis offenstanden; aber die eigentliche Entscheidung war in C gefallen, der Kompromiß gewann jetzt erst seine endgültige Gestalt.

---

[28] Ebd. S. 319,20 ff.; vgl. S. 316,15 f.

Verfolgt man freilich die kommende Entwicklung des Augustanatextes, so verschwindet der Friedensplan hinter einer Fülle theologischer und rechtlicher Erwägungen. Melanchthon hat ebenso wie andere Artikel des zweiten Teils, so auch den künftigen Artikel 28 der Augustana im letzten Drittel des Mai völlig neu konzipiert; aus der Vorlage C ist nur die grundsätzliche Unterscheidung zwischen weltlichem und geistlichem Regiment erhalten geblieben. Auf ihr baut sich in Na der Artikel auf[29]. Aus der Selbständigkeit der weltlichen Gewalt ergibt sich: Was die Bischöfe davon rechtmäßig besitzen, soll ihnen bleiben. Ihre geistlichen Befugnisse aber sind scharf durch das Evangelium begrenzt: überschreiten sie sie, so verletzen sie die Gewissen. Der Begriff „Jurisdiktion" wird mit keinem Worte erwähnt; wieweit sie in Mitteldingen zu handhaben ist, wird nicht gesagt, aber auch nicht bestritten[30].

Unter der Bedingung, daß die Bischöfe das Evangelium frei predigen lassen, wird sie indessen grundsätzlich anerkannt: „Wir gesten, das die bischof mogen Ordnung machen, daß alle ding in der kirchen ordenlich zugeen und gehandelt werden." Die in E, A und C vorbereitete Kompromißlösung wird mit neuen Worten abermals angeboten: „Jetzt begert man den bischofen ir herrschaft nit zu entziehen, sondern allein, daß sie | gedulden, das evangelium lauter zupredigen und etlich wenig satzung nachlassen, die on sund nit konnen gehalten werden."[31] Und am Schluß der Vorrede, also an auffallender Stelle, wird dieses Angebot an die Bischöfe schon vorweggenommen: „Dann ihn wurd an ihrer Gewalt und Herrlichkeit gar nichts abgehen, wo sie allein etliche neue unbillige Beschwerden nachließen."[32]

In die endgültige Fassung der Augustana sind gerade in CA 28 eine Reihe theologischer Exkurse eingefügt worden, die es erschweren, den Kompromiß in der Jurisdiktionsfrage zu erkennen. Und doch ist er erhalten geblieben, z. T. mit denselben Worten wie in Na. Ja, das Entgegenkommen wird an manchen Stellen stärker betont als früher. Da wo die Bischöfe ehe- und zehntrechtliche Jurisdiktion besitzen, soll sie ihnen

---

[29] Wir besitzen einen am 31. Mai den Nürnberger Gesandten übergebenen und von ihnen in Abschrift nach Hause geschickten Entwurf (Na genannt), der den damaligen Stand der Redaktion wiedergibt. Vgl. *Kolde*, Redaktion. Wo die entscheidenden Stücke im Apparat von BSLK abgedruckt sind, zitieren wir danach mit Seite und Zeile.

[30] *Kolde*, Redaktion, S. 28,5 ff.; 29,21 ff.

[31] *Kolde*, Redaktion, S. 30,30 ff.; 31,30 ff.

[32] BSLK, S. 43,18 f.; vgl. 43,22 ff. – Auch in Na bietet die Verfolgung der verheirateten Priester den Hauptanstoß, vgl. *Kolde*, Redaktion, S. 31,13 ff. In Na 23 ist der Kompromiß ebensowenig zu erkennen wie in Na 22 und 24.

erhalten bleiben; die Fürsten wollen sie nur – notgedrungen – da übernehmen, wo sie verfallen sind (§ 29). Die Gehorsamspflicht gegen die
Bischöfe wird „den Pfarrleuten" de iure eingeschärft (§ 21 f.).

Aber sie wird nicht von dem Amt der Bischöfe abhängig gemacht,
sondern von dem Wort Gottes, dem sie dienen und dem sie für Person
und Amt unterworfen sind; die clausula Petri (Apg. 5,29) wird – über
Na hinaus – eigens hinzugesetzt (§ 23 ff.). Gottes Wort aber bezeichnete menschliche Traditionen, die das Gewissen belasten, als „Teufels-
lehren" (§ 49) – das ist wohl der härteste Vorwurf, der den offiziellen
Bischöfen gemacht werden konnte[33]. Es kommt hinzu: die Anklänge an
die bischöfliche Jurisdiktion – von der Gewalt des Wortes Gottes aus
– sind durch die Gleichung von Bischöfen und Hirten entwertet. Episcopi seu pastores heißt es an entscheidenden Stellen (§ 30, 53). So konnte ein unbefangener Betrachter von CA 28 wohl im Zweifel sein, ob hier
wirklich noch das überkommene Bischofsamt gemeint sei, dessen Milde
man anrief, dessen Gehorsam man sich unterwarf (§ 69 ff.) und dessen
Herrschaft man sich | nicht entziehen wollte (§ 77). Melanchthon hat
den überkommenen Kompromiß beibehalten, aber er hat ihn verdunkelt
und erschwert[34].

Die kursächsischen Reichstagsvorbereitungen sind nicht nur im Blick
auf unsere Problemstellung die sorgfältigsten und ausgedehntesten gewesen; nirgendwo anders hat man die kommende Entwicklung so gründ-
lich überdacht. Aber wir verstehen jetzt, warum die Glaubensgenossen
in keiner Frage den Kurfürsten und seine Berater so allein gelassen haben wie in der Jurisdiktionsfrage. Die Ursachen für diese Haltung sind
aus der Lage, in der sich die betreffenden Politiker befanden, leicht ersichtlich.

---

[33] Für die Anspielung auf 1. Tim 4,1 verweise ich in Luthers Vermahnung auf Stellen wie WA 30.2, S. 297,15 (auf die Wallfahrer wirkt „teufels gespenst"); ebd. S.
321,30 ff. (die falsche Kirche ist „des Teufels Kirche", „eine lügnerin wider Gottes
wort und eine mörderin"; in ihr läßt sich dich der Teufel anbeten, S. 322,18); ebd. S.
328,26 ff. (der Teufel hat den Kanon gemacht, der die Priesterehe verbietet). In dieser unmelanchthonischen Anspielung von CA 28 § 49 wirkt Luthers Geist.

[34] Vielleicht hängt Melanchthons Zurückhaltung in der endgültigen Fassung der CA,
die in der ersten Hälfte Juni bis auf kleinere Abweichungen zustande kam, auch mit
dem Bekanntwerden von Luthers „Vermahnung" zusammen: Luther fürchtet, Melanchthon möchte sich von ablehnenden Urteilen beeindrucken lassen, wenn die Schrift
Anfang Juni in Augsburg bekannt werde; WAB 5, Nr. 1584,17 ff. Man muß aber nach
dem Brief von Justus Jonas v. 13. 6. (ebd. Nr. 1588,1 ff.) die umgekehrte Wirkung
annehmen: die Gegner zeigten sich überrascht von Luthers Standfestigkeit und Melanchthon durfte und konnte diesen Eindruck nicht durch öffentliche Nachgiebigkeit
verwischen.

In *Hessen* hatte Landgraf Philipp schon am 27. März 1530 seine Gesandten – die zunächst allein nach Augsburg reisen sollten – dahin in-
struiert, sie sollten schriftlich dagegen protestieren, „daß der ban, senth
und andere beschwerlich jurisdiction der geistlichen und was des alles zu
verderplichen mißbrauch ingerissen ist, altem vermeinten geprauch nach
widerumb erneuert und gehalten werden sollte"[35].

Für die *Nürnberger* waren die Jurisdiktionsansprüche des Bamberger
Bischofs grundsätzlich abgetan. Freilich hatte dieser seine Ansprüche
auch weiterhin, vor allem vor dem Schwäbischen Bund, immer wieder
geltend gemacht. Und man fürchtete in Nürnberg, er werde auf dem
Reichstag Bemühungen der Bischöfe unterstützen, daß man eine Restitu-
ierung der bischöflichen Rechte zur Voraussetzung für eine Behandlung
der Glaubensfrage machen solle. Schon vor dem 7. Mai hatte daher ein
Ratschlag der Nürnberger Prediger die kirchliche Lage nach allen Seiten
hin kritisch überprüft und dabei die grundsätzliche Ablehnung der bischöflichen Jurisdiktion mit biblischen Forderungen begründet, wie sie
auch sonst im Protestantismus geltend gemacht wurden, sich weithin
auch in CA 28 als kritische Bedenken wiederfinden[36]. |

Auch Markgraf Georg von *Brandenburg-Ansbach* hatte wie sein Vorgänger in harten Auseinandersetzungen die Ansprüche des Würzburger und des Bamberger Bischofs abgewiesen. Als er deshalb die Pfarrer
seines Landes am 29. Januar 1530 von dem kaiserlichen Reichstagsaus-
schreiben in Kenntnis setzte und sie aufforderte, über Lehre und Gottesdienst gutachtlich zu berichten, erwartete er von ihnen zugleich, sie sollten das Recht der christlichen Obrigkeit auf Abschaffung kirchlicher
Mißbräuche theologisch begründen. Das sollten sie tun „unangesehen altes herkommens, gebrauchs, gewonhait, voriger concilien satzung und
der bischof schreien, als ob man wider ir *geistlich jurisdiction* handelt"[37]. Die eingelaufenen Gutachten der fränkischen Pfarrer behandelten daraufhin die Jurisdiktionsfrage mehr oder weniger ausführlich.

Alle sind sie vom Recht der weltlichen Obrigkeit überzeugt, die Kirche zu reformieren, und dementsprechend von der Notwendigkeit, die
bisherige bischöfliche Kirchengewalt abzuschaffen. Die Beweise, die sie
aus dem AT – hier besonders der frommen Könige Israels und Judas
gedenkend – und dem NT herbeiziehen, sind bei ihnen allen gleicher-
maßen ausführlich und verwenden dieselben Texte. Auch eine Fülle ka-

---

[35] *Gußmann*, Quellen und Forschungen 1,1, S. 331,36 ff.
[36] Ebd. 1, 2, S. 207, 209; 1, 2, S. 293 f.
[37] Ebd. 1, 1, S. 274.

nonistischen Materials führen die gelehrteren unter ihnen an; Lazarus Spenglers Auszug aus den päpstlichen Rechten, im Dezember 1529 im Druck erschienen, hat offenbar schon erste Wirkungen hervorgebracht. Uns interessiert hier ihre Argumentationsweise nur insoweit, als sie ihre Vorstellungen von der Jurisdiktionsgewalt erkennen läßt.

Aus dem evangelischen Schriftverständnis ergibt sich, daß zwischen Priestern und Laien kein Qualitätsunterschied besteht; eine besondere Weihegewalt kommt deshalb den Bischöfen nicht zu. Es gebührt ihnen auch nicht, über eine auf die kirchliche Tradition gegründete Rechtsgewalt zu verfügen. Es eignet ihnen nur die Gewalt des Wortes Gottes selbst; über die verfügen sie nicht, sie proklamieren sie aber. Insofern stehen sie mit jedem berufenen Diener des Wortes Gottes auf derselben Stufe, die Gleichung von episcopi seu pastores, die wir in der letzten Fassung von CA 28 fanden, ist diesen fränkischen Landpfarrern selbstverständlich[38]. Weil die Bischöfe aber mehr sein und wie weltliche Fürsten mit Gewalt regieren wollen, haben sie sich „ihrer Freiheit und Jurisdiktion" selbst entsetzt, sind sie „des Endchrists wahrhaftige Söldner", | Wölfe und nicht Hirten, „stumme Hunde"; die Christen müssen ihrer Jurisdiktion „fluchen und urlub geben"[39].

Die Leidenschaft der Anklagen, die in den meisten dieser Zeugnisse aufbricht, ist bemerkenswert. Sie läßt die Kluft erkennen, die zwischen den einfachen Pfarrern und den feudalen Herren an den Bischofskurien bestand, die Entfremdung zwischen einer bäuerlichen Wirtschaft und dem höfischen Treiben der geistlichen Herrn, die sittliche Entrüstung über deren Ehrsucht, Geldgier und Unmoral. Und das alles begründet sich, wie in den Protesten, die die mittelalterliche Armutsbewegung gegen die Prälaten gerichtet hatte, mit den Buchstaben der Schrift, orientierte sich an dem Bild der einfachen Fischer, die Christus als Apostel ausgesandt hatte. Wenn man volkspsychologisch denkt, vermag man angesichts dieses volkstümlichen evangelischen Christentums einen Kompromiß mit den Bischöfen, wie er den kursächsischen Unterhändlern vorschwebte, kaum für möglich zu halten.

Und doch wurden — wenn auch vielleicht nur theoretisch — von manchen fränkischen Pfarrern biblisch begründete Formen einer bischöflichen Jurisdiktion entwickelt, die sich nicht allzuweit von den bestehenden Rechtszuständen entfernten. Wenn auch viele der Gutachter

---

[38] Vgl. etwa das Votum des Pfarrers Johs. Feurelius – Roth a. S., in: Die fränkischen Bekenntnisse, S. 640 ff.
[39] Ebd. S. 534, 625, 564, 544.

aus dem Verfall der bisherigen kirchlichen Ordnung die Folgerung ziehen, es komme den Königen zu, ihr Volk „ordentlicher und christlicher
weis zu leren, zu versehen und unterweisen zu lassen"[40], so lassen andere daneben auch kirchlichen Organen einen Platz offen. Derselbe Kritiker der „gottlosen Bischöfe", der alle kirchliche Gewalt der weltlichen
Obrigkeit überlassen will, schreibt – anhand von 1. Tim. 3,2 – ein
Kapitel über Officia episcoporum precipua[41] und fordert von ihnen neben Predigt, Armenfürsorge und unsträflichem Leben im Ehestand auch
die regelmessige Visitation[42]: „daß sie jerlich aufs wenigst einmal ihre eigene land, stete und flecken, auch andere, so sie unter ihre geistlichkeit
oder jurisdiction gezogen haben, besuchen und visitieren sollen, ihre
arme scheflein, die sie selbs nicht alle waiden konnen, mit andern frommen und getreuen schefern und hirten, das ist pfarrern, predigern und
kirchendienern vorsehen, welche dieweil an irer stat das arme christliche
heuflein vor schedlichem | einreissen der wolfe behuten und bewaren
konnen." Und Pfarrer Amand in Hirschberg entwickelt aus 1. Petr. 5,1
ein Bild des rechten Seelsorgers und fügt hinzu: „Wann wir ein söllichen
funden, der mit der jurisdiction käme, dem wöllten wir die fueß kis-
sen."[43]

Wie nahe treten hier für solche Kritiker der zeitgenössischen Hierarchie spätes Mittelalter und neutestamentliche Zeit. Ihre Vorstellungen
von Jurisdiktion sind biblisch begründet, aber zeitgeschichtlich konzipiert: Die Kulmbacher Geistlichen halten die gegenwärtig geübte Jurisdiktion für nichtig und sind doch grundsätzlich bereit, eine biblisch begründete anzunehmen: „Soll ir jurisdiction gelten und soll man inen gehorsam sein, so geburt inen, solches gruntlich aus Gottes wort zu beweisen, welche diener sie sein wollen."[44] Auch der leidenschaftliche Eifer
gegen kirchliche Entartung vermochte doch die Vorstellung von einer
rechtlich geordneten, biblisch gegründeten kirchlichen Jurisdiktion nicht
ganz auszurotten. Sollte nicht doch ein Kompromiß möglich sein, der die
Elemente der politia ecclesiastica – wie Melanchthon gern sagte – erhielt?

Diese Frage muß uns durch den Gang der Augsburger Verhandlungen
beantwortet werden[45]; wir blicken hier noch einmal auf die Vorge-

---

[40] Prediger Johann Beham-Bayreuth, ebd. S. 562.
[41] Ebd. S. 578–581.
[42] Ebd. S. 578.
[43] Ebd. S. 624.
[44] *Gußmann*, Quellen und Forschungen 1,2, S. 84.
[45] Wir können hier dem Gang der Reichstagsverhandlungen nur soweit folgen, wie

schichte zurück. Wir haben dafür ein längst bekanntes, aber meines Wissens rechtsgeschichtlich noch nicht behandeltes Material ausgebreitet. Es ist nicht einheitlich; wir erkennen vielmehr daraus, daß es in der Bewertung der bischöflichen Jurisdiktion Unterschiede zwischen den glaubensverwandten Reichsständen gibt, daß aber auch da, wo die Regierung eine bedingte Zustimmung zu ihr findet, eine Differenz zwischen Führung und Volk besteht.

Diese Unterschiede hängen mit den unklaren Ansichten über die Möglichkeiten zusammen, wie man jene Institution unter den reformatorischen Voraussetzungen weiterführen sollte. Der Kompromißplan, den man in Kursachsen seit Ende März verfolgte, war nicht in allen Konsequenzen durchdacht und in sich selbst unklar. Die Bedingungen, an die die Annahme der bischöflichen Jurisdiktion geknüpft war, waren schwankend. Augenscheinlich haben sich hier die sächsischen Politiker und Me|lanchthon nicht ganz dasselbe gedacht. Der Kompromiß, von Luther mit bestimmter Zuspitzung und ohne besondere Begeisterung übernommen, hat den Gang der Augsburger Religionsverhandlungen beherrscht. Durch deren negatives Ergebnis ist er ad absurdum geführt worden.

Wir sahen: in dem fertig entwickelten Artikel 28 ist der Kompromiß nur für das geübte Auge, in den Vorstufen dagegen klar erkennbar. Nicht so, daß er hier schon in allen Beziehungen ausgereift gewesen wäre. Aber was in diesen vorläufigen Überlegungen und Fixierungen bedacht, übernommen, verbessert oder verworfen worden war, blieb, auch wenn es nicht in den endgültigen Text einging, im Gedächtnis der kursächsischen Delegation gegenwärtig. Im Gang der Gespräche ist es immer wieder einmal aufgetaucht. Wir wenden uns nunmehr den Erörterungen zu, die über die Jurisdiktionsfrage nach dem 25. Juni gepflogen worden sind.

II. Verhandlungen

a) Nach der Übergabe der Augustana am 25. Juni bildet die Annahme der Confutatio, die in Anwesenheit des Kaisers am 3. August vor versammeltem Reichstag erfolgte, in den Augsburger Verhandlungen den ersten markanten Einschnitt. Mit bemerkenswerter Zähigkeit haben

es darin um die Jurisdiktion der Bischöfe und um die Vorbedingungen geht, unter denen Kursachsen sie konzedieren wollte. Offene Fragen zum Ganzen der Entwicklung lassen sich erst nach Ausgabe der Reichstagsakten, Jüngere Reihe, Bd. 8, beantworten.

Melanchthon und hinter ihm stehend Altkanzler Brück in dieser Zeit ihren Kompromißplan verfolgt. Noch vor dem 20. Juni als dem Beginn der offiziellen Verhandlungen und mitten in den Unruhen, die durch das Predigtverbot entstanden waren, hat Melanchthon „etliche Male", wie die Nürnberger Gesandten am 21. Juni berichten[46], mit dem kaiserlichen Sekretär Alfons de Valdés auf dessen Einladung hin verhandelt. In diesen Gesprächen bezeichnete er die Fragen, die dann in CA 22 bis 24 („von beider Gestalt des Sakraments, von der Pfaffen und Mönch Ehe und von der Messe") angeschnitten wurden, als die eigentlichen Streitpunkte. „Wo man dieser Artikel vertragen, hielt er dafür, es sollten sonst in allen andern wohl Mittel und gute Ordnung gefunden werden." Mit diesem deutlichen Hinweis auf CA 28 – die Augustana war ja noch nicht in den kaiserlichen Händen – umschrieb Melanchthon genau den geplanten Kompromiß. Valdés hatte – wiederum nach dem Nürnberger Bericht – diesen Vorschlag dem Kaiser vorgetragen und dieser erklärte – angeblich unter Bezeugung seiner Zustimmung zu dem Kompromiß im allgemeinen | – nach Fühlungnahme mit dem Legaten Campeggio die beiden ersten Punkte (zu CA 22 und 23) als diskutabel; „allein die einzelne Messe abzustellen wollt ihm nicht eingehen". Immerhin, der Kaiser forderte eine knappe Fixierung der in Frage stehenden Punkte; sie war am 21. Juni noch nicht ausgefertigt, und mit der Überreichung der CA am 25. hat sich die Forderung wohl erübrigt[47]. Immerhin, die zentralen staatlichen und kirchlichen Instanzen waren über den kursächsischen Plan orientiert. Und wenn sich Melanchthon auch über die Unterdrückungsabsichten Campeggios keine Illusionen machte: die Hoffnung, durch Konzessionen an die Bischöfe auf dem Reichstag eine Einigung zu erzielen, hielt Melanchthon fest, trotz aller Widerstände, die auch auf evangelischer Seite vorhanden waren[48].

Die Hoffnung wurde ihm nicht leicht gemacht. Wenn auch der Kaiser seine verbindliche Haltung nicht aufgab und einige altgläubige Fürsten die CA für „bescheidentlich" hielten, die Bischöfe, auf die doch alles an-

---

[46] CR 2, Sp. 122 f.

[47] Daß man in bezug auf die Verhandlungen zwischen Valdés und Melanchthon nicht von „Geheimverhandlungen" reden sollte – natürlich wurden sie nicht an die große Glocke gehängt –, zeigen die detaillierte Schilderung der Nürnberger, die Einschaltung Brücks und Melanchthons unbefangene Berichte an Luther (WAB 5, Nr. 1591) und Camerarius (CR 2, Sp. 119) vom 19. 6. über die beiden Sekretäre Valdés und Schepper.

[48] An Camerarius (vgl. vorige Anm.): Jurisdictionem totam καὶ τὸ ἀξίωμα reddo Episcopis. Hoc fortasse urit quosdam qui aegre patiuntur sibi libertatem suam adimi. Sed utinam vel duriore conditione pacem redimere possimus.

kam, lehnten das Bekenntnis und damit den sie besonders angehenden Artikel 28 im großen und ganzen ab, so daß „wir uns nicht wohl einer Einigkeit oder Vergleichung versehen mögen, es wolle denn Gott ein sonder Wunderzeichen tun", meinten die nüchternen und der Jurisdiktion feindlichen Nürnberger[49].

Auch Melanchthon fiel es schwer, ein solches Wunder zu glauben, nachdem Valdés, dem er den Volltext der Augustana noch vor dem 25. zu lesen gab, sie für zu scharf erklärt hatte[50]. „Unter Tränen" überlegte Melanchthon, wie er weiter nachgeben könnte; er berief sich dabei – in Augsburg zum ersten Male – auf die früheren Planungen über den Kom|promiß und Luthers Beteiligung daran[51]. Über die Privatmesse erwartete er die Hauptauseinandersetzung. Wohl in dieser Lage verfaßte er ein Gutachten De missa et coelibatu, das freilich in seiner gründlichen theologischen Besinnung keineswegs eine besondere Nachgiebigkeit erkennen läßt. Es stellt vielmehr einen verzweifelten Appell an die theologischen Gegner dar – Faber, den er auch in dem genannten Brief an Luther besonders erwähnte, wird zweimal genannt –, sich den theologischen Argumenten nicht zu verschließen, und an die Bischöfe, es um dieser Differenzen willen nicht zum Kriege kommen zu lassen[52].

Luther hat in seinem Briefe vom 29. Juni offenbar Melanchthons Frage, ob man weiter nachgeben solle, mißverstanden, indem er sie auf den Lehrgehalt des Bekenntnisses bezog. Es ging aber dabei, wie er selbst im Fortgang seines Briefes vom 29. Juni[53] erkennen läßt, um das kirchenpolitische Nachgeben in der Jurisdiktionsfrage und um den darüber vorbereiteten Kompromiß. Indem Luther hier dem Kurfürsten die eigene Entscheidung vorbehält, erwartet er von seinem Mitarbeiter Melanchthon, daß er nicht durch neue Konzessionen dazu beiträgt, sondern daß er streng an den theologischen Voraussetzungen festhält, auf die man

---

[49] Bericht vom 28. Juni, CR 2, Sp. 151. Vgl. zur Stellung der Bischöfe auch die Ablehnung, die Melanchthon und Jonas von dem Salzburger Erzbischof Matthaeus Lang berichten, WAB 5, Nr. 1600,10 ff.; 1601,47 ff.,63 ff.; zur Gesamthaltung der Bischöfe Jonas aaO. Nr. 1602,34 ff.

[50] Melanchthon an Camerarius, 26. Juni, CR 2, Sp. 140.

[51] Res sunt antea deliberatae, ut scis, sed semper aliter in acie se dant, quam ut deliberationes illis omnino respondeant; an Luther 27. Juni, WAB 5, Nr. 1607,23 ff.

[52] Das Gutachten ist CR 1, Sp. 840 ff. fälschlich auf 1526 datiert; vgl. *Maurer*, Der junge Melanchthon 2, S. 595, Anm. 125. Für unsere Fragestellung ist besonders interessant, daß Melanchthon hier die Spendung in beiderlei Gestalt nicht formal von der Einsetzung des Abendmahls, sondern aus den Gründen ableitet, die gegen die Opfermesse sprechen. CA 22 und 24 bilden für ihn eine theologische Einheit.

[53] WAB 5, Nr. 1609,17 ff., 84 ff. Zur seelsorgerlichen Seite der Sache Luther an Melanchthon 30. 6., Nr. 1610.

sich einst in der kirchenpolitischen Planung geeinigt hatte. Über dessen politische Möglichkeiten äußert sich Luther nüchtern und zurückhaltend: Der Kaiser ist in der Hand der Päpstler; auf seine persönliche Milde ist nicht zu bauen[54]. Ob der Kompromiß gelingt, steht einzig in Gottes Hand[55].

In den letzten Junitagen hat Justus Jonas einen Vorstoß gemacht, um die Ausgleichsverhandlungen voranzutreiben. Er kennt den kursächsischen Plan und verbündet sich mit den theologischen Beratern der vier evangelischen Fürsten zu einer Eingabe an ihre Herren[56]. Mit deutlicher | Anspielung auf die früheren Abmachungen fordern die Prediger die Fürsten auf, aus der Augustana die Artikel herauszustellen, von denen man bei einer Einigung nicht abgehen könne[57]. Sie wünschen, daß diese Artikel nicht nur den altgläubigen Fürsten besonders bekanntgemacht werden – beim Erzbischof Lang von Salzburg setzt Jonas übrigens ihre Kenntnis voraus[58] –, sondern auch dem Kaiser selbst. Persönlich sollten die Fürsten diese Artikel schriftlich übergeben, also dasselbe tun, was Valdés am 18. Juni von Melanchthon gefordert, dieser aber nicht erfüllt hatte. Obwohl die vier Theologen die Gefahr sahen, es werde auf diese Weise der kursächsische Einigungsplan zu schnell und zu weit bekannt werden, versprachen sie sich offenbar von diesen direkten Verhandlungen mehr als von Melanchthons Vorzimmergesprächen. Ihrem Verlangen wurde nicht nachgegeben; wahrscheinlich haben Brück und Melanchthon widerraten.

Statt dessen beschritt Melanchthon doch wieder den Weg der Vorzimmerdiplomatie. Während der Kaiser und maßgebliche altgläubige Für-

---

[54] Ebd. Nr. 1613,27 ff.; vgl. Nr. 1615,22 ff.,28, Nr. 1625,20 ff., Nr. 1630,2 ff., Nr. 1644,2 ff.

[55] Aus politischen Gründen hielt auch der Kölner Domprobst Hermann von Neuenaar eine Annahme der in CA 22 bis 24 erhobenen Forderungen für zur Zeit undurchführbar; an Mel. 28. Juni, CR 2, Sp. 149.

[56] Jonas (Kursachen), Rurer (Ansbach), Schnepf (Hessen), Bock (Lüneburg) am 28. Juni, *Kawerau*, Jonas, S. 165 ff.

[57] AaO.: „So doch die hauptsach auf etliche gewisse artickel gefaßt steet, do man christlich (wenn gleich lang unterhandelt) nicht nach lassen noch weichen kan." Jonas setzt hier das innerprotestantische Einverständnis über die Unabdingbarkeit der in CA 22 bis 24 getroffenen Feststellungen voraus und meint, darüber erübrigten sich weitere Verhandlungen. Ist die Spitze gegen Melanchthon, dessen Namen unter den Unterzeichnern seltsamerweise fehlt?!

[58] Lang hat in einem Privatgespräch erklärt: Vellem utramque speciem, coniugium libera esse, vellem Missam reformatam esse, hat freilich auch CA 26 hinzugefügt, dann aber erklärt, daß aus dem Winkel Wittenberg die Reformation der Kirche kommen solle, sei unerträglich; Jonas an Luther 30.? Juni, WAB 5, Nr. 1618,31 ff., von einer

sten mit der Forderung drohten, es müßten bis zum Konzil alle kirchlichen Änderungen rückgängig gemacht und alles in den vorigen Stand zurückversetzt werden, knüpfte Melanchthon mit dem päpstlichen Legaten Verbindungen an. Im Briefe vom 4. Juli[59] unterbreitete er Campeggio das kursächsische Friedensprogramm in charakteristisch veränderter Form. Statt von der Anerkennung der bischöflichen Jurisdiktion sprach er vom Gehorsam gegen die römische Kirche und den Papst und vom Respekt vor der hierarchischen Ordnung (universa politia ecclesiastica und beteuerte die Übereinstimmung der Augustana mit der Lehre der römischen Kirche. Daß jene Anerkennung nicht bedingungslos sei, ver|schwieg er nicht. Aber er verkleinerte die Distanz: Es handle sich nur um unbedeutende rituelle Abweichungen, über die man sich leicht einigen, die Rom leicht zugeben könne.

Dem Sekretär Campeggios gegenüber bezeichnete er diese Bedingungen etwas genauer. Laienkelch und Priesterehe nannte er zuerst und war bereit, sich mit einer stillschweigenden Konzession zu begnügen, die bis zum Konzil gültig sein sollte. Über die schweren theologischen und praktischen Probleme, die mit Opfer- und Privatmessen gestellt waren, ging er mit leichter Handbewegung hinweg: man werde darüber schon eine Einigung finden. In diesem Zusammenhang betonte er die Unterwerfung unter die bischöfliche Jurisdiktion; die Gehorsamspflicht, die damit übernommen werde, hebe etwa noch fortbestehende dogmatische Differenzen leicht auf: „Die Bischöfe könnten durch ihre Autorität mit der Zeit die meisten Schäden heilen, wenn sie erst wieder gehorsame Pfarrer hätten; sie müßten jedoch die kirchliche Disziplin wiederherstellen, die schon lange vernachlässigt sei."

Eine völlige Verzerrung und Verkehrung des kursächsischen Einigungsplanes! Wer ihn von seiner Entstehung vom März 1530 ab kennt, wird nicht nur den Dilettantismus einer Diplomatie beklagen, die ohne Not alle Karten offen auf den Tisch legt, sondern wird auch bedauernd feststellen, daß mit dieser Haltung (die man Verrat nennen müßte, wenn sie nicht so schrecklich naiv wäre) jener Plan selbst hoffnungslos diskreditiert war.

Das hat Melanchthon bald erfahren müssen. Enttäuscht hat er noch an demselben 8. Juli, an dem er Campeggio seinen Besuch abgestattet hatte, Luther berichtet, daß von dem Legaten kein Entgegenkommen zu

---

ähnlichen begrenzten Zustimmung des Augsburger Bischofs Christoph von Stadion berichten die Nürnberger am 28. Juni; CR 2, Sp. 150.
[59] CR 2, Sp. 169 ff. Zum Datum vgl. *Müller*, Nuntiaturberichte, S. 76, Anm. 10.

erwarten sei[60]. In der Audienz hatte Melanchthon die Bedingungen der Protestanten noch einmal formuliert[61]. Die Forderung des *Laienkelches* wird dabei plausibel gemacht durch die Anerkennung der Konkomitanz und damit des in einer Gestalt gespendeten Sakramentes. In die Forderung der *Priesterehe* wird auch die des Klosteraustritts einbezogen; offene Rechtsfragen werden sich lösen lassen, „nachdem die Bischöfe wieder Gehorsam erlangt haben". Über die schwierige Frage der *Opfermesse* geht Melanchthon auch diesmal mit der Versicherung hin|weg, die evangelische Pfarrmesse werde mit aller Ehrfurcht gefeiert und solle deshalb anerkannt werden. Alle übrigen Streitigkeiten könnten geregelt werden, „wenn den Bischöfen wieder gehorcht und die kirchliche Jurisdiktion eingeführt würde"[62].

Campeggio ging auf diese Forderungen nur mit Vorbehalten ein. Er stellte zwar die Möglichkeit in Aussicht, daß Priesterehe und Laienkelch von der Kurie genehmigt werden könnten, erklärte aber ein Entgegenkommen in der Meß- und Gelübdefrage für ziemlich ausgeschlossen. Von der Unterwerfung unter die bischöfliche Jurisdiktion war nicht besonders die Rede; die hielt der Legat wohl für selbstverständlich. Wie er darüber dachte, wird daraus ersichtlich, daß er sich in allen seinen Entscheidungen an die Meinung der deutschen Fürsten, also auch der Bischöfe, gebunden erklärte.

Nur einen kleinen Teil der im ursprünglichen Programm vorgesehenen Konzessionen hatte der Legat also bewilligt, aber mit welchen Einschränkungen! Dabei konnte Melanchthon nicht wissen, daß Campeggio schon am 26. Juni das ganze Programm nach Rom weitergegeben und eine Nachgiebigkeit höchstens soweit empfohlen hatte, als es den Prager Kompaktaten von 1437 entsprach; auch in der Frage der Priesterehe hielt er Konzessionen nicht für völlig ausgeschlossen. In der Tat aber verweigerte die Kurie schon am 13. Juli alle erbetenen Konzessionen und bestand auf der Durchführung des Wormser Edikts[63]. Die Tür war schon längst geschlossen, als Melanchthon noch meinte, sie öffnen zu können. Die Bedingungen, an die man die Anerkennung der Jurisdiktion geknüpft hatte, waren schon zu Beginn der Verhandlungen unerfüllbar

---

[60] Cognovi enim sensum Legati Campeggi, WAB 5, Nr. 1629,14; vgl. Nr. 1636 f.; dazu ebd. Nr. 1630,10 ff. (Bericht von Jonas 8. 7.) und Melanchthons Briefe an Veit Dietrich, CR 2, Sp. 174 f.

[61] CR 2, Sp. 246 f.; hier falsch datiert, vgl. *Müller*, Nuntiaturberichte, S. 78, Anm. 22.

[62] Durch Verfolgung der verheirateten Priester seien sie den Bischöfen abgeneigt, nunc libenter parebunt sublato illo periculo.

[63] *Müller*, Nuntiaturberichte, Nr. 18, S. 70 und Nr. 20.

geworden. Campeggio hat in der Tat nach dem 8. Juli die Sonderver-
handlungen mit Melanchthon abgebrochen[64].

Im evangelischen Lager war inzwischen, auch angeregt durch entsprechende kritische Bedenken der Altgläubigen, die Frage aufgeworfen
worden, welches die Hauptartikel der Augustana seien, die unbedingt
festgehalten werden müßten. Melanchthon antwortete darauf: nicht die,
denen auch die Gegner zustimmen könnten (und meinte damit die eigentlichen Glaubensartikel); auch nicht die, in denen man nachgeben
könne, ohne das Gewissen zu verletzen (und meinte damit disputierli-
che | Mitteldinge); sondern die, an die das Gewissen durch Gottes Wort
gebunden sei. Und den Kurfürsten beschwor er unter Hinweis auf die
gefährlichen Folgen, unbedingt an Laienkelch und Priesterehe festzuhalten; von diesem Restbestand des ursprünglichen Programms, den auch
der päpstliche Legat einigermaßen garantierte, sollte also unter keinen
Umständen etwas aufgeben werden[65].

Daß es im Kreise der theologischen Berater auch andere Meinungen
gab, zeigt ein Gutachten eines unbekannten Verfassers (Agricolas?)[66],
das zwar auch in den Lehrartikeln grundsätzliche Übereinstimmung annimmt, die „spenigen" Artikel des zweiten Teils aber einheitlich zusammenfaßt und alle auf die in CA 28 abgegrenzte bischöfliche Gewalt bezieht: Weil die Bischöfe mit all ihren kultischen und zeremoniellen Vorschriften die Gewissen belasten, darf keiner dieser Artikel besonders
herausgehoben, müssen sie alle mitsamt der Verwerfung der Bischöfe als
unabdingbar festgehalten werden. Man sieht, hier wird das in CA 28
ausgesprochene bedingte Angebot, eine begrenzte Jurisdiktion der Bischöfe anzunehmen, überhört und die Hervorhebung von CA 22 bis 24
abgelehnt. Hier wird der kursächsische Kompromißvorschlag, den Melanchthon bisher auf dem Reichstag vertreten hatte, grundsäzlich verworfen, also eine schärfere Haltung eingenommen, als das sogar von
Luthers Seite aus bisher der Fall gewesen war[67].

Aber gerade jetzt hatte Luther seine frühere Haltung geändert. In einem an Jonas gerichteten Brief vom 9. Juli, der einen für Melanchthon

---

[64] Ebd. Nr. 22, S. 84. – Der spätere Besuch vom 27. Juli gehört in einen anderen
Zusammenhang; WAB 5, Nr. 1663,3; *Müller*, Nuntiaturberichte, S. 91, Anm. 14, und
unten S. 239 f.

[65] CR 2, Sp. 176 f.; 162 f. Dieses Gutachten setzt die Verhandlung mit Campeggio
voraus und ist deshalb nach dem 8. 7. anzusetzen.

[66] Ebd. Sp. 182 f.

[67] Die 4 protestierenden Fürsten haben sich in ihrem Bescheid vom 10. Juli (ebd.
Sp. 184 f.) der Meinung Melanchthons angeschlossen.

bestimmten desselben Tages ergänzte, begründete Luther eine neue Konzeption, die den ursprünglichen Kompromißplan völlig über Bord warf: Man solle die Frage, wieweit man theologisch und kirchlich nachgeben könne, überhaupt fallenlassen und rein politische Lösungen suchen. Luther erweist sich hier als politischer Realist. Unter den gegebenen innen- und außenpolitischen Umständen hielt er es für unmöglich, daß die altgläubige Partei den Religionskrieg beginnen werde; man solle deshalb auf der Grundlage des status quo mit ihr Frieden zu schließen ver|suchen. Daß zu dieser politischen Lösung Glauben gehöre, hat Luther mit bewegenden Worten Melanchthon klarzumachen versucht[68].

Schon einige Tage vorher hatte Luther der Öffentlichkeit des Reichstags seine neue politische Konzeption dargelegt. In einem Brief an Kardinalerzbischof Albrecht (datiert vom 5., gedruckt am 13. Juli)[69] erinnerte er an den in der „Vermahnung" entwickelten Friedensplan (398,25 f.) und an die friedliche Haltung der Augustana (398,27 ff.). Eine Vereinigung in der Lehre hat sich ihm inzwischen als undurchführbar erwiesen; nach dieser Richtung hat Luther keine Hoffnung mehr (399,19). Jetzt bleibt nur die Möglichkeit eines Duldungsfriedens, bei dem die blutige Verfolgung der evangelischen Prediger aufhört (400,14 ff.). Für diesen Frieden soll der Erzbischof sich einsetzen (400,22 ff.) und wie Gamaliel einst raten, dem Evangelium freien Lauf zu lassen (402,21 ff.). Eine solche Haltung wird allerdings nur im Bruch mit dem Papst durchführbar sein (409,31 ff.). Aber der muß gewagt werden; die Kurie will die Deutschen nur gegeneinander in den Bürgerkrieg hetzen (411,12 ff.).

Luthers neue Konzeption stand also schon fest, ehe er sie den Freunden in Augsburg entwickelte. Melanchthon indessen schwenkte nicht in die von Luther gewiesene Richtung um, sondern verwickelte den Reformator mit einem Briefe vom 14. Juli – ohne daß ihm die Schreiben vom 9. schon bekannt gewesen wären – in eine Debatte über die Tragbarkeit kirchlicher Traditionen[70]. Die Jurisdiktionsfrage steht dahinter,

---

[68] WAB 5, Nr. 1634 und 1635; noch einmal und deutlicher an dieselben Adressaten am 13. Juli; ebd. Nr. 1642 und 1643. Luthers Abweichungen gegenüber der bisherigen kursächsischen Verhandlungslinie deutet sich schon an in dem Brief an den Kurfürsten vom 9. Juli, ebd. Nr. 1633.

[69] WA 30.2, S. 391 ff.; hierauf beziehen sich die in Klammern gesetzten Angaben im Text.

[70] WAB 5, Nr. 1646. Die Auseinandersetzung zieht sich bis Anfang August hin und findet ihr vorläufiges Ende in Luthers Brief vom 4. August (Nr. 1674). Wir können sie hier nicht in ihrer grundsätzlichen Bedeutung auswerten, sondern nur im Blick auf unser begrenztes Thema.

insofern die Bischöfe als Hüter der Tradition ihre kirchliche Gewalt einzusetzen hatten; was also auf seiten der protestierenden Stände als tragbare Tradition anerkannt war, war jener Gewalt unterworfen.

Es ist für Melanchthon klar: Traditionen, die satisfaktorische oder sonst als heilsnotwendig erklärte Leistungen fordern, sind gottwidrig. Solche aber, die um guter Ordnung willen, als Erziehungsmittel oder als Dankesbezeugungen entstanden sind, sind erlaubt und verpflichten kraft | menschlichen Rechts. Widerspricht aber ein Gehorsam, der sich diesem Recht im Raume der Kirche beugt, nicht der christlichen Freiheit? Können wir, dürfen wir uns bischöflichen Forderungen unterwerfen, die solchen Gehorsam fordern? Melanchthon ist geneigt, die Frage zu bejahen.

Luther antwortet baldmöglichst[71]. Er geht auf die bischöfliche Gewalt nur beiläufig ein. Wie in CA 28 unterscheidet er zwischen den beiden Regimenten, bei den Bischöfen also zwischen ihrer weltlichen und geistlichen Gewalt, wobei diese nicht Herrsch-, sondern Dienstgewalt darstellt und nicht zwangsweise Gehorsam fordern kann. Das alles hat Melanchthon in CA 28 auch gelehrt; im Unterschied zu Luther aber leistet er an diesem Punkte den Gegnern nicht bedingungslosen Widerstand, sondern überlegt, unter welchen Voraussetzungen und wie man trotzdem Gehorsam für die Bischöfe fordern könne. Dabei genügt ihm Luthers These nicht, man dürfe nicht „mit profanem Recht" in der Kirche herrschen. Wie hätte er die auch einem Reichstagsteilnehmer glaubhaft machen und damit die These vom Gehorsam gegen die bischöfliche Jurisdiktionsgewalt selbst ad absurdum führen können[72]?

Melanchthon hat den meisten Argumenten Luthers zugestimmt und sie als Bestätigung seiner Ausführungen in CA 28 angesehen. Aber er hat die Diskussion weitergeführt – um Deckung zu finden, wenn er sich vor den evangelischen Theologen in Augsburg verantworten müsse, wie er an Veit Dietrich schreibt[73]. Auf eine Bemerkung Luthers eingehend und an Bernhard von Clairvaux und Thomas anknüpfend fragt er nach

---

[71] Am 21. Juli; ebd. Nr. 1656.

[72] Wenn man O. *Clemen* in WA 30.2, S. 413 ff. folgt, hat Luther vor dem hier besprochenen Brief vom 21. Juli die ebd. 420 ff. abgedruckten Propositiones adversus totam synagogam Sathanae et universas portas inferorum verfaßt, auf die er selbst im Briefe an Spalatin vom 27. Juli hinweist (WAB 5, Nr. 1661,22), die aber auf die Jurisdiktionsfrage nur insofern eingehen, als sie – unter Berücksichtigung der Verfolgung der verheirateten Priester – die Bischöfe leidenschaftlich und unterschiedslos anklagen – ein Umschwung seit der „Vermahnung" vom Mai.

[73] WAB 5, Nr. 1663a ff.; 1664,3 ff.; CR 2, Sp. 231.

der causa finalis der Traditionen: Können sie nicht, als leibliche Übungen befolgt, Dankesbezeugungen darstellen und erzieherische Wirkungen bezwecken und somit aus pädagogischen Gründen erzwingbar sein? Luther verneint die Fragen des Präzeptors[74]. Kein Mensch kann einem anderen solche Dankesbezeugungen gegen Gott in erzieherischer Absicht auferlegen; das wäre eine Übertretung des 1. Gebotes. Nur Gottes Gebot gilt, | wenn es sich um Gottesverehrung handelt. Gott läßt sich keine Eingriffe und keine Konkurrenz gegen seine Gebote gefallen; Gehorsam gegenüber den Bischöfen wäre beides. Des Christen Gehorsam aber dient einzig und allein seinem ihm von Gott gegebenen Beruf.

Aus diesem Briefwechsel zwischen Luther und Melanchthon ist zu ersehen, daß dieser an dem ursprünglichen Verhandlungs- und Versöhnungsplan festhielt. Am 2. August versicherte er Erasmus: „Die unseren sind nicht darauf aus, die hierarchische Ordnung (πολίτευμα ecclesiasticum) aufzulösen."[75] Und auch am kurfürstlichen Hofe bewahrte man die ursprüngliche Friedensbereitschaft. Als der Kurfürst seine kaiserliche Belehnung mit der Kurwürde, die ihm um seiner kirchlichen Haltung willen versagt worden war, mit der Versicherung seiner Loyalität erreichen wollte, gab ihm Spalatin in einem Gutachten den Rat, zu erklären: „Seine Chf. Gn. könnten auch wohl leiden, daß die Bischöfe ihre gebührliche Jurisdiction hätten, übten und brauchten, wie denn diese und aller gebührlicher Gehorsam, wo diese Sach kaiserlichem Ausschreiben nach in Lieb und Güte gehandelt würden, bei seiner Chf. Gn. unwegerlichen sollt befunden werden."[76] Aber diese Beteuerungen blieben wirkungslos bei denen, an die sie gerichtet waren, und zerstreuten bei denen, die sie aussprachen, nicht die dunklen Befürchtungen, der Kaiser werde mit Gewalt die alten kirchlichen Verhältnisse wiederherstellen.

b) Die öffentliche Verlesung der Confutatio rechtfertigte diese Befürchtungen nur zum Teil. Auf die Jurisdiktionsfrage ging die Confutatio in ihrer endgültigen Fassung nicht ein; zu dem in CA 28 enthaltenen Friedensangebot nahm sie keine Stellung[77]. In Sorge, was die Confuta-

---

[74] Am 3. und 4. August, WAB 5, Nr. 1673 und 1674.

[75] *Allen* 9, Nr. 2357; CR 2, Sp. 233 (falsch datiert).

[76] CR 2, Sp. 201 f.

[77] Anders in der am 12. Juli dem Kaiser vorgelegten und von ihm als zu hart verworfenen ersten Fassung. Hier erklärten die Konfutatoren die Bedingungen, unter denen CA 28 den Gehorsam gegenüber den Bischöfen angeboten hatte, als falsche und despektierliche Behauptungen. Außerdem könnten die Bischöfe Gesetze nicht ändern,

tio | bringen würde, hatten die evangelischen Fürsten noch am 27. Juli[78] Melanchthon und Brenz zu Campeggio geschickt, ihn um seine guten Dienste bei der Abfassung der Confutatio gebeten und ihm versichert, sie würden die Bedingungen annehmen, die man zum Frieden und zur Einheit und zur Erhaltung, Kräftigung und Stärkung der Autorität der Geistlichen (ad ecclesiastici ordinis auctoritatem) für dienlich erachten werde. Als dann die Confutatio bekanntgegeben war, wandte sich Melanchthon am 4. August über den Sekretär Campeggios noch einmal an den Legaten mit den alten Vorschlägen: Man könne die Feier des Abendmahls in beiderlei Gestalt mit Rücksicht auf die Gemeinden nicht aufgeben und auf den Dienst der verheirateten Priester aus Mangel an Kräften nicht verzichten (von den Privatmessen sagte er nichts); man werde aber die Autorität der Bischöfe und damit die Einheit der Kirche stärken; dafür würden „unsere Priester den Bischöfen Gehorsam leisten und so würde man wieder zu dem einen Leib, der Kirche, zusammenkommen und dem römischen Stuhl werde die ihm zustehende Ehre zuteil werden, und wenn etwas Ungutes in den Gemeinden bestehen bleiben sollte, würde es allmählich durch die Sorgfalt der Bischöfe korrigiert werden können"[79].

Während sogar der Landgraf von Hessen dem Friedensprogramm zuzustimmen schien[80], machte sich Melanchthon daran, es den neuen Umständen anzupassen[81]. Die drei ursprünglichen Bedingungen für die Anerkennung der bischöflichen Gewalt hielt er fest: „utramque speciem, coniugium sacerdotum et religiosarum personarum, unsre Meß." Auf eine theologische Zustimmung zur evangelischen Pfarrmesse glaubte er verzichten zu können; mochte der Kaiser darüber auch Gesetze machen:

die für die Universalkirche verbindlich seien. Ihre Strafmaßnahmen gegen ketzerische verheiratete Priester seien rechtmäßig: als getreue Hirten wehren sie die Wölfe ab; *Ficker*, Konfutation, S. 133,19 ff. Interessant ist in unserm Zusammenhang der Vorstoß gegen Luthers „Vermahnung": die Stimme des wirklichen Luther ist anders als die in jenem Friedensangebot; ebd. S. 135,26 ff. – Daß die Confutatio auch in ihrer ersten Gestalt in unserer Frage noch erheblich milder ist, als es den eigentlichen Intentionen Ecks entsprach, zeigt das Votum zu CA 28 (De potestate ecclesiastica), das Eck, wie es wohl doch das wahrscheinlichste ist, zwischen dem 4. und 10. August 1530 konzipiert hat (*Müller*, Eck, besonders S. 237 f.). Hier werden Kirchenordnung und Kirchengewalt ganz zentralistisch-papalistisch konstruiert.

[78] Zum Datum *Müller*, Nuntiaturberichte, S. 91, Anm. 14; das falsch datierte Beglaubigungsschreiben CR 2, Sp. 171 f.

[79] CR 2, Sp. 248 f.

[80] So versichert Melanchthon Luther gegenüber am 6. August; WAB 5, Nr. 1677, 34 ff. Daß das nur eine Finte war, stellte sich bald nach der Flucht des Landgrafen aus Augsburg heraus.

[81] CR 2, Sp. 288.

„es werden sich doch wenig bei uns unterstehen, privatas missas zu halten." | Daß man auf Laienkelch und Priesterehe nicht verzichten könne, das mußten, meinte Melanchthon, die Fürsten einsehen. Damit wäre aber die Sache für die evangelischen Territorien entschieden: „So man erhalten möcht, daß man uns utramque speciem und coniugium sacerdotum nicht verbiete, so blieb unsre forma ecclesiae."

Also die Erhaltung des eigenen Territorialkirchentums, nicht mehr der gesamtkirchlichen Einheit war jetzt das Ziel der kursächsischen Politik. So hatte es praktisch ja auch Luther gemeint, wenn er den Duldungsfrieden gefordert hatte (vgl. oben S. 217 ff., 235 f.). Aber er hatte es anders, nämlich politisch begründet, nicht in Verbindung mit der Anerkennung kirchenrechtlicher Befugnisse der Diözesanbischöfe. Worin sollten diese denn noch bestehen, wenn man den Landesherrn die Aufgabe zuwies, das gottesdienstliche Leben losgelöst von der gesamtkirchlichen Ordnung zu gestalten? Was war denn dann noch Inhalt der bischöflichen Jurisdiktion? Man kann sich nicht vorstellen, daß die evangelische Bereitwilligkeit, sich ihr zu unterwerfen, unter diesen Voraussetzungen auf die altgläubigen Fürsten irgendeinen Eindruck gemacht haben könnte. Das ganze Gefüge einer bedingungsweisen Zustimmung zerfiel in dem Augenblick, da die Bedingungen sich grundlegend veränderten und die angebotene Konzession inhaltlos geworden war.

Merkwürdig, Melanchthon schien den Widerspruch zwischen landesherrlicher Kirchengewalt und geistlicher Jurisdiktion der Bischöfe nicht zu sehen, in den er sich verwickelt hatte. Während er schon ganz offen die territoriale Selbstabschließung proklamierte, hielt er seine bischöflichen Ideale unentwegt fest. Am 13. August flehte er den Augsburger Bischof Christoph von Stadion an, sich dafür einzusetzen, „daß wir, die wir den Gehorsam nicht verweigern, gerettet werden". Unter Hinweis auf die Priesterehe warnte er davor, die gutwilligen Priester, wenn es zum Kriege komme, den radikalen Kräften in die Arme zu treiben. Alles hänge jetzt von der treuen Seelsorge der Bischöfe und der ernsten theologischen Arbeit ab. „Wenn der Friede erhalten bleibt, verspreche ich und viele andere Gutgesinnte (boni viri), daß wir allen unseren Eifer daransetzen werden, die christliche Lehre zu erläutern, zu verkündigen und weiterzugeben."[82]

Es wäre abwegig, Melanchthon hier Blindheit oder gar Doppelzüngigkeit vorwerfen zu wollen. Er vermag noch nicht einzusehen, daß landesherrliche Fürsorge für die Kirche und bischöfliche Leitung für immer

---

[82] CR 2, Sp. 274.

in | Gegensatz zueinander treten sollen. Er hofft immer noch, daß beide Instanzen, unter dem Evangelium vereinigt, wieder in der Ordnung der universalen Christenheit zueinanderfinden werden. Ist diese Hoffnung ein Zeichen von Blindheit, dann ist sie doch, jedenfalls für das Jahr 1530, zu entschuldigen.

Die Bildung des Vierzehner Ausschusses, der am 13. August vorgeschlagen wurde und vom 16. ab zusammentrat, schien solche Hoffnungen wieder zu beleben. Am 15. August reichten die sächsischen Theologen – ob Melanchthon dabei war, wissen wir nicht – bei den evangelischen Fürsten ein Gutachten ein, in dem sie die drei bekannten, sich mit CA 22 bis 24 deckenden Bedingungen aufzählten und sich bereit erklärten, „den Bischöffen ihre Obrikeit über die Pfarrer im Kirchenregiment", „als mit ordinieren", zuzustellen. „Denn die Priester müssen Superattendenten haben." Den weltlichen Fürsten wird das Kirchenregiment auf die Dauer zu mühsam und zu kostspielig werden; die Bischöfe verfügen dazu über das Kirchengut[83].

Der Vierzehner Ausschuß ist am 16. und 17. August verhältnismäßig schnell über den ersten Teil der Augustana hinweggegangen. Die tiefgreifenden Unterschiede, vor allem in der Lehre vom Glauben und guten Werken, werden in gegenseitigen Reservationen mehr angedeutet als ausgedeutet, geschweige denn beigelegt. Das Interesse des Ausschusses war offensichtlich auf die „spenigen" Artikel des zweiten Teils gerichtet. Die katholische Seite forderte noch am 17. August, es solle über sie im ganzen verhandelt werden und so, daß dabei CA 28 jeweils den Ausgangspunkt bilde; die Erörterung über die Mißbräuche wäre dann vom theologischen ganz auf das kirchenrechtliche Gebiet hinübergezogen worden. Altkanzler Brück, der sich über die Frage protokollarisch äußerte[84], fürchtete mit Recht, daß die theologischen Bedingungen, an die die An|erkennung der bischöflichen Gewalt geknüpft war, schlechthin übergangen werden würden, und forderte eine Verhandlung nach der Reihenfolge der Artikel.

---

[83] CR 2, Sp. 280 ff., besonders 283 f. – Die Theologen wollen die Obedienz und Jurisdiktion nicht scharf abgrenzen; Ehegericht, großer Bann und Fragen bürgerlichen Rechts gehören für sie nicht dazu.

[84] CR 2, Sp. 285 f. – Die Protokolle der Sitzungen des Vierzehner und Sechser Ausschusses edierte *Ehses*, Campeggio, S. 131 ff. Wichtige Korrekturen und Ergänzungen bei *Honée*, Vergleichsverhandlungen, S. 412 ff. Dadurch sind die Publikationen von *Förstemann*, Urkundenbuch 2, S. 219 ff. und *Schirrmacher*, Briefe und Akten, überholt.

Gemäß dieser Forderung wurde dann am 18. August über Laienkelch und Priesterehe verhandelt. Von vornherein beschränkte man sich auf die Duldung dieser Gebräuche in den evangelischen Territorien. Die Protestanten versicherten, daß auch bei solcher verschiedenen Praxis die christliche Einheit gewahrt und die Kirche „in ihrem geordneten Regiment" erhalten bleibe: sie stellten Verhandlungen darüber in Aussicht, „wieweit den Bischöfen von unsern Pfarrern der schuldige Gehorsam geleistet und ihre Jurisdiktion nicht gehindert werden soll und wie – soweit es möglich und christlich ist – die Einheit sowohl in der Lehre wie in den Zeremonien bewahrt werden kann" (*Ehses*, Campeggio, S. 135). Damit war den Katholiken Gelegenheit gegeben, ihre Position vom göttlichen Recht der geistlichen und vom Regalienrecht der weltlichen Jurisdiktion der Bischöfe zu entfalten; Änderungen sollten nur in Einzelfragen und durch Gesamtbeschluß des Reichstages möglich sein. Dagegen forderten die Protestanten Konzessionen in den von CA 22 bis 24 angegebenen Punkten.

Die Gegenseite machte nur einzelne, bis zum Konzil befristete Zugeständnisse; Eck und der badische Kanzler Vehus setzten sich in der Frühe des 19. August zusammen, sie in einer Denkschrift niederzulegen. Sie umfaßte fünf Punkte: die geistliche Gewalt der Gesamtkirche und der Einzelbischöfe stand voran; zu Laienkelch, Opfermesse und Priesterehe trat noch die monastische Frage hinzu[85]. Wiederum hatten Eck und die Seinen die rechtliche Einheit der Gesamtkirche in den Vordergrund gerückt. Dagegen erklärten sich die Protestanten nur bereit, je einzeln mit den zuständigen Diözesanbischöfen in Zeremonien- und Ordnungsfragen zu verhandeln, „damit inen von unsern gaistlichen geburende obedientz geschehe und ir gepurliche Jurisdiction nicht verhindert werde".

Am 20. August kreisten die Gespräche hauptsächlich um CA 22 bis 24, also um die evangelischen Bedingungen für die Anerkennung der bischöflichen Gewalt. Von den sieben Kautelen, unter denen die katholische Seite den Laienkelch bis zum allgemeinen Konzil gestatten wollte, haben die Protestanten einige anerkannt[86]; offene Fragen, auch in bezug auf | CA 24, sollten auf dem Konzil behandelt werden. Die mit der

---

[85] Vgl. *Förstemann*, Urkundenbuch 2, S. 249 ff.

[86] Volle Beichte mit Absolution vor dem Sakramentsempfang; Zulassung der „Expektanten" zur communio sub una; respektvolle Behandlung des konsekrierten Weins (ihn nicht aus der Kirche hinaustragen!); Anerkennung der Konkomitanz *Förstemann*, Urkundenbuch 2, S. 256 f., 259 f.; Die Verhandlungen des 21. August (Abschluß des Vierzehner Ausschusses) bringen ebensowenig Neues wie die des Sechser Ausschusses 24./28. 8.

Jurisdiktion zusammenhängenden Regelungen präzisieren die Protestanten jetzt genauer: Neu aufziehende Pfarrer und Prediger sollen dem zuständigen Bischof präsentiert werden, sträfliche Exzesse soll er ungehindert strafen; den kleinen Bann nach biblischen Richtlinien verhängen; eherechtliche und eigentumsrechtliche Fragen hat er nicht zu entscheiden. Alles in allem: Eine wirkliche Einigung kam nicht zustande. In bezug auf die Priesterehe bestand maxima discordia: Die Protestanten weigern sich, nach dem Tode eines verheirateten Priesters dessen Amt einem unverheirateten zu übertragen, vor dem Konzil weitere Verheiratungen zu verbieten und Scheidungsurteile bischöflicher Ehegerichte anzuerkennen. Sie bleiben bei der Verwerfung des großen und kleinen Kanon in der Messe und erklären, Privatmessen nicht dulden oder wiederherstellen zu können. Im Grunde sucht jede Partei ihren status quo zu befestigen und so bis zum Konzil unwiderrufliche Tatsachen zu schaffen.

Der kursächsische Kompromißplan war also seit Ende August als gescheitert zu betrachten. Die Bedingungen, die an die in CA 22 bis 24 aufgestellten Reformforderungen geknüpft worden waren, hatten sich in zunehmendem Maße als undurchführbar erwiesen. Melanchthon selbst und seine Mitarbeiter hatten während der Augsburger Verhandlungen Abstriche über Abstriche gemacht. Sie hatten sich das, was ursprünglich als eine universalkirchliche Reform gedacht gewesen war, räumlich auf die evangelischen Territorien und zeitlich bis auf den Zusammentritt des allgemeinen Konzils beschränken lassen. Sie hatten dabei wichtige theologische Grundsätze preisgegeben. Die Polemik gegen die Opfermesse hatten sie ganz eingestellt und sich mit einer stillschweigenden Anerkennung der evangelischen Pfarrmesse bis zum Konzil begnügt. Sie hatten sich zu einer relativen Duldung der Spendung in einerlei Gestalt drängen lassen und dazu die Konkomitanzlehre wenn nicht gebilligt, so doch als eine theologische Möglichkeit anerkannt. Sie hatten die Zulassung der Priesterehe nicht vom Neuen Testament und der Freiheit eines Christenmenschen aus gefordert, sondern sich mit einer lahmen Verteidigung auf Grund der örtlichen Verhältnisse begnügt. Sie hatten damit ihre eigene Position unterhöhlt und doch die Anforderungen ihrer Gegner nicht erfüllen können. Was Eck und Vehus noch nach Abschluß des | Sechser Ausschusses als äußerstes Angebot formuliert hatten[87], war unannehmbar und wurde abgewiesen, zeigte aber doch, wie unerfüllbar die Bedingungen waren, unter denen man einst eine Anerkennung der bischöflichen Jurisdiktion für möglich gehalten hatte.

---

[87] Der ursprüngliche Wortlaut jetzt bei *Honée*, Vergleichsverhandlungen, S. 433.

16*

Und diese Jurisdiktion, die von den Protestanten kaum je in ihren Grenzen deutlich abgesteckt worden war, hatte sich in den Augsburger Verhandlungen als eine unbestimmbare Größe, um nicht zu sagen, ein Phantom erwiesen. Gewiß hatte Eck recht, wenn er sie als ein Stück des universalen Rechtsgefüges der Christenheit betrachtet wissen wollte. Aber war sie das wirklich? Bei den deutschen Fürstbischöfen sicherlich nicht, die ihre geistlichen Befugnisse mit ihren weltlichen unentwirrbar verquickt und längst – darin griff die protestantische Polemik auch in CA 28 kaum fehl – aufgehört hatten, sich als Geistliche zu fühlen. Und in den werdenden National- und Territorialstaaten ebensowenig, in denen die geistliche Gerichtsbarkeit ein Stück des territorialen Kirchenrechts zu werden sich anschickte. Daß die evangelischen Landesherrn, die mit ihren Visitationen diese territoriale Entwicklung wenn nicht eingeleitet, so doch kräftig gefördert hatten, ihre Unterwerfung unter die bischöfliche Jurisdiktion anboten, war eine sachliche und geschichtliche Inkonzequenz. Das Angebot konnte in Augsburg keinen Verhandlungswert besitzen. Mit ihm scheiterte nicht nur die Vermittlungsfreudigkeit Melanchthons, sondern auch die diplomatische Kunst Altkanzler Brücks.

III. Folgen

Was waren die Folgen dieses Scheiterns? In der Anerkennung der bischöflichen Jurisdiktion hat *H. Jedin*[88] mit Recht den Kern der Augsburger Religionsverhandlungen erblickt. Daß die Protestanten schließlich diese Anerkennung verweigerten, weil ihnen die Bedingungen dafür nicht erfüllt schienen, daß die Katholiken das Angebot ausschlugen, weil es ihnen zu unbestimmt und nicht weitgehend genug war, beides hat den konfessionellen Zwiespalt nicht nur eingeleitet, sondern auch für die Zukunft begründet. Im Augsburger Interim von 1548 hat man zur Unzeit die Pläne weiter verfolgt, die Melanchthon und der kursächsische Hof 1530 zuerst entwickelt hatten; und sie scheiterten damals und besiegelten | den konfessionellen Bruch, wie sie ihn 1530 begründet hatten. Und die Konzilsväter von Trient haben, theologisch viel tiefer grabend als die Konfutatoren von 1530, die Bedingungen vollends zerstört, die Melanchthon in CA 22 bis 24 aufgestellt hatte, um seinen Kompromiß zu verwirklichen.

---

[88] *Jedin*, Trient 1, S. 209.

Aber beschränken wir unseren Ausblick auf die Protestanten in Augsburg. Die Ausgleichspläne der Kursachsen waren gescheitert. Die unmittelbare Folge war eine Isolierung der kurfürstlichen Politik und ihrer Repräsentanten Brück und Melanchthon. Dabei steht Melanchthon als der theologische Sachwalter durchaus im Mittelpunkt der Polemik; in den Kanzleien der Fürsten und Städte fängt sein Name an anrüchig und beim gemeinen Mann auf der Straße verdächtig zu werden. Melanchthon hat den Prestigeverlust, den der Zusammenbruch der von ihm vertretenen kursächsischen Vermittlungspolitik nach sich zog, in erster Linie zu tragen gehabt.

In all dieser Polemik geht es in erster Linie um die bischöfliche Jurisdiktion und die dafür in CA 22 bis 24 gestellten Bedingungen. Der Hauptwortführer ist Landgraf *Philipp von Hessen,* dessen Ablehnung der Bischöfe wir kennen (oben S. 226). Er richtet am 29. August zwei Instruktionen an seine Räte in Augsburg und schickt unter demselben Datum einen Anklagebrief an Luther[89]. Er konnte dabei allerdings noch nicht wissen, daß der Sechser Ausschuß inzwischen seine Einigungsverhandlungen ergebnislos abgebrochen hatte. Philipp läßt an Theorie und Praxis der Kursachsen kein gutes Haar. In ihrer Friedensbereitschaft haben sie jedes Maß dafür verloren, wieweit man den Gegnern nachgeben kann und wieweit nicht. Gegen jede territoriale Selbstbeschränkung setzt der Landgraf die evangelische Gesamtverantwortung: Wir dürfen nicht dem eignen Lande Friede verschaffen und anderswo die armen evangelischen Christen, denen Gottes Wort entzogen wird, ihrem eigenen betrübten und beschwerten Gewissen überlassen. Wir dürfen niemals aufhören, die Zulassung der evangelischen Predigt und des Abendmahls in beiderlei Gestalt in den Ländern der Papisten zu verlangen. Die Zustimmung zur bischöflichen Jurisdiktion, die auf die allgemeine Anerkennung der bekannten drei Bedingungen verzichtet, würde schließlich die Ausrottung | des Evangeliums zur Folge haben, besonders wenn die Bischöfe sich nicht mit der bloßen Präsentation der Pfarramtskandidaten begnügen, sondern eine Examination damit verbinden würden. „Da ist nit Zeit Weichens, sondern stehen bis in den Tod bei der Wahrheit." „Greift dem vernünftigen weltweisen, verjagten (ich darf nit wohl mehr sagen) Philippo in die Würfel."

---

[89] CR 2, Sp. 323 ff., 325 ff.; WAB 5, Nr. 1709. – Auffällig ist, daß der Markgraf von Brandenburg sich von der antisächsischen Polemik fernhielt, obwohl er doch in eine Wiederherstellung der Jurisdiktion in seinem Land nicht willigen konnte. Doch war er wohl zu schwach zu einer von Kursachsen unabhängigen Politik.

Wie scharf der Landgraf seinen Gegensatz gegen die kurfürstliche Religionspolitik und seine innere Verwandtschaft mit Luthers Haltung empfand, zeigt sich darin, daß er mit der Möglichkeit rechnete, Luther könne sein Asyl in Wittenberg verlieren. Für diesen Fall bot er ihm in Hessen eine Zuflucht an: „Wir wollten auch Euch mit Gottes Hilf, so weit unser Leib und Gut sich erstreckt, verteidingen." Luther freilich sah die Lage nicht als so bedenklich an. In seiner Antwort vom 11. September[90] wies er darauf hin, daß die Protestanten die Friedensbedingungen der anderen Seite nicht angenommen und damit auch ihre vorherigen Konzessionen zurückgezogen hätten. Gleichzeitig aber distanzierte er sich von diesen Konzessionen[91].

Ähnlich wie ihr Landesherr erklärten die hessischen Theologen in Kassel im Rückblick auf den Reichstag, man habe in Mitteldingen zwar den Schwachen im Glauben weichen dürfen, nicht aber „solchen verstockten, verblendeten hesseren, die do sehen das recht und warheit und doch verdammen". In der Frage der Jurisdiktion – die grundsätzlich als not|wendig anerkannt wird – erklärten die Hessen im Blick auf die Bischöfe: „Nachdem keine bischofliche gabe oder ampt bei inen funden wirt, so were ein gotlos fürnemen, die schafe Christi den hellischen wolfen ... widerumb vorwerfen."[92]

Auch Erhard Schnepf, theologischer Vertreter des Landgrafen in Augsburg, verteidigte in einem Gutachten über die Bischofsfrage den Standpunkt seines Herrn: Selbst wenn die Bischöfe die Änderungen in

---

[90] WAB 5, Nr. 1717. – Aus dem ebd. Nr. 1715 (S. 614 ff.) wiedergegebenen Gutachten Luthers aus ungefähr derselben Zeit läßt sich erkennen, daß er zwar die Vorschläge der gegnerischen Seite in aller Schärfe ablehnte, in Äußerlichkeiten aber um des Friedens willen nicht „steif" bleiben wollte, „so fern mir mein gewissen damit nicht beschweret werde", S. 616,88 ff. Im Rückblick auf den Reichstag (Warnung an seine lieben Deutschen, verfaßt Oktober 1530, veröffentlicht April 1531, WA 30.3, S. 276 ff., hier 278,27 ff.) rechtfertigt Luther noch einmal die Friedensbereitschaft der Augsburger Unterhändler; ja, er identifiziert sich mit ihnen: es „haben die unsern sich aufs tiefest imer gedemütiget, schlecht mit füßen über sich lassen gehen und dennoch imer friede gebeten, geflehet und alles erboten, was Gott leiden mag ... Das ich acht, solch bekentnis, solch demut und gedult sei nicht viel geschehen, weil die Christenheit gestanden, und meiner hoffnung die größeste sein soll fur dem jüngsten tage. Noch hilfts nicht". Vgl. ebd. 284,184 ff.; über die Ausschußverhandlungen 288,17 ff. – In der „Glosse auf das vermeinte kaiserliche Edikt", ebenfalls April 1531 erschienen (ebd. 331 ff., hier 368,18 ff.), beruft sich Luther noch einmal auf das bedingte Angebot der Unterwerfung unter die bischöfliche Jurisdiktion und erwähnt, daß er es sich in seiner „Vermahnung" zu eigen gemacht hat; vgl. oben S. 216.

[91] WAB 5, Nr. 1717,14 f.: „Denn ich hette es nicht leiden mugen, dem teufel so weit einzureumen, das wir ihenes teil solten loben und uns selbs verdammen."

[92] *Gußmann*, Quellen und Forschungen 1, 1, Beilage XVII, S. 338 ff., 35 ff.

den evangelischen Landeskirchen stillschweigend duldeten, dürfe man ihre Jurisdiktion auch anderwärts nicht anerkennen: „Denn obgleich einer mich nicht würget, würget aber meinen Bruder, ist er nichts dester minder ein Mörder." Man könne wohl äußerlich zu einem Anstand mit den Altgläubigen kommen („daß wir friedlich mit ihnen wie auch mit Juden wohnen mögen"), nicht aber einen Kirchenfrieden schließen[93].

Dieser hessischen Einstellung entsprach die der Reichsstädte. Selbst bei einer so konservativen Stadt wie *Nürnberg* können wir gegen Ende des Augsburger Reichstages ein enges Zusammenspiel mit der hessischen Delegation feststellen. Die gegenseitige Sympathie ist in der gemeinsamen Ablehnung der bischöflichen Jurisdiktionsgewalt begründet.

Schon während der Verhandlungen des Sechser Ausschusses kam es in dieser Frage zu heftigen Vorstößen der hessischen, lüneburgischen und reichsstädtischen Vertreter gegen Melanchthon, von denen die Nürnberger Gesandten zustimmend berichten[94]. Gegen den Schlußbericht jenes Ausschusses und die Ausschaltung Luthers bei den Verhandlungen erhoben sie am 29. August offiziellen Protest[95]. Am rückhaltlosesten hat wohl der Nürnberger Vertreter Hieronymus Baumgärtner in zwei Briefen an Lazarus Spengler[96] das „Plätzlein-Backen" (d. h. die Fülle von Sondergutachten in Einzelfragen) seines alten Freundes Melanchthon | gegeißelt. Mit dem überscharfen Auge enttäuschter Liebe stellt er die Charakterfehler des verzweifelt für seine Sache kämpfenden Unterhändlers heraus: Unter Ausschaltung der hessischen und reichsstädtischen Vertreter spielt er mit den kursächsischen Diplomaten unter einer Decke; der Ansbacher Kanzler Heller und Brenz unterstützen seine Ränke bei dem Markgrafen[97].

---

[93] CR 2, Sp. 330 f.   [94] Ebd. Sp. 313.

[95] Ebd. Sp. 322. – Schon vorher hatte Osiander in seinem Gutachten zur Confutatio (*Seebaß*, Osiander, Verzeichnis der Werke Nr. 111; dazu S. 141 f.; zitiert wird nach dem hier angegebenen Abdruck von *Riederer*, Abhandlungen, S. 205 f.) den Nürnberger Standpunkt zur Jurisdiktionsfrage rein biblisch, eben darum aber auch die bischöflichen Ansprüche ablehnend entwickelt: „Iurisdictio et potestas spiritualis consistit in concionando Sacramenta rite administrando, ligando, solvendo et manifesta atque notaria delicta excommunicatione puniendo; nullam enim iurisdictionem aliam ex sacris libris demonstrare possunt, quam certe nemo illis subtrahere et adimere conatur …"

[96] CR 2, Sp. 363 ff., 372 f. [vom] 13. und 15. Sept.

[97] „Philippus ist kindischer denn ein Kind worden. Brentius ist nit allein ungeschickt, sondern auch grob und rauch. Heller ist voll Forchten, und haben diese drei den frommen Marggrafen ganz irr und kleinmütig gemacht." Ebd. Sp. 363. Dagegen ebd. Sp. 364 das Urteil über den hessischen Vertreter: „Der einig Schnepf hat noch ein Schnabel christenlich und beständig zu singen." Baumgärtners abschließendes Urteil über Melanchthon: ebd. Sp. 372 f. „Denn auf diesem Reichstag kein Mensch bis auf heutigen Tag dem Evangelio mehr Schaden getan denn Philippus. Er ist auch in eine solche

Aber entscheidend sind nicht die persönlichen, sondern die sachlichen Gegensätze. Sie hat Lazarus Spengler in einer Erklärung zusammengefaßt, die den Nürnberger Standpunkt gegenüber den Vorschlägen des Vierzehner Ausschusses begründet[98]. Die alte reichsstädtische Reserve gegenüber den Fürsten ist unverhohlen; man darf ihnen nicht bedingungslos vertrauen. Mit ihrem Nachgeben wollen einzelne sich selbst retten und lassen die Mitverwandten, ohne sie über den Gang der Verhandlungen auf dem laufenden zu halten, ins Unglück geraten. Im Ausschuß übt man ein „sophistisches" Verfahren; seine Kompromisse sind „captiös, verschlagen, verzickt und unlauter". Die Präsentation, Examination und Admission der Pfarrer durch die Bischöfe wird zur Unterdrückung des Evangeliums führen; es wird schließlich keine evangelischen Pfarrer mehr geben. Und bis dahin wird ein ständiger Hader mit den Bischöfen die Reichseinheit gefährden[99].

Wir haben, als wir die Problematik der bischöflichen Jurisdiktion in den Vorberatungen für Augsburg untersuchten (oben S. 210 f.), eine Lei-|denschaft festgestellt, die sich vornehmlich an der reichsfürstlichen Stellung der Bischöfe entzündete. Beim Abschluß des Reichstages hat sich diese Leidenschaft verschärft und ausgeweitet auf das Verhältnis der beiden Glaubensgemeinschaften – Konfessionen könnte man sagen – überhaupt. Die Bischöfe erscheinen als die blutigen Tyrannen, die die Predigt des Evangeliums verfolgen; die Unterwerfung unter ihre Jurisdiktion bedeutet die Verleugnung des Evangeliums und den Verzicht auf seine Ausbreitung.

Dafür Zeugnisse aus zwei anderen süddeutschen Reichsstädten: Schon am 20. (21.?) August[100] – die Beratungen des Vierzehner Ausschusses stehen vor ihrer ersten Krise – schließt der Arzt Gereon Seiler in *Augsburg* einen Brief an Spalatin: „Die ganze Stadt sagt von der Concordie: es ist besser mit Christo gestorben und verdorben, weder ohne ihn der ganzen

---

Vermessenheit geraten, daß er nit allein niemand will hören anderst davon reden und raten, sondern auch mit ungeschickten Fluchen und Schelten herausfährt, damit er jedermann erschrecke und mit seiner Aestimation und Autorität dämpfe."

[98] *Haußdorf*, Lebensbeschreibung Spenglers, S. 58 ff.

[99] Im Briefe vom 28. August (WAB 5, Nr. 1709 mit Beilage!) hat Luther die sachliche Kritik Spenglers vorweg gebilligt; vgl. Gutachten S. 192 ff. über die Jurisdiktion: „Es ist ein verglich ding, das man von der Jurisdiktion handelt"; freilich 196 ff. mit dem alten Vorbehalt: „Wol ists war, wo sie unser lere wolten leiden und nicht mehr verfolgen, so wolten wir yhn keinen abbruch tun an yhrer Jurisdiktion, dignitet oder wie sie es nennen."

[100] CR 2, Sp. 295 ff.

Welt Huld erworben." Wie kommt er zu diesem volkstümlichen Bekenntnis? Seiler will von dem zwinglianisch gesonnenen Prediger Michael Keller erfahren haben, die Lutheraner hätten einen Pakt „mit dem
Fleisch" geschlossen, dessen Inhalt er nach dem Leitfaden von CA 22 bis
24, aber in der Deutung und mit den Beschränkungen, die Eck und die
Seinen den darin enthaltenen Forderungen der Lutheraner gegeben hatten, vorträgt. Mit spitziger Ironie und abgründiger Entrüstung greift
Seiler diesen Auswurf des Götzendienstes an. Alle Betrügereien, mit denen man die Menschen seit Jahrhunderten getäuscht hat, werden wach,
ein neuer Gottesdienst ohne Gottes Wort wird aufgerichtet. Alle Errun-
genschaften der Reformation werden durch diesen Skandal zunichte gemacht. Man sage nicht, man erkaufe mit jenen Zugeständnissen den
Frieden. Im Gegenteil, viel größere Unruhe wird entstehen. Das evangelische Volk wird verzweifeln. Die altgläubigen Fürsten werden schlimmere Blutbäder anrichten als bisher. Im Augenblick wagen sie keinen
Angriff und versuchen es mit Einschüchterungen. Haben sie damit Erfolg, werden sie die Gewalt nachfolgen lassen. Und auf den Trümmern
evangelischen Kirchentums werden die Wiedertäufer übrigbleiben und
die christliche Standhaftigkeit und Beharrlichkeit repräsentieren.

Ein ähnliches, nicht mit ganz denselben grellen Farben der Leidenschaft gemaltes Bild entwirft Matth. Alber in *Reutlingen,* der treue
Lutheraner in Schwaben und Anhänger der Nürnberger Reformation.
Ihm hatte Melanchthon am 23. August seine Gründe für die Beibehal-
tung| der bischöflichen Jurisdiktion ausführlich dargelegt[101]. Alber
aber hält ihn und die evangelischen Ausschußmitglieder für blinde Ver-
führte, die die „finantzische practic und geschwinde tuck" der Gegner
nicht durchschauen und nicht mit Luther einsehen, daß man es bei ihnen
„nit mit menschen, sonder mit teufeln selbs zu thond haut". Konzessionen also in der Frage des Abendmahls oder der Priesterehe kommen
dem Antichristen zugute; wer den Bischöfen Gewalt zubilligt, gibt „dem
antichristen das sceptrum wider in die hand". Wie kann man Leute, die
als reißende Wölfe soviel Christenblut vergossen haben, wieder als Hirten anerkennen? Sie werden die Zeit bis zum Konzil benutzen, uns zu
verderben. Niemand kann zwei Herren dienen. „Darumb secht auf, liebe herren und brüdern, lugen dem satan baß auf die versen! Er lauret

---

[101] CR 2, Sp. 302 f.; wir behandeln den Brief unten S. 251 f. Albers Schreiben
an die evangelischen Ausschußmitglieder in Augsburg *Gußmann,* Quellen und Forschungen 1, 1, S. 315–319, besonders 315,27 ff.,32 ff.; 317,6 ff.; 318,4 ff.

und stellet sich fein, bis er das schwert ergreift, Dan wirt er uns sehen lasssen, daß wir den Friden, so wir on Gott gesucht, nit lang haben . . .“

Wie denken die evangelischen Theologen in Augsburg am Schluß der Reichstagsverhandlungen über die Fragen? *Brenz,* der in seiner Heimat Schwäbisch Hall auf Mißdeutungen der Ausgleichsverhandlungen gestoßen ist, verteidigt den Kompromiß[102]. Man darf die Befürworter der bischöflichen Gewalt nicht Pseudopropheten und Mörder schelten. Daß die Reinheit der Lehre gewahrt bleiben muß, ist als selbstverständlich vorauszusetzen. Aber man muß doch die Wirklichkeit sehen. Daß die fürstlichen Amtleute die Pfarrer beaufsichtigen und der Hof die kirchlichen Ämter besetzt, geht nicht an. Brenz und Isenmann haben beide in dieser Beziehung mit den Ratsherrn ihrer kleinen Stadt – Brenz nennt sie verächtlich Bauern – schlechte Erfahrungen gemacht. Kasel und Meßgewand zu tragen ist keine Schande, wenn dadurch die Freiheit der Lehre gesichert bleibt. Alle Konzessionen sind bloß Schein, wenn die evangelische Lehre geduldet wird.

Brenz vertritt damit ganz die Linie Melanchthons. Wie stehen die eigentlichen Wittenberger Theologen? Daß es unter ihnen Spannungen gab, deutet Baumgärtner an[103]; wir sind früher schon auf Spuren davon gestoßen (oben S. 247). Wenn *Jonas* im Namen seiner Mitarbeiter vom Kurfürsten verlangt, daß ihnen aus den Sitzungen des Vierzehner Aus|schusses auch die protokollarischen Aussagen der katholischen Seite zugestellt werden, damit sie sich ein Bild von der Gesprächslage machen können[104], dann steckt hinter dieser Bitte doch wohl ein gewisses Mißtrauen gegenüber Melanchthon und seinen evangelischen Kollegen im Ausschuß. Man will sie gegen Verdrehungen schützen, gewiß; aber man will auch wissen, wieweit die Evangelischen den Forderungen der anderen Seite entgegengekommen sind, und sich überzeugen, daß sie nicht die Grenze des Nachgebens überschritten haben. Und diese Grenze findet man aufgezeichnet in der Augustana. Man will sich vergewissern, daß die Gegner die Klauseln, von denen aus die Bekenntnisaussagen verstanden werden müssen, respektiert haben, daß also etwa zu CA 28 von der Gewalt der Bischöfe nur so geredet wird, daß die Freiheit des Evangeliums gewahrt bleibt. Gerade an dieser Stelle erheben die Theologen ihren Warnruf: Salvo Evangelio! Salvo verbo Dei! Und

---

[102] An Isenmann, 11. Sept., CR 2, Sp. 361 f.
[103] „Sie dürfen wider den Philippum nit öffentlich reden“; ebd. Sp. 363 f.
[104] Ebd. Sp. 305 f.

wenn sie sich dabei auf den bekennenden Luther in Worms beziehen, so
geschieht das sicher nicht ohne Grund[105].

Melanchthon selbst freilich ist durch den offenen und geheimen Widerstand immer hartnäckiger und gereizter geworden. Energisch verteidigt er an dem schicksalsschwangeren 29. August vor Luther sein ur-
sprüngliches Ausgleichsprogramm einschließlich der bischöflichen Jurisdiktion[106]. Er rechtfertigt ihre Wiedereinführung mit der Unbotmäßig-
keit des Volkes, das, wenn nicht jetzt, sich niemals unter das alte Joch
beugen werde, und gegen die politischen Bestrebungen der freien Reichsstädte, in denen er mit Recht den Hort des Widerstandes erblickt[107].

Am ruhigsten und gründlichsten hat Melanchthon seine Argumente
für die Jurisdiktion der Bischöfe in dem schon erwähnten Briefe an
Matthäus | Alber vom 23. August niedergelegt[108]. Die Erfüllung der in
CA 22 bis 24 erhobenen Forderungen ist auch hier für Melanchthon unerläßliche Voraussetzung. Ohne sich vom Protest der Menge stören zu
lassen, verfolgt er mit seiner Haltung zwei Ziele: Sicherung des Friedens
und der pädagogischen Tradition mit Rücksicht auf die Zukunft; damit
bliebe auch die Einheit Deutschlands bewahrt. Würde die bischöfliche
Ordnung aufgelöst, so würden weltliche Instanzen die kirchliche Jurisdiktion übernehmen, sie freilich ebensowenig wie andere kirchliche Notwendigkeiten auf die Dauer erhalten können. Darum muß alles getan
werden, daß der Kontakt mit den Bischöfen nicht abreiße.

Seinem unter den Nürnberger Einflüssen schwankend gewordenen
Freunde Camerarius gegenüber hat Melanchthon am 31. August diese
Gedanken noch weiter ausgeführt[109]. Man darf die Wiederherstellung
der bischöflichen Jurisdiktion – der πολιτεία Ecclesiastica – nicht mit der
Wiederaufrichtung der päpstlichen Herrschaft gleichsetzen. Aber es gibt

---

[105] Auch das Gutachten, das Jonas für seine Person gegen die Wiederzulassung der
Privatmessen im evangelischen Bereich erstattet (ebd. Sp. 306 ff.) und in dem er Luthers Autorität ins Feld geführt sehen möchte, zeigt, daß er sich als Warner gegen allzu
große Konzessionen berufen fühlt. In dem abschließenden Gutachten vom 17. September, in dem die evangelischen Theologen die letzten Ausgleichsversuche von Truchseß
und Vehus abweisen, werden zur Jurisdiktionsfrage die landläufigen protestantischen
Einwendungen aufgezählt, die Möglichkeiten von Präsentation und Ordination abgelehnt und das bischöfliche Urteil auf Äußerlichkeiten beschränkt. „Jurisdictio et obedientia sacerdotum tantum sunt res politicae, quae Episcopis consuetudine et ordina-
tione humana debentur"; ebd. Sp. 375 f.

[106] WAB 5, Nr. 1708, besonders 17 ff.

[107] In dem gleichzeitigen Schreiben an Camerarius (CR 2, Sp. 329) nennt er ver-
schlüsselt Osiander als Hauptgegner.

[108] Ebd. Sp. 302 f.; vgl. oben S. 249.

[109] Ebd. Sp. 333 ff.; vgl. oben S. 210.

keinen Grund, jene zu verweigern, wenn die Bischöfe die Lehre freigeben. Wenn es nach Melanchthons Willen ginge, sollte ihnen sogar die
Leitung (administratio) der Kirche anvertraut werden; dann könnten
sie jedenfalls nicht sagen, die evangelischen Angebote seien leere Worte.
Was soll denn aus der Kirche werden, wenn die bischöfliche Ordnung
aufgehoben ist? Eine Tyrannei wird kommen, unerträglicher als je, vielleicht aber auch, wenn es jetzt darüber zum Kriege kommt, der Verlust
der Religion überhaupt[110].

Halb Scherz, halb Bosheit ist es, wenn Melanchthon seinen jungen
Schüler Erasmus Ebner, Sohn des Nürnberger Bürgermeisters, vor seinem Vater den Lehrer in der Bischofsfrage verteidigen läßt. Auch hier
erfahren wir etwas von den kursächsischen Abmachungen, die vor Beginn des Reichstags getroffen worden waren[111]. Es wäre gut, wenn man
auf dem damals bezeichneten Wege zum Frieden kommen könnte. Und
wenn der erhalten bliebe, wäre damit auch der Weg bezeichnet, um
durch Stärkung der bischöflichen Autorität für die Nachwelt Deutschlands Einheit zu erhalten. Die Einheit Deutschlands im Bischofsamt ga-
rantiert zu sehen | ist ein verspäteter mittelalterlicher Traum, seit der
Ottonen-Zeit gehegt; wenn Melanchthon sich ihm hingibt, zittert bei ihm
schon die Befürchtung durch, daß jede der beiden streitenden Parteien
die Verwirklichung des Traumes hindern werde. So ist es denn auch gekommen; Melanchthons Befürchtungen trafen ein. Wir haben die Folgen
für Gesamtkirche und Reich schon angedeutet; wir müssen noch kurz
auf die hinweisen, die sich für das werdende Landeskirchentum ergaben.

Es wäre auf jeden Fall schwer gewesen, in die seit den Visitationen
entstehende landeskirchliche Organisation bischöfliche Befugnisse einzubauen; schon die Schaffung des Superintendentenamtes im „Unterricht
der Visitatoren" (1528) sprach dagegen. Melanchthons Kritiker hatten
recht, wenn sie hier die Möglichkeit ständiger Konflikte herannahen sahen, zumal wenn der zuständige Bischof exterritorial gewesen wäre.
Nun, es ist nicht dazu gekommen; die kirchliche Ordnung blieb auf das
Territorium beschränkt. Sie mußte hier ausgebaut werden. Die Heraus-
bildung eines territorialen Kirchenrechts ist die wichtigste Folge, die sich
aus dem Scheitern der Jurisdiktionspläne ergab.

---

[110] Am 4. Sept. versichert Melanchthon Camerarius, er sei sich der Zustimmung Luthers zur Notwendigkeit des bischöflichen Amtes gewiß; ebd. Sp. 341.

[111] Scio diligenter hanc rem a Duce Saxoniae deliberatam esse ante conventum; qua-
re quicquid adhuc adversariis hic concessit, arbitror eum de Lutheri et aliorum pruden-
tum sententia concessisse, Certo has conditiones hic non praescripsit solus; ebd. Sp.
360.

An zwei zentralen Punkten läßt sich die neue Entwicklung erkennen: In der Einführung einer eigenen evangelischen Ordination seit 1535; in der Entstehung der Konsistorien oder – wie in Hessen – von Superintendentensynoden als Organen der landeskirchlichen Jurisdiktion[112]. Die Versuche, am Vorabend des Schmalkaldischen Krieges bischöfliche Ordination und Jurisdiktion unter den alten Bedingungen – rechte evangelische Lehre, Aufhebung der Zölibatsverpflichtung, rechte Messe – in der „Wittenberger Reformation" von 1545 doch noch zu verwirklichen[113], waren, schon ehe sie formuliert worden waren, zum Scheitern verurteilt.

---

[112] Das Zusammenwachsen beider Typen hat Karl Müller in seinem berühmten Aufsatz von 1908 anschaulich geschildert, [vgl. *Müller*, Anfänge].

[113] CR 5, Sp. 584 ff., 587 ff., 597 ff.

ÜBER DEN ZUSAMMENHANG ZWISCHEN KIRCHLICHER ORDNUNG UND CHRISTLICHER ERZIEHUNG IN DEN ANFÄNGEN LUTHERISCHER REFORMATION*

I.

Auf dem Augsburger Reichstag von 1530 mußten Kurfürst Johann der Beständige und die protestierenden Stände vor Kaiser und Reich die neuen kirchlichen Ordnungen verantworten, die sie im Zusammenhang mit den Visitationen durchgeführt hatten bzw. durchzuführen im Begriffe waren. Auch die Lehrfragen stehen, soweit sie in der Augustana behandelt werden, im Dienste dieser Selbstverantwortung. An den konkreten Ordnungsfragen fallen maßgebliche theologische Entscheidungen.

In dem spannungs- und inhaltsreichen Briefwechsel, der während des Sommers 1530 zwischen dem auf der Coburg weilenden Luther und Melanchthon hin und herging, gibt es kein gewichtigeres Thema als die Frage nach den kirchlichen Ordnungen. In einem Briefe vom 14. Juli schneidet Melanchthon sie an[1]: Wie vertragen sich verbindliche Traditionen mit der evangelischen Freiheit? Wenn ihnen heilsverbindliche oder gar satisfaktorische Bedeutung zuerkannt wird, sind sie ohne Frage als gottwidrig abzuweisen. Wie aber, wenn sie um guter Ordnung willen oder zur Erziehung der Unmündigen oder als Zeichen dankbarer geschichtlicher Erinnerung eingeführt worden sind? Müssen sie dann nicht, sofern die rechtmäßige Obrigkeit ihre Einhaltung fordert, um des Gewissens willen gehorsam anerkannt werden? Hier kann sich keiner mehr auf die evangelische Freiheit berufen; sie würde dem von Gott gebotenen Gehorsam widerstreiten und zur Sünde führen[2].

* Aus: Praxis Ecclesiae. Praktische Theologie als Hermeneutik, Katechetik und Homiletik im Dienste der Kirche. Kurt Frör zum 65. Geburtstag am 10. Oktober 1970, in Verbindung mit *Rudolf Bohren* und *Manfred Seitz* hrsg. von *Dietrich Stollberg*, München 1970, S. 60–85.
[1] WAB 5, Nr. 1646.
[2] Die Aktualität dieser Fragen beruht auf dem durch Melanchthon vorgetragenen

Gehorsam und Freiheit, diese Grundfrage aller Erziehung wird hier im Hinblick auf die kirchliche Ordnung aufgeworfen. Luther | beantwortet sie so[3], daß er von der Autorität ausgeht, die solche Ordnung gestiftet hat. Er beruft sich dabei auf seine Lehre von den beiden Regimenten, die Melanchthon soeben in Artikel 28 der Augustana entwickelt und die er natürlich bei seiner an Luther gestellten Anfrage nicht aus dem Blick verloren hatte. Der Bischof von Würzburg hat – so sagt Luther – eine andere Autorität, sofern er Bischof und sofern er Herzog in Franken ist. Als Bischof hat er der Kirche gegenüber keine Ordnungs- und Befehlsgewalt; die Kirche ist frei, er ist ihr Diener und Haushalter. Sie kann im Einvernehmen mit ihm Ordnungen beschließen; sie kann sie aber jederzeit wieder aufheben; einen verpflichtenden Gehorsam, der in menschlicher Autorität begründet wäre, gibt es für sie nicht, auch nicht gegenüber einem Inhaber der weltlichen Obrigkeit. Der gehorchen wir nicht als Christen, sondern als Bürger. Und umgekehrt: der Wittenberger Stadtpfarrer Bugenhagen kann seine Gemeindeglieder nicht als seine Diener behandeln. Die Bischöfe haben über die Kirche keine Befehlsgewalt; von ihnen gesetzte kirchliche Ordnungen gelten nicht. Sie können auch nicht den Kaiser vorspannen, um für sich Gehorsam zu erzwingen.

Eine klare Antwort[4]! Aber Melanchthon hat sie, obwohl er sie sich völlig zu eigen machen konnte, nicht genügt. Man kann die Frage nach den kirchlichen Ordnungen nicht nur im Hinblick auf die Autorität aufwerfen, von denen sie gesetzt sind; man muß auch fragen nach dem Zweck (der causa finalis), den man mit ihnen verfolgt[5]. Kann die Gemeinde der Gerechtfertigten nicht Ordnungen setzen, mit denen sie eine fromme Absicht, etwa die der Danksagung verwirklichen will? Melanchthon denkt an körperliche Übungen wie Fasten, Feiertage und dgl. Eine solche Ordnung, die nicht von einem einzelnen autoritativ gesetzt, sondern von der Gesamtheit der Gläubigen festgelegt ist, hat doch wohl verbindliche Kraft?

---

sächsischen Vermittlungsvorschlag, man wolle unter gewissen Bedingungen die bischöfliche Jurisdiktion anerkennen; vgl. meinen Aufsatz: Jurisdiktion der Bischöfe [o. S. 208–253].
   [3] WAB 5, Nr. 1656; an Melanchthon am 21. Juli.
   [4] Luther hat sie auch fixiert in den Propositiones adversus totam synagogam Sathanae et universas portas inferorum (WA 30.2, S. 413 ff., besonders S. 420–427); sie gingen dem Brief vom 21. 7. zeitlich voran und trafen in einem Nürnberger Druck am 22. 7. in Augsburg ein. In denselben Zusammenhang gehört – auch zeitlich – das von Veit Dietrich überlieferte Konzept De potestate leges ferendi in ecclesia, ebd. S. 677 ff., besonders S. 681–690.   [5] An Luther am 27. 7.; WAB 5, Nr. 1663.

Luther verneint die Frage. Eigengewählte Gottesdienste gibt es in der Kirche nicht. Hier gilt nur das Erste Gebot. Wer darüber hin|aus verpflichtende Gebote aufstellt, erhebt sich über Gott und lästert ihn. Über sein Gebot hinaus kann der Mensch ja gar nichts tun, um seine Dankbarkeit gegen ihn zu bezeugen. Wir leben als Christen Gott zu Lobe in der Welt und brauchen dazu nicht noch zusätzliche kirchliche Ordnungen[6]. Man kann also nicht nach der causa finalis fragen, ohne die causa efficiens festzuhalten. Gott fordert Gehorsam für sein Mandat und läßt nicht zu, daß Menschen – Bischöfe, Landesherrn – der Kirche gesetzliche Ordnungen auferlegen. Beten, danken, Zucht üben – das ist von Gott geboten. Menschliche Ordnungen können nicht festlegen, *daß* das geschieht, sondern höchstens die Umstände, unter denen es öffentlich geschehen soll. Gottes Ordnung muß zuvor dasein und anerkannt werden, damit es menschliche Ordnungen in der Kirche geben kann; kein einzelner aber kann sie verbindlich machen.

Luther löst die Spannung von Gehorsam und Freiheit durch die Bindung an Gottes Wort. Nur in ihr besteht kirchliche Ordnung; diese ist begründet und begrenzt von der kirchlichen Freiheit. Auch die christliche Erziehung geschieht im Gehorsam gegen Gottes Wort, das zur Freiheit beruft. Auch hier besteht die Spannung von Gehorsam und Freiheit. Von da aus regelt sich für Luther das Verhältnis von Kirchenordnung und Erziehung.

II.

In dem Augsburger Briefwechsel von 1530 spielt das Moment der Erziehung eine gewisse Rolle. Mit erzieherischen Gründen rechtfertigt Melanchthon die Setzung kirchlicher Ordnung und will das Gewissen an sie gebunden haben. Luther weiß das Gewissen allein an Gottes Wort gebunden; er regelt durch kirchliche Ordnungen nur die Umstände, in denen sich solche Bindung je nach den Gegebenheiten vollzieht. In Gottes Auftrag schaffen Eltern, kirchliche und weltliche Obrigkeiten solche Ordnungen; im Gehorsam gegen solchen Auftrag bleibt die christliche Freiheit bewahrt.

Melanchthon hat die reformatorische Botschaft von der Freiheit eines Christenmenschen nie ganz verstanden und aufgenommen[7]; er hat

---

[6] WAB 5, Nr. 1673 (3. 8.) und Nr. 1674 (4. 8.). Der 2. Brief schwächt nur in der Form, nicht in der Sache etwas ab.

[7] *Maurer*, Der junge Melanchthon, Bd. 2, Register siehe unter „Freiheit".

der Spannung von Gehorsam und Freiheit weder in seinem | Verständnis von kirchlicher Ordnung noch in seiner Pädagogik Rechnung getragen. Er hat deshalb die Erziehung so unmittelbar an die Ordnung gebunden, daß er dabei die Freiheit vergaß. Der Präzeptor hat damit den Zusammenhang zwischen kirchlicher Ordnung und Erziehung so eng gefaßt, daß das Moment der Freiheit dabei zu kurz kommen mußte.

Das läßt sich besonders an Melanchthons Augsburger Einigungsverhandlungen von 1530 illustrieren. Für ihn zieht der Zerfall der kirchlichen Einheit den unwiederbringlichen Verlust der kirchlichen Ordnung nach sich. Und damit sind – diese pessimistische Schau der Dinge teilt Melanchthon mit Erasmus – die Grundlagen der abendländischen Kultur zerstört. Der christliche Glaube kann seine Aufgabe in der Welt nicht mehr erfüllen. Die Barbarei triumphiert; für christliche Erziehung und Bildung ist kein Raum mehr vorhanden.

Deshalb hat Melanchthon in Augsburg alles darangesetzt, die politia ecclesiastica zu erhalten, die ihm für die disciplina ecclesiastica die unerläßliche Voraussetzung bildet. Die politia ecclesiastica besteht in der bischöflichen Verfassung; die Jurisdiktionsgewalt der Bischöfe erscheint als das rechtliche Einheitsband für die abendländische Christenheit, der Gehorsam gegen die hierarchische Ordnung daher als die Grundlage aller Gesittung und Kultur. Man muß sich angesichts der tatsächlichen Lage der Christenheit, angesichts der antihierarchischen Polemik, an der sich Melanchthon doch kräftig beteiligt hatte, wundern, daß er seinen bischöflichen Zeitgenossen solche großen rechtlichen und kulturellen Aufgaben zuerkannte. Das Ideal des Princeps Christianus, das Erasmus weniger im kriegerischen Heerfürsten als im friedlichen Bildner und Erzieher verkörpert gefunden hatte und für das er seine bischöflichen Mäzene begeisterte, hat es auch Melanchthon angetan, seinen Blick für die empirische Wirklichkeit getrübt und ihn zum leidenschaftlichen Vorkämpfer der bestehenden kirchlichen Ordnung werden lassen.

So hat Melanchthon dem päpstlichen Legaten[8] die Unterwerfung der Protestanten unter die bischöfliche Autorität angeboten, die ja in einem noch unbestimmten Grade die Anerkennung des Papstes in sich einschloß; der Gegensatz zwischen Wittenberg und Rom reduzierte sich bei dieser Betrachtungsweise auf tragbare rituelle Unterschiede. Von einem solchen Friedenspakt hing nach Melanchthons Überzeugung nicht nur die Einheit des christlichen Abendlandes ab, sondern auch die Zukunft christlicher Kultur und Gesittung.

Unter diesen Gesichtspunkten ließ sich auch die lutherische Reform in das überlieferte Ordnungsgefüge einbauen. Die Vorschläge einer kirchlichen Neuordnung, wie sie im zweiten Teil der Augustana niedergelegt | sind, waren hervorgerufen durch den Verfall der kirchlichen Disziplin und der christlichen Sittlichkeit, wie er im Welt- und Ordensklerus aller Welt offenkundig war. Eine Besserung der schlimmen Zustände aber schien nicht nur durch neue Gesetze, sondern vor allem durch die persönliche

---

[8] Am 6. Juli direkt, am 4. August durch den Sekretär; CR 2, Sp. 169 ff., Sp. 248 f.

Einwirkung der Bischöfe erreichbar. Diese sollten ihre geistliche Jurisdiktion wieder ausüben, vor allem aber durch seelsorgerliche Maßnahmen ein Verhältnis vertrauensvollen Gehorsams wiederherstellen[9].

Als seit August 1530 in den Verhandlungen des Vierzehner und des Sechser Ausschusses die Einigung der beiden Religionsparteien zwar in den Formulierungen einige Fortschritte machte, in der Sache aber ferner und ferner gerückt war und als gleichzeitig im protestantischen Lager der Protest gegen Melanchthons Nachgiebigkeit immer lauter hörbar wurde, hat Melanchthon an den verschiedensten Stellen sein Ideal der Politia Ecclesiastica verteidigt.

Er tat es mit guten Gründen, nicht nur in einem fast romantischen Rückblick auf die Bischofsherrlichkeit des ersten christlichen Jahrtausends, sondern auch in ernster Sorge für die Zukunft[10]: Wenn man die bischöfliche Ordnung aufhebt, wird die Leitung der Kirche den landesherrlichen Verwaltungsorganen zufallen. Diese „Profani" werden die eigentlichen kirchlichen Anliegen nicht verstehen, sich schließlich auch nicht mehr darum kümmern. Dabei wird nicht nur die Einheit der Gesamtchristenheit aufgelöst werden; auch zwischen den einzelnen Territorialkirchen werden sich Verschiedenheiten entwickeln, die den Frieden stören. Deshalb muß man die Bischöfe auf ihren Stühlen sitzen lassen; sie verkörpern in ihrer Jurisdiktion die rechtliche Einheit der Kirche. Man sage nicht, damit werde das Papsttum wieder aufgerichtet. Im Gegenteil: was wird das für eine Kirche werden, der die bischöfliche Leitung fehlt? „Ich sehe eine viel unerträglichere Tyrannei kommen, als sie vorher je gewesen ist."[11]

Hat Melanchthon hier nicht mit prophetischem Blick die Schäden des kommenden Landeskirchentums vorausgesehen, die immer mehr gesteigerte konfessionelle Zersplitterung und territoriale Selbstabschließung einerseits, die profane, auf Säkularisierung und | volkspädagogische Uniformierung bedachte Kirchenleitung andrerseits? Melanchthon sieht schlimme Zeiten für die Nachkommen hereinbrechen, „wenn alle alten Sitten abgeschafft sind, wenn es keine bestimmten Leitungsorgane (nulli

---

[9] Am 7. Juli 1530 an Campeggios Sekretär; CR 2, Sp. 172 ff. Ähnlich an Bischof Christoph von Stadion in Augsburg am 13. August, ebd. Sp. 273 f.

[10] Ich analysiere im folgenden den Brief an Matthäus Alber vom 23. 8. (CR 2, Sp. 303), die beiden Briefe an Camerarius vom 31. 8. und 4. 9. (ebd. Sp. 334 und Sp. 341) und den fingierten, von Melanchthon verfaßten Brief des jungen Erasmus Ebner an seinen Vater Hieronymus, den Bürgermeister von Nürnberg (10. 9.; ebd. Sp. 360).

[11] Video postea multo intolerabiliorem futuram tyrannidem, quam antea umquam fuit; an Camerarius, 31. 8.; ebd. Sp. 334.

certi praesides) mehr gibt"[12]. Melanchthon rechnet es sich als Verdienst für die Nachwelt an, wenn er die völlige Auflösung der überlieferten kirchlichen Ordnung nach Kräften zu verhindern trachtet.

Melanchthon will also durch Gewöhnung der Jugend an die herkömmliche Ordnung den Erziehungsauftrag der Kirche bewahren. Dieses Ziel hat er mehr durch seine pädagogische Praxis als durch seine katechetischen Schriften erreicht.

Sie sind Gelegenheitsschriften, die mehr durch ihre lateinische Sprachform als durch ihren Gehalt auf den Lateinschulen ihre Wirkung und weite Verbreitung gefunden haben[13]. Sie haben ihren ersten zeitlichen Brennpunkt zu Beginn der Visitationen (1527/28), den zweiten zu Anfang des Interims, da man im Sachsen des neuen Kurfürsten Moritz durch neue liturgische und katechetische Versuche die Wirkungen des Augsburger Interims abfangen wollte (1548/49)[14]. Eine zeitlose Bedeutung hat das Enchiridion elementorum puerilium (zuerst 1523), elementare Lesefibel, lateinisches Lese- und Gebetbuch in einem, das christliche und heidnische Quellen in sich vereinigt[15]. Am engsten mit christlich-klösterlichem Traditionsgut verbunden ist eine Sammlung von Gedichten zum Tagesablauf, die aus dem Gebrauch von Melanchthons Schola Privata stammen und in denen der „Wächter" beim Morgenwecken, der Tischdiener vor und nach dem Mittagsmahl dem Schöpfer danksagen und schließlich alle Kinder im Chor das Nachtgebet sprechen[16].

Melanchthons ursprünglichste katechetische Schöpfung, die sich allerdings von der Tradition am weitesten entfernt, ist Ende 1527 unter dem frischen Eindruck der Visitationen und im Gegensatz gegen Agricola verfaßt und rein theologisch-schulmäßig orientiert: „Etliche Sprüche, darin das ganze christliche Leben gefaßt ist." Sie sind zu denken als Lern- und Unterrichtshilfe für Pfarrer, die beim Übergang zur reformatorischen Theologie gerade die ersten Schritte vollzogen haben. Sachlich – nicht zeitlich – bieten sie also die Grundlage dar für die Visitationsartikel, die ja Melanchthon ursprünglich auch als eine puerilis κατήχησις bezeichnet | hatte[17]. Wir haben also nicht an einen Katechismus für Kinder zu denken, und alle Reflexionen darüber sind müßig, ob Melanchthon für die christliche Unterweisung eine rein biblische Methode der Behandlung der traditionellen Hauptstücke vorgezogen habe und insofern zu Luther in einem methodologischen Gegensatz stehe. Von einem Zusammenhang zwischen kirchlicher Ordnung und Erziehung kann in diesem Anfangsstadium evangelischer Kirchwerdung nicht die Rede sein. Wie weit Melanchthon im katechetischen Alltag darauf bedacht gewesen ist, wird noch im Blick auf den „Unterricht der Visitatoren" darzustellen sein. Wir werden freilich in ihm Luther stärker als Melanchthon am Werke sehen

---

[12] An Camerarius, 4. 9.; ebd. Sp. 341.

[13] Sie sind gesammelt von *Cohrs*, Katechetische Schriften. Aus der ausführlichen Einleitung stammt das Folgende.

[14] Auszüge und Sonderdrucke von Kollegs (wie die Scholien zu Ex. 20 oder die Catechesis Puerilis als Stück einer Loci-Vorlesung, die die Ausgabe von 1543/44 vorbereitet hat) gehören nicht eigentlich zu Melanchthons katechetischem Schrifttum.

[15] *Cohrs*, aaO., S. LIII: „eine lateinische Chrestomathie mit stark religiösem Einschlag."

[16] Ebd., S. 50–55. Über Melanchthons Schola Privata s. *Maurer*, Der junge Melanchthon, Bd. 2, S. 96 ff.   [17] *Maurer*, ebd., S. 477.

III.

Nach Luthers Lehre stehen beide, kirchliche Ordnung und Erziehung, unter der Spannung von Gehorsam und Freiheit. Nicht erst im Augustanajahr hat er von der Coburg aus diese Erkenntnis vertreten; sie ist ihm vielmehr vom Anfang der zwanziger Jahre an eigen, seitdem er den kirchlichen Aufbau, zunächst in Wittenberg, begonnen hatte; und sie hat ihn begleitet bis an sein Ende. Wir greifen aus der Fülle der Zeugnisse einige heraus und beziehen uns zunächst auf Luthers Vorlesungen zu den Propheten, denen ja neben der Bibelübersetzung in der Zeit vor 1530 seine theologische Leistungskraft in erster Linie gehörte.

Mit demselben Zorn, in dem die Propheten des AT heidnisches Wesen in ihrem Volke bekämpften, wendet sich Luther gegen die menschlichen Satzungen in der Kirche. Ihre Erfüllung schafft eine eigengewählte Gerechtigkeit; der Mensch, der darauf sein Vertrauen setzt, und die Kirche, die solches Vertrauen weckt und nährt, stehen beide unter Gottes verdammendem Gericht. Nur die Werke der Liebe, die Christus vorgelebt hat und zu denen er uns befähigt, haben vor Gott Bestand[18].

Von da aus beurteilt Luther die Ordnungen, die die Kirche eingeführt hat. Macht sie sie mit Gewalt verbindlich, indem sie die Heilserlangung von ihnen abhängig macht, dann muß der Christ widerstehen. Bietet sie damit Hilfe an zur Betätigung des Glaubens und der Liebe, so soll der Christ sie dankbar annehmen und erfüllen.

Greifen wir mit Luther als Beispiel die *Fasten*ordnungen und Speisegebote heraus; ihre pädagogische Bedeutung hatte Melanchthon in dem | Augsburger Briefwechsel besonders hervorgehoben[19]. Luther hält es für einen jüdischen Aberglauben, wenn die Kirche die Erinnerung an bestimmte geschichtliche Ereignisse durch die Festlegung von Trauer- oder Freudentagen festzuhalten sucht; Gehorsam gegen Gottes Wort gilt mehr als solche selbstgewählten Gottesdienste. Darum soll man auch Christi Werke nicht äffisch nachahmen, sondern in christlicher Freiheit der Gnade Gottes trauen; am Fleischessen oder Fasten liegt Gott nichts, wohl aber am Christusglauben. Der hygienischen und erzieherischen Bedeutung des Fastens wird dadurch nichts entzogen. Aber von Gott geboten ist nur dies eine: ihm vertrauen und den Nächsten lieben[20]. Seit der Neuordnung des Abendmahls in Wittenberg, also seit Ostern 1523, spielt die Frage nach dem *Abendmahlstermin* eine besondere Rolle. Das 4. Laterankonzil von 1215 hatte alle Getauften verpflichtet, die Osterkommunion zu empfangen und vorher die Beichte abzulegen. Ein erprobtes Mittel zur Durchdisziplinierung der gesamten

---

[18] WA 13, S. 612,17 ff.; S. 614,22 ff.

[19] Wir wählen hier und im folgenden Beispiele aus, die im Umkreis von CA 22 bis 24 und CA 26 gelegen sind.

[20] WA 13, S. 611,21 ff. WA 15, S. 444 ff., besonders S. 449,8 ff.; vgl. WA 26, S. 71,1 ff., 16 ff.; S. 73,4 ff.

abendländischen Menschheit! Luther verzichtet darauf, es anzuwenden. Zu Beginn der Karwoche 1524 proklamierte er die Freiheit von jeglichem Zwang zur Kommunion. Er hat diese Proklamation zeitlebens durchgehalten; erst der konfessionelle Staat hat wieder das Zwangsabendmahl sanktioniert. Der paulinische Grundsatz der Schonung der Schwachen wirkt hier bei Luther ebenso nach wie der neutestamentliche Liebesgedanke, der die sakramentale Gemeinschaft im Leben des Glaubens, der Liebe und des Kreuzes verwirklicht findet[21].

Aber hat nicht die lutherische Reformation in *Abendmahlszulassung* und *Abendmahlszucht* neue Zwangsmittel geschaffen? Gerade wenn man den Befehl zum Sakramentsempfang aus den Einsetzungsworten des Abendmahls herausliest, den Vollzug aber dem jeweiligen Bedürfnis des einzelnen freigibt[22], erscheint eine Abendmahlsversagung unerträglich. In der Tat geht es Luther hauptsächlich um die Lockung und Reizung zum Sakrament; der Christ soll dem Ruf Christi in freiem Gehorsam folgen. Die Predigt hat diesen Ruf weiterzugeben, so eindrücklich und liebevoll wie nur möglich. Der Prediger muß dabei mit der Sakramentsverachtung weiter Kreise rechnen: Nachdem der päpstliche Zwang beseitigt ist, will man nicht mehr zum Sakrament gehen. Hier hilft es nicht, neue Gesetze aufzurichten; „wir sollen niemand zum glauben oder zum sacrament zwingen"[23]. Hier hilft nur der Dienst seelsorgerlicher Liebe. | Man soll die Leute vom Sakrament unterrichten, daß sie nicht aus Gewohnheit herzulaufen, sondern in freier Zustimmung dem Ruf Gottes folgen. Darum ist die „Vermahnung zum Sakrament" ein wichtiger Bestandteil jeder Abendmahlsliturgie. Und Luther will, daß man sie in festen, unveränderlichen Worten wiederhole, damit das Volk nicht irre gemacht werde. Hier muß man um der Liebe willen „die Freiheit brechen"[24].

Auch in der Abendmahlszucht wird die Freiheit aus Liebe gebrochen. Bei der Zulassung, wie sie zuerst 1523 in der formula missae et communionis vorgesehen ist[25], soll ja festgestellt werden, ob einer ein Grundverständnis reformatorischen Glaubens besitzt und weiß, was im Abendmahl geschieht. Wenn hier ein Zwang ausgeübt wird, dann besteht er darin, daß der einzelne genötigt wird, sich in freier Entscheidung über seinen Glauben Rechenschaft zu geben. Und für die Art und Weise, in der das geschehen kann, greift die Reformation auf die mittelalterlichen Beichtspiegel zurück und gibt Anleitung zum rechten Verständnis der darin enthaltenen biblischen Stücke, besonders

---

[21] WA 15, S. 481 ff., S. 502 ff.; vgl. WA 30.2, S. 617,14 ff. Über die Schwierigkeiten, die die Freistellung aller festen Abendmahlstermine in Nürnberg nach sich zog, vgl. Luthers seelsorgerlich gehaltenen und auf seelsorgerliche Freiheit drängenden Brief an Lazarus Spengler vom 15. August 1528; WAB 4, Nr. 1307.

[22] „Certe est eingebunden, das mans sol offt thun, id quod dant clara verba. Ideo addit hoc verbum ‚so offt', quod hoc sacramentum wil frey haben"; Predigt v. 25. März 1529, WA 29, S. 206,3 f.

[23] WA 30.1, S. 277,14 ff.; Einleitung zum Kleinen Katechismus, 1529.

[24] WA 19, S. 97,8; Vorrede zur Deutschen Messe. – Über den Unterricht zum Sakrament im Unterricht der Visitatoren vgl. WA 26, S. 232,6 ff. Im Verständnis der Freiheit ergibt sich hier ein Unterschied. Luther will die Freiheit aus seelsorgerlicher Liebe gebrochen wissen. Für Melanchthon tritt das Gesetz an die Stelle der Freiheit, weil er deren Mißbrauch fürchtet („als wenn ein Fürst eine herde schwein zu sich zu tisch rüffet; die verstehen solche ehre nicht"): „Also der pöfel, so sie hören von der freyheit, wissen sie nicht, was solche freyheit ist, und wenen, sie sollen keiner zucht, keiner guten sitten nicht achten"; WA 26, S. 233, 17 ff.

[25] WA 12, S. 215,18 ff.

des Dekalogs[26]. Ausgeschlossen wird nur, wer in öffentlichen Sünden lebt und sich offenbar einer solchen Selbstprüfung zum Empfang der Absolution nicht unterzogen hat.
Er wird nicht bestraft, sondern vor Mißbrauch des Sakraments bewahrt. Nachdem er
vergeblich zur Freiheit gerufen wurde, wird er aus der Ordnung des Sakramentsgottes-
dienstes herausgenommen, die man nur in der Freiheit erfüllen kann.

Unter der Spannung von Gehorsam und Freiheit stehen die kirchlichen Ordnungen wie Speisegebote, Festkalender, Abendmahlsordnung
und -zulassung. Sie betreffen in erster Linie die erwachsenen Christen.
Am Beispiel der *Eheschließung* erstreckt sich jene Spannung auf das junge Geschlecht. Luther hat bekanntlich im Gegensatz zu der vom Kanonischen Recht bestimmten allgemeinen Praxis die Zustimmung der Eltern zu einer Eheschließung gefordert und die geheimen Verlöbnisse verworfen. Obwohl Ehe für ihn ein weltlich Ding ist, betreffen die Ord-
nungen, durch die sie geregelt | wird, auch die Kirche; denn sie berühren
das Vierte Gebot. Wir verzichten hier auf eine Auseinandersetzung mit
Luthers „patriarchalischem Denken" und den damit zusammenhängenden theologischen und rechtlichen Fragen. Uns liegt nur an der Feststellung, daß auch dieses umstrittene Gebiet der Spannung von Gehorsam
und Freiheit unterworfen ist.

„Gott hat man und weib also geschaffen, das sie mit lust und liebe, mit willen und
von hertzen gerne zusammen komen sollen."[27] Gottes Schöpferwille setzt die Freiheit
zur Ehe und in der Ehe; Zwang zur Ehe ist Sünde „widder Gott und Natur"; ihr
können sowohl Eltern wie Kinder verfallen[28]. Eltern können die ihnen von Gott gegebene Macht mißbrauchen, indem sie die Lust und Liebe ihrer Kinder zum Partner verachten und sie dadurch zum Ungehorsam verführen. Andrerseits müssen die Kinder
aber auch ihre Freiheit gebrauchen und das ihnen abgeforderte Eheverlöbnis öffentlich
verweigern; tun sie das nicht, ist die damit geschlossene Ehe rechtsgültig. Auch wenn
Eltern aus eigennützigen Gründen ihr Kind nicht aus der Hausgemeinschaft entlassen
wollen und ihm die Eheschließung verweigern, handeln sie schuldhaft. In diesem Falle
rät Luther den jungen Leuten freilich nicht zu einem heimlichen Verlöbnis; sie sollen
sich vielmehr der Hilfe der weltlichen und geistlichen Obrigkeit versichern, um zu ihrem ehelichen Rechte zu kommen. Umgekehrt aber: wo ein Kind in „toller Liebe"
meint, man könne es nicht zwingen, es selbst aber könne tun und lassen, was es wolle,
da kann der Vater „rechte, väterliche Treue" spüren lassen und seine Autorität geltend
machen: „Denn die Christliche Freiheit niemand dazu gegeben ist, das er der selbigen

---

[26] Vgl. Luthers Betbüchlein von 1522; WA 10.2, S. 331 ff., bes. S. 375 ff. Auch der
Kleine Katechismus gehört zur Abendmahlsvorbereitung. In der „Vermahnung zum
Sakrament des Leibes und Blutes Christi" (Herbst 1530; WA 30.2, S. 589 ff., besonders
S. 595–626) ist Luther näher auf diese Fragen eingegangen. Vgl. auch das Fragment
Beilage 2 (S. 116 f.) zu WAB 6, Nr. 1822.
[27] WA 30.3, S. 236,9 f.; vgl. S. 236,19 ff.
[28] Ebd., S. 237,3 ff.

brauche zu seiner lust und mutwillen, andern zu leide, schaden odder verdriess, sondern allein zur not und fahr des gewissens, das man damit ein iglicher dem andern diene und forderlich sey."[29]

IV.

Die Liebe bricht die Freiheit – dieses Gesetz steht auch über den *gottesdienstlichen* Ordnungen, deren erzieherischer Bedeutung wir uns jetzt zuwenden. Man kann – Luther weiß Beispiele aus dem Mönchtum – aus der Liturgie einen mörderischen Zwang machen, der die Gewissen verdirbt[30]. Aber christlicher Gottesdienst vollzieht | sich im Bereich der Freiheit; und gerade wenn er auf die Jugend wirken soll, muß in ihm das rechte Maß der Freiheit innegehalten werden[31]. Freiheit und liebender Gehorsam müssen in rechter Spannung stehen und über beiden der Schöpfer- und Heilswille Gottes[32].

In der Vorrede zur Deutschen Messe von 1526[33] hat Luther diese Grundsätze in klassischer Weise niedergelegt. Er will aus seiner Gottesdienstordnung kein nötiges Gesetz machen, das die Gewissen verstrickt; man soll sie vielmehr „der Christlichen Freyheyt nach" gebrauchen, wo, wann und wie lange es dienlich ist (72,6 ff.). Die Einheit der Gemeinde besteht in der Liebe, die keins der schwachen Glieder irre macht; sie kann durchaus neben und in liturgischer Mannigfaltigkeit bestehen. Die Liebe fordert die feste Ordnung und bricht darum, wo es für sie notwendig ist, die Freiheit.

Der Liebesdienst einer solchen Ordnung aber soll vor allem auf die gerichtet sein, „die noch Christen sollen werden odder stercker werden" (73,15). Sie wird also praktiziert „umb der eynfeltigen und des jungen volcks willen, wilchs sol und mus teglich ynn der schrifft und Gottis wort geubt und erzogen werden, das sie der schrifft gewonet, geschickt, leufftig und kündig drynnen werden, yhren glauben zu vertreten und

---

[29] Ebd., S. 240,19 ff. Der ganze hier wiedergegebene Abschnitt aus Von Ehesachen (1530; S. 236–240) steht unter der Überschrift: „Gezwungen verlöbnis sollen nichts gelten." Auf die Anklänge dieser Schrift an die Predigt vom 2. Juli 1527 über 3. Mose 18 (WA 25, S. 420 ff.) sei besonders hingewiesen.

[30] WATR 4, Nr. 4082.

[31] Es darf also nicht „lauter furwitz der vernewerung" geübt werden. „Es mus ia ynn der kirchen dennoch eine weise und masse gehalten werden, zum wenigsten umb der kinder und einfeltigen leute willen"; WAB 6, Nr. 1822, Beilage 1, S. 111,52 ff.

[32] WATR 5, Nr. 5190 (2. Sept. 1540) ist folgender, fast als Erinnerung an CA 5 gemahnender Ausspruch überliefert, der Eltern, Obrigkeit und geistliches Amt als Ordnungsfaktoren herausstellt und doch durch die göttliche Allmacht begrenzt: Sed tamen non omnes coniuges habent liberos nec pax semper retinetur in politia nec Spiritus Sanctus semper operatur in praedicato verbo.

[33] WA 19, S. 44 ff., besonders S. 72–78. Hinweise darauf im Text in Klammern. Die Deutung dieser nicht nur liturgiegeschichtlich wichtigen Schrift darf nicht einseitig auf die „Idealgemeinde" derer, die mit Ernst Christen sein wollen, ausgerichtet sein.

andere mit der zeyt zu leren und das reych Christi helffen mehren" (73,18 ff.). Man darf nicht sagen, der Gottesdienst werde damit pädagogischen Zwecken dienstbar gemacht. Es geht hier primär nicht um religiöse Erziehung, sondern um das Angebot des Wortes Gottes; und das geschieht in den mannigfaltigsten Formen[34]. Und dieses Angebot wird *aktiv* aufgenommen, nicht bloß im passiven Hören. Jugend und Einfältige sollen sich im Worte Gottes „üben"; sie eignen es sich an, indem sie es einander bezeugen und es sich auf diese Weise gegenseitig nahe bringen.

Man darf diesen Vorgang weder pädagogisch, noch missionarisch mißverstehen. Luther versucht nicht auf dem Umweg über volkspädagogisch-missionarische Veranstaltungen mit der dritten Weise „die rechte art der Euangelischen ordnunge" (75,3) zu erreichen. Sondern weil Kenntnis und | Verständnis des Wortes Gottes noch zu wenig verbreitet sind, muß man aufs Ganze der Ortsgemeinden gehen und darf sich nicht auf eine abgegrenzte „Sammlung" beschränken. So muß das Wort Gottes im Schwange sein, indem die Gemeinde, besonders die Jugend, sich darin übt und es damit bezeugt. Sie soll nicht dadurch gebildet werden – gar nur im Gebrauch der lateinischen Sprache; sie soll nicht etwa dazu abgerichtet werden, andere zu überzeugen. Sie soll es laut werden lassen in der Freude eines einfältig davon ergriffenen Herzens: „Aus dem Munde der Unmündigen und Säuglinge hast du Lob zugerichtet" Matth. 21,16. Darum ist es ein Vorzug vor anderen Sprachen, daß keine „so viel feyner musica und gesangs" hat wie die lateinische (74,7). Und wenn die Jugend sie im Gottesdienst gebraucht, kann sie „auch ynn frembden landen Christo nütze sein und mit den leuten reden" (74,12); Gottes Wort klingt in der lateinischen Messe wie in der Apostel Zeiten in allerlei Zungen.

Im Gottesdienst bezeugt die singende und betende Gemeinde Gottes Wort; die Jugend „übt sich" in solchem Zeugnis. In der öffentlichen Deutschen Messe sind noch viele dabei, „die noch nicht gleuben odder Christen sind" (74,25 f.); die Menge steht da „und gaffet, das sie auch etwas newes sehen" (74,27). Für sie ist diese Ordnung „eine offentliche reytzung zum glauben und zum Christentum" (75,1).

So liegt der Nachdruck von Luthers Vorrede auf dem Kinderkatechumenat. Er steht im Mittelpunkt des öffentlichen Gottesdienstes, nicht als pädagogische oder missionarische Veranstaltung, sondern als Bezeugung des Wortes Gottes und Wurzelboden einer neuen Gemeinde, in der die „Gaffer" Christen geworden sind[35]. Voraussetzung zu dem allen ist, daß die Kinder nicht etwa erst zum Christentum erzogen werden müssen, sondern die eigentlichen Träger des christlichen Glaubens, daher auch Erfüller der gottesdienstlichen Ordnung sind. Das gottesdienstliche „Kinderspiel", wie Luther es hier beschreibt, ist die Weise, wie Gesetz und

---

[34] Mit Lesen, Singen, Predigen, Schreiben, Dichten; „und wo es hulfflich und fodderlich dazu were, wolt ich lassen mit allen glocken dazu leuthen und mit allen orgeln pfeiffen und alles klingen lassen, was klingen kunde"; ebd., S. 73,22 ff.

[35] Der Abschnitt S. 76 bis 78,24 unserer Vorrede [vgl. Anm. 33] ist als Separatdruck herausgegeben worden unter dem Titel: „Unterrichtung D. M. Luthers, wie man die Kinder möge *führen zu Gottes Wort und Dienst*, welches die Eltern und Verweser zu thun schuldig sind." Diese Überschrift trifft Luthers Anliegen.

Evangelium den Menschen nahegebracht werden. Christus nimmt die Kinder an und macht uns zu Kindern: „Christus, da er menschen zihen wolte, muste er mensch werden. Sollen wir kinder ziehen, so mussen wyr auch kinder mit yhn werden" (78,13).

Hinter den feierlichen kirchlichen Ordnungen steht das Spiel, das Gott mit seinen Kindern treibt. Die „auf furwitz und lust newer dinge" kommen, um zu gaffen, werden ihrer bald müde werden (112,3 f.). „Darumb ists das beste, das solcher gotts dienst auf die jugent gestellt werde und auff die eynfeltigen, so zufalls er zu | kommen" (112,7 ff.). Sie würdigen die Ordnung recht und vollziehen sie mit Freude.

Für die kirchlichen Ordnungen aber gilt: Wo sie mißbraucht werden, muß man sie flugs abtun und durch andere ersetzen. Denn wo sie nicht mehr zur Förderung des Glaubens und der Liebe dienen, sind sie schon tot und gelten nichts mehr; aus Ordnung wird dann Unordnung. „Aller ordnunge leben, wirde, krafft und tugent ist der rechte brauch, sonst gilt sie und taug gar nichts" (113,4 ff.).

Nicht nur die Freiheit, auch die Ordnung wird durch die Liebe gebrochen; weil die gottesdienstliche Ordnung unter der Liebe steht, bleibt sie der Freiheit unterworfen. Und damit ist sie in erster Linie für die Kinder bestimmt[36]. Sie kommt deren Empfänglichkeit und Spontaneität entgegen. Insofern hängen kirchliche Ordnungen und Erziehung zusammen.

V.

Die Teilnahme der Kinder am Gottesdienst dient zu ihrer Einübung in Gottes Wort. Deren Voraussetzung und Inbegriff zugleich ist die Kenntnis des *Katechismus*. Luther macht sie in seiner Vorrede zur Deutschen Messe von 1526 zum Kernstück jeder gottesdienstlichen Reform. Ein „guter kurtzer Catechismus" gehört zur dritten Weise des Gottes-

---

[36] In der „Vermahnung an die Geistlichen, versammelt auf dem Reichstag zu Augsburg, Anno 1530" will Luther die volkstümlichen kultischen Gebräuche gelten lassen als „ein kinderspiel fur die jugent und junge schüler, damit sie hetten ein kindlich bilde gehabt Christlicher Lere und lebens, wie man doch mus kindern tocken, puppen, pferde und ander kinder werck furgeben" (WA 30.2, S. 352,29 ff.). Aber er beklagt, daß die Kirche darüber die rechten Hauptstücke versäumt hat. „So sind wir nu der meinung: Können wir solch kinderspiel, die leidlich sind, helffen erhalten, umb der jugent willen, on nachteil der rechten ernsten heubtstück, so wollen wirs gern thun"; ebd., S. 353,29 ff.

dienstes, ist aber vor allem für den deutschen Gemeindegottesdienst notwendig. „Catechismus aber heyst eyne unterricht, damit man die heyden, so Christen werden wollen, leret und weyset, was sie gleuben, thun, lassen und wissen sollen ym Christenthum."[37] „Katechismus" bedeutet also die elementare Zusammenfassung der heilsnotwendigen Bestandteile christlicher Lehre. Schon früher hat Luther sich um sie bemüht[38]; er hat in | solcher Zusammenfassung die Krone aller theologischen Bemühungen erblickt und sich selbst und die Pfarrer immer wieder als Schüler des Katechismus betrachtet[39]. Der „Katechismus" ist also kein Lehrbuch für Kinder, sondern das theologische Substrat des Christenglaubens allgemein und *darum* – nicht aus volkserzieherischen Gründen wie seit der frühmittelalterlichen Kirche – Voraussetzung der Zugehörigkeit zur Christenheit[40]. Luther ist stolz darauf – schon *vor* der Abfassung seiner Katechismen –, daß „der rechte Catechismus bey unserm heufflin widder auf der ban" ist und daß jetzt ein Knabe oder Mädchen von 15 Jahren mehr von der christlichen Lehre weiß als früher alle hohen Schulen und ihre Doktoren[41].

Dieser Katechismus aber muß *gepredigt* werden, auch nachdem er in einem gedruckten Büchlein zusammengefaßt ist. Denn die drei durch die Zeit des Papsttums hindurch überlieferten Hauptstücke – „die zehen gebot, der glaube und das vater unser" – müssen in einzelnen Abschnitten jeweils immer mit denselben Worten erklärt werden, damit sie behalten und verstanden werden können[42]. Dieses Verständnis des einzel-

---

[37] WA 19, S. 75,15; S. 76,1 ff.

[38] In der Vorrede zum Betbüchlein von 1522 finden wir – noch ohne Bezugnahme auf den Gottesdienst der Gemeinde – die drei reformatorischen Grundsätze: Es muß einer wissen 1) „was er thun und lassen soll"; 2) (wenn er sein Unvermögen erkannt hat) „wo erß nehmen und suchen und finden soll, damit er dasselbe thun und lassen möge"; 3) „wie er es suchen und holen soll"; WA 10.2, S. 376,20 ff. Die Traditionsstoffe, die Luther dann anbietet, stehen also unter diesen drei Gesichtspunkten. Sie schimmern in der Vorrede von 1526 noch durch; WA 19, S. 76,3 ff.

[39] Von der Coburg an Justus Jonas am 29./30. Juni 1530 (WAB 5, Nr. 1610, 26 ff.): Ego hic factus sum novus discipulus decalogi, illum iam repuerascens ad verbum edisco, et video verum esse, quod sapientiae eius non est numerus, et coepi iudicare, decalogum esse dialecticam euangelii et evangelium rhetoricam decalogi, habereque Christum onnia Mosi, sed Mosen non omnia Christi." Vgl. dazu Jonas ebd. Nr. 1602,49 u. Nr. 1590,71 ff.; Nr. 1560,63 ff.; für die Pfarrer die Vorrede zum Großen Katechismus von 1530, WA 30.1, S. 125 ff.

[40] WA 30.1, S. 2,5 f.: qui cum (scil. catechismum) ignorat, non est recensendus in numero Christianorum.

[41] WA 26, S. 230,25 ff.; vgl. S. 231,7 ff.

[42] Schon in der Vorrede von 1526 ist das im folgenden beschriebene Verfahren festgelegt (WA 19, S. 76,11 ff.); es wird künftig kaum noch modifiziert.

nen mündet in einer Gesamtanschauung von Gesetz und Evangelium: „bis man die gantze summa des Christlichen verstands ynn zwey stucke als yner zwey secklin fasse ym hertzen, wilchs sind glaube und liebe."[43]

Diese Katechismuspredigt geschieht in einer bestimmten Ordnung, die zuerst im „Unterricht der Visitatoren" aufgestellt ist und die tief in das│häusliche und soziale Leben der Gemeinden eingegriffen hat. Der sonntägliche Mittagsgottesdienst – die Vesper ersetzend bzw. in sich aufnehmend – gehört dem jungen Volk, den Kindern und dem Gesinde. Hier werden die drei ersten Hauptstücke von Wort zu Wort vorgesprochen, nachgesprochen, ausgelegt; die Lehre von der Ehe und den beiden Sakramenten folgt nach. In der Predigt soll jeweils der persönliche Bezug zwischen der Katechismusaussage und dem Leben des Hörers hergestellt werden[44]. Auf solche Auslegung und das dadurch geweckte Verständnis legt Luther allen Wert. Die Predigt soll deshalb keine besonderen intellektuellen Anforderungen stellen – „nicht hoch noch scharf" sein –, „sondern kurtze und auffs einfeltigste, auff das es yhn wol eingehe und ym gedechtnis bleibe"[45]. Zu den sonntäglichen Katechismuspredigten kommen zusammenhängende Predigtreihen. In 2 Wochen – je Montag, Dienstag Donnerstag und Freitag, also zusammen mit 8 Predigten – wurde der ganze Katechismus durchgepredigt. Das geschah – in Anknüpfung an mittelalterliche Vorbilder – in den beiden Fastenzeiten zu Advent und nach Invokavit sowie 2 Wochen vor Pfingsten und nach der Ernte[46]. Wir haben aus dem Sommer 1529 ein interessantes Beispiel aus Kemberg, wo Luther bei einem sonntäglichen Besuch in dem nahe bei Wittenberg gelegenen Städtchen die Reihe der Nachmittagspredigten des Diakons fortsetzte und konkret und anschaulich über den Ersten Artikel handelte[47]. Solche Katechismuspredigt hat Luther, wie viele Tischreden beweisen, zeitlebens für besonders wichtig gehalten, selbst geübt und von den Pfarrern gefordert[48]; in ihr erblickte er den besten Schutz vor Häresie, den höchsten Vorzug der Kirche[49]. Aber er war sich der Grenzen des Predigteinflusses wohl bewußt; „Die Belehrungen in der Kirche helfen der Jugend nicht, wohl aber die häuslichen Prüfungen"[50]; schon 1526 in der Vorrede zur Deutschen Messe erwartet er die Hilfe der Eltern. Sie sollen morgens und abends den Heranwachsenden je ein Stück vorsprechen oder vorlesen und sie fragen, wie sie es verstehen. Und wenn sie sonntags aus der Messe vom Vormittag heimkommen – das bezieht sich auf ältere Kinder-, sollen sie sich über Tische von ihnen die Bibelsprüche aufsagen lassen, die

---

[43] Ebd., S. 77,13 ff. Auf die Untergliederung des Glaubens – Verdammnis und Erlösung – und der Liebe – dienen und leiden – sei nur im Vorbeigehen hingewiesen.

[44] WA 26, S. 230,35 ff.

[45] WA 30.1, S. 132,26 ff.

[46] So nach Bugenhagens Kirchenordnung der Stadt Braunschweig (1528), *Sehling*, Bd. 6.1, S. 377 f. Nach Luthers Predigtabkündigung vom 1. Advent (29. Nov.) 1528 waren diese vier besonderen Predigtzeiten schon seit Jahren in Wittenberg im Gebrauch; WA 27, S. 444, 1 ff.

[47] WA 29, S. 471 ff.

[48] Vgl. WATR 6, Nr. 6691 und Parallelen.

[49] Nos enim habemus catechismum auff der cantzel, der in tausend jaren nicht gewesen; WATR 4, Nr. 4692 (S. 434,9 f.).

[50] WATR 3, Nr. 3875.

in der Predigt vorkamen. Und dann hebt ein „Nachspiel" des Gottesdienstes an: die Sprüche werden je nach der Beziehung auf Glauben und Liebe in die Säcklein und Beutelein getan und so dem Verständnis nahegebracht. Und das Ziel ist, auf diesem Wege eine Gesamtdeutung der Bibel zu gewinnen, die immer mehr differenziert und so die Fülle der biblischen Aus|sagen begreift; so wachsen die Söhne und Töchter über das kindlich-elementare Verständnis hinaus zu selbständiger Erkenntnis des Glaubens[51].

Sicherlich mag es auf diesem Wege für die Heranwachsenden mancherlei Härten gegeben haben. Luther nimmt in seinen Katechismuspredigten die Hausväter als Hausbischöfe und Helfer der Prediger in Anspruch[52]. Sie sollen mindestens einmal in der Woche ihre jugendlichen Hausgenossen über das Gelernte verhören. Die das tun, sind nicht immer Meister der Pädagogik und stehen zudem selbst erst in den Anfängen reformatorischer Erkenntnis, sollen durch Lehren lernen. „Die Kinder sollen verpflichtet werden, daß sie beim Aufstehen und beim Schlafengehen, beim Frühstück und beim Mittagessen aufsagen; und die es nicht tun, bekommen nichts zu essen." Keiner ist zu ertragen, der so roh ist, daß er nichts vom Katechismus weiß. Und wer sich vom Gesinde weigert zu lernen, bekommt den Laufpaß[53].

Das ist Zwang. Er bestimmte den ganzen Tageslauf. Das war nicht ungewöhnlich; schon das Mittelalter kannte fromme Laien, die die sieben kanonischen Zeiten mit deutschen Gebeten nachvollzogen[54]. Aber was damals eine selbstgewählte Leistung war, wird jetzt volkskirchliche Pflicht, von oben her der Jugend auferlegt. Hebt hier nicht der Gehorsam die Freiheit auf? Ertötet nicht die Ordnung die Spontaneität und Empfänglichkeit der Jugend?

Wir stehen hier an der Stelle, wo nach unserer Erfahrung die kirchliche Ordnung die christliche Erziehung bedroht. War diese, war die Jugend damals anders? Sicher waren die Methoden härter ebenso wie die

---

[51] „bis das sie selbs diser beutlin als locos communes mehr machten und die gantze schrifft dreyn fasseten"; WA 19, S. 78,17 f. Zum ganzen Abschnitt ebd., S. 76,14 ff.; S. 77,23 ff. Daß Luther die Loci-Methode im biblischen Unterricht verwendet, braucht uns nicht zu verwundern. Der Schlußabschnitt aus der 1529 erschienenen lateinischen Übersetzung des Betbüchleins von 1522: Qui loci sint docendi pro evangelio plantando (WA 10.2, S. 481 f.; vgl. ebd., S. 343) hat jedoch keine katechetische Bedeutung, wird darum auch weder von Luther noch von Rörer stammen, sondern gehört wohl als Fragment in Beratungen über die Visitationen.

[52] Quisque dominus, domina debent cogitare se esse Episcopos et Episcopas uber Gret und Hensichen; WA 30.1, S. 61,10 f.; vgl. S. 58,8 f.

[53] Ebd., S. 2,17 ff. Entsprechend im Großen Katechismus, ebd., S. 131,8 ff.

[54] Zur Angleichung der häuslichen Andachtsübungen an das Tagzeitengebet vgl. die Gebetssammlung Johanns von Neumarkt des Altkanzlers Karls IV und Bischofs von Olmütz; *Burdach,* Vom Mittelalter zur Reformation.

Menschen, die sie anwandten und auf die sie angewandt wurden. Aber die Problematik der kirchlichen Ordnung wird dadurch nicht berührt; die Frage bleibt, ob und wie sie mit der | Freiheit in der Erziehung bestehen kann. Wir müssen diese Problematik hier ein Stück weiter treiben. Wir haben aus der Auseinandersetzung, die während des Augsburger Reichstages zwischen Melanchthon und Luther geführt wurde (oben S. 255 ff.), gelernt, daß kirchliche Ordnung ihre Autorität immer nur vom Ersten Gebot her empfängt, das Glauben und Liebe fordert, und daß die Autorität menschlicher Ordnung an dieser doppelten Forderung gemessen werden muß. Welche Autorität bestimmt denn diese menschliche, und d. h. auch die kirchliche Ordnung? Luther hatte 1530 auf die weltliche Obrigkeit verwiesen. Sie legitimiert auch die kirchliche Ordnung und zwar auch gerade dann, wenn diese mit der Regelung der Katechisation in das Leben der Familie und des einzelnen Jugendlichen eingriff.

In der Vorrede zum Kleinen Katechismus (1529)[55] hatte Luther erklärt: „Wer ynn einer Stad wonen wil, der sol das Stadtrecht wissen und halten, des er geniessen wil, Gott gebe, er gleube odder sey ym hertzen für sich ein schalck odder bube." Der Katechismus, d. h. die Unterrichtung in den christlichen Hauptstücken, gehört in Wittenberg zum Stadtrecht, in Kursachsen zum Landrecht. Nur wer hier Christ ist oder werden will, hat Bürgerrecht. Mag also einer auch im Herzen den Glauben verachten, lernen muß er ihn; er tut das auf eigene Verantwortung. Er wird nicht zum Glauben gezwungen, er unterliegt auch keiner Inquisition. Aber wenn er nicht lernen will, dokumentiert er öffentlich, daß er kein Christ sein will. Dann muß die christliche Gemeinde ihm nicht nur die Teilnahme an ihren Sakramenten versagen. Eltern und Hausherrn müssen ihm auch Essen und Trinken entziehen und ihn der Obrigkeit anzeigen, daß die ihn aus dem Lande jage.

Ist das Zwang zur Unterwerfung unter die kirchliche Ordnung? Doch nur soweit diese die soziale Wirklichkeit bestimmt, mit dem Land- und Stadtrecht zusammenfällt; nicht aber, soweit sie nach dem 1. Gebot Glaube und Liebe fordert. Die kirchliche Ordnung hängt ab von Gottes Wort und will diesem Wort Gehör verschaffen. Sie zwingt niemanden zu hören; aber sie läßt es sich gefallen, daß Kinder und Einfältige zum Hören gezwungen werden. Sie nimmt die Erziehungsbedürftigkeit dieser Menschen als eine Gegebenheit hin und sie respektiert die Autoritäten, die diese Erziehung ausüben. Aber sie will nicht selbst eine Erziehungsautorität sein. Der Zusammenhang zwischen kirchlicher Ordnung und Erziehung besteht nicht direkt; Erziehungsanstalt ist die Kirche erst

---

[55] WA 39.1, S. 273,5 ff.

nach der Reformation geworden. Der Zusammenhang wirkt sich zunächst nur so aus, daß | die weltliche Obrigkeit aus erzieherischen Gründen die Menschen in den Bereich der christlichen Wortverkündigung hineinzwingt und daß die Kirche sich dieses Bemühen dienend gefallen läßt.

Dabei ist der enge Zusammenhang zu bedenken, der nach reformatorisch-biblischer, antiker und mittelalterlicher Auffassung zwischen Obrigkeit, Familie und Erziehung besteht. Die Eltern besitzen auf Grund des im 4. Gebot bezeugten göttlichen Willens die maßgebliche Erziehungsautorität; die von ihnen gesetzten Ordnungen gelten. Am Beispiel der Verlobung haben wir gesehen (oben S. 262 f.), daß sie die individuelle Freiheit nicht schlechterdings aufheben, daß der ihnen geschuldete Gehorsam nicht unbedingt geübt wird. Es gibt ein Versagen, eine Entartung der Familie, es gibt auch den unverschuldeten Ausfall der väterlichen Autorität. Dann tritt die weltliche Obrigkeit für sie ein. Die väterliche Gewalt ist der Quell aller Autorität[56]; die Obrigkeit nimmt sie im Falle ihrer Behinderung wahr. Mit dieser vormundschaftlichen Stellung der Obrigkeit hat Luther 1524 ihren Auftrag begründet, daß sie christliche Schulen aufrichten und halten solle, und in dem berühmten Brief vom 22. November 1526 an Kurfürst Johann den Beginn der Visitationen bewirkt[57]. Der Zwang also, mit dem die weltliche Obrigkeit kirchlichen Ordnungen Nachdruck verleiht, ist ein väterlicher Zwang und unterscheidet sich dadurch in allem von den Maßnahmen, die sie gegen die Übertreter des bürgerlichen Gesetzes anwendet.

Der väterliche Zwang ist ein Liebeszwang. Die Eltern üben ihn, nicht um das Leben zu zerstören, sondern es zu erhalten. Und sie haben ein Recht dazu; denn sie haben im Dienst der Liebe das Leben ihrer Kinder unter eignen Mühen gefördert. Nicht nur das Kloster ist eine Stätte der Askese, sondern auch die Familie. Kinder und Gesinde lassen die Eheleute Tag und Nacht nicht zur Ruhe kommen vor lauter Arbeit[58]. Der Zwang, den sie ausüben, ist die Fortsetzung solches mühseligen Liebesdienstes.

Und wenn der Pfarrer die Eltern aufruft und die Eltern dafür verantwortlich macht, daß sie den Katechismus treiben, will er sie nicht dazu antreiben, Gewalt anzuwenden, sondern ihre Liebespflicht zu erfüllen. Die kirchliche Ordnung der Katechisation ist keine Zwangsordnung; mit der staatlichen allgemeinen Schulpflicht, die die Aufklärung gebracht hat, ist sie nicht zu vergleichen. Sie beschränkt sich bei der Ka-

---

[56] Sic ex paterna potestate venit omnis obedientia, weltlich oberkeit zwilt (quillt) gar er aus, scilicet ex domo, quae est origo et fons potestatis mundi; WA 30.1, S. 35,5 ff.; vgl. S. 36,20 ff.

[57] WA 15, S. 34,10 ff; WAB 4, Nr. 1052.

[58] WA 19, S. 290,26 ff.; Antwort auf etliche Fragen, Klostergelübde belangend, 1526.

techismuspredigt wie bei der Herzuführung zum Sakrament auf das Reizen und Locken; und wenn sie | droht, dann nicht mit menschlicher Gewalt, sondern mit Gottes Zorn und Strafe. Mag sein, daß ein allzu eifriger Pfarrer dabei auch die christliche Obrigkeit beschworen hat als den Büttel des lieben Gottes. Grundsätzlich betrachtet aber steht die häusliche und öffentliche Katechismusunterweisung unter der Spannung von Gehorsam und Freiheit und damit unter dem Gesetz der Liebe.

VI.

Die gottesdienstliche Ordnung beschränkt sich nicht auf die Sonntagsgottesdienste, sondern umspannt, in den Städten wenigstens, die ganze Woche. Dabei bezieht sie auch die *Lateinschule* in sich ein.

In ausgesprochener Anknüpfung an die mittelalterlichen Formen des Wochengottesdienstes hat Luther schon 1523 eine evangelische Mette gefordert und in Wittenberg eingerichtet[59]. Sie besteht hauptsächlich aus einer Schriftlektion durch „Schüler oder Priester", der aber immer eine Auslegung zu folgen hat. Entsprechendes gilt von dem Vespergottesdienst. Morgens soll in der Lectio continua das AT, abends das NT (oder morgens die Geschichts-, abends die prophetischen Bücher des AT) behandelt werden. Luther läßt dabei dem für die Ordnung verantwortlichen Pfarrer volle Freiheit; nur soll die bisherige Weitschweifigkeit vermieden werden. Auf die Schüler fällt dabei die Aufgabe des Psalmodierens (einschließlich einer Antiphon und geeigneter Hymnen), wobei wiederum der Pfarrer die Auswahl hat und an der Stelle der lateinischen Cantica auch deutsche Choräle anstimmen lassen kann. „Lesen, auslegen, loben, singen und beten"[60], das ist die feststehende Ordnung dieser Alltagsgottesdienste.

In der Deutschen Messe von 1526 hat Luther diese Ordnung weiter ausgebaut[61]. Er gibt jetzt den einzelnen Wochentagen ein verschiedenes Gepräge und verbindet gleichzeitig die Katechismusübung (vor Abfassung der Katechismen!!) damit. Am Montag und Dienstag sollen morgens die fünf Hauptstücke gelesen werden – Taufe und Abendmahl sind also schon den drei ursprünglichen Hauptstücken hinzugezählt und ihre Einsetzungsworte festgelegt. Am Mittwoch wird zur Mette und Vesper kursorisch das Matthäusevangelium gelesen; das Johannesevangelium hat seinen ständigen Platz in der Vesper des Sonnabends. Donnerstag und Freitag gehören den Briefen und sonstigen Stücken des NT; das AT tritt gegenüber den Vorschlägen von 1523 zurück. Daß jeder Lektion, auch der des Katechismus, eine Auslegung zu folgen hat, versteht sich. Bemerkenswert ist, daß Luther allen diesen Gottesdiensten seine Übersetzung des NT zugrunde gelegt wissen will. Die Teilnahme der Gesamtgemeinde ist vor|ausgesetzt und besser gewahrt als drei Jahre zuvor – von den lateinischen alttestamentlichen

---

[59] Von Ordnung Gottesdiensts in der Gemeinde, WA 12, S. 35,26 ff.; Formula Missae et Communionis, ebd., S. 219,8 ff.

[60] Ebd., S. 36,23.

[61] WA 19, S. 79,17 ff.

Lesungen nach der Formula Missae von 1523 konnte sie nichts verstehen. Das Ziel der Einübung in Schrift und Katechismus ist unverkennbar[62].

Auch die Beteiligung der Schüler geschieht unter der Absicht, sie „ynn der Biblia zu uben". Ihr dient die Psalmodie und Lektion von Vulgatatexten durch die Knaben; die Lektion wird jedesmal in deutscher Sprache wiederholt. Eine sprachliche Zielsetzung im humanistischen Sinne hat diese Übung nicht. Wenn Luther die Lateinschüler „bey der latinischen sprachen in der Biblia behalten und uben will"[63], so trägt er der Tatsache Rechnung, daß die Gebildeten der Zeit die Bibel lateinisch lasen und zitierten, daß auch die theologischen Vorlesungen lateinisch gehalten wurden und die theologische Literatur diese Sprache benutzte. Als Schulgottesdienste waren diese städtischen Wochengottesdienste zugleich für die Gebildeten bestimmt und kamen kirchlichen Bedürfnissen entgegen, die freilich auch humanistischen Tendenzen entsprachen, wenn sie auch nicht dadurch entstanden waren.

Daß in den Visitationen und schließlich im „Unterricht der Visitatoren an die Pfarrherrn im Kurfürstentum zu Sachsen" in den Städten die täglichen Gottesdienste unter tragender Beteiligung der Lateinschüler erhalten blieben, ist Luthers, nicht Melanchthons Verdienst. Es wird nicht nur Wittenberger Tradition, sondern auch Luthers eigener Kindheitserfahrung entsprechen, wenn er in den Visitationsberatungen von 1527 sein Gottesdienstprogramm von 1523/26 durchsetzte und danach die Bestimmungen des „Unterrichts" getroffen wurden[64]. Die Abweichungen, die hier vorliegen, sind unerheblich; wenn man will, mag man eine stärkere Betonung des deutschen Sprachelements feststellen und auch, daß die aktive Beteiligung der Schüler zugunsten des Pfarrers zurücktritt[65].

Die Bestimmungen über die Schule finden sich in den Gottesdienst- und Kirchenordnungen. Die Schule und damit die Erziehung ist in die Kirche hineingenommen. Das war schon bisher so gewesen, und Luther hat es nicht anders gekannt, auch nichts daran | ändern wollen, als er sein Universitätsprogramm aus der Schrift „An den Adel" nach den Wirren des Bauernkrieges wiederaufnahm[66] und zunächst auf das niede-

---

[62] Das hebt *Goltzen*, Der tägliche Gottesdienst, S. 191 richtig hervor. Die Untersuchung hängt zu stark an der liturgisch-monastischen Tradition und überschätzt den humanistischen Einfluß – beides unter Verkennung des gemeindlichen und verkündigungsmäßigen Charakters dieser Gottesdienste.

[63] WA 19, S. 80,4 ff.

[64] *Sehling*, Bd. 1.1, S. 38 Anm., viertletzter Abschnitt; WA 26, S. 181; S. 230.

[65] Die Differenzierung nach den örtlichen Verhältnissen, die *Goltzen* aaO., S. 199 an Bugenhagens Ordnungen lobt, liegt schon im „Unterricht" vor; WA 26, S. 230,26 f. Bemerkenswert erscheint Bugenhagens Begründung für den Zusammenhang mit der liturgischen Tradition: Man soll die Brücke nicht abreißen, wenn fromme Leute über das Wasser nachfolgen wollen; „wat en geholpen hefft, wert anderen ock helpen"; *Sehling*, Bd. 6.1, S. 399.

[66] Ein Ratschlag, wie man eyn bestendige Ordnung in der Christenliche gemeine anfahen und volenden soll; WA 19, S. 440 ff. Das Neue an diesem doch wohl auf Ende 1525 anzusetzenden ursprünglichen Gutachten scheint mir dies zu sein, daß nicht mehr das Reich, sondern das Territorium die Verantwortung für Bildung und Erziehung übernimmt, wobei dann auch die Territorialkirche an die Stelle der Universalkirche

re Schulwesen konzentrierte. Die Sorge um den Nachwuchs in Kirche und weltlichem Regiment steht bei ihm dabei im Vordergrunde[67]. Aber so sehr er im Bunde mit dem Humanismus dabei auf die Pflege von Sprache und Künsten bedacht ist, sie sind ihm doch nichts anderes „als ein heidnisch, eusserlich ding". Entscheidend ist ihm, daß man „die Knaben Gottes wort und rechten glauben leret verstehen, singen und uben und zu Christlicher zucht helt"[68].

Mag daher die Schulordnung, die dem Unterricht der Visitatoren angehängt und für die Folgezeit maßgebend geworden ist[69], in ihren technischen Einzelheiten von Melanchthon konzipiert worden sein, in ihrer theologischen Grundhaltung entspricht sie Luthers Geist. Der ganze Unterricht, auch da, wo er humanistische oder antike Lehrschriften behandelt, ist christlich geprägt. Die Anfänger lernen lesen anhand der Gebetstexte, die Melanchthon in seinem Enchiridion (oben S. 259) dargeboten hatte. Für die zweite Stufe („den andern Haufen") steht die lateinische Grammatik völlig im Vordergrund; sie wird anhand profaner Texte eingeübt, die der christlichen Ethik mindestens nicht widersprechen. Ein geschlossenes Tagespensum aber (am Mittwoch oder Sonnabend) dient der christlichen Unterweisung[70]. Der Schulmeister nimmt hier die Stelle des christlichen Hausvaters ein und führt das Katechismusverhör samt einfacher Worterklärung der Hauptstücke durch. Auch läßt er als „summa eines Christlichen lebens" nach und nach sechs Psalmen nach der Vulgata lernen; die Auswahl stimmt mit Melanchthons Spruchsammlung von 1527 nicht | überein[71]. Mit den einigermaßen geförderten Kindern können schließlich einige leichte biblische Bücher lateinisch gelesen werden. Die Schüler des „dritten Haufens", in ihrer sprachlichen Ausbildung soweit gefördert, daß sie schon die Elemente der Dialektik und Rhetorik treiben können, haben keine besondere christliche Unterweisung mehr, wenn man auch wohl annehmen darf, daß die auf der Mittelstufe begonnene Bibellektüre bei ihnen fortgesetzt wurde.

Aufs Ganze gesehen scheint diese christliche Unterweisung der Schule quantitativ nicht sehr umfangreich und qualitativ nicht sehr selbständig zu sein. Für die jüngeren

---

tritt; ebd., S. 445,18 ff.; „dan wo die schul nit wol stehen, do man die personen zeugen und zihen sol, wird keinem gots dinst gerathen sein; aber der wirdt sich vileicht das reych nit an nemen, sondern *eyner itlichen herrschafft lassen* in irem land zuversorgen, es ist aber nott und der höchsten Artickel einer."

[67] Schon 1524 in der Schrift An die Ratherren, WA 15, S. 35,15 ff. Ebenso dann im Unterricht der Visitatoren, WA 26, S. 236,2 ff. Luthers auf der Coburg verfaßte „Predigt, daß man Kinder zur Schule halten solle" 1530 (WA 30.2, S. 517 ff.) ist in ihrem ersten Hauptteil (S. 522–553) ein Lobpreis des Predigtamts und damit der Schulen, deren es zu seiner Erhaltung bedarf; der Schluß (S. 554–588) beschäftigt sich mit der politischen Bedeutung des Schulwesens.

[68] WA 50, S. 651, 17,24 f.; vgl. die Schulpredigt von 1530 über die christliche Erziehungsaufgabe der Schulen, WA 30.2, S. 520,30 ff.

[69] WA 26, S. 236–240.

[70] Ebd., S. 238,31–239,37.

[71] Ein Beweis für unsere oben S. 259 f. ausgesprochene Behauptung, daß Melanchthon 1527 die Pfarrer und nicht die Kinder belehren will.

Schüler deckt sie sich mit der Katechismusbefragung, die grundsätzlich jedem jungen Gemeindeglied zukommt; an die Stelle des christlichen Hauses ist die christliche Schule getreten – ein Wechsel, der später mit der Ausdehnung der Volksschulpflicht allgemein eingetreten ist. Für die älteren Schüler gliedert sich die Vulgatalektüre in den Sprachunterricht ein. Wenn man zu Anfang der schulischen Bibellese „Mattheum grammatice exponiren" soll[72], wird der Lehrer methodisch nicht anders verfahren sein als im übrigen Unterricht auch.

Ein volles Bild der religiösen Unterweisung gewinnen wir erst, wenn wir die Einbettung dieser Schulordnung in die Kirchenordnung in Betracht ziehen. Die Einübung der heiligen Schrift geschieht vornehmlich im Gottesdienst: in der Teilnahme an den Katechismuspredigten, in den (lateinischen und deutschen) fortlaufenden Schriftlektionen in Mette und Vesper, und in der Beteiligung am Chor, nicht nur anläßlich dieser Wochengottesdienste, sondern auch beim sonntäglichen Meßgottesdienst. Wie in der mittelalterlichen, so erfolgt auch in der reformatorischen Kirche die Einübung in die Bibel durch die Teilnahme am *Chorgesang*, zumal ja im evangelischen Gottesdienst die liturgischen Stücke auf biblische oder doch schriftgemäße Texte beschränkt worden sind.

Damit tritt die Musik wieder in den unmittelbaren Dienst der kirchlichen Erziehung. Schon die kleinsten Kinder sollen „zu der musica gehalten werden und mit den andern singen"[73]; für alle drei Haufen ist dafür täglich die Stunde nach der Mittagspause bestimmt. Die Schüler erwerben durch diese intensive Musikpflege nicht nur eine intime Kenntnis der zeitgenössischen Musik und ihrer Technik, sondern auch der musikalischen und liturgischen Tradition; die christlichen Wahrheiten werden dabei nicht nur mit dem Gemüt ergriffen, sondern auch im Gottesdienst bezeugt.

Diese Einfügung der Kirchenmusik in den Gemeindegottesdienst ist das Neue, das Luther gebracht hat[74]. Die Ordnung des Gottes|dienstes, auf die hin alle kirchliche Ordnung ausgerichtet ist, umfaßt und beansprucht die der Schulordnung verpflichtete Jugend vornehmlich in der geistlichen Musik. Kirchliche Erziehung heißt im Sinne Luthers nicht Unterwerfung unter die manchmal überstrenge Schulzucht, die Luther

---

[72] WA 26, S. 239,19.   [73] Ebd., S. 237,23–28; S. 239,31.

[74] Am Beispiel der Auflösung der Hofkapelle, die nach dem Tode Kurfürst Friedrichs des Weisen von seinem Nachfolger unter reformatorischen Einflüssen durchgeführt wurde, beschreibt *Gurlitt* (Johannes Walter S. 32 ff.) diese Wende; seitdem wird Kirchenmusik nicht mehr vordringlich als Mittel der höfischen (und munizipalen) Repräsentation benutzt. Erst dadurch wird sie, statt Mittel der Heranbildung einer musikalischen Elite zu sein, für die Gesamterziehung der jungen städtischen Jugend brauchbar. Träger der Kirchenmusik werden die städtischen Kantoreien unter dem Kantor und seinem Schülerchor. Über die aus der Bürgerschaft dazutretenden „Adjuvanten", die die Männerstimmen übernehmen, vgl. ebd., S. 48 ff.

aus eigener Erfahrung kannte und verabscheute[75], sondern Einfügung in eine Ordnung, in der die Gesetze geistlicher Musik eine maßgebende Rolle spielen.

Wie diese Gesetze sich für Luther und die von ihm geprägte Reformation darstellen, ist daher für die Erkenntnis des Zusammenhangs zwischen kirchlicher Ordnung und Erziehung entscheidend wichtig. Welch große Rolle die Musik für das Denken und Handeln des Reformators gespielt hat, ist bekannt[76]. Wie für Augustin und die hinter diesem stehenden und durch das Mittelalter hindurch fortwirkenden platonischen Traditionen ist ihm die Musik eine Ordnung, die der Schöpfer der Welt eingestiftet hat (wobei für Luther freilich die Beziehung zwischen Makro- und Mikrokosmos völlig ausscheidet)[77] und von der der Mensch von innen heraus bestimmt und getragen ist. Indem einer musiziert, gibt er dieser Ordnung ihr Recht und bekennt damit dankbar und im Einklang mit allen Kreaturen seinen Schöpfer. Insofern besteht für Luther kein Unterschied zwischen weltlicher und geistlicher Musik; sie ist an sich nicht „christlicher" als andere Lebensäußerungen des Menschen. Sie kann in „bul liedern und fleischlichen gesengen" pervertiert werden; sie kann und soll aber auch wie alle anderen rechten Künste, besonders für die lernende Jugend, in das Gemüt mit Lust „eingehen". „Ich wollt", sagt Luther in der Vorrede zum Wittenberger Gesangbuch von 1524[78], „alle künste, sonderlich die Musica, gerne sehen im dienst des, der sie geben und geschaffen hat." |

In diesem Dienste aber ist die Musik auf das Wort Gottes bezogen; das macht ihren eigentümlichen geistlichen Charakter aus, macht sie auch fähig, das Geheimnis der Erlösung zu bezeugen. Sie löst sich dabei gleichsam von den kreatürlichen Dingen los und umkleidet diese Geheimnisse. Sie bezeugen sich durch die Sprache der Musik hindurch und werden so – in Verbindung mit dem Wort und doch nicht notwendig in dessen theologisch-erkenntnismäßiger Durchdringung – dem Glauben faßbar. Die Lust und Freude, die das Herz Gottes Schöpfung entgegenbringt, entzündet sich erst recht im Gegenüber zu dem im Wort bezeugten göttlichen Erlösungshandeln. Die Musik gewinnt damit selbst den Charakter eines Wortzeugnisses. Wer der Erlösung durch Christus mit Ernst Glauben schenkt, „der kans nicht lassen, er mus frölich und

---

[75] Äußerlich erzwungene Zucht bringt „eyttel holtzböcke" hervor: An die Ratherren, 1524; WA 15, S. 45,7 ff. Zu Luthers Schulerfahrungen vgl. *Scheel*, Martin Luther, Bd. 1, Kap. 2.

[76] *Söhngen*, Theologische Grundlagen der Kirchenmusik, besonders S. 62 ff.

[77] Das Thema von Luthers Praefatio zu den Symphoniae iucundae (1. Hälfte 1538) lautet (WA 50, S. 309,1 f.): Invenies Musicam esse ab initio mundi inditam seu concreatam creaturis universis, singulis et omnibus. Es wird durchgeführt im Hinblick auf die unbelebte und belebte Kreatur, besonders aber auf die menschliche Stimme.

[78] WA 35, S. 475,4 f.

mit lust davon singen und sagen, das es andere auch hören und herzu kommen"[79].

Hören, glauben und sagen – sagen, hören und glauben, das sind die beiden ineinandergreifenden Vorgänge in jedem Gottesdienst; an ihnen ist der Chor in besonderem Maße beteiligt. Darum ist die Schule nicht bloß organisatorisch, nicht bloß passiv hörend, sondern auch aktiv in den Gottesdienst hineingenommen. Die Schulmeister sind als solche Prediger und sollen darum auch später in den Pfarrdienst übernommen werden. Und in der Zeit des Papsttums haben „feine schulmeister und pfarrer" mit der Kunst der Gregorianik die Kirche erhalten[80]. „Cantores loben Gottes Wort aus Gottes Gabe hie und dort", so hat es der Torgauer Kantor Johannes Walter in seiner treuherzigen Art seinem Lehrer und Freund Luther nachgesprochen. Für Walter wie für seinen kurfürstlichen Herrn Johann Friedrich folgt „diese schöne Kunst Musica" im Wert unmittelbar auf die Theologie; sie soll – der Kurfürst beruft sich damit zu Recht auf Luther – „vor allen andern Künsten nach der Theologie göttlichen guten Grund und Lob haben"[81].

In dieses Gotteslob stimmt die Schuljugend mit ein; in ihm voll|zieht sich ihre Einübung in die Hlg. Schrift. In der musikalischen Ordnung wird ihr die Einordnung in die kirchliche greifbar; erfährt der Heranwachsende den Zusammenhang von kirchlicher Ordnung und Erziehung. Die Spannung von Gehorsam und Freiheit, im praktischen Alltag nicht immer ohne Last und Beschwerde, tritt hier für die Jugend in den Bereich eigener Glaubenserfahrung. Die strengen Regeln und festen Formen, an die gemeinsames gottesdienstliches Handeln und Singen gebunden sind, sind unerläßlich, gehören in disciplinam puerorum[82]. Aber mit der wachsenden Reife kommt die freie Entscheidung des Gewissens; und dann Moses est lapidandus. Was zunächst zuchtvoll geübt worden war, wird jetzt freies Eigentum. An der Musik wird deutlich: Alle Ordnung

---

[79] Ebd., S. 477,8 f.; Vorrede zum Babstschen Gesangbuch von 1545.

[80] WATR 4, Nr. 4701 (Juli 1539); WATR 5, Nr. 5603 (1543).

[81] *Gurlitt* druckt (Johannes Walter, S. 83, Anm.) Walters „Lob und Preis der himmlischen Kunst Music" ab und gibt dabei (ohne Hinweis auf den Herausgeber *Kawerau*) als Quelle WA 50, S. 372,1 ff. (aus Luthers Praefatio zu den Symphoniae iucundae) an. Für die Verbindung von Theologie und Musik verweist Luther hier auf die Bibel selbst: „Unde non frustra Patres et Prophetae verbo Dei nihil voluerunt esse coniunctius quam Musicam (ebd., S. 371,14 f.). Vgl. Walters Vorrede zu seinem Lobgedicht, teilweise abgedruckt bei *Gurlitt*, aaO., S. 93. Ebd., S. 48 die kurfürstliche Bestätigung für die Torgauer Kantorei von Ostern 1535 mit der Berufung auf Luther.

[82] Illi sunt disciplina educandi; WATR 4, Nr. 4082 (Nov. 1538).

in der Kirche und ihrem Gottesdienst ist nichts als „Spiel"-regel: „Mit Lust und Spiel" dürfen hier die Kinder lernen, was Gottes Wort sagt[83].

Christliche Erziehung ist Einübung im Worte Gottes. Sie fügt dem Glauben des Kindes nichts Neues hinzu; das ist für Luther zwingende Erkenntnis aus seinem Verständnis von Kindertaufe und Taufglaube des Kindes. Es handelt sich in der Erziehung erst recht nicht um Aufdeckung von und Anknüpfung an ideale, schöpfungsmäßige Gegebenheiten, die dem Kinde von Natur eigen wären und die es nachher in seiner Entwicklung leicht preisgibt und verliert. *Wir* machen unsere Sünden groß, die Kinder ihre Taufe. „Ah, die kinder sein die aller glersten" (gelehrtesten); „die vertrauen irem vatter und sagen auch von Gott fein einfeltiglich, das er ir vatter sei."[84] „Puerorum infantium etiam fides et vita est optima, quia illi tantum habent verbum." „Wir alten Narren" in unsern Anfechtungen „disputamus de verbo, quod ipsi pura fide sine disputatione credunt"[85].

Darum hat Luther den Fortgang der Reformation nicht von den Disputationen der Theologen, sondern von christlicher Erziehung und dem Zeugnis der Kinder erwartet. Wenn dem Teufel Abbruch geschehen soll, dann muß es „durchs junge volck geschehen, das ynn Gottis erkenntnis auff wechst und Gottes wort ausbreyttet und ander leret"[86]. Die ganze kirchliche Neuordnung, um die Luther seit | der Rückkehr von der Wartburg bemüht war und die in den Visitationen die neue Landeskirche begründete, steht im Dienste des Kultus. Es sind Erziehungsordnungen, die im rechten Gottesdienst dem Worte Gottes Bahn machen wollen zu den Menschen. Es sind Erziehungsordnungen vor allem auch im Blick auf die heranwachsende gebildete Jugend, die den Führungsnachwuchs bildet für Territorium und Territorialkirche. Die Erziehung erfolgt durch Gewöhnung an das Wort Gottes. Und für die Einübung im Wort Gottes bietet der Gottesdienst mit seinem Katechismus einerseits, mit seiner geistlichen Musik andererseits die entscheidende Hilfe. In diesem Ordnungsgefüge, das im Sinne Luthers die Spannung von Gehorsam und Freiheit zu rechtem Ausgleich bringt, wächst die Jugend heran, auf die er seine Hoffnung setzt.

---

[83] WA 19, S. 78,14 ff.: „Sollen wyr kinder zihen, so mussen wyr auch kinder mit yhn werden. Wolt Gott, das solch kinderspiel wol getrieben wurde; man solt ynn kurtzer zeyt grossen schatz von Christlichen leuten sehen."
[84] WATR 2, Nr. 1712 (Sommer 1532).
[85] WATR 1, Nr. 18 (1531); vgl. WATR 4, Nr. 4367.
[86] WA 15, S. 29,32 f.

In den sorgenvollen Tagen vor dem Beginn des Augsburger Reichstags hat Luther[87] seinen Kurfürsten getröstet mit dem Hinweis auf die kirchliche Neuordnung in Kursachsen. Hier sind die besten und meisten guten Pfarrer zu finden, die es in der Welt gibt. „Es wächset jetzt daher die zart Jugend von Knäblin und Maidlin, mit dem Catechismo und Schrift so wohl zugericht, daß mir's in meinem Herzen sanft tut ... Es ist fürwahr sollichs jung Volk in E. K. F. G. Land ein schönes Paradies, desgleichen auch in der Welt nicht ist. Und solches alles bauet Gott in E. K. F. G. Schoß ..." Luther rühmt die schönen Gottesdienste und die betende Gemeinde und in ihr das junge Volk, „das mit seinen unschuldigen Zunglin so herzlich gen Himmel ruft und schreiet ..."[88]. Und in seiner Altersschrift „Von den Konziliis und Kirchen" (1539) lobt Luther die Schulen als „eitel junge, ewige Concilia, die wohl mehr nutz schaffen weder viel andere große Concilia". Und in einer Schlußvision sieht er Schule und Kirche, Bürgerhaus und Schule, Rathaus und Schloß in innerer Harmonie zur Einheit zusammengefaßt[89]. Eins trägt, erhält und schützt das andere. Uns mag dieses Bild der spätgotischen Stadt mit ihren drei „Hierarchien", mit ihren Ordnungen zur Bildung und Erhaltung des kreatürlichen und des geistlichen Lebens erscheinen als ein unwiederbringlich verlorenes Idyll. Die Zusammengehörigkeit von kirchlicher Ordnung und Erziehung wird – in andern Formen und Mitteln – erhalten bleiben müssen, wenn Kirche in der Welt bleiben soll.

---

[87] Am 20. Mai 1530, WAB 5, Nr. 1572, besonders Nr. 1572,35 ff.
[88] WAB 5, Nr. 1572, 85 ff.
[89] WA 50, S. 651,26 f.; S. 652,1 ff.

[ZUR VORGESCHICHTE DER RHEINISCH-WESTFÄLISCHEN KIRCHENORDNUNG VON 1835*

Eine Besprechung von] *Walter Göbell*; Die Rheinisch-Westfälische Kirchenordnung vom 5. März 1835. Ihre geschichtliche Entwicklung und ihr theologischer Gehalt. Bd. 1. Duisburg: Otto Hecker, 1948, 283 S.

Diese durch Schuld des Rezensenten verspätete Besprechung hat den Vorteil, daß sie auf eine ausführliche Debatte der Kirchenrechtler über dieses Buch und seinen äußerst interessanten Gegenstand zurückblicken kann. Vor allem hat Johannes Heckel[1] eine ausführliche Würdigung gebracht und die Darstellung Göbells durch eine Fülle neuen selbstgesammelten Aktenmaterials teils ergänzt, teils kritisiert. Bei dieser Lage der Dinge obliegt es dem Kirchenhistoriker, vornehmlich die kirchengeschichtlichen Probleme ins Auge zu fassen; schon durch seinen Untertitel hat der Verfasser sie ja in den Vordergrund gerückt.

Als einen „Kompromiß" zwischen dem alten Recht und dem Kirchenregiment des Landesherrn" hat Joachim Beckmann unsere Ordnung bezeichnet[2]; er dürfte damit auch die Meinung des Verfassers getroffen haben. Worin besteht dieses „alte Recht"? Ist es eine in sich einheitliche Größe, oder vereinigt es in sich selbst schon verschiedene Möglichkeiten, von denen die eine oder die andere zur Erklärung für das Zustandekommen jenes Kompromisses herangezogen werden kann? Ist es infolge des Nebeneinanders der beiden evangelischen Konfessionen im Gebiet der Rheinisch-Westfälischen Kirchenordnung von vornherein mit konfessionellen Widersprüchen behaftet, so daß die durch diese Kirchenordnung endgültig sanktionierte Union dadurch belastet wäre? Ist die Verfassungsentwicklung der Reformierten Kirche vor 1835 eindeutig bestimmbar, oder welche Faktoren haben auf sie in verschiedener Richtung ein-

---

* Aus: ZevKR 2, 1952, S. 84–106.
[1] *Heckel,* Kirchenordnung.
[2] *Beckmann,* Kirchenordnung, S. 136.

gewirkt? Hat insbesondere der brandenburgisch-preußische Staat auf jene Entwicklung einen hemmenden oder fördernden Einfluß ausgeübt?

Man muß dankbar anerkennen, daß der Verfasser zur Beantwortung dieser Fragen ein ausgebreitetes, z. T. noch ungedrucktes Material (seine Veröffentlichung ist in einem 2. Bande in Aussicht genommen*) herangezogen hat. Folgen wir dem chronologischen Gang der Ereignisse anhand dieser Akten, und achten wir dabei auf die im Sinne jenes Kompromisses vorwärts treibenden bzw. retardierenden Elemente.

[1. Die Bedeutung der reformierten Kirchenordnungen des 16. Jahrhunderts]

Da stehen in der Ahnenreihe der Kirchenordnung von 1835 – um zunächst nur die reformierte Komponente zu berücksichtigen – die Genfer Kirchenordnung von 1541, die Kölner Reformation von 1543 und die niederländische von 1550, die verschiedenen Verfassungsentwürfe von Johannes a Lasco in Ostfriesland und London sowie die „Discipline Ecclésiastique des Églises Réformées de France" von 1559; im Rheinland selbst die Beschlüsse | des Weseler Konvents vom 3. 11. 1568 und der Emdener Synode von 1571 sowie – einen gewissen Abschluß bringend – die der ersten Generalsynode der reformierten Kirchen in clevischen Landen von Duisburg 1610. Eine Fülle von Motiven, die da wirksam werden, aber auch von offenen Fragen, die der Beantwortung harren.

Am tiefsten an die Wurzel der ganzen Entwicklung greift die Frage nach der Stellung Calvins. Ist Calvin wirklich derjenige, der das göttliche Recht der presbyterialen Gemeindeordnung und ihrer eigenständigen kirchlichen Zucht proklamiert und der die Synodalverfassung gemäß der Discipline Ecclésiastique von 1559 durch seine Zustimmung legitimiert hat? Göbell teilt diese ganz allgemeine Auffassung; sein ganzes Vorgehen ist dadurch bestimmt. Das praktische und wissenschaftliche Interesse, das sich der Rheinisch-Westfälischen Kirchenordnung zugewandt hat, gilt ja von Anfang ihres Bestehens an der Frage, ob und wie weit sie jene Grundanliegen Calvins aufgenommen und dadurch die Verfassungsentwicklung auch des Luthertums beeinflußt habe.

Von zwei Seiten aus wird jene Deutung Calvins heute in Frage ge-

---

[* *Göbell*, Walter: Die Rheinisch-Westfälische Kirchenordnung vom 5. März 1835, 2. Bd., Düsseldorf 1954.]

stellt. Walther Köhler hat 1942 in seinem gleichnamigen zweibändigen Werke „Zürcher Ehegericht und Genfer Konsistorium" in eine Reihe gestellt und gefordert, letzteres dürfe „nicht mehr mit dem Kranze der Originalität geschmückt werden". „Das Neue in Genf liegt in der Energie der Durchführung, nicht in der Idee als solcher" (aaO., Bd. 2, S. 654). Damit wäre die Behauptung unhaltbar, die Banngewalt sei nach Calvin ausschließlich der Kirche, ohne Einwirkung der weltlichen Obrigkeit, zugehörig; es wäre in Calvins Anschauung über das Verhältnis von Kirche und Recht gleichsam ein „zwinglianisches" Element enthalten, jedenfalls eine Synthese, die uns den Kompromiß von 1835 einigermaßen verständlich machen könnte.

An der entgegengesetzten Stelle setzt Josef Bohatec ein[3] und stößt doch auf ähnliche Probleme. Er bemüht sich, im Gegensatz zu der etwa durch Rieker und Sohm repräsentierten Tradition Calvins kirchenrechtliche Theorien möglichst nahe an die Luthers heranzurücken. Keinesfalls sei die Überweisung des Kirchenregiments an die weltliche Obrigkeit ein Charakteristikum des Luthertums. In der Betonung der Eigenständigkeit des geistlichen Amtes und des daraus resultierenden Rechtes bestehe vielmehr zwischen Luther und Calvin kein grundsätzlicher Unterschied (aaO., S. 405 ff.). „In der Wertung der wahren kirchlichen Gewalt stimmt Calvin mit den lutherischen Bekenntnisschriften fast wörtlich überein" (aaO., S. 541). Wie Köhler, so legt auch Bohatec größten Wert auf die These, daß Calvin nicht gegen die Obrigkeit, sondern mit ihr zusammen Ordnung der Gemeinde und Kirchenzucht aufgebaut habe.

Wir können hier weder selbst zu diesen verwickelten Fragen, die die Calvinforschung noch eine Weile in Atem halten werden, Stellung nehmen, noch können wir unserm Verfasser zumuten, daß er sie im Vorbeigehen lösen sollte. Nur treten damit einige Voraussetzungen, von denen er ausgeht, in besonderes Licht. Er nennt etwa die 1531 geschaffene Institution der Straßburger Kirchspielpfleger oder die Ziegenhainer Zuchtordnung von 1539 unter den Vorläufern Calvins und damit der Kirchenordnung von 1835[4]. | Aber jene Kirchenspielpfleger haben mit

---

[3] *Bohatec*, Calvins Lehre.
[4] Die Reformatio Ecclesiarum Hassiae von 1526 [Text in *Sehling*, Bd. 8.1, S. 43 bis 65] die Göbell in diesem Zusammenhang erwähnt, sollte man besser auslassen; nicht nur, weil sie vor der Aufklärung nicht aus dem Staub der Archive auftaucht, also vorher nicht praktisch wirksam geworden ist, sondern auch, weil sie nicht auf reformatorischen, sondern mittelalterlich-naturrechtlichen Gedanken beruht. Daß der Calvinismus des 19. Jahrhunderts sie als Geist von seinem Geist anerkennt, ist ein Zeichen dafür, wie stark er selbst noch der Aufklärung in seinem Verfassungsdenken verhaftet blieb. Zur Reformatio ecclesiarum Hassiae vgl. meinen Aufsatz: Franz Lambert.

„presbyterialen Grundsätzen" (vgl. Göbell S. 40 ff.) wenig zu tun. Eine
„kirchliche Aufsichtsbehörde" nennt sie Johann Adam[5]. Vom Rat ist sie
bestellt und nach politischen Gesichtspunkten zusammengesetzt. Diese
Institution hat jedenfalls keinen konfessionellen Charakter im Sinne des
späteren Calvinismus, sondern gehört in eine Linie hinein, die ich[6] von
gewissen Erscheinungen spätmittelalterlich-genossenschaftlichen Denkens aus über die Neubegründung des Diakonenamtes bei Luther und in
frühlutherischen Kirchenordnungen über Basel und Straßburg bis zur
Ziegenhainer Zuchtordnung hin verfolgt habe. Diese Ordnung läßt sich
also fast völlig aus der lutherischen Entwicklung heraus erklären; wo sie
über dieselbe hinausgreift – in der Legitimierung des Ältestenamtes als
einer „alten Ordnung des heiligen Geists, wie wir die in den apostolischen Schriften haben" – macht sie Konzessionen an einen biblizistisch-
traditionalistischen Humanismus, der sich in der Richtung auf ein neues,
institutionell gesichertes göttliches Recht vorwärts bewegt. Nimmt man
für die Entstehung des Genfer Ältestenamts die hier aufgezeigte Tradi-
tionsreihe an und nicht, wie Köhler will, die Züricher Ehegerichtspraxis,
so rückt in der Tat Calvins Verfassungsideal in eine große Nähe zur lutherischen Gedankenwelt, und das Kapitel, das Göbell über „die Verschmelzung ursprünglich lutherischer Gemeinden mit dem reformierten
Wesen" bringt (S. 52 ff.), müßte in seiner ersten Hälfte völlig umgeschrieben werden.

Aber indem wir so Calvin viel fester, als das Göbell samt der herkömmlichen Schule tut, mit seinen Vorgängern verbinden, erhebt sich
zugleich die Frage, wie er sich zu seinen Nachfolgern verhält. Läßt sich
der spätere Calvinismus – und nur er hat sich in den clevischen Ländern verbreitet – restlos aus Calvin erklären? Göbell weist (S. 99 f.)
hin auf die Verwerfung, die die naturrechtlichen Theorien Morellis schon
seit 1562 – also anfänglich noch zu Lebzeiten Calvins – auf den französischen Nationalsynoden erfuhren. Hat nicht sehr bald danach das in
Frankreich besonders gepflegte spätmittelalterliche Naturrecht, durch
antike, vom Humanismus neubelebte Elemente verstärkt, den französischen Protestantismus beherrscht? Zur Beantwortung genügt der Hinweis auf Jean Bodin und Duplessis-Mornay; in Deutschland bildet Althusius das Gegenstück. Und hat sich der biblizistisch-traditionalistische
Humanismus, von dem wir eben im Blick auf Butzer und die Ziegenhai-

---

[5] *Adam*, Straßburg, S. 177.
[6] *Maurer*, Gemeindezucht, Gemeindeamt, Konfirmation, S. 24 ff.

ner Zuchtordnung sprachen, nicht ganz besonders in England durchgesetzt und hier den beiden feindlichen Zwillingsbrüdern, Anglikanern und Puritanern, geholfen, ihre Ideen vom göttlichen Recht des episkopalen bzw. des presbyterialen Amtes herauszubilden? Gerade weil Göbell sich so gründlich um eine geschichtliche Basis für sein Werk bemüht, muß man be|dauern, daß er die Einwirkung des Puritanismus, dessen Einfluß auf den holländischen Calvinismus ja doch immer deutlicher wird, auf den niederrheinischen Calvinismus gar nicht in Betracht zieht. Er konnte hier freilich nicht Kirchenordnungen als Vorbild für die Rheinisch-Westfälische erwarten, wohl aber kirchenrechtliche Theorien, die über Calvins Position hinausführen und die sicherlich schon seit der 2. Hälfte des 16. Jahrhunderts in den Rheinlanden wirksam geworden sind.

Im Zusammenhang mit diesen humanistischen Traditionen innerhalb des „Calvinismus" muß noch ein Wort zu Johannes a Lasco gesagt werden, der mit Recht unter den Ahnherrn der Kirchenordnung von 1835 erscheint. Daß seine Verfassungsideale „calvinisch" seien, wird von Göbell wie fast überall angenommen, obwohl er gelegentlich darauf hinweist (S. 45, Anm. 16), daß zwischen dem polnischen und dem Genfer Reformator kein tieferes Verhältnis bestand. Umso inniger sind Lascos Beziehungen zu Erasmus, zu dessen engstem Kreise er Jahre hindurch in der bildsamsten Zeit seines Lebens gehörte. Ihn hat eigentlich nur seine Abendmahlslehre, die die des Erasmus vergröbert und radikaler ausbaut, zum „Calvinisten" gemacht. Seine Verfassungsprinzipien sind jedenfalls in seiner ostfriesischen Periode angelehnt an die Lüneburger Ordnung von 1535; für das Ältestenamt knüpft er wie die Lutheraner an mittelalterliche Restbestände an. Und mag er während seiner Tätigkeit in der Londoner Fremdengemeinde auch Anregungen Calvins – neben anderen! – übernommen haben, im wesentlichen ist sein Verfassungsneubau durch die Notwendigkeiten einer Exulantengemeinde bestimmt. Und an einem entscheidenden Punkte – der göttlichen Legitimierung des episkopalen Amtes des Superintendenten – trennt er sich eben so sehr von Calvin, wie er sich dem humanistischen Reformkatholizismus nähert. Lasco steht eben zeitlich noch vor dem in England aufbrechenden Streit zwischen hochkirchlichem Anglikanismus und Puritanismus, er kann diesen Grundsatz noch in sich vereinigen. Sein Einfluß auf den Niederrhein fällt mit dem des biblizistisch-traditionalistischen Humanismus zusammen; wie stark ein solcher zu veranschlagen ist, müßte noch im einzelnen untersucht werden.

[2. Der Beitrag der reformierten Kirche am Niederrhein]

Mit der gesamten bisherigen Tradition weist Göbell mit Recht hin auf die enge Verflochtenheit der reformierten Kirche am Niederrhein mit der holländischen. Der Weseler Konvent von 1568 und die Emdener Synode von 1571 sind ja Versammlungen einer Flüchtlingskirche, bei denen die einheimischen Gemeinden kaum vertreten sind. Unvermittelt springt Göbell von Emden 1571 nach Duisburg 1610 (S. 35). Er überspringt damit ein entscheidend wichtiges Problem: Wie wurde aus der Exulantenkirche, deren Glieder fast alle in die Heimat zurückkehren konnten, eine bodenständige calvinistische Gemeindekirche? Daß „die bisherigen lutherischen, melanchthonischen oder erasmischen Bestrebungen" (S. 19) gleichsam aufgesaugt wurden, steht außer Frage; daß zumal eine Menge im Entstehen begriffener lutherischer Gemeinden sich den reformierten Synodalverbänden anschlossen, ist offenkundig. Aber wie wirken sich diese Übergänge verfassungsmäßig aus? Von den ersten reformierten Synoden im Bergischen Land z. B. hören wir[7], daß viele Gemeinden keine Ältesten, keine Presbyterien besitzen, keine Kirchenzucht üben. Ist das nur organisatorische Unfertigkeit, veranlaßt durch die äußerliche Bedrängnis, oder verbergen sich dahinter | grundsätzliche Bedenken, zum mindesten grundsätzliche Lauheit? Ein großer Teil der Gemeinden hat von der Pfalz her Katechismus und Liturgie übernommen; sollten damit nicht auch Verfassungsprinzipien von der Pfälzer Staatskirche aus auf die niederrheinische Gemeindekirche übergegangen sein?

Denn die reformierten Gemeinden am Niederrhein sind ja gar nicht alle Minderheitsgemeinden unter dem Kreuz. Damit decke ich nun einen wirklichen Mangel der Göbellschen Darstellung auf. Es gibt innerhalb der Cleveschen Herzogtümer und in ihrer Einflußsphäre eine ganze Menge von Herrschaften der verschiedensten rechtlichen Struktur, die ganz, mit Einschluß der weltlichen Obrigkeit, zur reformierten Kirche übergingen, wo also geschlossene volkskirchliche Gemeinden entstanden. Dabei bildeten sich kirchenrechtliche Verhältnisse heraus, die gar nicht zum herkömmlichen Bilde einer reformierten „Freikirche" (Göbell ersetzt diesen von Bredt angenommenen Begriff richtiger durch „Gemeindekirche") passen, die aber den Kompromiß von 1835 vorwegnehmen. Trotzdem geht Göbell auf diese Rechtslage nicht ein, wie er denn auch die kirchenrechtliche Entwicklung der Kurpfalz völlig außer acht läßt,

---

[7] *Forsthoff*, Kirchengeschichte, S. 561 ff.

die doch als südlicher Nachbar dauernden Einfluß auf den Niederrhein
genommen hat und von der wichtige Teile später in die Rheinprovinz
übergingen, also bei Abfassung der Kirchenordnung von 1835 mitbe-
rücksichtigt wurden.

Ich verweise nur auf einige besonders markante Beispiele: In Wesel
hat der Rat die allmähliche Calvinisierung der ursprünglich lutherischen
Stadtgemeinde durchgeführt, aber gegenüber den Ansprüchen des Ge-
meindekonsistoriums seine Kirchengewalt behauptet und 1612 den Eintritt zweier Ratsmitglieder in das kirchliche Gremium erzwungen, auch
noch unter der Herrschaft Brandenburgs seine kirchlichen Vorrechte
zäh verteidigt; calvinistischer Gemeindeverfassung entsprach das alles
nicht. Eine ähnliche Stellung beansprucht der Rat von Duisburg, nicht
ohne Widerspruch von seiten der von ihm abhängigen Pfarrer zu finden; Wahl von Ältesten, Bildung von Konsistorien, Übung der Kirchenzucht wurden von der städtischen Obrigkeit verboten.

Noch deutlicher ist das Beispiel der reformierten Landeskirche der
Grafschaft Moers. Sie ist seit 1578 von der Landesherrschaft reformiert
worden. Auf den benachbarten Provinzialsynoden ist sie nur sporadisch
vertreten, vom 17. Jahrhundert ab gar nicht mehr. Die Pfarrer werden
vom Landesherrn aus drei von der Gemeinde präsentierten Bewerbern
ernannt, das Kirchenregiment von dem aus Mitgliedern des Regierungs-
kollegiums bestehenden Landeskonsistorium wahrgenommen. Ähnlich
liegen die Verhältnisse in den Grafschaften Tecklenburg, Steinfurt, Hohenlimburg, Rheda, Bentheim, Lingen. Solange Synoden bestehen, führen sie ein Schattendasein; einzelne Versuche, sie im Laufe des 18. Jahrhunderts wieder zu beleben, bleiben erfolglos. Immerhin gehört die
Tecklenburger Kirchenordnung von 1588, die in den meisten dieser
Grafschaften galt, zu den Vorbildern der Kirchenordnung von 1835.
Dasselbe gilt von der Pfälzer Kirchenordnung von 1563. Sie wurde in
der ehemals lutherischen Grafschaft Wittgenstein seit 1574 eingeführt,
ebenso galt sie in Solms-Braunfels; der Kirchenordnung der Grafschaft
Wied von 1575 lag sie zugrunde, auch der Kirchenordnung von Nassau-
Siegen aus dem Jahre 1619 (1716 wurde diese „kraft obrigkeitlichen
Amts und darunter begriffenen iuris episcopalis" revidiert). In allen die-
sen | Gebieten war von einer kirchlichen Selbständigkeit keine Rede. Die
Befugnisse, die ursprünglich der Pfälzer Oberkirchenrat gehabt hatte,
wurden weit überschritten. Es herrschte der nackteste Territorialismus,
selbstverständlich auch in der seit 1604 gewaltsam reformierten, zu Hes-
sen-Kassel gehörigen Grafschaft Niederkatzenellenbogen. Es ist mir kei-

ne Stimme bekannt, die vom Standpunkt reformierten Bekenntnisses aus gegen diese Rechtsverhältnisse protestiert hätte; auch Göbell erwähnt nichts dergleichen. Selbstverständlich aber konnte die preußische Regierung nach 1815 diese Rechtslage ausnutzen; für die Entstehung der Kirchenordnung von 1835 ist sie daher von großer Bedeutung geworden.

Doch wir sind dem Gang der geschichtlichen Ereignisse vorausgeeilt. Das Schicksalsjahr der clevischen Herzogtümer ist 1609. Die ausgestorbene Herzogsfamilie wird von Brandenburg und Pfalz-Neuburg, damals beides noch lutherischen Fürstenhäusern, beerbt. Die Gemeinden unter dem Kreuz, Reformierte und Lutheraner, erlangen Religionsfreiheit; den Katholiken bleibt sie erhalten. Die Duisburger Reformierte Generalsynode von 1610 sucht das Fazit aus der neuen Lage zu ziehen; ihre Beschlüsse bilden für länger als zwei Jahrhunderte eine Rechtsgrundlage der reformierten Kirche am Niederrhein.

Unter welchen kirchenrechtlichen Ideen steht die Duisburger Generalsynode? Sind ähnliche Spannungen anzunehmen, wie wir sie für die Weseler Beschlüsse von 1568 festzustellen haben? Jedenfalls hat einer von deren Unterzeichnern, Kaspar Janszon Koolhaes, sich späterhin theologisch als Vorläufer arminianischer Gedanken erwiesen; als Pfarrer zu Leyden und Gesinnungsgenosse Wilhelms von Oranien hat er territorialistische Theorien vertreten, das Pfarrwahlrecht der Gemeinde bestritten und sich deswegen von einem Manne wie Coornhert gegen die Synoden verteidigen lassen[8]. Und sollten Arminianismus und Vorstianismus, gegen deren Ausbreitung die Clevesche Synode von 1617 von der brandenburgischen Regierung mobil gemacht wird, sich nicht auch schon ein paar Jahre früher geregt haben können[9]? Und wenn gleich der erste Punkt der Duisburger Verhandlungen von 1610 durch die Klage veranlaßt wurde, daß „sich fast allerhand newerung in Religionssachen hin und widder ereugen wollen", so soll mit der Abweisung solcher Ketzereien freilich „anderen Kirchen in und außerhalb Teutscher nation mit Gottes wort und also dieser bekäntnuß miteinstimmenden confessionibus in keinem wege ichts praejudicirt" werden; daß die Synode aber in geistigem Austausch mit diesen Kirchen allerlei Bedrohliches aufzunehmen fürchtete, ist damit indirekt zugegeben.

Gewiß, man hatte in den unruhigen Zeiten, da es um die Existenz ging, mehr zu tun, als kirchenrechtliche Prinzipienfragen auszutragen; und wo sie aufbrachen, werden sie schwerlich immer gleich einen schriftli-

---

[8] *Wolters*, Wesel, S. 373 ff.
[9] Vgl. *Keller*, Gegenreformation, Nr. 185.

chen Ausdruck gefunden haben. Trotzdem läßt sich einiges aus den Ent-
schließungen von 1610 selbst entnehmen[10]. |

Gerade die Not der Zeit erforderte die Anpassung an die politischen
Möglichkeiten. Man stellt daher keine rechtlichen Forderungen grundsätzlicher Art auf, sondern nimmt in allem Rücksicht auf die weltliche
Obrigkeit. Bei ihr soll um die Abschaffung der Bilder „zu bequemer und
gelegener Zeit underthanig angehalten werden". Wo in einer Gemeinde
die Kirchenzucht verfallen ist, soll der Prediger bei der Obrigkeit „mit
gebührender Bescheidenheit" ihre Einführung betreiben. Den Abgeordneten der benachbarten Nebenherrlichkeiten soll der Besuch der Synoden „mit Belieben ihrer Oberherrn" freigestellt werden; wir hörten
schon, daß das nur in seltenen Fällen geschah. Für die Pfarrbesoldung
wird nur eine Zwischenregelung („noch zur Zeit bis auf besser Verordnung unserer gnädigen Landesfürsten") getroffen; gerade in diesen
Pfründenfragen hofft man, „daß man von der landesfürstlichen Obrigkeit durch unterthänige Supplikation . . . etwas Besseres erlangen möchte."

Man sieht, es ist alles nur vorläufig geordnet, und es ist dem Zusammenwirken mit der weltlichen Obrigkeit Tür und Tor geöffnet. Man ist
auf sie angewiesen; man steht ihr bittend, nicht fordernd gegenüber. Die
Entschließungen der Duisburger Generalsynode von 1610 wollen alles
andere als eine Kirchenordnung sein; sie sind in der Folgezeit in diese
Stellung nur hineingedrängt worden, weil und solange keine solche geschaffen war. „Und ist diese ganze Berathschlagung auf ein Interim gestalt, so lang nämlich Kirchen und Schulen dieser Landen in jetzigem
Stand bleiben, bis Gott der Herr Gnade verleihe, daß sich unsere gnädigen Landesfürsten derohalben mit mehrerem mogen annehmen."

Ist dieses Provisorium, dessen Ablösung nicht von der eigenen kirchlichen Initiative, sondern nur von der Aktivität der weltlichen Obrigkeit
erwartet wird, bloß die Folge von Unsicherheit und Not? Oder stehen
hinter dem Verzicht auf eine eigenständige kirchliche Zucht, hinter der
eifrigen Erwartung, in den ganzen landeskirchlichen Apparat von
Pfründen, Renten und Patronaten eingewiesen zu werden, auch grundsätzliche Erwägungen? Auf mündliche und schriftliche Bitte aller beteiligten Kirchen sind als gefeierte Ehrengäste der holländische und der
Pfälzer Feldprediger in Duisburg gegenwärtig, Johannes Fontanus aus
Arnheim und Abraham Scultetus aus Heidelberg. Beide sind Schüler der
pfälzischen Theologie. Jener aber ist in Holland als Vorkämpfer gegen

---

[10] Text bei *Jacobson*, Urkunden, Nr. 67; *Keller*, Gegenreformation, Nr. 105.

die Arminianer zugleich ein Kämpfer gegen die kirchlichen Ansprüche
sowohl der Stadtmagistrate wie der Oranier geworden. Der spätere
pfälzische Hofprediger Scultetus dagegen ist ein ausgesprochener Terri-
torialist, der 1614 auch an den kirchenpolitischen Maßnahmen beteiligt
war, die im Zusammenhang mit der Konversion Johann Sigismunds von
Brandenburg stehen. Sollte an diesem Mann, der an allen politischen
Haupt- und Staatsaktionen seiner Zeit beteiligt war, nicht etwas von
der Wahlverwandtschaft „zwischen dem Calvinismus und der modernen
Staatsräson" anschaulich geworden sein, von der Hintze gerade im Blick
auf jene Berliner Ereignisse spricht[11]? Und sollte damit in ihm nicht zugleich etwas von der „verständigen reformierten Geistigkeit" sichtbar
werden, mit der Erastus in seinem staatskirchlichen Denken das kirchenrechtliche Grundproblem durch die Scheidung zwischen Innen und
Außen einer | „rationalen Lösung" zugeführt hatte[12]? Daß gerade im
ersten Jahrzehnt des 17. Jahrhunderts der anfänglich neutralisierte Erastianismus sich in der Pfalz wieder sehr aktiv zu regen begann, hat Johannes Heckel einleuchtend dargetan[13].

So sind sicherlich allerlei Spannungen 1610 in Duisburg latent vorhanden gewesen. In den Entschließungen der Synode werden sie nicht
ausgetragen; sie sind offengeblieben – und darum ihr provisorischer
Charakter, der also nicht nur auf die ungewissen politischen Verhältnisse zurückzuführen ist. Wer auf die Geschlossenheit des synodalen Aufbaus hinweist, mittels dessen sich die bisherige Kirche unter dem Kreuz
ihr eigenes Recht setzt, der muß doch zugeben, daß sie zugleich mit einer großartigen Geste des Vertrauens die rivalisierenden Landesfürsten
– lutherische Fürsten! – einlädt, ihr neues politisch begründetes Recht
zu setzen. Daß die Grenzen nicht abgesteckt sind, fließend bleiben, darin
liegt nicht nur der vorläufige Charakter jener Entschließungen, darin ist
auch ihre grundsätzliche Kompromißbereitschaft ausgedrückt.

Die Jahre, die auf die Duisburger Generalsynode folgen, bieten dasselbe Bild des Schwankens und der Unausgeglichenheit unausgesprochener
Gegensätze. Noch ist Brandenburg offiziell lutherisch, wenn auch der
Statthalter, Markgraf Ernst, sich zum reformierten Abendmahl hält;
nominell betrifft die Instruktion vom 12. 4. 1611, daß das neugeschaffe-
ne Consilium zur Verwaltung der Clevischen Länder sich „billich Gottes

---

[11] *Hintze,* Calvinismus und Staatsräson.
[12] So *Weber* in seinen instruktiven Bemerkungen über den staatskirchlichen Zug innerhalb der Rechtsentwicklung der Reformierten Kirche in: Reformation, Orthodoxie
und Rationalismus, Bd. 1.2, S. 356 ff.
[13] *Heckel,* Cura religionis, besonders S. 294 ff.

Ehre und die Vortpflanzung unserer wahren christlichen Religion zu hochsten angelegen sein lassen" soll, beide Konfessionen; ebenso die Versicherung, man habe die „Religionsverwandten" „vor andern uns mit getreuer Affection zugethan zu sein befunden"[14]. Aber der staatskirchliche Ansatz, der mit jenem „Konsilium" gegeben ist, wird nicht weiter entwickelt. Und die „Affektion" der Religionsverwandten spaltet sich; die der Reformierten wendet sich ausschließlich dem brandenburgischen Kurfürsten zu, der seit 1614 zu ihnen übergetreten ist.

Damit wird die schwankende Haltung gegenüber dem reformierten Presbyterial- und Synodalwesen eine dauernde politische und kirchenpolitische Notwendigkeit. In ihren Stammlanden lassen die Hohenzollern keine eigenständige Kirchenverfassung der Reformierten aufkommen. Die Gemeindekirche in ihrer cleveschen Erbschaft aber können sie nicht einfach zerstören. Sie lassen es indessen nicht zu der 1610 in Duisburg gewünschten definitiven Rechtsordnung kommen. 1616 ist die erbetene „Konfirmation der Synodal-Akten und Kirchenordnung" nicht erfolgt; der eingesandte Entwurf, der den Wunsch von 1610 verwirklichen soll, wird nicht genehmigt. Statt dessen wird das Bedauern der Regierung ausgesprochen, daß „noch zur Zeit kein christlich Consistorium in diesen Landen angeordnet noch in Schwang gebracht" ist, und ein Generalbefehl angekündigt gegen Prediger, die sich in den Gemeinden einschleichen, ohne durch die Synode oder deren Deputierte „qualificirt und tüchtig erkannt und Ihrer F. D. recommendirt" | zu sein[15]. Obrigkeitliche Reglementierung der reformierten Kirche bleibt das Ziel.

Argwöhnisch achtet man darauf, daß nicht auf den Synoden „etwas verlaufe, was des Kurfürsten Hoch- und Gerechtigkeit zuwiderlaufe"[16]. Der reformierte Hofprediger von Cleve ist Überwachungsorgan der Regierung gegenüber der Synode und zugleich Übermittler der Wünsche, die von der Synode der Regierung unterbreitet werden. Es lohnte sich einmal, Funktion und rechtsgeschichtliche Bedeutung des evangelischen Hofpredigers zu untersuchen von dem Tage an, da am Vorabend des Bauernkrieges Landgraf Philipp von Hessen Adam Krafft zum Hofprediger bestellte und ihn für die Durchführung der Reformation ins Auge faßte, bis zum Ende der Monarchie in Deutschland.

---

[14] *Keller*, Gegenreformation, Nr. 114.
[15] *Keller*, Gegenreformation, Nr. 182.
[16] Instruktion für den Hofprediger Hachin zur Synode von Rees, 9. 6. 1618; *Keller*, Gegenreformation, Nr. 190.

Ein ständiges, in den loyalsten Formen ausgetragenes Ringen geht so durch das ganze 17. Jahrhundert. Während im benachbarten Holland der Streit zwischen dem absolutistisch werdenden Staat und dem strengen Calvinismus tobt, der die Eigenständigkeit des kirchlichen Rechtes verteidigt, während in der literarischen Auseinandersetzung, die jenes Ringen begleitet, die Grundzüge des Territorial- und Kollegialsystems, maßgebend für die kommenden Jahrhunderte, entwickelt werden, ergeben sich in der Praxis der Kirchenleitung in den clevischen Ländern dieselben Verfahrensweisen, die jenen beiden Systemen zugrunde liegen. Der wichtige Aufsatz von Josef Bohatec, der diese Dinge klarstellt[17], ist in demselben Jahre erschienen wie das Buch von Göbell; man kann nicht erwarten, daß der Verfasser die Ergebnisse in sein sicherlich lange vorher abgeschlossenes Manuskript noch nachträglich einarbeitete. Bedauerlich bleibt es freilich um der Sache willen doch, daß er die durch den Titel jenes Aufsatzes bezeichneten Probleme nicht aus dem ihm vorliegenden Material erhoben hat; er hat sein Buch dadurch um einen starken Spannungsreiz gebracht.

Ganz deutlich lassen sich nach Beendigung des 30jährigen Krieges und nach der endgültigen Teilung zwischen den brandenburgischen und den inzwischen katholisch gewordenen neuburgischen Erben die verschiedenen kirchenrechtlichen Theorien in ihrem Einfluß wahrnehmen. Die letzte Hälfte des 17. Jahrhunderts ist ja die klassische Zeit für das niederrheinische Kirchenrecht. Schon 1653 hatte ein außerordentlicher Generalkonvent zu Cleve mit der Ausarbeitung einer Kirchenordnung begonnen, 1654 wurde sie dem Großen Kurfürsten „als Vater und Pfleger dieser Kirchen" mit der Bitte um Genehmigung vorgelegt. Wie schon 1616 und dann 1631/32 und 1634/37, so schien auch jetzt der Erfolg versagt zu bleiben – ein Zeichen sowohl für den zähen Widerstand des Territorialismus als auch dafür, wie stark man auf kirchlicher Seite das Ungenügende des in Duisburg 1610 geschaffenen Zustandes immer wieder empfand.

Als ein *Staats*gesetz ist die Kirchenordnung von 1662 dann schließlich erlassen worden mit der ausdrücklichen Versicherung, daß man auf seiten der | Regierung den Entwurf der Synode verbessert habe, und mit dem Vorbehalt späterer Veränderung, ja völliger Aufhebung. Wiederum die alte Spannung! Wiederum sind die Grenzen zwischen Staat und Kir-

---

[17] *Bohatec*, Territorial- u. Kollegialsystem. – Auch auf die von *Bredt,* Verfassung in Cleve, aufgestellte Hypothese vom Einfluß der Discipline Ecclésiastique auf die KO von 1662 wird nicht eingegangen.

che nicht festgelegt; und zwar besteht völliges Bewußtsein dessen, was damit geschah, bei beiden Partnern. Es wäre müßig auszumachen, ob die Kirchenordnung von 1662 mehr zum Kollegialismus oder mehr zum Territorialismus neige; man kann sie von beiden Seiten aus interpretieren, und gerade das ist das Gefährliche. Wie die Regierung sie verstand, hat sie in einem Reskript an den Rat von Wesel vom 12. 8. 1664 deutlich ausgesprochen. Hier erscheint die Kirchenordnung als Staatsgesetz, dem sich die reformierten Untertanen unterwerfen müssen, weil und sofern der Kurfürst „die hohe Landtobrigkeit und derselben anklebende Bischoffliche recht und oberinspection in Unser Stadt Wesel weniger nicht denn in andern Städten, Freyheiten und Dörfern unstreitig" beansprucht[18]. Johannes Heckel hat in einer seiner frühesten Arbeiten den Ursprung des landesherrlichen Summepiskopats unter dem Großen Kurfürsten nachgewiesen und gezeigt, wie der hiermit begründete Rechtsanspruch zuerst den Katholiken und damit allen Konfessionen gegenüber „nach den Geboten der Staatsräson" gehandhabt wurde[19]. Das völlig Neue, das mit dieser Rechtssituation gegeben ist, kann im Blick auf den Großen Kurfürsten durch die vielberufene Wahlverwandtschaft zwischen dem Calvinismus und der modernen Staatsräson zwar verdeckt, aber nicht erklärt werden. Es war 1662 ebenso wie in der Situation von 1835 wirksam; und wer die Geschichte der Kirchenordnung von 1835 schreiben will, muß diese Situation verständlich machen. Leute wie Paul Gerhard haben sie gewittert, wenn auch wohl nicht verstanden; die Reformierten vom Niederrhein zwischen 1662 und 1835 sind ihr nicht gerecht geworden. Sie geht über alles hinaus, was im Blick auf das Verhältnis von Kirche und Staat je auf reformiertem Boden möglich gewesen war.

Aber die Lage kompliziert sich noch mehr durch die Existenz der Kirchenordnung von 1671. So bezeichnet sie Göbell genau wie alle seine Vorgänger, vor allem auch der letzte Herausgeber, H. Klugkist Hesse[20], und schreibt ihr rechtliche Gültigkeit für alle cleveschen Herzogtümer zu, obwohl die erst 1754 erschienene Druckausgabe nur Jülich und Berg in ihrer Überschrift nennt. Beide Behauptungen müssen in Frage gestellt werden. Schon der Wortlaut der Kirchenordnung verbietet, sie auf 1671 festzulegen; beruft sie sich doch in § 19 und § 151 auf Art. 10 bzw. 8 des zwischen Brandenburg und Pfalz-Neuburg abgeschlossenen Reli-

---

[18] *Jacobson*, Urkunden, Nr. 72. – Über das Aerarium ecclesiasticum und die Neigung des Consilium ecclesiasticum zur Ausübung eines landesherrlichen Kirchenregiments vgl. *Bredt*, Verfassung in Cleve, S. 301 ff., 319 ff.

[19] *Heckel*, Summepiskopat.

[20] *Niesel*, Bekenntnisschriften, S. 298 ff.

gionsvergleiches vom 26. 5. 1672, § 38 sogar auf den Rezeß von Wesel
vom 16. 4. 1677. Man muß also feststellen, daß es sich in dem Beschluß
der Synode von 1671 bloß um einen Entwurf gehandelt hat, dessen
Rechtsgültigkeit sie selbst nicht behauptet und dessen weitere Bearbeitung sie zugelassen, vielleicht sogar veranlaßt hat. Es wird hier ein Anspruch erhoben, weiter nichts; ob er rechtliche Gültigkeit erlangt hat,
bleibt – bis heute – die Frage.

Die Ansicht der Generalsynode ergibt sich aus den Vorschlägen, die
sie | am 20. 4. 1671 dem kurfürstlichen Kommissar zu Bielefeld unter-
breitete[21]. Sie erkennt an, daß die *rechtliche* Einheit der reformierten
Kirche in den Herzogtümern in dem Religions-Nebenrezeß des zwischen
Brandenburg und Pfalz-Neuburg abgeschlossenen Friedensvertrages von
1666 begründet, daß aber diese Einheit durch die politischen Differenzen immer wieder aufs stärkste gefährdet sei; die *geistliche* Einheit aber
beruhe auf den gemeinsamen Beschlüssen der beide Herrschaftsgebiete
umfassenden Generalsynode. Sie läßt durchblicken, der pfalzgräflichen
Regierung könne nicht zugemutet werden, die als brandenburgisches
Staatsgesetz veröffentlichte und zur Wahrung der landeshoheitlichen In-
teressen redigierte Kirchenordnung von 1662 einfach anzunehmen. Sie
reicht daher einen neuen Entwurf ein mit der Bitte, daß der Kurfürst die
Einführung dieser Ordnung in Cleve und Mark als „hohe Landesobrigkeit" „durch ein absonderliches edictum gnädigst anbefehle", und mit
der stillen Hoffnung, der katholische Partner werde dann das gleiche
tun. Die Synode ist aber selbst davon überzeugt, durch eine solche Synodalordnung sei noch keine volle rechtliche Ordnung für die Landeskirche – als Organ einer solchen versteht sie sich und nicht einer „Freikirche" im Bredtschen Sinne! – gegeben. Darum ihr Vorschlag, daß der
Kurfürst *neben* der Kirchenordnung „etwas weiter, so in Kirchensachen
in acht zu nehmen, auß Landesfürstl. Hoheit und macht zu verordnen
wäre, absonderlich verordne" – eine Zweiteilung also, bei der die ius in sacra und ius circa sacra säuberlich geschieden wäre, bei der unter Außerkraftsetzung der Kirchenordnung von 1662 das, was in dieser an terri-
torialistischen und kollegialistischen Elementen unausgeglichen nebeneinander vorkam, je seine eigene Rechtsgestalt erhalten hätte.

Nichts von dem ist geschehen. Daß die katholische Regierung von
Pfalz-Neuburg niemals zustimmte, ist allgemein anerkannt; der Hinweis
auf Jülich und Berg in der Druckausgabe von 1754 bezeichnet also im
Blick auf diese Gebiete nur den vom Staat höchstens stillschweigend,

---

[21] *Jacobson*, Urkunden, Nr. 73.

niemals rechtlich bindend anerkannten Rechtsanspruch der Generalsynode. Aber auch dem glaubensverwandten Kurfürsten gegenüber hat sie nichts erreicht; im Verkehr mit den Regierungsstellen und damit für den offiziellen Gebrauch gilt nur die Kirchenordnung von 1662. Noch 1686 hat die Generalsynode vergeblich die Bestätigung ihres Entwurfes in Berlin beantragt, die Provinzialsynode von Cleve hat diese Bitte noch 1693 und 1695 wiederholt. Hier sah man offenbar erst in der öffentlichen Drucklegung den Akt, der die Kirchenordnung rechtsgültig machte, und verhielt sich entsprechend[22]. Vielleicht ist erst auf jener Generalsynode von 1686 der endgültige Wortlaut der Kirchenordnung festgelegt und der Zusatz beschlossen worden, auf den Göbell (S. 113) mit Klugkist Hesse so großen Wert legt, der in der Druckausgabe fehlt und die *kirchliche* Verbindlichkeit der Ordnung durch Unterschrift der Pfarrer bekräftigt wissen will[23]. Die Generalsynode hätte | 1686 dann für den Fall einer abermaligen Ablehnung ihres Antrags Vorsorge getroffen und einen Ausweg eröffnet, in der Konsequenz ihres ursprünglichen Vorschlages von 1671 eigenes kirchliches Recht neben staatliches Hoheitsrecht über die Kirche zu setzen. Jedenfalls muß das Nebeneinander der beiden Kirchenordnungen von 1662 und 1671 in den brandenburgisch-preußischen Gebieten so gedeutet werden.

Dabei müßte dann freilich bei den kirchlichen Organen eine Protesthaltung gegen die staatskirchenrechtlichen Ansprüche angenommen werden, deren Stärke auch irgendwie im Wortlaut der Kirchenordnung von 1671 (so nenne ich sie der Einfachheit halber weiterhin) erkennbar werden müßte. Ein genauer Vergleich der Texte von 1662 und 1671 ergibt darüber Folgendes:

---

[22] *Jacobson*, Kirchenrecht, S. 231, Anm. 11 und 11a.

[23] Jedenfalls sind die doch in § 18 der Kirchenordnung vorgesehenen Unterschriften nicht gleich 1671 erfolgt – auch nicht 1672 oder 1673, wie *Klugkist Hesse* in *Niesel*, Bekenntnisschriften, S. 302 vermutet – ein Zeichen dafür, daß die Generalsynode ursprünglich für ihren Entwurf ohne obrigkeitliche Genehmigung keine Rechtsgültigkeit beansprucht hat. Wie *Keller*, Gegenreformation, S. 172, Anm. 2, vermerkt hat, reichen die lückenlosen Unterschriften, die aus dem Herzogtum Cleve die Duisburger Beschlüsse von 1610 bestätigten, bis 1681; anderswo wird es nicht anders gewesen sein. Wenn wir annehmen dürften, daß die Elberfelder Generalsynode von 1683 sich noch auf eine Genehmigung des Entwurfes von 1671 Hoffnung machte und eventuell die von 1686 resignierte und darum die *kirchliche* Sanktionierung der Ordnung durch die allgemeine Unterschrift anordnete, ließe sich auch das Fehlen der Namen auf der mit Datum vom 24. 11. 1686 versehenen Handschrift des Düsseldorfer Staatsarchives erklären. Indessen hat *Bredt*, Verfassung in Cleve, S. 99 eine wohl noch 1674 hergestellte Reinschrift aus dem Bonner Provinzialkirchenarchiv eingesehen, die die Unterschriften aller Mitglieder der Generalsynoden von 1674 bis 1793 aufweist. Gibt es entsprechende Unterschriftenreihen auch für die Provinzialsynoden?

1. Eine Reihe von Veränderungen läßt sich einfach als Anpassung an die Verhältnisse erklären, wie sie sich für die Gemeinden von Jülich und Berg unter katholischer Obrigkeit ergaben. Aus der Rücksicht, die hier geboten war, ist vor allem der Wegfall von § 106 aus der Kirchenordnung von 1662 (der unter Strafandrohung verbot, daß einer – auch im Notfalle – sein Kind ‚bei den Papisten‘ taufen ließ) zu erklären; das gleiche gilt von § 112 (Taufe von Kindern aus reformiert-katholischen Mischehen). Aus denselben Gründen fiel in § 130 die Warnung vor dem Schein „eines abergläubischen Opfers, so im Pabstthum vorgehet"[24]. Immerhin erschien in dem neu hinzugefügten § 149 – allerdings in sehr neutraler Ausdrucksweise – die Warnung an den reformierten Partner angebracht, sich und seine Kinder im Falle der Mischehe vor der Konversion zu bewahren. Auch der Verzicht auf die Forderung, daß der Pfarrer unter denen, „welche nicht von der Gemeine sind", missionarisch wirksam werden solle (§ 21), ist durch jene Rücksicht diktiert. An allen diesen Beispielen wird deutlich, wie sorgfältig die Kirchenordnung von 1671 auf die Verhältnisse in Jülich und Berg abgestimmt und im Blick auf sie konzipiert ist.

2. Damit hängt auch eine größere konfessionelle Bestimmtheit zusammen, die sich zumal in den Eingangsparagraphen geltend macht. Man merkt noch den Anklang an Augustana 5 und 14, wenn die Kirchenordnung von 1662 mit vollen Tönen so anhebt: „Dieweil es Gott wohlgefallen, durchs Predigt-Amt und Gehör seines Worts, auch rechtmäßige Ausspendung und Nießung der heiligen Sacramente den wahren Glauben zu wirken, zu vermehren und sein Volk selig zu machen, so soll zu diesem Amt nicht ohne ordentlichen und rechtmäßigen Beruf zugelassen werden."[25] Und wie unpathetisch klingt | dagegen die Feststellung von § 1, daß niemand zum Predigtamt berufen werden darf, der sich nicht zuvor eine Zeitlang mit öffentlichen Predigten geübt hat[26]. Und wo man 1662 von einem treuen Lehrer verlangt hatte, daß er „auch mit dem Leben die Gemeine bauen und zu solchem Ende selbst gläubig seyn" müsse, fordert § 3, daß er „zu solchem Ende selbst die Evangelisch-Reformierte Religion mit Hertz und Mund bekennen" solle. Man macht 1671 keine Konzession an die pietistischen Stimmungen der Zeit, man hält die konfessionelle Bestimmtheit fest. Will man diese feinen Unterschiede recht

---

[24] Ich zitiere hier und im folgenden die §§ 88 der KO v. 1671; die Ziffern sind gegen 1662 meist nur um ein Geringes verschoben.

[25] *Snethlage*, Kirchenordnungen, S. 86.

[26] Aus ähnlichen Motiven stellt auch § 21 die seligmachende Wirkung der Predigt unter die Voraussetzung: „nach Gottes Wohlgefallen und durch seine Gnade."

ausdeuten, so muß man fragen: Sind die Synodalen von 1662 weniger reformiert im konfessionellen Sinne als die von 1671; oder ist es die Brandenburger Regierung im Gegensatz zu den Synodalen von 1662 *und* 1671? Und wenn man sich für die zweite Antwort entscheidet, dann merkt man etwas von der antikonfessionell-unionistischen Haltung der Regierung, aber auch von der leisen Stimme des kirchlichen Protestes, die durch die jüngere Ordnung hindurchklingt.

3. Diese Protesthaltung tritt in den kirchenrechtlichen Veränderungen, die in der Kirchenordnung von 1671 nachzuweisen sind, noch klarer hervor. Man muß sich natürlich auch hier wieder die ganz andere Lage in den Landen Jülich und Berg mit ihrer katholischen Obrigkeit vor Augen halten. Von hier aus sind vor allem die Verschärfungen in der Kollaturfrage zu verstehen. Die Patrone dürfen nicht um Exspektantien angegangen werden (§ 7); ihre Repräsentationen sind nur ordentlich und rechtmäßig, wenn sie nach Gottes Wort erfolgen (§ 10). Ihr Recht wird ausdrücklich auf die Verleihung des beneficium beschränkt (§ 11); und dabei wird der unauflösliche Zusammenhang von Officium und Beneficium postuliert, so daß, wenn die Gemeinde das Officium überträgt, der Kollator das Beneficium nicht verweigern kann (§ 12, § 19)[27]. Diese Vorschriften finden in der Kirchenordnung von 1662 keine Parallele; sie widerstreiten z. T. direkt dem brandenburgischen Territorialrecht. Auch wo wie in § 19 im Blick auf Artikel 10 des Vergleichs von 1672 paritätisch verfahren werden soll, sind die Verhältnisse der Reformierten in den katholischen Landesteilen ins Auge gefaßt, nicht in den von den Hohenzollern beherrschten. Daß die Kollatoren sich den Reflektanten auf Pfarrstellen gegenüber, die auf rechtmäßige Weise ins Amt kommen, nicht versagen, den Gemeinden also keinen Pfarrer aufdringen dürfen, bezieht sich nur im pfälzischen Gebiet auf die reformierten Gemeinden und Pfarrer, in den brandenburgischen dagegen ausschließlich auf die katholischen; über die Besetzung reformierter Pfarreien im Brandenburgischen ist in § 19 gar nichts gesagt. In diesem Gebiet wird § 12 durch § 19 eingeschränkt; im jülisch-bergischen Raum wird § 12 durch § 19 gesichert. Ein Meisterstück juristischer Formulierungskunst! Es ist nicht einem reformierten Synodalen, wohl aber einem brandenburgischen Juristen zuzutrauen. Und es macht deutlich, wie die ganze

---

[27] § 19 enthält über § 12 hinaus sachlich nichts Neues; neu ist nur die Berufung auf Art. 10 des Religionsvergleichs von 1672. Man kann sich also ganz gut vorstellen, daß § 12 zu dem Vorentwurf von 1671 gehört und daß § 19 erst nach 1672 eingearbeitet wurde.

Kirchenordnung im Blick auf die Lage in Jülich und Berg konstruiert ist, zugleich aber, wie in ihren Formulierungen das Ringen zwischen Staat und Kirche seinen Ausdruck findet. |

Noch wichtiger ist in diesem Zusammenhang die Rolle, die den Synoden in ihrem Verhältnis zur Staatsregierung zuerkannt wird. Dabei kommt zunächst der 1671 völlig neu konzipierte § 2 in Betracht, der dabei mit dem ebenfalls fast völlig neugeschaffenen § 4 – eine Anknüpfung findet § 4 b in § 6 der Kirchenordnung von 1662 – zusammengenommen werden muß. Jetzt erst wird die Klassensynode als eigentliche Prüfungsinstanz festgestellt und eine genaue Prüfungsordnung für sie aufgestellt. Jetzt erst wird ein Lehrrevers mit Verpflichtung auf den Heidelberger Katechismus schon den Kandidaten auferlegt, ebenso die Unterwerfung unter die Gesetze eines ehrbaren Lebenswandels und die antisimonistischen Vorschriften der Kirchenordnung von ihnen gefordert. Diese Dinge sind in Kurbrandenburg anders geregelt, entfallen z. T. schon infolge der dort geübten Dienstaufsicht der obrigkeitlichen Organe; auch hier wird nur im Blick auf Jülich und Berg gesprochen.

Auch der leise anklingende Konflikt in der Kirchenzuchtfrage setzt die Verhältnisse in diesen Gebieten voraus. Während 1662 der Landesherr vor dem völligen Ausschluß aus der Gemeinde Bericht verlangt, schiebt § 138 den Moderatoren der Synode die letzte Entscheidung zu. Wenn der Abschluß von Mischehen in einer Gemeinde Unruhen erregt, soll der Fall dem Presbyterium nicht nur kundgetan, wie es nach der Ordnung von 1662 den Anschein haben könnte, sondern nach § 153 von ihm „befunden" werden, ehe er der Obrigkeit zur Entscheidung vorgelegt wird[28]. Die landesfürstliche Polizeiverordnung, die vor allem ja auch das weite Gebiet kirchlicher Volkssitten umfaßt und dabei reformierten Empfinden Anstoß geben könnte, soll nur bindend sein, „in so weit sie die Religion und das Gewissen nicht concerniret" (§ 140). Während 1662 und für das brandenburgische Gebiet die Proklamation angehender Eheleute ausdrücklich auch durch katholische Priester erfolgen darf, wird sie in § 144 verboten.

Man könnte alle diese neuen Bestimmungen von 1671 mit der Rücksicht auf die unter den Katholiken gegebene Lage erklären, wenn man sich nicht vor Augen halten müßte, daß die Generalsynode 1671 und mindestens ein halbes Menschenalter danach – vergeblich – ihre Durchsetzung auch im brandenburgischen Gebiete erstrebte und die

---

[28] Eine ähnliche Akzentverschiebung zugunsten des lokalen Konsistoriums erfolgt in § 75.

strengen Ansichten selbstverständlich auch für die richtigen hielt. Dann wird verständlich, daß die latente Spannung verschiedener Kirchen-rechtsgrundsätze, die wir von Anfang an im niederrheinischen Raum festgestellt haben, seit 1671 in ein neues Stadium, in einen Zustand grö-ßerer Bewußtheit eingetreten ist. Das gilt für beide Seiten, für den Staat, der nicht nur in einem katholischen, sondern auch in einem reformierten Repräsentanten obrigkeitlicher Gewalt jene Ordnung unbestätigt läßt, aber auch für die Synode, die ihre allgemeine Einführung erstrebt und in ihrem eigenen Bereich zum mindesten teilweise durchzuführen sucht. Man möchte gern wissen, wie sich dieser Zustand größerer Bewußtheit im reformierten Rheinland, etwa an der 1655 gegründeten Universität Duisburg, vorbereitet und durchgesetzt hat; trotzdem wir Göbell (S. 141 ff.) eine Menge aktenmäßiger Einzelheiten aus der Geschichte dieser Universität verdanken, läßt er uns in unserer Frage im Stich.

Die Spannung kommt natürlich besonders darin zum Ausdruck, daß die Synoden kirchenregimentliche Befugnis beanspruchten. Das ge-schieht 1671 gegenüber 1662 in verhältnismäßig hohem Maße. Jetzt schiebt sich die Synode | als Mittelinstanz zwischen Obrigkeit und Ein-zelgemeinde. Während 1662 im Falle der Dienstentlassung der Landes-herr sich das letzte Wort vorbehielt, tritt jetzt nach § 20 die Synode an seine Stelle. Ihr Urteil soll de iure et de facto den Verlust des Benefi-ziums nach sich ziehen; den Patronen wird das Absetzungsrecht aus-drücklich genommen, wovon 1662 keine Rede gewesen war. Bei Vermö-gensstreitigkeiten zwischen Gemeinden und ihren Patronatsherren wird die Synode als Zwischeninstanz vor der Obrigkeit angerufen, der natür-lich die letzte Entscheidung zufällt (§ 12). Diese hat es in solchem Fall also mit dem kirchlichen Verband als einem geschlossenen Ganzen, nicht mit der Einzelgemeinde zu tun; ein wichtiger Grundsatz des Kollegialis-mus ist damit proklamiert. Derselbe Grundsatz steht auch dahinter, wenn in § 10 der Gebrauch „dieser Landen Evangelisch-Reformierten (sic!) Kirchen" statt (wie 1662) der *Landesbrauch* als verbindlich er-klärt wird. Bei mißbräuchlicher Benutzung des Patronatsrechtes greift 1662 der Landesherr ein; § 19 wird nicht gesagt, wer den Mißbrauch feststellt und die Neubesetzung der fraglichen Pfarrstelle vornimmt, es kann auch die Gemeinde oder Synode sich dazu berufen fühlen. Andrer-seits nimmt die „Kirche" in ihrer Gesamtheit auch Pflichten auf sich: Während 1662 notleidende Pfarrer durch die kurfürstlichen Beamten betreut werden, wird in § 37 die Synode für ihre Versorgung verant-wortlich gemacht.

Das alles sind Rechtsgrundsätze, die man als Produkte der Not und als Schutzbestimmungen gegen eine andersgläubige, bedrängende Obrigkeit verstehen kann. Sie können aber auch gegen den Territorialismus der eigenen Regierung angewandt werden, obwohl man die Staatsreligion teilt. In diesem Sinne sind sie seit 1671 von den Männern der Kirche angewandt worden. Daß sie nicht konsequent sein, nicht rigoros vorgehen konnten, dafür sorgten die auch jetzt und späterhin nicht ausbleibenden Spannungen zwischen Brandenburg und der Pfalz, bei denen Brandenburg immer wieder als Schutzmacht von den Reformierten in Jülich und Berg angerufen werden mußte. Die politischen Verhältnisse haben verhindert, daß die Differenz der kirchenpolitischen und kirchenrechtlichen Grundanschauungen, die den Beteiligten seit 1671 voll zum Bewußtsein gekommen waren, in offenem Kampfe ausgetragen wurden.

Das *tatsächlich* gültige Kirchenrecht ist enthalten in den 1682 nur zu einem vorläufigen Abschluß gekommenen Religionsrezessen. Synoden und Konvente dienen der Durchführung der in ihnen gefällten Entscheidungen. Der synodale Apparat gleicht sich den staatlichen Rechtssatzungen an; die synodale Praxis hinkt den politischen Entscheidungen nach. Andererseits geben die Synoden den Stoff her für die einander ablösenden Konferenzen der Diplomaten; sie verfassen die Gravamina, auf denen hier verhandelt wird. Welche Verzahnung von staatlichen Rechtssetzungen und kirchlichen Ansprüchen, von Territorialismus und Kollegialismus! Man ist theoretisch und oft auch praktisch nicht einer Meinung; aber es hat einer den andern nötig, und es stützt und trägt einer den andern.

Diese eigentümliche Situation, die auch das 18. Jahrhundert hindurch sich nicht wesentlich ändert, bildet die Voraussetzung für die Entstehung der Kirchenordnung von 1835. Wir haben sie, den Rahmen einer Besprechung überschreitend, verhältnismäßig ausführlich hier geschildert, weil wir der Darstellung Göbells eine wichtige Ergänzung schuldig zu sein glaubten. Man darf sich nicht auf das Recht der eigentlichen Kirchenordnungen beschrän|ken, wenn man die Entwicklung einigermaßen vollständig sehen will. Man muß auch auf die Vorgänge im politischen Raum Obacht geben. Von hier aus kommen wichtige Anstöße für die kirchenrechtliche Entwicklung. Daß sich schon im 17. Jahrhundert ein eigenes *Staats*kirchenrecht herausbildete und daß ihm damals schon ein eigener *kirchen*rechtlicher Anspruch entgegentrat, das läßt sich nirgends in Deutschland so früh und so deutlich wahrnehmen wie am Niederrhein mit seinen eigentümlichen politischen und konfessionellen Verhältnissen. Hier ist der Kompromiß in Jahrhunderten langsam herangereift, der 1835 seinen klassischen Ausdruck finden sollte.

[3. Der Einfluß des Luthertums]

Was hat das *Luthertum* in den clevischen Landen zu dieser Entwicklung beigetragen? Nach Göbell, der hiermit die übliche, in der Union entstandene und sie rechtfertigende Meinung wiedergibt, haben die lutherischen Gemeinden ihre presbyterialen und synodalen Ordnungen von den reformierten entlehnt und sich ihnen so in zunehmendem Maße angepaßt. Die Union hat sich danach also auf dem Gebiete des Verfassungslebens schon lange angebahnt und ist dann 1835 auch auf das Gebiet des Kultus und der Lehre ausgedehnt worden. Daß damit die Entwicklung zu stark vereinfacht und der Anteil des Luthertums an der Entstehung der Rheinisch-Westfälischen Kirchenordnung nicht gebührend gewürdigt ist, zeigt die wertvolle Arbeit des im Kriege gefallenen Reinhold Brämik: Die Verfassung der lutherischen Kirche in Jülich-Berg-Cleve-Mark-Ravensberg in ihrer geschichtlichen Entwicklung (1939)[29]; Göbell zitiert Brämik, hat sich aber die Auseinandersetzung mit ihm zu leicht gemacht; auch die zweite größere Hälfte seines Kapitels über „die Verschmelzung ursprünglich lutherischer Gemeinden mit dem reformierten Wesen" müßte umgeschrieben werden. Im folgenden werden Brämiks Thesen herausgestellt, soweit sie Korrekturen an Göbells Darstellung enthalten.

Die lutherische Kirche in clevischen Landen ist von Anfang an keine von oben her organisierte und geleitete Landeskirche; sie ist älter als die reformierte Gemeindekirche und hat wie diese ihren Schwerpunkt in den Gemeinden. Die lutherischen Gemeinden haben ihre Verfassung organisch entwickelt, nicht von außen übernommen. Dabei ergeben sich je nach den politischen und sozialen Verhältnissen eine Fülle von Typen. Dem Luthertum entspricht ja im Rechtsleben die Mannigfaltigkeit in der Freiheit. Bis über das Ende des 16. Jahrhunderts hinaus gibt es keine der Einzelgemeinde übergeordnete Instanz.

Nachdem die weltliche Obrigkeit die geistliche schon seit Ende des Mittelalters ausgeschaltet, selbst aber angesichts der Vielgestaltigkeit der Territorien und gegenüber den ständischen Gewalten keine einheitliche

---

[29] Infolge der Kriegsereignisse sind keine öffentlich zugänglichen Exemplare mehr vorhanden, Drucklegung wäre dringend erwünscht.

Linie der Religionspolitik hatte durchsetzen können, ergreifen in jenen Gemeinden alle Stände – Adel, Bürger, Bauern – die Initiative. Dabei ergibt sich ein Unterschied zwischen lutherischen Mehrheits- und Minderheitsgemeinden, den die bisherige Forschung wohl gekannt, aber in seiner rechtsgeschichtlichen Bedeutung kaum gebührend gewürdigt hat und den Brämik zur Grundlage seiner ganzen Darstellung macht. Dabei relativieren sich dann die Unterschiede zwischen den beiden konfessionellen Typen: Reformierte Mehrheitsgemeinden gleichen sich den lutherischen an und holen nur langsam und unvollständig die im Calvinismus geforderte Ämterbildung nach; und | ebenso ist zwischen reformierten und lutherischen Minderheitsgemeinden in Verfassungsdingen kaum ein bemerkenswerter Unterschied.

In den geschlossen lutherischen Gemeinden übernehmen die politischen Selbstverwaltungskörper entweder direkt die kirchliche Organisation; oder aber, wenn eine besondere kirchliche Verwaltungskörperschaft neben die politische tritt, werden die beiderseitigen Ämter satzungsgemäß oder gewohnheitsrechtlich in Personalunion verwaltet. Dabei wirken mittelalterliche Rechtseinrichtungen weit über das 16. Jahrhundert hinaus nach: Die Sendgerichte, die schon längst vorher verweltlicht und aus bischöflichen zu Organen kirchengemeindlicher Selbstverwaltung geworden waren; die Erbentage, die besonders ausgezeichnete Familienverbände zu Trägern gemeindlicher und kirchlicher Ämter machten und die bis in die Tage des Freiherrn vom Stein bestanden haben. Wenn die so gebildeten Gremien später den Namen „Presbyterien" annahmen, so bedeutet das bloß einen Namenswechsel, keine Wesensveränderung. Dem Mittelalter gegenüber aber sind diese Institutionen eines evangelischen Gemeindekirchenregiments etwas völlig Neues geworden: Nicht nur eine Ausweitung der Rechte des damals schon bestehenden kirchlichen Laienamtes hat stattgefunden; entscheidend ist vielmehr, daß dieses Amt seinen Dienst von dem apostolischen Auftrag her versteht, den der Christus der Schrift seinen Jüngern hinterlassen hat.

Die Spannungen, die hier zwischen dem Mangel subjektiver Christlichkeit und den Pflichten eines kirchlichen Gemeindeamtes entstehen können, hat erst der Pietismus offenkundig gemacht; vom 18. Jahrhundert ab wird diese Form der Gemeindeverfassung innerlich unmöglich.

In der inneren Bindung aber an den biblischen Auftrag besteht zunächst völlige Übereinstimmung zwischen den lutherischen Mehrheits- und Minderheitsgemeinden. Deren Bestehen hängt wie das der reformierten Gemeinden in gleicher Lage ab von der Opferfreudigkeit und

Aktivität ihrer presbyterialen Amtsträger. Äußerlich betrachtet unterscheiden sich daher konfessionell geschiedene Minderheitsgemeinden kaum in ihrem verfassungsmäßigen Aufbau. Nur wer tiefer blickt, kann erkennen, daß bei den Reformierten mehr das Zuchtamt des Presbyters, bei den Lutheranern mehr das Liebesamt des Diakonen im Vordergrund steht. Aber auf den Namen kommt wenig an; und vom geschichtlichen Ausgangspunkt und von der Praxis her gesehen sind beide Ämter eng miteinander verwandt.

So haben wir also nicht, wie Göbell will, eine Angleichung der Lutheraner an die Reformierten, sondern eine Parallelentwicklung anzunehmen, wobei Prioritätsansprüche zu stellen fehl am Platze wäre, höchstens die Warnung ausgesprochen werden muß, man sollte sich bei solchen verfassungsgeschichtlichen Beobachtungen nicht zu früh auf konfessionelle Unterscheidungen festlegen, sondern die zeitgeschichtlichen politisch-rechtlichen Verhältnisse umsichtig ins Auge fassen.

Was sich im 16. Jahrhundert im Blick auf die Verfassung der lutherischen Gemeinden feststellen läßt, das trifft im 17. auch zu auf die Bildung und Entwicklung lutherischer Synoden und Synodalverbände. Auch hier ist eine parallele Entwicklung, keine „Verschmelzung" festzustellen. Gewiß hat 1612 bei den Synoden von Dinslaken und Unna das anticalvinistische Interesse stark im Vordergrund gestanden; das wird ja auch durch die Aufstellung des neuen gemeinsamen Glaubensbekenntnisses und durch seinen Inhalt bewiesen. Gewiß hat auch der damals noch lutherische Neuburger Pfalzgraf in | Rivalität zu seinem kurfürstlichen Vetter, der als Schutzherr der Reformierten sich immer mehr auch kirchlich ihnen zuneigte, durch die Bestallung der beiden Inspektoren in Düsseldorf und Unna und durch die Einberufung der beiden Synoden versucht, die Lutheraner zu sammeln und zu seinen Gunsten zu aktivieren. Aber zu einer Übernahme reformierter Verfassungseinrichtungen auf den lutherischen Boden hat diese Rivalität nicht geführt[30].

Deutlicher als Göbell hat Brämik die beiden Ansatzpunkte für die eigenständige lutherische Synodalordnung bezeichnet. Der erste ist gegeben durch die Dekanatsverfassung, die schon in vorreformatorischer Zeit von den clevischen Herzögen verweltlicht und dem Einfluß des Erzbischofs von Köln entzogen worden war. Dazu aber kommt das Vorbild der lutherischen Landeskirche Hessens, wie es sich auf Grund der Kirchenordnung von 1573/74 und vor der Mauritianischen Reform

---

[30] Die Bergische Lutherische Synode von Lennep am 11. 8. 1612 kommt ohne Mitwirkung des Pfalzgrafen zustande!

von 1604 gestaltet hatte. Um dieser Reform willen waren die beiden lutherischen Oberhessen Johann Hesselbein aus Frankenberg und Justus Weyer aus Schweinsberg außer Landes gegangen. Sie waren seit 1609 öffentlich als führende lutherische Theologen im Rheinland anerkannt; Hesselbein hatte schon 1608 in seiner Weseler Gemeinde die Ziegenhainer Zuchtordnung von 1539 eingeführt. Daß in derselben Zeit, da in Hessen die Konsistorialverfassung geschaffen wurde, die Grundsätze althessischer Kirchenverfassung auf dem Boden des westfälischen Luthertums eine Auferstehung feierten, gehört zu den Ironien der kirchlichen Rechtsgeschichte, die allen Dogmatikern ein Greuel sind. Und will man noch eine kirchenrechtliche Quelle für die Kirchenordnung für 1835 angeben, die lutherisch ist – Göbell nennt sie verschiedentlich, ohne ihre Bedeutung für die eigentümliche Presbyterialverfassung der lutherischen Gemeinden in den clevischen Ländern ganz zu würdigen –, so muß man auf die Zweibrücker Kirchenordnung von 1557 hinweisen, die 1560 auch in Pfalz-Neuburg und seither auch in vielen rheinisch-westfälischen Gemeinden eingeführt war und die seit 1609 unter neuburgischem Einfluß eine offiziöse Rolle im rheinisch-westfälischen Luthertum zu spielen begann.

Seine Entwicklung ist das ganze 17. und 18. Jahrhundert hindurch gehemmt durch die politischen Ereignisse. Während des 30jährigen Krieges kann das Synodalwesen nicht zur Entfaltung kommen. Der Aufbau, der nachher erfolgte, ist gehindert – in Ravensberg völlig unterbunden – durch die Ansprüche des landesherrlichen Kirchenregiments; dieselben Spannungen, die wir im reformierten Raum kennen gelernt haben, machen sich auch hier geltend. Und sie waren für die Lutheraner besonders gefährlich. Denn von ihren östlichen Stammlanden her waren die Hohenzollern ein anderes Luthertum gewöhnt; eine Jurisdiktionsgewalt der synodalen Organe konnten sie höchstens als Ausfluß der landesherrlichen Gewalt verstehen. So ist der Streit um das Zensur- und Absetzungsrecht der Synode nie grundsätzlich ausgetragen worden. Die Forderung der preußischen Staatsregierung, daß die kirchlichen Verhältnisse des Westens denen des Ostens angeglichen werden sollten, sind also nicht erst seit 1815 laut geworden, sondern den westlichen Lutheranern innerhalb der brandenburgisch-preußischen Monarchie seit ihrer Zugehörigkeit zu dieser bekannt gewesen.

Unter diesen Voraussetzungen vollzieht sich die Abfassung der lutherischen Kirchenordnung; die für die Grafschaft Mark wird 1659, der „Sum|marische Begriff" für Jülich und Berg 1677, die endgültige Kir-

chenordnung für Cleve und Mark 1687 veröffentlicht. Bei den Lutheranern ist also wie 1671 bei den Reformierten eine gemeinsame, alle clevischen Gebietsteile umspannende Kirchenordnung versucht worden;
der „Summarische Begriff" unterscheidet sich in seiner grundsätzlichen
Haltung gegenüber der katholischen Landesobrigkeit in nichts von der
Kirchenordnung von 1671. Jene Regierung konnte sich durch ihn nur
soweit verpflichtet fühlen, als er mit den Religionsvergleichen überein-
stimmte, also ein gleichsam zwischenstaatliches Kirchenrecht in sich aufgenommen hatte.

Schon in diesem Verzicht auf ein gesamtlutherisches Kirchenrecht
wird deutlich, daß die Lutheraner der westlichen Provinzen ihre Differenz gegenüber dem Territorialismus anders geltend machten als die Reformierten. Wieso dadurch eine eigentümlich lutherische Komponente
in der Vorgeschichte der Kirchenordnung von 1835 sichtbar wird, wäre
im Blick auf die clevisch-märkische Kirchenordnung von 1687 besonders zu untersuchen gewesen. Göbell hat das Problem nicht ernst genommen, weil er sie (S. 69 ff.) für eine Dublette zur reformierten Kirchenordnung von 1662 hält. In sehr sorgfältigen und einleuchtenden Untersuchungen hat Brämik die Strukturunterschiede zwischen beiden Ordnungen auch bei formalen Abhängigkeiten im einzelnen sowie den engen
Zusammenhang der lutherischen Ordnung von 1687 mit der von 1659
nachgewiesen. Die äußerliche Übereinstimmung zwischen der reformierten und lutherischen Kirchenordnung geht auf das Konto der kurfürstlichen Regierung. Sie hat Jahre lang die Entwürfe der lutherischen Synode zurückgewiesen und in einer doppelten Schlußrevision das entscheidende Wort gesprochen; die Angleichung entspricht den offiziellen Uni-
onstendenzen, die wir oben schon in einzelnen Formulierungen der Kirchenordnung von 1662 ausgesprochen fanden. Die Eigenart der lutherischen Ordnung von 1687 besteht nach Brämik – in ausgesprochenem
Gegensatz zu Bredt – gerade darin, daß hier die Landesregierung sich
viel weniger an den lutherisch bestimmten Einzelheiten interessiert zeigt
als bei den Reformierten, daß sie also – so paradox es klingen mag! –
sich hier weniger in das innerkirchliche Leben hineinmischte als drüben.

Interessiert aber war sie von Anfang an an der Vereinigung der beiden
evangelischen Konfessionen, und das bedeutete praktisch die Rechtlos-
machung des Luthertums. Die Folge dieser Politik im Blick auf die Ereignisse um 1835 ist eine doppelte. Zum ersten wurde die Widerstands-
kraft der Lutheraner dadurch geschwächt; die zahlenmäßigen Verluste
ihrer Gemeinden sind nach Brämiks Berechnungen unter dem Großen

Kurfürsten größer gewesen als in den vorangegangenen Jahrzehnten des Krieges. Darüber hinaus müssen Einbußen auf kommunalpolitischem Gebiete in Anschlag gebracht werden. In den größeren Städten der Mark, die ursprünglich geschlossen lutherisch gewesen waren, bilden sich mit mehr oder weniger energischer Nachhilfe seitens der Regierung reformierte Gemeinden, die alle Privilegien einer religio dominans in Anspruch nehmen, und deren Mitglieder unter dem Gesichtspunkt konfessioneller Parität in die Stadtmagistrate eindringen. In einer Stadt wie Bochum gibt es 1641 600 lutherische und 10 reformierte Kommunikanten; trotzdem erzwingt die Regierung unter Drohungen, daß einer der beiden Bürgermeister und zwei Ratsherren aus den Reformierten genommen werden. Und nun müssen wir uns an die enge Verbindung erinnern lassen, die von Anfang an bei den Lutheranern zwischen den politi|schen Gremien und dem Kirchenregiment bestanden hatte. Hier ging es für sie nicht mehr um Prestigefragen; hier wurde die Grundlage ihrer Gemeindeordnung zerstört. Dieser Schwächung des Verfassungslebens entsprach aber andrerseits die Steigerung des Abscheus vor dem Territorialismus der Regierung bei den westlichen Lutheranern. Beide Seiten sind für die Vorgeschichte der Kirchenordnung von 1835 entscheidend wichtig: Der Gedanke einer Verwaltungsunion, der in ihr verwirklicht wurde, ist – nicht ausschließlich, aber auch – in den westfälischen Städten mit einer lutherischen Mehrheit der Bevölkerung, aber einem paritätisch zusammengesetzten Stadtrat zur Welt gekommen. Und die Abwehr der staatskirchlichen Ansprüche, die die Geschichte der Kirchenordnung von 1835 begleitet, ist sicher bei den Reformierten nicht größer gewesen als bei den Lutheranern.

[4. Die Widerstände gegen die Kirchenordnung]

Ich breche hier die Untersuchung über die Vorgeschichte der Kirchenordnung von 1835 ab, so viel auch noch über das 18. und das beginnende 19. Jahrhundert zu sagen, zu fragen und zu unterstreichen wäre. Gerade für diese Periode hat der Verfasser seine Hauptarbeit geleistet und durch viel neues Material in dankenswerter Weise unsere Kenntnisse der Vorgänge und Zusammenhänge bereichert. Pietismus und Aufklärung haben ja das Entscheidende getan, damit der Kompromiß von 1835 zustande kommen konnte, dessen Vorgeschichte erhellen zu helfen das Hauptanliegen dieser Besprechung sein sollte. Ich will bei dem Thema, das ich mir selbst gestellt habe, bleiben, indem ich zum Schluß die Frage aufwerfe: Von welchen theologischen Voraussetzungen aus ist der Widerstand gegen die Kirchenordnung von 1835 geführt worden?

Dabei besteht eine Hauptschwierigkeit darin, daß infolge der eigentümlichen Unionspolitik Friedrich Wilhelms III. die Fragen der Verfassung mit denen des Kultus und der Lehre untrennbar verbunden sind, daß also auch in der Abwehr sich die verschiedenen Motive gegenseitig durchdringen, oft auch voneinander abhängen. Hatte doch die rechtlich bindende Kraft der Kirchenordnungen von 1662/71 und von 1677/87 für Reformierte gleicherweise wie für Lutheraner in der durch das Bekenntnis begründeten Gemeinsamkeit gelegen. Dadurch war in ihnen ein „geistliches" Recht lebendig gewesen, das wirksam blieb, auch wo die politischen Machthaber es nicht anerkannten, ihm vielleicht sogar zuwiderhandelten. Jetzt aber, wo *diese* Gemeinsamkeit aufgegeben war, war zwar jene geistliche Kraft in der „neuen" Kirchenordnung von 1835 erloschen – wenn von ihr aus ein geistlicher Rechtsanspruch erhoben wurde, wird er ausschließlich mit den *alten* Kirchenordnungen begründet –, war aber auch ein ernsthafter, geistlich geführter und theologisch begründeter Widerstand gegen sie nicht mehr möglich. Die ganze Auseinandersetzung glitt in politisch-rechtliche Bahnen ab.

Andrerseits konnte die Ablehnung der königlichen Agende, nachdem man sich grundsätzlich auf den Standort der Union begeben hatte, nicht mehr mit bekenntnismäßigen Erwägungen begründet werden; man konnte sich nur noch formal auf das alte Recht berufen, das ein ius liturgicum nur der Synode zuerkannt hatte.

In dieser Verquickung der Motive macht sich das Erbe der Aufklärung bemerkbar, die ja – neben dem Pietismus, dem in den Verhältnissen von Rheinland-Westfalen hierfür die Hauptverantwortung zufällt – das Interesse an der rechtlich verfaßten Kirche und an ihren in verbindlichen Ordnungen gehaltenen öffentlichen Gottesdiensten ertötet hatte. Die Bedeutung | dieser allgemeinen geistesgeschichtlichen Lage für die Entstehung des Kompromisses von 1835 wird bei Göbell durch viele Einzelheiten ausgezeichnet illustriert. Wir heben hier die Momente heraus, die die Stärke des Widerstandes erkennen lassen.

Göbell gibt (S. 176) zu, daß der Kampf um die Freiheit und Selbständigkeit kirchlichen Handelns in den Jahren 1815/35 und später „zum Teil auch in einem zeitgebundenen naturrechtlichen Denken" begründet gewesen sei. Aber war der Einfluß des Naturrechtes nur zeitgebunden? Setzt er nicht sehr viel früher ein, und hat er nicht die Entwicklung des

protestantischen Kirchenrechtes fast von Anfang an begleitet, im Luthertum schon von Melanchthon an, in der reformierten Kirche wenn
nicht von Calvin her, so doch bei seinen unmittelbaren Nachfolgern.
Und speziell der Kollegialismus, der den Kämpfern gegen die preußische
Konsistorialbürokratie und gegen die Generalsuperintendenten als Kir-
chenpräfekten (um mit Schleiermacher zu reden) das Waffenarsenal lieferte, ist von seiner Entstehung an, zum mindesten bei Gisbert Voetius,
seinem ersten Systematiker, naturrechtlich begründet worden. In allen
seinen Formen liegt dem Kollegialismus die Vertragstheorie zugrunde,
auch wenn man nicht, mit seiner späteren Ausprägung bei dem deutschen Lutheraner Pfaff, eine Übertragung der iura collegialia auf die
Obrigkeit als möglich annahm. Es ist also nur ein relativer Unterschied
des Maßes, der zwischen der Anwendung des Naturrechtes vor der Aufklärung und nachher, vor 1815 und später besteht. Auch von hier aus
gesehen greift die Vorgeschichte des Kompromisses von 1835 weit in die
Vergangenheit zurück.

Denn ganz gewiß hat dieser naturrechtliche Einschlag ihres Denkens
die Verteter der Kirche mit den Vorkämpfern des Staates auf dieselbe
Ebene rechtlich-politischer Erwägungen gestellt und ihre Widerstands-
kraft gegen den Territorialismus und den von Kamptz neu begründeten
Episkopalismus geschwächt. Wenn 1819 die westfälische Provinzialsynode von Lippstadt die Kirche definiert „als eine selbständige und freie
Gemeinschaft, deren Gesellschaftsrechte allein von den durch dieselbe
aus ihrer Mitte gewählten Stellvertretern verwaltet werden" (S. 176), so
kann umgekehrt der Minister hervorheben, daß in den alten Ordnungen
die von den Gemeinden gewählten Vertreter, „die kirchengesellschaftlichen Rechte unter der Aufsicht und unter dem Schutz des Staates ausüben" (S. 198), daß also immer die staatliche Sanktionierung jener
Rechte das Entscheidende gewesen sei. Und wenn Präses Roß 1828 die
kirchlichen Gemeindewahlen von der „verfassungsmäßigen Idee der
Volkswahl" (S. 189) aus begründen wollte, so durfte er sich nicht wundern, wenn er damit in den Jahren der Restauration und der Demago-
genverfolgung das ganze kirchliche Verfassungsstreben in Mißkredit
brachte.

Das, was den Streitern gegen die werdende Kirchenordnung von 1835
äußerlich ihren Auftrieb gab, die Parallele nämlich zu der politischen
Freiheitsbewegung, die eine Repräsentativverfassung forderte, das war
auch ihre große innere Gefahr. Sie wollten die Gesellschaftsrechte der

Kirche sichern, verlangten aber nicht, ja, konnten innerhalb der Union nicht verlangen eine im Bekenntnis begründete kirchliche Ordnung. Darin liegt die Ohmacht ihres Kampfes ebenso begründet wie der Argwohn der Regierung, daß politische und kirchliche Opposition sich gegenseitig unterstützten; daraus ergibt | sich ebenso deren Streben nach Sicherung des konsistorialen und episkopalen Einflusses in der Kirche.

Durch diese Verbindung mit naturrechtlichen Forderungen ist aber zugleich der Rückgriff auf die alten Ordnungen theologisch unglaubwürdig geworden. Ähnlich wie der politische Altliberalismus vor der Julirevolution die herrliche altdeutsche Vergangenheit als ideale Verwirklichung des Naturrechtes betrachtete, so haben auch die Vertreter der Kirche deren altes Recht mit Augen angesehen, die durch die Aufklärung erleuchtet waren. Darum haben sie sich auch so leicht von Roß und ähnlichen Diplomaten theologischer oder juristischer Vorbildung von der angeblichen Übereinstimmung zwischen der Kirchenordnung von 1835 und den alten Ordnungen überzeugen lassen. Darum war auch das Erwachen aus diesem Traum nach 1835 so schmerzhaft. Und darum hat die Ordnung von 1835, so hoch gepriesen als die Mutter aller presbyterial-synodalen Verfassungen des 19. Jahrhunderts, die, die sie geschaffen haben, und die, die sie beglücken sollte, auf die Dauer so wenig befriedigt.

Hat es keinen theologisch legitimen Widerstand gegen sie gegeben? Göbell weist (S. 177) hin auf Theodor Fliedner, der sich ebenso wie Wilhelm Roß „nach echt calvinischen Prinzipien" „auf die ersten, von den Aposteln gestifteten, d. h. verfassungsmäßig gestalteten Gemeinden" berufen habe. Nun, was sonst von Roß erkennbar ist, zeigt in eine andere Richtung. Fliedner aber, der ehemalige Nassauer „Lutheraner", der zumal in den Äußerungen seiner jungen Jahre die Abhängigkeit von der Aufklärung deutlich erkennen läßt, hat die Urkirche gut naturrechtlich als eine Gemeinschaft gesehen, die „alle Rechte einer freien Gesellschaft gegen ihre Mitglieder und Beamten sowie zu ihrer eignen Erhaltung und Ausbreitung" wahrgenommen hat; diese Gesellschaftsrechte sind ihr später durch die „Hierarchen" und „Cäsaropapisten" geraubt, durch Luther aber wiedergegeben worden. Dieses kollegialistische Verfassungsideal wird nicht dadurch als biblisch ausgewiesen, daß es sich auf das in Neanders Kirchengeschichte gegebene Bild von der Urkirche beruft. Es macht nur deutlich, daß die Erweckungsbewegung des frühen 19. Jahrhunderts in ihren Anschauungen über die Kirche der Aufklä-

20*

rung verhaftet blieb, ebenso wie der Pietismus dieser um die Wende zum 18. Jahrhundert vorgearbeitet hatte[31].

Dagegen ist Gottfried Daniel Krummacher einer der wenigen, die von Anfang an der Kirchenordnung von 1835 einen theologisch beachtlichen Widerstand geleistet haben. Er hat als Pfarrer von Elberfeld den bleibenden Erfolg gehabt, daß die Reformierten in Rheinland und Westfalen ihre konfessionelle Eigenart innerhalb der Union bewahren konnten, während sie den Lutheranern bis auf verschwindend geringe Reste verloren ging. Und zwar hat sein Kampf darum solche Wirkungen auslösen können, weil er sich in seiner lehrhaften Verkündigung bewußt und streng an das reformierte Bekenntnis hielt. Freilich weiß er, daß dieses Bekenntnis in der Union weiterhin im Dunkeln bleiben wird. „Ich meines Orts glaube, daß es durchgängig zu den unbekannten Dingen gehört, was eigentlich Lehre unserer Kirche sei", schreibt er an seinen Präses Roß[32], „so wie ich offenherzig | *meine* Unbekanntschaft mit dem ‚Lehrbegriff der evangelischen Kirche‘, wie der Ausdruck in Ihrem Schreiben lautet, gestehe. Ich weiß weder, was die ev. Kirche noch was ihr Lehrbegriff sei, weiß also auch nicht, inwiefern meine Vorträge demselben analog sind oder nicht. Das aber weiß ich, daß sie's dem Lehrbegriff unserer nach Gottes Wort reformierten Kirche sind."

Dieser Verwurzelung im reformierten Bekenntnis verdankt Krummacher einen klaren Kirchenbegriff und damit eine ganz andere Stellung zur Kirchenordnung von 1835, als sie sein Elberfelder Inspektor von Recklinghausen besaß, der als Rationalist die Freiheit der Kirche aus naturrechtlichen Gründen verteidigte, eine andere Stellung auch als die unionistisch gesonnenen Vertreter der Erweckung, denen als religiösen Individualisten an der verfaßten Kirche im Grunde nicht viel gelegen war. Freilich hat sich für Krummacher sein Kirchenbegriff in kongregationalistischem Sinne auf die eigene Gemeinde verengt[33]. In einer glücklichen Mischung von Starrheit und Geschmeidigkeit hat er ihr Bewegungsfreiheit innerhalb der Union in Verkündigung, Kultus und Verfassung erstritten. Und nachdem dieses Ziel erreicht war, erschien ihm der Kampf gegen die Kirchenordnung von 1835 gegenstandslos. Seine reformierten Gesinnungsfreunde und Nachfolger innerhalb der Union haben jene Ordnung dann von denen des 17. Jahrhunderts aus interpretiert.

---

[31] Vgl. *Gerhardt*, Theodor Fliedner, Kap. 1: Im Kampf um Agende und Kirchenverfassung; besonders S. 399 und 402.

[32] Am 2. 7. 1819; bei *Krummacher*, G. D. Krummacher, S. 285.

[33] Von diesem Standpunkt aus lösen sich auch die Unklarheiten auf, die sein Biograph *Krummacher*, aaO., S. 205 in bezug auf den Kirchenbegriff feststellt.

Sie haben diese als den reinen Ausdruck reformierter Verfassungsideale gewürdigt und die Spannungen übersehen, unter denen sie entstanden waren und die sich in ihren Formulierungen einen Ausdruck verschafft haben.

So ist der Kampf gegen die Kirchenordnung von 1835 teils in politisch-kirchenpolitischen Gegensätzen, teils in einer falschen Romantik steckengeblieben. Und es ist Göbell zu danken, daß er die Fragen, die ja nach dem Kampf der Bekennenden Kirche neue Bedeutung gewonnen haben, aufs neue aufgegriffen und unter Beibringung von so viel neuem Material ihrer Lösung näher gebracht hat. Diese Besprechung wollte, indem sie vor allem für die früheren Perioden das Material noch einmal überprüfte, in dem geschichtlichen Panorama, das der Verfasser entworfen hat, die Täler und Höhenzüge etwas schärfer markieren, um die wichtigen Probleme, die noch offen sind, klarer heraustreten zu lassen.

BEKENNTNIS UND RECHT IN DER KURHESSISCHEN KIRCHE DES 19. JAHRHUNDERTS[*]

Das Ringen um das evangelische Bekenntnis war für das 16. Jahrh. vornehmlich eine Wahrheitsfrage, für das 19. überwiegend eine Rechtsfrage.

Damit soll kein absoluter Gegensatz ausgesprochen werden zwischen dem Reformationsjahrhundert und der Zeit, die in der Auseinandersetzung mit Aufklärung und Idealismus sich allmählich den Rückgang zu den Wahrheiten der Reformation erkämpfte und dabei von rückwärts die Entwicklung wieder aufrollte, die die evangelische Kirche von der Theologie der Reformatoren an über die ursprüngliche Orthodoxie bis hin zur vernünftigen Orthodoxie des 18. Jahrh.s durchgemacht hatte. Selbstverständlich hat auch die Kirche der Restauration dabei die Wahrheitsfrage gestellt und ist von der Richtigkeit der von ihr wiederentdeckten Lehre überzeugt gewesen. Aber sie war damit in einen Kampf auf Leben und Tod eingetreten. Je mehr das Jahrhundert seinem Ende zustrebte, um so stärker bewegte es sich von der von der Kirche vertretenen Wahrheit weg, desto mehr verlor die Beweisführung der kirchlichen Apologetik an Überzeugungskraft. Es ist nur die Folge dieser schwierigen Lage, daß die Kirche, ohne auf die Wahrheitsfrage zu verzichten, um die innere und äußere Sicherung ihres Bestandes sich mühte. In ihrem Bekenntnis fand sie ihren eigentlichen Charakter ausgesprochen; seine rechtliche Gültigkeit gewährleistete ihre Existenz. Ganz abgesehen davon, ob es die evangelische Wahrheit noch in vollem Umfang für die neue Zeit enthielt, garantierte es die Rechtskontinuität mit der kirchlichen Vergangenheit und zugleich die innere und äußere Selbständigkeit der Kirche gegenüber der vom Staate repräsentierten modernen Kultur. So kommt es, daß sich im 19. Jahrh. die Auseinandersetzung zwischen Kirche und Staat unter dem Zeichen des Bekenntnisses vollzog. Dieses gewinnt dabei als Rechtsgrundlage der Kirche eine doppelte Bedeutung.

[*] Aus: ZThK 18, 1937, S. 112–131.

Es soll sowohl deren innere Geschlossenheit behaupten als auch ihre Eigenständigkeit innerhalb des | allgemeinen Kulturlebens sichern. Vor dieser Aufgabe tritt die Entfaltung seines Wahrheitsgehaltes zurück. Und so ist es zu erklären, daß es nicht gelungen ist, der Union ein neues Bekenntnis zu verleihen und sie damit zu einer höheren Einheit über den beiden Konfessionskirchen des 16. Jahrh. zu gestalten. Je strenger man den Rechtscharakter des Bekenntnisses hervorhebt, um so mehr mußte jeder Unionsversuch – ganz abgesehen von der Art seiner Durchführung – als Unrecht erscheinen.

Andrerseits kennt auch schon das Zeitalter der Reformation, das in seinem Bekenntnis die evangelische Wahrheit bezeugt, die Verbindung von Bekenntnis und Recht. Das Augsburgische Bekenntnis, abgelegt vor Kaiser und Reich, erstrebt reichsrechtliche Gültigkeit und erlangt schließlich 1555 reichsrechtliche Duldung. Ja, indem es sich auf das Konzil berief und sich auf ihm vor dem Forum der christlichen Wahrheit zu rechtfertigen trachtete, brauchte seine Aufnahme in das Recht der Gesamtkirche nicht außer dem Bereich der Möglichkeit zu liegen[1]. Angesichts dieser Aussichten konnte es anfänglich nicht als wünschenswert erscheinen, daß das Bekenntnis Teil eines partikularen Rechtes für die einzelnen Landeskirchen wurde. Ist es doch später, nicht nur in seiner rechtlichen Bedeutung, sondern gerade auch in seinem Wahrheitsgehalt, von dieser partikularen Entwicklung mannigfaltig differenziert worden. Dennoch bildete es seinem Wesen nach das stärkste Gegengewicht gegen den landeskirchlichen Partikularismus; die Entstehungsgeschichte der Konkordienformel legt Zeugnis dafür ab.

Trotzdem wurde das Bekenntnis in seiner rechtlichen Entwicklung auf den Weg des Partikularismus gedrängt. Denn die gesamtkirchliche Anerkennung der Augustana blieb völlig aus, die reichsrechtliche ließ 25 Jahre lang auf sich warten. Inzwischen hatte sie als Teil der Bundesurkunde des Schmalkaldischen Bundes ihre rechtliche Existenz behauptet und war damit abhängig geworden von den verschiedenen politischen und rechtlichen Veränderungen, die sich in den verschiedenen Perioden der Bundesgeschichte herausstellten; der folgenschwere Unterschied zwischen Invariata und Variata hängt ja damit zusammen. Das Recht des Bundes bildete zunächst die Grundlage für das Be|kenntnisrecht der angeschlossenen Territorien. Und schließlich machte der Zerfall des Bundes im Schmalkaldischen Kriege sie nach dem unglücklichen Versuche des

---

[1] Vgl. *Stupperich*, Humanismus und Wiedervereinigung.

Interims bekenntnismäßig selbständig, und der Augsburger Religionsfriede garantierte in gewissen Grenzen diese Selbständigkeit. Damit
können die mannigfaltigsten Bekenntnisformeln und -sammlungen in
den verschiedenen Landeskirchen emporkommen und werden vielfach
kirchenordnungsmäßig sanktioniert. Zugleich werden sie dabei ein Teil
der Rechtsordnung des entstehenden absolutistischen Staates und geben
ihm den konfessionellen Sondercharakter, den er erst später abstreift.
Zunächst scheitern gerade an diesem Rechtscharakter der „souveränen"
Mittel- und Kleinstaaten die Versuche des Luthertums, sich einheitlich
bekenntnisfähig zu formieren. Und je mehr sich jene mit dem Fortschritt der „Aufklärung" von ihrer konfessionellen Grundlage lösen, desto mehr müssen die Landeskirchen danach trachten, wenigstens für ihren Lebensbereich den rechtlich verpflichtenden Charakter ihrer Bekenntnisse zu sichern und von da aus ihre rechtliche Selbständigkeit im
Rahmen des religiös neutralen Staates zu gewinnen. So ergibt sich die
rechtliche Behandlung der Bekenntnisfrage im 19. Jahrh. mit innerer
Notwendigkeit aus den Rechtsverhältnissen, die das 16. Jahrh. begründet hatte.

Für die *hessische* Kirche ist es nun kennzeichnend, daß sie diese rechtliche Entwicklung im 16. Jahrh. nur langsam vollzogen und nie zu einem allgemeinen und klar erkennbaren Abschluß geführt hat. Damit
mag es zusammenhängen, daß in ihr im 19. Jahrh. der Zusammenhang
zwischen Bekenntnis und Recht besonders leidenschaftlich erörtert und
doch nie zu einem abschließenden Ergebnis gebracht worden ist; — wieweit hessische Eigenart, in der Rechtlichkeit und Rechthaberei nahe bei-
einanderliegen, dabei mitgesprochen hat, mag hier unerörtert bleiben.
Aber die grundsätzlichen Fragen sind dabei deutlich herausgestellt worden; damit mag eine geschichtliche Erörterung über den hessischen Be-
kenntniskampf im 19. Jahrh. in der Gegenwart gerechtfertigt erscheinen.

1. Erich Förster[1a] hat gezeigt, daß die kirchenrechtliche Doktrin des
Kollegialismus, die am Ausgang des 18. Jahrh.s herrschend gewor-
den | war, nicht nur zur Stützung, sondern auch zur Überwindung des
landesherrlichen Kirchenregiments führen konnte. Die Kirche als Reli-
gionsgesellschaft hat der Staatsgewalt zwar ihre Kollegialrechte übertragen. Aber das braucht kein Dauerzustand zu sein. Die Kirche kann sie
wieder zurückfordern, der Staat sie freiwillig aus der Hand geben. Und

---

[1a] *Förster,* Preußische Landeskirche, Bd. 1, S. 20 ff.

zumal soweit Glaube und Kultus in Betracht kommen, d. h. also an der Stelle, wo Bekenntnis und Kirchenordnung wesensmäßig zusammenhängen, muß der religiös neutrale Staat sich für inkompetent erklären, muß die Kirche ihr Recht selber wahrnehmen.

Unter dem Einfluß dieser Theorien hat auch die kurhessische Entwicklung bis in die 30er Jahre des 19. Jahrh.s gestanden. Von ihnen ist Konrad Wilhelm Ledderhose beherrscht, der erste, der den „Versuch einer Anleitung zum Hessen-Casselischen Kirchenrecht"[2] unternommen hat. Während Ledderhose im allgemeinen ganz selbstverständlich die kirchliche Verwaltung als Teil der staatlichen Organisation, abhängig vom Verwaltungsrecht des Staates, betrachtet, sieht er in der Kirche ein selbständiges Rechtssubjekt in der Frage des Bekenntnisses und der Verpflichtung darauf[3]. Ihr Zweck ist „gesellschaftliche Gottesverehrung nach einer gemeinschaftlichen Lehrform". Ihn zu erfüllen, muß die Kirche mit Rechtskraft ausgestattet sein, um „eine einhellige Glaubenslehre zu erhalten". So verpflichtet sie die angehenden Prediger durch Ordinationsgelübde und Amtsrevers auf das Bekenntnis und überwacht die Einhaltung dieser Verpflichtung durch die Visitation von seiten der Superintendenten und durch die Zensur aller theologischen Schriften[4]. Die Kirche hat also für ihren vom Bekenntnis her bestimmten Zweck ein eigenes Recht. Ganz naiv überträgt Ledderhose hier die Bestimmungen der Hessischen Reformationsordnung von 1656 und der Kirchenordnung von 1657, die doch vom konfessionellen *Staat* erlasssen waren, auf eine Kirche, die als selbständige Rechts|persönlichkeit in einer vom Staatszweck völlig verschiedenen Richtung arbeitet. Offenbar ist ihm die entscheidende Wandlung, die der Staat seit dem Ausgang des konfessionellen Zeitalters in sich selbst durchgemacht hatte, gar nicht zum Bewußtsein gekommen. Dieser Unklarheit entspricht es auch, daß er das Konsistorium, eine doch vom Landesherrn eingesetzte Behörde, die vielfach in Verwaltungsunion mit andern Regierungsbehörden stand, mit einer Befugnis zu Lehrentscheidungen, also mit einer spezifisch kirchlichen Autorität ausstattete. Das eigentümliche Zwielicht, in das damit das konsistoriale Regiment in der Kirche getreten ist, ist während des ganzen 19. Jahrh. niemals richtig aufgehellt worden. Hier nehmen die Versuche ihren Ausgangspunkt, zunächst durch eine synodale, dann durch eine episkopale Verfassung die innere Selbständigkeit der Kirche

---

[2] Kassel 1785.
[3] AaO., § 97–102.
[4] Beispiele dafür habe ich im ersten Band meines Buches: Aufklärung gebracht.

gegenüber einem immer mehr sich verweltlichenden Staate zu gewähr-
leisten, also entweder der Gemeinde oder dem geistlichen Amt bekenntnismäßig begründete Lehrautorität in der Kirche zuzubilligen.

Zunächst freilich führte die Neuordnung der kurhessischen Verhältnisse nach Abschluß der Befreiungskriege zu einer noch engeren Bindung
der Kirche an den aufgeklärten Beamtenstaat und zum völligen Zurücktreten des Bekenntnisses im Rechtsleben von Staat und Kirche. Man hat
das kurhessische Organisationsedikt vom 29. Juni 1821, durch das die
gesamte Verwaltung Kurhessens nach preußischem Vorbilde neu geregelt
wurde, mit den Steinschen Reformen verglichen; indessen tritt die Bezugnahme auf das preußische Landrecht deutlicher hervor. In der grundsätzlichen Würdigung des Verhältnisses von Kirche und Staat besteht
zwischen beiden preußischen Gesetzgebungen ja wohl Übereinstimmung.
Aber während das Landrecht einfach das Kirchenrecht der Aufklärung
zusammenfaßt, liegen in den Steinschen Reformen die zukunftsträchti-
gen Keime für eine Neuordnung wie des gesamten öffentlichen, so auch
des kirchlichen Lebens[5]. Davon kann im Blick auf das kurhessische Organisationsedikt keine Rede sein. Hier ist der moderne Beamtenapparat
in das enge Gefüge eines Kleinstaates hineingebaut worden, dem die pa-
triarchalische Regierungsform | des aufgeklärten Absolutismus wohl an-
gemessen war, der aber die neue schwere Last nicht zu tragen vermochte. Der berechtigte Widerspruch dagegen hat dem kurhessischen Liberalismus erst die Existenzberechtigung gegeben. Im Räderwerk dieser bü-
rokratischen Maschine hatte die Kirche keine selbständige Bedeutung.
Für die vier „Provinzen" des kleinen Landes gab es drei Konsistorien,
von denen das Kasseler vor denen in Marburg und Hanau den Vorrang
hatte, weil es im Grunde nur eine Nebenstelle des Innenministeriums
war; hier lag die oberste kirchliche Instanz. In allen Konsistorien waren
Lutheraner und Reformierte vertreten und wurden gemeinsam betreut.
Indessen war nur in den Provinzen Hanau und Fulda – kirchlich zu
Hanau gehörig – die Union praktisch durchgeführt. In Ober- und Niederhessen waren allein die Superintendenten (Inspektoren) mit ihren konfessionell geschlossenen Diözesen Träger des Bekenntnisses. Aber sie waren zu bloßen Verwaltungsorganen der Konsistorien degradiert, ohne
die Fähigkeit selbständiger Entscheidungen und darum ohne Autorität.
„Aufsicht auf den evangelischen Gottesdienst sowohl in dogmatischer
als in liturgischer Beziehung und den ganzen Religionsunterricht" sowie

---

[5] Vgl. *Ritter*, Stein, Bd. 1, S. 445 ff., wo im einzelnen an den entsprechenden Abschnitten bei Förster Kritik geübt wird.

„Aufrechterhaltung der Kirchenzucht"[6] war Sache der gemischten Behörden. Wie sollte der moderne Beamtenstaat, der alle bekenntnismäßige Bindung abgestreift hatte, diese Aufgaben erfüllen können?

Noch die Generation der von der Aufklärung gebildeten Pfarrer hat das Gewicht dieser Fragen dunkel gespürt und sie auf ihre Weise zu beantworten gesucht. Die zwanziger Jahre sind erfüllt von einer lebhaften Debatte über die kirchliche Neuordnung in Kurhessen[7]. Dabei durchkreuzen sich zwei sich gegenseitig widersprechende Richtungen, die zuweilen von denselben Männern vertreten sind. Im Sinne des aufgeklärten Polizeiregiments fordert man einerseits *vom Staat* eine Erweiterung der kirchlichen Zucht- und Zwangsmittel, also ein Staatskirchentum schroffster Form. Andrerseits wünscht man eine Presbyterial- und Synodalordnung zur Vertretung der Kirche *gegenüber dem Staat*. Wie sollte es indessen möglich sein, der Kirche | eine solche Rechtsordnung zu geben, wo doch der Staat allein Recht zu setzen imstande war?

Eine Antwort brachte die Julirevolution von 1830 mit ihrer Parole: Alles Recht geht vom Volke aus. Ein Teil der kirchlichen Reformbewegung geht seitdem mit dem politischen Liberalismus Hand in Hand. Mit dem 5. Januar 1831 erhielt Kurhessen eine moderne Verfassung. Indem der Staat darin die drei christlichen Hauptkonfessionen anerkannte und in seinen Schutz nahm, billigte er ihnen eine selbständige rechtliche Existenz zu. Für die katholische Kirche war das selbstverständlich; die Beziehungen zu ihr sollten nach § 135 neu geordnet werden. Vom Standpunkt des modernen paritätischen Staates aus rückt nunmehr, rechtlich gesehen, die evangelische Kirche in eine Linie mit der katholischen, wenigstens was die Ordnung ihres inneren Lebens angeht. Die Staatsverfassung setzt eine neue Kirchenverfassung voraus. Fragen des Glaubens und Kultus sollten allein den verfassungsmäßigen Beschlüssen der Kirche unterliegen (§ 132); für die Neuordnung der Liturgie – wahrscheinlich dachte man dabei an eine Einheitsagende ähnlich der preußischen[8] – war ausdrücklich eine von der Staatsregierung einzuberufende Synode vorgesehen (§ 134): der Staat schickte sich an, einen Teil der ihm von der Kirche verliehenen Kollegialrechte an seine Auftraggeber zurückzuerstatten.

So wenigstens mußten die von der Aufklärung herkommenden Theo-

---

[6] Über deren allmählichen Zerfall im 18. und 19. Jh. vgl. *Bachmann*, Kirchenzucht in Kurhessen.

[7] *Maurer*, Aufklärung, Bd. 2, S. 73 ff.

[8] *Maurer*, Aufklärung, Bd. 2, S. 64 ff.

logen die Sache ansehen. Die Frage war nur, welche Rechte sie in Anspruch nehmen und wie die Übertragung ausgeführt werden sollte. Eine lebhafte Erörterung in Flugschriften und auf Konferenzen bewegte die kirchliche Öffentlichkeit. Wiederum gewahren wir denselben Zwiespalt wie in den Jahren vorher. Einerseits bedurfte man fortwährend der finanziellen Unterstützung des Staates und war bereit, ihm das kirchliche Vermögen dafür zu opfern und den Pfarrerstand seiner Organisation einzugliedern. Andrerseits forderte man die Freiheit der Kirche vom Staate, ein eigenes kirchliches Disziplinarrecht und eine dem staatlichen Verfassungsaufbau entsprechende kirchliche Konstitution. Wie ist dieser Widerspruch zu erklären? Noch war in Kurhessen die Frage nach dem kirchlichen Bekenntnis nicht scharf gestellt; noch war es da|her unmöglich, den Ansatzpunkt für ein eigenes kirchliches Recht zu finden. In dem Augenblicke, da in der Kirche die Notwendigkeit gefühlt wurde, das überlieferte Bekenntnis zu verteidigen, ergab sich auch die Möglichkeit, die Eigenständigkeit des kirchlichen Rechts vom Bekenntnis her zu entwickeln.

2. Dieser Augenblick kam sehr bald. Dann nämlich, als die überlieferte kirchliche Frömmigkeit mit der vom Idealismus her geprägten und im politischen Liberalismus sich betätigenden modernen Bildungsfrömmigkeit zusammenstieß. Man kann sich die kirchliche Bindung des Bauern- und Bürgerstandes während der Aufklärungszeit nicht stark genug vorstellen[9]; sie hat jedenfalls seitdem nicht zu-, sondern abgenommen. Auf der andern Seite hatten sich alle literarisch Gebildeten unter dem Einfluß des deutschen Idealismus weit von den überlieferten Grundlagen entfernt[10]. Mit dem Ausgang des Idealismus begann diese Haltung in weiteren Kreisen vorbildlich zu werden. Zur gleichen Zeit aber begann die Erweckungsbewegung in allen Schichten der Bevölkerung Fuß zu fassen[11]. Zu ihrer Selbstverteidigung und zur Rechtfertigung ihrer kirchlichen Existenz stützte sie sich auf das Bekenntnis und dessen rechtliche Gültigkeit in der Kirche. Sie wurde dabei freilich von Theorien unterstützt, die nicht auf ihrem Boden gewachsen waren, und von Männern, die ganz anders in der lebendigen Auseinandersetzung mit der Zeit standen als die eigentlichen Vertreter des Erweckungschristentums.

---

[9] Vgl. *Maurer*, Aufklärung, Bd. 1, Kap. 3: Frömmigkeit und kirchliches Leben in Hessen-Kassel zur Zeit der ausgehenden Aufklärung.

[10] Vgl. *Maurer*, Aufklärung, Bd. 2, Kap. 2: Das kirchliche Leben und die Frömmigkeit unter dem Einfluß des Idealismus.

[11] Vgl. *Maurer*, Aufklärung, Bd. 1, Kap. 4: Unterströmungen der Aufklärungsfrömmigkeit; Bd. 2, S. 272 ff.: Der Neupietismus in Kurhessen.

Der erste Zusammenstoß war die Folge der Erweckungspredigten, die der temperamentvolle, aber nicht sehr taktvolle Pfarrer Lorenz Friedrich Lange seit 1833 in der Brüderkirche zu Kassel hielt[11a] und durch die er den Widerspruch seiner Gemeinde gegen sich heraufbeschwor. Der richtete sich gegen den Kernpunkt des evangelischen Bekenntnisses, die Rechtfertigungslehre, die Lange freilich, wie die meisten Erweckungs|prediger und die gesamte supranaturalistische Theologie der Zeit, nur in der verkürzten und mißverständlichen Form der Lehre von der stellvertretenden Genugtuung vorzutragen vermocht hatte. Immerhin hatten ihm seine Gegner damit den Nachweis leichtgemacht, daß sie sich von der Grundlage des Bekenntnisses gelöst und damit von der Kirche selbst geschieden hätten.

Noch nachhaltiger ist dieses Kampfmittel im kurhessischen Symbolstreit des Jahres 1839 angewandt worden[12]. Hier ging es zum ersten Male deutlich um die Rechtsbedeutung des Bekenntnisses. Das Ministerium – hierbei offensichtlich eine Lehrautorität für sich in Anspruch nehmend – hatte versucht, in dem Anstellungsrevers der Pfarrer das „nach Anleitung der A. C." in ein „mit gewissenhafter Berücksichtigung der Bekenntnisschriften der evangelischen Kirche" zu mildern, die Wahrung des kirchlichen Bekenntnisses also in das subjektive Ermessen des einzelnen Dieners der Kirche zu stellen. Der kirchliche und politische Liberalismus ging noch weit darüber hinaus und versuchte durch Petitionen bei den staatlichen Stellen die völlige Beseitigung der veralteten reformatorischen Bekenntnisse und die Annahme eines neuen durchzusetzen, das die anstößige Predigt von Sünde und Gnade völlig unmöglich machen sollte. Demgegenüber wies der ehemalige Kirchenrechtslehrer Bickell, damals Oberappellationsgerichtsrat in Kassel, ein Schüler Savignys und Anhänger der Historischen Rechtsschule, die fortdauernde rechtliche Gültigkeit der alten Bekenntnisse nach. In der Weise der kirchenrechtlichen Doktrin der Aufklärung verstand er dabei die Kirche als Glaubensgemeinschaft, die durch die Zustimmung zu einem gemeinsamen Bekenntnis entstanden sei, und band die Zugehörigkeit zu ihr für Pfarrer und Laien an diese Zustimmung.

Mit schneidender Schärfe, den Juristen Bickell noch überbietend, hat sodann der Theologe August Vilmar diesen Rechtsstandpunkt geltend gemacht. Schon der Titel seiner Streitschrift „Das Verhältnis der evan-

---

[11a] *Maurer*, Aufklärung, Bd. 2, S. 35 ff., 264; *Hopf*, Vilmar, Bd. 1, S. 372 ff.
[12] *Maurer*, Aufklärung, Bd. 2, S. 39 ff.; 265 ff.; *Hopf*, Vilmar, Bd. 1, S. 386 ff.

gelischen Kirche in Kurhessen zu ihren neuesten Gegnern" (1839) gibt
seine These wieder: daß nämlich die Bestreiter des Bekenntnisses den
Rechtsboden der Kirche verlassen und sich dadurch rechtskräftig von
ihr geschieden haben. Sie mögen eine neue Kirche gründen, nie|mand
wird es ihnen wehren. Aber die Rechtskontinuität in der Kirche und damit auch der Anspruch auf das kirchliche Vermögen ist nur da gewahrt,
wo das Bekenntnis festgehalten wird. Und damit setzt nun eine Anschauung vom Recht der Kirche ein, die mit den dürftigen Mitteln des
Kollegialismus nicht mehr wiederzugeben ist: die Kirche ist göttliche
Stiftung und darum in allen ihren Lebensäußerungen – bis in die Ver-
mögensverwaltung hinein – menschlicher Willkür entzogen. Als Gefäß
für die göttliche Offenbarung ist sie zugleich Trägerin des unverän-
derlichen göttlichen Rechts. Durch ihr Bekenntnis aber bezeugt sie sich
als Trägerin der göttlichen Offenbarung; das Bekenntnis ist also vornehmlich göttlichen Rechts. Dadurch erst findet alles wechselnde
menschliche Recht in ihr festen Grund und Stütze.

So ist unter der Idee des göttlichen Rechts die engste Verbindung von
Bekenntnis und Recht vollzogen, die überhaupt möglich ist. Woher
stammt jener Begriff, der nicht nur für die Anschauung vom Staat, sondern auch für die von der Kirche in der Restaurationszeit grundlegend
ist? Er hat zutiefst eine religiöse Wurzel. Und zwar hat sich in ihm der
Gottesgedanke des deutschen Idealismus in seiner von der Romantik geprägten Form mit dem Gottesgedanken der Aufklärung vereinigt und
damit etwas von dem religiösen Erbe dieser beiden durch die Restauration zwar abgelösten, aber nicht überwundenen Perioden an die Folgezeit weitergegeben[13].

Für die Romantik, die hierin mit Goethe sich einig wußte, war Gott
identisch mit der Fülle des Raum und Zeit durchflutenden geistigen Lebens. Diese Gedanken waren zunächst mehr auf dem Gebiete der Natur-
anschauung entwickelt worden; die Schellingsche Identitätsphilosophie
der Jenaer Zeit hatte sie, darin die Zusammenfassung romantischen
Wirklichkeitsgefühls, auf die Geschichte angewandt. Auch sie vollzieht
sich in dauernder wachstümlicher Entfaltung nach den Gesetzen organi-
scher Entwicklung. Und wie sie als Ganzes einen lebendigen Organismus
darstellt, so ist es auch auf allen Teilgebieten geschichtlichen Lebens der

---

[13] Im einzelnen habe ich diese Zusammenhänge ausführlich begründet im 3. Kapitel
des 2. Bandes: Religiöse Motive in Romantik, Historischer Schule und Restauration,
und bin dabei weit über den kurhessischen Rahmen hinausgegangen. Vgl. die Zusammenfassung *Maurer*, aaO., S. 171–173.

Fall. Der geschichtliche Fortschritt geschieht in | dauerndem Wechsel polarer Spannungen, die durch das Spiel frei gewachsener Individualitäten hervorgerufen sind. Er vollzieht sich also nach dem Gesetz organischer Notwendigkeit und wahrt doch die Freiheit schöpferischer Individuen, die, selber organisch sich entfaltend, dem Gesetz des Ganzen dienen. Im Gesetz organischen Lebens offenbart sich Gott, in dem Freiheit und Notwendigkeit zusammenfallen.

Von diesem göttlichen Gesetz zum göttlichen Recht ist nur ein kleiner Schritt. Schon die Romantik hatte das Recht neben Kunst und Religion als eine organische Lebensäußerung des Volksgeistes begriffen. Savigny, der Gründer der Historischen Schule, hat sodann den Gedanken des organischen Lebens für die Rechtsentwicklung fruchtbar gemacht und damit zum ersten Male auf eine Einzelwissenschaft angewandt. Die Brüder Grimm, Savignys begeisterte Schüler von Marburg her, haben nicht nur die Methode der Historischen Schule auf die Sprachwissenschaft übertragen, sondern zugleich mit ihrem hessischen Freundeskreis, dem sowohl Hassenpflug wie Bickell und Vilmar angehörten, das organische Denken für alle Lebensgebiete in Wissenschaft und Politik geltend gemacht. In der Historischen Schule ist göttlichen Rechts alles, was sich im organischen Zusammenhang der Geschichte gebildet hat und sich an der individuellen Prägung der konkreten geschichtlichen Einzelgestaltungen als charakteristisch nachweisen läßt. Das Göttliche dokumentiert sich im Organischen und im „Eigentümlichen"; wo das Recht beides sichert, ist es für den Idealismus in Romantik und Historischer Schule göttliches Recht.

Nun aber war die idealistische Gottesanschauung in einer inneren Wandlung begriffen. Die Spätromantik schickte sich an, den Panentheismus durch einen ausgesprochenen Theismus zu überwinden. Damit änderte sich auch der Begriff des göttlichen Rechts. Es ist nicht mehr identisch mit dem die Geschichte durchflutenden, in individuellen Gestaltungen faßbaren Leben; sondern Natur und Gott, Schöpfer und Geschöpf werden streng voneinander geschieden. Das Recht ist göttlich, weil und soweit es von Gott in der Geschichte positiv gesetzt ist.

Diese Wendung führte aber eng an die konservativen Kräfte heran, die in der Aufklärungszeit den Kampf gegen den „Naturalismus", die radikale religiöse Aufklärung, und gegen die zerstörerischen Wirkungen eines radikalen Naturrechts geführt hatten. Sie hatten damit | das positive Recht und die positive Offenbarung verteidigt und beides von einem personalistisch-moralistischen Gottesbegriff aus gestützt. In solchen Gedanken lebt auch Karl Ludwig von Haller, der Mann, dessen „Restauration der Staatswissenschaften" dem Zeitalter den Namen gegeben hat. Bei ihm steht das göttliche Recht im Mittelpunkt[14].

Alles geschichtliche Leben fällt für ihn mit der Heilsgeschichte zusammen, deren Urkunde die Heilige Schrift Alten und Neuen Testaments ist und die in der Kirche ihre Fortsetzung findet; göttlich ist alles Recht, soweit es mit dieser Geschichte in Beziehung steht. Das Individuell-Eigentümliche aber wird für Haller zur gottgegebenen Eigenheit, zum Eigentum, das Gott durch ein positives Gebot in besonderen Schutz genommen hat: das göttliche Recht ist das Recht des Eigentums; überall, wo das Eigentümliche angetastet wird, wird göttliches Recht verletzt.

Die eigentümliche Ausstattung der Kirche aber liegt in der ihr geoffenbarten Lehre, die sie in ihrem Bekenntnis ausgesprochen hat. Ihre ganze rechtliche äußere Stellung, ihr Besitz sowohl wie ihre Verfassung hat hier ihren Rechtstitel. Jeder ihr von außen aufgenötigte Kampf ist ein Kampf um ihr Bekenntnis; und in jedem verteidigt sie ihr göttliches Recht. „Wo im 19. Jahrh. vom göttlichen Recht der Bekenntnisse der Kirche die Rede ist, da haben wir auf den direkten oder indirekten Einfluß Hallers zu schließen."[15]

Der Gott aber, der seine positive Offenbarung ein für allemal festgelegt hat und ihr göttliches Recht verteidigt, ist der Gott der frommen, aufs Positive gerichteten Aufklärung. Von diesem Gott ist Haller zeitlebens nicht losgekommen. Zu ihm sind die Anhänger des göttlichen Rechts in Spätromantik und Historischer Schule zurückgekehrt und damit zu Vorkämpfern der Restauration geworden.

3. Vom Kampf um die Durchsetzung des göttlichen Rechts in Kirche und Staat ist nunmehr das Hessenland in den nächsten Jahrzehnten erfüllt. Hassenpflug und Vilmar sind die Rufer im Streit; politische und kirchliche Restauration gehen Hand in Hand. Die Märzrevolution von 1848 und der mit dem Sieg der preußischen Waffen von 1866 endgültig gewordene Sieg des Liberalismus in Kurhessen stellen ihnen die Aufgabe. |

Die 48er Revolution bedeutet auf dem Gebiete des kirchlichen Rechts in Deutschland den Sieg der modernen Staatsidee. Die von der Frankfurter Nationalversammlung beschlossenen Grundrechte sahen in Artikel V völlige Religionsfreiheit vor, hoben die Staatskirche auf und gewährleisteten den Religionsgesellschaften unbeschränkte Bekenntnisfrei-

---

[14] Vgl. *Maurer*, Aufklärung, Bd. 2, S. 173 ff.
[15] Ebd., S. 179.

heit; die Einführung der bürgerlichen Ehe war der allen sichtbare Ausdruck dieser Trennung von Staat und Kirche. Entsprechend war auch für Kurhessen ein „Gesetz, die Religionsfreiheit und Einführung der bürgerlichen Ehe betr." unter dem 29. Oktober 1848 erlassen worden. Eine Kirchenkommission, von der Staatsregierung aus Männern der Kirche bestellt, sollte in Anpassung an die neuen politischen Verhältnisse die Verfassung der Kirche vorbereiten.

Die führenden Männer der Restauration waren ebenfalls bereit, die neue Rechtslage der Kirche anzuerkennen. War der Staat in sich bekenntnislos geworden, so mußte die Kirche auf der Grundlage ihres Bekenntnisses verselbständigt werden; von hier aus würde sich, so hoffte man, auch ihre äußere Ordnung ergeben. August Vilmar ergriff auch jetzt wieder die Führung. Er stellte die Frage der Kirchenleitung in den Mittelpunkt. Hier greifen ja in der Tat Bekenntnis und Recht ineinander: an das Bekenntnis der Kirche gebunden, hatte die kirchliche Leitung die rechtliche Ordnung der Kirche zu wahren und für die Aufgaben der Gegenwart lebendig zu halten.

Damit mußte aber auch das notbischöfliche Amt des Landesherrn und schließlich auch das ganze bisherige landeskirchliche Rechtsgefüge fallen. Schon aus politischen Gründen mußte es sich als unmöglich herausstellen, daß der Herrscher, der in allen seinen Entschließungen an seine konstitutionellen Minister gebunden war, allein auf dem Gebiete der Kirche ganz unabhängig von ihnen seine Entscheidungen fällen sollte. Und wiederum mußte es für die Kirche untragbar sein, in ihrem inneren und äußeren Leben sich von Gremien abhängig zu wissen, in denen Juden und Dissidenten u. U. tonangebend sein konnten.

Wie aber sollte der Übergang zu einem neuen Kirchenregiment gefunden werden? Die Frage lautete für Vilmar und seine Gesinnungsgenossen: Was ist an den bestehenden kirchlichen Verhältnissen göttlichen Rechts? „Neues machen können wir nicht, dürfen wir nicht, ohne den Fluch auf uns zu ziehen, den nahen und unabwendbaren; es | heißt, in dieser Wirrnis das Alte festhalten, d. h. dasjenige Alte, welches *göttliches Mandat hat*. Dies ist allein, soviel ich sehen kann, das geistliche Amt."[16] Von da aus war die Antwort auf unsere Frage leicht zu geben. Die Träger des geistlichen Amtes, denen außer der Pflicht der Wahrung des Bekenntnisses eine gewisse rechtliche Gewalt zukam, waren die Superintendenten. Sie allein konnten den Weg zu einer neuen Ordnung weisen,

---

[16] Brief Vilmars vom 7. Februar 1849 in: *Hopf*, Vilmar, Bd. 2, S. 63.

etwa durch eine von ihnen berufene und geleitete Synode nach althessischem Recht. Dann ging alles „auf dem Wege göttlicher Ordnung, nicht auf dem Wege demokratischer Unordnung"[17].

Eine entsprechende Regelung hat Vilmar auf der von ihm geistig geleiteten Jesberger Konferenz vom 14. Februar 1849[18] dem Staate vorgeschlagen und von der Annahme der Jesberger Beschlüsse Ende 1849 seinen Eintritt in ein gegenrevolutionäres Ministerium abhängig gemacht. In den Vorverhandlungen dafür hat er seine berühmt gewordene Forderung an den Kurfürsten gerichtet: „Geben Sie die Kirche frei!"[19] und sich dadurch die landesherrliche Gunst für die Dauer verscherzt und seinen späteren Sturz herbeigeführt[20].

Wir können hier nicht im einzelnen darstellen, wie die Durchführung des Jesberger Programms trotz der äußeren Gunst der Verhältnisse schließlich scheiterte, und wie sich an die Kasseler Wirksamkeit Vilmars der zweite hessische Symbolstreit anschloß, der ihn in den ersten Jahren seiner Marburger Lehrtätigkeit beschäftigte. Wir haben nur die Frage wiederaufzunehmen, die seit den 50er Jahren leidenschaftlich erörtert wurde, ob nämlich jene Proklamierung des göttlichen Rechts vom Bekenntnis her gerechtfertigt sei, ob jene Verbindung von Recht und Bekenntnis vor diesem selbst bestehen könne.

Vilmars ganze theologische Lebensarbeit ist in seinen akademischen | Jahren dem Nachweis dieses Zusammenhangs gewidmet; er kann hier nicht im einzelnen nachgeprüft werden[21]. Die Bekenntnismäßigkeit seines kirchlichen Handelns wurde ihm von dem Kirchenrechtler Ae. L. Richter und von der Marburger Theologischen Fakultät bestritten, als deren Wortführer Heppe und Gildemeister auftraten. Der Streit ging notwendigerweise zunächst um das geschichtliche Verständnis der Bekenntnisurkunden, zumal des niederhessischen Katechismus, und spitzte sich dahin zu, ob die sog. niederhessisch reformierte Kirche von Anfang an einen dem Luthertum fremden Typus vertreten habe, bzw. ob sie ihren ursprünglich lutherischen Charakter 1604 durch die Einfüh-

---

[17] Ebd., S. 70.
[18] Ebd., S. 70 ff.
[19] Ebd., S. 90.
[20] Eine eingehende Schilderung von Vilmars amtlicher Tätigkeit in der Reaktionszeit (1850–55) als Vortragender Rat im Innenministerium und als Superintendenturverweser der Diözese Kassel findet sich bei *Hopf*, Vilmar, Bd. 2. Die kirchlichen Dokumente sind gesammelt in: *Grebe*, Vilmar.
[21] Grundlinien für eine solche Auseinandersetzung habe ich in dem vom Ev. Pfarrerverein Hessen-Kassel herausgegebenen Vortrag: Kirche und Recht bei Vilmar zu ziehen versucht. Vgl. auch *Wollenweber*, Vilmar.

rung der Verbesserungspunkte verloren habe oder nicht. Es sind in diesen Erörterungen die geschichtlichen Grundlagen des hessischen Bekenntnisstandes und des hessischen Kirchenrechts eifrig, wenn auch nicht *sine ira,* durchforscht worden. Die reifste Frucht bietet G. L. Büffs „Kurhessisches Kirchenrecht" (1861), das den alten Ledderhose zu ersetzen bestimmt war. Auch Vilmars „Geschichte des Konfessionsstandes der evangelischen Kirche in Hessen" (1860, 1868²) hat als scharfsinnige, manchmal freilich etwas advokatenhafte Untersuchung bleibenden Wert.

Aber es ist – auch in der Folgezeit – keiner Seite gelungen, die Bekenntnisfrage so zum Austrag zu bringen, daß die kurhessische Kirche als Ganzes zu ihr eine Antwort gefunden hätte. Sie ist weder in historischer noch in rechtlicher Beziehung restlos geklärt. Zwar ist es nicht geglückt, die Bekenntnisse rechtlich unwirksam zu machen; der Kampf der Restauration hat in dieser Hinsicht einen dauernden Erfolg gehabt. Aber es ist auch nicht möglich gewesen, so wie Vilmar es wollte, das Bekenntnis zum tragenden Grund der kirchlichen Rechtsordnung zu machen. Als seine Anhänger nach seinem Tode (30. Juli 1868) mit dem Übergang Kurhessens an Preußen das versuchten, hat die starke Faust des Bismarckschen Staates sie aus der Landeskirche hinausgedrängt. So sehr man Achtung haben muß vor dem männlichen Ernst und der opferwilligen Entschiedenheit der Vorkämpfer der hessischen | Renitenz²², so sehr muß man auch anerkennen, daß ihnen der kirchengeschichtliche Erfolg bisher versagt geblieben ist. Wohl haben sie die im 19. Jahrh. neu aufgebrochenen Fragen bis in die Gegenwart hinein offengehalten, aber sie haben keine Lösung dafür gefunden. Ja, über der Frage nach der rechtlichen Gültigkeit der Kirchenordnung von 1657 ist die Renitenz selbst zerbrochen; die enge Verbindung von Bekenntnis und göttlichem Recht hat sich für sie als tödlich erwiesen.

Aber auch die durch das Ausscheiden der 43 renitenten Pfarrer innerlich ohne Frage geschwächte Landeskirche ist in der Lösung der ihr gestellten Aufgaben nicht recht vorangekommen. Eine gewisse Beruhigung brachte ihr die Presbyterial- und Synodalordnung von 1885/86. Danach gliederte sie sich in drei Bekenntnisgemeinschaften, die reformierte, die lutherische und die unierte unter je einem Generalsuperintendenten. Diese Lösung, für die in der Hauptsache der oberhessische Lutheraner und Vilmarschüler Kolbe, der erste spätere lutherische Generalsuperintendent, verantwortlich ist, versuchte das Bekenntnisanliegen verfassungsrecht-

---

²² *Wicke,* Die hessische Renitenz; *Schlunck,* Die 43 renitenten Pfarrer.

lich zu verwirklichen und mit den Forderungen der preußischen Staatsräson zu vereinigen. Aber es ist nicht gelungen, diese Bekenntnisgemeinschaften zu einem eigenständigen kirchlichen Leben zu erwecken. Die Bekenntnisunterschiede waren eben tatsächlich nicht bedeutsam genug, als daß sie eine selbständige kirchliche Existenz hätten rechtfertigen können. Es ist also bisher nicht gelungen, die rechtliche Ordnung der kurhessischen Landeskirche vom Bekenntnis her aufzubauen. Die Verbindung von Bekenntnis und Recht, wie sie das 19. Jahrh. gefunden hatte, hat sich hier wie überall als nicht tragfähig erwiesen.

Wo ist der Grund für dies Versagen zu suchen? Sicherlich liegt er nicht in den besonderen hessischen Verhältnissen, auch nicht in der Eigenart der Vilmarschen Theologie, sondern in den allgemeinen Anschauungen des 19. Jahrh.s über Bekenntnis und Recht. Gerade die Idee des göttlichen Rechtes hat sich auch auf dem Gebiete der allgemeinen Politik als unzulänglich erwiesen, das öffentliche Leben zu gestalten. Sofern hier ein Stück der Geschichte mit besonderer, religiös verpflichtender Autorität für die Gegenwart ausgestattet werden sollte, | mußte notwendigerweise das Leben, auch das kirchliche, vergewaltigt werden; und es hat sich damit gerächt, daß es jene Idee beiseite schob.

Damit mußte aber die Fragwürdigkeit der Verbindung von Bekenntnis und Recht offenbar werden, die das als normativ empfundene 16. Jahrh. geschlossen hatte. Damals war sie vom konfessionell gebundenen Staat hergestellt worden. Das 19. Jahrh. sah nicht nur den völligen Zusammenbruch dieses Staates und seine Ablösung durch den grundsätzlich religionslosen, sondern mußte auch zu der Erkenntnis kommen, daß die Christlichkeit des alten Staates nur eine scheinbare gewesen, der „christliche" Staat an sich undurchführbar sei. Jedenfalls gibt erst diese Erkenntnis der Forderung der Trennung von Kirche und Staat ihre letzte Begründung. Und Vilmar, der diese Forderung mit der Kritik an der altprotestantischen Dreiständelehre verband, ist jener Erkenntnis zum mindesten sehr nahe gekommen, wenn er ihr auch in seinem politischen Handeln nicht immer Rechnung getragen hat. Teilte man sie aber, dann mußte man gegen die Art, wie der konfessionelle Staat beim Ausgang des Reformationszeitalters die Rechtsverbindlichkeit der Bekenntnisse festgelegt hatte, schwere Bedenken erheben und durfte sie weder durch die Idee des göttlichen Rechtes nachträglich legitimieren, noch ihr Ergebnis ohne weiteres für die vom Staate getrennte Kirche übernehmen. Daß man die Fragwürdigkeit der Verknüpfung von Bekenntnis und Recht im 16. Jahrh. nicht erkannte, hat die Versuche des 19., Bekennt-

nis und Recht in Einklang zu bringen, fragwürdig gemacht und schließlich scheitern lassen.

Damit ist die Frage nach dem Verhältnis von Bekenntnis und Recht
der Gegenwart neu gestellt. Es dürfte fernerhin unmöglich sein, das Bekenntnis dem Begriff des Rechtes, und sei es auch ein göttliches, zu subsumieren. Es ist damit auch die Unmöglichkeit zugegeben, auf äußerlich
rechtlichem Weg die Sicherstellung des Bekenntnisses zu erlangen. Seitdem der konfessionelle Staat zu Grabe getragen ist und der moderne
sich durchgesetzt hat, gibt es, vom Bekenntnis aus gesehen, keine intakten Landeskirchen mehr. Der Weg zum Bekenntnis vom Recht aus, sei
es nun „intakt" oder ein Notrecht, ist ungangbar; es bleibt nur der Weg
vom Bekenntnis zum Recht.

Diesen Weg zu gehen ist immer ein Wagnis des Glaubens. Die Beken-
ner der Reformationszeit haben es bestanden. Den Restauratoren | des
19. Jahrh.s darf niemand den Mut dazu absprechen; die Gelegenheit
dazu haben sie jedenfalls nicht gefunden, und zwar weil sie den Kampf
um das gute alte Recht in den Vordergrund stellten. Wir aber müssen
aus ihrem mangelnden Erfolg die Lehre ziehen, daß nicht die Rechtsfrage, sondern die Wahrheitsfrage entscheidend sein muß, wenn der Kampf
um das Bekenntnis richtig geführt werden soll. Es gilt nicht altes Recht
zu verteidigen, sondern das Bekenntnis so zu bezeugen, daß es seine bindende Kraft neu bewährt, und daß aus dem Wagnis des Glaubens für
die innere und äußere Gestaltung der Glaubensgemeinschaft sowohl wie
für ihre Existenz in der Welt neues Recht entsteht.

Ob dazu die alten Bekenntnisse ausreichen werden? Im Blick auf den
Kampf seines Lebens, der mit der Jesberger Konferenz begann, schreibt
Vilmar 1849[23]: „Die Zeit der Lehre ist abgelaufen; es beginnt die Zeit der
Tat und des Amtes." Er war sich also dessen bewußt, daß die Kirche
neuen Erfahrungen entgegenginge, die zu fassen die bisherigen Bekenntnisse nicht genügen würden. Und nicht mit Unrecht hat man den Nachweis geführt, daß seine Theologie an entscheidenden Punkten den Rahmen überschreite, der durch die Bekenntnisse der Reformation gezogen
ist. Demgegenüber hat er mit Recht zu seiner Verteidigung hervorgehoben, daß jene Erfahrungen nicht den Bruch mit den bisherigen Bekenntnissen, sondern ihre Bewahrung in der Kirche voraussetzen. Durch seinen Kampf um die Durchsetzung des göttlichen Rechtes hat er die geschichtliche Grundlage sichern wollen, auf der allein ihm solche Erfahrungen möglich schienen.

---

[23] *Hopf*, Vilmar, Bd. 2, S. 76.

Damit ist nun aber eine Spannung in den Begriff des Bekenntnisses hineingetragen, die seine rechtliche Gültigkeit aufs äußerste gefährden muß. Es soll sowohl unverrückbar und buchstabenmäßig feststehen als auch durch neue Erfahrungen schließlich überwunden werden. Wie kann das möglich sein?

Das 19. Jahrh. fand den Ausgleich dieser Spannung im Gedanken der organischen Entwicklung, der es ermöglichte, das Vergangene im Neugewachsenen noch gegenwärtig zu erblicken. Ohne Frage wird jener Gedanke in der Kirche eine dauernde Bedeutung behalten. Vom Neuen Testament aus läßt er sich rechtfertigen durch die Art, wie hier die Heilsgeschichte des Alten Testamentes zugleich vorausgesetzt und als | „erfüllt" betrachtet wird. Auch die Anschauung von der Kirche als dem Leib Christi wird wohl nicht nur für das organische Denken des 19. Jahrh.s vorbildlich wirksam bleiben. Und immerhin lassen sich gewisse rechtliche Konsequenzen – wenigstens innerhalb der Kirche – aus der wachstümlichen Kontinuität der Bekenntnisse ableiten: Alles, was die von ihm bezeichneten Tatbestände direkt leugnet, hat in der Kirche keine Existenzberechtigung.

Aber die Erfahrung lehrt, daß die rechtliche Anwendung dieses Grundsatzes schwer zu treffen ist. Denn es liegt ihr die Trennung zwischen (vergänglichem) Ausdruck und (bleibender) Substanz zugrunde. Nun lassen sich aber Form und Inhalt des Bekenntnisses selten so klar scheiden, daß der Vorwurf subjektiver Willkür vermieden werden könnte, wenn es eine im rechtlichen Sinne scheidende Wirkung ausüben soll.

Zudem ist jene Anwendung nur negativ. Es kann auf diesem Wege wohl offenbare Irrlehre aus der Kirche ausgeschieden werden. Aber es ist nicht möglich, vom Gedanken der organischen Entwicklung aus neue Lehre als genuine Fortsetzung der bereits bekenntnismäßig fixierten zu betrachten und ihr damit kirchenrechtliche Gültigkeit zuzuerkennen. Welche Instanz soll da ein Urteil fällen? Wer kann über das Gesetz geistlichen Lebens, das den Leib Christi durchwaltet, vom Menschen aus und mit den Mitteln menschlichen Rechtes verfügen?

Vor allem aber wird es nicht möglich sein, auf diese Weise vom Bekenntnis her die rechtliche Gestaltung der Kirche zu gewinnen. Das 19. Jahrh. hat den Versuch gemacht, das organisch verstandene Bekenntnis und das organisch verstandene Recht von einer gemeinsamen göttlichen Wurzel abzuleiten und so beide miteinander zu verbinden. Der pantheisierende Gottesgedanke, der jenem Versuch zugrunde lag, ist inzwischen von der Theologie überwunden und als dem Bekenntnis widersprechend entlarvt worden. Es wird auch von hier aus deutlich, daß das Verhältnis von Bekenntnis und Recht neu bestimmt werden muß und daß das eine theologische Aufgabe ist.

Wir können darum Vilmars Satz: „Die Zeit der Lehre ist abgelaufen; es beginnt die Zeit der Tat und des Amtes" nicht so verstehen, daß wir das, was dem überlieferten Bekenntnis an innerer Überzeugungskraft heute fehlt, durch seine Ausstattung mit rechtlicher Autorität ersetzen. Sondern gerade wenn wir mit Vilmar bejahen, daß der Kirche in | ihrem Tatzeugnis neue, bekenntnismäßig noch zu fixierende Erfahrungen geschenkt werden, müssen wir darunter auch ein neues Verständnis für ihr eigenes Recht begreifen und ihr den Weg dazu offenhalten. In einem neuen Bekenntnis wird die Kirche ihre göttliche Sendung in der Welt und damit ihr eigenes Wesen neu erfassen. Das wird sie fähig machen, die Gesetze ihres eigenen Gemeinschaftslebens, das sich von Wort und Sakrament her gestaltet, neu zu verstehen, sich danach von innen heraus neu zu ordnen und damit zugleich auch auszusprechen, welche Stellung sie in den rechtlichen Ordnungen des natürlichen Gemeinschaftslebens nach Gottes Willen einzunehmen hat.

R. SOHMS RINGEN UM DEN ZUSAMMENHANG ZWISCHEN GEIST UND RECHT IN DER GESCHICHTE DES KIRCHLICHEN RECHTES*

Die Zeit nach Abschluß des Kirchenkampfes hat der Wissenschaft vom evangelischen Kirchenrecht die Möglichkeit zur Neubesinnung und Neufundamentierung gegeben. Wir können den Neubau kirchlicher Verfassungen und den Umbau der seit den zwanziger Jahren gültigen nicht bloß aus kirchenpolitischen und praktischen Erwägungen heraus vornehmen. Es bedarf hier wie bei der Schaffung neuer Gemeindeordnungen und bei Ablösung kirchlichen Amtsrechts vom staatlichen Beamtenrecht sowie bei der Vereinheitlichung des landeskirchlichen Rechtes innerhalb der EKD einer grundsätzlichen Besinnung. Wir fragen nach der theologischen Begründung des Rechtes überhaupt und des Kirchenrechtes insbesondere. Uns lockt oder ängstigt die Möglichkeit eines doppelten Rechtsbegriffes, die damit auftaucht. Im Grunde ist es das alte Thema des Verhältnisses von Geist und Recht, das unter uns aufbricht, | hier nicht wie im 19. Jahrhundert von einem idealistischen Geistbegriff aus gestellt, sondern von der theologischen Reflexion über Wesen, Amt und Wirkweise des Heiligen Geistes gefordert. Kann der Heilige Geist Recht setzen? Duldet er in der Kirche überhaupt Recht neben sich? Und wenn man beide Fragen bejaht, erhebt sich die dritte, schwerste: Wie kommt solches Recht, vom Heiligen Geist gewirkt oder doch wenigstens als Werkzeug benutzt, in der Kirche zustande?

Wir sind heute nicht zuerst vor diese Fragen gestellt. R. Sohm hat sich zeitlebens mit ihnen beschäftigt, ist bis an sein Ende von ihnen nicht losgekommen. Und er hat keineswegs im Laufe seines Lebens immer dieselbe Antwort darauf gegeben. Je nach dem Befund, den die von ihm durchforschte Geschichte des kirchlichen Rechtes vor ihm ausbreitete, ist er auch auf ein andersartiges Verständnis des Verhältnisses von Geist und Recht gestoßen. Er hat sich mit diesen verschiedenen Befunden aus-

---

* Aus: ZevKR 8, 1961, S. 26–60.

einandergesetzt, er hat um die in ihnen vorhandenen Wahrheitsmomente gerungen. Er ist dadurch selbst immer wieder in die Problematik jenes Verhältnisses hineingezogen worden, hat dazu Stellung nehmen müssen, hat dabei als Historiker des Kirchenrechts zu jener Grundfrage Entscheidendes gesagt, das zwar unsere Situation nicht zu klären vermag, in ihr aber nicht übersehen werden darf.

An drei Typen kirchlicher Rechtsbildung hat Sohm das Verhältnis von Geist und Recht zu beobachten Gelegenheit gehabt:

1. im Urchristentum: wie aus vollmächtiger prophetischer Rede charismatisches Recht als Ausdruck eschatologischen Gottesrechtes entsteht;

2. im Altkatholizismus: wie sakramentale Rechtsordnung aus dem Walten des Geistes in den Sakramenten einerseits hervorgeht, andererseits geistliche Wirkungen entbindet;

3. in der Reformation: wie der im Worte wirkende Geist zur Verkündigung des Wortes Institutionen und rechtliche Ordnungen voraussetzt und gleichzeitig unter dieser wirksamen Verkündigung neue schafft.

Aber ehe wir Sohms Darstellung dieser Typen wiedergeben, müssen wir fragen, von welchem Begriff des Rechtes er ausgeht, um das Verhältnis von Geist und Recht zu beurteilen.

I. Der Rechtsbegriff

Auf den ersten Blick erscheint die Durchführung unserer Aufgabe aussichtslos. Sohms Grundthese: „Das Kirchenrecht steht mit dem Wesen der Kirche im Widerspruch" scheint es unmöglich zu machen, | einen Übergang vom Geist zum Recht festzustellen. Andererseits hängt die Wahrheit jener These von dem ab, was man unter Geist und Recht versteht. Es wäre immerhin möglich, daß ein Rechtsverständnis, das sich im grundsätzlichen Gegensatz zum Geist befindet, sich als zu eng erwiese; andererseits, daß ein zu enges Verständnis vom Wesen des Heiligen Geistes die Erkenntnis seines Zusammenhanges mit dem Recht unnötig erschwert.

Die Frage nach dem Wesen des Geistes, den Christus seiner Kirche gegeben hat, ist eine *theologische* Frage. Wir werden sie bei der Beschäftigung mit dem evangelischen Kirchenrecht immer wieder zu stellen haben. Die Frage nach dem Wesen des Rechtes ist eine *juristische* Frage. Der Theologe kann sie im Blick auf den berühmten Rechtslehrer nur so stellen, daß er mit aller Vorsicht aus Sohms eigenen Äußerungen sich ein Gesamtbild von dessen Verständnis des Rechtes zu verschaffen sucht.

Er wird dabei von der Tatsache ausgehen müssen, daß Sohm sich ausdrücklich, wenn auch nicht kritiklos, zu Savigny und der Historischen Rechtsschule bekannt hat. Besonders deutlich ist das in seinen Institutionen geschehen[1]; auch in seinen kirchenrechtlichen Schriften hat er sich methodisch und sachlich auf die Historische Rechtsschule berufen. Im Kirchenrecht führt das zu einer geschichtlichen Betrachtungsweise, die nicht von einem vorgefaßten Begriff des Rechtes aus die kirchliche Rechtsentwicklung zu beurteilen sich bemüht, sondern fragt, was die Christen in der Vergangenheit als kirchliches Recht betrachteten und wie sie seine Verbindlichkeit theologisch begründeten[2]. Sohm kommt es dabei darauf an, die Wandlungen der kirchlichen Rechtsgeschichte aus den Wandlungen des christlichen Glaubens, also theologisch verständlich zu machen; insofern erscheint ihm hier die Theologie als der Jurisprudenz vorgeordnet. Und wo er in der geschichtlichen Wirklichkeit den Versuch wahrnimmt, vom heiligen Geist aus die Verbindung zum Recht zu gewinnen, wird er diesen Versuch getreulich | registrieren, von seinem theologischen Verständnis des Geistes aus das dabei obwaltende theologische Anliegen wiedergeben und mit seinem juristischen Verständnis des Rechtes konfrontieren. So verspricht uns die Ehrfurcht, die der Jünger der Historischen Schule der organischen Entwicklung des kirchlichen Rechtes entgegenbringt, daß er in Urchristentum, Altkatholizismus und Reformation jeweils die Frage nach der Beziehung von Geist und Recht vordringlich stellt.

Dabei spielt ein Hauptinteresse, das Sohm der Historischen Schule verdankt, eine entscheidende Rolle. Bekanntlich haben Savigny und seine Schüler den Kampf gegen das Naturrecht der Aufklärung auf ihre Fahne geschrieben: in ihrer Gefolgschaft führt Sohm auch im Kirchen-

---

[1] [Sohms Werke sind im vorliegenden Aufsatz ohne Verfassernamen zitiert.] Vgl. die im folgenden zitierte Auflage von 1917, die Sohm selbst noch druckfertig gemacht hat, [Institutionen] besonders S. 27 ff., 80 ff. Im Kirchenrecht erfolgt das Bekenntnis zu den Grundprinzipien der Historischen Schule nicht so programmatisch, aber sachlich doch deutlich genug; vgl. Kirchenrecht, Bd. 2, S. 62: „Die Frage nach dem Grund der Rechtsgeltung bedeutet die Frage nach den Mächten, welche *geschichtlich* rechtserzeugend gewirkt haben. Darüber entscheidet selbstverständlich nicht unsere heutige Art zu denken, sondern die Auffassung der Vergangenheit.“

[2] Altkath. KR, S. 551: „Alles Recht und alle juristischen Begriffe sind von bloß relativer Geltung, den Geist *dieser* Zeit und *dieses* Rechtskreises zum Ausdruck bringend. Darum wandelt sich alles Recht und darum ist die juristische Methode nicht auf die naturrechtliche, sondern auf die geschichtliche Betrachtung gegründet.“

recht diesen Kampf[3]. Und dabei geht es ihm nicht nur wie den evangelischen Kanonisten des 19. Jahrhunderts um die Reste des *Territorialismus*, die sich im Staatskirchenrecht zäh zu behaupten versuchten. Es geht ihm vor allem auch um die Nachwirkungen des *Kollegialismus*, auf den jene Kanonisten sich stützten, um der Kirche des 19. Jahrhunderts ihre Freiheit innerhalb des säkularisierten konstitutionellen Staates zu sichern. Unermüdlich und in einem oft bitteren Sarkasmus hat Sohm die Inkonsequenz solcher Jünger der Historischen Rechtsschule wie Richter, Stahl und Puchta bis hin zu Scheurl und Kahl gegeißelt, die ein Korporationsrecht bald demokratischer, bald aristokratischer Art bis in die Anfänge der kirchlich-rechtlichen Entwicklung zurückverfolgten und damit die kirchenpolitischen Spannungen des 19. Jahrhunderts in das Urchristentum zurückzuverlegen trachteten. Und unter seinen Zeitgenossen kämpft Sohm erbittert gegen das „Religionsgesellschaftsrecht", das Hatch und Harnack[4] verfechten, gegen das | Genossenschaftsrecht, das Gierke und seine Schüler in der Kirche finden, und gegen das kollektive Recht, von dem aus Ernst Troeltsch und die Soziologen das kirchliche Recht verstehen wollen.

In diesem Kampfe geht es Sohm um das rechte geistliche Verständnis der Kirche; er kämpft gegen die Verweltlichung, die sie unter dem Einfluß eines säkularen Rechtsdenkens erfährt. Das ist aber gerade der Punkt, an dem unter den bitteren Erfahrungen des Kirchenkampfes das Nachdenken über das rechte evangelische Kirchenrecht unter uns einge-

---

[3] Als Haupteinwand gegen die ‚allherrschende Lehre' im KR gilt ihm immer wieder deren aller geschichtlichen Einsicht hohnsprechende These: „Der Geist der Aufklärung soll der Geist des Urchristentums gewesen sein" (Altkath. KR, S. 641, Anm. 39). „Unserer Kirchenrechtswissenschaft erscheint die ganze Vergangenheit im Lichte der Aufklärung" (Altkath. KR, S. 31); darum fehlt ihr der Schlüssel zum Verständnis. Unter der Herrschaft der Aufklärung, die reformierte Tendenzen in das lutherische Verfassungsleben einführte, sind wertvolle Rechtsgrundsätze der lutherischen Bekenntnisschriften für die Gegenwart verlorengegangen (Kirchenrecht, Bd. 1, S. 697); auch die Grundgedanken des altkanonischen Rechtes, „welches ein Jahrtausend lang, vom zweiten bis in das zwölfte Jahrhundert, die Entwicklung der Kirche beherrscht hat", blieben unter jener Herrschaft unzugänglich und unverständlich. „Darum mußte schwere Rüstung angelegt werden"; der Festschriftbeitrag für Adolf Wach ist eine Kampfschrift! „Ich weiß aus Erfahrung, daß es nicht leicht ist, gegen das das unsere Rechtswissenschaft noch immer allmächtig beherrschende Naturrecht der Aufklärung zu streiten" (Widmung des ‚Altkath. KR' an Adolf Wach). Dabei hat Sohm freilich die naturrechtlichen Partien, die den Eingang zum Dekret bilden und die Gratian aus Isidor übernommen hat, arg verharmlost, wenn er sie nur ‚wie einen eingesprengten Fremdkörper' betrachtet wissen wollte (Altkath. KR, S. 98).
[4] Diese Seite des Kampfes verfolgte ich in einem Aufsatz über: Harnack und Sohm [vgl. u. S. 364–387].

setzt hat. Wenn wir nach einem positiven Verhältnis von Geist und Recht trachten, gehen unsere Fragen in dieselbe Richtung, in der sich Sohm in seinem kirchenrechtlichen Denken zeitlebens bewegt hat. Und wenn wir bei unserem Streben auf todbringende Gefahren stoßen – nun, die Warnschilder hat Sohm schon aufgestellt. Seine Grundthese von der Unvereinbarkeit zwischem Heiligem Geist und Recht behält jedenfalls den Sinn, daß nicht *jedes* Recht dem geistlichen Charakter der Kirche angleichbar ist.

Damit ist aber zugleich eine Einschränkung und ein Auslegungsmaßstab für jene Grundthese Sohms gegeben. Das Genossenschaftsrecht, wie es im protestantischen Kirchenrecht herrschend geworden ist, ist mit dem Wesen der Kirche unvereinbar. Die Kirche ist keine selbstherrliche Größe; sie ist nicht Rechtsquelle aus sich selbst heraus. Nur wenn Gottes Geist sie beherrscht, nur wenn sie sich gläubig von ihm beherrschen läßt, ist sie „in Ordnung". Ob und wie weit man diesen Stand der Ordnung einen Rechtszustand nennen kann, hängt davon ab, was man unter Recht versteht.

Jedenfalls will Sohm mit seiner These von dem Urgegensatz zwischen Kirche und Recht oft nur die „herrschende Lehre" treffen, die Unvereinbarkeit also aussprechen zwischen dem Genossenschaftsrecht und dem Wesen der Kirche. Die Kirche ist keine Genossenschaft von Glaubenden, die selbstherrlich ihre Glaubensüberzeugung in Recht verwandeln könnten. Sohm hat auch allen Grund, diese These gegen die Neuorthodoxie zu wenden, die das Bekenntnis als Rechtssatzung eines Kollektivs – man könnte auch sagen: als Satzung eines Vereins – versteht und von da aus gegen die Jünger der Aufklärung den Begriff der Bekenntniskirche ausspielt. Er wendet sie ebenso aber auch gegen Rationalisten und Liberale, wenn sie versuchen sollten, Kirche und Gemeinde nach ihren Glaubensüberzeugungen rechtlich umzuformen.

Aber indem Sohm das Genossenschaftsrecht ablehnt, hat er selbstverständlich als Jurist einen anderen Begriff vom Wesen des Rechtes | in petto. Er ist zwar bereit, aus der kirchlichen Rechtsgeschichte zu lernen, welche Vorstellungen vom Recht in der Kirche jeweils gültig waren. Aber er ist nicht bereit, diese Vorstellungen ohne weiteres als für heute gültig anzuerkennen. Er mißt sie an dem, was für ihn Recht bedeutet. Und so kommt es nun doch dahin, daß Sohm, der Jünger der Historischen Rechtsschule, mit vorgefaßter Meinung an die kirchliche Rechtsgeschichte herantritt, daß letztlich die Rechtsphilosophie ihn beherrscht und nicht die Theologie. Sohm hat an Savignys „Recht des Besitzes" hervorgehoben, daß hier „der Glanz savignyschen Geistes mit der Kraft römischer Jurisprudenz sich vermählte"[5]. Entsprechendes ließe sich von Sohms Kirchenrecht auch behaupten: Sohm hat seine künstlerische Darstellungsgabe in den Dienst eines Rechtsgedankens gestellt, der aus dem Profanrecht stammt, theologisch überhaupt nicht qualifiziert ist; von dort hat er den Gang der kirchlichen Rechtsgeschichte beurteilt, ihm hat er sie logisch untergeordnet. Was Sohm den Anhängern des Naturrechtes vorwirft, hat er im Grunde selbst getan: Er hat das kirchliche Recht an einem unveränderlichen, ungeschichtlichen Rechtsbegriff gemessen. Wenn er also als Nachfahre der Spätromantik in liebevoller Versenkung in das Einzelne die organische Entwicklung der kirchlichen Rechtsgeschichte im Ganzen zusammenfaßt und dabei aus dem Ablauf dieser Geschichte zunächst den disharmonischen Dreiklang heraushört von geistlichem, weltlichem, staatlichem Recht[6], so drängt ihn alles hin auf eine harmonische Auflösung dieser Dissonanz. Und weil sich ein Einklang hier nicht finden läßt, bestreitet er dem Kirchenrecht den Charakter des Rechtes. Als ideales Ziel einer juristischen Darstellung scheint es ihm vielmehr, daß sie „die ganze Masse des Rechtes als die freie Entfaltung eines einzigen Begriffes, des Begriffes des Rechtes, zur Anschauung bringt"[7].

Weil also solch einem umfassenden Rechtsbegriff[8] das Wesen der Kirche widerstreitet, weil er sich ihrer geschichtlichen Entwicklung nicht zugrunde legen läßt, darum gibt es für Sohm kein Kirchenrecht, kann es keins geben. Seine These ist abhängig von diesem allgemeinen Verständnis des Rechtes. Sie beruht auf der Annahme, man müßte das Recht | auf eine letzte Formel, auf einen obersten Begriff bringen können. Wo man aber eine solche Begriffsjurisprudenz ablehnt, die alles von einem allgemeinen Rechtsbegriff abhängig macht, wird man zwar Sohms kirchenrechtliche Grundthese verwerfen und doch aus seinen geschichtlichen Einzelbeobachtungen wertvolle Anregungen für das rechte

---

[5] Institutionen, S. 181.

[6] Kirchenrecht, Bd. 2, S. 167.

[7] Institutionen, S. 40.

[8] Er ist in seiner längeren und noch deutlich in der kürzeren Fassung bestes Erbe aus dem deutschen Idealismus: „Recht ist die *selbstherrliche* Ordnung einer sittlich *notwendigen* und überindividuellen äußeren Gemeinschaft. Kürzer gesagt: Recht ist sittlich notwendige Gemeinschaftsordnung" (Kirchenrecht, Bd. 2, S. 55; Sperrungen von Sohm). In Sohms Grundthese, die sich aus dieser Rechtsdefinition notwendig ergibt, findet die innere Spannung zwischen idealistischer Geistes- und neutestamentlich-reformatorischer Glaubenshaltung einen Ausdruck, der in solcher Schärfe für die Menschen des 19. Jahrhunderts selten, aber darum um so bezeichnender ist.

Verständnis von Geist und Recht gewinnen können. Nur ein *System* des geistlichen Kirchenrechtes läßt sich so nicht gewinnen.

Wie eine Begriffsjurisprudenz uns den Blick auf das rechte Verhältnis von Geist und Recht verhüllt, so auch eine Theologie, die im strengen Sinne systematisch gebunden sein will. Ein *System* des Kirchenrechtes gibt es nicht, kann es nicht geben. Wir können nur die einzelnen Ausprägungen des kirchlichen Rechtes auf ihren geistlichen Ursprung hin überprüfen. Der Geist kann nur Beziehungspunkt sein für einzelne Rechtsgrundsätze und Institutionen in der Kirche, niemals aber Quellort für eine Rechtsordnung, die das ganze Leben der Kirche zu umspannen sich getraut. In der Beziehung von Geist und Recht ist der Geist immer das Ganze, die Fülle pneumatischen Lebens für die Kirche sowohl wie für den einzelnen Gläubigen. Das Recht aber ist das Sporadische, Fragmentarische, von Fall zu Fall immer neu zu Bildende, je nachdem wie der Geist die Kirche inmitten der Welt schirmt, bewahrt, leitet und zum Zeugnis der Wahrheit ermächtigt und befähigt.

Jener umfassende Rechtsbegriff aber – und das ist der letzte, entscheidende Grund, warum der Jünger der Historischen Rechtsschule das Recht mit dem Wesen der Kirche unvereinbar finden muß – hat nach Sohm seinen Ursprung in der *Volksgemeinschaft*. „Die Volksgemeinschaft ist Rechtsquelle", heißt es im Kirchenrecht[9]: darum kann die Kirche nicht Rechtsquelle sein. „Das Recht ist das Lebensgesetz des Volkes", heißt es in den aus dem Römischen Recht gewonnenen „Grundbegriffen": will darum die Kirche Kirche bleiben, so kann ihr Lebensgesetz nicht das Recht sein, muß das Recht ihrem Lebensgesetz widerstreiten. Und obwohl das Recht des Volkes nicht aus der allgemeinen Vernunft kommt, nicht also aus dem Naturrecht abgeleitet werden kann, gewinnt es doch naturalistische Züge. Darwin und Nietzsche scheinen sich die Hand zu reichen, wenn wir hören, das Recht entspringe dem „Selbsterhaltungstrieb der volksmäßig zusammenhängenden Menge" und enthalte darum „die um des Volkes willen notwendige Machtordnung"[10]. Dabei ist das Erbe des ursprünglichen Idealismus Sohm nicht verlorengegangen. Durch das Recht wird der vitale Drang versittlicht. Als selbstherrliche, nicht „gewillkürte" Gemeinschaft ist die Volksordnung „durch die sittliche Freiheit selber gefordert"; aus ihr soll die sittliche Persön|lichkeit erwachsen. Und in der sittlichen Verpflichtung, die

---

[9] Kirchenrecht, Bd. 2, S. 56; Weltl. u. geistl. R., S. 17.
[10] Institutionen, S. 23.

sie damit ihren Gliedern – auch ohne deren Zustimmung! – auferlegt, liegt der notwendige Zwangscharakter des Rechtes[11].

Weil die Kirche keinerlei Zwang kennt, darum kann sie kein Recht besitzen. Weil jene sittliche Notwendigkeit – echt kantisch – auf rein formalen, allgemein zwingenden Notwendigkeiten beruht, darum ist auch dem Rechte der Grundzug des Formalen eigen. Und wo in der kirchlichen Entwicklung im Zusammenhang mit dem geistlichen Leben formale Kategorien geltend gemacht werden, da ist eine widerchristliche Verrechtlichung eingetreten. So wirken die Kategorien des Zwanges und des Formalen bei Sohm zusammen, um das Wesen des Rechtes zu charakterisieren und damit zugleich seine Unvereinbarkeit mit dem Wesen der Kirche zu dokumentieren.

Ein aus der idealistischen Philosophie des 19. Jahrhunderts stammender, das idealistische Erbe aber nicht mehr rein bewahrender Rechtsbegriff steht hinter der Grundthese Sohms. Vor einem so verstandenen und als allgemein gültig anerkannten Recht die Kirche zu schützen ist sein frommes Anliegen. Hinter seiner so scharf zugespitzten These steht dieses Anliegen; sie ist der Selbstschutz eines evangelischen Christen, der seine Kirche nicht einem von ihm als unchristlich erkannten Rechtsbegriff ausliefern will. Wie stellt sich für den, der sich von diesem Rechtsbegriff freigemacht hat, das Verhältnis von Geist und Recht?

Wir richten diese Frage an Sohm, weil wir sahen, daß er wenn auch nicht sein juristisches, so doch sein theologisches Denken freimachen will vom formalen Zwang eines profanen Rechtsbegriffes. Wir richten sie an ihn, weil seine Sorge um das geistliche Leben der Kirche ihm immer wieder den Blick öffnet für die Zusammenhänge, in denen der Geist Gottes das Ordnungsleben der Kirche bestimmt.

II. Das Urchristentum

Die Kirche ist ihrem Wesen nach geistlich, das Recht seinem Wesen nach weltlich. Darum hat die Kirche des Urchristentums kein Recht hervorgebracht. Geist und Recht berühren sich nur konträr. Wo das Recht einsetzt, verschwindet der Geist; und wo der Geist verschwunden ist, nimmt das Recht seinen Platz ein.

a) Damit mündet die Sohmsche Geschichtsschreibung ein in die Geschichtsbetrachtung, die von der Verfallstheorie bestimmt ist, die minde-

---

[11] Kirchenrecht, Bd. 2, S. 48 ff., vgl. Weltl. u. geistl. R., S. 5 ff.

stens seit Gottfried Arnold das protestantische Geschichtsdenken
be|herrscht und durch den deutschen Idealismus neue Kraft empfangen
hat. Der Glaube wird dabei nicht in seinem Bezug auf das geschichtlich
Konkrete gewürdigt, sondern als Abstraktion vom Sinnenfälligen und
als ein Gerichtetsein auf das Unsichtbare verstanden. Die Urchristenheit
erscheint unter diesem Aspekt gekennzeichnet durch einen „kühnen, von
der Kraft christlichen Glaubens emporgetragenen Idealismus". Dieser
Glaube ist aber seit dem Ende des 1. Jahrhunderts in unaufhaltsamem
Sinken begriffen. Er wird abgelöst durch ein Mißtrauen in die Kraft des
göttlichen Geistes, durch einen Kleinglauben, der nach Stützen, Krük-
ken, äußeren Bürgschaften verlangt und deshalb eine Rechtsordnung
fordert als Garantie für die Aufrechterhaltung der Christenheit[12]. Ja,
von einer „Fälschung des christlichen Glaubens" kann Sohm im Zusammenhang mit der Rechtsbildung reden, von objektiven Unwahrhei-
ten, die durch eine Reihe von Selbsttäuschungen der Christenheit im
Laufe ihrer Geschichte sich geltend gemacht haben[13].

Aber alle diese christlich-sittliche Entrüstung ändert nichts daran, daß
der Übergang vom Geist zum Recht sich „mit der Macht geschichtlicher
Notwendigkeit" durchsetzte und sich „folgeweise mit der Macht des
Sieges bekleidete"[14]. Am Gang der Geschichte wird diese Notwendigkeit abgelesen; der idealistische Urgrund dieser Geschichtsphilosophie
wird deutlich. Es gehört offenbar zum Wesen der Geschichte, daß in ihr
sich die ideale Wirklichkeit nicht auf die Dauer behaupten kann, daß
die Unwahrheit über die Wahrheit siegen muß. Dauernd muß daher der
Geist der evangelischen Wahrheit gegen Verrechtlichung und Verweltlichung kämpfen; der Widerspruch der wahren Kirche gegen das Kirchenrecht ist das Thema der Kirchengeschichte. Aber der Widerspruch
bleibt unlösbar; die geschichtliche Notwendigkeit erfordert vielmehr,
daß er immer wieder neu entbrennt. Wie in der idealistischen Geschichtsphilosophie bildet das Böse den Hebel für den Fortschritt in der Geschichte. So ist die Überwältigung des Geistes durch das Recht und der

---

[12] Kirchenrecht, Bd. 1, S. 162 f., vgl. 199 f.
[13] Kirchenrecht, Bd. 1, S. 456 ff.
[14] Kirchenrecht, Bd. 1, S. 458. – Kirchenrecht, Bd. 1, S. 162 wirft Sohm die Frage
auf: „Aber mußte denn notwendig Rechtsordnung für die Ekklesia erzeugt werden?"
Die charakteristische Antwort lautet: „Daß eine Notwendigkeit vorlag, zeigt die Geschichte. Auch sind wir im stande, in die entscheidenden Beweggründe einen Blick zu
thun."

immer neu entbrennende Kampf des Geistes gegen das Recht für Sohm
das innere Gesetz der Kirchengeschichte[15]. |

b) Aber in dieser Dialektik zwischen Geist und Recht kann es nicht
beim kontradiktorischen Gegensatz der beiden Mächte bleiben. Die
Notwendigkeit der Geschichte fordert, daß auch der *Übergang vom
Geist zum Recht* und damit eine gewisse Synthese sichtbar werde. So ist
der Historiker Sohm bemüht, die Elemente zu finden, die aus dem Urchristentum in den Altkatholizismus hinüberwirken, den Übergang vom
Pneumatischen zum Rechtlich-Weltlichen also geschichtlich verständlich
zu machen. Die Probleme, die sich hier auftun, haben ihn zeitlebens
nicht losgelassen.

Von Anfang an ist Sohms Augenmerk dabei auf die *Eucharistie* gerichtet: „Aus der Ordnung des eucharistischen Gottesdienstes ist die
Ordnung der Kirche hervorgegangen." Dieser Satz von 1892[16] wird in
den späteren, von 1909 ab herausgekommenen Arbeiten immer neu nach
allen Seiten entfaltet. Dahinter steht die Erkenntnis, die die Forschung
seitdem nur bestätigt hat, daß der eucharistische Gottesdienst der Ort
ist, da die Pneumatiker ihre geistliche Begabung ans Licht treten lassen.
Hier kann der Wort- und Lehrbegabte im Dankgebet die himmlische
Wirklichkeit lobpreisend bekennen. Hier bringt die Gemeinde, vom Geiste der Liebe bewegt, ihre Opfergabe hinzu. Kirchengut ist kein Vereins-
vermögen; es wird nicht von einem Beamtenkollegium im Auftrag der
Gemeinde nach demokratischen Grundsätzen verwaltet. Kirchengut ist
Gottesgut; sein Empfang und seine Verwaltung ist priesterliches Tun, ist
Aufgabe des Pneumatikers, des Lehrbegabten. Der Liebesdienst der Seelsorge an den Armen und Kranken ist damit verbunden. „Wer die Eucharistie feiert, hat die Stellung eines Priesters oder Statthalters Gottes,
d. h. die Stellung eines Lehrers des Evangeliums."[17]

---

[15] Unter dem Eindruck dieses Kampfes wächst Sohm übrigens schon früh über eine
bloß juristische Behandlung des Kirchenrechtes und damit ebenso über ein Grundprinzip der Historischen Schule hinaus. Sie fand zwar mit der Romantik Religion und
Recht in der Wurzel vereint, erblickte aber dann in der organischen Entfaltung des
Rechtes einen immanenten Vorgang. Sohm dagegen meint (Kirchenrecht Bd. 1, S. XI):
„Es ist unmöglich, das Recht lediglich aus sich selber darzustellen und zu begreifen.
Die rein juristische Behandlung hat bloß formalen Wert. Das Recht nimmt seinen Inhalt nicht aus sich selbst, es empfängt ihn von den anderen Mächten, auf dem Gebiet
des Kirchenrechtes von den geistlichen Mächten des menschlichen Lebens. Das Verständnis für Inhalt und Wesen des Kirchenrechts kann nur aus der Erfassung der geistlichen Kräfte gewonnen werden, welche um die Ausbildung des Kirchenrechts ge-
kämpft und in seiner Erzeugung ihren Ausdruck gefunden haben."
[16] Kirchenrecht, Bd. 1, S. 68.
[17] Kirchenrecht, Bd. 1, S. 80; vgl. S. 66 ff.

Aber nun zeigt Sohm nicht etwa an den einzelnen Handlungen der Pneumatiker, wie hier aus geistlicher Vollmacht rechtliche Wirkungen hervorgehen, wie das prophetische Wort in Gottes Namen Forderungen an die Gemeinde stellt, denen sie in ihren Ordnungen und Institutionen unter dem Zwang des göttlichen Geistes Rechnung tragen muß, wie die Abendmahlszucht, von den Pneumatikern geübt, die Scheidung der Geister bewirkt und damit rechtliche Folgen auslöst, wie für die Verwendung der Opfergaben zugunsten der Gemeindearmen und Gemeinde|diener bestimmte Regeln, geistlich begründet, sich herausbilden müssen. Sohms Blick ist vielmehr ganz auf das Praktische gerichtet. Zwar sind alle Getauften Pneumatiker; aber Leute, die die Gabe der prophetischen Wortverkündigung besitzen, sind selten; es gibt sie nicht in jeder Gemeinde. Darum treten an ihre Stelle die Ältesten; auch die langjährige Bewährung im Glauben ist eine besondere Geistesgabe[18]. Und besonders dazu bestellte Älteste – es sind die Episkopen – nehmen, nicht jeder in jedem Gottesdienst, sondern wie der Geist es will und die Gemeinde es zuläßt, die Wortverkündigung wahr. Sie schöpfen die Begabung dazu nicht aus unmittelbarem eigenem Geistesantrieb, sondern aus der Tradition, die ihre prophetischen Vorgänger geschaffen haben. Sie formen das hymnische Eucharistiegebet nicht frei aus dem Augenblick heraus, sondern halten sich an agendarische Vorlagen. Aber sie bleiben in alledem doch freie Pneumatiker, abhängig allein von dem Walten des Geistes, der sie an ihre Stelle gestellt hat, wie und wann es ihm gefällt, abhängig damit auch von der übrigen Gemeinde, in der der Geist ebenso wirksam ist wie bei ihnen[19].

Ein kleiner Schritt nur, durch den diese charismatische Ordnung[20]

---

[18] Gegen Harnack bestreitet Sohm die These: „Es gibt kein Charisma des Alters"; Kirchenrecht, Bd. 1, S. 106, Anm. 68.

[19] In seinen späteren Arbeiten hat Sohm besser zum Ausdruck gebracht, daß der urchristliche Gottesdienst sich nicht auf die Wortverkündigung beschränkt, daß dem Moment der sakramentalen Vergegenwärtigung Gottes größere Bedeutung zukommt und daß demgemäß der Pneumatiker, der den Gottesdienst leitet, mehr ist als Prediger und Vorbeter, nämlich ausführendes Organ göttlicher Willeskundgebung: „In der Mitte einer jeden Christenheitsversammlung ist Gott, Christus mit den Engelscharen ... Alle Christenheitsversammlungen sind Ekklesien, Versammlungen *Gottes* (Christi) mit seinem Volk. *Ihre Lebensäußerungen sind Gottes Lebensäußerungen*" (Altkath. KR, S. 64 f.; Schlußsatz des Zitates von mir gesperrt). Alle Handlungen der Versammlung sind „Handlungen des Heiligen Geistes, der das Volk durch die von ihm Berufenen regiert" (Altkath. KR, S. 65); mit aller Konkretheit werden diese Handlungen und Dienste im Rahmen der eucharistischen Tischgemeinschaft geschildert (Altkath. KR, S. 70 ff.).

[20] Charismatische Ordnung schließt eine abstrakte Gleichheit aller Gemeindeangehörigen von vornherein aus. Gott verteilt die Charismen und weist damit jedem seinen

zur Rechtsordnung im Sohmschen Sinne wird. Ein kleiner Schritt, aber
der Schritt vom Glauben zum Unglauben, von der evangelischen Wahrheit zur Unwahrheit[21]: Man macht die eucharistische Ordnung
zur | Rechtsordnung; man sichert durch heiliges Recht das Kirchengut
gegen mißbräuchliche Verwendung, man sichert die Ältesten vor Zwiespalt untereinander und mit Gruppen in der Gemeinde, indem man die
Zahl der zu Episkopen bestellten Ältesten beschränkt und schließlich
auf einen einzigen begrenzt, man macht von diesem monarchischen Bischof den Empfang des Sakramentes und damit den Empfang der Geistesgaben und des Heiles abhängig. Das Kirchenrecht hebt den Geist
nicht auf, aber es bindet ihn, nicht zunächst an einzelne Menschen oder
Menschengruppen, sondern an heilige Institutionen. Durch die Bindung
des Geistes an das Recht erweist das Recht seine Feindschaft gegen die
wahre Kirche, wird der Geist pervertiert, das Heil gefährdet, der Un-
glaube gestärkt und gemehrt[22].

c) Für Sohm steht dieser Übergang von der ursprünglichen Geistkirche zur Rechtskirche unter dem Zeichen des *göttlichen Rechtes*. Der Katholizismus ist auf Gedeih und Verderb an den Glauben gebunden, es
gäbe ein göttliches Recht[23]. Aber dieser Glaube ist eine Selbsttäuschung.
Er verwechselt die ,charismatische Organisation', da der Geist jedem
seine Gaben austeilt und in der Verschiedenheit der Gaben die verschiedenen Dienste an der Gemeinde überträgt, mit einer rechtlichen Organisation, die eine hierarchische Ordnung mit autoritären Befugnissen aus-
stattet und das alles auf Gottes ausdrückliche Anordnung zurückführt.

Platz innerhalb der charismatischen Ordnung an: „Da gilt *Überordnung* und *Unterordnung* und zwar eine *von Gott gewollte* Überordnung und Unterordnung, je nachdem Gott einem jeglichen die Gabe ausgeteilt hat zum Dienst in der Christenheit";
Kirchenrecht, Bd. 1, S. 26 f. unter Berufung auf 1. Kor. 12, 12 ff. Von Ludwig
von Haller bis Stahl wird dasselbe Ordnungsprinzip, das dem abstrakten Gleichheits-
gedanken der Aufklärung entgegengesetzt wird, nicht charismatisch, sondern naturrechtlich begründet.
[21] „Der *Kleinglaube* fordert Stützen, Hülfsmittel, Krücken, äußere Bürgschaften für
die Erhaltung rechter Ordnung in der Ekklesia. Der *Kleinglaube* verlangt *Rechtsordnung*, formale Schranken, Garantien für die Aufrechterhaltung der Christenheit. Aus
diesem *Kleinglauben* des christlichen Epigonentums ist der Katholicismus entsprun-
gen"; Kirchenrecht, Bd. 1, S. 162.
[22] „Aus der Macht der Sünde, welche auch in der Christenheit Raum gewonnen hat,
ist das Bedürfnis nach Kirchenrecht, und mit ihm der Katholicismus, hervorgegangen";
Kirchenrecht, Bd. 1, S. 163.
[23] „Der Katholicismus behauptet das Dasein eines ,göttlichen Rechts' . . ., und er
muß das Dasein desselben behaupten, denn das ganze Wesen des Katholicismus beruht
darin, daß er die Rechtsordnung als notwendig für die Kirche (u. zwar als notwendig
für das geistliche Wesen derselben) bejaht"; Kirchenrecht, Bd. 1, S. 2.

Der Verfasser des 1. Clemensbriefes wird von Sohm für die Einführung eines solchen göttlichen Rechtes verantwortlich gemacht[24]. Schon vor ihm gab es in der Kirche eine „Ordnungspartei", die ein formales Recht in der Kirche erstrebte. Aber Clemens hat ihr unter dem Begriff „göttliches Recht" das Stichwort und die zündende Idee gegeben, die die urchristlichen Ideen ablöste. Man sieht, der Wandel von der Geistkirche zur Rechtskirche ist ein ideengeschichtlicher Vorgang. Und man bewundert mit der List der Idee auch die geniale Kraft der Neuschöpfung, die den kleingläubigen und ängstlichen Clemens angesichts der Unruhen in Korinth plötzlich überkommt. Aber | die Macht des Heiligen Geistes ist es nicht, die da wirksam ist; die hat mit dem göttlichen Recht nichts zu tun[25].

Auch der geisterfüllte Märtyrer Bischof Ignatius von Antiochien setzt mit seiner Forderung der Einheit der Gemeinde unter dem einen Bischof zwar göttliches Recht, aber kein geistliches Recht. Obwohl hier mit Händen zu greifen ist, wie ein Pneumatiker in geistlicher Vollmacht unmittelbare Rechtsforderungen aufstellt, ja vielleicht sogar, angesichts der gnostischen Gefahr, neues geistliches Recht schafft, — Sohm hat für diese Tatsachen keinen Blick. Er sieht Ignatius ganz in Abhängigkeit von Clemens Romanus, führt auch das Einbischofsamt auf Rom zurück und läßt es von hier nach Kleinasien und Syrien hinüberwandern[26]. Sohm kennt das göttliche Recht nur als dogmatisches Postulat, begründet aus dem alttestamentlichen Gesetz oder als allgemeines Naturrecht, zurückgeführt auf den Schöpferwillen Gottes; aber er kennt göttliches Recht nicht als charismatisches Recht, nicht als Ausdruck eines eschatologischen Gottesrechtes, wie es doch nicht nur Ignatius[27], sondern auch

---

[24] Kirchenrecht, Bd. 1, S. 158 ff.

[25] Später — Kirchenrecht, Bd. 2, S. 180 — hat Sohm durch eine spiritualisierende Umdeutung des vom Judentum übernommenen *theokratischen* Gedankens eine Möglichkeit gefunden, den Übergang von der Geist- und Rechtskirche verständlich zu machen: „Die Theokratie des Neuen Testamentes ist ... Gottes Herrschaft nur über *geistliches Leben* ... Gott, Christus regiert das religiöse Leben der Christenheit ... Daher die rein pneumatische (religiöse) Einheit der Ekklesia, die rein pneumatische (charismatische, religiös begründete) Organisation, die rein pneumatisch (nicht rechtlich) wirkende Theokratie der Geistbegabten." Dem gegenüber fällt der Katholizismus mit seiner Theokratie ins Judentum zurück.

[26] Die nicht in allen Stücken geschichtlich haltbaren Behauptungen über die Ignatiusbriefe (Kirchenrecht, Bd. 1, S. 168 ff., 182 ff., 193 ff.) werden Kirchenrecht, Bd. 2, S. 209 f. ergänzt und z. T. korrigiert durch die Würdigung des Märtyrerbischofs als eines Propheten, der — im Zusammenhang mit der Eucharistie — die von der Liturgie geforderte ‚göttliche Ordnung' proklamiert.

[27] Vgl. jedoch die vorige Anmerkung.

noch Hermas verkündigt hat und wie es in der Kirche hinter allen naturrechtlichen biblizistischen Verkrustungen immer bekannt, wenn auch
nicht immer wirksam geblieben ist.

d) Damit stehen wir bei der Frage nach den Ursachen, die es Sohm
schwer, ja unmöglich gemacht haben, einen positiven Zusammenhang
zwischen Geist und Recht wahrzunehmen.

1. Da ist an erster Stelle sein Verständnis des *Sakramentes* verantwortlich zu machen. Er teilt dieses Verständnis mit der Mehrzahl seiner Zeitgenossen. Erst in seinen späteren Schriften hat ihm wie vielen anderen
die Arbeit der religionsgeschichtlichen Schule einen tieferen Einblick in
die Eigenart sakramentalen Denkens erschlossen. 1892 versteht er die
Eucharistie rein vom Wortgottesdienst her[28]: Das Gebet als das | Opfer
des neuen Bundes steht im Mittelpunkt der eucharistischen Feier; jeder
Pneumatiker – d. h. im Prinzip jedes Gemeindeglied – ist berechtigt
dazu, das Wort zu nehmen. Vor allen übrigen haben die Propheten und
Lehrer hier Gelegenheit, ihre geistlichen Gaben zu entfalten. Die zur eucharistischen Feier bestellten Episkopen gesellen sich ihnen später hinzu.
Jedenfalls, weil das Gott wohlgefällige Opfer rein sein muß, können nur
Menschen geistlicher Art und geistlichen Lebenswandels es darbringen.
Veränderungen im Amts- und Opferverständnis wirken zusammen und
steigern sich gegenseitig in ihrer Wirkung[29].

Wesentliche Seiten des urchristlichen Sakramentsverständnisses sind
hier außer acht gelassen. Wir zählen hier nur Züge auf, die Sohm selbst
in seinen späteren Schriften nachgetragen hat. In seiner Grundlegung des
altkatholischen Kirchenrechtes hebt er – schon im Blick auf das NT –
die Heilsbeziehung des Sakramentes hervor. Es ist Stätte für das unmittelbare Wirken des in Christus der Christenheit zugewandten göttlichen
Heilswillens. Gott handelt hier, Christus ist hier herrscherlich und gna-
denvoll gegenwärtig[30]. Die in geistlicher Vollmacht aus der Fülle geistlichen Lebens handelnde Christenheit versammelt sich hier. Noch in alt-
katholischer, erst recht in urchristlicher Zeit ist es ihr durch den Bischof
sich vollziehendes Handeln, das „das Sakrament macht"[31]. „Die euchari-

---

[28] Kirchenrecht, Bd. 1, S. 112 ff., 137 ff., 205 ff.

[29] Kirchenrecht, Bd. 1, S. 207 ff.

[30] „In der Mitte einer jeden Christenheitsversammlung ist Gott, Christus mit den
Engelscharen. Sollte Gott an irdischen Geschäften, an einer Vereinsversammlung, Kör-
perschaftsversammlung, Ortsgemeindeversammlung sich beteiligen?" (Altkath. KR, S.
64).

[31] Sowohl im Urchristentum wie im Altkatholizismus besitzt allein die Ekklesia
Schlüssel- und Sakramentsgewalt. „Der Bischof (der Priester) für sich allein ist nicht

stische Sonntagsfeier ist schon bei Lebzeiten des Apostels Paulus zu einer bischöflich geordneten, d. h. zu einer rituellen Feier geworden."[32] Das alles ist für den späteren Sohm nicht ein illegitimer Einbruch katholisierender Tendenzen in die Welt des Urchristentums, sondern Wesensbestandteil der geisterfüllten eucharistischen Feier der Urzeit. Wie einfach wäre es gewesen, aus diesen Gegebenheiten Formen geistlichen Rechtes im NT aufzuzeigen. Wie anders hätte von hier aus eine Neuauflage des 1. Bandes von 1892 aussehen müssen, wenn Sohm noch Zeit gehabt hätte, die in seinen späteren fragmentarischen Schriften nur angedeuteten Linien weiter auszuziehen.

2. Daß die Realpräsenz Christi als Ursache für das Walten des Geistes 1892 bei Sohm noch nicht zum Tragen kommt, wirkt sich auch | in seinem Verständnis des *Pneumatikers* aus. Er wird in erster Linie als prophetischer Lehrer verstanden. Aus der Lehrbegabung lassen sich alle anderen Charismen bis hin zur Verwaltung des Kirchengutes ableiten. Auch was es an Anfängen charismatischer Organisation in der Urkirche gegeben hat, entsteht aus dem Gehorsam gegen das Wort. Die Ordnung der Gemeinde ist ein Stück urchristlicher Sittenlehre[33].

So wirkt die aus der Ritschlschen Theologie stammende Gleichung von Pneuma und Moral bei Sohm nach. Er kann sogar im Blick auf die Urgemeinde sagen: „Die Lehrgewalt war keine rechtliche, sondern lediglich moralische, d. h. geistliche Gewalt."[34] Für das ekstatische Moment pneumatischer Rede hat Sohm kein rechtes Organ. „Vielmehr ist ihre regelmäßige Erscheinungsform lediglich die gehobene, begeisterte, von Herzen kommende, aus innerer Gottesoffenbarung geschöpfte Rede."[35] Im Grunde ist der Pneumatiker doch der von religiösen Gefühlen bewegte

---

die Ekklesia; kein einzelner Christ ist die Christenheit ... Nicht der Priester als solcher und nicht die Form als solche macht das Sakrament, sondern das durch den Bischof (Priester) sich vollziehende Handeln der Ekklesia, der Christenheit"; Altkath. KR, S. 93.

[32] Altkath. KR, S. 73, Anm. 15.

[33] „Die Lehre von der kirchlichen Ordnung muß ein Teil der Entfaltung und Lehre des Gotteswortes (διδαχή) sein. Die Lehre vom Worte Gottes ist notwendig zugleich Sittenlehre (die Lehre von der *christlichen* Sittlichkeit), und mit dieser aus der göttlichen Offenbarung geschöpften christlichen Sittenlehre hängt die Lehre von der *Ordnung der Ekklesia* zusammen. Es sind *Moralgebote*, welche wie über das sittliche Leben des einzelnen, so auch ... über Leben und Gliederung der Ekklesia entschieden"; Kirchenrecht, Bd. 1, S. 23 f.

[34] Kirchenrecht, Bd. 1, S. 455.

[35] Kirchenrecht, Bd. 1, S. 39; ebd.: „Ein jedes begeisterte Zeugnis ist eine Prophetie, so daß jede *freie* Rede über geistliche Dinge unter den Gesichtspunkt der prophetischen Rede fällt."

und religiöse Gefühle weckende Prediger Schleiermachers und der vom Idealismus erfaßten Erweckungstheologie vom Anfang des 19. Jahrhunderts. Ja, seinem lutherischen Erbe verdankt Sohm eine noch größere Nüchternheit dem Ekstatiker gegenüber. Im Grunde setzt er wie das Altluthertum den Propheten mit dem Prediger von Gesetz und Evangelium gleich; nach seinem Geschichtsbild findet der urchristliche Lehrer im lutherischen Pastor seine unmittelbare Fortsetzung[36].

3. So ist Sohms Bild vom Pneumatiker *individualistisch* verengt; es fehlen die Züge gemeinsamer Geisteserfahrung. Trägerin des Geistes ist auch die Christenheit als Ganzes nur indirekt, und zwar als unorganisiertes, rechtlich nicht faßbares Ganzes. Träger des Geistes ist eigentlich nur der Einzelne als Glied der Gesamtheit[37]. Niemals ist eine | örtlich faßbare Ekklesia als solche geistliche Größe. Mit aller Kraft wehrt Sohm diesen Gedanken ab, aus Furcht, es könnte die *Ortsgemeinde* rechtlich greifbare Formen gewinnen, ja gar als eine zu rechtlichem Handeln befähigte Genossenschaft angesehen werden. Aus demselben Grunde legt er auch allen Nachdruck auf das Vorhandensein mehrerer, vollkommen gleichberechtigter Hausversammlungen an demselben Ort. Sie sind, völlig fluktuierend in ihrem Bestand, ohne festes Amt, ohne bestimmte Ordnung, unbeschränkt offen für das freie Walten des Geistes. Erst als die Hauptversammlung das ausschließliche Recht der Eucharistiefeier an sich zieht, wird jene charismatische Ordnung durch die rechtliche abgelöst[38].

---

[36] „Der Bischof der Urzeit stellt den unmittelbaren Vorfahren unseres heutigen Pastors dar"; Kirchenrecht, Bd. 1, S. 88. Auch die Verbindung von Glaube und Liebe, Wort und Tat in der Amtsführung verwertet gut lutherische Motive; Kirchenrecht, Bd. 1, S. 111 f.

[37] „Das Charisma ist nie einer Versammlung, auch nicht der Versammlung der Christenheit (dem Leibe Christi), sondern immer nur dem einzelnen Christen (dem *Gliede* Christi) gegeben, und zwar zu dem Zwecke, damit dies Charisma dem Leibe Christi *dienstbar* sei, helfe, die *Christenheit* stärken, führen, leiten und regieren"; Kirchenrecht, Bd. 1, S. 118. Erst im Altkath. KR, S. 68 f. gesteht Sohm ein: „Die urchristliche Gleichsetzung der Kirche im religiösen Sinne mit der über die Erde ausgebreiteten sichtbaren Christenheit schließt im Grundsatz den Individualismus aus." Dementsprechend ist schon der Urchrist von der Gemeinschaft religiös abhängig. „Durch den Leib Christi, die sichtbare Ekklesia auf Erden, strömt ihm zu der Geist Christi. In Teilhaberschaft an dem Handeln der sichtbaren ökumenischen Ekklesia genießt er das Handeln Gottes mit seinem Volke."

[38] Die rechtliche Beschränkung der Einzelgemeinde ergibt sich für Sohm erstens aus der individualistisch beschränkten Geistlehre: „Die Versammlung als solche hat kein Charisma, sondern nur der geistbegabte Einzelne"; damit erscheint die Entwicklung zum monarchischen Episkopat als eine innere Notwendigkeit (Kirchenrecht, Bd. 1, S. 54); zweitens aus dem Übergewicht der universalen Ordnungen der Gesamtkirche.

Es ist klar, daß diese Ablehnung einer klar umrissenen örtlichen Ekklesia auch den Verzicht auf jedes konkrete Wirken des Geistes einschließt. In einem derartigen fluktuierenden Gebilde verlieren sowohl
Taufe wie Abendmahl ihre abgrenzende, scheidende Wirkung. Kirchenzucht und Exkommunikation haben keine Stätte; die Ordnungsgewalt
des prophetischen Wortes hat nichts zu ordnen, die pneumatische Vollmacht schafft und legitimiert keine kirchlichen Institutionen.

In späteren Jahren hat Sohm diese Anschauungen einigermaßen korrigiert. 1914 hatte Karl Rieker[39] die kollektive Seite des Kirchenbegriffes
hervorgehoben: Jesu Predigt beziehe sich auf das *Reich Gottes*; ihre
Frucht sei die Sammlung des neuen *Volkes* Gottes. Und 1917 stimmt
Sohm ihm zu: die urchristliche Vorstellung von der über die Erde ausgebreiteten Christenheit „schließt im Grundsatz den Individualismus
aus"[40]. Damit hat Sohm die Einseitigkeit seiner Vorstellung vom Pneumatiker zu überwinden begonnen. Der Geistträger ist vom Geiste erfüllt
nicht nur für sich selbst, nicht nur zum Dienst an einer konkre-
ten | Gemeinde, sondern auch in der gliedhaften Verbundenheit mit ihr.
Seine Entscheidungen binden demnach auch die Ortsgemeinde, lösen in
ihr bleibende Wirkungen aus. Die eucharistische Tischversammlung,
jetzt viel konkreter beschrieben als einst[41], bildet als Wirkungsfeld der
Pneumatiker die späteren Ordnungen der Kirche vor. Im Rahmen der
Einzelgemeinde – diese immer noch als pneumatisches Abbild der Gesamtchristenheit verstanden – ist eine nähere Begegnung von Geist und
Recht möglich geworden.

4. Während Sohm von Rieker das kollektive Moment übernommen
hat, verschließt er sich konsequent dem Hauptanliegen, das dieser in der
genannten Abhandlung geltend gemacht hatte, dem *eschatologischen* Bezug alles geistlichen Geschehens in der Christenheit[42]. Bei allem Wirken

---

Noch in den Ignatianen bedeuten die Verfassungselemente „keine Gemeindeverfassung
im heutigen Sinne des Wortes, sondern Kirchenverfassung" (Kirchenrecht, Bd. 1, S.
200; ebenso noch Kirchenrecht, Bd. 2, S. 172 ff.). Das Bischofsamt erscheint in diesem
Zusammenhang primär als gesamtkirchliches Amt.

[39] *Rieker*, Kirchenbegriff, S. 1–22.

[40] Vgl. Anmerkung 37 [Altkath. KR, S. 68 f.].

[41] Vgl. Altkath. KR, S. 70 ff. und oben Anm. 30.

[42] „Der ‚eschatologische' Kirchenbegriff Riekers beruht nur auf geschichtlicher Konstruktion. Aus urchristlichen Quellen kann er nicht bewiesen werden." Weder bei Paulus noch den außerpaulinischen Quellen vermag Sohm in der Sichtbarkeit des neuen
Gottesvolkes ein eschatologisches Moment zu erkennen – so sehr ist sein Blick getrübt
durch die Annahme, unsichtbare und sichtbare Kirche könnten nur im kontradiktorischen Gegensatz und nicht im Verhältnis des Noch-nicht und Doch-schon existieren;
Altkath. KR, S. 68, Anm. 9.

des Geistes geht es nach Rieker um Gottes *Volk*. Volkwerdung bedeutet aber sowohl im AT wie im NT den Inbegriff des eschatologischen Heils. Für Sohm liegt aller Nachdruck auf dem *gegenwärtigen* Handeln des Geistes in der Kirche. Daß diese Gegenwart Vorwegnahme der endzeitlichen Vollendung ist, bleibt ihm unerfindlich. Er ist den Weg, den Johannes Weiß zuerst beschritten hatte, nicht mitgegangen; für Albert Schweitzer hat er nur Polemik übrig. Es wäre irrig anzunehmen, daß diese Vergegenwärtigung des Geisthandelns die Bildung eines geistlichen Rechtes begünstige; sie führt im Gegenteil zu einer Spiritualisierung und damit Verflüchtigung der Wirkungen des Geistes. Nur wo gesehen wird, daß die Setzung pneumatischen Rechtes Ausdruck eines *eschatologischen* Gottesrechtes ist, wird sie recht verstanden: als eine Setzung, die nur vor den Augen des wiederkehrenden Herrn Rechtsbestand hat, die deshalb das geschichtlich vorhandene Recht weder aufhebt noch rechtfertigt, die keine allgemeinen Rechtsformen aufstellt, die vielmehr, immer nur auf den konkreten Einzelfall bezogen, blitzartig das Ziel deutlich erhellt, auf das hin alles Handeln der Gemeinde ausgerichtet sein soll. Gewiß kann man zur Entschuldigung Sohms sagen: bis zur Pneumatologie ist jene theologische Wendung zur Eschatologie, die 1892 – im Erscheinungsjahr des Sohmschen Kirchenrechtes – mit Johannes Weiß' „Predigt Jesu vom Reiche Gottes" eingetreten war, nicht vorgestoßen. In der Pneumatologie haben | die Theologen den Kirchenrechtler im Stich gelassen. Und daher ist es um das Verständnis der Beziehungen zwischen Geist und Recht – nicht nur im Blick auf das NT – unter uns so schlecht bestellt.

III. Das altkatholische Sakramentsrecht

Der erste Band des Sohmschen Kirchenrechtes von 1892 ist hauptsächlich an der Verrechtlichung der Kirche am Ausgang des neutestamentlichen Zeitalters und an der Wiedergewinnung des urchristlichen Kirchenbegriffes durch Luther interessiert. Die dazwischenliegende Entwicklung bleibt im Schatten. Der Abschnitt über die altkirchliche Synode endet beim Tridentinum, der über Metropolitangewalt beim Vatikanum; in beiden Zusammenhängen kommt dem Mittelalter keine selbständige Bedeutung zu[43]. In den Schriften der Altersperiode steht indes-

---

[43] Kirchenrecht, Bd. 1, S. 340 ff., 450 ff.

sen seit der ersten Auflage von „Wesen und Ursprung des Katholicismus" (1909) der große Umbruch, der auf der Höhe des Mittelalters in der Rechtsentwicklung der Kirche eintrat, im Mittelpunkt des Interesses[44]. Wir bemerkten schon, wie Sohm in dieser späteren Zeit Urchristentum und Altkatholizismus näher aneinanderrückt; diesen gegen den in den Kategorien des Korporationsrechtes denkenden Neukatholizismus abzugrenzen, ist sein vordringliches Bemühen. Sohm hat dafür wenig Dank geerntet. Die römisch-katholische Kanonistik hat ihn totgeschwiegen bzw. Einzeluntersuchungen, die irgendein Stückchen aus seinem Gesamtbau herauszubrechen versuchten, zu Generalwiderlegungen aufgebauscht. Die Wissenschaft vom evangelischen Kirchenrecht zeigte sich an den Fragestellungen des älteren Sohm wenig interessiert. Wir wollen hier in die noch immer schwebende Debatte nicht eingreifen, nur schildern, wie Sohm unter den Voraussetzungen des von ihm so genannten Altkatholischen Kirchenrechtes das Verhältnis von Geist und Recht bestimmt. |

Dabei ist als erstes und in unserem Zusammenhang wichtigstes Moment festzustellen: Hier gibt es für Sohm tatsächlich ein solches Verhältnis: Das altkatholische Kirchenrecht ist *wirkliches Recht* und als solches *geistlicher* Art.

a) Das altkatholische Kirchenrecht ist wirkliches *Recht*. Die altkatholische Kirche ist selbstherrlich, erzeugt aus sich heraus ein vom staatlichen unabhängiges Recht[45]. Sie besitzt, weil Rechtsquelle, obrigkeitliche Gewalt[46]. Sie übt dabei eine Macht aus, die die Gewissen innerlich verpflichtet. Und zwar ist es eine *religiöse* Ordnung, von der solche zwingende Gewalt ausgeht. Als sichtbare Christenheit erhebt die Kirche den Anspruch, auf göttlichem Rechte zu beruhen, handhabt sie dieses göttliche Recht. Denn Gott handelt unmittelbar in dieser Kirche. Chri-

---

[44] Von der gegen Harnack gerichteten Abhandlung über ‚Wesen und Ursprung des Katholicismus' an (mit einem der Verteidigung gegen Harnack dienenden Vorwort 1912 in 2. Auflage hg.) handelt es sich immer um Vorarbeiten für den geplanten 2. Band des Kirchenrechtes, der, posthum 1923 hg., oft fragmentarische Kapitel enthält, die spätestens 1916 geschrieben sein dürften. Teilstücke sind veröffentlicht in: Weltl. u. geistl. R. Über den Rahmen eines Exkurses hinaus gehen die 674 Seiten der als Festschrift für Adolf Wach gedachten Monographie: Altkath. KR, über dessen Drucklegung Sohm verstarb (16. 5. 1917); die letzten Abschnitte dieses Werkes sind ebenfalls fragmentarischer Natur.

[45] „Die Tatsache, daß es im Mittelalter ein nicht vom Staat erzeugtes kanonisches Recht gegeben hat, stellt unbestreitbar klar, daß das Recht *nicht* begrifflich mit staatlichem Recht zusammenfällt"; Kirchenrecht, Bd. 2, S. 50.

[46] „Wo Rechtsquelle, da ist Obrigkeit. Und umgekehrt: wo Obrigkeit, da ist Rechtsquelle"; Kirchenrecht, Bd. 2, S. 52.

stus ist ihr Haupt, regiert sie durch seinen Geist. Sein Wort ist unmittelbar in ihr wirksam. Die kirchlichen Synoden fassen ihre Canones unmittelbar aus göttlicher Inspiration. Die Doctores Ecclesiae fällen ihre Entscheidungen mit zwingender Gewalt. Ihre Lehrsprüche sind zugleich Rechtssprüche; noch ist das kanonische Recht ein Bestandteil der Theologie[47].

Träger dieses göttlichen Rechtes aber sind nicht einzelne Organe des Leibes Christi: weder bischöfliche oder priesterliche Lehrer noch Synoden noch auch das heilige Volk Gottes an sich. Quelle des göttlichen Rechtes ist der Leib Christi als ganzer, in der inneren Übereinstimmung aller seiner Glieder. Nur was von der ganzen Christenheit übereinstimmend angenommen ist, trägt das Siegel der Wahrheit an sich. Das göttliche Wort, das die Apostel verkündigt haben, erweist seine Wahrheit dadurch, daß es von der ganzen Christenheit bekannt und geglaubt wird. Zur ihr gehören auch und vor allem die apostolischen Zeugen der Vergangenheit. Das göttliche Recht ist bewahrt und enthalten in der *Tradition* als der Trägerin fortgehender Offenbarung. Was überliefert ist, ist heilig, weil Gottes Geist es geschaffen hat. Als Stätte dieses Geistes, als Tempel fortwährend geschehender Offenbarung ist die Kirche heilig, der untrügliche Hort der Wahrheit, in ihren geistlichen | Entscheidungen unfehlbar. Die altkatholische Kirche setzt Recht, wirkliches *göttliches* Recht.

Aber ist es schon dadurch als göttlich legitimiert, weil es geschichtlich wirksam geworden ist? Sohm lehnt die Anschauung von Stutz ab, der göttliche Charakter jenes Rechtes sei nur vorgeschoben; wissenschaftlich gesehen sei es kirchengenossenschaftlich erzeugtes Recht; es sei durch die „erklärte Überzeugung einer kirchlichen Gemeinschaft" geschaffen[48]. Theologisch gesehen scheint Sohms Auskunft freilich nicht viel anders zu lauten. „In Wahrheit", so erklärt er[49], „ist das kanonische Recht kein göttliches Recht." Aber was geschichtlich rechtserzeugend gewirkt, diesem Rechte Geltung verschafft hat, war nicht ein genossenschaftli-

---

[47] „Der Kanon soll für das *religiöse* Leben (die Kirche im religiösen Sinne) gelten und muß daher aus *religiösen* Gründen verbindlich sein; er muß sich in dem Volke Gottes tatsächlich durchsetzen als Wort aus dem Geiste Gottes ... Die Frage nach dem Kanon ist eine religiöse, eine theologische Frage. Die großen Theologen sind darum zugleich die großen Kirchenrechtslehrer der altkatholischen Christenheit"; Kirchenrecht, Bd. 2, S. 73.

[48] Kirchenrecht Bd. 2, S. 44, Anm. 10.

[49] Kirchenrecht, Bd. 2, S. 62; die Fortsetzung lautet: „Aber danach fragt es sich an dieser Stelle nicht. Es fragt sich nur, was ihm Rechtsgeltung verschafft hat."

cher Gemeinwille, sondern der Inhalt des christlichen Glaubens[50]. Dieser Glaube setzte also im Mittelalter tatsächlich Recht. Und dieses Recht verschaffte sich innerhalb der Christenheit mit zwingender Gewalt Geltung. Man kann jenem Glauben vom späteren Standpunkt aus – etwa dem der Reformation – allerlei Selbsttäuschungen vorwerfen; man kann ihm aber nicht streitig machen, daß er seiner Intention und seinem Wesen nach christlicher Glaube war. Die Tatsache, bedenklich oder nicht, bleibt bestehen, daß ein fehlsamer christlicher Glaube sich an ein vermeintlich göttliches Recht gehalten hat, im christlichen Abendland ein Jahrtausend lang, vom Jahr 200 bis 1200, in der Ostkirche aber bis zum heutigen Tag. Und für uns kommt die – Sohm noch fernliegende – Tatsache hinzu, daß von diesem göttlichen Recht aus die orthodoxe Kirche einen modus vivendi mit dem atheistischen Staate gefunden hat.

b) Aber mit diesen notwendigen Einschränkungen gesehen, ist das altkatholische Kirchenrecht, weil göttlich, so auch *geistliches* Recht. Es ist geistlich, weil es *Sakramentsrecht* ist. Gottes Geist wirkt für den Altkatholizismus in erster Linie in den Sakramenten, nicht wie im Urchristentum in den Pneumatikern. In den Sakramenten handelt Gott durch Christus zum Heil. Das Ursakrament ist Christus selbst; das sacramentum incarnationis wiederholt sich in den Sakramenten der | Kirche. Als Leib Christi ist sie selbst ein Sakrament; alles, was sie tut, ist sakramentales Handeln, in allem wirkt Christus. Dieses Handeln erstreckt sich auf alle Gebiete kirchlichen Lebens, beschränkt sich nicht auf den sakramentalen Kultus und Ritus. Auch die offizielle Lehre der Kirche ist Sakrament, damit auch ihre Gesetzgebung und damit auch ihre Verwaltung. Da sie ein pneumatischer Körper ist, kann sie gar nichts anderes als Geistliches wirken. Auch die Mittel, deren sie sich dabei bedient, sind Sakramente. Praktisch ist deren Zahl unbegrenzt. Die Beschränkung auf die Siebenzahl ist ein Zeichen, daß das Selbstverständnis der Kirche sich zu wandeln begonnen hat. Sie geschieht zu derselben Zeit, da auch das sakramentale Recht sich wandelte, das geistliche Recht des Altkatholizismus abgelöst wurde durch das neukatholische Korporationsrecht[51].

---

[50] Kirchenrecht, Bd. 2, S. 62 f.: „Geschichtliche Tatsache ist, daß aus dem Inhalt des christlichen Glaubens Recht abgeleitet wurde – das kanonische Recht – und daß dies Recht um des christlichen *Glaubens* willen Rechtskraft erlangt hat." Darauf beruhte im Mittelalter seine Macht, die größer war als die des weltlichen Rechtes. Es steht *neben* ihm als ein qualitativ verschiedenes Recht (ius utrumque). Und während es für den staatlichen Bereich seine zwingende Gewalt verloren hat, hat es noch für den heutigen Katholizismus als *wirkliches Recht* innerkirchliche Gewalt.

[51] Altkath. KR, S. 80 ff.

Aus der Art, wie diese Ablösung geschah, ergibt sich auch eine immanente Kritik an jenem geistlichen Recht.

Das altkatholische Kirchenrecht geht aus dem Geist hervor, im autoritativen Handeln der Kirche setzt der Geist Recht. Es liegt dem späteren Sohm alles an dem Nachweis, daß dieser Vorgang als solcher keinen
Abfall vom Urchristentum darstellt. Im Selbstverständnis als einer in
geistlicher Vollmacht handelnden Größe stimmen Urkirche und altkatholische Kirche überein; das wird Sohm zu betonen nicht müde. Wie im
Urchristentum handelt die altkatholische Kirche durch ihre vom Geist
erfüllten Diener. Die Kleriker der altkatholischen Kirche sind in ihrem
geistlichen Handeln keineswegs aus dem Volk herausgenommen; dieses
ist keineswegs eine missionarisch oder pädagogisch zu bearbeitende Masse, auf die der Kleriker durch das Mittel der Sakramente geistlich einwirkt. Sondern die eigentlich handelnde Größe ist die Ekklesia, als universaler Leib Christi, repräsentiert von der Einzelekklesia hin und her
im Lande: „Nicht der Priester als solcher und nicht die Form als solche
macht das Sakrament, sondern das durch die Bischöfe (Priester) sich
vollziehende Handeln der Ekklesia, der Christenheit."[52]

Wie im Urchristentum handelt im Altkatholizismus die Kirche *geistlich* in ihren Sakramenten. Darin besteht für den späteren Sohm kein
Unterschied zwischen den beiden Perioden der Kirchengeschichte. Die
Abweichung liegt vielmehr darin, daß dieses Handeln späterhin Recht
setzt, Recht im eben beschriebenen Sinne. Was heißt das? Das geistliche
Recht setzt die Form fest, unter der das Sakrament allein wirksam ist,
stellt die Ordnungen auf, von denen in actu der gültige Vollzug abhängt[53]. Das geistliche Recht bindet damit die Gewissen | durch einen
religiösen Zwang: Die Erlösung hängt am heilswirksamen Vollzug der
Sakramente und damit an der Erfüllung bestimmter, rechtlich geordneter Tatbestände. Der Gläubige ist also um seines Heils willen an dieses
geistliche Recht gebunden; denn er ist abhängig von dem rituellen Vollzug der Sakramente, der durch dieses Recht festgelegt ist. An dieser
Stelle setzt der unaufgebbare Protest der Reformation ein.

---

[52] Altkath. KR, S. 93.

[53] „Die Gültigkeit des Sakramentes beruht in der Beobachtung des *Kirchenrechts,*
der göttlich vorgeschriebenen Ordnung der Ekklesia, des Leibes Christi. Über das
Handeln Christi (Gottes) in und mit der Christenheit entscheidet darum das geistliche
(aus dem Geist Gottes fließende) Recht: *das kanonische Recht.* Gerade darin, in der
äußerlichen Regelung des sakramentalen Lebens der Christenheit mit Gott besteht der
ganze Inhalt des altkanonischen Rechtes"; Altkath. KR, S. 94.

Es besteht also im altkatholischen Kirchenrecht eine Wechselbeziehung zwischen Geist und Recht. Auf der einen Seite: Das Recht geht aus dem Geiste hervor, der in den Sakramenten wirksam ist. Auf der anderen Seite: Das Recht reguliert den Geist, stellt die Bedingungen auf, unter denen er in den Sakramenten zum Heile wirksam werden kann. In dieser Wechselbeziehung von Geist und Recht liegt das eigentlich Katholische, das Alt- und Neukatholizismus miteinander verbindet. Auch der Neukatholizismus erkennt ja ein geistlich-göttliches Kirchenrecht an. Er setzt freilich daneben ein rein menschliches Ordnungsrecht. Er leitet beide aber ab – und das ist das Neue – aus der Ordnungsgewalt der Kirche. Diese entscheidet, was göttlich und menschlich ist am Kirchenrecht. Und sie ordnet kraft der ihr eigenen göttlichen Vollmacht auch die Bedingungen, unter denen die göttliche Gabe des Sakramentes zum Heil wirksam wird. An dieser Wechselbeziehung zwischen Geist und Recht muß sich der Widerspruch der Reformation immer wieder entzünden. Selbst wenn es eine Möglichkeit geben sollte, den Weg vom Handeln des Geistes Gottes zur menschlichen Rechtsgestaltung in der Kirche zu finden, so muß eine Regulierung des Geistes durch das Recht unerträglich erscheinen. Bei allen Einzelbezügen, die die lutherischen Bekenntnisschriften zum altkatholischen Recht festgehalten haben, mußte es von ihnen als Ganzes doch verworfen werden.

c) An zwei Einzelsakramenten wollen wir – an Hand von Sohms Spätschriften – den Zusammenhang, der hier zwischen Geist und Recht besteht, verdeutlichen.

1. Das Sakrament der *Buße* leitet sich ab aus der Schlüsselgewalt der Kirche. Die Ausübung des Bußsakramentes samt der Exkommunikation schließt keine Rechtsgewalt ein im Sinne eines körperschaftlichen Ausschlusses aus der Ekklesia; hier wirkt auch keine Strafgewalt. Das Sakrament der Buße ist in seinem Vollzug eine geistliche Handlung. Es wird in der Exkommunikation das aus dem Geist Gottes stammende | Urteil ausgesprochen, daß dieser Sünder kein Christ ist. Ein Geistbegabter spricht es aus, nicht als Mandatar der Gemeinde, sondern unmittelbar als Mund Gottes; kraft des ihr innewohnenden Geistes stimmt die Ekklesia zu. „Wo der consensus ecclesiae ausbleibt, wo der Geist Gottes nicht auch die übrige Christenheit von der Wahrheit des Urteilsspruches innerlich überführt, bleibt der Bannspruch wirkungslos: Gott hat *nicht* durch diesen Mund gesprochen.“[54]

---

[54] Kirchenrecht, Bd. 2, S. 178.

Dieses grundlegende Verständnis der Schlüsselgewalt bleibt von der Urchristenheit her auch im Altkatholizismus erhalten. Nur daß es jetzt dem Bischof der Einzelgemeinde vorbehalten ist, jenes Urteil zu vollziehen. Immer noch bleibt er aber auf die Zustimmung seiner Gemeinde und der Gesamtchristenheit angewiesen. Immer noch ist daher die Exkommunikation und – seit dem römischen Bischof Calixt – die Absolution eine geistliches und d. h. ein sakramentales Geschehen. Die entscheidende Wandlung ist nach Sohm in dem Ersatz der öffentlichen Buße durch die private eingetreten: Wie kann jene geistliche Vollmacht der *Gesamt*kirche auf ein privates Verfahren übertragen, die Privatabsolution also auf jene geistliche Vollmacht zurückgeführt werden? Unter der Herrschaft des altkatholischen Kirchenrechtes konnte das *nicht* geschehen. Erst seitdem im 12. Jahrhundert das Handeln eines einzelnen Amtsträgers mit dem Handeln der Kirche gleichgesetzt und seitdem im 13. Jahrhundert die Handauflegung als sakramentaler Absolutionsritus gedeutet wurde, konnte der Privatabsolution derselbe Grad von geistlicher Kraft und glaubensmäßiger Gewißheit zukommen, wie er der öffentlichen Absolution seit alters eigen gewesen war. Beides aber – die Begründung des geistlichen Handelns auf den ordinierten Amtsträger und auf den äußeren Ritus – ist ein Kennzeichen des neukatholischen Kirchenrechtes und fällt damit aus dem altkatholischen Sakramentsrecht heraus. Im Neukatholizismus ist der Geist zwar an das Recht der Kirche gebunden, das Recht aber nicht mehr aus dem Geist, sondern aus der richterlichen Ordnungsgewalt der Kirche abgeleitet.

2. An diesem Beispiel wird der Zusammenhang zwischen geistlichem Recht und *Ordinationssakrament* erkennbar. Das Ordinationsrecht steht bis zum Decretum Gratiani im Mittelpunkt des altkanonischen Rechtes. Denn im rechtlichen Sinne ist die Ordination das Sakrament aller Sakramente: Ihrer aller Gültigkeit hängt ab von der Gültigkeit der Ordination, speziell der Bischofsweihe. Das ist die Folge, die sich unweigerlich aus der Einführung des monarchischen Episkopates, aus der Ablösung der freien Pneumatiker durch die beamteten Kleriker ergeben hatte. Auch diese sind Pneumatiker geblieben, sind es durch die freiwählende Gnade | des göttlichen Geistes. Dieser Geist aber hat sich des Sakramentes der Ordination bedient, um sich den Klerikern mitzuteilen, damit sie ihrerseits durch die Gabe der Sakramente den Geist der heilsamen Gnade weiterleiten an Gottes Volk[55]. So ist also die Ordination un-

---

[55] Altkath. KR, S. 186 ff.

mittelbar an einen Dienst, an ein konkretes Amt gebunden. Es gibt im altkatholischen Kirchenrecht keine sakramentale Weihe an sich, die erst wie im Neukatholizismus durch eine missio canonica, also durch die Jurisdiktionshandlung einer geistlichen Körperschaft ergänzt und so aktionsfähig gemacht werden müßte. Die Ordination als solche befähigt zum geistlichen Handeln im Namen und Auftrag der Christenheit.

Das Gegenstück zur Ordination bildet die *Deposition*. Wie ist sie möglich? Wie kann es geschehen, daß ein durch den Geist in das Amt berufener, sakramental bestätigter Kleriker wieder aus dem Amt entfernt werden kann? Kann der Geist sich selbst widersprechen? Kann eine menschliche Strafsentenz das Urteil des Geistes aufheben, das Handeln des Geistes unmöglich machen? Das alles ist undenkbar. Der Geist kann nicht irren, wohl aber die Kirche. Sie kann erklären, daß sie sich in menschlicher Unkenntnis getäuscht habe über die Voraussetzungen, unter denen eine Ordination stattfand, daß also unter jenen Voraussetzungen der Geist nicht gehandelt haben könne, das Handeln der Kirche ungültig, die von ihr vollzogene Ordination nichtig gewesen sei. Die Deposition eines Klerikers stellt also im altkatholischen Kirchenrecht die Nichtigkeit seiner Ordination fest. Und wenn dabei die subjektive Schuld des Betroffenen geringfügig, vergebbar erscheint, so kann die Kirche ihn jetzt noch ordinieren. Das ist dann keine Reordination im strengen Sinne[56], erst recht keine lebenslängliche Fortwirkung einer einmal empfangenen Ordination wie im neukatholischen Kirchenrecht, sondern hier bewirkt – und zwar zum ersten Male – der Geist das Sakrament der Ordination mit all seinen heilsamen Folgen[57].

Will die Kirche einen irregulär gewordenen Kleriker nicht absetzen und eventuell neu ordinieren, so kann sie ihn von seiner Irregularität *dispensieren* und somit rezipieren. Das ist dann eine milde Anwendung des kanonischen Rechtes. In der Kraft und Vollmacht des Geistes erklärt die Kirche mit rückwirkender Kraft, daß der Heilige Geist ein sonst unumstößliches Hindernis bei einer Ordination (etwa bei Ambrosius die Tatsache, daß er Neophyt war und als solcher nicht Bischof | werden konnte) übersehen habe und der Betreffende doch gültig ordiniert sei. Die Kirche setzt also in einem solchen Falle das kanonische

---

[56] Es handelt sich recht eigentlich um die ‚dispensatorische Rezeption einer nichtigen Ordination‘, bei der entweder Wahl und Weihe oder letztere ‚wiederholt‘, d. h. aus dem Stande der Nichtigkeit in den Stand der rechtlichen Gültigkeit erhoben werden müssen; Altkath. KR, S. 219.

[57] Altkath. KR, S. 113 ff.

Recht außer Kraft. „Durch die Kirche dispensiert auf geheimnisvolle Weise der Heilige Geist."[58] Wir vermögen hier mit Händen zu greifen, wie im Zusammenhang mit dem sakramentalen Ordinationsrecht der Heilige Geist eine Fülle einander inhaltlich widersprechender Rechtshandlungen vollbringen mußte und zu welchen logischen und praktischen Widersprüchen die Verbindung von Geist und Recht im altkatholischen Kirchenrecht führen konnte.

d) Damit macht uns Sohm die innere *Auflösung* dieses geistlichen Rechtes und seine Überführung in das neue katholische Korporationsrecht verständlich. Gerade auf dem Gebiete des Ordinationsrechtes hat Sohm diesen so entscheidend wichtigen geschichtlichen Vorgang verdeutlicht. Es herrschte zuvor eine „pneumatische Anarchie"[59]. Es gab keine Grenze der Dispensationsgewalt; es gab auch keine Instanz, die sie in geordneter Weise zu handhaben befugt gewesen wäre. Klarheit bestand nur darüber, daß der Papst als letztlich entscheidende Instanz anzusprechen sei; das hat zur Erhöhung seiner Machtbefugnisse nicht wenig beigetragen! Nur schade, daß oft auch von der Kurie einander völlig widersprechende Urteile ausgingen, und daß im Falle eines päpstlichen Schismas völlige Verwirrung eintrat. Man kann sich nicht drastisch genug vorstellen, was dann geschah. Jede Dispensation schloß ja eine Außerkraftsetzung des göttlichen Kirchenrechtes in sich ein. Die Unfehlbarkeit geistlicher Entscheidungen war in der Kirche aufs äußerste gefährdet, zumal da in kritischen Zeiten jeder kirchliche Machthaber seine Exkommunikationsgewalt wie seine Dispensationsgewalt rücksichtslos anzuwenden verstand. Der Investiturstreit brachte solche kritische Zeiten. Bei gegenseitigen Exkommunikationen schismatischer Päpste, bei dem unaufhörlichen Parteiwechsel der Bischöfe, bei dem unendlichen Hin und Her von Absetzungen und Wiedereinsetzungen konnte bald niemand mehr wissen, wer rechtsgültig ordiniert sei und wer nicht. Mit der Unsicherheit über die Ordination mußte auch Ungewißheit über den Empfang der heilsamen Gnade eintreten.

Die Sicherheit der Heilsgabe hatte durch das geistliche sakramentale Recht garantiert werden sollen. Das Gegenteil war eingetreten. Die Folge war die Ablösung des altkatholischen Kirchenrechtes, das in Wahrheit ein geistliches Recht war, durch das neukatholische Kirchenrecht, das vorgibt es zu sein, in Wirklichkeit aber auf innerweltlichen Ordnungsprinzipien beruht, die nachträglich mit geistlicher Autorität ausgestattet werden. |

---

[58] Altkath. KR, S. 125; vgl. 121 ff., 247 ff.   [59] Altkath. KR, S. 126 ff.

IV. Das Verhältnis von Recht,
Wort und Geist nach dem Verständnis der Reformation

Treten wir mit Sohm aus dem altkatholischen Kirchenrecht in die Rechtswelt des Protestantismus lutherischer Prägung – das reformierte Kirchenrecht klammert er bewußt aus –, so umgibt uns eine völlig neue Rechtssphäre.

a) Grundsätzlich gibt es nach Sohm seit Luther kein geistliches Kirchenrecht mehr, weder im alt- noch im neukatholischen Sinne. Es gibt nur weltliches Kirchenrecht, d. h. das Recht, das in der christlichen Welt gilt. Zu ihr gehört alles, was sichtbar ist an der Kirche; ihrem Wesen nach aber ist sie unsichtbar und allem Rechtszwang entnommen. In der Welt gilt nur das weltliche Recht. Zu Luthers größten Taten gehört, daß er die Zwangsgewalt geistlichen Rechtes über das weltliche endgültig brach – zum Segen für Kirche und Welt. Die wahre Christenheit wird seitdem nicht „durch äußere Ordnung begründet oder aufgehoben oder berührt". Es gibt aber auch eine äußere weltliche – als Staat – organisierte Christenheit; ihr und keiner anderen Gemeinschaft gehört der Christ kraft seines Christseins an. „Auch die um Wort und Sakrament versammelte sichtbare Christenheit ist Welt" und als solche „der weltlichen Obrigkeit untertan."[60] Noch einmal spüren wir, wie stark Sohms Individualismus ist. Christ ist einer immer nur für sich selbst. Soweit sich unter der Predigt des Wortes eine Versammlung bildet, die bestimmte Ordnungen hervorbringt, handelt es sich im Sinne der Reformation nie um „Ordnungen im Namen der Kirche", sondern immer nur um „Ordnung der christlichen Kirche"; sie „fällt unter die weltliche Obrigkeit". Aus den in der sichtbaren Christenheit wirksamen religiösen Kräften kann „nur eine auf freiwilliger Unterwerfung gegründete ‚Politie' erzeugt werden, die weder religiöse noch auch rechtliche Verbindlichkeit besitzt". Erläßt also eine solche Freiwilligkeitskirche, deren Zusammenhang auf der Liebe beruht, eine Kirchenordnung, so besitzt diese keine Rechtsgeltung. Sie kann sie nicht erlangen im Raum der weltlichen Christenheit, denn sie ist nicht von der Obrigkeit erlassen; sie ist also ohne die Kraft weltlichen Rechtes. Sie ist aber auch religiös gleichgültig,

---

[60] Kirchenrecht, Bd. 2, S. 140. – Damit will Sohm mit der Weltbezogenheit des christlichen Glaubens radikal ernst machen: „Der Christ gehört notwendig zur Christenheit als Welt (Staat). Aber es gibt *keine andere* äußere Gemeinschaft, der er kraft seines Christenstaates (wohl verdruckt statt ‚Christenstandes') anzugehören hätte." Von da aus kommt Sohm zu dem nur bedingt richtigen Satze: „Die Kirche Christi des lutherischen Glaubensbekenntnisses ist darum keine *Rechtsquelle*."

ohne bindende Gewalt, „und darum ohne die Kraft gött|lichen (geistlichen) Rechtes". Reden die lutherischen Bekenntnisschriften von einem *ius divinum*, so meinen sie gar kein Recht, sondern bezeichnen „lediglich religiöse Wahrheit, Evangelium". Und gebrauchen sie den Begriff *ius humanum*, so verstehen sie darunter nicht dasselbe wie der Neukatholizismus, nicht eine – naturrechtlich begründete – Rechtsordnung, die im Gewissen verpflichtete, sondern eine menschliche Überlieferung, die man aus freien Stücken beachten kann[61].

Manche dieser Sätze klingen so, als sei Sohm in seinem Rechtsdenken in den Territorialismus des ausgehenden 17. und 18. Jahrhunderts zurückgefallen. Und in der Tat hat er die Wende, die mit der Herrschaft der Aufklärung auf allen Lebensgebieten eingebrochen ist, auch im Hinblick auf das Evangelische Kirchenrecht bejaht. Es gibt seitdem keine christliche Welt mehr, die eine einheitliche christliche Überlieferung besäße und darum ein weltliches Kirchenrecht bilden könnte. Für den modernen Staat gibt es keine Christenheit mehr, bildet sie höchstens – und zwar je nach ihrer konfessionellen Prägung – eine „Gruppe des Staatsvolkes". Und das Recht, das der Staat im Hinblick auf sie bildet, ist „staatliches Kirchenrecht", das das frühere „weltliche" abgelöst hat. Dieses staatliche Kirchenrecht ist völlig entchristlicht. Es dient der öffentlichen Ordnung des Staates, ist „staatliches Religionsgesellschaftsrecht"[62]. Was sich innerhalb der so vom Staate verwalteten Kirche als Recht ausgibt, ist kein solches, ist Vereinsrecht, Konventionalregel. „Was wir heute Kirche nennen, ist rechtlich gar nicht vorhanden."[63]

Diese Feststellungen aus dem Jahre 1892 machen noch einmal deutlich, wie die Sohmsche Grundthese von der Unvereinbarkeit von Kirche und Recht *auch* durch die staatskirchen- und kirchenpolitischen Verhältnisse der damaligen Zeit mitbestimmt ist. Wenn Sohm damals die einzige positive Bedeutung des landesherrlichen Kirchenregimentes darin finden wollte, „daß es geistliche Zwangsherrschaft des Lehrstandes hindert"[64], so ist das – bei aller Konsequenz in der Rechtsanschauung – auch im

---

[61] Kirchenrecht, Bd. 2, S. 142, 145 f.
[62] Kirchenrecht, Bd. 2, S. 166 f.
[63] Kirchenrecht, Bd. 1, S. 693.
[64] Die Begründung lautet: „Rechtliches Kirchenregiment eines zugleich geistlich regierenden Lehramtes (Bischofsverfassung nach Art des katholischen Episkopats) vermag die evangelische Kirche nicht zu ertragen. Sie zieht deshalb, so lange sie mit rechtlichem Kirchenregiment beschwert ist, das Kirchenregiment des Landesherrn vor, da *dieser* Bischof zweifellos kein Bischof ist, dem Handhabung *geistlichen* Zwanges über Wort und Lehre zukommen könnte"; Kirchenrecht, Bd. 1, S. 696.

Kampf gegen die Herrschaftsansprüche der damaligen Orthodoxie gesagt. Hier liegt auch eine der Wurzeln für Sohms Ablehnung der kirchlichen Verfassungsentwicklung, wie sie durch die Presbyterial- | und Synodalordnungen seit 1835 eingeleitet worden war: Die Kirche muß – um der Reinheit der Verkündigung und des Glaubens willen – vor der Herrschaft wechselnder Synodalmehrheiten geschützt werden.

An dieser Stelle müssen wir uns nun noch fragen, ob dem von Sohm so hart geschmähten Kollegialismus nicht ein Moment geschichtlicher Berechtigung innewohnt. Gewiß werden auch wir sagen: Die Begründung des Kirchenrechtes, die der Kollegialismus liefert, ist nicht bloß unzureichend, sondern direkt verkehrt, weil er die gemeinsame religiöse Überzeugung von Menschen an die Stelle einer gemeinverpflichtenden christlichen Wahrheit setzt. Und weil wir in *dieser* Ablehnung des Kollegialismus mit Sohm übereinstimmen, suchen wir ja auch nach einer neuen Begründung evangelischen Kirchenrechtes. Aber für die Übergangssituation von der Aufklärung in eine erneuerte Kirchlichkeit hat der Kollegialismus theoretisch und praktisch unschätzbare Hilfsdienste geleistet. Wir werden das geschichtliche Urteil, daß die Reformation Luthers den modernen Staat zu sich selbst befreit habe, nicht mehr mit Sohm in dem verallgemeinernden Sinne des idealistischen 19. Jahrhunderts mißverstehen, daß *jeder* Staat als Verkörperung der sittlichen Idee berechtigt sei, der Kirche die Form ihrer rechtlichen Existenz vorzuschreiben. Wir werden mit den Kollegialisten der Aufklärung und der Neuorthodoxie um die Existenzform der Kirche im säkularen Staate uns bemühen, mit diesem Staate auch darum ringen, und fragen darum nach den geistlichen Wurzeln eines evangelischen Kirchenrechtes.

b) Wir finden dafür bei Sohm zum mindesten einige Hinweise. Er hat in den Fragmenten des 2. Bandes[65] den seltsamen Begriff eines „Christenheits-Kirchenrechtes" konzipiert. Es setzte die Existenz einer christlichen Welt voraus und hat etwa von Konstantin an bis zum Ausgang des 17. Jahrhunderts gegolten. Es beruhte auf der Idee der zwei Völker innerhalb der Christenheit, eines geistlichen Volkes (des Klerus) und eines weltlichen Volkes (der Laienschaft)[66]. In der karolingischen Zeit wurde diese Idee zuerst ausgesprochen, in der Zwei-Reiche-Lehre der Reformatoren ist sie charakteristisch umgebildet worden.

---

[65] Kirchenrecht, Bd. 2, S. 165 ff.
[66] Altkath. KR, S. 627 ff.

„Christenheits-Kirchenrecht (christliches Kirchenrecht) ist echtes Kirchenrecht": mit diesem Satz scheint Sohm seine Grundthese selbst ad absurdum zu führen. In der Tat erkennt er hier ein Kirchenrecht an, das dem Wesen der Christenheit entspricht. Wir müssen dabei freilich in Betracht ziehen, daß er damit immer nur die äußerliche sichtbare Kirche, nicht die unsichtbare des Glaubens meint. Aber wenn man überhaupt mit Sohm von einem „Wesen" dieser äußerlichen Christenheit spricht, | dann muß man doch auch voraussetzen, daß sie der unsichtbaren Kirche nicht „wesentlich" widerspricht; sonst wär sie ja keine Christenheit mehr. Damit wäre dann freilich eine Grundthese des jungen Sohm – die radikale Scheidung zwischen sichtbarer und unsichtbarer Kirche[67] – prinzipiell außer Kraft gesetzt.

Unter diesen Einschränkungen bleiben immerhin folgende Sätze Sohms höchst bedeutsam: „Das Kirchenrecht dient, die Christenheit beim rechten Christentum zu erhalten. Es ‚beschirmt' die Christenheit. Für solches Kirchenrecht ist Wort Gottes, Evangelium eine auch innerhalb des Rechtsgebietes wirksame Größe. Das *rechte* Wort Gottes, das *rechte* Sakrament soll durch das Kirchenrecht erhalten, geschützt werden. Aus dem Heilsbedürfnis, nicht aus dem bloßen Ordnungsbedürfnis entspringt das Kirchenrecht."[68]

Das so beschriebene „Christenheits-Kirchenrecht" gibt im Sinne Sohms das kirchenrechtliche Anliegen sowohl des Altkatholizismus wie des Neukatholizismus wie des Altprotestantismus wieder, für jede dieser kirchengeschichtlichen Gestaltungen in ihrer spezifischen Rechtsform

---

[67] Die Frage nach der Sichtbarkeit der Kirche bezeichnet Sohm in der Vorrede zu Kirchenrecht, Bd. 1, S. X f. als die entscheidende Frage. Lutherisches Bekenntnis, katholische und reformierte Kirche geben darauf je eine verschiedene Antwort, die Aufklärung urteilt darüber anders als die Reformation (vgl. Kirchenrecht, Bd. 1, S. 698 f.). Diese ist dabei an ihr Verständnis von Wort und Sakrament gebunden, die an sich zwar äußerlich verwaltet werden, externae notae ecclesiae sind, aber mit ihren lebenspendenden Kräften allein der innerlichen, unsichtbaren Geistkirche angehören. Dabei kommt es dann zu einem spiritualisierenden Wort- und Sakramentsbegriff: „Das *äußerlich sichtbare* Wort und Sakrament, welches der *äußerlich sichtbaren* ‚leiblichen' Christenheit angehört, fällt als solches nicht mit dem wahren Wort und Sakrament zusammen"; Kirchenrecht, Bd. 1, S. 131, Anm. 1; vgl. S. 135, Anm. 4. Luther wird dabei mit seiner Erkenntnis, daß die charismatische Ordnung notwendig eine unsichtbare sei, über das Urchristentum gestellt (Kirchenrecht, Bd. 2, S. 181), das vielmehr durch seine Gleichsetzung von weltlich sichtbarer Christenheit und der Kirche im religiösen Sinn dem Katholizismus eine Anknüpfung gegeben habe. Vgl. auch Altkath. KR, S. 66, eine der letzten Äußerungen Sohms zur Frage, wo immerhin ein Gleichgewicht in der Gleichzeitigkeit von Sichtbarkeit und Unsichtbarkeit der Kirche erkennbar wird. Die radikale Trennung von 1892 ist hier jedenfalls aufgegeben.

[68] Kirchenrecht, Bd. 2, S. 165.

mit der ihr eigenen theologischen Begründung. Es ergäbe sich daraus
eine zwar nicht *begriffliche* Einheit des Kirchenrechts im Sinne des Kollegialismus – das Kirchenrecht verhilft der jeweiligen Glaubensüberzeugung einer kirchlichen Gemeinschaft zur Geltung –, wohl aber eine
Einheit im Ziel, eine zweckbestimmte Einheit: Alles Kirchenrecht will
die Wirksamkeit von Wort und Sakrament in der Welt sichern; es will
diese göttlichen Heilsmittel vor menschlicher Verfälschung schützen,
will sie rein erhalten – in dem Sinne, wie die verschiedenen Glau-
bens|haltungen die Reinheit von Wort und Sakrament verstehen und
theologisch gegeneinander verfechten. Die Sicherung, die dieses „Christenheits-Kirchenrecht" gewährt, ist dabei freilich immer nur im Bereich
des Menschenmöglichen vorausgesetzt: Wort und Sakrament wirken
durch sich selbst, bewahren ihre Reinheit von sich selbst aus. Aber sie
sollen auch von den Menschen rein gehalten werden, Menschen sollen in
den Bereich ihrer Wirksamkeit gelangen können. „Christenheits-Kirchenrecht" ist also *göttliches* Recht in seinem Urgrund; denn es geht
vom Wirken des Heiligen Geistes in der Welt aus. Es ist zugleich
menschliches Recht, das seinen verpflichtenden Charakter zwar nicht
aus sich selbst, sondern aus jenem Gottesrecht gewinnt, das aber von
Menschen für Menschen gemacht ist, durch menschliche Institutionen
zur ordnungsmäßigen Verwaltung von Wort und Sakrament und zur
Erziehung von Menschen wirkt. Sohm sieht die rechtliche Kraft eines
solchen Rechtes seit Einbruch der Aufklärung als erloschen an. Es gilt
seitdem nur innerhalb der Kirchen und bedarf auch hier der staatlichen
Anerkennung. Die Konkordate gewähren sie im Hinblick auf den Codex Juris Canonici und – seit 1918 bzw. 1945 – auch im Hinblick auf
die evangelische Kirche, obwohl das Kirchenrecht hier noch juristisch
und theologisch umstritten ist.

c) Man könnte durchaus, anknüpfend an diese Konzeption des alten
Sohm, den Versuch machen, aus den lutherischen Bekenntnisschriften
ein solches Kirchenrecht zu erheben, das bestimmt ist, Wahrheit, Gültigkeit und Wirksamkeit von Wort und Sakrament nach lutherischem Verständnis mit menschlichen Mitteln zu sichern. Es setzt das Walten des
Geistes in diesen Gnadenmitteln voraus, ubi et quando visum est Deo
(CA 5). Es kann also deren heilwirkende Kraft weder regulieren noch
garantieren; das Heil der Gläubigen ist also nicht an das Recht gebunden. Aber es handelt sich doch um geistliches, göttliches Recht. Die lutherischen Bekenntnisschriften bezeichnen mit ius divinum die wirkende
Kraft des göttlichen Heils- und Gnadenwortes, das durch den Dienst

der Verkündigung unter Menschen wirksam werden will. Dieses ius divinum erfordert die Dienstwilligkeit einer Gemeinde, die sich selbst mit allen ihren (menschlichen) Ordnungen und Einrichtungen jenem Heilswillen zur Verfügung stellt. Es erfordert vor allem – weil dieser Wille nämlich an alle Welt gerichtet ist und sie erneuern will – die Existenz des öffentlichen Dienstamtes (CA 14), das – nicht in seiner gemeindeleitenden Praxis, wohl aber in dem Wurzelgrund seiner Existenz – göttlichen Rechtes ist, weil und insofern es das Wort Gottes rein verkündigt und die Sakramente nach Christi Einsetzung verwaltet. So ergibt sich, beruhend auf göttlichem Recht und doch zugleich in seiner | Ausformung und Wandelbarkeit je nach der wechselnden Verkündigungssituation als menschliches Recht ausgestaltet, ein evangelisches Kirchenrecht, das in der Kirche lutherischen Bekenntnisses seine Rechtsquelle hat und das, von diesem Bekenntnis selbst in den Grundlinien festgelegt, allen Angriffen entrückt ist, die dieses Bekenntnis gegen die Machtansprüche des fälschlich sogenannten Rechtes in der römischen Kirche gerichtet hat[69].

Elemente eines solchen evangelischen Kirchenrechtes, das, von der Verwaltung der Gnadenmittel ausgehend, den Öffentlichkeitscharakter des Predigtamtes, das freie Spiel charismatischer Kräfte in dem Verhältnis zwischen Amt und Gemeinde und das rechte Kirchenregiment umfaßt, hat Sohm schon 1892 im 1. Bande seines Kirchenrechtes aufgezeigt[70] und in der späteren Konzeption seines „Christenheits-Kirchenrechts" noch fester begründet. An diesem Sachverhalt wird deutlich, daß Sohm auch im Raume der lutherischen Reformation ein Kirchenrecht kennt, das aus dem Geist hervorgeht und in seinem Vollzug durch das Walten des Geistes bestimmt und begrenzt ist. Verfolgen wir zum Schluß unserer Darlegungen, wie Sohm in seinen Altersschriften jene Elemente in der kirchenrechtlichen Diskussion, vor allem gegenüber Wilhelm Kahl und Ernst Troeltsch, näher bezeichnet, verteidigt und gegen Mißverständnisse schützt, gelegentlich aber auch selbst – mißverständlich – in ihrer Bedeutung einschränkt.

Wilhelm Kahl hatte 1910[71] den Begriff des Ius Divinum in den lutherischen Bekenntnisschriften besonders hervorgehoben und daran den Zusammenhang zwischen dem – von Sohm sogenannten – altkatholi-

---

[69] Was hier nur skizzenhaft angedeutet wurde, findet sich näher ausgeführt und begründet in „Pfarrerrecht und Bekenntnis"; vgl. auch meinen S. 331 Anm. 4 genannten Aufsatz [Harnack und Sohm].

[70] Vgl. *Maurer*, Pfarrerrecht und Bekenntnis, S. 38 ff.

[71] *Kahl*, Der Rechtsinhalt des Konkordienbuches, S. 305 ff.

schen und dem frühreformatorischen Kirchenrecht illustriert. Sohm bestreitet diesen Zusammenhang[72] und will – im Gegensatz zum Decretum Gratiani, auf das sich die Augustana gerne beruft – dem göttlichen Recht keine eigenständige Bedeutung in den Zeugnissen der Reformation zuerkennen. In Wirklichkeit aber hat Sohm den neuen Wein nicht gekostet, den die Reformation in den Schlauch der alten Begrifflichkeit gegossen und der ihn in der Tat zerrissen hat. Denn was heißt es denn, daß Melanchthon – wie Sohm richtig feststellt – in CA 28[73] das ius divinum mit dem Evangelium gleichgesetzt? Das besagt doch nichts an|deres, als daß das Evangelium mit göttlicher Autorität den Anspruch erhebt, in der Welt verkündigt zu werden und daß es in der Welt – kraft dieses göttlichen Rechtes also – von der Kirche die Bereitstellung der Menschen und Einrichtungen fordert, die diesen Anspruch zu erfüllen geeignet sind. Das ist ein anderer Begriff von göttlichem Recht, als er sonst irgendwo vorkommt, aber das ist geistliches Recht, theokratisches Recht, eschatologisches Gottesrecht, das auf die Vollendung der Welt hindrängt. Gewiß greift Kahl fehl, wenn er[74] im Blick auf Wort- und Sakramentsverwaltung einen Körperschaftswillen konstruiert, der deren Vollzug erfordere. Nicht der aus gemeinsamer Glaubensüberzeugung resultierende Wille drängt auf die Verkündigung des Evangeliums, sondern Gott ist hier am Werke, sein Wille muß befolgt werden. Es handelt sich hier – und das ist gegen Kahl und Sohm zu sagen – um geistliches, göttliches Recht.

Die Auseinandersetzung mit Troeltsch war für Sohm darum so besonders schwierig, weil Troeltsch ihm in mancher Beziehung nahestand. In der Idee des Corpus Christianum liegen Motive, die bei Sohm, historisch sehr viel besser differenziert und begründet, ebenfalls wirksam sind. Von einer Nachwirkung mittelalterlicher Rechtsmotive bis in die frühe Neuzeit hin haben wir ja soeben gehört[75]. Andererseits hat Troeltsch dem Umbruch, den das 12. Jahrhundert nach Sohms Konzeption bedeutet, keinen entscheidenden Wert beigemessen, die Unterscheidung von Alt- und Neukatholischem Kirchenrecht also nicht übernommen[76].

Wichtiger ist für unseren Zusammenhang der Gegensatz, der im Ver-

---

[72] Kirchenrecht, Bd. 2, S. 144 ff.

[73] § 19.

[74] Vgl. Kirchenrecht, Bd. 2, S. 140, Anm. 6 auf S. 141.

[75] Gerade um der Wertung willen, die die ‚christliche Einheitskultur' des Mittelalters bei beiden erfährt, wird Troeltsch von Sohm gelobt; Altkath. KR, S. 564, Anm. 26.

[76] Altkath. KR, S. 564 ff.

ständnis des lutherischen Kirchen- und Amtsbegriffes zwischen beiden
Männern besteht. Ihre Anschauungen über das evangelische Kirchenrecht werden davon stark betroffen. Troeltsch rechnet in seinen Sozial-
lehren die lutherische Kirche dem von ihm geprägten *Kirchen*typus zu,
ja glaubt sie im Sinne der Reformation und der Orthodoxie richtig als
„Heilsanstalt" bezeichnen zu können, als „Schriftkirche", in der die sich
selbst auslegende Heilige Schrift durch den Dienst des Predigtamtes sich
selbst bezeugt. Wäre die lutherische Kirche das, so besäße sie heiliges
göttliches Recht. Sohm bestreitet nicht die Selbstwirksamkeit der
Schrift, führt sie aber, ganz im Sinne Luthers und der Bekenntnisschriften, nicht auf das geschriebene, sondern das lebendig bezeugte Wort zurück: „Das *redende* Evangelium, in unserer Sprache sprechend, ewigen
Inhalt in | immer neuen Zungen verkündigend, ist . . . die Macht und das
Kennzeichen des Volkes Gottes."[77] In diesem Wort wirkt der Geist in
der Kirche. Aber Sohm beschränkt dessen Macht auf die unsichtbare
Kirche; Gestaltungskraft in der sichtbaren billigt er ihm nicht zu. Darum geht seine Kritik an dem Kirchenbegriff Troeltschs[78], so richtig sie in
ihrem unmittelbaren Anliegen ist, an entscheidenden Tatbeständen vorbei. Indem Sohm dem Wort der Verkündigung den Charakter der Verbindlichkeit bestreitet, leugnet sein religiöser Individualismus auch die
verbindliche Kraft des Geistes und hebt dadurch die Beziehung zwischen Geist und Recht wieder auf.

So muß Sohm auch gegen Troeltsch die Existenz eines iure divino
wirkenden Wortamtes in der evangelischen Kirche bestreiten. Während
Troeltsch im Hinblick auf das geordnete Amt in der Christenheit ein
Kirchenrecht „iure divino" im Protestantismus bejaht und somit im
Blick auf ihn von einer „indirekten Göttlichkeit des Grundelementes des
Kirchenrechtes" sprechen kann, betont Sohm die reine Weltlichkeit des
Predigtamtes und deutet daher das „publice" von CA 14 ausschließlich
auf die weltliche Öffentlichkeit. Er mag im Sinne des 16. Jahrhunderts
ein gewisses Recht dazu haben; aber trifft seine Interpretation wirklich
die gemeinte Sache? Im Blick auf die Urkirche weiß Sohm von einer anders qualifizierten Öffentlichkeit[79]. Da bezieht sie sich auf die Urgemeinde; diese Winkelgemeinde des 1. Jahrhunderts hat dennoch einen

---

[77] Kirchenrecht, Bd. 2, S. 132, Anm. 2 auf S. 134.

[78] Vgl. auch Kirchenrecht, Bd. 2, S. 138, Anm. 5.

[79] „Die Gabe, das Wort Gottes in der Versammlung der Gläubigen *öffentlich* zu
verwalten, ist nach der schon in der Urzeit vorherrschenden Überzeugung nur einzelnen, wenigen gegeben"; Kirchenrecht, Bd. 1, S. 52.

Öffentlichkeitscharakter. Warum? Weil das Wort, das in ihr laut wird, Himmel und Erde bewegt. Daß das lutherische Bekenntnis *diesen* Öffentlichkeitscharakter auch kennt, läßt sich nachweisen. Daß das öffentliche Predigtamt iure divino entbehrlich sei[80], läßt sich indessen nicht behaupten, will die Kirche nicht ihre Sendung an die Welt aufgeben und „ohne Leib", d. h. aber ohne ihren geschichtlichen Auftrag unter den Menschen zu erfüllen, leben.

Weil die Kraft des evangelischen Wortes an alle Welt sich wendet und alle Völker der Vollendung entgegenführen will, deshalb schafft dieses Evangelium eine Kirche, die an die ganze Welt sich gesandt weiß. Des|halb bedarf diese Kirche eines Rechtes, das mit göttlicher Kraft und Vollmacht die Verkündigung des Evangeliums in aller Welt gebietet und dadurch durchsetzt und sichert. Das ist ein geistliches Recht, nicht von der Welt, sondern für die Welt, nicht um die Welt zu beherrschen, sondern ihr mit der Kraft des Evangeliums zu dienen. Sohm hat von seiner Wirksamkeit etwas geahnt, es freilich nach seiner juristischen Grundkonzeption nicht als Recht bezeichnen können.

Sieht man aber einmal von dieser Rechtskonzeption ab, so gewahrt man hinter Sohms jahrzehntelangem Ringen um das Wesen des Kirchenrechtes drei verschiedene Möglichkeiten, in denen sich das Verhältnis von Geist und Recht in der Geschichte der Christenheit ausprägen konnte:

1. im Urchristentum ein Recht, mit geistlicher Vollmacht gesetzt vom einzelnen pneumatischen Amtsträger in einzelnen konkreten Fällen;

2. im Altkatholizismus ein geistliches Recht, hervorquellend aus der geistlichen Wirkgewalt der Sakramente, bestimmt, deren Rechtmäßigkeit und ihren Empfängern die heilsame Gnadengabe zu sichern und darum abhängig vom gültigen Vollzug der Ordination;

3. in der lutherischen Kirche ein geistliches Recht, hervorquellend aus der geistlichen, neuschöpferischen Gewalt des Wortes Gottes, die Bereitstellung von Menschen und Institutionen zur öffentlichen weltweiten Predigt dieses Wortes fordernd und dazu bestimmt, die Welt zur Anerkennung des heilsamen Evangeliums zu rufen und damit sie zu ihrer Vollendung zu bereiten.

Es ist keine Frage, daß diese drei Möglichkeiten sich nicht einem ein-

---

[80] „Das *öffentliche* Predigtamt ist für Luther *weltliches* Predigtamt (gehört zu dem ‚äußerlichen Wesen‘), ist iure divino (geistlich) *entbehrlich:* nichts ‚Göttliches‘ noch ‚Halbgöttliches‘ liegt darin ... *Religiös* ist nicht bloß das ‚Wie‘ der Rechtsordnung für Predigtamt und Gemeinde, sondern auch das ‚Daß‘, das *Dasein* von öffentlichem Predigtamt der rechtlich verfaßten Gemeinde *gleichgültig* (die wahre Kirche lebt auch ‚ahn den Leib‘", Kirchenrecht, Bd. 2, S. 140, Anm. 6 auf S. 141.

heitlichen Rechtsbegriff unterordnen lassen, wie Sohm das doch von der Wissenschaft des Kirchenrechtes forderte. Sie lassen sich auch theologisch nicht auf einen Nenner bringen, stehen vielmehr – trotz gewisser geschichtlicher Zusammenhänge – im Gegensatz zueinander, sind auch in sich selbst nicht frei von Spannungen. Es handelt sich auch nicht um geschichtlich einwandfrei festgestellte Rechtstypen, mit denen die geschichtliche Forschung ohne weiteres arbeiten könnte. Vielmehr ist die Diskussion über die geschichtlichen Tatbestände, die Sohm hier mit kühnem, manchmal vereinfachendem Griffe zusammengefaßt hat, inzwischen weitergegangen und wird und muß weitergehen. Nach Lage der Dinge konnten die Bilder, die wir entwarfen, nicht scharf in sich abgegrenzt und nicht in sich widerspruchslos sein.

Es ging uns in unserer Darstellung nicht – oder doch nicht in erster Linie – um einen Durchblick durch die Geschichte der kirchlichen Rechtsbildung als solchen, sondern um einen Einblick in das innere Ringen Sohms. Unter der Decke einer Rechtstheorie, die Sohm mit seiner | Zeit teilt, spielt sich die Auseinandersetzung ab über das Verhältnis zwischen Geist und Recht. Der Kampf wird nicht völlig ausgetragen. Es finden sich neben Ansätzen zu seiner Überwindung Ungereimtheiten und Schwierigkeiten die Fülle. Aber in diesem bewegten Ringen werden die Fragen gestellt, die der kommenden Entwicklung kirchlichen Rechtes zu lösen aufgegeben sind. Wir empfangen von Sohm keine unmittelbaren Antworten, aber wir lernen bei ihm, richtig zu fragen. Und wenn wir uns in sein Ringen um das Verhältnis zwischen Geist und Recht hineinziehen lassen, werden wir auf einen Weg geführt, auf dem selbständige Antworten zu gewinnen sind.

DIE AUSEINANDERSETZUNG ZWISCHEN HARNACK UND SOHM UND DIE BEGRÜNDUNG EINES EVANGELISCHEN KIRCHENRECHTES*

Die Entstehung der freundschaftlich, aber mit grundsätzlicher Schärfe geführten Auseinandersetzung zwischen Harnack und Sohm ist nur von der geistigen und rechtlichen Situation des ausgehenden 19. Jahrhunderts aus verständlich. Der repräsentative Theologe des wilhelminischen Zeitalters steht dem führenden Rechtshistoriker und bahnbrechenden Kirchenrechtler kirchenpolitisch und sozialpolitisch nahe. Jeder bekennt auch, vom anderen Entscheidendes gelernt zu haben[1]; und doch haben beide bei aller sachlichen Nähe gegensätzliche Standpunkte inne. Wie tief die hier aufbrechende Kluft bis in den Anfang des Jahrhunderts zurückgreift – letztlich geht sie auf die ungelöste Spannung zwischen Aufklärung und Romantik zurück –, kann hier unerörtert bleiben. Wichtiger ist die Tatsache, daß sie noch in unsere gegenwärtige Lage hineinwirkt.

Das 20. Jh. ist mit den in jener Auseinandersetzung aufgeworfenen Problemen nicht fertiggeworden. In einer dem Massenzeitalter entsprechend vergröberten Form begegnen wir ihnen im *Kirchenkampf* und gewahren dabei die verhängnisvollen Folgen, die ungelöste Probleme ja gewöhnlich nach sich ziehen. Von den staatlichen Machthabern wird Harnacks Konzeption einer bloß äußerlichen Ordnung der Kirche, die nach dem Willen der Kirchgenossen gestaltet ist, mißbraucht, um durch ein scheinbar demokratisches Massenaufgebot die Kirche für eine unchristliche Weltanschauung zu erobern, wird Sohms These, das Kirchenrecht stehe mit dem Wesen der Kirche im Widerspruch, dahin mißdeutet, alle kirchliche Ordnung sei dem Staate zu überlassen. Und damals

---

* Aus: Kerygma und Dogma 6, 1960, S. 194–213.

[1] Vgl. Harnacks großherzige Äußerungen über die Wechselbeziehungen zwischen beiden, Kirchenverfassung, S. 121 f., und Sohms lobende Urteile in verschiedenen Anmerkungen seiner Spätschriften.

wie heute – oder heute wieder – gibt es Leute, die sich auf Sohm berufen, indem sie die eigene Kirche Gewaltmaßnahmen gegenüber, die von
außen kommen, ins Unrecht setzen. Was ist von jenem Gegensatz zu
halten und wie ist er zu überwinden?

I.

Die Auseinandersetzung ist in zwei Etappen geführt worden. Die erste erreicht 1892 im ersten Band von Sohms Kirchenrecht ihren Höhe-
punkt; ihr liegt ein verhältnismäßig schmales Schrifttum Harnacks zu-
grunde[2]! Die zweite | Phase des Kampfes entzündet sich an Harnacks
kleinem Artikel über „Kirche und Staat bis zur Gründung der Staatskirche"[3], vor allem aber an seinem großartigen Beitrag über „kirchliche
Verfassung und kirchliches Recht im 1. u. 2. Jh." in Haucks Realenzyklopädie[4]. Sohm verteidigt seine Position in einer Akademieabhand-
lung[5]; Harnack gibt 1910 seinen Artikel von 1908 in Buchform heraus[6]
und fügt einen Exkurs gegen Sohm hinzu (S. 121–186) über „Urchristentum und Katholizismus, ‚Geist' und Recht". Nun läßt auch Sohm
seine Abhandlung in 2. Auflage erscheinen[7] und setzt sich in Vorwort
und Anmerkungen ausführlich mit seinem Gegner auseinander. In seinen
fragmentarischen, nachgelassenen Schriften führt er den Kampf weiter,
ebenso Harnack. 1924, in der 4. Auflage von „Mission und Ausbreitung
des Christentums in den ersten drei Jahrhunderten" spricht Harnack[8]
ein abschließendes Wort.

In der ersten Phase der Auseinandersetzung treten die grundsätzlichen Merkmale[9] der Konzeption *Harnacks* besonders deutlich hervor.
Er geht aus von der rechtlichen Struktur der Einzelgemeinde und unter-

---

[2] *Hatch,* Gesellschaftsverfassung, ins Deutsche übersetzt und kommentiert von *Harnack.* – *Harnack,* Prolegomena. – *Ders.,* Apostolische Kirchenordnung. – *Ders.,*
Rezension von E. Loening Sp. 417–429.
[3] In: *Hinneberg,* Kultur der Gegenwart, S. 129 ff.
[4] PRE 20, S. 508–546.
[5] *Sohm,* Wesen und Ursprung.
[6] *Harnack,* Kirchenverfassung.
[7] *Sohm,* Wesen und Ursprung.
[8] S. 446, Anm. 1.
[9] Nur sie werden in der folgenden Darstellung berücksichtigt. Das Bild vom Altkatholizismus und seiner Entstehung aus dem Urchristentum, das sich aus ihnen ergibt,
ist in manchen Zügen veraltet. Den heutigen Stand der Forschung findet man am besten bei *v. Campenhausen,* Kirchliches Amt und geistliche Vollmacht; vgl. auch meine
Literaturübersicht: Vom Ursprung und Wesen kirchlichen Rechtes [vgl. o. S. 44–75].

scheidet hier zwischen einer familienhaft-*patriarchalischen* und einer vereinsrechtlich-*adminstrativen* Organisation. Jene beruht auf dem natürlichen Autoritätsprinzip, das jeder gewachsenen menschlichen Gemeinschaft zugrunde liegt. Hatch, von dem Harnack in den ganzen Ausführungen weithin abhängig ist, hatte die patriarchalische Ordnung auf die vorgeschichtliche Sippenverfassung zurückgeführt; mit ihm zieht Harnack eine durchgehende Entwicklungslinie über AT und Synagoge bis hin zum Urchristentum. Es handelt sich also um eine urtümliche Ordnung, die tief in der Natur menschlicher Gemeinschaft begründet ist und in der sittlichen Verehrung der Älteren durch die Jüngeren sich ausspricht; sie liegt der neutestamentlichen Unterscheidung zwischen πρεσβύτεροι und νεώτεροι zugrunde.

In ihrer *administrativen* Organisation steht die urchristliche Ortsgemeinde unter vereinsrechtlichen Prinzipien, wie sie sich auch in dem blühenden Vereinswesen der ausgehenden Antike entwickelt hatte. Insofern ist sie eine ‚Rechtsverbindung‘, die „mindestens im Prinzip rein demokratische Formen besitzt“.| Sie bestellt sich Administrativbeamte, Ökonomen; daß sie das tut, ist „ein wesentliches Erfordernis für die Constitution einer Einzelgemeinde“[10]. Wie in den Gilden und Genossenschaften der heidnischen Umwelt handelt es sich bei diesen Beamten um Organe der Kassenverwaltung und der sozialen Fürsorge; wie dort führen sie den Namen ‚ἐπίσκοποι‘, die zu ihrer Unterstützung bestellten jüngeren Leute, die eigentlichen ‚Diener‘ der Gemeinde, heißen διάκονοι. Die Episkopen bilden zur Durchführung ihrer Aufgaben ein Kollegium. Es sind die Verfassungsprinzipien des Kollegialismus, die Harnack, ausgehend freilich von den individualistischen, naturrechtlichen Prinzipien der Spätantike, in dieser administrativen Ämterverfassung der urchristlichen Gemeinde wiederfindet[11].

Aber dieses in allen menschlichen Gemeinschaften geltende, allgemein-menschlichen Bedürfnissen entsprechende Recht ist nicht das einzige, das in der Kirche gilt. Neben der patriarchalischen und administrativen Organisation der Einzelgemeinde besteht, sie übergreifend, die pneumatische der Gesamtkirche und damit eine *charismatische* Rechtsordnung. Sie ist gegeben mit dem gesamtkirchlichen Amt der geistbegabten wandernden Apostel, Propheten, Lehrer. Von dieser Trias behauptet Harnack, sie sei eine eigentümliche Schöpfung des Urchristentums, die kein Vorbild im Judentum habe. Im Gegensatz zu zeitgenössischen Juri-

---

[10] *Harnack*, Prolegomena, S. 138 f.
[11] *Harnack*, Prolegomena, S. 140 ff.

sten schreibt er diesen Charismatikern[12] die Vollmacht zu, rechtsverbindliche Anordnungen zu geben; zwischen sittlichen Forderungen und den daraus sich ergebenden rechtlichen Konsequenzen läßt die göttliche Autorität solcher Geistträger keinen Unterschied aufkommen. Mit ihrer die ganze Christenheit umspannenden, das Werk der Urapostel fortsetzenden Tätigkeit greift die Gesamtkirche ständig in das geordnete Gemeinschaftsleben der Einzelgemeinde ein. Aus der Spannung, die dadurch entsteht, geht die Rechtsordnung des frühen *Katholizismus* hervor.

Denn jene wandernden Charismatiker sterben im Laufe des 2. Jahrhunderts aus; die Beamten der Einzelgemeinde bleiben, ihr Einfluß steigert sich sogar mit dem Schwinden jener Konkurrenz. Andererseits aber hält sich auch die Idee einer geistig-sittlichen Verbundenheit der Gesamtchristenheit. Und unter dem Eindruck der montanistischen und der Osterstreitigkeiten schließen sich – seit 175 etwa – die Gemeinden zu der ‚katholischen Conföderation‘ zusammen. Unter diesem allmählichen Verschmelzungsprozeß gehen die pneumatischen Funktionen des gesamtkirchlich-charismatischen Amtes auf das administrative Gemeindeamt über, das sich schon vorher im monarchischen Episkopat konzentriert hatte. Freilich läßt sich das enthusiastische Element nicht einfach von einer Instanz auf eine andere übertragen. Es wird vielmehr ersetzt durch das Element der apostolischen Tradition: Die apostolische Sukzession des monarchischen Bischofs garantiert den Besitz der den Aposteln von Christus verliehenen Geistesgaben und Vollmachten. Die Bischöfe behalten ihre administrativen Aufgaben und Pflichten, nehmen sie aber von jetzt ab in gött|licher Vollmacht wahr, berufen sich in ihrer Ausübung auf göttliche Anordnung, auf göttliches Recht; sie sind nicht mehr wie früher ihrer Gemeinde unterworfen, stehen vielmehr über ihr. In diesem hierarchischen Anspruch, der sich aus der Verschmelzung einer charismatischen, einer patriarchalischen und einer administrativen Organisation ergibt, besteht das Charakteristikum des Katholizismus und seines Rechtes. Es wird dabei ein ursprünglich weltliches Recht, dessen die Kirche sich zur Ordnung ihres Gemeinschaftslebens mit einer gewissen Selbstverständlichkeit bedient hatte, mit der Würde göttlichen Rechtes umkleidet[13].

Gegen diese Gesamtschau von Wesen und Entwicklung des kirchlichen Rechtes hat Sohm sein Veto eingelegt mit seiner These von 1892:

---

[12] *Harnack,* Rezension von E. Loening, Sp. 420.
[13] *Harnack,* Prolegomena, S. 146 ff.

„Das Kirchenrecht steht mit dem Wesen der Kirche im Widerspruch." Seine Polemik ist freilich der Form nach äußerst zurückhaltend; sehr viele von den relativ wenigen Stellen, an denen er im ersten Band seines Kirchenrechts Harnack direkt zitiert[14], lassen erkennen, daß er dankbar und willig von ihm gelernt hat. Aber trotz aller Zustimmung im einzelnen bedeutet jene These einen Frontalangriff gegen Harnack. Wie er versteht auch Sohm unter Kirchenrecht vornehmlich die Theorie des Kollegialismus, die das Recht aus dem Gesamtwillen der Kirchgenossen ableitet. Diese Theorie, so behauptet Sohm, widerspricht dem Selbstverständnis der Urkirche. Die weiß sich als eine ausschließlich geistliche Größe und kann darum kein weltliches Recht gehandhabt haben. Sie ist als geistliche Größe theonom und kann überhaupt kein Recht aus sich heraus setzen, ist vielmehr unfähig jeder rechtlichen Organisation. Sie *hat* keine charismatische Organisation *neben* anderen Ordnungsprinzipien, sie *ist* eine charismatische Organisation. Sie ist es *ausschließlich,* nur getrieben vom Geist, der jedem nach seinem Charisma einen bestimmten Dienst auferlegt und ihm damit in der geistlichen Gemeinschaft seinen Platz anweist. In ihr gibt es keinen Gehorsam ,kraft formalen Rechtsgesetzes'; er geht vielmehr hervor aus freier Überzeugung, aus spontaner Liebe; in ihr herrscht Liebespflicht, nicht Rechtspflicht[15].

Man darf den Unterschied zwischen Harnack und Sohm also nicht in der Weise vereinfachen, daß man jenem eine einseitige Verhaftung an naturrechtlich-kollegialistische Prinzipien zuschiebt, die dann Sohm ebenso einseitig verabsolutiert und mit einer Ablehnung jeden Kirchenrechtes beantwortet habe. Die Kampflage kompliziert sich vielmehr dadurch, daß *jeder* der beiden Partner eine charismatische Ordnung anerkennt, daß beide auch deren Perversion beim Übergang vom Urchristentum zum Altkatholizismus annehmen, daß aber Harnack *neben* jener pneumatischen Ordnung auch ein natürlich-menschliches Recht in der Kirche gelten läßt, während Sohm unter Berufung auf das Wesen der Geistkirche ein solches Nebeneinander kategorisch verwirft. Die Perversion des Katholizismus erklärt sich dann bei Harnack aus der Vermischung zweier | an sich qualitativ verschiedener Ordnungsprinzipien, wobei das Niedere, Innerweltliche die Qualifiktation des Höheren, Geistlich-Göttlichen annimmt. Bei Sohm dagegen handelt es sich vielmehr um eine κατάβασις εἰς ἄλλο γένος, um die Ablösung einer pneu-

---

14 Vgl. das Namensregister in *Sohm,* Kirchenrecht, Bd. 2.
15 Zum Verständnis der Kirche vgl. *Sohm,* Kirchenrecht, Bd. 1, S. 22 ff.; zum Gegensatz in der Ämterlehre besonders *Sohm,* aaO., S. 90 ff., 145 ff.

matisch-göttlichen Ordnung durch eine menschliche, um einen Ersatz des Höheren durch das Niedere, um einen Abfall von der Freiheit der Kinder Gottes in die Knechtschaft menschlichen Gesetzeszwanges. Und um die Wiedergewinnung dieser Freiheit geht es ihm in Luthers Reformation, geht es ihm vor allem auch in seiner eigenen Bemühung um das evangelische Kirchenrecht.

Es ist klar, daß es sich bei jenem Gegensatz zwischen dem Berliner Theologen und dem Leipziger Kirchenrechtslehrer um ein verschiedenes Verständnis der Begriffe ‚Geist‘ und ‚Recht‘ und ihres gegenseitigen Verhältnisses handelt[16]. Für Sohm schließen sich – wenigstens in seinen direkten Aussagen – Geist und Recht gegenseitig aus. Das Recht besteht nicht neben dem Geist. Wo der Geist herrscht, gilt kein Recht; wo das Recht herrscht, unterdrückt es den Geist. Bei Harnack gilt das Recht *neben* dem Geist. Der Geist umfaßt das Recht, aber er durchdringt und beherrscht es nicht. Denn der Geist wirkt in der Natur, aber er läßt ihr das Recht ihrer Selbständigkeit. Auch unter dem Walten des Geistes hat das Recht insoweit Daseinsberechtigung, als es zum natürlichen Zusammenleben der vom Geist erfaßten Menschen erforderlich ist. Dabei besteht immer die Gefahr, daß das Recht den Geist behindert oder unterdrückt. Andererseits sichert das Recht die Kirche und ihre vom Geiste erfaßten Glieder vor unnatürlicher Geisttreiberei. Für das Wirken der Kirche in der Welt erscheint das Nebeneinander von Geist und Recht unumgänglich nötig.

Der Gegensatz zwischen beiden Standpunkten ist unüberbrückbar, auch wenn in Einzelheiten eine Annäherung erreicht werden sollte. Um eine solche haben sich beide Partner in der *zweiten Phase* der Auseinandersetzung bemüht. Dabei hat die nähere Begründung ihrer Thesen, die Anerkennung der auf der anderen Seite herrschenden Motive und die Reinigung der eigenen den Unterschied vertieft und seine grundsätzliche Bedeutung nur noch klarer hervortreten lassen.

Harnack hat sich etwa seit 1906 über den Einfluß des griechisch-römischen Vereinswesens auf die Kirche zurückhaltender geäußert, das kollegialistische Grundverständnis kirchlicher Ordnung allerdings beibehalten[17]. Aber es geht ihm nicht um ein dogmatisches Festhalten an Rechtsprinzipien – und dazu rechnet er auch ‚die Ansicht der genossen-

---

[16] In bezug auf Sohm gehe ich dieser Problematik nach in einem noch 1960 [1961] in der ZevKR erscheinenden Aufsatz: „Sohms Ringen". [Vgl. S. 328–363.]

[17] Die Gemeinde ist als ‚religiös-soziale Gemeinschaft‘ mit lebenslänglicher Zugehörigkeit des einzelnen ‚Kultverein‘, ‚Unterstützungsverein‘, ‚Orden‘; *Harnack*, Mission und Ausbreitung, S. 447.

schaftlichen Rechtsbildung'[18] –, sondern um die genaue Beobachtung geschichtlicher Abläufe und Wandlungen. In | der geschmeidigen Anpassung an das geschichtlich Wahrgenommene ist Harnack dem Rechtshistoriker, der den Dogmatiker nie verleugnen kann, obwohl er kein Theologe ist, weit überlegen.

In steigendem Maße richtet der *ältere Harnack* dabei sein Augenmerk auf den Zusammenhang zwischen Kirche und Synagoge. Die Entstehung patriarchaler und administrativer Ordnung der Kirche wird erst dann verständlich, wenn man die Urgemeinde begreift als ‚Transformation eines älteren Gebildes'; aus dem *Judentum* entnahm die Kirche „wie den Antrieb zu gewissen Rechtsbildungen so auch die Form, in welche sie sie faßte"[19]. Aber nicht nur Antrieb und Form, die Grundkonzeption des katholischen Kirchenrechtes vor allem hat die werdende Kirche aus der Synagoge übernommen. Als den Ansatzpunkt für das Werden des katholischen Kirchenrechtes und die Umdeutung menschlicher Autorität in göttliche, die Transformierung menschlichen Rechts in göttliches hatte Sohm die ‚naive' Gleichsetzung von sichtbarer Kirche und wahrem Volk Gottes ansehen wollen, die schon die Urgemeinde vollzogen habe. Harnack weist nach, daß diese Gleichsetzung ein Erbe aus der Synagoge darstellt und daß die Urkirche mit ihm auch das theokratische Moment übernommen hat, das nicht ohne weiteres mit dem charismatischen gleichgesetzt werden kann. „Die Theokratie umschließt ... stets den Gedanken des Rechtes und der Herrschaft Gottes; also war *göttliches* Kirchenrecht stets vorhanden."[20] „Das göttliche Recht ist also so alt wie die Kirche selbst"[21]. Vergesetzlichung und Formalisierung des religiösen Lebens sind von Anfang an als latente Gefahr vorhanden. Und neben diesem theokratischen göttlichen Recht bleiben „Schöpfungsordnungen und sittliche Weisungen" und damit „ein natürliches System von Rechten und Pflichten, inklusive der Rechte der Obrigkeit und der Pflicht, ihr zu gehorchen" als jüdisches Erbe in Geltung[22].

Die Kirche als religiöse Größe führt also nicht nur, wie Sohm will, eine pneumatische, sondern auch, als Erbin der Synagoge und Gemeinschaft des neuen Gottesvolkes, eine theokratische Existenz. Im Zeichen des göttlichen Rechtes fallen Geist und Recht zur Einheit zusammen.

---

[18] *Harnack*, Mission und Ausbreitung, S. 489.
[19] [In:] Hinneberg, Kultur der Gegenwart, S. 132. – Das Bild, das Harnack vom Spätjudentum hat, stammt in den Hauptzügen von Schürer.
[20] *Harnack*, Kirchenverfassung, S. 163; vgl. S. 157 ff.
[21] *Harnack*, Kirchenverfassung, S. 160 f.
[22] *Harnack*, Kirchenverfassung, S. 164.

Man darf die neutestamentliche Vorstellung vom Geist nicht einfach mit
Enthusiasmus gleichsetzen; es ist vielmehr der Geist der Liebe, der die
traditionell überkommenen Rechtsordnungen versittlicht. Und während
jenes theokratische göttliche Recht seinem Ursprung nach vorchristlich
und seinem Wesen nach unterchristlich ist und im Katholizismus die
evangelische Wahrheit unterdrückte, während also die hiermit gegebene
Einheit von Geist und Recht dem neutestamentlichen Geistverständnis
widerstreitet, kommt eine wahre Einheit da zustande, wo der Geist
christlicher Bruderliebe die überkommenen Rechtsformen durchwaltet.

Damit schreitet der ältere Harnack von einer naturrechtlichen Begründung des Kollegialismus zu einer christlich-theologischen fort. Die Ge-
meinde der | ersten Jünger war ursprünglich eine ‚heilige Bruderschaft
der Geistträger‘[23]: durch den Geist brüderlicher Liebe wird auch weiterhin die überkommene genossenschaftliche Rechtsform mit geistlich-sittli-
chem Leben erfüllt. Schon 1886 hatte Harnack in einer aus der Mitte
des 2. Jahrhunderts stammenden Quelle der sog. Apostolischen Kirchenordnung die ἀδελφότης als übergreifenden Begriff über ordo und πλῆθος
entdeckt[24]; die brüderliche Liebe bestimmt danach alle Rechtsbezie-
hungen innerhalb der Gemeinde. In der Folgezeit ist dieser Gedanke
für Harnacks Vorstellung vom urchristlichen Gemeinschaftsleben allgemein grundlegend geworden. Der Heilsindividualismus, der die eigene
Seele zu retten trachtet, verstärkt im Urchristentum nur die Intensität
gemeinschaftlichen Lebens. „Die Bruderliebe ist hier der Hebel gewesen;
und diese Bruderliebe hat zugleich die reichste Erbschaft angetreten –
die Erbschaft der fest verfaßten jüdischen Kirche.“[25]

Vom christlichen *Liebes*gedanken aus ergibt sich also für Harnack eine
legitime Verbindung von *Geist* und *Recht*. Freilich könnte man auch unter dem Einfluß jüdisch-theokratischen Rechtsdenkens eine solche Verbindung postulieren, aber sie wäre vom christlichen Geistverständnis her
abzulehnen. Das Wesen der Kirche als einer ‚rein religiösen, geistigen
Größe‘ – in diesem Kirchenverständnis stimmen Sohm und Harnack ja
überein – tritt für Harnack in ein eigentümliches Zwielicht insofern,
als auch die jüdische Theokratie religiös-geistig verstanden werden muß.
Strenger als sein Gegner legt er darum an die religiöse Potenz den Maß-

---

[23] *Harnack*, Mission und Ausbreitung, S. 445.
[24] *Harnack*, Apostolische Kirchenordnung, S. 32.
[25] *Harnack*, Mission und Ausbreitung, S. 448; vgl. auch S. 446: „Ihrem Wesen nach
auf einen Bruderbund angelegt und aus den Synagogen hervorgegangen, bildeten die
christlichen Vereine die lokale Organisation mit doppelter Stärke aus, fester noch, als
es die jüdischen Gemeinschaften getan hatten.“

stab der Christlichkeit an. Auch nach *theokratisch*-jüdischem Verständnis ist die Kirche geistlich; nach dem NT aber ist sie es nur als Gemeinschaft brüderlicher *Liebe.* Mit scharfem Blick erkennt Harnack die Folgen der Spiritualisierung des Kirchenbegriffes, die Sohm vornimmt. Dessen unsichtbare Kirche kann nichts anderes sein „als eine bloße Idee, an die jeder einzelne Christ in seiner Vereinzelung glaubt". Zum Wesen der Kirche aber gehört nach Harnack ein genossenschaftliches Moment: „Kirche ist Versammlung, Versammlung der Berufenen und Erwählten als eine Einheit. *Damit ist etwas Gemeinschaftliches gegeben,* und zwar etwas Gemeinschaftliches, welches sich schon hier *auf Erden* verwirklicht"; denn Gottes Kirche lebt mitten in der Welt[26]. Ihr gemeinschaftliches Leben bedarf einer Ordnung; vom Geist der Liebe wird sie gefordert. Darum gilt: „Das Genossenschaftliche, Korporative kann auch vom sublimsten Begriff der Kirche nicht getrennt werden." „Das Genossenschaftliche ist nicht die Kirche des Glaubens selbst, aber es ist die Form ihrer irdischen Verwirklichung, soweit sie auf Erden verwirklicht werden kann."[27] |

Die *lex charitatis* – so könnte man mit dem von Johannes Heckel wieder in die Mitte der kirchenrechtlichen Diskussion gerückten Ausdruck sagen – bindet also nach Harnack im Urchristentum die Rechtskirche an die Geistkirche, bindet sie enger und christlich-legitimer als der aus dem Judentum stammende und im Altkatholizismus herrschend gewordene, wenn auch schon im NT nie ganz verdrängte Begriff des göttlichen Rechtes. Über seine theologischen Anfänge hinaus hat der ältere Harnack damit eine wirkliche Synthese von Geist und Recht erreicht. Jetzt umfaßt der Geist das weltliche Recht nur formal; jetzt stehen die natürlichen Gegebenheiten menschlicher Vergemeinschaftung nicht mehr unorganisch neben der geistlichen Wirklichkeit der Kirche[28]. Sondern der Geist der Liebe durchdringt wirklich die aus der jüdischen Vergangenheit überkommenen, aber auch sachlich notwendigen Rechtsordnungen. Dieser Geist ergreift nicht nur den einzelnen, sondern formt die Gemeinschaftsordnungen der Kirche.

Eine in sich geschlossene Anschauung, bei der nur die Verengung des Geistbegriffes auf das ethische Moment problematisch erscheint. Aber gegenüber der Zuspitzung auf den Enthusiasmus, die Sohms Geistlehre enthält, bewahrt jene Problematik ihr relatives Recht. Der Wirklich-

---

[26] *Harnack,* Kirchenverfassung, S. 148 f.
[27] Ebd., S. 150 f.
[28] Vgl. oben S. 369.

keitssinn des Kirchenhistorikers hat das wirklich vorhandene Leben der Ekklesia genauer erfaßt und begründet, als es die grundsätzlichen Postulate des Kirchenrechtlers vermocht hätten. Die Einheit von Geist und Recht, wie Harnack sie versteht, hat zwar die uralte Spannung von Natur und Offenbarung nicht gelöst, das Verhältnis von Rechtsgebot und Liebesgebot nicht erklärt, die Fülle urchristlicher Geisterfahrung nicht ausgeschöpft. Aber gegenüber der absoluten Vergegensätzlichung von Geist und Recht, die Sohms Grundthese enthält, bedeutet jene Einheit unbestreitbar einen Fortschritt.

Sohm hat sich in der Tat in seiner Widerlegung Harnacks – von der Korrektur geschichtlicher Einzelheiten abgesehen – auf logische Konsequenzmacherei beschränken müssen. Daß Harnack wie er einen religiösen Begriff der Kirche anerkennt, sieht er als ein Zeichen grundsätzlicher Übereinstimmung an, ohne daß er den zwielichtigen Charakter, den jener Begriff bei seinem Gegner hat, gebührend zur Kenntnis nähme. Und nun sucht er ihn zu der Anerkennung zu nötigen, daß eine doppelte Organisation der Kirche anzunehmen eine falsche Hypothese sei, daß *neben* der charismatischen Ordnung keine andere bestehen könne: „Gibt es in der Urzeit nur *einen* Kirchenbegriff, den religiösen, . . . so ist auch in der Urzeit nur eine kirchliche Organisation möglich, nämlich eine Organisation *religiöser* Art; wie die Kirche, so die Kirchenordnung."[29] Und wenn Harnack ihm – Sohm – in Anknüpfung an ein Leibnizwort wesentlich in dem Recht gibt, was er behauptet, Unrecht aber in dem, was er ausschließt, so sieht sich Sohm dadurch nur zur Ergänzung, nicht zur Berichtigung seiner Ausführungen gedrängt; es komme ihm eben auf das pneumatische Element als die ausschlaggebende Kraft an, ohne daß er die mit|wirkenden Faktoren leugne[30]. Aber er geht damit an der entscheidenden, von ihm allezeit verneinten Frage vorbei, ob solche Mitwirkung überhaupt möglich sei, ob der Geist traditionelle Rechtsordnungen neben sich dulde, in sie eingehe. Eine Weiterwirkung des theokratischen Gedankens aus dem Judentum leugnet Sohm im Hinblick auf das Urchristentum ab; wenn Harnack sie annimmt, hat dieser damit den Katholizismus geschichtlich legitimiert. Das Vorhandensein eines göttlichen Rechtes im Urchristentum hält Sohm für ausgeschlossen. Die Theokratie sei hier vielmehr ins Geistliche gewandt; es sei

---

[29] *Sohm,* Wesen und Ursprung, S. IV.
[30] *Sohm,* Wesen und Ursprung, S. V.

aus ihr eine ‚Pneumatokratie' geworden, die die Freiheit der Kinder Gottes nicht gefährde[31].

Man sieht, an dem verschiedenen und im ganzen ungeklärten Geistbegriff scheitert die Verständigung der beiden Gegner; er ist schuld daran, daß sie einander nicht einmal richtig verstehen. Wie sollten sie da über das Verhältnis von Geist und Recht einig werden? Sohm hat seine schroffe Antithese nicht aufgegeben, nicht aufgeben können. Aber er ist trotzdem vom Nachdenken über jenes Verhältnis nicht losgekommen, hat nie aufgehört, über den Zusammenhang von Geist und Recht nachzuforschen[32]. Aber wenn er dabei auch in Einzelheiten Harnack näher kommt, seiner Gesamtkonzeption gegenüber bleibt er verschlossen, die Lösung der Probleme hat er in völlig verschiedener Richtung gesucht, wenn auch nicht gefunden.

Wir haben davon hier jetzt nicht zu handeln. Wir fragen nach dem *Ertrag,* den die Auseinandersetzung zwischen Harnack und Sohm für die uns heute gestellte Aufgabe der Neubegründung eines evangelischen Kirchenrechtes haben kann. Sicherlich liegt der Ertrag nicht in den positiven *Ergebnissen,* die der eine oder der andere Partner in seinen geschichtlichen Forschungen anbietet – so sehr wir manche dieser Ergebnisse festzuhalten, alle sorgsam zu beachten haben. Das Entscheidende muß vielmehr sein, daß wir uns den *Fragen* stellen, die in jener Auseinandersetzung aufgeworfen wurden, und daß wir womöglich *Antworten* gewinnen, die die Problematik des evangelischen Kirchenrechtes zwar nicht endgültig klären, aber doch einen Schritt weiterführen können.

Wir haben Harnack zu fragen: Genügt eine lex charitatis, die sich mit einer Versittlichung und Verchristlichung patriarchalischer und administrativer Ordnungen begnügt, die der Kirche von Tradition und Umgebung angeboten werden? Kommt mit der Aufnahme und Verarbeitung weltlichen Rechtes im Kirchenrecht der Weltbezug der Christenheit sachgemäß und erschöpfend zum Ausdruck? Kann insbesondere der natürliche Drang des Menschen (als eines ζῷον πολιτικόν) nach genossenschaftlicher Vergemeinschaftung Ausgangspunkt kirchlicher Rechtbildung sein? Ist die Problematik evangelischen Kirchenrechtes überhaupt wurzelhaft ein anthropologisch-ethisches Problem oder muß dabei nicht zurückgegangen werden auf den Urquell der göttlichen Offenbarung überhaupt? Und wenn es sich in jenem menschlichen Gemeinschaftsdrang um eine natürliche Gegebenheit handelt, steht damit nicht das ur-

---

[31] *Sohm,* Wesen und Ursprung, S. VI–IX.
[32] Darüber handele ich in dem oben S. 369, Anm. 16 genannten Aufsatz.

alte Problem | einer natürlichen Offenbarung und ihres Verhältnisses zur Heilsoffenbarung in Christus und dem Heiligen Geist erneut irgendwie zur Debatte?

Und damit sind beide, Harnack und Sohm, nach ihrem Verständnis des göttlichen πνεῦμα zu befragen. Genügt es, den Geist im Hinblick auf die Grundlegung eines evangelischen Kirchenrechtes rein in religionsgeschichtlichen Kategorien zu fassen, ihn wie Harnack an ein Liebesethos zu binden, das sich in seiner Christlichkeit nur gradweise, nicht grundsätzlich von anderen Liebesvorstellungen unterscheidet, oder ihn mit Sohm enthusiastisch zu deuten, entweder in Analogie zu orgiastischen Vorstellungen außerchristlicher Kulte (das tut Sohm nicht, das schwingt aber bei seinen Anhängern aus der religionsgeschichtlichen Schule gelegentlich mit) oder im Zusammenhang mit dem enthusiastischen Überschwang, den der deutsche Idealismus (hier ist Sohm geistig beheimatet) mit dem Pietismus des 18. und der Erweckungsbewegung des 19. Jh.s gemeinsam hat?

Eine letzte, entscheidende Frage ist die nach dem göttlichen Recht und nach seinem Verhältnis zum menschlichen. Harnack und Sohm stimmen darin überein, daß sie nur ein *fiktives* göttliches Recht kennen, daß sie stets ein *angemaßtes* göttliches Recht annehmen, das *widerrechtlich* menschliche Ansprüche mit göttlicher Autorität umkleidet, und daß sie sich dabei auf die Reformatoren berufen. Nun, hier werden zwar solche Ansprüche Roms leidenschaftlich zurückgewiesen; zugleich aber wird, zumal in den lutherischen Bekenntnisschriften, ganz unbefangen und positiv vom göttlichen Recht geredet. Gibt es ein solches und können wir daher für unsere Begründung evangelischen Kirchenrechts von einem göttlichen Recht ausgehen, ohne im römischen Sinne katholisch zu werden?

Wenn das alles möglich ist, dann muß ein solches göttliches Recht Heiligen Geist und evangelisches Kirchenrecht zu einer höheren Einheit zusammenführen. Dann muß der Geist als *Gottes* Geist in seiner schöpferischen und neuschöpferischen Wirksamkeit begriffen, es müssen damit die Erschaffung der Natur und die neue Schöpfung der Kirche je in ihrer Eigenart und in ihrem Zusammenhang verstanden und das alte Problem von natürlicher und Heilsoffenbarung in das gegenwärtige Offenbarungshandeln Gottes hineingestellt werden. Dann wird zugleich die Beziehung der Kirche zur Welt und den in ihr vorhandenen rechtlichen Gegebenheiten von einer neuen Seite her faßbar. Und damit wird dann auch in irgendeiner Weise ein menschliches Kirchenrecht möglich sein, das dem göttlichen Recht dient, ohne sich eines Anspruchs göttlicher Autorität zu bemächtigen.

Das alles kann natürlich hier in diesem engen Rahmen nur mehr angedeutet als entfaltet werden[33]. Es wird vor allem auch, dem Befund in den lutherischen | Bekenntnisschriften entsprechend, nur von *einem* Punkte aus anvisiert, von dem evangelischen Amt der Wortverkündigung aus[34]. In diesem Amte – so wie die Bekenntnisse es schildern: inmitten der hörenden, glaubenden und liebenden Gemeinde – scheint mir der Kristallisationspunkt eines geistlichen Kirchenrechtes gegeben zu sein. Und wenn Harnack und Sohm ihre Auseinandersetzung im Hinblick auf die Entstehung des altkatholischen Kirchenrechtes geführt haben, scheint es mir für unsere Situation das Gegebene zu sein, die Begründung eines evangelischen Kirchenrechtes mit der Besinnung auf die geschichtliche Stunde zu verbinden, da das Katholische Kirchenrecht dem Feuer überantwortet war, um nie wieder zum alten Leben aufzuerstehen.

Es ist 1530, im Jahre des Augsburger Reichstages und der Augsburgischen Konfession, zugleich der Augenblick gekommen, da ein allgemein anerkanntes Reichskirchenrecht nicht mehr bestand, ein territoriales Kirchenrecht in den evangelischen Gebieten noch nicht aufgerichtet war. Unter dem Eindruck dieses kirchenrechtlichen Vakuums haben die Bekenner von Augsburg die Grundprobleme eines überterritorialen evangelischen Kirchenrechtes durchdacht und ihre Ergebnisse in den Bekenntnisschriften fragmentarisch – der Unklarheit der Situation entsprechend – mehr angedeutet als entfaltet. Trotzdem: die Stunde der Not, da das universale Papstrecht des MAs samt dem mittelalterlichen Kaisertum zerfiel und das Notregiment evangelischer Landesherren über ihre Landeskirchen noch nicht eingerichtet war, diese drangvolle Stunde ist die Geburtsstunde eines universalen evangelischen Kirchenrechtes geworden.

---

[33] Ich verdeutliche im folgenden die Grundthese meiner 1957 erschienenen, im wesentlichen symbolgeschichtlichen Untersuchung über: Pfarrerrecht und Bekenntnis. Ich erweitere diese Grundthese an einigen Punkten. Wie dort, so beziehe ich mich auch im folgenden im wesentlichen auf CA, Apologie und Melanchthons Traktat De potestate et primatu Papae [BSLK, S. 471 ff.]. Belege, die in dem Hauptwerk schon enthalten sind, werden im allgemeinen nicht wiederholt. Den Ausführungen dieses 2. Teils liegt eine Wiener Gastvorlesung vom Juni 1959 zugrunde. Es ist mir nicht überall gelungen, die Formelelemente lebendiger Rede ganz auszulöschen.

[34] Insofern handelt es sich in dem hier gegebenen Rahmen nur um einen bescheidenen, thematisch und quellenmäßig begrenzten Gesprächsbeitrag zu einem umfassenderen Thema.

II.

Die lutherischen Bekenntnisschriften reden, wenn sie auf kirchenrechtliche Probleme hinweisen, mit der bisherigen Tradition gerne von einem ius divinum, vom mandatum Dei. Sie gebrauchen diese Begriffe wechselweise, ohne sie klar zu unterscheiden, und dabei in einem Sinne, der sich keineswegs mit dem herkömmlichen deckt, sich nicht auf das Kirchenrecht beschränkt. Was besagen diese mit den verschiedensten Traditionen und Vorstellungen belasteten Begriffe im Zusammenhang der Bekenntnisschriften?

a) 1. Das göttliche Mandat ist wirksam in Wort und Sakrament, speziell im Wort der Absolution (CA 25, § 3) und in den Einsetzungsworten der Sakramente. Sein Charakter als ‚ius divinum‘ ist gerade darin begründet, daß es rein geistlich wirkt, sine vi humana, sed verbo (CA 28, § 21 f.). Göttliches Recht ist also hier kein theokratisches Recht; die Bindung an alttestamentliche und katholische Gesetzlichkeit ist aufgegeben. Das Verständnis des göttlichen Rechtes wird von dem Evangelium und seiner Verkündigung her gewonnen. |

Und damit ist das mandatum Dei wirkendes, neu schöpferisches Wort. Es darf nicht als abstrakte Norm genommen werden, die über den kirchlichen Gestaltungen steht in ruhender, unbeweglicher Unveränderlichkeit, sondern dieses göttliche Mandatswort ist von einer unerschöpflichen Lebendigkeit. Es ruft ins Leben, was zuvor nicht da war. Es macht den Sünder zum Gotteskind, weckt in ihm den Glauben, teilt ihm mit der Vergebung der Sünden alle geistlichen Gaben zu. Wir können den metajuristischen, rein geistlichen Charakter dieses göttlichen Mandatsworts nicht scharf genug hervorheben, um die Eigenart dieses ius divinum verständlich zu machen und es in dieser seiner lutherischen Prägung von allen anderen Deutungsmöglichkeiten des ius divinum zu unterscheiden.

2. Das MA hatte weithin das göttliche Recht dem *Naturrecht* gleichgesetzt und damit an vorchristliche und altchristliche Überlieferungen angeknüpft, die über die Aufklärung hin bis auf Harnack wirksam geblieben sind. In Anlehnung an eine aristotelisch-stoische Sozialphilosophie faßte man im MA das Naturrecht auf als Grundlage einer Gesellschaftsordnung, die sich ‚instinctu naturae‘ bei allen Völkern durchgesetzt haben sollte. Göttlich ist dieser Trieb zur Vergesellschaftung, sofern ihn Gott bei der Schöpfung in das Menschengeschlecht hineingelegt und ihn auch nach dem Fall erhalten hat. Sofern die Kirche als vollkommene

Gesellschaft alle menschlichen Gemeinschaftsformen in idealer Weise in sich verkörpert, kommt im Kirchenrecht das Naturrecht zur Vollendung.

In den einleitenden Abschnitten seines Dekrets hatte *Gratian* die Gleichsetzung von Naturrecht und göttlichem Recht vollzogen und damit dem mittelalterlichen Kirchenrecht die Bahn gewiesen. Für *Luther* und die Seinen ist diese Identifizierung schlechterdings unmöglich. Wenn hier von einem göttlichen Gesetz der Natur geredet wird, so ist damit der göttliche Geist- und Liebeswille gemeint, der jeder menschlichen Art völlig entgegengesetzt ist. Nach ihrem natürlichen Instinkt können die sündhaften Menschen von diesem göttlichen Gesetz nicht wissen; und wo es ihnen mit seinen konkreten Forderungen gegenübertritt, widersetzen sie sich ihm mit allen ihren Kräften. Im ius divinum spricht sich also der lodernde, alles Gottwidrige verzehrende und Gott wohlgefällige Wille aus, mit dem der Schöpfer sein Gesetz durchführt und sein Heil herbeiführt. Es ist nicht eingegangen in den geschöpflichen Willen des Menschen, ist nicht der Rest seiner Vollkommenheit aus der Zeit vor dem Fall, so daß er von sich aus ‚instinctu naturae‘ zum Bau der Kirche etwas beitragen könnte.

3. Für Gratian nun stellt sich die vollkommene, gottgegeben-natürliche Ordnung der Kirche dar in der römischen *Hierarchie* mit dem Papst an der Spitze. Göttliches Recht ist das Amts- und Ordinationsrecht der römischen Kirche. Es braucht nicht ausgeführt zu werden, wie energisch sich die Reformation gegen diese Gleichsetzung von göttlichem Recht und *Sakralrecht* verwahrt hat. Fast jede Zeile der Augustana spricht davon. Aber die Ursache dafür ist darin zu | suchen, daß die CA das evangelische Kirchenrecht vom Begriff des göttlichen Rechtes her begründete: Das, was bisher fälschlich für göttliches Recht gehalten wurde, ist in Wahrheit Menschenrecht. Und ihm steht gegenüber der Anspruch Gottes, der mit seinem schöpferischen Wort, das er der Kirche anvertraut hat, Menschen zu neuem Leben erwecken will. Jenem Menschenrecht, das sich selbst göttliche Autorität anmaßt, soll das wahre göttliche Recht entgegengehalten werden.

4. Daß Gottes *Wort* und Gottes *Recht* irgendwie zusammengehören, weiß auch Gratian. Er sagt: „Ius naturae est quod in lege et evangelio continetur." Ius naturae – er hätte auch ius divinum sagen können: Das göttliche Recht ist enthalten im Wort der Heiligen Schrift. Auch Luther kann gelegentlich so reden. Indem er das päpstliche Recht verwirft, weist er hin auf die Schrift; „es ist uns ubrig gnug in der biblien

geschrieben, wie wir uns in allen Dingen halten sollen". Und es ist allgemein bekannt, welche starke Bedeutung die lex scripta – und zwar wird die *ganze* Heilige Schrift so verstanden – als Inbegriff des ius divinum in der reformierten Lehrtradition besitzt.

Im Unterschied zu Vorgängern und Nachfolgern, ja auch zu mißverständlichen Äußerungen Luthers selbst muß daran festgehalten werden, daß das ius divinum nicht mit dem Kodex der Heiligen Schrift gleichzusetzen, nicht mit einzelnen biblischen Weisungen zu identifizieren ist. Das Wort, um das es hier geht, ist immer das göttliche Mandatswort in seinem konkreten, wirksamen Vollzug, in der mündlichen Verkündigung, im Zuspruch der Absolution, in der Konsekration der Sakramente. Es stellt keine Rechtsforderungen auf; es schafft, es schenkt, es versetzt uns aus dem Tode ins Leben. Was es inhaltlich sagt, ist Evangelium und beileibe nicht göttliches Recht; auch nicht *was* es wirkt, sondern *daß* es wirken *soll,* ist göttliches Recht.

Göttliches Wort und göttliches Recht gehören zusammen, weil Gottes Heilswille durch das Wort auf Erden wirksam werden will. Das aber geschieht durch das Walten des göttlichen *Geistes,* der das Wort wirksam macht. Gottes Geist äußert sich nicht im Feuer des Enthusiasmus, wie es bei Sohm den Anschein hat. Er fällt nicht in der ekstatisch bewegten Versammlung vom Himmel, er ist nicht die Flamme der Begeisterung, die von einem Herzen ins andere überschlägt. Der Geist ist an das Wort gebunden.

Und er ist damit nicht primär an das Gebot der *Liebe* gebunden; er begnügt sich also nicht damit, schon vorhandene natürliche Ordnungen mit göttlichem Wesen zu erfüllen, wie Harnack es darstellt, um die von Sohm her drohenden Gefahren des religiösen Individualismus zu meistern. Das Wort, an das der Geist sich vornehmlich bindet, das ist das Wort des *Evangeliums.* In ihm will er neuschöpferisch tätig sein, Menschen erwecken zu neuem Leben, Menschen zusammenfügen zu geordneter Liebesgemeinschaft und dieser Gemeinde immer neu Menschen hinzufügen, die ihr in Liebe zugetan sind. Gewiß sind Geist und Recht durch das Band brüderlicher Liebe verbunden. Aber diese Charitas ist nicht lex, sondern Evangelium, frohe Botschaft von der sich schenkenden Liebe | Gottes, die in dieser Verkündigung selber sich schenkt. Und diese Botschaft will gehört werden; sie fordert Zeugen, die sie verkündigen, Hörwillige, die sich um sie sammeln. Darum reichen sich im ius divinum *Geist* und *Recht* die Hand, weil der Geist durch das *Wort* wirkt und für das *Wort* Gehör fordert.

Und so wirkt das mandatum Dei in der Welt. Es ist in erster Linie nicht Gesetz, sondern Evangelium. Das evangelische Kirchenrecht hat es primär nicht mit dem Gesetz, sondern mit dem Evangelium zu tun, mit der frohen Botschaft im Vollsinne, mit ihrer freischöpferischen und frei machenden Gewalt und Gnade. Hinter diesem Wort steht der göttliche Heilswille, der sich durchsetzen und die Welt neu gestalten will. Dieser göttliche Wille schafft sich ordinationes, Institutionen wie Kirche und Amt, die er als Mittel zu seiner Durchsetzung verwendet. Dieser göttliche Heilswille verleiht mandata, Aufträge, die an lebendige Menschen ergehen und von ihnen innerhalb der Öffentlichkeit wahrgenommen werden. Aus der Verwirklichung dieses göttlichen Heilswillens entsteht das evangelische Kirchenrecht. Es ist *ius divinum*, sofern es auf diesen göttlichen Willen bezogen ist, ihm dient. Es ist *menschliches Recht*, sofern es von Menschen geordnet, von Menschen gehandhabt und an Menschen verwirklicht wird – von und an fehlsamen Menschen, in menschlicher Beschränktheit, im Wechsel der menschlichen Verhältnisse, unter der Bedrohtheit durch Sünde und Tod.

Wenn wir also von einem ius divinum im evangelischen Kirchenrecht sprechen wollen, so müssen wir von ihm mit der ganzen Plerophorie reden, die dem Glauben an ein göttliches Wirken in der Zeit eigen ist, und zugleich mit jener bescheidenen Zurückhaltung und heiligen Scheu, die sich weigert, Irdisches zu vergöttlichen. Das ius divinum bezeichnet im Sinne der Reformation immer ein rein geistliches Geschehen, im Kirchenrecht ein Geschehen unmittelbar zwischen Gott und den Menschen, ein Geschehen, das den Glauben weckt und in dem er sich betätigt. Aber dieses geistliche Geschehen vollzieht sich im irdischen Raum, durch den Dienst von Menschen, in der mündlichen Verkündigung des heilsamen Wortes, im Zuspruch der Absolution, in der Austeilung der Sakramente.

Nicht nur hervorgegangen aus diesem Geschehen ist die Kirche; Gott hat sie durch sein lebenweckendes Wort geschaffen, damit sein Heilswille wie an ihr, so durch sie an der *Welt* erfüllt werde. Die Kirche hat Existenzberechtigung nur, wenn sie sich Gottes Heilswillen dienend zur Verfügung stellt. Sie beruht auf göttlichem Recht, weil und soweit sie jenen Anspruch anerkennt.

Das göttliche Recht ist *weltbezogen*, wenn es die Kirche ordnet und baut. Sohm hat das Richtige von Luther gelernt, wenn er den theokratischen Anspruch eines angeblichen göttlichen Kirchenrechtes als widerchristlich entlarvt. Und Harnack kann sich in Wahrheit auf Luthers Reformation berufen, wenn er die exklusive Selbstbeschränkung der Geistkirche Sohms bekämpft und die Kirche als innerweltliche Gemeinschaft versteht. Aber sie empfängt deswegen ihr Recht nicht *von* der Welt; sie empfängt es von Gott *für* die Welt. Das gött|liche Recht fordert von der Kirche menschliche Institutionen für die Welt. Weil sie der Durchsetzung des wirkenden evangelischen Wortes dienen, in diesem Sinne *für* die Welt da sind, dürfen sie nicht weltförmig, nicht *von* der Welt sein. Und sie sind mandatsgemäß, darum dürfen sie nicht menschlich sein im Sinne menschlicher Willkür. Solche menschlichen Ordnungen und Institutionen sind nicht mit der Autorität des göttlichen Rechtes ausgestattet, sondern dienen ihm, werden von ihm aus beurteilt und gerichtet. Sie sind von Menschen so zu gestalten, daß der Heilswille Gottes je in der geschichtlichen Situation sich erfüllen kann, jedenfalls nicht desavouiert wird.

Denn die Kirche *verfügt* nicht über das göttliche Recht, um ihre Macht an ihren Feinden, ihre Autorität an ihren Gliedern zu beweisen. Sie *gibt sich hin* an den Anspruch des göttlichen Rechtes, leidend unter ihren Feinden, in der Liebe zu allen Menschen sich verzehrend.

Dazu bedarf sie also menschlicher Ordnungen und Einrichtungen. Das göttliche Recht verdrängt also nicht das *menschliche* in der Kirche, sondern es setzt jene menschlichen Einrichtungen voraus, es fordert sie. Wir können in der evangelischen Kirche nur von göttlichem Recht sprechen, wenn wir menschliches anerkennen. Nichts von dem, was wir haben in der Verfassung der Kirche, in der Ordnung der Gemeinde, nichts davon ist an sich göttlichen Rechtes. Es ist alles wandelbar, vergänglich, nach den Grundsätzen irdischer Zweckmäßigkeit eingerichtet. Der Zweck selbst aber ist kein irdischer. Alle menschlichen Einrichtungen der Kirche dienen dazu, daß Gottes Heilswille sich verwirkliche. Alles menschliche Recht in der Kirche hat seine Legitimation nur darin, daß es dem göttlichen dient, sich von ihm das Ziel setzen, sich von ihm unter Umständen auch außer Kurs setzen läßt. Evangelisches Kirchenrecht kann nicht darin bestehen, je nach den wechselnden politischen und sozialen Verhältnissen Rechtsformen der Umwelt auf die Kirche zu übertragen. Evangelisches Kirchenrecht ist eigenständiges, ist geistliches Recht; denn es bezieht alles, was es aus sich hervorbringt oder von außen her übernimmt, auf die höchste Norm, auf das göttliche Recht, auf den Heilswillen Gottes, der sich in der Verkündigung des Wortes, in der Verwaltung der Sakramente durchsetzen will.

Die Meisterfrage evangelischen Kirchenrechtes besteht also darin, in der Kirche göttliches Recht und menschliches Recht zwar nicht voneinander zu scheiden, wohl aber recht zu unterscheiden. Schon die CA hat diese Meisterfrage grundsätzlich klar beantwortet (28, § 21 ff.): Göttliches Recht ist es, remittere peccata, reiicere doctrinam ab evangelio dissentientem et impios, quorum nota est impietas, excludere a communione ecclesiae. Göttlichen Rechtes ist also die wirksame, Tatsachen schaffende Verkündigung des Evangeliums. Göttlichen Rechtes sind damit auch die Voraussetzungen, auf denen sie beruht, die Existenz der Kirche als der Stätte der Wortverkündigung und Sakramentsverwaltung, Raum für sie und ihre Freiheit, das Evangelium aller Welt zu bezeugen; die Existenz des Amtes, das mit dieser Verkündigung ordnungsmäßig und in aller Öffentlichkeit beauftragt ist; die Existenz der Ge|meinde, die dieser Verkündigung nicht bloß passiv ausgeliefert ist, sondern an Hand des Wortes Gottes zu prüfen hat, ob sie der Wahrheit des Evangeliums widerspricht (CA 28, § 23 ff.). Alles andere ist in der Kirche menschlichen Rechtes und hat seine Brauchbarkeit darin zu beweisen, daß es dem göttlichen dient.

Mit diesen Feststellungen und Abgrenzungen hat die CA für ein evangelisches Kirchenrecht den Grund gelegt. Von dieser Grundlage aus sind von Ende Juni bis Anfang September 1530 in Augsburg die Verhandlungen über die Jurisdiktion der Bischöfe geführt worden, in denen sich die zwingende Notwendigkeit für den Aufbau eines eigenständigen evangelischen Kirchenrechtes ergab. Die Tragfähigkeit jener Grundlage ist in diesen Verhandlungen erprobt worden[34a]. Daß der Notbau, der dann in den folgenden Jahrzehnten darauf errichtet wurde, jene Grundlage nur sehr mangelhaft berücksichtigte, steht auf den Blättern der kommenden Geschichte evangelischen Kirchenrechtes geschrieben; wir können sie hier nicht aufschlagen.

b) Dagegen muß noch kurz auf eine andere Verwendung des Begriffes ,ius divinum' hingewiesen werden. Sie deutet sich in der Augustana erst an und ist in der Apologie weiter ausgeführt. Es gibt nämlich ein ius divinum nicht nur im Bereich der Kirche als einer geistlichen Neuschöpfung, sondern auch im Bereich der ersten, natürlichen *Schöpfung*. Ius divinum ist auch hier das schöpferische Wort Gottes, und zwar hier das Wort, durch das das Universum ins Leben gerufen wurde, das göttliche „Es werde", von dem alles, was Odem hat, lebt. „Seid fruchtbar und mehret Euch" – damit ist das göttliche Recht der Ehe begründet und den Eltern ihr göttliches Mandat gegeben. Und damit ist zugleich, um das Leben der Menschen zu erhalten, die Existenz der Obrigkeit im

---

[34a] Vgl. dazu oben S. 208–253.

göttlichen Recht begründet und ihr das Mandat gegeben, die Bösen zu strafen und die Guten zu schützen.

In diesem Zusammenhang kann die Apologie sogar den mißverständlichen Satz aussprechen: Ius naturale vere est ius divinum (23, § 12). Das soll nicht im Sinne der aristotelischen Scholastik heißen, es gebe ursprüngliche gottgegebene Natürlichkeit im Menschengeschlecht, auf deren Grund die soziale Ordnung beruhe. Das ist vielmehr im Sinne der biblisch-reformatorischen Anschauung von der schöpferischen Gewalt des göttlichen Wortes zu verstehen: Gott spricht und ruft damit das Nichtseiende, daß es sei. Und dieses schöpferische Wort ist zugleich das Wort seiner Treue: „Solange die Erde steht soll nicht aufhören Samen und Ernte . . .“ Dieses schöpferische Wort durchwaltet die Natur.

Die Natur trägt den Charakter der Göttlichkeit nicht in sich selbst. Die Gesetze, von denen sie beherrscht wird, sind ihr nicht immanent und nicht in ihrer Stabilität sanktioniert durch göttliche Autorität. Sondern die Gleichsetzung von ius divinum und ius naturale wird im Hinblick auf die ständig Neues wirkende Gewalt des göttlichen Schöpfungswortes vollzogen. Die Gesetzmäßigkeit in der Schöpfung darf also nicht wie bei Aristoteles statisch, sondern muß von dem in seinem Worte geoffenbarten lebendigen Gott aus verstanden | werden; sein unbegreiflicher, uns in der Fülle seiner Möglichkeiten unbekannter, aber sich selbst unbedingt getreuer Wille bildet das Gesetz der Natur[35].

Und alles Menschliche, das durch diesen Schöpferwillen erhalten wird, hat damit das göttliche Mandat, an der Bewahrung des Lebens mitzuwirken. Den Eltern und der Obrigkeit jeden Grades gilt dieses Mandat und damit schließlich jedem Menschen an der Stelle, an die sein Beruf ihn stellt. Von diesem Zusammenhang aus gesehen beruht jeder soziale Organismus auf göttlichem Recht. Und es muß ähnlich wie im Kirchenrecht die Frage gelöst werden, was innerhalb der sozialen Bereiche göttliches und was menschliches Recht ist.

Wir können hier dieser Frage nicht nachgehen, auch nicht, soweit das

---

[35] Ohne hier die Frage beantworten zu können, ob Luthers Verständnis des mandatum Dei in den Bekenntnisschriften in allen Einzelheiten adäquat wiedergegeben ist, zitiere ich, was jetzt Löfgren in seinem schönen Buche über „die Theologie der Schöpfung bei Luther“ im Hinblick auf diesen zusammenfassend sagt: „Gottes Gebot wird also nicht als eine Art ewiges, unveränderliches Gesetz aufgefaßt, das der menschlichen Vernunft in einer für jede Zeit gegebenen Form und in einem immer verpflichtenden Inhalt als ewige Wahrheit einsichtig gemacht werden kann“ (S. 80). Vgl. auch, was S. 50 f. über das Verhältnis von Wort und Naturgesetz und das nichtstatische Verständnis der Schöpfung bei Luther gesagt wird.

lutherische Bekenntnis Anleitung gibt zu ihrer Beantwortung. Aber wir denken daran zurück, wie Harnack dem Liebesgeist des Christen in diesen Bereichen ein Wirkungsfeld zuerkannt hatte und wie er dadurch instand gesetzt war, ein rein innerweltliches genossenschaftliches Recht für das Kirchenrecht zu reklamieren, und wie Sohm eine solche Nebenordnung von seinem geistlichen Verständnis der Kirche aus mit Leidenschaft abgelehnt hat. Wenn wir, wie es eine Grundvoraussetzung des lutherischen Bekenntnisses ist, Gottes Geist an Gottes wirkendes Wort binden, gewinnt der Gegensatz ein ganz anderes Aussehen. Durch Gottes schöpferisches Wort ist beides gesetzt: die natürliche Ordnung im genossenschaftlichen Zusammenleben der Menschen und die geistliche Ordnung der Kirche; Gottes im Worte wirkender, lebenschaffender Geist durchwaltet beide Bereiche der Wirklichkeit, den natürlichen und den geistlichen.

Das evangelische Kirchenrecht überschreitet also nicht die ihm von Gott gezogenen Grenzen, wenn es, Harnack folgend, solche Rechtsformen übernimmt, die sich im Augenblick, da die Kirche ihren Verkündigungsauftrag ausübt, unter den Menschen, an denen sie ihn gerade wahrnimmt, herausgebildet haben. Sie vermag in ihnen den die Schöpfung erhaltenden Gotteswillen wahrzunehmen. Nur muß sie Sohms Anliegen – ganz anders, als er selbst gemeint hatte – sich zu eigen machen und diese aus der Umwelt übernommenen Ordnungselemente ihrem Verkündigungsauftrag dienstbar machen. Sie dürfen nicht einfach als ein Stück Welt *neben* der charismatischen Ordnung der Kirche stehen, geschweige denn, daß sich an ihnen der Einbruch der Welt in die Kirche und die Herrschaft der Welt über die Kirche manifestiert. Es genügt auch nicht, jene Elemente weltlichen, also etwa genossenschaftlichen Rechtes durch die Kraft christlicher Bruderliebe zu vergeistlichen, zu verchristlichen. Das soll geschehen, die lex charitatis soll im Kirchenrecht erfüllt werden. | Aber entscheidend ist, daß es geschehe, um dem Verkündigungsauftrag der Kirche gerecht zu werden. Entscheidend ist, daß jene ursprünglich weltlichen, d. h. aber hier Gottes Schöpfungswillen entsprechenden Rechtsordnungen die Struktur ihrer Eigengesetzlichkeit verlieren, ganz dienstbar werden dem mandatum Dei, das da will, daß allen Menschen geholfen werde, sich völlig umschmelzen lassen durch das ius divinum, durch den neuschöpferischen Heilswillen Gottes, der im Wort des Evangeliums sich durchsetzen will.

Weil das mandatum Dei sowohl die natürliche Welt menschlicher Gesellschaftsordnungen wie die geistliche Wirklichkeit der Kirche schafft und am Leben erhält, gibt es im evangelischen Kirchenrecht keine Scheidung zwischen profanen und geistlichen Rechtselementen – darin hat Sohm gegen Harnack das Richtige gesehen. Alles ist heilig, weil es auf das schöpferische Wort Gottes zurückgeht, wenn es dem Erhaltungs- und Heilswillen Gottes dient. Die Erfüllung dieser Bedingung ist schlechterdings entscheidend für das evangelische Rechtsverständnis. Aber es findet auch in der gesellschaftlichen Wirklichkeit – das spricht für Harnack gegen Sohm – Rechtselemente, die es einbauen kann in sein eigenes Gefüge, wenn es damit der Aufgabe der Verkündigung dient, sie wenigstens erleichtert.

So kann eine Grundlegung des evangelischen Kirchenrechtes nicht davon absehen, daß es auch ein Recht außerhalb der Kirche gibt, das auf Gottes schöpferischen Willen zurückgeht und durch das die Kirche irgendwie angesprochen ist. Indem das Recht der Kirche sich auf ein neuschöpferisches Mandatswort Gottes beruft, kann es nicht absehen von der Tatsache, daß es auch in der kreatürlichen Wirklichkeit innerhalb und außerhalb der Kirche ein solches schöpferisches Mandatswort Gottes gibt.

Wie verhalten sich diese beiden schöpferischen Mandatsworte zueinander, in denen das ius divinum in seinen beiden Formen sich dokumentiert?

1. Sie *unterscheiden* sich voneinander, und zwar zunächst ihrem *Inhalt* nach. Das schöpferische Mandatswort Gottes erhält die Welt nach dem Falle; das heilschaffende Mandatswort Gottes bereitet die gefallene Welt vor für das eschatologische Heil. Beide beziehen sich also auf die Welt in ihrem gegenwärtigen Stand. Von ihr aus weist das schöpferisch-erhaltende Wort hin auf die ursprüngliche Schöpfung; und wo es im Glauben gehört und angenommen wird, macht es den Abstand deutlich, der zwischen jener reinen Welt und unserer trüben Wirklichkeit besteht, zeigt es die Schuld an, in die sich das Menschengeschlecht verstrickt hat, die Strafe, in die es verfallen ist. Dieses Wort der ersten Schöpfung wird zum Wort des Gesetzes und des Gerichtes. Das heilschaffende Wort aber weist voraus und bereitet vorauf die Wiederherstellung der ursprünglichen Schöpfung in der neuen Welt; und wo es Glauben findet, nimmt es die neue Welt vorweg in dem Anbruch eines neuen Lebens.

2. Damit unterscheiden sich die beiden Mandatsworte auch nach der *Art ihrer Wirksamkeit*. Das Schöpfungswort wird direkt von Gott vom Himmel herab gesprochen und wirkt nach, solange die Erde steht, und erhält sie immer | neu. Kein Mensch kann es nachsprechen. Wer es ver-

suchte, würde in Magie versinken. Wer – als Vater, Mutter, Träger eines obrigkeitlichen Amtes – sein Mandat von diesem Schöpfungswort her hat, kann nichts Neues schaffen, sondern kann nur wehren, daß das von Gott Geschaffene nicht verdorben werde, nicht dem Tode verfalle.

Sein heilschaffendes Wort des Evangeliums aber hat Gott auf die Lippen von *Menschen* gelegt. Durch menschliche Vermittlung wird es kundgetan und dadurch wirksam gemacht. Es bedarf, um wirksam zu werden, des Dienstes von Menschen. Daher die Dringlichkeit, mit der das göttliche Recht sich in der Kirche durchsetzen will, durch sie die Welt mit dem Evangelium zu erfüllen. Das Heil der Welt hängt davon ab, daß die Menschen diesen Anspruch anerkennen, sich zu diesem Dienste willig finden. Dabei hat ihr Dienst aber auch neuschöpferische Kraft. Das wirkende Wort, das über ihre menschlichen Lippen geht, hat ewige Wirkung. Wer in *diesem* Zusammenhang von Magie spricht, hat den Unterschied der beiden Wirkweisen des göttlichen Mandatswortes nicht verstanden.

3. Mit der Art ihrer Wirksamkeit aber unterscheiden sich die beiden Mandatsworte auch in der Art ihrer *Vernehmbarkeit* für den Menschen. Obwohl das Schöpfungswort durch alle Äonen geht und vor seiner Gewalt alle Festen des Himmels erbeben, ist es doch für den Menschen unhörbar. Er, der von diesem Worte geschaffen ist, dessen Anfang und Ende durch dieses Wort gesetzt ist, findet von sich aus keinen Schlüssel zum Verständnis des Wortes, von dem seine Existenz abhängt.

Das neuschöpferische Wort der Erlösung aber ist, weil es über Menschenlippen geht, hörbar, verständlich; und wo der Heilige Geist sein Werk tut, wird es im Glauben angenommen. Und wo das geschieht, wird dem Glauben auch das Geheimnis der kreatürlichen Welt erschlossen. Wo das Wort der Vergebung den neuen Menschen schafft, wird auch das Zeugnis verstanden, das der Schöpfer in seine Kreaturen hineingelegt hat. Mit dem Einbruch der neuen Schöpfung, unter der Verkündigung des Evangeliums wird auch die alte Schöpfung transparent für die Herrlichkeit Gottes.

4. Und damit wird deutlich, daß die beiden göttlichen Mandatsworte, so verschieden sie auch nach Inhalt, Wirksamkeit und Vernehmbarkeit sein mögen, im Grunde doch *zusammengehören*, aufeinander angelegt sind, in einer fruchtbaren Spannung zueinander stehen. Wie ist das möglich? Weil es derselbe Gott ist, der sein schöpferisches Wort über seiner Welt aufgerichtet hat, über dem sozialen Gefüge der Menschheit, über seiner Kirche und durch sie über allen Völkern. Es ist dieselbe *Wei-*

se Gottes, zu wirken und sich zu offenbaren: jedesmal durch sein Wort. Und es ist derselbe heilsame *Wille*, der sich hinter diesem Wirken verbirgt und heilschaffend sich offenbart, derselbe heilsame Wille, der die Welt erhält, um sie zu erlösen. Und es ist dasselbe *Ziel*, auf das Gott die von ihm erschaffene Welt samt der Kirche hinführen will durch sein erhalten|des und heilschaffendes Wort. Sein Ziel ist die Wiederherstellung der gefallenen Welt in der neuen Schöpfung.

5. Um dieses Zieles willen erträgt und unterstützt Gott mit Langmut die Versuche der Menschen, in der Sozialwelt und in der Kirche ihr menschliches Recht aufzurichten. Die Welt weiß es meistens nicht, daß sie damit ein göttliches Mandatswort erfüllt. Die Kirche sollte es wissen, sollte den Rechtsanspruch des Gottes über sich anerkennen, der das Heil der Welt will, und sollte ihr menschliches Recht im Gehorsam gegen dieses göttliche aufrichten. Und sie sollte anerkennen, daß derselbe Gott in Familie und Staat unermüdlich Ordnungen schafft, das kreatürliche Leben zu erhalten auf den Tag der Erlösung.

Wer das göttliche Recht in der *Kirche* so anerkennt, wie das lutherische Bekenntnis es lehrt, wird in derselben Weise auch das göttliche Recht der *Obrigkeit* anerkennen. Und er wird dafür sorgen, daß das menschliche Recht, das die Kirche im Gehorsam gegen das göttliche schafft, ihrem Verkündigungsauftrag entsprechend auf das menschliche Recht abgestimmt ist, das in der Welt gilt. Weil und in dem Maße, wie die Kirche an ihr göttliches Recht gebunden ist, ist sie völlig frei in der Gestaltung ihres menschlichen Rechtes. Gewiß sind Konfliktsmöglichkeiten zwischen dem ius humanum in der Kirche und im Staate möglich, gegenseitige Grenzüberschreitungen hie und da vielleicht unausweichlich. Aber im ganzen ist es doch eine fruchtbare Spannung, die die Ordnungsgebilde in beiden Bereichen in Bewegung erhält, so daß beide sich gegenseitig dauernd korrigieren, dauernd erneuern.

Zu solcher fruchtbaren Begegnung ruft uns der Auftrag, ein evangelisches Kirchenrecht neu zu bauen in der gegenwärtigen Stunde der Welt. Und Harnack und Sohm, beide noch den Fragestellungen des 19. Jh.s verhaftet, weisen über sich selbst und den zwischen ihnen bestehenden, nicht ausgetragenen Gegensatz hinweg auf eine neue Synthese.

DAS SYNODALE EVANGELISCHE BISCHOFSAMT SEIT 1918*

Vorrede

Nur eine Bestandsaufnahme soll auf den folgenden anspruchslosen Blättern geboten werden. Das entspricht dem Auftrag, den der Evangelische Konvent Augsburgischer Konfession mit dem Thema gestellt hat. Auf Motivierungen wird also bewußt verzichtet, soweit sie sich nicht aus dem Kontext ergeben oder in der Literatur eine Rolle spielen. Diese Zusammenhänge sind viel besser aus dem Aufsatz von Hans Liermann ersichtlich: Das Evangelische Bischofsamt in Deutschland seit 1933 (ZevKR 1, 1954, S. 1 ff.). Ich verweise hiermit ein für allemal auf diese instruktive Arbeit, der ich im ganzen wie im einzelnen viel verdanke. Immerhin bleibt den Geschichtsschreibern der jüngsten kirchlichen Vergangenheit und den Kirchenrechtlern auf diesem Gebiete noch ein weites Feld.

Dennoch mag die kleine Arbeit auch in ihrem bescheidenen Rahmen nützlich sein. Die Wandlungen, die im Selbstverständnis der Kirche, ihrer Ämter und Dienste innerhalb des letzten Menschenalters eingetreten sind, werden hoffentlich ersichtlich, ebenso aber auch die Aufgaben, die ihr gegeben sind: ihrem eigenen Wesen entsprechend die Formen ihres Dienstes immer besser auszuprägen. Dazu braucht die Kirche vor allem Klarheit über sich selbst. Nur in der rechten Wendung nach innen entsteht die kraftvolle Wirkung nach außen. Formen und Ämter sind der Kirche niemals Selbstzweck, sondern Mittel zum Dienst an der Welt.

Erlangen, Februar 1955   W. Maurer

---

* Aus: Fuldaer Hefte, Schriften des Theologischen Konvents Augsburgischen Bekenntnisses, hrsg. von *Friedrich Hübner,* Heft 10, Berlin 1955, S. 5–68.

Mit dem Worte ‚Superintendent‘ – ‚Superattendens‘ im Unterricht der Visitatoren von 1528[1] – gibt der Sprachgebrauch der Reformatoren das griechische ‚Aufseher‘ (ἐπίσκοπος) genau wieder. Mit dem Worte sollte aber auch die Sache festgehalten werden. CA 28 will das überlieferte Bischofsamt bis an die Grenze dessen, was vom Evangelium her noch vertretbar ist, bewahren; und die Schmalkaldischen Artikel[2] halten es zwar für ausgeschlossen, daß die altgläubigen Bischöfe je rechte Bischöfe werden, bemühen sich aber, daß „dennoch umb ihrenwillen die Kirche nicht ohne Diener bleiben“ möge.

Dabei ist es klar, daß „dasselbige recht Bischoflich und Besucherampt“[3] mit dem Amt der Wortverkündigung und Sakramentsverwaltung identisch ist; nur darin besteht sein ‚göttliches Recht‘[4]. ‚Episcopi, ministri *seu* pastores‘, diese Gleichung vollzieht Luther schon 1523[5]; in der Confessio Augustana wird sie wieder aufgenommen[6]. Es handelt sich auf beiden Seiten der Gleichung um ein Besuchs- und Aufsichtsamt; nur daß der Bereich, in dem die ‚Pfarrkinder‘ leben, verschieden groß ist[7]. Selbstverständlich ist dabei, daß dieses Amt nur in der Kraft des Wortes Gottes, nicht mit äußerer Gewalt (verbo, non vi humana) ausgeübt werden kann. Visitation der im Amt befindlichen Pfarrer sowie Prüfung und Ordination der Pfarramtsbewerber, das sind seine beiden klassischen Funktionen[8].

Aber in dieser reinen Form hat sich das evangelische Bischofsamt nicht ungehemmt entwickeln können. Schon der ‚Unterricht der Visitatoren‘ hat die Superintendenten in den Dienst der obrigkeitlichen Sittenzucht gestellt[9]. Je mehr sich das landesherrliche Kirchen|regiment entwickelt, desto mehr wird das evangelische Bischofsamt einem artfrem-

---

[1] WA 26, S. 235,7 f.

[2] Von der Weihe und Vokation [BSLK, S. 457 f.].

[3] WA 26, S. 197,1 ff.   [4] CA 28, § 5, 10 und 21.

[5] WA 12, S. 194,1.   [6] CA 28, § 30.

[7] Denn eigentlich heißt ein Bischoff ein auf seher odder visitator, und ein Erzbischoff, der uber dieselbigen auf seher und visitatores ist; darumb das ein iglich Pfarrherr seine Pfarkinder besuchen, warten und auf sehen sol, wie man da leret und lebet; Und der Erzbischoff solche bischove besuchen, warten und auf sehen sol, wie dieselbigen leren; WA 26, S. 196,5 ff.

[8] Ich verweise hier auf alles Nähere auf die in dieser Reihe Heft 9 erscheinende Studie von Peter Brunner: Vom Amt des Bischofs.

[9] Lassen sich anstößige Pfarrer nicht gütlich weisen und besteht die Gefahr der Irrlehre oder des Aufruhrs, „so sol der Superattendens solchs unverzuglich dem Amptman anzeigen, Welcher dan solchs furt unserm Gnedigsten Herrn dem Churfürsten vermelden sol, Damit seine Churfürstl. Gnaden hirynn der zeit billichen Versehung furwenden mügen“; WA 26, S. 235, 21 ff.

den Summepiskopat unterworfen. Sein eigentümlicher Ansatz im allgemeinen Gnadenmittelamt der Kirche wird dadurch überdeckt, seine organische Entfaltung verhindert. So kommt es, daß am Ende der Periode des landesherrlichen Kirchenregimentes die Erinnerung an das echte evangelische Bischofsamt fast ganz erloschen ist, ja seine Existenzmöglichkeit grundsätzlich bestritten wird. Man kann es sich nur vorstellen entweder als unevangelischen Absenker des hierarchischen Bischofsamtes des römischen Katholizismus[10] oder als herrschaftliches Verwaltungsamt. Trotzdem hat schon das 19. Jahrhundert einige Ansätze hervorgebracht, die dann im synodalen Bischofsamt nach 1918 zur Entfaltung gekommen sind. |

---

[10] Deshalb scheitern auch die Versuche des 18. und 19. Jahrhunderts, die apostolische Sukzession zur Grundlage des evangelischen Bischofsamtes in Deutschland zu machen. Davon berichtet *Benz* in seinem an interessanten Einzelheiten reichen Buche: Bischofsamt und apostolische Sukzession. [Der Wortlaut der im folgenden benutzten Kirchenverfassungen findet sich bei: *Giese-Hosemann,* Verfassungen. Für nach 1945 entstandene Verfassungen siehe *Merzyn,* Verfassungsrecht.]

I. Die Entstehung des synodalen Bischofsamtes nach 1918

Die Fragen der Kirchenverfassung sind im 19. Jahrhundert am lebhaftesten in Preußen erörtert und in einer Weise, die für den gesamten deutschen Protestantismus maßgebend wurde, gelöst worden. Die Evangelische Kirche der altpreußischen Union (vorher „Evangelische Landeskirche der älteren Provinzen der preußischen Monarchie") war nicht nur die größte deutsche Landeskirche und – seit 1866 – die maßgebende in dem politisch führenden deutschen Bundesstaat, sie war auch in ihrem inneren Leben die vielgestaltigste. Sie hat darum um die Formen ihrer äußeren Ordnung besonders hart und schwer kämpfen müssen. Die Gestalt, die sie schließlich gewann – zunächst 1835 für die Westprovinzen mit der Rheinisch-Westfälischen Kirchenordnung, dann für die östlichen Provinzen mit der Kirchengemeinde- und Synodalordnung von 1873 und der Generalsynodalordnung von 1876 –, birgt den größten Spannungsreichtum in sich und ist darum für alle anderen deutschen Landeskirchen vorbildlich geworden, wenn sich hier auch die synodalen Verfassungselemente vielerorts selbständig entwickelt haben. Zumal die Ämter der geistlichen Kirchenleitung haben in der preußischen Kirche des 19. Jahrhunderts eine eigentümliche und folgenschwere Wandlung erfahren.

1. Die Entwicklung in Preußen

Die Entwicklung ergreift zunächst das Amt des Generalsuperintenten. Wo dieses Amt – wie ursprünglich etwa in Württemberg – den ‚Spezial'-Superintendenten als Aufsichtsamt übergeordnet worden war, war es längst dem Territorialismus zum Opfer gefallen. Wo der Titel noch bestand, diente er ausschließlich den Zwecken fürstlicher Repräsentation. In der Form aber, wie das Amt 1828 von Friedrich Wilhelm III. neu geschaffen wurde, ist es Ausgangspunkt einer Entwicklung geworden, die bis in die Gegenwart hinreicht. Die Aufzählung seiner Befugnisse in der für die östlichen Provinzen bestimmten Instruktion vom 14. Mai 1829 – sie und damit auch das Amt wurde mit dem 31. Mai 1836 auch auf die beiden Westprovinzen übertragen – ist auch für die Kirchenverfassungen des 20. Jahrhunderts die Grundlage geblieben.

Friedrich Wilhelm III. hat in den Generalsuperintendenten seine königlichen Vertrauensleute gesehen. Er, der theologisch so stark interes-

siert war, fühlte – und der Agendenstreit tat es ihm immer wieder
kund –, daß der Summus Episcopus als weltlicher Herrscher | doch nur
für die äußere Leitung der Kirche recht geeignet sei, daß er nicht predigen und die Herzen gewinnen könne und daß er daher für die innere
Leitung der Kirche einer Ergänzung bedürfe. Eine Verstärkung des landesherrlichen Kirchenregimentes sollten daher die Generalsuperintendenten ursprünglich bedeuten, Ansatzpunkt für eine neue geistliche Leitung der Landeskirche ist ihre Existenz tatsächlich geworden. Sie verdankt ihre Entstehung einem elementaren Empfinden, das mit dem Ende
der Aufklärung den ganzen deutschen Protestantismus ergreift, z. T. seine Wurzeln auch in ihr selber hat, dem Gefühl nämlich, daß dem geistlichen Amt in der Kirche eine besondere, unersetzbare Funktion zukomme. Unter diesem Empfinden hat die Lostrennung eines besonderen Amtes geistlicher Leitung aus dem Summepiskopat des Landesherrn eine
stärkere Bedeutung gewonnen, als es den unmittelbar Beteiligten zunächst
zum Bewußtsein kommen mochte.

Freilich, noch ist der Generalsuperintendent noch nicht das, was er
werden könnte. Als ein besonders privilegierter Staatsbeamter steht er
im Glanze königlicher Ehren – unter Friedrich Wilhelm III. fallen ihm
auch Ehrentitel zu wie Bischof oder Erzbischof – weit über seinen
Amtsbrüdern. Er soll deren Vertrauensmann sein, ihr pastorales Gewissen lenken, nicht nur in der Agendensache, sondern auch in anderen
schwierigen Amtsangelegenheiten. Er soll dadurch das Vertrauen der
Amtsträger gegenüber dem königlichen Summepiskopus stärken. Er ist
nicht ihr Vorgesetzter; das sind Präsident und Räte des königlichen Konsistoriums. Aber dieser Aufsichtsbehörde ist der Generalsuperintendent
dennoch irgendwie eingegliedert. Er steht zwar mit seinem Amte eigenständig neben ihr, zugleich aber als erster der geistlichen Räte doch irgendwie unter dem Konsistorialpräsidenten. Geistliche Leitung und Verwaltungsaufgaben sind zwar grundsätzlich – auf eine höchst unklare
Weise – voneinander getrennt, fallen aber praktisch zusammen. Zu den
seit 1835 in der preußischen Monarchie gesetzlich begründeten Provinzialsynoden steht der Generalsuperintendent von Amts wegen im Gegensatz. Als ‚königlicher Kommissar‘ – so lautet der Ausdruck noch im
§ 52 b der Fassung der Rheinisch-Westfälischen Kirchenordnung von
1908 – hat er ihre Verhandlungsführung und ihre Beschlüsse zu überwachen. Es sind in der Tat sehr merkwürdige Wege, auf denen sich aus
diesem herrschaftlichen Amte das synodale Bischofsamt entwickelte[11]. |

---

[11] Vgl. *Bredt*, Neues evangelisches Kirchenrecht, Bd. 2, S. 379 ff.

Noch ein anderer Ansatzpunkt für das spätere synodale Bischofsamt ist in der altpreußischen Kirche des 19. Jahrhunderts vorhanden. Er liegt beim Superintendenten. Jahrhundertelang war der episkopale Ursprung seines Amtes vergessen worden. Ja, sogar der geistliche Charakter dieses kirchlichen Aufsichtsamtes war bestritten worden; grundsätzlich, so hatten namhafte Kirchenrechtslehrer gemeint, könne es auch von einem Nichtgeistlichen verwaltet werden. Jedenfalls stand der Superintendent den Pfarrern seines Bezirkes nicht als geistlicher Amtsträger, sondern als Organ einer staatlichen Aufsichtsbehörde gegenüber. Noch 1903 konnte ein so bedeutender Rechtslehrer wie Paul Schoen erklären: „Überhaupt besteht kein begrifflicher Zusammenhang zwischen dem Superintendenten- und dem Pfarramt. Jenes kann nicht lediglich als eine Erweiterung dieses aufgefaßt werden. Der Superintendent bekleidet zwei verschiedene Ämter: das geistliche Pfarramt und das kirchenregimentliche Aufsichtsamt, welches letztere geistliche Funktionen im eigentlichen Sinne nicht umfaßt."[12]

Und doch war die Entwicklung schon längst über diese territorialistische Auffassung hinweggeschritten. Schoen selbst beschreibt die Superintendenten seiner Zeit, sie seien „das letzte Glied in der Verwaltung des landesherrlichen Kirchenregimentes und *regelmäßig gleichzeitig* Organe des untersten Synodalverbandes, in dessen Synode und Synodalvorstand sie präsidieren"[13]. So war es in der Tat in den Westprovinzen seit 1835, im Osten seit 1873. Und einerlei, wie die Berufung in dieses Doppelamt zustande kam, sein Inhaber war nicht nur als Pfarrer, sondern als Exponent und Repräsentant der Synode seines Kirchenkreises und damit als Superintendent Träger eines geistlichen Amtes, – wenn anders man jene Synode als eine geistliche Instanz anerkennt. Nun waren zwar bei den Vorkämpfern der Rheinisch-Westfälischen Kirchenordnung keineswegs nur geistliche Gesichtspunkte im Sinne einer reformatorischen Theologie maßgebend gewesen. Weitgehend hatten sie vielmehr den Einflüsterungen aufgeklärt-naturrechtlicher Theorien ihr Ohr geliehen[14]; und die staatlichen Förderer der Kirchenordnung hatten die Parallele zu den landständischen Korpo|rationen allezeit vor Augen gehabt. So konnte – und kann – man in der Tat jene Doppelstellung des preußi-

---

[12] *Schoen*, Kirchenrecht in Preußen, S. 266, Anm. 4.
[13] *Schoen*, Kirchenrecht in Preußen, S. 264.
[14] Vgl. meine Besprechung des in dieser Hinsicht sehr aufschluß- und materialreichen Buches von *Göbell*, Die Rheinisch-Westfälische Kirchenordnung vom 5. März 1835, Bd. 1 in ZevKR 2, 1952, S. 84 ff., besonders 103 ff. [vgl. o. S. 279–309, besonders S. 304 ff.].

schen Superintendenten rein rechtlich erklären als Parallele zur Stellung des gleichzeitigen Landrates, der in gleicher Weise königlicher Beamter und Organ einer Körperschaft kommunaler Selbstverwaltung war. Aber eine solche Erklärung wäre doch sehr äußerlich. Nach welchen Rechtsprinzipien auch immer eine kirchliche Synode gebildet worden sein mag: sie ist ihrem Wesen nach eine geistliche Institution, und ihr Vorstand bekleidet ein geistliches Amt.

Während also die Generalsuperintendenten des 19. Jahrhunderts als die Gegenspieler der Synode verstanden werden müssen, hat der Superintendent durch die Bindung an den synodalen Verband ein geistliches Element seines Amtes zurückgewonnen. Es ist nicht das ursprünglich episkopale, dieses im Sinne Luthers und der Reformation verstanden. Aber es wurde für den Superintendenten als Synodalvorstand wenigstens die Erkenntnis zurückerobert, daß er dieses Amt und damit Befugnisse und Pflichten der Aufsicht und des brüderlichen Dienstes an Pfarrern und Gemeinden als *Pfarrer* wahrnehme, daß er also auch als Superintendent nicht königlicher Aufsichtsbeamter *über* die Kirche sei, sondern geistlicher Diener der Kirche. So sehr das spätere synodale Bischofsamt als Institution aus dem Amte des preußischen Generalsuperintendenten herauswächst, seiner kirchenrechtlichen Struktur nach ist es nicht diesem, sondern dem Amt des synodalen Superintendenten aus der Zeit nach 1835 nachgebildet.

Aber fragen wir nun nach der Verwirklichung dieser Ansätze in der Verfassungsurkunde der evangelischen Kirche der altpreußischen Union vom 29. September 1922[15]. Als ein Novum muß es uns darin vorkommen, in welch starkem Maße hier das geistliche Amt zum Mitträger des kirchlichen Verfassungslebens gemacht wird. Das entspricht keineswegs den Tendenzen der Zeit, in der die Verfassungsurkunde entstand. Von den staatlichen Parlamenten und von der öffentlichen Meinung aus wurde die Demokratisierung der Kirche gefordert. Und innerhalb ihrer selbst gewann die Richtung derer die Oberhand, die die Synoden zu den entscheidenden Trägern der Kirchengewalt machen wollten, die den Händen der Landesherrn entglitten war. Unterordnung des konsistorialen und des episkopalen Elementes unter das synodale – so lautete ganz allgemein die Parole. Die Volkskirche sollte als Gemeindekirche gebaut werden. | Vom Presbyterium der Einzelgemeinde aus sollte der Bau der Verfassung über Kreissynode und Provinzialsynode zur Landessynode führen.

---

[15] Ich benutze den kommentierten Text aus *Koch*, Verfassungsurkunde.

Gegenüber einer solchen ‚ausschließlichen Herrschaft des Parlamentarismus in synodaler Einkleidung‘ hatte sich der Evangelische Oberkirchenrat[16] ausgesprochen und einen Rückgriff der Kirchenverfassung auf das Wesen der Kirche gefordert. Er hatte sie dabei nicht nur als ‚Gemeinschaft der in demselben Glauben verbundenen Glaubensgenossen (Korporation)‘ verstanden, sondern auch als ‚Stiftung zur Wahrnehmung der von Gott in sie hineingestifteten Gnadengüter (Wort und Sakrament)‘ und hatte dabei streng die Korporation auf die Stiftung als auf den Zweck ihres Daseins bezogen. Und gegenüber jener Forderung einer Gemeindekirche hatte der Oberkirchenrat nach Wesen und Erscheinungsform der evangelischen Gemeinde gefragt und geantwortet: „Eine solche gibt es ... nur, wo das der Gemeinde auf Erden göttlich eingestiftete Amt des Wortes Gottes einzelnen Personen übertragen wird." Damit war das Pfarramt deklariert als ein Amt eigenen Rechtes, unabhängig von der korporativen Vertretung der Gemeinde, mit CA 28 (§ 21 f.) begründet auf ein ius divinum. Daß dieser Grundsatz von der Eigenständigkeit des geistlichen Amtes nicht nur im Blick auf die Einzelgemeinde, sondern für die rechtliche Zusammenfassung der Gemeinden innerhalb der Landeskirche durchgeführt worden sei, das bezeichnet der Oberkirchenrat als das eigentliche Neue gegenüber der bisherigen Verfassung der Kirche[17]. |

Man kann den führenden Männern der altpreußischen Kirche in dieser Beurteilung der Sachlage nur zustimmen. Das Spannungsverhältnis zwischen Amt und Gemeinde, das ja nicht einen Gegensatz bedeutet, sondern die Gemeinsamkeit des Hörens, Betens und Dienens in sich einschließt, ist die Grundgegebenheit evangelischen Kirchenrechtes. Diese Spannung tritt für die landläufige Darstellung des neueren Kirchenrechts nicht deutlich genug zutage. Eine Betrachtungsweise, die den Aus-

---

[16] In der auf J. Kaftan zurückgehenden Allgemeinen Begründung seiner „Vorlage zur Feststellung der künftigen Verfassung für die evangelische Landeskirche der älteren Provinzen in Preußen", angefügt dem Verhandlungsbericht von 1921/22, Bd. 2, mit eigener Seitenzählung, S. 61 ff.

[17] Man kann nur bedauern, daß dieser Grundsatz in der endgültigen Formulierung verwässert, wenn auch nicht beseitigt worden ist. Vgl. Art. 42, Abs. 2 des Entwurfes („Der Pfarrer ist in der Führung des geistlichen Amtes, namentlich in Lehre, Seelsorge und Verwaltung der Sakramente von den Gemeindekörperschaften unabhängig") mit Art. 42, Abs. 4 der endgültigen Fassung („Der Pfarrer ist in seiner geistlichen Amtsführung unbeschadet der allgemeinen kirchlichen Ordnungen und der Befugnisse des Gemeindekirchenrates selbständig"). Hier zeigt sich, wie sehr in einer Unionskirche, in der die Bindung an ein gemeinsames Bekenntnis für die Amtsträger nicht die selbstverständliche Voraussetzung bildet, sich das Ordnungselement ungebührlich in den Vordergrund drängt.

gleich synodaler, administrativer und episkopaler Elemente vorzugswei-
se darzustellen sich bemüht, vergißt zu leicht die tragende Kraft des
geistlichen Amtes für das kirchliche Verfassungsleben. Die Administra-
tion – so wichtig sie in praxi ist – wird dabei in ihrer konstitutiven
Bedeutung leicht überschätzt. Und der episkopale Faktor hat in einer
evangelischen Kirche kein eigenes Gewicht; das war nur in der Spätzeit
des landesherrlichen Summepiskopates der Fall. Episcopi seu pastores –
unter dieser Gleichsetzung kann auf allen Stufen des verfassungsmäßigen Aufbaus immer nur vom geistlichen Amte als solchem die Rede sein.
Daß das in der preußischen Verfassungsurkunde von 1922 tatsächlich
der Fall ist, hat auch ein in dieser Beziehung sicherlich unbefangener Be-
urteiler wie J. V. Bredt anerkannt[18].

Es dürfte außer Zweifel stehen, daß bei dieser Entwicklung, auch unter den führenden Männern der altpreußischen Kirche selbst, Elemente
lutherischer Tradition förderlich mitgewirkt haben. Die Gegensätze sind
in den zwanziger Jahren nicht offen auf ihre konfessionelle Wurzel zurückgeführt worden – das wäre in einer Unionskirche wohl zu gefährlich gewesen –, aber sie *haben* eine solche Wurzel. Damals hat man
meist, einer jahrhundertelangen Gewöhnung folgend, Amt und Bürokratie gleichgesetzt und kam sich sehr fortschrittlich vor, wenn man in radikaler Grundsätzlichkeit die synodale Gemeindekirche forderte.

Walther Wolff, der Präses der Rheinischen Provinzialsynode, hat diese Forderung mit Tatkraft und mit einer echten geistlichen Rücksicht-
nahme auf Andersdenkende verfochten. Er war der führende Kopf in
der Außerordentlichen Kirchenversammlung der Jahre 1921/22[19], zugleich derjenige, der dem Entwurf des Evangelischen Oberkirchenrates
grundsätzlich am stärksten Widerstand geleistet | hat. Er bestreitet den
Stiftungscharakter des geistlichen Amtes und kann es infolgedessen nicht
als ‚ein besonderes verfassungsbildendes Element' betrachten[20]. „Das
geistliche Amt ist für die Wortverkündigung da"; und auch in dieser Beziehung sind seinen Trägern gegenüber die Laien grundsätzlich gleichbe-
rechtigt. Wie bei dem Berufsbeamtentum, so können auch beim geistlichen Amt nur praktische, niemals aber grundsätzliche Erwägungen geltend gemacht werden, um seinen rechtlichen Einbau in das Verfassungsleben zu begründen[21].

---

[18] *Bredt*, Neues evangelisches Kirchenrecht, Bd. 3, S. 62: es ist „das geistliche Amt
sehr viel stärker in den Vordergrund getreten als es bisher der Fall war".
[19] An Schärfe des Geistes kommt ihm darin nur gleich der spätere Marburger, damalige Breslauer Kirchenhistoriker Hans von Soden, der damals noch auf der Linken
stand.   [20] *Wolff*, Einführung, S. 39 ff.   [21] *Wolff*, Einführung, S. 55.

In der Außerordentlichen Kirchenversammlung war Wolff der Anwalt der eigentümlich rheinischen Traditionen, die sich auf die reformierten Gemeinden unter dem Kreuz beriefen. Aber man kann an ihm in abschreckender Weise wahrnehmen, wohin ein durch die Aufklärung hindurchgegangenes und vom Pietismus wesentlich bestimmtes Neureformiertentum gelangt, dessen bekenntnismäßige Bindung allein in der Anhänglichkeit an bestimmte, als altreformiert ausgegebene Verfassungsprinzipien beruht. Dabei wird dann das entscheidende Anliegen dieser Prinzipien verkannt, daß sie sich nämlich auf ein durch göttliches Recht legitimiertes geistliches Amt berufen. Wir haben hier keinen Anlaß, die Grundzüge der altreformierten Presbyterial- und Synodalverfassung zu entwickeln. Wohl aber können wir jede Polemik gegen das synodale Bischofsamt als unsachgemäß abweisen, die sich auf das reformierte Bekenntnis und damit zugleich auf die Rechtsunerheblichkeit des geistlichen Amtes berufen zu können meint. Es muß da schon tiefer gegraben werden, als das in den kirchenpolitischen Debatten der letzten Jahrzehnte geschehen ist.

Es ist unter diesen Umständen bemerkenswert, daß Wolff schließlich die Lösung, die die Generalsuperintendentenfrage in der Außerordentlichen Kirchenversammlung gefunden hat, billigte und verteidigte[22]. Seinem – durchaus sachlich gehaltenen – Referat spürt man noch etwas von der Erregung ab, die die Mitglieder der Kirchenversammlung bei den Beratungen über die Bischofsfrage durchzitterte. Freunde wie Gegner des Bischofstitels waren sich dessen bewußt, daß hier über ein sachliches Anliegen verhandelt wurde, dessen Bedeutung erst in Zukunft ganz offenbar werden würde. Schien es auch im Augenblick, als ob das Generalsuperinten|dentenamt in die kirchliche Behördenorganisation eingegliedert und mit dieser unter den überragenden Einfluß der Synode gestellt sei[23], die Frage blieb, ob in diesem Amte geistlicher Leitung nicht eine Dynamik beschlossen liege, die sich in Zukunft entfalten würde.

Es war das Anliegen des Evangelischen Oberkirchenrates gewesen, die Selbständigkeit der Generalsuperintendenten möglichst zu stärken. Sie blieben, was sie bisher gewesen waren, Beamte der gesamten Landeskirche; ihre Unabhängigkeit gegenüber allen provinzialkirchlichen Instanzen war damit gewährleistet. Aber es bestand natürlich ein Unterschied, ob sie ihre Vollmacht zu geistlichem Dienst vom König erhielten, dessen Befugnisse als Summus Episcopus sie nach der geistlichen Seite hin

---

[22] *Wolff*, Einführung, S. 56 ff.   [23] *Wolff*, Einführung, S. 63.

gleichsam übernahmen, oder ob sie ihren Auftrag unmittelbar von einer kirchlichen Zentralstelle empfingen. Zumal wenn diese Zentralstelle die persönliche Verantwortung des einzelnen Amtsträgers in der selbständigen geistlichen Leitung der Kirchenprovinz so rückhaltlos anerkannte wie der Oberkirchenrat! Um sie zu sichern, wurde dem Generalsuperintendenten zugleich der Vorsitz in den Provinzialkonsistorien zugestanden. Nur Rheinland und Westfalen machten eine Ausnahme; hier war der Konsistorialpräsident noch, was der Name besagt, anderswo war er bloßer Kanzleidirektor. Jene allgemeine Regelung sollte es dem Generalsuperintendenten ermöglichen, sich über alle Angelegenheiten seiner Kirchenprovinz zu informieren. Hinter dieser Regelung stand die richtige Erkenntnis, daß auch alles Geschäftliche und Rechtliche in der Kirche seine geistliche Seite hat, ihre geistliche Leitung also irgendwie berührt.

Über das Verhältnis des Generalsuperintendenten zur Provinzialsynode wurde auf der Kirchenversammlung lange debattiert. Es stellte sich nicht ganz klar heraus, ob der ‚Tätigkeitsbericht‘, den der Generalsuperintendent zu erstatten hatte, als ein ‚Rechenschaftsbericht‘ gedacht war, ob also eine Art parlamentarischer Verantwortlichkeit des Generalsuperintendenten gegenüber der Generalsynode bestand. Von seiten des Präsidenten des Evangelischen Oberkirchenrates wurde dieser Sachverhalt gegenüber der Außerordentlichen Kirchenversammlung besonders herausgestellt. Und der Berliner Neutestamentler Adolf Deißmann war als Berichterstatter des Ausschusses über die Bischofsfrage durchaus geneigt, die Verantwortung des geistlichen Amtsträgers gegenüber der Synode in den Verfassungsbestimmungen noch zu verstärken. Er ist in der ganzen Debatte überhaupt fast der einzige, der den eigen|tümlichen Charakter eines *synodalen* Bischofsamtes – wodurch es von allen bisher in der Geschichte vorhandenen Typen grundsätzlich unterschieden ist – klar erkannt und hervorgehoben hat[24]. Man darf sich nicht wundern, daß angesichts der Neuheit der hier aufbrechenden Problematik auch ein an ausgezeichneten Persönlichkeiten so hervorragend ausgestattetes Gremium wie die Außerordentliche Kirchenversammlung die Sachlage nicht so schnell erfaßte.

Unter diesen Umständen ist es dem Evangelischen Oberkirchenrat

---

[24] Er hat auch die wahren Motive des Widerstandes gegen die Neuregelung mit der Bemerkung aufgedeckt: „Der Darbysmus war hier, obwohl die Öffentlichkeit ausgeschlossen war, anwesend, ein Widerwille, ein Mißtrauen gegen das Amt"; Verhandlungsbericht von 1921/22, Bd. 1, S. 1092.

nicht gelungen, zwei weitere Vorschläge, die den Einfluß der Generalsuperintendenten innerhalb der Landeskirche verstärken sollten, in der
Außerordentlichen Kirchenversammlung durchzubringen. Es sollte eine
ständige Konferenz der Generalsuperintendenten unter dem Vorsitz des
obersten Geistlichen der Landeskirche – des Präsidenten oder des
Geistlichen Vizepräsidenten des Evangelischen Oberkirchenrates – gebildet werden. Ihr sollte das entscheidende Recht bei der Berufung neuer Amtsträger zufallen, so daß das Kollegium der Generalsuperintendenten sich im Grunde durch Kooptation ergänzt hätte. Das Plenum hat
bei der Berufung der Generalsuperintendenten nur ein bloßes Anhörungsrecht jener Konferenz bestehen lassen und ihre Befugnisse im übrigen so beschnitten, daß sie zur Bedeutungslosigkeit verurteilt blieb.

Trotzdem muß man, wenn man die Stellung, die den preußischen Generalsuperintendenten nach der Verfassungsurkunde von 1922 zukommt,
im ganzen überblickt, feststellen: Hier wurde etwas Großes, in der Kirchengeschichte völlig Neues geschaffen, das synodale Bischofsamt. Zwar
trat sein Charakter noch nicht ganz klar hervor. Die Beziehungen zur
Verwaltung überschatteten noch sein Bild, zumal für die Augen einer
Generation, die alles noch von den Gegebenheiten der Staatskirche her
zu sehen gewohnt war[25]. Aber es ist ja nicht die Verwaltung der Kirchenprovinz, der der Generalsuperintendent wie früher verhaftet ist, so
sehr das in der Optik der einzelnen Gemeinde so scheinen mochte; gerade durch den Vorsitz im Provinzialkonsistorium wird er von ihr frei;
sondern es | ist die Verwaltung der Gesamtkirche, der er eingegliedert ist, ohne jedoch in der Besonderheit seines geistlichen Amtes in ihr
aufzugehen. Und diese Verwaltung hängt völlig von den zentralen synodalen Gremien ab, von Generalsynode und Kirchensenat. Insofern ist
der Generalsuperintendent – wenn auch indirekt – von der Synode
abhängig; er führt sein Amt der geistlichen Leitung, indem er sie zum
Gegenüber hat. Daß das nicht direkt geschieht, kann bei dem damaligen
Zustand der Synode – sie ist in Parteien zersplittert und an parlamentarische Spielregeln gebunden –, kann aber auch für den immer noch
bestehenden status nascendi des Amtes geistlicher Leitung nur als ein
Vorteil angesehen werden. Gerade sein eigentümlich schwebender Cha

---

[25] So ist auch Bredts Urteil (*Bredt*, Neues evangelisches Kirchenrecht, Bd. 3, S. 410)
nur sehr relativ richtig: „Unter der neuen Verfassung ist der Generalsuperintendent ein
Organ der allgemeinen kirchlichen Verwaltung in der Kirchenprovinz; ein synodales
Organ ist er nicht."

rakter ermöglicht ihm in der Übergangzeit zwischen 1918 und 1933 eine wachstümliche Entfaltung.

2. Der Anteil des synodalen Bischofsamtes an der obersten Kirchengewalt

In den Verfassungen der übrigen deutschen Landeskirchen innerhalb und außerhalb Preußens ist das synodale Bischofsamt – ganz abgesehen davon, ob der Bischofsname (wie in den Landeskirchen von Braunschweig, Hannover, Mecklenburg-Schwerin, Mecklenburg-Strelitz, Nassau, Sachsen, Schleswig-Holstein) eingeführt ist oder nicht – sehr viel schärfer umrissen. Das hängt damit zusammen, daß diese Landeskirchen kleiner sind, darum im allgemeinen nur *einen* Bischof kennen – in Schleswig-Holstein sind es freilich altem Herkommen entsprechend zwei, hinzu kommt der Landessuperintendent von Lauenburg – und aus beiden Gründen die rechtlichen Befugnisse auf sehr viel weniger Instanzen verteilen können. Das soll nicht heißen, daß der Rechtscharakter des *synodalen* Bischofsamtes an sich klarer erkennbar würde. Es sind vielmehr auch andere Rechtsmotive an der Bildung des neuen Amtes beteiligt. Und wir müssen sie erfassen, wenn wir die kommende Entwicklung recht verstehen wollen.

Wir fragen zunächst, wo etwa das synodale Bischofsamt die Kirchengewalt hat mittragen müssen. In der Evangelischen Kirche der *Altpreußischen Union* ist das kaum der Fall. Sie erklärt in Art. 1 ihrer Verfassung: „Die Kirchengewalt steht ausschließlich der Kirche zu" und hat in Art. 126,1 speziell dem Kirchensenat die Befugnisse übertragen, die nach bisherigem Recht | dem Könige als Träger des landesherrlichen Kirchenregimentes zustanden. Soweit die Generalsuperintendenten Vorsitzende der Konsistorien sind, gehören sie von Amts wegen dem Kirchensenat an, haben also an jenen Befugnissen Anteil. Der bezieht sich dann jedoch ausschließlich auf ihr Verwaltungsamt, nicht auf ihre Funktion geistlicher Leitung. Im übrigen läßt schon ihre rechtliche Unterordnung unter die zentralen Instanzen eine Teilnahme an der Kirchengewalt nicht zu; sie kann ihrer Natur nach nur einem obersten Leitungsorgan zukommen.

Solche Organe sind die Landesbischöfe der kleineren Landeskirchen durchaus. Und unter ihnen läßt sich wohl das durch die Verfassung vom 10. September 1920 konstituierte Amt des ,Präsidenten der evangelisch-lutherischen Kirche in *Bayern* rechts des Rheins' als dasjenige evangelische Bischofsamt bezeichnen, das am meisten rechtliche Befugnisse in sich vereinigt hat, die vorher dem Summus Episcopus zugestanden hatten[26].

Diese unbestreitbare Tatsache hängt eng mit der eigentümlichen Stellung des katholischen Summepiskopus in der erst nach 1815 gebildeten evangelischen Landeskirche Bayerns zusammen. In großer Loyalität hatten hier die Wittelsbacher vor allem seit der Revolution von 1848 und dem kraftvollen, fast schon bischöflichen Regiment von Harleß dem Präsidenten des Protestantischen Oberkonsistoriums die Vertretung der evangelischen Anliegen überlassen. Trotz formaler Unterordnung unter das Ministerium übte diese kirchliche Behörde in relativer Selbständigkeit kirchenleitende Befugnisse aus. Bedeutende Präsidentengestalten – vor 1848 als Jurist schon Friedrich v. Roth, nach Harleß unter den Theologen vor allem Adolf Stählin und Theodor Bezzel – haben durch ihr persönliches Gewicht jene Freiheit noch verstärkt.

So begreift es sich, daß sich 1919 die Außerordentliche Generalsynode dazu bereit fand, die Befugnisse des Summus Episcopus, die sie virtuell für sich in Anspruch nahm, faktisch dem Oberkonsistorium zu übertragen. Und als dann die Kirchenverfassung von 1920 angenommen worden war, setzte sie der Präsident des Oberkonsistoriums, als wenn er Nachfolger des Summus Episcopus wäre, nach Erklärung seiner Zustimmung in Kraft. Sie wurde also rechtskräftig durch das Zusammenwirken von Generalsynode und Präsi|dent; dieser steht jener, noch ehe die Verfassung Gültigkeit erlangt hatte, als selbständiges Leitungsorgan gegenüber.

Wenn daher die Verfassungsurkunde in Art. 5 den Präsidenten des nunmehr sogenannten Landeskirchenrates als Kirchenpräsidenten an die Spitze der Landeskirche stellt, so beruht diese Stellung nicht auf einem rechtsschöpferischen Akt der Synode. Diese hat damit nur etwas anerkannt, was vor 1918 de facto, seit 1919 auch de jure vorhanden war. Dementsprechend erscheint in dem erwähnten Artikel der Kirchenpräsident selbständig neben dem Landeskirchenrat unter den obersten Organen der Landeskirche. Er ist also als Präsident niemals nur Mitglied jenes Kollegiums. Seine rechtliche Selbständigkeit ihm gegenüber tritt darin zutage, daß er die Landeskirche nach außen vertritt, die Geistlichen

---

[26] Als ‚das kraftvollste und inhaltsreichste deutsche evangelische Bischofsamt' bezeichnet Schoen das Amt des bayerischen Kirchenpräsidenten; *Schoen,* Der Bischof, S. 406.

und Beamten des Landeskirchenrates ernennt, kirchliche Gesetze und Verordnungen ausfertigt und sie, indem er sie verkündet, in Kraft setzt (Art. 46). Jene Vertretungs- und Ernennungsrechte standen seit alters dem Summus Episcopus zu; Ausfertigung und Verkündigung vollzog im konstitutionellen Staat der Minister, nicht als ob er an den kirchlichen Rechten des Landesherrn Anteil gehabt hätte, aber um der verwaltungsrechtlichen Folgen willen, die jene kirchenregimentlichen Hoheitsakte nach sich zogen. Neben der inneren Leitung der Landeskirche stehen also dem Präsidenten der Evangelisch-Lutherischen Kirche in Bayern gewisse Hoheitsrechte des früheren Summus Epicopus zu[27].

Die Art, wie die Übernahme der summepiskopalen Rechte in der bayerischen Landeskirche erfolgte, stellt im deutschen evangelischen Kirchenrecht der zwanziger Jahre einen Grenzfall dar. Nach der Verfassung der *pfälzischen* Landeskirche (vom 20. Oktober 1920), die doch dieselben staatsrechtlichen Verhältnisse im Hintergrunde hat wie die bayerische, ist „die Landessynode als kirchliche Volksvertretung die Inhaberin der Kirchengewalt" (§ 66,1). In ihrem Auftrag ist „die Kirchenregierung die oberste Stelle zur Leitung und Verwaltung der Landeskirche" (§ 81,1). Der Kirchenpräsident ist der Kirchenregierung eingegliedert und kann nicht ohne sie handeln. Auch sofern er mit der Verteilung der Geschäfte des Landeskirchenrates (§ 94) dessen Leitung inne hat, bleibt er an | die Abstimmung des Kollegiums gebunden; und dieses selbst ist der Landessynode verantwortlich (§ 93,2). Da der Kirchenpräsident nicht dem geistlichen Stande anzugehören braucht (§ 82,2), kann er, auch wenn das doch der Fall sein sollte, nicht aus der Eigenständigkeit seines geistlichen Amtes heraus handeln. An diesem Gegenbeispiel wird deutlich, daß hinter der rechtlichen Prägung der beiden gleichnamigen Ämter eines Kirchenpräsidenten jeweils ein bewußter kirchlicher Gestaltungswille steht und daß dieselben staatsrechtlichen Verhältnisse zu ganz verschiedenen kirchenrechtlichen Konsequenzen führen können. Der Kirchenpräsident der Pfalz hat nichts mit dem synodalen Bischofsamt zu tun.

Vergleichbar mit den bayerischen Verhältnissen ist in bezug auf die rechtlichen Befugnisse des Landesbischofs nur die Lage in *Mecklenburg.* Nach der Verfassung der Evangelisch-Lutherischen Kirche von Meck-

---

[27] Freilich ist er nicht dessen Alleinerbe. Seine Rechte sind vielmehr, gemessen an den Gegebenheiten des 19. Jh.s von sehr bescheidenem Umfange. Und auch dann ist es ja nur der konstitutionell beschränkte Landesherr, nicht der unbeschränkte der älteren Vergangenheit, mit dem man den bayerischen Kirchenpräsidenten vergleichen kann.

lenburg-Schwerin vom 12. Mai 1921 übt der Landesbischof dieselben Hoheitsrechte (Vertretung nach außen und Ernennung der Geistlichen und Kirchenbeamten, § 45,1) aus wie der bayerische Kirchenpräsident. Doch ist der mecklenburgische Landesbischof in der Wahrnehmung dieser Rechte viel stärker an den Oberkirchenrat gebunden, der nicht nur oberste Aufsichts- und Verwaltungsbehörde ist (§ 47), sondern zugleich wichtige Funktionen nach außen hin erfüllt (§ 48,5 u. 6). Da nun der Oberkirchenrat insgesamt der Landessynode gegenüber verantwortlich und nicht nur während der Synodaltagungen bei seinen wichtigeren Maßnahmen ihrer Kontrolle ausgesetzt ist (§ 39 u. 49), sind jene Hoheitsrechte des Landesbischofs nur abgeleiteter Art, Ausfluß der obersten Kirchengewalt, die nach § 23 der Landessynode zukommt. Einen unmittelbaren Anteil an der Kirchengewalt besitzt daher der Landesbischof in Mecklenburg nicht.

Einen eigentümlichen, die Struktur des evangelischen Bischofsamtes sehr nahe berührenden Versuch, die Rechte des Summus Episcopus auf die Landeskirche zu übernehmen, hat die *Hannoversche* Verfassung vom 20. Dezember 1922 gemacht. Hier sind im allgemeinen die kirchenregimentlichen Befugnisse, die vorher dem Landesherrn zustanden, vom Kirchensenat übernommen worden; und dessen Unabhängigkeit gegenüber dem Landeskirchentage, die eine Pflicht der Auskunftserteilung auf Anfragen hin nicht ausschließt, wird ausdrücklich festgestellt (Art. 97). Kirchengesetze kommen nur durch übereinstimmende Beschlüsse des Landeskirchentages und des Kirchensenats zustande; jedoch können Gesetzesbeschlüsse, die der Kirchensenat beanstandet hat, frühestens | nach einem Jahre und spätestens vor Ablauf des dritten Jahres wiederholt werden, ohne daß der Beanstandung stattgegeben zu werden braucht (Art. 68). Man sieht, die kirchenregimentlichen Rechte des Kirchensenats sind zwar konstitutionell beschränkt, in der Praxis aber wirksam genug. Es kommt hinzu, daß ihm gegenüber den anderen Leitungsorganen der Landeskirche die Kompetenz zusteht (Art. 98,3); er kann Differenzen, die unter ihnen über die gegenseitige Abgrenzung ihrer Befugnisse entstehen, in letzter Vollmacht schlichten. Der Kirchensenat ist also in seiner rechtlichen Tätigkeit von den synodalen Elementen der Verfassung weitgehend unabhängig.

In diesem Kirchensenat nun ist der Landesbischof von Amts wegen nicht nur Mitglied, sondern Vorsitzender (Art. 96, Abs. 1). Außer ihm sind der Präsident des Landeskirchenamtes und der dienstälteste Generalsuperintendent geborene Mitglieder; vier Mitglieder, darunter ein

Geistlicher, werden vom Landeskirchentage gewählt, scheiden aber bei ihrem Eintritt in den Kirchensenat aus jenem aus (Art. 95). Es ist also alles geschehen, um gegenüber den synodalen Organen die Entschlußfreiheit des Kirchensenats zu sichern. Im Rahmen dieses Gremiums nun und wenn auch an die Mehrheitsbeschlüsse seiner Mitglieder gebunden, so doch an entscheidender Stelle in ihm nimmt der Landesbischof an den kirchenregimentlichen Befugnissen Anteil, die vom Summus Episcopus auf die Landeskirche übergegangen sind. Diese Rechte sind in Hannover im einzelnen nicht umschrieben; bei ihrer praktischen Anwendung wird alles auf die Initiative ankommen, die der Landesbischof als Vorsitzender des Kirchensenats entfaltet. Der Grad seiner tatsächlichen Beteiligung an jenen Rechten hängt sicherlich von der Energie ab, mit der er die Initiative wahrnimmt. Rechte des Landeskirchentages können dabei nicht berührt werden; dieser hat an jenen summepiskopalen Befugnissen keinen unmittelbaren Anteil.

Aber wenn auch in Bayern, Mecklenburg und Hannover ein Teil der Rechte des ehemaligen Summus Episcopus auf das Amt des Bischofs in mehr oder weniger direkter Weise übertragen worden ist, so handelt es sich dennoch in allen diesen Landeskirchen um ein synodales Amt. Das tritt vor allem darin zutage, daß die Landesbischöfe von den Synoden gewählt werden[28]. Die *Verant|wortlichkeit* des Landesbischofs gegenüber der Synode wird in Hannover besonders deutlich ausgesprochen (Art. 105)[29]. In Mecklenburg gilt sie für das Kollegium des Oberkirchenrates insgesamt (§ 49)[30], als dessen erster Vorsitzender der Landesbischof gerade in bezug auf die Synode mehrfach (§§ 28, 29) angesprochen wird. Viel vorsichtiger drückt sich die bayerische Verfassung von 1920 aus. Danach hat der Kirchenpräsident nur die Pflicht der geschäftsordnungsmäßigen Auskunfterteilung; die Landessynode nimmt seine ‚Mitteilungen‘ (keinen Tätigkeits-, geschweige denn Rechenschaftsbericht) entgegen und kann in bezug auf die Verhältnisse der Landeskirche ‚Wünsche und Beschwerden‘ zur Sprache bringen (Art. 34, 35). An den Differenzierungen, die hier zwischen den verschiedenen Landeskir

---

[28] In Bayern nach Art. 47, in Mecklenburg nach § 43, in Hannover nach Art. 99. In allen 3 Landeskirchen ist zur Wahl eine Mehrheit von ²/₃ der Anwesenden erforderlich.

[29] Auch Art. 63 bezieht sich mit auf die Tätigkeit des Landesbischofs, wenn dem Landeskirchentag die Aufgabe gestellt wird, „die Wirksamkeit *aller* zur Arbeit in der Kirche berufenen Stellen zu überwachen und sie zu ersprießlicher Tätigkeit anzuregen“.

[30] Entsprechend §§ 37 und 38 die Einspruchs- und Auflösungsbefugnis, die wiederum dem Kollegium als Ganzem zusteht.

chen bestehen, wird noch einmal deutlich, in welch abgestufter Weise diese drei lutherischen Bischöfe an den Rechten des früheren Summus Episcopus Anteil haben, wie verschieden stark daher ihre rechtliche Selbständigkeit ist und wie infolgedessen ihr ‚synodaler' Charakter sich in verschiedener Weise ausprägt. Erst recht sind natürlich alle anderen evangelischen Bischöfe der Zeit, mögen sie nun Kirchenpräsidenten, Generalsuperintendenten, Prälaten, Landesoberpfarrer oder Senioren heißen, *synodale* Bischöfe. Was bedeutet das im Hinblick auf das Amt geistlicher Leitung, das sie bekleiden?

3. Der synodale Charakter des evangelischen Bischofsamtes

Nach den seit Anfang der zwanziger Jahre geschaffenen Kirchenverfassungen sind die evangelischen Bischöfe – von den im vorigen Abschnitt angegebenen Ausnahmen abgesehen – Organe der auf genossenschaftlicher Basis ruhenden kirchlichen Selbstverwaltung. Was bedeutet das für ihr Amt?

Greifen wir gleich den krassesten Fall heraus, der das Grundsätzliche am deutlichsten macht. Nach § 102, Abs. 1 der Verfassung der Evangelischen Landeskirche in *Nassau* vom 5. Dezember 1922 hat der Landeskirchentag das Recht, neben dem Landeskirchenamt und dem Landesausschuß für Religionsunter|richt auch dem Landesbischof „in feierlicher Form das Vertrauen zu versagen" und ihm dadurch kundzutun, daß sein Verbleiben im Amt „nicht im Einklang mit dem Wohl der Kirche stehe". Hier hat der naturrechtliche Repräsentationsgedanke, wie er den liberalen politischen Verfassungen der Zeit zugrunde liegt, das kirchliche Denken völlig mit Beschlag belegt. Die Synode vertritt das ‚Kirchenvolk' (§ 7), aus dem sich die Landeskirche aufbaut; und ihr Vertrauens- bzw. Mißtrauensvotum ist der Ausdruck ihrer Vollmacht, ‚der oberste Träger der der Landeskirche innewohnenden Kirchengewalt' zu sein (§ 97). Die Eigenständigkeit des vom Landesbischof repräsentierten geistlichen Amtes ist völlig vergessen. Aber auch wo man nicht so weit wie in Nassau geht, muß sich jene Eigenständigkeit unter den genossenschaftlichen Willen beugen. Das geschah überall da, wo der synodale Bischof als Mitglied oder auch als Vorsitzender einem Gesamtsynodalausschuß (meistens als Kirchenregierung bezeichnet) eingegliedert ist, der nach Mehrheitsprinzip abstimmt und in dem der Bischof kein Vetorecht besitzt. Freilich kommt auch in dieser Beziehung der synodale

Charakter des Bischofsamtes in den verschiedensten Abstufungen zum Ausdruck.

In *Sachsen* führt der Landesbischof den Vorsitz im Landeskirchenausschuß. Sein Stellvertreter ist der Präsident des Landeskonsistoriums. Außer diesen beiden Amtsträgern gehört dem Gremium auch der Präsident der Synode solange als Mitglied an, bis sein synodaler Nachfolger gewählt ist. Die beiden Mitglieder des Landeskirchenausschusses dagegen, die von der Synode gewählt werden, scheiden mit Antritt ihres neuen Amtes aus der synodalen Körperschaft aus; die Synode kann aber auch Glieder der Landeskirche in den Ausschuß entsenden, die nicht ihr selbst angehören. Damit ist die relative Unabhängigkeit des Landeskirchenausschusses – und insoweit auch des Landesbischofs – von der Synode gewährleistet. Der Ausschuß ist vielmehr stärker an die Verwaltungsbehörde gebunden; seine Beschlüsse können ,nur auf Antrag oder nach Gehör des Landeskonsistoriums ergehen' (§ 27 der Verf. vom 29. Mai 1922). Da der Landesbischof der Verwaltungsbehörde in relativer Selbständigkeit angehört – wie die preußischen Generalsuperintendenten vor 1922 untersteht er nicht der Dienstaufsicht des Konsistorialpräsidenten (§ 28, Abs. 3) –, wird durch diese Bindung sein Einfluß gegenüber der Synode jedenfalls nicht gemindert.

Trotzdem zeigt der Vergleich dieser sächsischen Institutionen mit | Kirchensenat und Landesbischof von Hannover, daß das sächsische Bischofsamt schwächer konstruiert ist. Der sächsische Landeskirchenausschuß ist nicht wie der hannoversche Kirchensenat selbständiger Träger der Kirchengewalt. Soweit er diese besitzt, ist sie ihm von der Synode entweder direkt oder indirekt – auf dem Wege über das Landeskonsistorium – zugeflossen (§ 7). Er verfügt darum auch nicht über die Kompetenzkompetenz. Im Falle, daß Meinungsverschiedenheiten zwischen Verwaltungsbehörde und Synode über Gesetzesvorlagen oder über Gesetze, die die Synode beschlossen hat, entstehen, kann er zwar als Treuhänder ein Einigungsverfahren einleiten bzw. sich gegebenenfalls einem Widerspruch des Landeskonsistoriums anschließen, eigene Entscheidungsvollmacht besitzt der Ausschuß aber nicht, insbesondere kann er der Synode nicht in eigener Vollmacht gegenübertreten (§ 24; § 27, Abs. 2, 1), nur auflösen kann er sie (§ 27, Abs. 2, 5). Der Landesbischof besitzt jedenfalls in ihm kein Organ, das er zur Wahrung seiner geistlichen Selbständigkeit einsetzen könnte.

Trotzdem ist dieser sächsische Landeskirchenausschuß ein der Synode gegenüber einigermaßen selbständiges Gremium. In viel stärkerem Maße sind die Kirchenregierungen in Württemberg, Braunschweig, Hessen-Darmstadt, Hessen-Kassel und Nassau synodale Organe. Sie sind von der Synode gewählt und von ihr abhängig; indem die ‚Bischöfe' ihnen angehören, vollziehen sie also deren Willen[31]. In Nassau kommt der synodale Charakter des Gremiums noch dadurch besonders zum Ausdruck, daß der Vorsitzende des Landeskirchentages darin eine dem Landesbischof als dem Vorsitzenden der Landeskirchenregierung nebengeordnete Stellung hat und auch in die Ausübung der laufenden Geschäfte ständig eingreifen kann – eine Zweiköpfigkeit, die allen Grundsätzen verwaltungsmäßiger Ökonomie widerstreitet und nur aus einer Überspannung parlamentarischen Mißtrauens erklärt werden kann (§ 120).

In *Schleswig-Holstein* gehören beide Bischöfe (der eine als Vorsitzender, der andere als Stellvertreter im Vorsitz) der | Kirchenregierung an; bei lauenburgischen Fragen tritt der Landessuperintendent von Lauenburg stimmberechtigt mit ein. Unter den sieben synodalen Mitgliedern darf der Präsident der Landessynode nicht sein; er darf nur mit beratender Stimme an den Sitzungen teilnehmen, kann aber u. U. zwingend die Einberufung der Kirchenregierung verlangen, hat also eine gewisse kontrollierende Funktion. An dem grundsätzlich synodalen Charakter der Körperschaft und an der synodalen Bindung der Bischöfe wird durch die Beschränkungen, die dem Synodalpräsidenten auferlegt sind, natürlich nichts geändert (§ 124–134 der Verf. vom 30. September 1922). In den Hansestädten *Hamburg* und *Lübeck* sind die Senioren, die im übrigen durchaus bischöfliche Funktion haben, bloß Mitglieder des synodalen Kirchenrates. In Hamburg ist nicht ausdrücklich davon die Rede, ob der Senior zum Vorsitzenden des Kirchenrates gewählt werden kann (§ 56 der Verf. vom 30. März [richtig: Mai!] 1923); in Lübeck ist das direkt ausgeschlossen (§ 51, Abs. 1 der Verf. vom 17. Dezember 1921).

Die Einordnung des Bischofs in die von der Synode gebildete und ihr verantwortliche *Verwaltungsbehörde* kann eine gewisse Degradierung der geistlichen Leitung bedeuten. Das ist besonders in *Thüringen* der Fall. Man hat mit Recht das Thüringer Kirchengesetz vom 7. Juli 1921 als ‚bürokratische Verfassung mit bischöflicher Spitze nach außen' be-

---

[31] Über den Kirchenausschuß in Württemberg vgl. § 32 der Verfassung vom 24. Juni 1920; über die Kirchenregierung in Braunschweig §§ 49–53 der Verfassung vom 23. Jan. 1922; in Hessen-Darmstadt §§ 101–110 der Verfassung vom 1. Juni 1922; in Hessen-Kassel §§ 99–108 der Verfassung vom 17. Feb. 1923; über die Landeskirchenregierung in Nassau §§ 117–123 der Verfassung vom 5. Dez. 1922. In den drei zuerst genannten Landeskirchen ist der Präsident der Kirchenregierung zugleich der Vorsitzende der Verwaltungsbehörde.

zeichnet³². Auch nach der endgültigen Verfassung von 10. Oktober 1924 wird der Landesoberpfarrer von der Synode überhaupt nur als hauptamtliches geistliches Mitglied und Vorsitzender des Landeskirchenrates als der obersten Verwaltungsbehörde gewählt (§ 107). In dem ständigen Ausschuß des Landeskirchentages, der außerhalb von dessen Sitzungsperioden die eigentliche Spitze der Landeskirche bildet und den Geschäftsgang des Landeskirchenrates dauernd beeinflußt, ist der Landesoberpfarrer nicht vertreten (§ 101–103). Daß er in dem erweiterten Oberkirchenrat, zu dem die Mitglieder der Verwaltungsbehörde mit den Mitgliedern des ständigen Ausschusses zusammentreten, den Vorsitz führt, wird nicht ausdrücklich gesagt (§§ 114 bis 116).

Die Verfassung der Vereinigten Evangelisch-Protestantischen Landeskirche *Badens* vom 24. Dezember 1919 sieht zwar nicht ausdrücklich, aber doch für den Normalfall einen Juristen als Kirchenpräsidenten vor. Dieser vereinigt in seiner Person den Vorsitz in der Kirchenregierung als dem obersten Organ der | Landeskirche (§§ 110, 111, 113) mit dem Vorsitz im Oberkirchenrat als der eigentlichen Verwaltungsbehörde (§ 123). Der letzteren ist der oberste Geistliche der Landeskirche, der Prälat, im Regelfalle eingegliedert (§ 123); er wird von der Kirchenregierung unter Zustimmung des Kirchenpräsidenten ernannt (§ 111, Abs. 2).

In *Braunschweig* ist ,Landesbischof' nur die Amtsbezeichnung für das erste geistliche Mitglied des Landeskirchenamtes, das als solches Vorsitzender dieser Verwaltungsbehörde ist. Er wird – ebenso wie sein juristischer Stellvertreter – vom Landeskirchenrat gewält, während die übrigen Personal- und Sachverhältnisse der Behörde durch die Kirchenregierung geregelt werden (§§ 54 und 55 der Verf. vom 23. Januar 1922). Wie in manchen kleineren Landeskirchen finden wir auch in Braunschweig eine enge Beziehung zwischen Verwaltung und Regierung der Kirche. Die Kirchenregierung wird von dem Landesbischof als Vorsitzendem und einem juristischen Mitglied des Landeskirchenamtes gebildet unter Hinzutritt von drei Vertretern des Landeskirchentages. Aber daß bei diesem Zusammenwirken von Behörde und Synode letztere durchaus freie Hand behalten hat, tritt darin zutage, daß das Mitglied aus dem Landeskirchenamt vom Landeskirchentage gewählt wird (§ 49). Der bürokratische Bischof Braunschweigs ist als solcher ein synodaler Bischof.

In *Nassau* ist der Landesbischof das einzige hauptamtliche geistliche

---

³² *Bredt*, Neues evangelisches Kirchenrecht, Bd. 2, S. 276.

Mitglied des Landeskirchenamtes. Die anderen geistlichen Mitglieder sind immer nur nebenamtlich bestellte Pfarrer; Präsident und Vizepräsident sind immer Juristen. Der Landesbischof untersteht zwar nicht der Dienstaufsicht von seiten des Präsidenten, ist aber im übrigen an die Abstimmungen der kollegialen Behörde gebunden (§ 132). Auch der Landesbischof in *Mecklenburg* wird von der Verfassung ganz in den Oberkirchenrat hineingestellt, deren erster Vorsitzender er ist. Die kollegiale Behörde als *ein Ganzes* ist oberste Aufsichts- und Verwaltungsbehörde (§ 47) und steht der Landessynode und deren permanentem Ausschuß verantwortlich gegenüber (§ 49).

In *Oldenburg* ist der Präsident des Oberkirchenrates, der zwar nicht Geistlicher sein mußte, es tatsächlich aber war, nicht Mitglied des permanenten Synodalausschusses. Jedoch hat dieser nicht die Funktionen einer Kirchenregierung, sondern besitzt nur ein Antrags- und Begutachtungsrecht in bezug auf Gegenstände der kirchlichen Gesetzgebung und Verwaltung gegenüber dem Oberkirchenrat und ist ihm gegenüber Beschwerdeinstanz (§§ 94 | bis 99 der Verf. vom 12. November 1920); der Oberkirchenrat ist nicht nur Verwaltungsbehörde, sondern ausdrücklich auch für die Regierung der Landeskirche zuständig (§ 100).

Der synodale Bischof ist also in der verschiedensten Weise an die synodalen Regierungsinstanzen und die von der Synode abhängigen kollegialen Verwaltungsbehörden gebunden. Es ergibt sich daher eine große Mannigfaltigkeit der Formen, in denen das synodale Bischofsamt zur Erscheinung kommt. Auf allen Stufen seiner Abhängigkeit aber kommt der eigentliche geistliche Charakter dieses Amtes, der ihm mit jedem evangelischen Pfarramt gemeinsam ist, nur sehr unterschiedlich zur Geltung. Freilich dürfen wir auch nicht sagen, er sei durch den Einbau des Amtes in den synodalen Organismus grundsätzlich beseitigt; gefährdet mag er wohl sein, zumal wenn der Amtsträger im Gewirr der synodalen und verwaltungsmäßigen Befugnisse und Abhängigkeiten sich seiner nicht mehr richtig erinnert, aufgehoben ist er nicht. So wenig ein Pfarrer seinen geistlichen Charakter dadurch verliert, daß er sich in eine Synode wählen läßt und von ihr eine amtliche Funktion übernimmt, genauso wenig ist dies natürlich bei einem evangelischen Bischof der Fall.

Genossenschaftlich zu denken und infolgedessen Wahlhandlungen zu vollziehen bzw. sich zum Gegenstand derselben machen zu lassen, ist ebensowenig unevangelisch wie die Einsetzung in ein kirchliches Amt durch eine Instanz der weltlichen Obrigkeit. Genauso wie dieser Vorgang sich tausendfach vor Luthers Augen mit seiner Billigung abspielte,

hat er auch – 1523 in De instituendis ministris – die Pfarrwahl durch
die dazu verordneten Organe den böhmischen Gemeinden empfohlen;
und die so gewählten Pfarrer hat er aufgefordert, zur Bischofswahl zu-
sammenzutreten und so den ‚Evangelicum Archiepiscopatum' im Lande
aufzurichten[33]. Im Falle der Wahl ebensowenig wie in dem der Ernennung wird das Gnadenmittelamt mit seinem Segen und mit seinen Aufgaben geschaffen, sondern es wird ein bestimmter, irgendwie für dieses
Amt vorbereiteter Mensch in dasselbe eingesetzt. Das gilt sowohl vom
Pfarramt der Ortsgemeinde wie vom evangelischen Bischofsamt. Die
Synode schafft es nicht, wenn sie seinen Inhaber wählt. Sie erkennt vielmehr im voraus den besonderen geistlichen Charakter dieses Amtes an,
wenn sie einen *Pfarrer* in dasselbe beruft. Wie kommt dieser geistliche
Charakter in den Verfassungen der zwanziger Jahre zur Geltung? |

4. Geistliche Leitung durch das synodale Bischofsamt

Art. 46, Abs. 3 der Verfassung der Evangelisch-Lutherischen Kirche
in *Bayern* vom 10. September 1920 gibt dem Kirchenpräsidenten das
Recht, ‚in allen Gemeinden oberhirtlich tätig zu sein'. Nach Art. 48,
Abs. 2 kann er in dieser Tätigkeit durch das dienstälteste geistliche Mitglied des Landeskirchenrates vertreten werden. Auch die Kreisdekane
üben in dem ihnen zugewiesenen Bezirk ‚oberhirtliche Tätigkeit' aus
(Art. 54).
Dieser Begriff ist damit neu in das evangelische Kirchenrecht eingeführt
worden. Er besagt, daß dem Bischof das Recht zusteht, in jeder Gemeinde ohne Rücksicht auf das geltende Parochialrecht pfarramtliche Befugnisse wahrzunehmen. Daß dieses Recht auch in der Kanonistik eine Rolle spielt, darf nicht dazu verführen, es aus dem Raum evangelischen
Kirchentums zu verbannen. Hier gilt: Wenn zwei dasselbe tun, ist es
nicht dasselbe. Nach katholischer Auffassung ist der Bischof als Nachfolger der Apostel alleiniger Hirte seiner Diözese, die Pfarrer sind nur
seine örtlichen permanenten Stellvertreter; die oberhirtliche Tätigkeit
ist also die eigentliche, ständige Leitung in jeder einzelnen Gemeinde.
Nach evangelischer Auffassung ist jeder Pfarrer der eigentliche ständige
Hirte seiner Gemeinde; und jenes Recht des Oberhirten ist nur ein akzi-
dentielles, außergewöhnliches. Im besten Falle ist es eine Beigabe des bischöflichen Visitationsrechtes und tritt wahrscheinlich als ein Sonder-

---

[33] WA 12, S. 193 f.

recht gar nicht in das Bewußtsein der an der Visitation Beteiligten. Im schlimmen Falle wird jene oberhirtliche Tätigkeit zu einer Notmaßnahme, die einen Zustand der Zerrüttung in der betreffenden Gemeinde voraussetzt; das damit sich auswirkende Recht ist gleich einer zeitlich und qualitativ begrenzten Suspension des ordentlichen Stelleninhabers und nach evangelischen Grundsätzen genauso berechtigt wie diese.

Aber gerade wenn man jenen außergewöhnlichen Charakter der oberhirtlichen Tätigkeit recht ins Auge faßt, ist damit doch eine sehr wesentliche Funktion des evangelischen Bischofsamtes berührt. Der Bischof ist pastor pastorum. Das ist die allgemein verbreitete und zugestandene Auffassung vom evangelischen Bischofsamt; denselben Dienst, den der Ortspfarrer seiner Ortsgemeinde gegenüber versieht, nimmt der Bischof der Pfarrergemeinde seiner Landeskirche gegenüber wahr. Das ist gut und richtig, aber umschreibt die Aufgabe nicht vollständig. Der Dienst | des evangelischen Bischofs kann und darf sich nicht auf die persönliche Seelsorge an den Pfarrern beschränken; er kann nicht die Hirten getrennt von ihren Gemeinden ins Auge fassen. Jene oberhirtliche Tätigkeit umgreift mit den Pfarrern zugleich alle Gemeinden der Landeskirche. Wenn sie auch nur in außergewöhnlichen Fällen in Aktion tritt, so schließt sie doch die dauernde seelsorgerliche Verpflichtung gegenüber allen Gemeinden in sich ein. Sie steht nicht mit der pfarramtlichen Seelsorge in Konkurrenz; aber sie unterstützt sie, indem sie den einzelnen Pfarrer zu seinem Dienst ausrüstet, ergänzt sie mit gesamtkirchlichen Mitteln und Wirkungsweisen, wie sie – man denke nur an die Einflußnahme auf die öffentliche Meinung – dem einzelnen Pfarrer nicht zu Gebote stehen; sie ersetzt die pfarramtliche Seelsorge, wo diese ausfällt oder versagt; sie korrigiert sie, wo das örtliche Hirtenamt die Gemeinde auf falsche Bahn zu führen droht.

So schließt jene oberhirtliche Tätigkeit des evangelischen Bischofs ein seelsorgerliches Moment ein, das der ganzen Landeskirche zugute kommt. Es ist nicht nur öffentliche Seelsorge, um die es sich hier handelt, obwohl die modernen Mittel zur Beeinflussung der Öffentlichkeit dabei nicht ausgeschlossen sind. Es geht dabei in nicht geringem Grade gerade auch um individuelle Seelsorge. Sie setzt das Persönliche voraus, ohne sich darin zu erschöpfen. Sie erfordert ein Maß geistlichen Austausches innerhalb der Landeskirche – ihrer Gemeinden sowohl wie der Pfarrerschaft –, das in früheren Zeiten größerer räumlicher Abgeschlossenheit und sozialer, geistiger und geistlicher Gleichförmigkeit unmöglich zu erfüllen war. Sie macht es dem evangelischen Bischof zur Pflicht, eine

Fülle geistlicher Mitarbeiter heranzuziehen, die ihn seelsorgerlich beraten, damit er Seelsorge üben kann. Eine Kette geistlicher Verbundenheit,
ein Strom seelsorgerlicher Liebe durchzieht die ganze Landeskirche. Und
dieser Kosmos geistlicher Beziehungen steht nicht neben den verfas-
sungsmäßig-organisatorischen Institutionen, sondern geht durch sie alle
hindurch; und nur wo er vorhanden ist, bergen diese Institutionen geistliches Leben. Es ergibt sich dabei die Notwendigkeit, geistliche Zwischen-
ämter – wie in Bayern die Kreisdekane[34] – neu zu schaffen und bestehende, wie etwa das ursprüngliche kirchliche Aufsichtsamt in den
Amtsstädten, mit neuem geistlichen Leben zu erfüllen. Mit der Neubegründung des evangelischen Bischofsamtes und der oberhirtlichen Wirk-
samkeit | seiner Träger gewinnt auch das aus der Reformationszeit stam-
mende Superintendentenamt seine ursprüngliche Bedeutung zurück.

Bayern ist nicht die einzige deutsche Landeskirche geblieben, die Begriff und Inhalt oberhirtlicher Tätigkeit für das evangelische Bischofsamt übernommen hat[35]. In der Verfassung der Evangelisch-Lutherischen Kirche von *Mecklenburg-Schwerin* (vom 12. Mai 1921) sind die
gesamten geistlichen Aufgaben des Landesbischofs – im Unterschied
von den verwaltungsmäßigen – unter dem Begriff der *oberhirtlichen*
Tätigkeit zusammengefaßt (§ 44). Dabei ist der Blick nicht nur auf die
Beziehung zwischen Ortspfarrer und Gemeinde gerichtet (Ziff. 2), sondern es wird auch die Förderung und Überwachung der theologischen
Vorbildung dazu gerechnet, ebenso die Beaufsichtigung, Beratung und
Pflege der in Innerer Mission und Volksmission tätigen Kräfte (Ziff. 3
u. 4). Ja, es gehört auch die unmittelbare volksmissionarische und apolo-
getische Tätigkeit des Landesbischofs hinzu; er soll „die der Kirche
Fernstehenden gewinnen und kirchenfeindliche Bestrebungen abwehren"
(Ziff. 1).

Diese Ausweitung des Begriffes der oberhirtlichen Tätigkeit steht in
den Verfassungen der zwanziger Jahre ohne Beispiel da. In der ursprünglichen klassischen Prägung bezieht er sich nur auf das Recht über

---

[34] Vgl. unten S. 417 f.

[35] Es ist ausgerechnet der reformierte Kirchenrechtslehrer Bredt, der dieser Seite des
neueren ev. Kirchenrechtes seine besondere Aufmerksamkeit gewidmet hat. Wohl angeregt durch seine innere Auseinandersetzung mit Vilmar schildert er gerade die bayerische Entwicklung mit unverhohlener Sympathie, *Bredt,* Neues evangelisches Kirchenrecht, Bd. 2, S. 275 und 385 f. Der Polemik, die er in dieser Beziehung gegen Rieker
führt, kann man nur zustimmen. Er verweist auf Vorstufen dieser Entwicklung in
Siebenbürgen, Österreich und Hessen. Hier besonders wirken seit der Kirchenordnung
von 1566 altkirchliche, vom biblischen Humanismus des 16. Jahrhunderts idealisierte
Verfassungsprinzipien nach, die Vilmar auf seine Weise wiederbeleben wollte.

Kanzel und Altar in allen Gemeinden der Landeskirche. In diesem Sinne – wenn auch nicht dem Begriffe nach – wird oberhirtliche Tätigkeit vom Landesbischof in *Sachsen* (§ 28, Abs. 1) und in *Hannover* (Art. 102, Abs. 2) ausgeübt. Die meisten anderen Kirchenverfassungen der Zeit umreißen die dem evangelischen Bischof gestellten Aufgaben in einer mehr oder weniger umfangreichen Aufzählung von Einzelheiten, wobei die Frage offenbleiben muß, ob damit die Einzelzuständigkeiten des Bischofs erschöpft sind oder ob damit nur besonders charakteristische Bei|spiele gegeben werden sollen, um den Begriff der geistlichen Leitung mit Inhalt zu füllen[36].

Aber weniger durch diese ziemlich monotonen Kataloge als durch den allgemeinen Charakter einer Verfassung wird erkennbar, wieweit sie dem geistlichen Charakter des evangelischen Bischofsamtes Raum gibt. Denn nur um ein solches ,Gewährenlassen' kann es sich ja im Grunde in diesen Urkunden handeln. Dadurch daß sie den evangelischen Bischof positiv mit Rechten ausstatten, können sie seinem geistlichen Charakter weder etwas hinzufügen noch ihm etwas nehmen; ob sie ihn praktisch anerkennen und ob sie seine Entfaltung hemmen oder fördern, das ist die Frage.

Am weitesten fortgeschritten scheint mir in dieser Beziehung die Kirchenverfassung von *Mecklenburg-Schwerin* von 1921 zu sein. In ihrem entscheidenden Paragraphen 3 steht der Satz „Die Evangelische Kirche von Mecklenburg-Schwerin baut sich auf den Kirchgemeinden des Landes auf, an deren Spitze die Pastoren als Träger des geistlichen Amtes stehen". Es wird also die Spannung zwischen Gemeinde und Amt durch alle Stufen des kirchlichen Verfassungslebens hindurch verfolgt und damit zum dynamischen Prinzip der ganzen Verfassung gemacht. Auf der obersten Stufe tritt demgemäß der Landesbischof als ,oberster Geistlicher' (§ 43), ,in voller Freiheit' mit seinen oberhirtlichen Befugnissen *neben* die synodalen und verwaltungsmäßigen Instanzen (§ 44) und steht *mit* dem Oberkirchenrat zusammen der Landessynode *gegenüber* (§ 49). Das Prinzip ist richtig und folgerichtig angewandt. Die Spannungen, die damit auf der höchsten Ebene des landeskirchlichen Lebens entstehen, wurden damals wohl kaum gefühlt, geschweige denn gelöst. Aber sie sind lösbar nur da, wo man sie wie in Mecklenburg bis in die Einzelgemeinde hinein zurückverfolgt und sie hier fruchtbar macht im

---

[36] Vgl. *Schoen*, Der Bischof, S. 412 ff. Die Listen gehen alle irgendwie auf die preußische Instruktion von 1829/36 für die Generalsuperintendenten zurück; vgl. oben S. 391.

wechselseitigen Dienst, den Pfarrer und Gemeinden aneinander und für die Welt leisten. Ich wüßte kein Beispiel aus dem evangelischen Verfassungsleben der zwanziger Jahre in Deutschland zu nennen, wo dieser entscheidende Sachverhalt so deutlich anvisiert wäre wie in Mecklenburg.

Man hat die hier vorliegenden Tatbestände und Interpretationsmöglichkeiten meistens mit dem später im Kirchenkampf so berühmt gewordenen Begriff der ‚geistlichen Leitung‘ zu umschreiben | versucht. Er taucht schon in den Verhandlungen der Berliner Außerordentlichen Kirchenversammlung von 1921/22 auf, ist hier freilich noch nicht ganz ernst genommen worden[37]. Der Verfassungsausschuß war sich allerdings bewußt, daß dem Ausdruck ‚etwas Schwebendes‘ anhaftete; er hat darin zunächst das Streben ausgedrückt gefunden, die kirchliche Arbeit – im Unterschied zu allem Rechtlich-Institutionellen – „nach Möglichkeit unter den kräftigen Einfluß führender Persönlichkeiten zu stellen"[38]. Und seitdem ist in der ganzen Debatte über die preußische Kirchenverfassung von 1922, auch in den wissenschaftlichen Kommentaren, viel von kirchlicher Führung und kirchlichen Führerpersönlichkeiten die Rede; man merkt schon etwas von der Atmosphäre, aus der die Männer kamen, die dann 1933 ihren Führungsanspruch in der Kirche mit politischen Mitteln durchsetzten.

Aber man darf nicht zu hart urteilen. Mit dem Begriff der geistlichen Leitung bezeichneten die Kirchenverfassungen eine Sache, von der niemand, weder ihre Schöpfer noch die dadurch Verpflichteten, eine klare, aus der Erfahrung des kirchlichen Lebens gewonnene Anschauung besaß. Da konnten die Versuche, den Inhalt des Begriffes zu umschreiben, nur unvollkommen ausfallen. Sie sind nur da einigermaßen zu rechtfertigen, wo sie auf die beiden Urbegriffe zurückgehen, die die Funktion des evangelischen Bischofsamtes von Anfang an bestimmen, auf Visitation und Ordination. Alles, was darüber hinausgeht bleibt anfechtbar, zumindest problematisch.

Wir illustrieren an einigen Beispielen. Dem Landesbischof von *Nassau* „liegt vornehmlich ob, die Kirche so zu leiten, daß sie den von Gott

---

[37] Die Vorlage des Ev. Oberkirchenrats macht ihn zur Grundlage aller auf das Amt der Generalsuperintendenten bezüglichen Bestimmungen; Verhandlungsbericht von 1921/22, Bd. 2, Art. 95, Abs. 1: „*Die geistliche Leitung* der Kirchenprovinzen liegt dem Generalsuperintendenten ob." Die nähere Ausführung bringt Art. 96 des Entwurfs; vgl. auch Allgemeine Begründung [s. Anm. 16], S. 69 f.

[38] So Präses Wolff-Aachen als Berichterstatter, Verhandlungsbericht von 1921/22, Bd. 1, S. 215.

empfangenen Auftrag zur Verwaltung von Wort und Sakrament erfülle. Der Gemeinschaft der im evangelischen Glauben verbundenen Geistlichen und Gemeindeglieder hat er in Seelsorge zu dienen. Er soll dahin wirken, daß sich das geistliche Leben innerhalb der Landeskirche entfalte, und soll seiner Vielgestaltigkeit Rechnung tragen" (§ 124). Die Verfassung erblickt den Reichtum geistlichen Lebens in der Mannigfaltigkeit christlicher Persönlichkeiten. Der Landesbischof soll – so ist die Vorstellung – diesen Reichtum zur harmonischen Entwicklung|bringen. Er muß dazu selbst eine solche Persönlichkeit sein und über allen kirchlichen Parteien stehen. Darum wird von ihm besonders gefordert: „Er soll sich um den religiösen Frieden innerhalb der Volkskirche bemühen und sich den Schutz der Minderheiten angelegen sein lassen" (§ 125, Abs. 7).

Die Sorge um die Wahrung der Einheit in der Mannigfaltigkeit steht auch für die Landeskirche von *Baden* – in einem Lande, in dem der politische und kirchliche Liberalismus besonders ausgeprägt war – im Vordergrunde des Interesses. Darum wird die geistliche Aufgabe des Prälaten neben der seelsorgerlichen Beratung von Pfarrern und Gemeinden vor allem darin gesehen, „in Gemeinden bei besonders schwierigen Verhältnissen schlichtend mitzuwirken" (§ 125, Abs. 2). Und ins Gemütvoll-Persönliche biegt die *Thüringer* Kirche ab, wenn sie im Blick auf den Landesoberpfarrer das Vorgesetztenverhältnis bloß auf die äußerliche Geschäftsführung beschränkt und ihn im übrigen zum ,Berater und Freund aller ihrer Pfarrer' macht (§ 111), geistliche Leitung also völlig in die private Sphäre persönlicher Verbundenheit verlegt.

Da ist die Kirche von *Schleswig-Holstein* doch besser beraten; sie besitzt von Theodor Kaftan her noch eine lebendige Anschauung davon, was geistliche Leitung ist. Schon der vom Konsistorium aufgestellte Verfassungsentwurf hatte neben der überragenden Stellung der Synode und der Notwendigkeit einer aus unabhängigen Mitgliedern bestehenden Verwaltungsbehörde ,den Anspruch der *geistlichen Oberhirten* auf eine selbstverantwortliche, von aller äußeren Behinderung freien Amtsführung in der *geistlichen Leitung* der Landeskirche' anerkannt. Und der Verfassungsausschuß trug der selbständigen Verantwortlichkeit des geistlichen Amtes Rechnung von der Gemeinde an über die Propstei bis hin zur Leitung der gesamten Landeskirche[39]. In der Verfassung selbst

---

[39] Die Verfassung der Evangelisch Lutherischen Landeskirche Schleswig-Holsteins und die seit ihrem Erlaß ergangenen Kirchengesetze und Ausführungsbestimmungen mit geschichtlicher Einleitung hg. von *D. Dr. Frhr. v. Heintze,* Bordesholm 1928, S. 30.

wurde dann die Aufgabe der geistlichen Leitung sehr nahe an das kirchliche Disziplinarrecht herangerückt; die Seelsorge an Pfarrern und Gemeinden sollte die Inzuchtnahme der Pfarrer miteinschließen. Es steht „den Bischöfen das Recht und die Pflicht zu, wenn ihnen über die Amtsführung oder den Wandel eines Geistlichen Ungünstiges bekannt wird, die Angelegenheit entweder persönlich durch Mahnung oder Warnung zu erledigen | oder für die Weiterverfolgung im Disziplinarwege Sorge zu tragen" (§ 141)[40].

Die Frage nach dem Verhältnis von geistlicher Leitung und kirchlichem Recht ist damit in Schleswig-Holstein zum ersten Male ausdrücklich aufgeworfen worden; latent ist sie in allen Verfassungsurkunden der Zeit vorhanden. Soll es konstitutiv sein für das Wesen geistlicher Leitung, daß sie sich nur geistlicher, aber nicht rechtlicher Mittel bedient? Wo geistliche Leitung mit oberhirtlicher Tätigkeit gleichgesetzt wird, ist die Frage schon entschieden; wir haben gesehen, wie hier ein klar geprägter rechtlicher Begriff vorliegt[41]. Aber auch aus dem Gesamttenor vieler Verfassungsurkunden kann man schon eine vorläufige Antwort entnehmen. Es wird darin den evangelischen Bischöfen eine Fülle rechtlicher Aufgaben und Befugnisse in die Hand gegeben. Und man kann den Schöpfern der Verfassungen doch nicht die Absicht zuschreiben, daß sie damit die geistliche Leitung derselben Bischöfe sabotieren wollten. Nein, es wird überall vorausgesetzt, daß bei Erfüllung der Führungsaufgaben, die dem evangelischen Bischofsamt gestellt sind, geistliche und rechtliche Mittel nebeneinander verwandt werden können und sollen.

Nur darüber bleibt Unklarheit bestehen, wie Geistliches und Rechtliches im Begriff der geistlichen Leitung miteinander zu verbinden seien. Mit dieser Unklarheit sind die evangelischen Landeskirchen in die Auseinandersetzungen hineingegangen, die mit dem Jahre 1933 begannen. Vorher hatten sie sich wohl weithin mit der Ausflucht beholfen, als könnte man innerhalb ihrer selbst ein besonderes Gebiet geistlichen Lebens aussparen, das der geistlichen Leitung durch den Bischof vorbehalten sei und auf dem andere ‚weltliche' Instanzen nichts zu schaffen hätten. Die Praxis bewies bald, daß solch eine Trennung auch grundsätzlich nicht möglich ist. Und ist denn die kirchliche Verwaltungsbehörde eine rein weltliche Instanz, die bloß juristische Kategorien anzuwenden hät-

---

[40] Ein in der Verfassung vorgesehenes Kirchengesetz zur Regelung der disziplinaren Befugnisse der Bischöfe gegenüber den Geistlichen ist nicht erschienen.

[41] Vgl. oben S. 410 f.; zum ganzen Problem *Schoen*, Der Bischof, S. 411 ff.

te? Zählt sie nicht auch geistliche Mitglieder in ihrer Mitte, die Geistliches geistlich beurteilen sollen wie der Bischof auch? Und ist nicht auch die Synode eine geistliche Instanz, dazu berufen, auf ihre Weise geistliche Leitung auszuüben? Fragen über Fragen, die vor 1933 keine Lösung finden konnten. Wir erkennen aber deutlich, wie unter der Herr|schaft des Begriffes ‚geistlicher Leitung' die Grundfragen evangelischer Kirchenverfassung in Bewegung gebracht werden. Von seiner Klärung hängt nicht nur das Verständnis des evangelischen Bischofsamtes ab; auch das synodale und administrative Element evangelischer Kirchenverfassung wird davon betroffen.

5. Die Aufgliederung des synodalen Bischofamtes

Je ernsthafter in einer Landeskirche um die praktische Verwirklichung geistlicher Leitung gerungen wird, desto deutlicher wird erkennbar, daß zur Bewältigung der damit gestellten Aufgaben die Kraft *eines* Mannes nicht ausreicht. Wir haben schon bemerkt, wie in *Bayern* die „oberhirtliche Tätigkeit" der Kreisdekane der des Kirchenpräsidenten völlig gleichgeordnet ist (Art. 54). Jedoch kennt die bayerische Landeskirche kein verfassungsmäßiges Organ, das die gemeinsame Verantwortung zum Ausdruck brächte, die Kirchenpräsident und Kreisdekane für das innere Leben der Landeskirche tragen. Daß die Kreisdekane als Oberkirchenräte und geistliche Mitglieder Sitz und Stimme im Landeskirchenrat haben, bietet dafür einen gewissen Ersatz.

Die Kirche von *Schleswig-Holstein* zählt seit alters zwei evangelische Bischöfe. Ihre Verfassung ist bemüht, bei aller Wahrung der Selbständigkeit, die die geistliche Leitung der Sprengel erfordert, doch eine Übereinkunft der Bischöfe in grundsätzlichen Fragen und eine einheitliche Praxis herbeizuführen (§ 136). Wörtlich dieselbe Bestimmung findet sich auch in der Verfassungsurkunde der Evangelischen Kirche der *Altpreußischen Union* im Blick auf diejenigen Kirchenprovinzen, in denen mehrere Generalsuperintendenten nebeneinander wirken (Art. 101, Abs. 3).

In Altpreußen wie in Schleswig-Holstein ist dabei wohl nur an eine kollegiale Verständigung der obersten geistlichen Amtsträger gedacht. Es bestünde aber durchaus auch die Möglichkeit, sie institutionell zusammenzufassen. Das evangelische Bischofsamt braucht ja nicht in eine ‚monarchische' Spitze auszulaufen. Geistliche Leitung könnte sehr wohl von einem Kollegium gehandhabt werden, in dem jeder Bischof der Landeskirche vertreten ist und in dem die geistlichen Regeln erarbeitet werden, nach denen jeder seinen Sprengel leitet. |

Ansätze zu solcher Praxis, die sich in den Kirchenverfassungen nach 1918 finden, verdienen unser besonderes Interesse, weil damit besondere Möglichkeiten einer intensiveren geistlichen Leitung gegeben sind. Man kann den Satz wagen: Diese Intensität nimmt in demselben Verhältnis ab, wie der Sprengel sich vergrößert, der dem einzelnen Bischof anvertraut wird; durch nichts kann der geistliche Charakter des Bischofamtes stärker gefährdet werden als durch eine allzu große Ausdehnung der Landeskirchen und eine allzu starke Konzentrierung der Aufgaben und Befugnisse auf *eine* geistliche Spitze.

Unter diesem Gesichtspunkt hat die Kirchenverfassung von *Hessen-Darmstadt* (v. 1. Juni 1922) eine glückliche Lösung gefunden. Nach althessischem Vorbild hat sie die geistliche Leitung auf die Schultern mehrerer Männer verteilt. Nach ihr sind drei Superintendenten – zugleich geistliche Mitglieder des Landeskirchenamtes – die geistlichen Leiter ihrer Sprengel. Mit Ordinations- und Visitationsrecht besitzen sie die Rechte und Pflichten, die zum evangelischen Bischofsamt gehören (§§ 115–117). Unter dem Vorsitz des Prälaten treten sie zu einem Kollegium zusammen, das über geistliche Fragen beschließen kann, die die ganze Landeskirche angehen. Die Vollmacht und Verantwortung, die der Prälat der ganzen Landeskirche gegenüber besitzt, wird durch dieses Kollegium nicht beschränkt, aber ergänzt (§§ 118 u. 119).

Ähnlich sind in *Hannover* die Beziehungen zwischen Landesbischof und Generalsuperintendenten geordnet. Hier ist freilich ein qualitativer Unterschied – nicht bloß ein räumlicher im Blick auf die Größe des zu leitenden Sprengels – in bezug auf die Wahrnehmung der geistlichen Leitung festzustellen. Während dem Landesbischof ganz allgemein „die geistliche Führung in der Landeskirche" zuerkannt ist (Art. 99, Abs. 1), sind die Generalsuperintendenten für ihre Leitungs- und Aufsichtstätigkeit im wesentlichen auf den ‚Weg des persönlichen Verkehrs' innerhalb ihrer Sprengel beschränkt (Art. 90, Abs. 1); während die geistliche Verantwortung des Landesbischofs das Ganze des kirchlichen Lebens umfaßt und darüber hinaus der Öffentlichkeit zugewandt ist, sind die Generalsuperintendenten ausschließlich auf die innerkirchliche Linie und hier vornehmlich auf die individuelle Seelsorge zurückgedrängt. Allerdings sind sie in den Stand gesetzt, die auf diesem Wege gewonnenen Erkenntnisse und Erfahrungen für die ganze Landeskirche fruchtbar zu machen. Unter dem Vorsitz des Landesbischofs treten sie zu regelmäßigen Aussprachen über das ganze | Gebiet des inneren Lebens der Landeskirche zusammmen. Sie können zwar nicht wie das Kollegium der hessischen Superintendenten sich mit Entschließungen und Hirtenbriefen an die Öffentlichkeit wenden, haben aber das Recht, Anregungen und Vorschläge an Landeskirchenamt oder Landeskirchenausschuß gelangen zu lassen, die dort durchberaten werden müssen (Art. 94).

Wir stellen zum Abschluß noch einmal fest, welche Fülle inhaltlicher und organisatorischer Möglichkeiten der Begriff der geistlichen Leitung in sich schließt. Die Unklarheiten, die ihm noch anhaften, sind ein Zeichen dafür, wie wenig die Übergangszeit nach dem 1. Weltkrieg die neuen Möglichkeiten zu erkennen und abzuschätzen vermochte, die mit der Existenz eines evangelischen Bischofsamtes gegeben waren. Dennoch ist der Fortschritt, versetzt man sich in die Zeit vor 1918, ungeheuer groß. –

Paul Schoen weist[42] im Blick auf alle preußischen Landeskirchen mit Ausnahme von Hannover-reformiert und Frankfurt a. M. darauf hin, sie „haben das geistliche Amt in das eigentliche Verfassungsleben einbezogen, indem sie es in einer seinem Wesen entsprechenden Weise an der Leitung der Kirche beteiligt haben"; und man kann dieses Urteil ohne Bedenken auf die allermeisten übrigen Landeskirchen in Deutschland ausdehnen. Damit ist eine Neuerung gegeben, die im Staatskirchentum sich unmöglich hätte durchsetzen können. Vor der inneren Gewalt dieses neuen Faktors im Verfassungsleben der evangelischen Kirche – neu ist er nur im Blick auf die nachreformatorische Entwicklung, nicht in bezug auf die Anschauungen Luthers und erst recht nicht auf die der vorreformatorischen Christenheit – verschwindet alles, was an Theoremen über den Anfall der obersten kirchlichen Gewalt an die Synode und über den Aufbau der Gemeindekirche im Vordergrunde der theologischen und kirchenrechtlichen Diskussion stand.

Alle diese Institutionen treten vor dem neuen Amte freilich nicht völlig zurück, sondern sie gewinnen, von dem neuen Faktor aus angesehen, neue Bedeutung. Das evangelische Bischofsamt bedarf der *Synode* nicht nur als seines Gesprächspartners, sondern auch als rechtsschöpferischer Institution. Es ist ein synodales Bischofsamt, d. h. es hat zwar nicht seinen Existenz- und Lebensgrund, wohl aber seinen Rechtsgrund in der Synode. |

Zwar handelt es sich hierbei nicht wie in vielen anderen Fällen syn-

---

[42] Verfassungsrecht, S. 165.

odaler Gesetzgebung um ein von der Synode neugeschaffenes, sondern nur um ein von ihr vorgefundenes und anerkanntes Recht. Es hat seinen eigentlichen Grund in der Natur des geistlichen Amtes selbst, das der Bischof mit allen Trägern eines räumlich stärker beschränkten Pfarramtes gemeinsam führt. Das evangelische Bischofsamt ist dasjenige Amt der Wortverkündigung und Sakramentsverwaltung, dessen Wirkungskreis sich über die ganze Landeskirche hin erstreckt. Indem die Synode dem geistlichen Amt eine solche Weite gibt, schafft sie das evangelische Bischofsamt nicht – es ist in seiner Substanz nach überall da vorhanden, wo in aller Öffentlichkeit mit geistlicher Vollmacht das Evangelium verkündigt wird –, aber sie gibt ihm die formalen Möglichkeiten seiner rechtlichen Existenz.

Und indem die Synode das Bischofsamt so anerkennt, stellt sie sich selbst mit hinein in seinen Wirkungsbereich. Sie ist dem Verkündigungsanspruch, den der Träger dieses geistlichen Amtes geltend machen muß, keineswegs entzogen. Daß er im Raum der evangelischen Kirche nicht mit dem Anspruch auf Unfehlbarkeit erhoben wird, schließt doch nicht aus, daß er da ist, daß er gehört werden will. Zum Wesen des synodalen Bischofsamtes gehört nicht nur dies, daß ihm seine gesamtkirchliche Wirkungsmöglichkeit von der Synode rechtlich gestaltet wird, sondern auch dies, daß die Synode sich selbst diesen Wirkungen aussetzt. Wie jede hörende Gemeinde hat sie den ihr verkündigten Zuspruch am geschriebenen Wort Gottes und am Bekenntnis der Kirche zu prüfen. Und wenn sie dann ihr Ja und Amen dazu sagt, schließt ihre Antwort eine praktische Anwendung des verkündigten Wortes in sich ein, die als Praxis in diesem nicht ohne weiteres enthalten gewesen zu sein braucht. Indem die Synode das verkündigte Wort auf ihr christliches Gewissen und ihre geistliche Erfahrung nimmt, fällt mit ihrer Antwort eine größere Fülle geistlicher Wirklichkeit auf den Verkündiger zurück. Der synodale Bischof steht mit seiner Synode in der Partnerschaft echten Gebens und Nehmens.

Und nicht nur der Synode bedarf das evangelische Bischofsamt als Partnerin. Es ist auch angewiesen auf den ganzen Unterbau der *Gemeindekirche*, deren höchste Stufe die Synode darstellt. Den evangelischen Bischof bloß als pastor pastorum zu verstehen würde eine falsche Beschränkung, ja eine Klerikalisierung seines Amtes bedeuten. Er ist auch für die Gemeinde da und für alle Amtsträger, die aus ihr selbst erwachsen sind, aber nicht wie der Pfar|rer ein gesamtkirchliches Amt bekleiden. Der evangelische Bischof kann u. U. einmal auch der Anwalt einer Gemeinde sein gegenüber einem unverständigen, irrigen oder böswilligen Pfarrer. Indem seine Seelsorge die gesamte Landeskirche, Pfarrer und Gemeinden, umfaßt, kommt sie auch allen zugute. Umgekehrt aber bedarf auch der Bischof des Kontaktes mit den Mitarbeitern aus der Gemeinde auf allen Stufen des synodalen Lebens. Sie verschaffen ihm den Zugang zur Wirklichkeit des sozialen, wirtschaftlichen, politischen und geistigen Lebens der Zeit. Er lernt von diesen hervorragenden Gestalten der Gemeinde, alles das in das Licht des Wortes Gottes zu stellen, was man aus Büchern nicht lernen kann und doch kennen muß, will man ein so weit greifendes Amt öffentlicher Seelsorge üben.

Man muß sich fragen, ob diese Bezogenheit des evangelischen Bischofsamtes auf Synode und Gemeinde in den Jahren bis 1933 so klar hervortrat, wie das nötig ist. Wahrscheinlich wäre der Kirchenkampf in weiten Gebieten des evangelischen Deutschlands anders verlaufen, wenn diese Beziehungen überall schon richtig hergestellt gewesen wären. Wir müssen hier deutlich vorliegende Versäumnisse bedauern. Wir müssen dennoch rückschauend anerkennen, daß auch solche Bindungen aus der Vergangenheit, die die Intensivierung jener Beziehungen zunächst verhindert haben mögen, die Ausbildung des evangelischen Bischofamtes gefördert haben. Wir haben festgestellt, wie ihm in Restbeständen rechtliche Bestandteile des früheren Summepiskopats mehr oder weniger deutlich aufgeprägt waren. Es muß zu denken geben, daß das gerade in den lutherischen Landeskirchen der Fall ist, in denen die Eigenständigkeit des evangelischen Gnadenmittelamtes, das evangelischer Bischof und evangelischer Pfarrer gemeinsam haben, besonders deutlich zum Ausdruck kam.

Unklarheiten bestehen immer noch genug. Der geistliche Charakter des evangelischen Bischofsamtes ist weder gegen das institutionell-verwaltungsmäßige Element, das aus der landesherrlichen Kirchenverwaltung herrührt, noch gegen das genossenschaftlich-synodale Element klar genug abgegrenzt. Über den geistlichen Charakter der Synode besteht ebensowenig genügende Einsicht wie über das Wesen und die Formen geistlicher Leitung überhaupt. Vor allem haben die bestehenden Verfassungen das Verhältnis von Gemeinde und Amt, von Synode und Bischof – von geringen Ausnahmen abgesehen – grundsätzlich völlig im Dunkeln gelassen. Es ist schon ein betrüblicher Zustand, wenn man ein synodales Bi|schofsamt besitzt und nicht recht weiß, was ein evangelischer Bischof, was eine Synode ist.

Alle diese Unklarheiten hat der Kirchenkampf in erschreckender

Weise offenbar gemacht. Mit ihm bricht ein neuer Abschnitt in der Geschichte des evangelischen Bischofsamtes an. Welche Konturen zeichnen sich dafür in der seit 1945 durchgeführten Verfassungsarbeit ab? |

II. Das synodale evangelische Bischofsamt seit 1945

1. Die Wendung im Kirchenkampf

Indem der Kirchenkampf bestehende Unklarheiten offenbar machte, hat er auch neue Einsichten und praktische Möglichkeiten zur Verwirklichung des evangelischen Bischofsamtes geschenkt.

In diesem Kampf ging es zunächst um Wesen und Auftrag des geistlichen Amtes in der Kirche. Was die bestehenden Verfassungen meistens nur sehr unvollkommen zum Ausdruck gebracht hatten, das wurde nun allen Beteiligten innerhalb und außerhalb der evangelischen Kirche vor Augen geführt: Das innere Leben der Kirche sowohl wie der Aufbau ihrer äußeren Ordnung – beides ist entscheidend bestimmt vom geistlichen Amt und der seiner Stiftung entsprechenden Wirksamkeit.

Der Versuch, den Arierparagraphen in die kirchliche Gesetzgebung einzuführen, hätte bei seiner Verwirklichung die Politisierung des Pfarrerstandes und die Zerstörung des geistlichen Amtes in der evangelischen Kirche bedeutet[43]. Daß der Versuch abgewehrt wurde, daß darüber hinaus die Pfarrer unter Berufung auf ihr Ordinationsgelübde die Gemeinden zur Abwehr widerchristlicher Gewalt sammelten, daß einzelne deswegen Leiden und Verfolgung auf sich nahmen, das hat in den Augen der Christenheit und der Außenwelt die fundamentale Wichtigkeit des geistlichen Amtes für den Bestand der Kirche ins rechte Licht gerückt.

Daß von dieser Wendung in der Betrachtungsweise das kirchenleitende Amt des evangelischen Bischofs besonders betroffen wurde, liegt auf der Hand. Der Name spielt auch jetzt wieder kaum eine Rolle. Die mißbräuchliche Verwendung des Bischofsnamens durch die Deutschen Christen hat zwar für manche Gemüter ihre abschreckende Wirkung

---

[43] Vgl. die Eingabe der 2000 Notbundpfarrer an die Wittenberger Nationalsynode im September 1933 und die Verpflichtung des Pfarrernotbundes Oktober und November 1933, *Schmidt,* Bekenntnisse und Äußerungen, S. 168 f. und S. 77 f.

bis zur gegenwärtigen Stunde nicht ganz verloren. Daß sie aber die geistliche und rechtliche Entwicklung des Amtes nicht hat aufhalten können, ist ein Zeichen, daß es hier | nicht um Namen, sondern um eine Sache geht, die sich mit innerer Notwendigkeit durchsetzt.

Zwei kirchengeschichtlich wichtige Tatsachen hat der Kirchenkampf gebracht, die für die Entwicklung des evangelischen Bischofsamtes von fundamentaler Wichtigkeit geworden sind:

1. Damals hat sich dieses Amt in der Verkündigung des Evangeliums als ein Hort der *Freiheit* erwiesen. Gerade die Befürchtung, die seine Gegner nach 1918 bei seiner Einführung immer geltend gemacht hatten, daß nämlich dieses Amt einen unevangelischen Zwang in der Kirche ausüben würde, gerade sie wurde in das Gegenteil verkehrt. Die Synoden wurden der Tummelplatz gewaltsamer Willkür; und die Führer der Partei, die die Synoden erobert hatte, rissen den Bischofsnamen an sich, um damit ihre unevangelische, politisch begründete Macht kirchlich zu verbrämen. Die Träger des geistlichen Amtes aber, die ihnen damals – ob mit oder ohne Bischofstitel – entgegengetreten sind unter Berufung auf die Verpflichtungen, die ihnen dieses Amt auferlegte, sie haben das evangelische Bischofsamt gerettet und ihm den Weg zu einer neuen Stufe seiner Entwicklung eröffnet.

Diese Feststellungen werden auch nicht durch kirchenpolitische Fehlentscheidungen betroffen, die man den Trägern des bischöflichen Amtes hinterher leicht vorwerfen und die man hinterher immer besser beurteilen kann, als das im entscheidenden Augenblicke möglich ist. Indem die evangelischen Bischöfe für die Freiheit der evangelischen Verkündigung sowohl ihre eigene Existenz wie die ihrer Landeskirchen einsetzten und als Zeugen der evangelischen Wahrheit vor Freund und Feind hintraten, ist – auf dem ganzen Verlauf jener drangvollen Jahre gesehen – ihr evangelisches Amt das Symbol geworden, nicht nur für die Freiheit der Kirche, sondern für die Freiheit persönlichen Gewissens überhaupt, wie sie dem Sinn abendländischer Geistestradition entspricht. Nicht nur für die Glieder der Kirche, sondern auch für die draußenstehende Welt repräsentiert das evangelische Bischofsamt seitdem die Evangelische Kirche. Damit ist in der Geschichte eine Wegmarke erreicht, hinter die diese Kirche nie mehr zurückgehen kann und wird.

2. Der Notstand der Kirche wurde nicht nur daran sichtbar, daß die Freiheit ihrer Verkündigung bedroht war. Er zeigte sich vor allem in der Zerstörung des *Rechtes,* des kirchlichen insbesondere, aber auch des bür-

gerlichen. In diesem Augenblicke wurde auf das evangelische Bischofs-
amt eine Fülle rechtlicher Befugnisse ge|häuft. Die Synoden verschwan-
den, ihre Ausschüsse schrumpften zusammen oder lösten sich selbst auf;
die Verwaltungsbehörden kapitulierten oder wurden durch äußere Eingriffe zerstört. Die Funktionen der synodalen und administrativen Instanzen übernahm der evangelische Bischof. Sie wurden ihm entweder
ausdrücklich übertragen oder fielen ihm von selbst zu. Selbst die freien
Organisationen, in denen sich ehedem das genossenschaftliche Leben der
Kirche in vereinsmäßigen Formen abgespielt hatte, flüchteten sich in
den Schutz des evangelischen Bischofsamtes. Und wenn dessen Träger in
der Frage der Judenvernichtung oder des Mordes an den Geisteskranken
sich für das einfache Menschenrecht einsetzten, dann stärkten sie selbst
den damals sogenannten Rechtswahrern den Mut. In einer Zeit der
Rechtlosigkeit wurden die evangelischen Bischöfe in Kirche und Welt zu
eigentlichen Wahrern des Rechtes.

Man darf solche geschichtlichen Fakten für das Werden einer Institution nicht über-, aber auch nicht unterschätzen. Sie werden durch die
künftige Entwicklung vor allem dann fruchtbar, wenn dem Faktischen
ein Moment des Grundsätzlichen innewohnt, das, schon immer latent
vorhanden, im Augenblick einer geschichtlichen Entscheidung plötzlich
hervortritt und sich legitimiert. Ein solcher Vorgang aber hat sich im
Kirchenkampf abgespielt. Er hat zwei wichtige Folgen nach sich gezogen:

1. Die Verbindung zwischen evangelischem Bischofsamt und Recht ist
von großer Bedeutung geworden, die nicht nur politischer und kirchenpolitischer, sondern grundsätzlicher Art ist. Wir haben gesehen: Die Zeit
nach 1918 hatte die geistliche Leitung der Kirche von der rechtlichen im
Prinzip und nach Möglichkeit auch praktisch voneinander zu trennen
gesucht. Nun aber zeigt es sich, daß das geistliche Leben der Kirche
nicht auf ein Sondergebiet ihres Daseins beschränkt werden kann, das
man für sich pflegt und beaufsichtigt, sondern daß das geistliche Leben
das Dasein der Kirche bestimmt, daß in ihm ihre eigentliche Kraft liegt,
daß ihm aber auch alle ihre anderen Lebensäußerungen zu dienen haben. *Geistliche Leitung* der Kirche kann daher nicht mehr von ihrer
rechtlichen Ordnung getrennt, erst recht nicht zu ihr in Gegensatz gestellt werden. Geistliche Leitung hat sich vielmehr in der rechtlichen
Verwaltung der Kirche zu bewähren.

Das ganze Gebiet des Rechtes, das dem evangelischen Bischofsamt bisher grundsätzlich verschlossen, das ihm eigentlich nur *per nefas* zugäng-

lich gewesen war, öffnet sich ihm mit einem Male. Die | oberste kirchliche
Gewalt, die ihm in einer glücklichen Inkonsequenz teilweise als Teilerbe
aus dem Nachlaß des landesherrlichen Summepiskopats zugefallen war,
wird nun erst wirklich angeeignet, eingeschmolzen, umgeschmolzen in
das Kirchenrecht. Alles Recht in der Kirche hat – so lautet das unverlierbare Ergebnis des Kirchenkampfes – dem geistlichen Leben der Kirche
zu dienen. Und in dem Maße, da der evangelische Bischof als Pfleger
dieses Lebens eingesetzt worden ist, wird das Kirchenrecht auf ihn hin
konstruiert. Das geschieht nicht überall in demselben Grade. Das geschieht auch nicht im Gegensatz zur synodalen Ordnung und zum
Recht, das damit der Synode gegeben ist. Auch in dieser Lage bleibt das
evangelische Bischofsamt synodales Amt; aber das Verhältnis zur Synode wird richtiger bestimmt und klarer geordnet.

2. Damit ist nun aber auch das *Recht der Synode* neu in Fluß gekommen, es muß kritisch überprüft werden. Die Deutschen Christen hatten
die Synoden überfremdet, genau so wie sie das Bischofsamt seinem evangelischen Sinne entfremdet hatten. Man sollte aus diesen betrüblichen
Tatbeständen keiner der beiden Instanzen gegenüber einen Vorwurf ableiten. Nicht nur die Bischöfe, auch die Bekenntnissynoden haben damals gezeigt, daß sie mit geistlicher Vollmacht zu handeln vermochten.
Auch die echte Synode übt geistliche Leitung aus.

Man kann also nicht, wie man nach 1918 getan hatte, die rechtsetzen-
de Aufgabe der Synode von der geistlichen Leitung durch die Bischöfe
säuberlich zu trennen versuchen. Wenn die Synode die Legislative in
Anspruch nimmt und kirchliches Recht setzt, so übt sie damit geistliche
Leitung aus. Sie kann das nicht tun, ohne – zum mindesten in ihren
Gedanken und Willensintentionen – die Beziehung herzustellen zu dem
anderen Träger geistlicher Leitung, dem Bischof. Wie verhalten sich beide Instanzen geistlicher Leitung zueinander? Um diese Frage zu beantworten, genügt es nicht, das Verhältnis von Bischofsamt und Synode
neu zu durchdenken. Es muß auch aus dem neugewonnenen Verständnis
geistlicher Leitung im Blick auf das Wesen der Synode und ihre gesetzgeberischen Entscheidungen die verfassungsrechtliche Konsequenz gezogen werden.

Wie weit ist das alles nach 1945 bei der Neuordnung der Kirchenverfassungen geschehen, wie weit haben die in der großen Wende des Kirchenkampfes gewonnenen kirchenrechtlichen Einsichten Gestalt gewon-
nen? |

2. Das Neuverständnis der Synode

Schon während der Vorarbeiten zu den Kirchenverfassungen der zwanziger Jahre war der Gedanke immer wieder ausgesprochen worden, die Synoden seien nicht Vertreterversammlungen, sondern kirchliche Gremien, die nach eigenen geistlichen Prinzipien zu handeln hätten[44]. In der Konstituierung der Synoden war man aber gelegentlich weit von dieser richtigen Einsicht abgewichen. Und erst recht machten sich in der Praxis des synodalen Lebens kirchenfremde Grundsätze, aus dem parteipolitischen Leben genommen, immer wieder geltend. Die Machtergreifung der Deutschen Christen besaß in der Aufsplitterung der Synode durch die kirchenpolitischen Parteien wenigstens den Schein eines Rechtstitels.

Überprüft man die Kirchenverfassungen jener Jahre daraufhin, was sie über das *Selbstverständnis der Synode* sagen, so wird man der Verfassung der Evangelisch-Lutherischen Landeskirche *Hannovers* (vom 20. Dezember 1922) den Vorrang zubilligen müssen. Sie verzichtet auf eine Wesensbestimmung, aber sie gibt in Art. 63 eine Zweckbestimmung für die Synode. Diese „hat die Aufgabe, der Erhaltung und dem äußeren und inneren Wachstum der Landeskirche zu dienen", insbesondere „Geistliche und Gemeinden zur Gemeinschaft der Arbeit an dem Aufbau der Kirche zu verbinden". Damit ist der Weg für das künftige Neuverständnis der Synode gewiesen. Von der Funktion, die sie innerhalb der Kirche hat, ist dabei auszugehen, nicht von einem abstrakten Repräsentationsgedanken. Wenn man also im Kirchenverfassungsgesetz der Evangelischen Landeskirche in *Württemberg* vom 24. Juni 1920 im § 4 Abs. 1 den Satz liest „Der Landeskirchentag vertritt die Gesamtheit der evangelischen Kirchengenossen", so muß man das schon im Blick auf das Entstehungsjahr als eine reaktionäre Aussage im kirchenrechtlichen Sinne betrachten, so sehr sie auch der damaligen allgemeinen politischen Situation entsprechen mag. Noch mehr aber muß man sich wundern, daß jener Grundsatz auch in dem revidierten Verfassungsgesetz von 1951 (AB der EKD 1951, S. 100 ff.)[45] erhalten geblieben ist. Ähnlich gilt in der *Pfalz* nach | der heute noch gültigen Verfassung vom 20. Oktober 1920 die Synode als ‚kirchliche Volksvertretung' (§ 66,1); derselbe

---

[44] *Wolff*, Einführung, S. 48: „Die Synoden also sind nicht Parlamente, sondern Behörden, nicht gesetzgebende Körperschaften, sondern Arbeitsgemeinschaften."

[45] Das Amtsblatt der EKD wird hier und im folgenden immer nach der Ausgabe der Berliner Stelle zitiert.

Ausdruck fand sich auch in der nicht mehr gültigen Verfassung der Badischen Landeskirche vom 24. Dezember 1919 (§ 93, Abs. 1).

Würde eine Synode mit dem hier ausgesprochenen Selbstverständnis in ihrer Praxis ernst machen, so könnte sie nicht geistlich handeln, so wäre sie auch nicht zu einer geistlichen Konkurrenz mit dem evangelischen Bischofsamte fähig. Nach jenem naturrechtlichen Repräsentationsbegriff gibt es für die Synode kein geistliches, sondern nur ein in weltlich-politischer Form rivalisierendes Gegenüber; sie muß eifrig auf die Wahrung ihrer und die Beschränkung der bischöflichen Rechte bedacht sein. In einer solchen Lage kann der evangelische Bischof das eigentliche Wesen seines geistlichen Amtes nicht enfalten.

Will man den Anteil, den die Synode an der geistlichen Leitung hat, und damit ihr Verhältnis zum evangelischen Bischof richtig bestimmen, dann darf man nicht von ihrer formalen Rechtsstruktur ausgehen, sondern muß sich auf ihren geistlichen Auftrag besinnen, genau so, wie man das Verständnis des geistlichen Amtes nur aus seiner stiftungsgemäßen Funktion gewinnen kann. So sehr jener Grundsatz heute allgemein anerkannt sein dürfte, so wenig hat er sich doch bisher in der kirchlichen Gesetzgebung durchsetzen können.

Das Beste, ja vielleicht Entscheidende über die evangelische Synode hat die Evangelische Kirche der *Kirchenprovinz Sachsen* ausgesprochen, und zwar charakteristischerweise in einem Kirchengesetz ‚Über die vorläufige Ordnung der Ämter der Pröpste, des Bischofs und des Präses der Provinzialsynode‘ vom 16. April 1947 (AB der EKD 1947, S. 9 f.). Darin wird (§ 14) die Synode bestimmt als ‚*das zeugnisgebende Organ der hörenden Gemeinde*‘. Hier wird nicht mehr nach Delegation und Wahrnehmung von Rechten gefragt, sondern nach der Funktion des Dienstes. Hier gibt nicht mehr die Gesamtheit der Kirchengenossen den Auftrag, sondern die hörende Gemeinde. Hier steht also – ganz abgesehen von dem äußeren Wahlmodus – nicht eine rechtliche, sondern eine rein geistliche, nur mit geistlichen Mitteln faßbare Größe im Hintergrund des synodalen Geschehens.

Und diese hörende Gemeinde ist nicht denkbar ohne das geistliche Amt, ist von vornherein an das Amt gewiesen. Denn sie kann nur hören, weil und wo ihr das Evangelium verkündigt wird. Und indem sie Zeugnis gibt von dem Gehörten, stimmt | sie dem zu, den sie gehört hat; Amt und Gemeinde sind verbunden durch das Band des Geistes. Dasselbe aber gilt von Bischof und Synode. Die Synode als Organ der hörenden Gemeinde steht mit dem Amt der Verkündigung in der Übereinstimmung des Geistes. Das evangelische Bischofsamt, das ihr mit seinem Verkündigungsauftrag gegenübersteht, kann darum gleichzeitig und im Einklang mit ihr die geistliche Leitung der Kirche ausüben[46].

Für die innere Übereinstimmung zwischen Bischof und Synode kommt aber nun alles darauf an, daß das rechte – nicht politisch-rivalisierende, sondern geistliche -- Gegenüber zwischen beiden gewahrt bleibe. Verschwindet es, so ist auch das rechte Hören des Evangeliums gefährdet. Wo eine Gemeinde bzw. Synode nur Zeugnis ablegt, ohne in ihrer Mitte die Stimme des Hirten zu haben, der ihr in Vollmacht das Evangelium verkündet, da kommt sie in Gefahr, nur noch sich selbst zu hören und ihre einander widersprechenden Meinungen über das Evangelium. Gewiß kann diese Hirtenstimme auch aus der Mitte der Synode kommen, sind da doch viele Träger des geistlichen Amtes, ja, sollte eigentlich jeder Synodale irgendein geistliches Amt verwalten. Aber in einer Synode sind viele Stimmen, müssen viele sein, wenn sie ihren Zweck erfüllen soll. Und in dem Stimmengewirr verschwindet allzu leicht der Ruf des einen guten Hirten, den weiterzugeben das geistliche Amt gestiftet ist und der nur vernommen werden kann, wenn er über die Herde hinschallt, nicht wenn er aus ihr hervorbricht.

Damit ist aber der entscheidende Einwand getroffen, den wir gegen die Lösung erheben müssen, die die Bischofsfrage in den Kirchenordnungen von Rheinland und Westfalen gefunden hat. Wir nehmen die Kirchenordnung der *Evangelischen Kirche im Rheinland* vom 2. Mai 1952 (AB der EKD 1952, S. 174 ff.) als Beispiel. Danach ist die geistliche Leitung der Landeskirche ausschließlich der Synode vorbehalten[46a]. Ihr Präsidium bildet die Kirchenleitung in Permanenz. Es „ist berufen, im Auftrage der Landes|synode die Evangelische Kirche im Rheinland nach der Kirchenordnung, den Kirchengesetzen und den von der Landessynode aufgestellten Grundsätzen zu leiten" (Art. 192, Abs. 1). Der Präses hat darin eine besonders herausgehobene Stellung. Er leitet die Landessynode (Art. 180, Abs. 1), die Kirchenleitung und das kollegial beschlie-

---

[46] Verwischt ist dieser klare Zusammenhang zwischen Verkündigen, Hören und Bezeugen in der Zweckbestimmung, die die Grundordnung der Evangelischen Kirche in Berlin-Brandenburg vom 15. Dez. 1948 (Art. 119, Abs. 1; AB der EKD 1949, S. 73) in bezug auf die Provinzialsynode gibt: Sie „steht unter dem Missionsbefehl des Herrn der Kirche. Was sie beschließt, hat zum Ziel, daß das Evangelium von Jesus Christus dem einigen Herrn und Erlöser einmütig, lauter und gegenwartsnah allem Volk mit Wort und Tat bezeugt wird".

[46a] Art. 168, Abs. 1: „Die Evangelische Kirche im Rheinland wird von der Landessynode geleitet."

ßende, aber mit der Kirchenleitung der Landessynode verantwortliche Landeskirchenamt (Art. 200, Abs. 1; Art. 203). Er hat kein Gegenüber, das er im Auftrage seines geistlichen Amtes anzureden hätte; daß er Träger dieses Amtes ist, spielt grundsätzlich keine Rolle[47]. Er ist vollziehendes Organ, Sprachrohr der Synode; sie übt zu einem guten Teil durch ihn ihre Funktion der geistlichen Leitung aus.

Die Synode hört das Evangelium also nur in dem brüderlichen Zeugnis ihrer Mitglieder, nicht in der Stimme des Hirten, dem das Amt der Verkündigung für die ganze Landeskirche zugewiesen ist. Die Polarität von Amt und Gemeinde ist hier grundsätzlich aufgehoben.

Darin liegt der entscheidende Mangel dieser auf sich selbst beschränkten, dem Amt nicht Raum lassenden Synode. Gewiß, sie ist geistlich. Aber sie besitzt kein Kriterium dafür, was ihr Geist und was der Geist des Herrn ist. Ihre Abstimmungen und Mehrheitsbeschlüsse bieten ein solches Kriterium nicht, auch nicht das Streben, alle Beschlüsse einmütig zu fassen (Art. 184, Abs. 2), auch nicht die ‚gemeinsame Beugung unter das Wort Gottes‘ (Art. 186, Abs. 2). Denn dieses Wort bedarf der vollmächtigen Verkündigung, damit der Wille zur Beugung entstehe; und gerade die Vollmacht kann der, der sich beugen soll und will, nicht aus sich selbst nehmen. Zwar wirkt der Geist immer Einmütigkeit; aber darum ist Einmütigkeit noch kein Zeichen dafür, daß der Geist seine Herrschaft ausübt. Wie jede größere Anzahl von Menschen kann auch eine Synode einer Geisttreiberei, einer stimmungsmäßigen Begeisterung unterliegen. Da muß einer da sein, der ihr, kraft seines Amtes an sie als die hörende Gemeinde gebunden, an Hand des Wortes Gottes den göttlichen Willen kundtut. Und von ihr wird dann das Wagnis des Glaubens gefordert, der dieses Wort der Verkündigung als an sich gerichtet ansieht und es auf ihr eigenes Zeugnis nimmt. Nur wo solche vollmächtige Verkündigung und solcher hörende Glaube gewahrt werden, fallen in einer Kirche echte geistliche Entscheidungen. Und dabei wirken evangelischer | Bischof und evangelische Synode – einander im Verkündigen und Hören gegenübergestellt und doch in einmütigem Zeugnis – zusammen.

Eine solche geistliche Übereinstimmung in der Distanz eines echten Gegenüber ist nach der rheinischen Kirchenordnung *grundsätzlich* nicht möglich. Immer hat der Präses nur den Auflagen nachzukommen, die die Synode ihm macht; nirgends ist er vor die Verantwortung gestellt,

---

[47] Daß er ordinierter Geistlicher sein muß, wird nur beiläufig und indirekt erwähnt (Art. 196; 198, Abs. 1a).

die sein eigentliches geistliches Amt ihm auferlegt. Und doch trägt er
diese Verantwortung, bürdet sein Amt ihm auf, bischöflich zu handeln.
Dieser rheinische Präses ist durchaus ein evangelischer Bischof. Er teilt
zwar die Aufgaben geistlicher Leitung mit den anderen Mitgliedern der
Kirchenleitung (Art. 192 und 193); ihm aber als dem Vorsitzenden,
ohne den kein ordnungsmäßiger Beschluß gefaßt werden kann (Art.
199, Abs. 2), fallen sie vornehmlich und in exemplarischer Weise zu.
Auch bei ihm sind sie aufgegliedert in die beiden klassischen Funktionen
des evangelischen Bischofamtes, in Ordination und Visitation. Und zusammengefaßt werden ihm diese bischöflichen Funktionen in Art. 200,
Abs. 1 noch einmal persönlich zugeschrieben: „Er übt in Gemeinschaft
mit den Mitgliedern der Kirchenleitung, des Landeskirchenamtes und
den Superintendenten den Dienst der Seelsorge an den kirchlichen Amtsträgern und an den Gemeinden aus."

Synodale Bischöfe sind die Präsides von Rheinland und Westfalen. Es
wird gegen die Konstruktion ihres Amtes gelegentlich der Vorwurf erhoben, hier habe eine gefährliche, ja unzulässige Ämterkumulation stattgefunden. Und in der Tat, wenn wir die übrigen deutschen evangelischen Bischöfe mit einem solchen Synodalpräses vergleichen, so drängt
sich die Feststellung auf: keiner ist so mächtig wie der Mann, der eine
bischöfliche Vollmacht hinter sich hat, die rechtlich durch die Autorität
der Synode, der Kirchenleitung und der Verwaltungsbehörde verstärkt
ist.

Aber wenn man schon in dieser Richtung Vorwürfe geltend machen
will, soll man sie auf die rechte Wurzel und damit auch auf das rechte
Maß zurückführen. Darin liegt der entscheidende Mangel – auch für
den Präses persönlich –, daß er kein Gegenüber hat, das ihn – und sei
es auch nur durch Stillschweigen – ablehnen oder doch beschränken
kann. Daß er nur Funktionär ist einer das ganze Leben der Landeskirche umspannenden Rechtsorganisation, deren Spitze die Landessynode
darstellt, das muß in jedem, der ihm nicht als Synodaler gegenübertreten
kann, das Gefühl einer völligen Ohnmacht, eines | totalen Ausgeliefert-
seins erwecken. An dieser Stelle begreift man die Gefahren, die das Wagnis einer Neubegründung des evangelischen Bischofsamtes mit sich
bringt. Es besteht nicht nur die Möglichkeit einer rechtlichen Fehlkon-
struktion. Viel schlimmer ist es, wenn dabei die Seelen wertvoller, dem
Dienst der Kirche hingegebener Menschen in Gefahr geraten.

Wir rufen die Geschichte der Evangelischen Kirche zum Zeugnis an.
In ihr hat es niemals, auch im altreformierten Synodalwesen nicht, ein

derartiges kirchliches Amt gegeben. Gewiß, wir schreiten alle heute auf neuen Wegen; aber wir müssen die ungeheure Gewalt bedenken, die dem technischen Apparat, auch in der evangelischen Kirche, heute zukommt. Die Synoden, auf denen die Gemeinden unter dem Kreuz am Niederrhein zusammenkamen, kannten etwas Derartiges noch nicht. Was damals richtig war, braucht es darum heute nicht zu sein. In einer Zeit, in der die Landeskirchen als Volkskirchen über einen riesigen Apparat verfügen, müssen die Kräfte, die ihn beherrschen und in Bewegung setzen, gut verteilt sein. Schon aus verwaltungsmäßigen Rücksichten ist die Konzentration auf eine Stelle bedenklich. Noch stärker reden die grundsätzlichen Erwägungen, die wir angestellt haben. Der Name ‚Präses‘ hindert nicht, daß die Kritik an dem dadurch bezeichneten Amt das synodale Bischofsamt als solches trifft; repräsentiert doch jener Name dieses Amt in seinem äußersten Grenzfall.

Wir können für die grundsätzliche Kritik, die wir hier speziell an der Kirchenordnung des Rheinlandes geübt haben, keinen besseren Kronzeugen finden als den Rheinländer Bredt, der sich selbst einen ‚echten Calvinisten‘ nannte und der doch offen war für die moderne Lage der Kirche. Er hat als Grundforderung für die Verwirklichung einer synodalen Verfassung die ‚weitgehende Dezentralisierung und Selbstverwaltung aller Instanzen‘ bezeichnet; und er hat klar erkannt, daß in den geschichtlich gewordenen Landeskirchen gerade die umgekehrte Tendenz auf Verwaltungszentralisation sich durchgesetzt hat. Er hat für die heutigen Landeskirchen daher die synodale Verfassung abgelehnt[48]. Aber diese verwaltungsrechtlichen Gesichtspunkte sind für ihn nicht einmal ausschlaggebend. Er hat die geistliche Gefahr erkannt, die für den Stiftungscharakter der Kirche da eintritt, wo die Synode unbeschränkt ist durch ein mit geistlicher Vollmacht ausgestattetes | Gegenüber. „Wenn heute die Synoden verfassungsrechtlich souverän sind, dann muß irgendeine Stelle da sein, welche auch ihnen gegenüber den Charakter der göttlichen Stiftung wahrt und verteidigt.“ Er hat klar gesehen, daß solche Grenzziehung im Falle äußerster Gefahr nicht aus der Synode selbst kommen kann. „Wer ist aber berufen, in solchen Fällen seine warnende Stimme zu erheben, so daß es nicht die Stimme eines Synodalen bleibt, sondern die Stimme der ‚Kirche‘ ist“ (Bd. 2, S. 704)? Bredt hat nicht den Mut gehabt – die Erinnerung an schmerzliches Versagen in der Vergangenheit hält ihn zurück –, die Frage mit einem klaren Bekenntnis zur Leitungs-

---

[48] *Bredt,* Neues evangelisches Kirchenrecht, Bd. 2, S. 284, 287.

funktion des geistlichen Amtes zu beantworten, obwohl er diesem Ja gelegentlich sehr nahe kommt; er hat die spätere Ausprägung des synodalen Bischofsamtes noch nicht vor Augen gehabt, als er die Frage stellte. Aber er hat das Problem gesehen[49], und er hat von vornherein die Lösung abgelehnt, die inzwischen in der Kirche seiner Heimat getroffen worden ist. Und die Zukunft des synodalen Bischofsamtes wird sich daran entscheiden, ob es diesem Problem gewachsen ist.

3. Der Bischof als das Gegenüber der Synode

Der Bischof als Exponent der Synode – diese Lösung wird den Erfordernissen der Zeit und dem evangelischen Verständnis des geistlichen Amtes nicht gerecht. Bei ihr steht auch die Synode in der Gefahr, die Grenzen, die ihr ihrem Wesen nach gezogen sind, zu überschreiten und ihrer eigentlichen Aufgabe geistlicher Leitung untreu zu werden. So waren die meisten evangelischen Landeskirchen in Deutschland gut beraten, als sie nach 1945 den Tendenzen, die in der rheinischen Kirchenordnung Gestalt gewonnen haben, nicht nachgaben. Welche Neuerungen haben sie inzwischen durchgeführt, die für die Entwicklung des synodalen Bischofamtes wichtig geworden sind?

Zunächst ist überall die Tendenz festzustellen, den Bischof enger mit den Verwaltungsbehörden zu verbinden, geistliche Leitung und laufende Verwaltung in stärkeren Einklang miteinander zu brin|gen. Wo eine Selbständigkeit der Verwaltungsbehörde dem leitenden geistlichen Amt gegenüber noch bestand, ist sie beseitigt worden. Die altpreußische Lösung von 1922, die die Generalsuperintendenten zu Vorsitzenden der Provinzialkonsistorien machte, hat in allen Landeskirchen, wo sie noch nicht getroffen war, inzwischen Schule gemacht. Aber sie hat eine völlig andere Bedeutung gewonnen. Damals – 1922 – standen die Konsistorien unter dem Evangelischen Kirchenrat in Berlin, waren also von einer zentralen Verwaltungsstelle abhängig und die Generalsuperintendenten mit ihnen. Inzwischen aber sind die ehemaligen Provinzialkirchen rechtlich selbständig geworden, wie es die kleineren Landeskirchen schon immer gewesen waren. Während diese Unabhängigkeit die Träger des lei-

---

[49] Wenn er auch manchmal etwas merkwürdig formuliert, *Bredt*, Neues evangelisches Kirchenrecht, Bd. 2, S. 711: „Es müssen Stellen vorhanden sein, welche in der Lage sind in autoritativer Weise ihre warnende Stimme zu erheben, wenn die Grenze des Kirchenbegriffes im religiösen Sinne überschritten werden soll [!sollte?], welche mit einem Worte dafür zu sorgen haben, daß die Kirche auch wirklich eine Kirche bleibt."

tenden geistlichen Amtes zu selbständiger Entfaltung kommen ließ, tauschten die Verwaltungsbehörden die eine Abhängigkeit gegen die andere ein, wurden bischöfliche Kanzleien. An dieser Rechtsstellung wird auch dort nichts geändert, wo sie ihren kollegialen Charakter bewahrt haben. Dabei hat sich der Gebrauch der bayerischen Verfassung von 1920 (Art. 48) in größerem Umfange durchgesetzt, daß der Bischof innerhalb der Verwaltungsbehörde in weltlichen Angelegenheiten durch einen Juristen, in geistlichen durch einen Geistlichen vertreten wird.

Daß die Verwaltung der Kirche zur geistlichen Leitung gehört und daß sie darum vom evangelischen Bischof verantwortlich wahrzunehmen ist, das hat sich als Ergebnis des Kirchenkampfes überall durchgesetzt. Soweit die Verwaltungsbehörde nach der Verfassung der Synode Rechenschaft schuldig ist, wird sie dabei durch den Bischof vertreten. Wenn man die Synode mit der Legislative gleichsetzt – wir haben gesehen, daß damit ihre eigentliche geistliche Funktion noch keineswegs entscheidend getroffen ist –, dann bildet der Bischof als das für die Exekutive verantwortliche Leitungsorgan ihr rechtliches Gegenüber. Dabei allein darf es nicht bleiben. Sondern aus der engen Verbindung zwischen verwaltungsmäßiger und geistlicher Leitung ergibt sich, daß alle rechtlichen Regelungen nicht zureichen, wenn nicht das geistliche Gegenüber zwischen Bischof und Synode in der richtigen Weise geschaffen wird. Das ist natürlich in Rechtsurkunden allein nicht festzulegen. Hier handelt es sich auch nicht so sehr um das persönliche Gewicht des Amtsträgers, sondern vielmehr um seine geistliche Vollmacht und um die Art, wie er sie geltend macht und wie sie anerkannt wird. Immerhin, auch die rechtlichen Voraussetzungen müssen gegeben sein; um sie ist man seit 1945 in der mannigfaltigsten Weise bemüht. Man | kann als durchlaufende Tendenz in vielen neuen Verfassungsgesetzen feststellen, daß in ihnen die Rechte der Synoden eingeschränkt und die des Bischofs verstärkt werden.

Am weitesten ist man in dieser Beziehung in *Thüringen* gegangen. In der Verfassung vom 2. November 1951 hat man zwar nach alter Weise die Synode als ‚Trägerin aller der Kirche zustehenden Rechte‘ proklamiert (§ 68, Abs. 1). Aber man hat Landesbischof und Landeskirchenrat in die Synode hineingenommen und den Landesbischof von Amts wegen zu ihrem Präsidenten gemacht. Auch der mit der Amtsbezeichnung ‚Präsident der Synode‘ ausgestattete weltliche Synodale, der die Geschäfte zu führen hat, ist nur der Stellvertreter des Landesbischofs als des eigentlichen Synodalpräsidenten (§ 75).

Auch in diesem Beispiel haben wir einen Grenzfall des synodalen Bischofsamtes vor uns; er führt uns dessen Verwandtschaft mit dem synodalen Präsesamt noch einmal von einer anderen Seite her vor Augen. Es besteht jedoch zwischen der Thüringer Lösung und der rheinischen ein wesentlicher Unterschied. Wir können darum hier nicht alle Bedenken, die wir oben gegen die Rheinische Kirchenordnung angemeldet haben, noch einmal in derselben Weise geltend machen. Der Unterschied läßt sich auf folgende kurze Formel bringen: Im Rheinland ist der Präses allezeit auch Bischof; in Thüringen ist der Bischof gelegentlich auch Präses. Er bleibt als solcher immer Träger des leitenden geistlichen Amtes, das er nicht von der Synode hat, auch wenn sie ihn gewählt hat, das er nicht in ihrem Auftrage führt, das er in seiner Stellung als Vorsitzender aber leichter von Amts wegen ihr gegenüber geltend machen kann.

In den meisten übrigen Landeskirchen sind es nur Einzelheiten, an denen jene Tendenz, die synodalen Rechte zu beschneiden, erkennbar wird. So sind z. B. in mehreren neueren Verfassungen die früheren Gesamtsynodalausschüsse verschwunden bzw. nach dem Vorbild des Kirchensenats von Hannover durch gemischte Ausschüsse ersetzt, in denen Synodalvertreter mit kirchlichen Amtsträgern zusammenwirken, die an der geistlichen Leitung der Landeskirche beteiligt sind.

Ein besonders instruktives Beispiel bildet der Rat der Landeskirche in *Kurhessen-Waldeck*[50]. Er besteht „aus dem Bischof als seinem Vorsitzenden, seinen beiden ständigen Vertretern im Landeskirchenamt, den Pröpsten, dem Direktor des Predigerseminars | und einem Vertreter der missionarisch-diakonischen Verbände". Zu diesen 10 beamteten Mitgliedern, (von denen nur der juristische Vizepräsident nicht ordiniert ist) kommen 9 Mitglieder aus der Synode, darunter der Vorzitzende und seine beiden Stellvertreter (§ 16, Abs. 2).

Ähnlich ist der Landeskirchenrat in *Baden* zusammengesetzt, der ausdrücklich als ,das zum Dienst an der Kirchenleitung bestimmte Organ der Landeskirche' bezeichnet wird[51]. Er besteht aus dem Landesbischof, dem Präsidenten der Landessynode, den Oberkirchenräten und einer ihnen gleichen Zahl von Synodalen, denen ein aus der theologischen Fakultät der Universität Heidelberg berufenes Mitglied zugesellt werden kann; die Kreisdekane gehören dem Landeskirchenrat mit beratender

---

[50] Kirchengesetz betr. die Leitung und Verwaltung der Evangelischen Landeskirche von Kurhessen-Waldeck vom 27. 9. 1945/4. 12. 1947; AB der EKD 1948, 160 ff.

[51] § 14 Abs. 1 des Kirchengesetzes betr. die Leitung der Vereinigten Evangelisch-protestantischen Landeskirche Badens vom 29. April 1953.

Stimme an (§ 15). In Kurhessen-Waldeck hat der Rat der Landeskirche die Aufsicht über die Finanzgebarung, die Entscheidung über die Besetzung wichtiger Ämter; er kann Kirchengesetze beschließen, Vorlagen dazu der Landessynode vorlegen und von dieser ihrem wesentlichen Inhalt nach beschlossene Gesetze ausarbeiten und u. U. verabschieden (§ 17; § 19, Abs. 4). Ähnliche Befugnisse besitzt der Landeskirchenrat in Baden (§ 14, Abs. 2; § 16).

Es ist klar, daß die Befugnisse der Synode durch eine solche Regelung stark beschnitten werden. Vor allem darf die Tatsache nicht unterschätzt werden, daß die Mitglieder jener Gremien zugleich Mitglieder der Synoden sind und daß sie in deren Mitte infolge der Sachkenntnis, die sie sich durch die laufende Mitarbeit in jenen Leitungsorganen erworben haben, sehr leicht die führende Stellung einnehmen. Auf der anderen Seite bedeutet die Eingliederung solcher Männer in den synodalen Organismus auch eine Bereicherung. Man darf das ganze Problem überhaupt nicht zu sehr unter dem Gesichtspunkt der Mehrung oder Minderung von Rechten betrachten. Viel wichtiger ist, ob mit der Sachkenntnis auch die Übereinstimmung im geistlichen Urteil wächst. In dieser Beziehung kann die Tatsache, daß Männer an der synodalen Arbeit beteiligt sind, die zusammen mit dem Bischof im Amte der geistlichen Leitung stehen, nur von Segen sein. So, und nicht nur als Schmälerung der synodalen Rechte, muß man doch wohl auch den Ausbau jener kirchenleitenden Mittelinstanzen beurteilen[52], deren Entstehung wir | in einzelnen Verfassungen der zwanziger Jahre schon kennengelernt haben.

Zu den Mitteln, die Distanz zwischen Bischof und Synode zum Ausdruck zu bringen, gehört auch das *Einspruchsrecht* gegen synodale Entscheidungen, das bis zum Recht der Auflösung der Synode gesteigert werden kann. Schon die Verfassungen der zwanziger Jahre hatten darüber eingehende Bestimmungen getroffen. Manchmal war nur ein Einspruchsrecht vorgesehen, wie in der Verfassung von *Hessen-Kassel* vom 27. Februar 1923 (§ 88), wo die Kirchenregierung dafür zuständig ist. Fast immer aber stehen Einspruchs- und Auflösungsrecht nebeneinan-

---

[52] In Hannover heißen sie jetzt Landessuperintendenten, ebenso in Mecklenburg, während in Berlin sich der alte Name der Generalsuperintendenten für die dem Bischof unmittelbar nachgeordnete Instanz erhalten hat. Kreisdekane gibt es außer in Bayern jetzt auch in Baden. Die Württembergischen Prälaten hatten als Generalsuperintendenten schon eine lange ehrenvolle Geschichte. Ihnen entsprechen in Thüringen die Visitatoren, die wie die Kreisdekane in Bayern zugleich Oberkirchenräte sind, und in Kurhessen-Waldeck, Nassau-Hessen, den Provinzialkirchen Sachsen und Pommern die Pröpste.

der; und meistens ist es dieselbe Instanz, nämlich die Kirchenregierung, die beide Rechte handhabt. In *Schleswig-Holstein* ist nur dann die Auflösung durch die Kirchenregierung möglich, wenn zwei Drittel der Mitglieder des Landeskirchenrates zustimmen; das kommt also doch der Selbstauflösung der Synode gleich (§ 123).

In allen diesen Fällen ist das Amt der geistlichen Leitung an der Ausübung dieser Rechte mitbeteiligt; das Maß hängt wesentlich ab vom persönlichen Gewicht des Amtsträgers. In *Hannover* kann der Kirchensenat[53] Beschlüsse des Landeskirchentages beanstanden (Art. 67); sie gewinnen nur durch seine nachträgliche Zustimmung Rechtskraft (Art. 68); ebenso steht ihm das Recht der Auflösung des Landeskirchentages zu (Art. 62, Abs. 2). In *Nassau* konnte die Verwaltungsbehörde, das Landeskirchenamt, mit zwei Dritteln seiner Mitglieder beschließen, gegen Gesetze und Beschlüsse des Landeskirchentages mit aufschiebender Wirkung Einspruch zu erheben; falls der Konflikt nicht behoben werden konnte, entschieden der Vorsitzende des Landeskirchenamtes, der Landesbischof und der Vorsitzende des Landeskirchentages in gemeinsamer Beratung über die Auflösung (§ 114, Abs. 1 u. 5). In einer so demokratischen Verfassung wie der nassauischen spielte also die Verwaltungsbehörde eine größere Rolle als das leitende geistliche Amt.

Sonst kennt nur noch die Kirchenverfassung von *Sachsen* ein Widerspruchsrecht der Kirchenverwaltung; freilich kann hier das Landes|konsistorium nur mit Zustimmung des Landeskirchenausschusses[54] Einspruch erheben (§ 24); zur Auflösung der Synode ist dieser allein berechtigt (§ 14,2). Stärker ist in *Mecklenburg* der Landesbischof an der Handhabung des Einspruchs- und Auflösungsrechtes beteiligt; dort wird beides vom Oberkirchenrat wahrgenommen, dessen Vorsitzender der Landesbischof ist und mit dem zusammen er sowohl Funktionen der Kirchenleitung wie der Verwaltung ausübt (§§ 37 u. 38; auch in der Neufassung vom 7. April 1952 AB der EKD 1952, S. 149 ff.). Bloß durch den Bischof (Kirchenpräsidenten) wahrgenommen werden diese Rechte in *Bayern* (Art. 36 u. 37) und *Württemberg* (§ 25, § 13); allein in diesen beiden Landeskirchen treten in solchem Konfliktsfall also schon seit 1920 Synode und evangelischer Bischof einander Auge in Auge gegenüber.

Man könnte fragen, ob angesichts dieser gut durchgearbeiteten Rechtslage der kirchlichen Gesetzgebung nach 1945 noch besondere

---

[53] Über seine rechtliche Stellung vgl. S. 403 f.
[54] Vgl. oben S. 406 f.

Möglichkeiten offenstanden. Kleinere Verschiebungen sind in *Baden* wahrzunehmen. Nach dem neuen Kirchenleitungsgesetz vom 29. April 1953 entfällt die Auflösung der Synode, die nach § 108 Abs. 2 der Verfassung vom 24. Dezember 1919 der Kirchenregierung vorbehalten war. An dem Einspruchsrecht, das seit 1953 vom Oberkirchenrat wahrgenommen wird (§ 8), hat der Landesbischof gemäß der hervorragenden Stellung, die ihm in dieser Behörde zukommt, einen entscheidenden Anteil. In der *Kirchenprovinz Sachsen* kann der Landesbischof zwar nicht gegen Synodalbeschlüsse, wohl aber gegen die Entscheidungen der von der Synode gebildeten Kirchenleitung mit aufschiebender Wirkung Einspruch erheben. Es liegt im Sinne der persönlichen Verantwortlichkeit, daß der Landesbischof dieses Recht nur für sich, nicht durch einen Stellvertreter ausüben kann[55]. Aber das sind ja alles keine grundlegenden Änderungen. Solche lassen sich vielmehr an zwei interessanten Konstruktionen feststellen, von denen die eine in Kurhessen-Waldeck, die andere in Thüringen unternommen wurde.

Das Leitungsgesetz der Evangelischen Landeskirche von *Kurhessen-Waldeck* vom 27. 9. 1945/4. 12. 1947 macht ernst mit der Konfrontierung von Landessynode und evangelischem Bischof. Es erklärt auf der einen Seite: „Die Landessynode ist der | oberste Träger der landeskirchlichen Gewalt" (§ 1 Abs. 1), und demgemäß: „Der Bischof ist der Landessynode für die Führung seines Amtes verantwortlich" (§ 19 Abs. 1). Auf der anderen Seite heißt es: „Der Bischof ist berufen, die evangelische Landeskirche von Kurhessen-Waldeck zu leiten und zu vertreten" (§ 2, Abs. 1). Die Grundstruktur des synodalen Bischofsamtes kommt in dieser Gegenüberstellung zur klassischen Ausprägung.

Demgemäß ist auch der Konfliktsfall so geregelt, daß beide Seiten gegeneinander genau ausgewogen sind. „Der Bischof kann gegen Beschlüsse der Landessynode, die er mit dem Bekenntnis oder mit der Verfassung oder dem Dienst an der Kirche für unvereinbar erachtet, Einspruch erheben. In diesem Falle findet eine nochmalige Beratung und Beschlußfassung statt ... Glaubt der Bischof erneut, Einspruch erheben zu müssen und die Verantwortung für die Ausführung der Beschlüsse nicht übernehmen zu können, so kann er die Synode auflösen." Wenn die neue Synode den alten Beschluß wieder aufnimmt, ist die Entscheidung endgültig. „Glaubt der Bischof dennoch, die Durchführung nicht verant-

---

[55] Kirchengesetz zur Ergänzung des Kirchengesetzes über die vorläufige Ordnung der Ämter der Pröpste, des Bischofs und des Präses der Provinzialsynode vom 16. 4. 1947, vom 15. Okt. 48, Art. 1; AB der EKD 1948, S. 268 f.

worten zu können, so muß er auf sein Amt verzichten" (§ 19, Abs. 5).
Bei dieser Regelung ist sowohl das Übergewicht der Synode gewahrt wie
auch dem Bischof die Möglichkeit geboten, die Forderungen, die sein
geistliches Amt ihm stellt, bis zur Selbstaufopferung zu erfüllen. Der
Einsatz ist für beide Seiten zu hoch, daß sich beide nicht mit Aufgebot
aller Kräfte zum geistlichen Ringen um die Wahrheit herausgerufen
fühlen müssen[56].

In *Thüringen* kann der Landesbischof schon gegen einen innerhalb
der Synode gestellten Antrag Bedenken erheben und dadurch bewirken,
daß die Synode nicht mehr an demselben Tage darüber Beschluß fassen
kann. Bestätigt ein in der Zwischenzeit einberufener Superintendenten-
konvent[57] die bischöflichen Bedenken, so ist der Synode jede Entschei-
dungsmöglichkeit genommen. Bedeutsam ist bei dieser starken Einschränkung der synodalen Bewegungsfreiheit allerdings, daß der Bischof
seine Bedenken vom lutherischen *Bekenntnis* her geltend machen muß,
also selbst durch dieses gebunden ist (§ 81). Eine Möglichkeit, von sich
aus | die Synode aufzulösen, besitzt er nicht; die Verfassung kennt nur
die Selbstauflösung.

Ein Konflikt zwischen Bischof und Synode kann nicht nur als Folge
synodaler Entscheidungen entstehen; es kann auch ein Versagen des Bischofs die Ursache sein. An der Art, wie die neuen Verfassungen diese
Möglichkeit regeln, läßt sich die Struktur des synodalen Bischofsamtes
besonders klar erkennen.

Thüringen sieht eine Abberufung des Landesbischofs vor, „wenn seine
Amtsführung dem Bekenntnis oder der Verfassung der Evangelisch-Lutherischen Kirche in Thüringen widerspricht oder sein Wandel die Würde des Amtes verletzt hat" (§ 94, Abs. 1). Mit dieser Festlegung ist zunächst einmal der spezifisch geistliche Charakter des evangelischen Bischofsamtes und seine daraus resultierende „Würde" verfassungsgemäß
anerkannt. Sie bedingt ein besonders sorgfältiges Prüfungsverfahren, für
das die Synode einen besonderen Ausschuß unter Leitung ihres Präsidenten einsetzt. Die gesamtkirchliche Stellung des bischöflichen Leitungs-
amtes tritt daran hervor, daß der Ausschuß erst nach Fühlungnahme
mit dem Leitenden Bischof der VELKD seine Arbeit aufnehmen kann.

---

[56] Auf der Ebene des Rates der Landeskirche ist eine entsprechende Regelung in
§ 17, 6 vorgesehen.

[57] Über ihn §§ 62 und 63; das thüringische Superintendentenamt ist selbst ein wir-
kungskräftiges Organ geistlicher Leitung, vgl. § 55 ff. Über die Beteiligung des Super-
intendentenkonventes an der Vorbereitung der Bischofswahl (§ 91, Abs. 1) und an
der Abberufung eines Bischofs (§ 94, Abs. 5) vgl. oben.

Die Abberufung schließlich muß in der Synode mit Zweidrittelmehrheit erfolgen (§ 94, Abs. 3, 4 u. 5).

Diese letztere Bestimmung findet sich auch in dem Wahlverfahren; es liegt in der Natur der Sache, daß man in Berufung und Abberufung entsprechend verfährt. So geschieht es auch nach dem Ämtergesetz der Evangelischen Kirche der *Kirchenprovinz Sachsen*. Hier hat das Wahlkollegium die vorgebrachten Bedenken zu prüfen. Falls sie sich als stichhaltig erweisen, vollzieht die Synode die Abberufung in einem zweimaligen, in Abständen von mindestens vier Wochen durchzuführenden Abstimmungsverfahren mit einfacher Stimmenmehrheit (§ 12, Abs. 3). Bedeutsam ist auch hier, daß der gesamtkirchliche Charakter des Bischofsamtes dadurch anerkannt wird, daß im Wahlkollegium drei von der Kirchenleitung der Evangelischen Kirche der altpreußischen Union (EKU) ernannte Mitglieder mitwirken (§ 12, Abs. 1). In *Lübeck* wird der besondere Amtscharakter des Bischofs dadurch gewahrt, daß das Geistliche Ministerium in einem Konfliktsfalle als retardierendes Moment eingeschaltet wird. Widerspricht das Ministerium, so können Synode und Kirchenleitung den Bischof nicht abberufen[58]. *Oldenburg* gewinnt aus dem gesamtkirchlichen Zusammenhang | des Bischofsamtes einen besonderen Schutz. Es bildet für den Fall eines Konfliktes einen Bischofsrat, dessen Vorsitz ein leitender Amtsträger einer Lutherischen Kirche in Deutschland innehat; er wird auf Antrag des Oldenburger Oberkirchenrates vom Vorsitzenden des Rates der EKD berufen. Außerdem gehören diesem Bischofsrat Vertreter der Synode, der Pfarrerschaft und der kirchlichen Verwaltungsbehörde an[59]. Grundsätzlich unabsetzbar ist im Falle eines *sachlichen* Konfliktes der Landesbischof in *Bayern*. Er braucht nach einer durch ihn herbeigeführten Auflösung der Landessynode auch dann nicht zurückzutreten, wenn die neugebildete in der gleichen Frage nicht mit ihm übereinstimmt. Etwaige Mängel der Amts- und Lebensführung, die mit dem Bekenntnis oder der Verfassung der Landeskirche unvereinbar sind bzw. die Würde seines Amtes wesentlich verletzen, untersucht ein Ausschuß, in dem der Präsident der Landessynode den Vorsitz führt und dem neben weiteren Synodalen auch Mitglieder des Landeskirchenrates angehören[60].

---

[58] Kirchenordnung für die Evangelisch-Lutherische Kirche in Lübeck vom 22. April 1948, Art. 64, Abs. 2.

[59] § 21 des Gesetzes zur Regelung der Dienstverhältnisse des Bischofs vom 28. März 1950; AB der EKD 1950, S. 328.

[60] *Vischer*, Neuere Rechtsquellen, S. 132 f.; Pfarrergesetz vom 27. 4. 1939 (30. 9. 1948). §§ 80 u. 84.

Wie bei der Absetzung, so sind auch bei der *Wahl* des Bischofs die Rechte der Synoden mannigfach beschränkt. Am meisten wohl in *Lübeck,* wo an dem Wahlverfahren die Pfarrerschaft den stärksten Anteil nimmt. Synode und Kirchenleitung sind bei der Bischofswahl an den Vorschlag des Geistlichen Ministeriums gebunden; ausdrücklich „dürfen Vorschläge, denen das Geistliche Ministerium mit der Mehrheit widerspricht, nicht zur Abstimmung gestellt werden" (Art. 62). In *Oldenburg* darf neben dem Oberkirchenrat auch der Pfarrkonvent der Synode Vorschläge unterbreiten[61]. In *Thüringen* hat dem Vollzug der Wahl durch die Synode eine Befragung des Superintendentenkonventes voranzugehen, die in einer gemeinsamen Aussprache zwischen Synode und Konvent stattfindet (§ 91). In der Evangelisch-Lutherischen Landeskirche *Sachsens* schlägt die Kirchenleitung der Synode den künftigen Landesbischof vor, nachdem sie zuvor den Ältestenrat der Synode, die Superintendenten und die Kirchenamtsräte befragt hat. Jedoch wird auch ein Wahlvorschlag angenommen, der von mindestens zehn Mitgliedern des Wahlkörpers eingebracht ist. In ihm treten Landessynode und Landeskirchenamt in einer beson|deren Sitzung unter dem Vorsitz des Präsidenten der Landessynode zusammen, nachdem die Kirchenleitung zuvor mit der VELKD und dem Rat der EKD in bezug auf die Wahlvorschläge Fühlung aufgenommen hat[62]. Wo wie in der *Kirchenprovinz Sachsen* ein besonderes Wahlkollegium gebildet wird[63] und die Synode an dessen Vorschlag gebunden ist, besitzt sie wenigstens ein Einspruchsrecht gegen Lehre, Gaben und Wandel des Bischofs, das eine Woche vor der Wahlsitzung schriftlich geltend gemacht werden muß[64].

In allen diesen Fällen können wir das Bemühen feststellen, neben der Synode die Träger des geistlichen Amtes bei der Wahl des Landesbischofs zu beteiligen. Es entspricht dessen besonderer Stellung im Gegenüber zu der Synode. Diese Stellung wird auch dadurch verstärkt, daß Organe übergreifender kirchlicher Instanzen – der EKD, der VELKD, der Altpreußischen Union (EKU) – an Wahl und Abberufung mitbeteiligt sind.

Aber alle diese Versuche, mit *rechtlichen* Mitteln ein gewisses Gleichgewicht zwischen Bischof und Synode herzustellen, reichen nicht aus. Das Entscheidende wird erst gewonnen, wenn für jede der beiden In-

---

[61] Gesetz zur Regelung der Dienstverhältnisse des Bischofs §§ 2 u. 3.

[62] § 4, 1–4 des Kirchengesetzes über die Wahl des Landesbischofs und des Präsidenten des Landeskirchenamtes vom 28. März 1953; AB der EKD 1953, S. 114.

[63] Vgl. oben S. 439.

[64] § 12 Abs. 1 des Ämtergesetzes von 1947.

stanzen die Funktionen der geistlichen Leitung so deutlich festgelegt sind, daß sowohl Gemeinsamkeiten wie Verschiedenheiten klar erkennbar werden. Wie wenig bisher dem geistlichen Charakter der Synode – trotz einzelner Ansätze dazu – in unseren Verfassungen Rechnung getragen wurde, haben wir gesehen. Und solange hier keine Besserung eintritt, kann sich das synodale Bischofsamt nicht seinem Wesen entsprechend entfalten. Glücklicherweise ist die Lage im Blick auf das Bischofsamt günstiger. Hier sind die neueren Verfassungen dem Wesen geistlicher Leitung besser gerecht geworden.

4. Geistliche Leitung durch den evangelischen Bischof

Die neuere kirchliche Gesetzgebung ist über die bloße Aufzählung einzelner Aufgabengebiete hinaus zu Versuchen fortgeschritten, Wesen und Aufgabe geistlicher Leitung grundsätzlicher und genauer zu umschreiben. Bahnbrechend wurde dafür die Evangelisch-|Lutherische Kirche *Bayerns* mit ihrer „Ordnung des geistlichen Amtes", die sie am 27. April 1939, noch mitten im Kirchenkampfe, herausbrachte[65].

Hier ist mit besonderer Klarheit ausgesprochen, daß das leitende Amt der Kirche mit dem Pfarramt wesensmäßig identisch ist. „Nach dem evangelisch-lutherischen Bekenntnis gibt es kein vom geistlichen Amt zu lösendes Amt des Kirchenregiments (CA 28). Wenn das Kirchenregiment als oberhirtliches Amt vom Hirtenamt der Gemeinde unterschieden wird, so bedeutet das nicht den wesensmäßigen Unterschied zweier Ämter, sondern die Unterscheidung verschiedener Funktionen des einen geistlichen Amtes." An diesem Grundsatz hängt der evangelische Charakter des Bischofsamtes! Dementsprechend wird dann die Aufgabe des Kirchenregiments beschrieben und der engen Verbindung zwischen geistlicher Leitung und rechtlicher Ordnung Rechnung getragen. „Dem Kirchenregiment obliegt die Sorge dafür, daß im Kirchengebiet wie in der Einzelgemeinde die Lebensgrundlage der Kirche unversehrt bleibt... Wie in der Gemeinde, so dienen auch im Gesamtgebiet einer Kirche Aufsicht und Verwaltung, Ordnung und Recht ausschließlich dem geistlichen Aufbau der Gemeinde durch Wort und Sakrament."[66]

---

[65] *Vischer*, Neuere Rechtsquellen, Nr. 22, S. 108 [in der 2. Auflage unter B 1a]; zum folgenden besonders Abschnitt III: Das Amt als Kirchenregiment.

[66] Aus diesen Erkenntnissen heraus hat das Pfarrergesetz vom 30. 9. 1948 die rechtliche Folgerung gezogen; vgl. oben S. 439, Anm. 60.

Entsprechung von Gemeindepfarramt und Bischofsamt, Unterordnung des Rechtes unter den geistlichen Auftrag der Kirche – in diesen
beiden Grundsätzen stimmt das *badische* Leitungsgesetz vom 29. April
1953 mit jenen bayerischen Aussagen überein. In § 1 dieses Gesetzes
sind wichtige Ergebnisse, zu denen unsere bisherige Darstellung geführt
hat, schon vorweggenommen. „Die Leitung der Landeskirche ist Dienst
an der Kirche, ihren Gemeinden und Gliedern. Wie aller Dienst in der
Kirche gründet sich die Leitung der Landeskirche auf den Auftrag Jesu
Christi und geschieht in dem Glauben, der sich gehorsam unter Jesus
Christus stellt, den alleinigen Herrn der Kirche. Die Leitung der Landeskirche geschieht geistlich und rechtlich in unaufgebbarer Einheit, wobei alles Recht allein dem Auftrage der Kirche zu dienen hat." Dementsprechend heißt es (§ 11, Abs. 1) vom Landesbischof: Er „ist der zum
Dienst an der Kirchenleitung berufene Inhaber des geistlichen Amtes, der
die Gemeinden und die Amtsträger der Landeskirche unter Gottes
Wort | ruft. Wie der Pfarrer die Ortsgemeinde, so hat der Landesbischof
die Landeskirche durch Gottes Wort zu leiten. Er kann in allen Gemeinden der Landeskirche Gottesdienst und geistliche Versammlungen abhal-
ten". In dieser Beschreibung sind die beiden Grundbegriffe der ‚geistlichen Leitung' und der ‚oberhirtlichen Tätigkeit' zu innerer Einheit verschmolzen.

Der Bischof hat als pastor pastorum die ganze Landeskirche einschließlich ihrer synodalen Instanzen zum Kirchspiel. „Der Bischof leitet in der Vollmacht des Wortes Gottes die Pröpste, die Superintendenten und die Pfarrer sowie die kirchlichen Amtsträger und Gemeinden",
so stellt die Ämterordnung der *Kirchenprovinz Sachsen* schon 1947 fest
(§ 6 Abs. 1). Sie will damit keine neue Hierarchie aufrichten, die im Bischof gipfelt; denn sie fährt fort: „Die Leitung ist brüderlicher Dienst
in Gestalt von geistlicher Betreuung und Beratung, theologischer Förderung, seelsorgerlicher Belehrung, Weisung, Mahnung, Warnung und
Trost." Das brüderliche Verhältnis, ein köstliches, wenn auch viel miß-
brauchtes Erbe aus der Zeit des Kirchenkampfes – im Dienst des evangelischen Bischofsamtes an Pfarrern und Gemeinden kann und soll es
verwirklicht werden.

„Alle Leitung in der Kirche ist demütiger, brüderlicher Dienst im Gehorsam gegen den guten Hirten" – mit diesen der sächsischen Formulierung fast gleichlautenden Worten wird jenes Erbe des Kirchenkampfes in den Grundsätzen über Amt und Gemeinde wieder aufgenommen,
die die ‚Grundordnung der Evangelischen Kirche in *Berlin* und *Bran-*

denburg' vom 15. Dezember 1948 einleiten[67]. Entsprechend heißt es dann – wiederum in Abhängigkeit von den Formulierungen der Provinzialsächsischen Ämterordnung – von Bischof und Generalsuperintendenten: Sie „üben ihr Amt an den Pfarrern und Gemeinden mit dem Worte Gottes aus. | Ihr Wirken ist ein persönlicher brüderlicher Dienst, den sie in geistlicher Betreuung und Beratung, in seelsorgerlicher Belehrung, Mahnung und Warnung, Weisung und Tröstung wahrnehmen". Sie „sollen unermüdlich darüber wachen, daß das *Amt* der Verkündigung den Auftrag erfüllt, der ihm vom Herrn der Kirche gegeben ist, und daß die *Gemeinden* ihrer Berufung eingedenk bleiben, Salz der Erde und Licht der Welt zu sein. Ihr Amt weist sie auf eine ständige Fühlung mit den Gemeinden" (Art. 105).

Fast in klassischer Kürze gibt die *Lübecker* Kirchenverfassung vom 22. April 1948 alle diese Forderungen wieder: „Der Bischof ist der Hirte der Gemeinden und aller kirchlichen Amtsträger. Er wacht über Leben und Lehre der Kirche. Er ruft und mahnt die Gemeinden zu kirchlichem Handeln und dient mit Wort und Besuch" (Art. 60, Abs. 2).

Alle diese Umschreibungen zeigen, daß sich in den Erfahrungen des letzten Menschenalters der Begriff der ‚geistlichen Leitung' mit neuem, reichem Inhalt zu füllen begonnen hat. Eine Entwicklung hat eingesetzt, deren Ende noch nicht abzusehen ist. Eine Frage freilich ist noch völlig ungeklärt, wird in den Verfassungsurkunden kaum berührt. Wie verhalten sich geistliche Leitung und lehrmäßige Entscheidung zueinander, inwiefern und wieweit ist also die Lehrzucht in die geistliche Leitung mit eingeschlossen?

Es liegt auf der Hand und ist bei den Gegensätzen, die die kirchenpolitischen Parteien der zwanziger Jahre voneinander trennten, nicht zu verwundern, daß die damals entstandenen Kirchenverfassungen diesen Punkt nicht berühren, den ganzen Fragenkomplex gleichsam aussparen. Aber auch nach 1949 geht man nur zögernd an die Probleme heran.

---

[67] AB der EKD 1949, S. 60 ff., hier S. 60 f. – Die Grundsätze gehen aus von dem geistlichen Zusammenhang, der besteht zwischen der Gemeinde und ‚dem einen der Kirche eingestifteten Amt, das die Versöhnung predigt'. Sie bemühen sich um eine Entfaltung des Predigtamtes ‚in einer Mannigfaltigkeit von Ämtern der Verkündigung und Lehre' und rechnen dazu auch Leitung und Verwaltung der Kirche. Sie heben den geistlichen Charakter der Ämterordnung hervor: „Wiewohl auch kirchliche Ämter rechtlich geordnet sind, sind sie dennoch keine weltlichen Einrichtungen. Ihr geistlicher Charakter wird vor allem für die Bestellung der Ämter bedeutsam." Gedacht ist wohl an Ordination und Visitation, also an die spezifisch bischöflichen Funktionen des Amtes in der Evangelischen Kirche. Man kann allen diesen Grundsätzen nur freudig zustimmen.

Einige allgemeine Formulierungen finden sich gelegentlich. Die Kirchenleitung der Evangelischen Kirche im *Rheinland* hat „über der rechten Verkündigung des Evangeliums und der rechten Verwaltung der Sakramente zu wachen" (Art. 102, Abs. 3a). Schon voller klingt es in Anlehnung an CA 7 in *Kurhessen-Waldeck*: „Der Bischof wacht darüber, daß das Evangelium in der Kirche dem Bekenntnis der Reformation gemäß lauter und rein verkündet und die Sakramente recht verwaltet werden" (§ 2, Abs. 2). Besonders nachdrücklich in bezug auf die Aktualisierung der Predigt äußert sich die Ämterordnung der *Kirchenprovinz Sachsen* (§ 7, Abs. 1): „Es ist die besondere Aufgabe des Bischofs, über Reinheit, Echtheit und Lebendigkeit von Lehre und Verkündigung zu wachen." |

Es ist wahrscheinlich kein Zufall, daß es gerade bekenntnismäßig nicht besonders klar bestimmte Kirchen sind, in denen der Kirchenleitung und speziell dem Bischof solche Aufgaben ausdrücklich aufgetragen werden. Schwierige und im Grunde unlösbare Probleme führen zu dieser Beauftragung. Schwierig sind diese Probleme; denn in einer Kirche mit unklarem Bekenntnisstand besteht keine klare Norm für die Beurteilung lehrmäßiger Fragen. Auf den ‚Geist der Bekenntnisse' kann sich schließlich jeder berufen, der Geist in sich spürt. Darum ist in einer bekenntnismäßig nicht klar bestimmten Kirche die Gefahr besonders groß, daß gefährliche Lehrabweichungen ungerügt passieren. Und darum muß den Organen der Kirchenleitung hier besondere Wachsamkeit eingeschärft werden.

Denn es ist doch in unserem Zusammenhang wiederum kein Zufall, daß in den Verfassungen eindeutig lutherischer Landeskirchen ein Hinweis fehlt auf die Verpflichtung des Bischofs, Lehrzucht zu üben. Er ist unnötig, weil er sich in einer Kirche von selbst versteht, die die Gebundenheit an ein bestimmt umrissenes Bekenntnis allen ihren Amtsträgern auferlegt hat. Es soll hier nicht behauptet werden, daß die Bischöfe lutherischer Landeskirchen in den letzten dreißig Jahren alle ihrer Verpflichtung, Lehrzucht zu üben, ausreichend nachgekommen seien. Wohl aber muß gesagt werden, daß es ihnen relativ leicht gemacht war, wo immer sie sich dieser Pflicht unterzogen.

Ein bestimmtes Bekenntnis kann ich immer verhältnismäßig einfach an der Schrift messen und mit einem Schwankenden oder Zweifelnden mit Hilfe der Schrift über den Sinn des Bekenntnisses und an der Hand des Bekenntnisses über den Sinn der Schrift einswerden. Wo aber verschiedene Bekenntnisse sich an wichtigen Punkten in der Auslegung der

Schrift widersprechen, da muß ich jedem Zweifler zugeben, daß er seine
widersprechende Meinung den schon vorhandenen und sogar bekenntnismäßig sanktionierten Meinungen hinzufügen darf. Alle Versuche, den
‚Geist der Bekenntnisse' in irgendwelchen zentralen Aussagen, die man
nachträglich theologisch fixiert hat, festlegen zu wollen, schlagen im
praktisch durchgeführten Lehrgespräch nicht an. Denn man kann keinen Menschen auf die eigenen theologischen Meinungen festlegen, mit
denen man einander widersprechende Bekenntnisse hinterher ausgegli-
chen hat. Eine solche Lehrzucht wäre eine subjektivistische Willkür.

Darum sind die Fragen, ob und wieweit in einer bekenntnismäßig
nicht klar bestimmten Kirche zur geistlichen Leitung auch die Lehrauto-
rität gehöre, nicht nur schwierig zu lösen, sondern tatsächlich | unlösbar.
Hier muß jede geistliche Leitung, die mehr sein will als unverbindlicher
persönlicher Zuspruch, zur Willkür werden. Denn der sie übt, ist ja in
seiner bekenntnismäßigen Haltung nicht wirklich gebunden; und die
Kirche, in der er sein Amt versieht, ist es ebensowenig. Indem sie die
Quintessenz einander widersprechender Bekenntnisse als verpflichtend
erklärt, ohne diese Quintessenz verbindlich formulieren zu können, überläßt sie die Auslegung der Schrift der subjektiven Willkür. Und diese
wird nur noch dadurch vergrößert, wenn sie eine bestimmte Auslegung
in einzelnen Fällen brandmarkt und verwirft. Aus dieser unlösbaren
Problematik kommt eine Kirche nur so heraus, daß sie ihre Amtsträger
klar bekenntnismäßig bindet.

Die Evangelische Kirche der *Kirchenprovinz Sachsen* hat diese Notwendigkeit erkannt. Deshalb stellt ihre Ämterordnung (§ 1) von ihren
leitenden Geistlichen – Landesbischof und Pröpsten – fest: „Sie sind
lutherischen Bekenntnisses." Deshalb unterstellt sie die reformierten Gemeinden des Kirchengebietes einem reformierten Superintendenten (Senior).

Und die Grundordnung von *Berlin-Brandenburg* weiß im Grunde
auch von diesen Notwendigkeiten. Darum faßt sie die reformierten Kir-
chengemeinden ihres Kirchengebietes zu zwei reformierten Kirchenkrei-
sen zusammen und bindet den französischen an die Discipline des églises
réformées de France (Art. 101). Darum überträgt sie in diesen Kirchen-
kreisen die Kirchenleitung einschließlich der Wachsamkeit über Lehre
und Zucht an ein ausdrücklich an die reformierten Bekenntnisse gebundenes Moderamen (Art. 106). Man kann daher annehmen, daß sie für
die übrigen Träger der geistlichen Leitung via subtractionis das lutheri-

sche Bekenntnis als verbindlich erachtet und es für die Prüfung der Lehre in Visitation und Ordination zugrunde legt.

Wo man geistliche Leitung sagt, redet man vom Bekenntnis und zwar von einem eindeutig verbindlichen Bekenntnis; oder man versteht nicht, was man sagt. Und wo man von geistlicher Leitung durch Träger des geistlichen Amtes redet, spricht man, man mag es erkennen und zugeben oder nicht, vom lutherischen Bekenntnis. Nur hier gibt es Träger des geistlichen Amtes, die über andere Träger desselben Amtes Aufsicht auszuüben imstande sind. Denn nur hier bedeutet Aufsicht nicht Herrschaft, sondern Dienst unter derselben Fahne, auf Grund eines in gleicher Weise bindenden, inhaltlich klar bestimmten Diensteides, des Ordinationsgelübdes. | Damit ist die Lehrvollmacht des Pfarrers sowohl wie die des Bischofs eindeutig und zwar für beide in gleicher Weise bindend festgelegt. Und dieser gemeinsamen Bindung entspricht der Inhalt des verpflichtenden Bekenntnisses, das nur das *eine* Amt der Darreichung der Gnadenmittel kennt und das damit Pfarrer und Bischof als Träger dieses geistlichen Amtes grundsätzlich auf die gleiche Stufe stellt. Der Unterschied im Verständnis des geistlichen Amtes, das ja im lutherischen und reformierten Bekenntnis verschieden bestimmt wird, wird sich im staatsfreien Protestantismus in Zukunft zweifellos stärker geltend machen, als es früher im Staatskirchentum der Fall war. Ein deutliches Zeichen dafür besteht darin, daß sich im letzten Menschenalter in zunehmendem Maße der Aufbau der kirchlichen Ordnungen vom Amte her vollzogen hat; die Entfaltung des synodalen evangelischen Bischofamtes in diesem Zeitabschnitt ist nur ein Teil einer umfassenderen Bewegung. Im Rahmen des lutherischen Amtsverständnisses besteht zwischen dem in gleicher Weise gebundenen Pfarrer und seinem Bischof ein Verhältnis gegenseitiger Freiheit und Abhängigkeit, wie es außerhalb dieser bekenntnismäßigen Bindung undenkbar ist[68].

Das werden deshalb solche, die außerhalb dieser Bindung stehen, nie begreifen. Die reformierte Kirche kann das Gnadenmittelamt gemäß CA 5 und darum auch das Bischofsamt gemäß CA 28 nie anerkennen, wenn

---

[68] *Theodor Heckel* hat in spezieller Hinwendung auf das evangelische Bischofsamt die Frage nach der evangelischen Autorität gestellt (Evangelische Autorität, S. 81 ff.). Man wird seinem Bemühen nicht die Zustimmung versagen, evangelische Autorität abzugrenzen sowohl gegenüber der obrigkeitlichen und der daraus abgeleiteten staatskirchlichen als auch gegenüber der kirchenstaatlichen Autorität, die die römische Kirche für sich beansprucht. Auf die Frage, was die gemeinsame Bindung an das Bekenntnis für Begründung und Begrenzung evangelischer Autorität ausmacht, geht er nur beiläufig ein.

sie sich selbst treu bleiben will. Sie weiß zwar auch sehr viel von der Autorität geistlichen Amtes, mehr als sie heute davon laut und in der Praxis wirksam werden läßt. Aber sie wacht eifersüchtig darüber, daß keiner der mit solcher Autorität ausgestatteten Amtsträger sich über den anderen erhebe und daß auch nur der Schein einer Herrschaft entstehen könnte. Darum kann sie ein evangelisches Bischofsamt nicht anerkennen, auch wenn es ein synodales ist. Darum kann sie auch ein so extrem synodales Amt, wie es unter ihrem Einfluß im Rheinland und Westfalen zustande gekommen ist, auf die Dauer nicht als vollgültig bestehen | lassen, will sie sich nicht selbst verlieren. Darum gibt es geistliche Leitung durch ein synodales Bischofsamt nur im Einflußbereich lutherischen Kirchentums. Und darum kann sich dieses Amt nur da entfalten, wo das lutherische Bekenntnis geehrt und angewandt wird.

Wir stehen am Ende unseres Überblickes, der einen wichtigen Ausschnitt aus der jüngsten Entwicklung des evangelischen Kirchenrechtes umfaßt. Wir haben das Vorhandene feststellen wollen. Wir sind dabei mehr offenen Fragen begegnet, als wir lösen konnten. Immerhin steht einiges fest:

1. Wir haben uns klargemacht, wie in der Entwicklung des evangelischen Bischofsamtes seit 1918 zunächst Elemente wirksam waren, die mit dem landesherrlichen Kirchenregiment zusammenhingen und an sich einen unevangelischen Rechtszwang enthalten konnten. Aber hier bedeutete der Kirchenkampf den großen Wendepunkt. Damals wurden jene Rechtselemente eingeschmolzen in das geistliche Recht, das mit der geistlichen Leitung gegeben ist. Recht und Geist – zwischen diesen beiden Größen das richtige Verhältnis zu gewinnen, ist die große Frage, die der Wissenschaft vom evangelischen Kirchenrecht heute aufgegeben ist und die sie ohne Mithilfe der Theologie nicht lösen kann.

2. Wir haben schließlich den Typus des evangelischen Bischofsamtes, der sich seit 1918 durchgesetzt hat und der heute noch besteht, als *synodales* Bischofsamt bezeichnet. Wir haben den Grenzfall charakterisiert, wo dieses Bischofsamt mit dem des Synodalpräses identifiziert wird, ausschließlich also als Funktion der Synode und ihrer geistlichen Leitung erscheint. Das rechte Gegenüber zwischen Bischofsamt und Synode erschien uns als ein unerläßliches Erfordernis; es kann nicht nur mit rechtlichen Mitteln, es muß geistlich begründet werden.

3. Darum kann der evangelische Bischof das ihm eigentümliche Amt geistlicher Leitung nur dann entfalten, wenn die Synode sich selbst als

eine geistliche Größe versteht und auf ihre Weise geistliche Leitung wahrnimmt. Nur so kommt es zu rechter geistlicher Einheit und zu rechter Distanz zwischen Bischof und Synode.

4. Was kann geschehen, daß dieses rechte Verhältnis gewonnen wird? Wir müssen von allen Seiten aus anfangen, über Kirchenvorstände und Synoden völlig umzudenken. Kirchenvorsteher und | Synodale müssen lernen, daß sie nicht Interessenvertreter sind, sondern Träger bestimmter geistlicher Dienste und Ämter. Von da aus muß der geistliche Charakter der synodalen Körperschaften neu begründet und praktiziert werden.

Vor allem aber müssen die ordinierten Pfarrer bei sich selbst anfangen. Ihr geistliches Amt findet im evangelischen Bischofsamt seine Vollendung. Das Bischofsamt ist ihnen in dem Maße fremd, wie sie sich dem Wesen ihres geistlichen Amtes entfremdet haben. Das Bischofsamt ist in Kirche und Welt in dem Maße ohne Vollmacht, in dem sich die Pfarrer in ihrem Bereiche der Vollmachten ihres geistlichen Amtes begeben haben. Das Bischofsamt ist so stark und so wirksam, wie die Träger des geistlichen Amtes es sind in der Erfüllung des Auftrages, der ihnen gegeben ist.

ENDE DES LANDESKIRCHENTUMS?*

Den folgenden Ausführungen liegt ein zu Anfang und am Ende etwas erweiterter Vortrag zugrunde, den ich im August d[ieses] J[ahres] auf einer Konferenz der Pröpste und Dekane der Evangelischen Landeskirche von Kurhessen-Waldeck gehalten habe.

Er war durch die Spannungen innerhalb der Evangelischen Kirche in Deutschland hervorgerufen, die sich inzwischen noch nicht gelöst haben, die vielmehr gegenwärtig den deutschen Protestantismus schlimmer als je zu zerreißen drohen. Seine Veröffentlichung soll die Grundsätze, die bisher den Neubau unserer Landeskirche bestimmt haben, allgemeiner bekanntmachen und dazu helfen, daß man jener Spannungen auch außerhalb Kurhessens Herr werden möchte. Vielleicht ist es dem Brückenland aus der Zeit der Reformationsgeschichte auch heute beschieden, das, was den deutschen Protestantismus eint, aufs neue hervorzuheben.

Marburg-Caldern, im Advent 1946   W. Maurer |

Im Ringen um die Neugestaltung der Evangelischen Kirche in Deutschland geht es zunächst und vor allem um ihre *einheitliche* Gestalt. Wir wissen, daß diese Einheit nur in der Mannigfaltigkeit bestehen kann, daß diese aber nicht der Willkür – auch nicht der geschichtlichen! – ausgeliefert werden darf, sondern daß sie sich ausgestalten muß nach dem Gesetz alles leibhaften Lebens, wonach nämlich alle Mannigfaltigkeit nur in der Verbundenheit verschiedener Glieder zum Dienst an der Einheit des Ganzen ihr Recht hat. Diese Einheit in der Mannigfaltigkeit suchen wir. Sie ist das Gesetz des Leibes Christi. Und sie kann nur erreicht werden durch ein geistliches Wachstum, zu dem die Kräfte von oben kommen und uns nicht verfügbar sind. Darum hat alles Ringen um die Neugestaltung der Kirche das Beten um und die

---

* Kassel 1947, S. 1–24.

Aufgeschlossenheit für die Kräfte des Geistes Gottes zur Voraussetzung. Und wir dürfen uns nicht bestimmen lassen von der menschlichen Ungeduld, die Früchte des Geistes da hervorzaubern möchte, wo sie noch nicht gewachsen sind. Wir müssen uns tragen lassen von der Beharrlichkeit, die auch für die Gestaltung der Kirche den entscheidenden Impuls von dem Walten des Geistes Gottes erwartet und von der Weisheit, die auf Gottes Stunde schaut, die sich nicht verleiten läßt, den Mangel an Gottesgeist durch menschliche Konstruktionen zu ersetzen, die aber auch Neues zu gestalten weiß, wenn Gott es zu seiner Zeit uns in die Hände gelegt hat.

In der Mannigfaltigkeit unseres evangelischen Kirchentums zeigt sich der Reichtum, aber auch die Last des geschichtlichen Erbes, das wir empfangen haben. Und unsere Aufgabe ist es, dieses Erbe so zu verwalten, daß beides, Reichtum und Last, uns zum Segen werden können. Das kann nicht geschehen, wenn wir unser Erbe verleugnen oder verschmähen, aber auch nicht, wenn wir es im Schweißtuch vergraben, ohne damit zu arbeiten, ohne es auf die Wechslerbank zu geben und zum Alten Neues hinzuzugewinnen. Die Mannigfaltigkeit des geschichtlich geprägten Lebens unserer Landeskirchen darf nicht als Restbestand eines hassenswerten Partikularismus verachtet, sie darf auch nicht eifersüchtig und um jeden Preis festgehalten werden. Wir müssen sie so fortentwikkeln, daß sie in der Einheit mit dem Ganzen der Evangelischen Kirche in Deutschland deren Reichtum ausmacht.

Wie ist solche Mannigfaltigkeit geschichtlich entstanden? Als im Reformationsjahrhundert die evangelische Botschaft erscholl, ist sie eingegangen in die damalige geistige und politische Welt. Die geistige Lage war bestimmt durch den christlichen Humanismus, der, mit den Reformtendenzen des aus|gehenden Mittelalters gesättigt, selber sich als reformatorische Bewegung verstand und sich in seinen Wirkungen mit den von Wittenberg ausgehenden Kräften in einem Strombett vereinigte. Der Protestantismus ist das Ergebnis einer Synthese zwischen lutherischer Reformation und christlichem Humanismus; und seine verschiedenen Typen unterscheiden sich je nach dem verschiedenen Mischungsverhältnis, das besteht zwischen den religiösen Grundmotiven Luthers und den formenden und verändernden Elementen, die aus dem Humanismus stammen. Keine der evangelischen Konfessionskirchen, auch nicht die, die sich nach Luthers Namen nennt, kann in Anspruch nehmen, die Grundprinzipien seiner reformatorischen Theologie rein und ausschließlich übernommen zu haben; jede muß anerkennen, daß sie sie mit der sie umgebenden Bildungswelt, mit dem christlichen Humanismus, verbunden hat, um sie geschichtlich wirksam werden zu lassen. Jeder der Lutherschüler aus der zweiten Generation von Melanchthon bis Calvin hat diese Synthese in verschiedener Form zum Ausdruck gebracht.

Damit ist jeder protestantische Konfessionalismus von vornherein in seine geschichtlichen Schranken verwiesen. Sein Recht ist daran zu messen, wieweit er der reformatorischen Theologie Luthers Raum gewährt hat; und dabei ist diese unmittelbar am biblischen Evangelium zu prüfen. Und wo eine Konfession das reformatorisch verstandene Evangelium in den Denkformen und mit den pädagogischen und wissenschaftlichen Abzweckungen des christlichen Humanismus ausprägt, ist sie als eine zeitgeschichtlich beschränkte Form des Christentums von dem Augenblick an anzusehen, da der christliche Humanismus des 16. Jahrhunderts durch Aufklärung und Idealismus überhöht, zu seiner letzten Konsequenz gebracht und durch Positivismus, Pessimismus und Materialismus des 19. Jahrhunderts endgültig überwunden worden ist. Ein neuer christlicher Humanismus, nach dem die Welt wie ein Verhungernder verlangt, kann nicht aus dem konfessionellen Kirchentum des 16. Jahrhunderts, sondern nur aus einer Neugeburt des reformatorischen Christentums im 20. Jahrhundert entstehen.

Aber die Mannigfaltigkeit konfessionell geprägten Christentums im 16. Jahrhundert ist nicht nur durch die Synthese der lutherischen Bewegung mit dem christlichen Humanismus bestimmt, sondern auch durch den sehr realen Zusammenprall mit den politischen Mächten der Zeit, vor allem mit dem deutschen Territorialstaat. Durch ihn ist das heutige Landeskirchentum gebildet worden. Und zwar hat es seine entscheidende Prägung erst erhalten in den Jahrzehnten nach Luthers Tode, da in gegenseitiger Anziehung und Abstoßung die biblisch-reformatorischen und die biblisch-humanistischen Elemente miteinander rangen und die mannigfaltigsten, oft sehr schnell wechselnden Synthesen eingingen. In diesen Auseinandersetzungen haben die politischen Gewalten, oft von sehr äußerlichen Gesichtspunkten ausgehend, ihre Stellungen bezogen und dabei manchmal Bekenntnisformen festgehalten, die von der allgemeinen kirchlichen Entwicklung sehr schnell überholt worden | sind, die aber, weil sie territorialrechtlich fixiert waren, auch fortdauernde kirchenrechtliche Gültigkeit behalten haben.

Und noch schlimmer war es, wenn die Landesherrschaften keine feste Stellung bezogen, sondern von einer Konfession zur anderen hinüber und herüber wechselten und ihre armen Landeskirchen an ihren Sprün-

29*

gen teilnehmen ließen. Die Verwirrung, die damit einsetzte, ist heute vielfach noch unbehoben und macht die Frage nach dem Bekenntnisstand der heutigen Landeskirchen so schwer zu beantworten. Dazu kommt, daß mit der Verschiebung der territorialen Grenzen auch die Landeskirchen sich änderten, nicht nur in ihrem Umfang, sondern auch nach ihrer bekenntnismäßigen Zusammensetzung. Kaum eine von ihnen kann ihren heutigen Bestand unmittelbar auf das 16. Jahrhundert zurückführen; die meisten und größten gehen in ihrer heutigen Zusammensetzung auf die Friedensschlüsse vom Anfang des 19. Jahrhunderts zurück auf den Reichsdeputationshauptschluß von 1803 und die Wiener Schlußakte von 1815. Es ist wirklich keine organische Aufgliederung des deutschen Protestantismus, die auf diesem Wege zustande gekommen ist; und so sehr die heutigen Landeskirchen in ihrem Kern auf die Reformation des 16. Jahrhunderts zurückgreifen, so wenig kann und darf ihre gegenwärtige Form – in den äußeren Grenzen sowohl wie in der bekenntnismäßigen Prägung ihrer Lehre – irgendwie sakrosankt erscheinen.

Das alles muß man sich vergegenwärtigen, wenn man heute die Frage nach der Existenzberechtigung des Landeskirchentums stellt. Freilich, diese geschichtlichen Erörterungen stehen dabei nicht im Vordergrunde des Interesses. Es sind vielmehr im Ringen um die Neugestaltung unserer Kirche mit und seit dem Kirchenkampf eine Reihe von Gegensatzpaaren unter uns aufgekommen. Wir verzichten darauf, ihre Entstehung im einzelnen geschichtlich zu belegen, so instruktiv eine solche geschichtliche Beleuchtung auch sein könnte. Wichtiger scheint es, sie auf ihre Stichhaltigkeit hin zu untersuchen und zu fragen, ob es sich um ausschließliche Gegensätze handelt oder um solche, die nach gegenseitiger Ergänzung verlangen wie Mann und Frau, in denen also die polare Spannung alles Lebendigen zum Ausdruck kommt. Mit ihnen allen indessen erscheint irgendwie das Landeskirchentum in Frage gestellt.

Um einen vorläufigen Überblick und einen Ansatzpunkt für die rechte Gliederung der aufgetauchten Probleme zu gewinnen, zählen wir zunächst die Reihe der Gegensatzpaare auf. Es stehen einander gegenüber der Einheitswille des deutschen Gesamtprotestantismus und der Existenzwille der einzelnen Landeskirchen. Der Einheitswille wird repräsentiert von der Bekennenden Kirche; er stößt – so scheint es – zusammen mit dem Selbstbehauptungsdrang der behördlich organisierten Kirchen. Innerhalb der Landeskirchen besteht eine ähnliche Spannung zwischen ihrer behördlich überwachten Ordnung und den geistlichen und rechtlichen Ansprüchen der Einzelgemeinde. Sie setzt sich hier fort in der ähnlichen Spannung zwischen Amt und Gemeinde, die, wenn | sie sich auf die Landeskirche überträgt, sich äußert in dem Gegensatz zwischen synodalem und episkopalem Aufbau der kirchlichen Ordnung.

Hinter allen diesen rechtlichen Unterschieden lauern theologische Gegensätze. Sie beruhen heute nicht wie früher darauf, daß die eine Seite dem Bekenntnis der Kirche zugetan wäre, während die andere seine regulative Bedeutung grundsätzlich oder tatsächlich ablehnte. Daß die Evangelische Kirche in Deutschland nur vom Bekenntnis her neu gestaltet werden kann, ist allgemein selbstverständlich. Aber diese Selbstverständlichkeit schließt in sich eine Fülle theologischer und praktischer Probleme. Sie bestehen zunächst in der Wertung der Bekenntnisse selber. Gelten überhaupt Bekenntnisse, die in ihrer Vielheit die Malzeichen ihrer geschichtlichen Entstehung an sich tragen und in ihrer geschichtlichen Konkretheit für uns heute unaktuell sein könnten, vielfach auch sind? Oder kommt es nicht viel mehr auf das *eine* Bekenntnis an, das im gegenwärtigen Akt des Bekennens laut wird, in dem die Kirche je nach der geschichtlichen Stunde herausgefordert wird, ihren Glauben zu bezeugen und in dem somit der Grad der Geistesfülle, die ihr jeweils geschenkt ist, erkennbar wird? Dieser Gegensatz zwischen dem geschichtlichen Bekenntnis und dem aktuellen Bekennen greift vielleicht am tiefsten in die gegenwärtigen Erörterungen ein. In ihm macht sich u. a. auch der Anspruch der modernen Existenzphilosophie mit ihrem Verständnis der Zeit geltend, wird also die notwendige weltanschauliche Gebundenheit aller Theologie greifbar. Andererseits ist es gerade das Erbe der geschichtlichen Tradition, das die bekenntnisgebundenen Landeskirchen auch im aktuellen Bekennen in aller seiner geschichtlichen Konkretheit festhalten möchten.

Und damit wirkt nun der geschichtliche Unterschied der protestantischen Konfessionen in die gegenwärtige Lage hinein. Der Calvinismus hat allezeit in einer Mannigfaltigkeit geschichtlich und lokal bestimmter Bekenntnisschriften die Aktualität des Bekennens gepflegt. Das Luthertum hat sich mit Vorliebe auf das einmal bezeugte geschichtliche Bekenntnis berufen und sich bestrebt, in der geschichtlichen Kontinuität mit ihm zu verharren, in jeder Situation, die das aktuelle Bekennen erforderte, sich auf das geschichtliche Bekenntnis zurückzuziehen, es in immer neuer Auslegung zu entfalten und zu konkretisieren, ohne diesen Auslegungen immer einen normativ-bekenntnismäßigen Charakter zuzuschreiben.

Es ist kein Zufall, daß auch heute das in geschlossenen Konfessions-
kirchen beheimatete Luthertum seinen Kampf um die Freiheit der Kirche allein im Rückgang auf sein geschichtliches Bekenntnis geführt hat
und auch fortdauernd der festen Zuversicht lebt, daß es von diesem geschichtlichen Boden aus allen drohenden Gefahren gewachsen sei, während andererseits alle vom Calvinismus her bestimmten Kreise das aktuelle Bekennen gegen das geschichtliche Bekenntnis ausspielen.

Das geschichtliche Bekenntnis bietet dann auch keine Möglichkeit,
allgemeine rechtliche Normen daraus abzuleiten. Die Bindung des Rech-
tes an das | Bekenntnis kann dann nur so erfolgen, daß die Bekenntnissi-
tuation der Gemeinde, in der sie unter der Verkündigung des Wortes
versammelt ist, rechtlich gesichert wird. Da man nun aber das nicht vermag, diese Situation vielmehr allein durch den Geist gegeben und nur
im Geist erfüllt wird, kann nur negativ bestehendes kirchliches Recht
von dieser Situation des Bekennens kritisiert, neu zu Schaffendes bestritten werden. Es kann aber bei diesem punktuellen Denken die Verbindung von Bekenntnis und Recht nicht tatsächlich verwirklicht werden. Denn immer trachtet das Recht danach, einen bestehenden Zustand
als einen beständigen beständig festzuhalten; es widerstreitet also einer
Aktualität, die nichts als solche sein will, die nicht ein geschichtlich
Beständiges immer wieder neu aktualisiert.

So greift der Gegensatz zwischen aktuellem Bekennen und geschichtlichem Bekenntnis nicht nur auf die überlieferten konfessionellen Gegensätze zurück, sondern wirkt auch auf die Zukunftsaufgabe ein, die der
Kirche im Augenblick gestellt ist und deren Lösung sie erst die Früchte
des vergangenen Bekenntniskampfes ernten läßt. Es gilt, die Verbindung
von Bekenntnis und Recht in richtiger Weise zu finden. In den vergangenen Kampfjahren sah die Differenz in der Rechtsanschauung meist so
aus, daß die eine Seite der Bekennenden Kirche das positive kirchliche
Recht möglichst zu wahren und zu benutzen suchte, während die andere
auf Grund des Notrechtes neues kirchliches Recht zu schaffen trachtete,
wobei dann das Notrecht als christliches Naturrecht auftrat und damit
der ideengeschichtliche Zusammenhang mit den großen Kampfzeiten der
Reformierten Kirche deutlich wurde. Heute wird der Gegensatz meistens so formuliert, daß die, die das bestehende Recht vom überlieferten
Bekenntnis und vom Amt her weiter auszubauen trachten, autoritär und
reaktionär, die anderen aber, die rechtlich von der Gemeinde unter dem
Wort her denken, wahrhaft demokratisch seien. Man wird es als eine be-
dauerliche Entgleisung ansehen dürfen, solche politischen Etikettierun-

gen einzuführen; die sachlichen theologischen Unterschiede sind schwer genug. Wir fassen die sieben Gegensatzpaare, die wir kennengelernt haben, noch einmal zusammen und führen sie auf drei Grundprinzipien zurück.

(1) Die Spannung zwischen der Bekennenden Kirche als Vertreterin des gesamtevangelischen Einheitswillens und den Landeskirchen wiederholt sich in deren Schoße (2) in dem Gegensatz zwischen der behördlichen Organisation und der Bekennenden Einzelgemeinde unter dem Wort. Damit wird die Landeskirche von oben und von unten her unter Druck gesetzt, ihre Existenz von zwei Seiten aus in Frage gestellt. Hier geht es tatsächlich um das Grundproblem, das wir als Frage über unsere gesamten Ausführungen gesetzt haben: *1. Ende des Landeskirchentums?*

Aber die weiteren Auseinandersetzungen zeugen doch dafür, daß man diese Frage noch keineswegs mit dem endgültigen Todesurteil über die Landeskirchen zu beantworten geneigt ist. Denn wenn man (3) darüber verhandelt, | ob die Kirche synodal von unten nach oben oder episkopal von oben nach unten aufgebaut werden solle, so denkt man doch dabei in jedem Falle an Zwischengliederungen zwischen Gesamtkirche und Einzelgemeinde, die den heutigen Landeskirchen an Umfang und Beschaffenheit zum mindesten sehr nahe kommen. Und wenn man (4) in der Einzelgemeinde eine Spannung erblickt zwischen dem Amt und der Gemeinde, so wird diese Spannung doch gerade dadurch akut, daß das Amt nicht aus der Einzelgemeinde stammt und nicht allein von ihr kontrolliert werden kann, sondern auch einer übergeordneten Aufsichtsinstanz bedarf, für die man wiederum eine ähnliche behördliche Organisation schaffen müßte, wie man sie im gegenwärtigen Landeskirchentum besitzt. Die beiden Probleme sind ähnlich gelagert; wir fassen sie zusammen unter dem *2. Gegensatz zwischen Amts- und Gemeindeprinzip.*

Und daß das Fortbestehen der Landeskirchen auch theologisch seine Berechtigung hat, wird deutlich an dem letzten Fragenkomplex, in dem es sich um *3. das Verhältnis der evangelischen Konfessionen zueinander und die rechtliche Verwertung ihrer Bekenntnisse* handelt. Hierher gehört (5) die Spannung zwischen dem geschichtlichen Bekenntnis und dem aktuellen Bekennen, die (6) auf den Gegensatz zwischen Luthertum und Reformiertentum in der Anschauung von der Kirche als Leib Christi zurückgeführt werden muß und die (7) verschiedene Vorstellungen über die möglichen Beziehungen zwischen Bekenntnis und Recht hervorgebracht hat. Wir nehmen zu den drei Hauptproblemen das Wort.

1. Ende des Landeskirchentums?

Nach allen maßgeblichen Erklärungen der letzten Jahre, die Wesen und Sinn der Evangelischen Kirche in Deutschland aussprechen, ist sie ein Bund bekenntnisbestimmter Landeskirchen. Wir haben schon gesehen, diese Bindung der Landeskirchen an ein bestimmtes Bekenntnis hat besondere geschichtliche Ursachen und ist vor allem durch den Territorialismus des 16. Jahrhunderts hervorgerufen. Ist solche Bindung heute noch theologisch legitim und kann sie in dieser Form dauernd bestehenbleiben? Inwiefern kann auf das Territorialprinzip der Charakter einer Kirche gegründet werden? Das ist nur dann möglich, wenn die betreffende Landeskirche durch ein gemeinsames geschichtliches Bekenntnis gebunden ist oder wenn alle ihre Gemeinden im gemeinsamen Akt des Bekennens zusammenstehen. In beiden Fällen aber weist die Landeskirche über sich selbst hinaus auf die bekenntnisbestimmte und bekenntnisgleiche Einheitskirche. Die Stunde ist da, wo das klar erkannt werden muß. Gemeinsame geschichtliche Erinnerungen, an einen gemeinsamen Landesherrn als Notepiskopus geknüpft, haben weder kirchenbildende noch kirchenerhaltende Kraft; ebensowenig der Begriff der Stammeseinheit, | deren Ausdruck die Landeskirche sein soll. Das Landeskirchentum ist von innen her ausgehöhlt, von außen her zerbrochen. Die Zeit ist damit reif für eine größere Einheit des deutschen Protestantismus.

Von da aus ergibt sich die innere Berechtigung der beiden Wege, die heute gegangen werden, um das Ziel der evangelischen Einheit zu erreichen. Der eine: Die durch das lutherische Bekenntnis einheitlich formierten Landeskirchen geben ihre Selbständigkeit auf, gehen in einer lutherischen Einheitskirche in Deutschland unter, die sich als solche der Evangelischen Kirche in Deutschland anschließt, ja, deren Kern zu bilden sich anschickt, ähnlich wie er vorher durch die Altpreußische Union gebildet wurde. Wurm und Asmussen betonen mit Recht, der Charakter der Evangelischen Kirche in Deutschland werde dadurch verändert, daß eine große Zahl ihrer bisherigen Landeskirchen Kirchenprovinzen, Sprengel einer lutherischen Einheitskirche würden. Aber es muß dabei durchaus zugegeben werden, daß diese Veränderung sich völlig im Rahmen der durch das Bekenntnis gezogenen rechtlichen Möglichkeiten vollzieht und daß sie im Grunde unaufhaltsam ist. Fraglich kann bloß dies sein, auf welcher bekenntnismäßigen Grundlage diese Vereinheitlichung des deutschen Luthertums geschehen soll. Es ist eine manchmal vergessene Tatsache, daß auf der Grundlage der Konkordienformel weder Bayern noch Hannover bekenntnismäßig geeint sind, jenes nicht im Blick auf Nürnberg, dieses nicht im Blick auf Kalenberg und Göttingen. Die lutherischen Kirchen in Deutschland könnten nur auf der Grundlage der Augustana und des Kleinen Lutherischen Katechismus ihre bekenntnismäßige Einheit bilden. Dann aber erhebt sich die Frage, ob und unter welchen Voraussetzungen die Kirchen, die auch auf Augustana und Lutherischem Katechismus basiert sind, in diesem Zusammenhang einer Lutherischen Kirche Deutschlands Platz haben, auch wenn sie landläufig als uniert gelten. Und wenn man noch radikaler sein will, muß man fragen: Was soll aus den unierten und sogenannten deutsch-reformierten Kirchenkörpern werden, die außer Augustana und Kleinem Katechismus kein anderes Bekenntnis rechtlich angenommen haben? Gerade die Kurhessische Landeskirche wird diese Frage an das deutsche Luthertum mit unüberhörbarer Deutlichkeit zu stellen haben. Sie muß dazu mit den lutherischen Kirchen und Kräften in Deutschland Fühlung suchen, die den Anschluß an den lutherischen Block noch nicht vollzogen haben und dafür besondere Bedingungen stellen.

Aber als ebenso unbestritten in seiner Rechtmäßigkeit muß auch der andere Weg angesehen werden, den die Bekennende Kirche zu gehen sich anschickt: von der Bekennenden Einzelgemeinde unter dem Wort her die Einheit der Evangelischen Kirche in Deutschland quer durch alle Landeskirchen hindurch zu verwirklichen. Auch darin wird man Wurm und Asmussen recht geben, wenn sie in diesem Streben ein Moment des Fortschritts sehen, das uns dem Ziele der kirchlichen Einheit näher bringt. Wir stellen noch nicht die Frage, ob das aktuelle Bekennen dieser Gemeinden wirklich, gerade weil es aus einer | bestimmten Kampfsituation geboren ist, die nötige Plerophorie hat, um ein gesamtkirchliches Bekenntnis werden zu können, ob also die Barmer Erklärung in sich die umfassende Weite besitzt, um das Einheitsbekenntnis der Evangelischen Kirche in Deutschland werden und die bisherigen Verwaltungsunionen auf die Stufe von Bekenntnisunionen erheben zu können. Auch die Frage soll hier nicht erörtert werden, ob und in welchem Sinne die Kampfsituation von Barmen heute noch aktuell ist oder ob nicht eine neue Lage schon wieder ein aktuelles Bekennen nach anderer Richtung hin erfordert, auch nicht, ob und welche Bekennenden Gemeinden heute solches aktuelle Bekennen vollziehen. Jedes gegenwärtige Bekennen wird ja einmal ein Stück geschichtlicher Vergangenheit und die damit aufsteigende Problematik tendiert auf die Unendlichkeit.

Wir fragen jetzt nur nach der Einheitlichkeit der Bekennenden Kirche und nach dem Charakter der landeskirchlichen Gemeinden, die nicht Bekennende Gemeinde im eigentlichen Sinne sind.

Wir dürfen bei unseren Überlegungen ja nicht außer acht lassen, daß der Gegensatz zwischen den Landeskirchen des Lutherischen Blocks und der Bekennenden Kirche nicht absolut genommen werden darf. Die Bekennende Kirche greift auch in die lutherischen Landeskirchen ein; die Bekenntnisgemeinschaften in Bayern und Hannover zum Beispiel haben die Blockpolitik ihrer Bischöfe ausdrücklich gebilligt und sind auch im Reichsbruderrat vertreten. Die Bekennende Kirche steht also nicht eindeutig in einer Front, die Kampflinie geht mitten durch sie hindurch. Die Auseinandersetzung muß in ihrer eigenen Mitte ausgetragen werden, ist ja auch schon im Gange. Damit ist aber die Bekennende Kirche doch nicht so eindeutig, wie man oft gemeint hat, Trägerin des Einheitsgedankens in der Evangelischen Kirche in Deutschland. Es muß freilich zugegeben werden, daß ihre leitenden Männer aus den lutherischen Gebieten ihre Stimme in der breiten kirchlichen Öffentlichkeit zu wenig geltend machen. Die kirchliche Gesamtsituation würde klarer werden, wenn sie von ihrer Schau der Bekennenden Kirche aus die Bildung des lutherischen Blocks begründeten. Man kann ihnen den Vorwurf nicht ersparen, daß sie zu sehr mit ihren landeskirchlichen Problemen beschäftigt sind, zu wenig an die Gesamtfragen des deutschen Protestantismus denken.

Unsere zweite Frage richtet sich an die Bekennende Kirche in den Gebieten, in denen sie heute die Kirchenleitung inne hat. In welchem Sinne ist sie befähigt und berechtigt, für die Gesamtheit dieser Kirchenkörper zu reden und zu handeln? Ist dort überall die Bekennende Gemeinde wirklich unter dem Wort gesammelt und kirchlich aktiviert? Greift die Bekennende Kirche nicht nur stimmungsmäßig, sondern auch organisatorisch so tief in das Gefüge dieser Landeskirchen ein, daß sie imstande ist, von der Bekennenden Gemeinde aus die Einheit der Evangelischen Kirche in Deutschland zu bewirken oder auch nur zu fordern? Wo ist die Bekennende Kirche mehr, als es der Not|bund einst gewesen ist, mehr als der Zusammenschluß einzelner bekenntnistreuer Pfarrer, die sich im kirchlichen Handeln dadurch stärken und sich gegenseitig theologisch klären? Sie ist vielfach mehr; das hat der Verlauf des Kirchenkampfes bewiesen. Aber wo wirklich eine Bekennende Gemeinde kirchlich aktiv ist, wie verhält sie sich zu anderen Gemeinden derselben Landeskirche, die – vielleicht nur durch äußeren Zufall – keinen Bekenntnispfarrer, sondern etwa einen Vertreter der kirchlichen Mitte an ihrer Spitze haben? Darf sie einer solchen Gemeinde die kirchliche Legitimation bestreiten? Und wenn nicht, hat sie die innere Kraft, eine solche Gemeinde zu ihrem kirchlichen Kurs hinüberzuziehen?

Wenn wir alle diese Fragen im Blick auf unsere Landeskirche erheben, müssen wir mit Dankbarkeit anerkennen, daß bei uns die Bekennende Kirche immer Trägerin der Einheit gewesen ist, sowohl innerhalb der Landeskirche wie in der Evangelischen Kirche Deutschlands. Es ist das Lebenswerk des Leiters der Bekennenden Kirche Kurhessens, des verewigten Professors von Soden gewesen, das man als seinen großen Beitrag im Kirchenkampf noch einmal geschichtlich würdigen wird, daß er die Einheit zwischen dem lutherischen Flügel der Bekennenden Kirche und den anderen Richtungen immer festgehalten hat, ebenso, wie er auch in unserer Landeskirche alle aufbauwilligen Kräfte sammelte. Die Bekennende Kirche wird in unserer Landeskirche niemals Partei werden, wenn sie ihrem Ursprung treu bleibt. Sie wird mit der Leitung unserer Landeskirche zusammen darum bemüht sein, im Raume des deutschen Protestantismus die Einheit zwischen den lutherischen Blockkirchen und der Bekennenden Kirche festzuhalten. Man sollte sich doch den Blick nicht trüben lassen. Es ist gar nicht notwendig, Bekennende Kirche und Landeskirchen in einem unüberbrückbaren Gegensatz zueinander zu sehen. Sie sind aufeinander angewiesen und können nur in einem förderlichen Miteinander zu gedeihlicher Wirksamkeit kommen. Die Landeskirchen bedürfen der Bekennenden Kirche, sollen sie geistlich lebendig bleiben und sich zum Ziele der Einheit hin fortentwickeln. Und die Bekennende Kirche kann nur auf dem Wege über die Landeskirchen die Einheit der Evangelischen Kirche in Deutschland verwirklichen, nicht an ihnen vorbei oder gar im Gegensatz zu ihnen. Sie darf das Landeskirchentum nicht auflösen, sondern muß es erfüllen. Nur so werden die Gegensätze fruchtbar gemacht, die heute die kirchliche Erörterung bestimmen.

2. Gegensatz zwischen Amts- und Gemeindeprinzip

So darf auch der Gegensatz zwischen synodalem und episkopalem Aufbau des deutschen Protestantismus nicht verabsolutiert werden. Um ihn in seiner Bedeutung zu würdigen, greifen wir noch einmal auf die Fragen zurück, die wir oben an die Bekennenden Gemeinden in Deutschland gestellt und in denen wir gleichsam zur Inventur der Bekennenden Kirche aufgefordert haben. Ist die Bekennende Gemeinde unter dem Wort wirklich in dem Maße der | herrschende und tragfähige Typus der Evangelischen Gemeinden innerhalb unserer Kirche, daß man auf ihr die künftige Ordnung aufbauen könnte? Das ist die Frage, in der alle oben gestellten Einzelfragen zusammenfallen. Zu ihrer Beantwortung setzen wir uns mit dem Entwurf einer Kirchenverfassung auseinander, den Hermann Diem in seiner Schrift „Restauration oder Neuanfang in der Evangelischen Kirche?" (Stuttgart 1946) vorgelegt hat. Wir können unsere Bedenken nicht verschweigen.

Diem geht (S. 65) von dem richtigen neutestamentlichen Grundsatz aus, daß die Einzelgemeinde das Abbild der Gesamtkirche darstelle und daß unter diesem Gesichtspunkt alle Beziehungen zwischen Einzelgemeinde und Landeskirche geordnet werden müßten. Er verbindet aber diesen Grundsatz nicht mit dem biblischen Gedanken, daß beide, Einzelgemeinde und Gesamtkirche, in gleicher Weise Leib Christi seien, sondern will diesen Charakter primär nur der Einzelgemeinde zusprechen, weil nur hier unter der konkreten Verkündigung sich die Kirche jeweils konstituiere, setzt also damit die Einzelgemeinde der Gesamtkirche logisch, zeitlich, rechtlich und vor allem geistlich voran. Daraus ergibt sich, daß die Gesamtkirche nur ein Bund Bekennender Gemeinden unter dem Worte sei; alle Kirchenverfassung sei daher „nur eine Bundesverfassung und Bundesordnung der Gemeinden" (S. 67). Auch hier wirkt sich wiederum der Grundsatz aus, in der Kirche gebe es nur aktuelles Bekennen; das könnte ja in der Tat nur in der konkreten Gemeinde vor sich gehen. Das ist aber ein für das Verständnis der Kirche völlig neuer Gesichtspunkt, der so nicht einmal im Kongregationalismus, dieser radikalen Ausprägung reformierter Kirchenverfassung, angewandt ist, mit dem im übrigen der Diemsche Verfassungsentwurf aufs beste übereinstimmt.

Es ist schon richtig: Die Einzelgemeinde ist Abbild der gesamten Kirche. Aber sie ist es darum, weil sie wie diese Leib Christi ist. In beiden Erscheinungsweisen ist Christus gegenwärtig durch Wort und Sakrament. Und wenn auch solche Gegenwart immer nur da aktualisiert wird, wo das Wort geglaubt und das Sakrament vollzogen wird, so ist sie doch nicht abhängig von solchem menschlichen Glauben und Handeln. Christus *wohnt* in seiner Kirche und ist bei ihr alle Tage bis an der Welt Ende. Daß die Kirche Leib Christi ist, ist ein Zustand, den kein Mensch, keine Ortsgemeinde und keine Landeskirche begreift oder verantwortet, dessen niemand mächtig ist außer dem, der derselbe ist gestern, heute und in alle Ewigkeit; ein Zustand, in dem Christus sich verbirgt hinter menschlichen Worten und irdischen Bildern und aus dem heraus er sich aktualisierend dem Glauben offenbart, ubi et quando visum est Deo. Von der Gegenwart Christi hängt es ab, ob die Kirche Leib Christi ist, und nicht von ihrer jeweiligen und räumlich beschränkten Aktualisierung. Darum ist die Gesamtkirche ebenso Leib Christi wie die Einzelgemeinde; denn Christi Gegenwart ist weder an Raum noch an Zeit gebunden, sie weckt überall und allezeit den Glauben. Darum ist weder die Gesamtkirche noch die Einzelgemeinde primär, sondern Christus allein als das Ur|bild. Und seine beiden Abbilder, Gesamtkirche und Einzelgemeinde, stehen in gemeinsamer Abhängigkeit von ihm gleichrangig nebeneinander.

Darum kann man weder, von der Einzelgemeinde aufsteigend, in synodaler Ordnung die Landeskirchen neu aufbauen als einen Bund Bekennender Gemeinden; noch kann man, von der Landeskirche und von ihrem Bischofsamt aus absteigend, Einzelgemeinden um das Amt sammeln. Sondern in beiden Richtungen, von unten nach oben und von oben nach unten, wirkt Christus in der Kirche als seinem Leibe. Sein ist das Amt, das das Wort verkündigt. Sein ist die Gemeinde, die dem Worte glaubt. Er weckt in der gläubigen Gemeinde das Leben der Gesamtkirche; er pflegt dieses Leben durch das Amt: durch das bischöfliche Amt, das über die gesamte Landeskirche gesetzt ist, über sie wacht und ihr dasselbe Wort verkündigt, das der Pfarrer der Einzelgemeinde weitergibt. Gemeindepfarramt und bischöfliches Gesamtpfarramt sind von derselben Art, ausgestattet qualitativ mit derselben Vollmacht, unterschieden nur durch den verschiedenen Umfang des Wirkungsbereiches. Und wie in der Einzelgemeinde dem Pfarrer die hörende, glaubende und auf Grund des geglaubten Zeugnisses aus dem Wort urteilende Gemeinde gegenübersteht, so in der Landeskirche dem bischöflichen Gesamtpfarramt die Synode als die landeskirchliche Gesamtgemeinde. Der Raum darf nicht zu groß werden, damit die hier vorhandenen Spannungen fruchtbar werden können. Wir werden beim Neuaufbau des deutschen Protestantismus die Struktur der bisherigen Landeskirchen mannigfach verändern müssen; aber wir werden über ihren jetzigen Umfang kaum hinausgehen dürfen, ihn in manchen Fällen vielleicht sogar beschränken müssen; im ganzen muß der Rahmen der bisherigen Landeskirchen bleiben. Und dieser Raum ist bestimmt durch die Spannung zwischen bischöflichem Amt und Synode, genauso wie die Polarität von Amt und Gemeinde die Ortsgemeinde bestimmt. Gerade in dieser Entsprechung der beiden Spannungsverhältnisse zeigt sich die Ebenbildlichkeit von Gesamtkirche und Einzelgemeinde.

Es mag schon sein, daß das Gesetz für den Aufbau der Kirche am besten an der Einzelgemeinde abgelesen werden kann. Nur muß man dabei auch richtig vorgehen und die richtige Konsequenz für die Gesamtgemeinde ziehen. Die Bekennende Gemeinde ist nicht eine Schar gleichgestimmter und gleichgerichteter Seelen, sondern in ihr stehen gegenüber und sprechen sich gegenseitig an der Pfarrer, der bekennend und lehrend das Wort verkündigt, und die Gemeinde, die bekennend und lobpreisend dieses Wort wiederaufnimmt. In diesem Gegenüber beweist sich die hörende Gemeinde nicht bloß als der empfangende Teil. Sondern erst durch ihr lobpreisendes Bekenntnis bezeugt der Bekenntnisakt der Lehre seine geistgewirkte Verbindlichkeit, wird deutlich, daß der bekennende Pfarrer kein persönliches Zeugnis abgelegt, sondern das Bekenntnis der Kirche proklamiert hat. Erst in dem bekennenden Lobpreis der Gemeinde wird die Stimme der Kirche deutlich, die in der Schriftauslegung des Pfarrers durch das Persönliche und das zeitgeschichtlich Bedingte | überdeckt sein konnte. Darum ist dieser bekennende Lobpreis der Gemeinde auch von altersher liturgisch gebunden; er erfolgt in den Worten und Formeln, die der Gesamtkirche eigentümlich sind. Daß die Einzelgemeinde nichts anderes ist und nichts anderes sein will als ein Abbild der Gesamtkirche, als eine Stimme, die sich einordnet in deren gesamten Chor, das wird dabei deutlich. Und darum hat das Gesamtbekenntnis der Kirche ursprünglich seinen Sitz im Leben in der Liturgie der Einzelgemeinde, folgt im Gottesdienst auf die Wortverkündigung und ist das Zeichen für die Zugehörigkeit der Einzelgemeinde zur Gesamtkirche.

So ist die Bekennende Gemeinde unter dem Wort bestimmt und getragen von der polaren Spannung zwischen lehrendem Amt und bekennender Gemeinde. Über die fundamentale Bedeutung dieser Spannung und daß sie nicht zu einem ausschließlichen Gegensatz vergröbert werden darf, darüber ist kein Streit mehr im deutschen Protestantismus; vor allem ist sich die Bekennende Kirche aller Richtungen darüber einig. Damit ist aber der Unterschied zwischen der Bekennenden Gemeinde mit der roten Karte und den übrigen Gemeinden innerhalb einer Landeskirche eigentlich aufgehoben. Wo die Träger des Amtes Gottes Wort nach Maßgabe des Bekenntnisses und in tapferem Zeugnis gegen die Irrtümer der Zeit verkündigen und im Lobpreis der Gemeinde dieses Wort aufgenommen und bekannt wird, da ist bekennende Gemeinde – einerlei, ob sie sich über die Landeskirche hinaus als Glied einer besonderen Organisation weiß oder nicht. Und es wird hier deutlich – wie es schon im Kirchenkampf deutlich war –, wie sehr der Bekenntnischarakter einer Gemeinde von der geistlichen Situation der Landeskirche abhängig ist, der sie angehört. Die bereitet die Amtsträger auf ihr Amt vor, formt sie innerlich, bevor sie ins Amt treten, richtet sie geistlich aus und überwacht ihre Verkündigung. So gewiß eine Gemeinde sich durch ihre Kontrolle der Amtsführung ihren Pfarrer selber bildet und erzieht, so gewiß ist auf der anderen Seite, daß im geistlichen Amt der übergreifende Einfluß der Landeskirche in der einzelnen Gemeinde sich geltend macht und deren inneres Leben bestimmt. Wenn also eine Bekennende Gemeinde in polarer Spannung zum Amt steht, so wirkt sich dieselbe Spannung auch in ihrem Verhältnis zur Landeskirche aus. Wer jene Spannung wechselseitigen Gebens und Empfangens innerhalb der Gemeinde anerkennt, muß ihr auch im Verhältnis zwischen Einzelgemeinde und Landeskirche Rechnung tragen. Und gerade wenn er von der Einzelgemeinde ausgeht, um die Struktur der Landeskirche richtig zu bestimmen, muß er zugeben, daß die polare Spannung zwischen Amt und Gemeinde – und das heißt für die Landeskirche zwischen Bischofsamt und Synode – auch hier notwendig ist.

Wir sind in unserer Landeskirche in der glücklichen Lage, daß unser Gesetz betreffend die Leitung und Verwaltung der Evangelischen Landeskirche von Kurhessen-Waldeck vom 28. September 1945 dieser Erkenntnis Rechnung trägt. Bischof und Pröpste sind der Synode eingegliedert; die letzte kirchliche Ver|antwortung liegt bei ihr. Im geistlichen Ringen zwischen Bischof und Synode vollzieht sich der innere Fortschritt der Landeskirche. Darum trifft uns der Vorwurf nicht, wir hätten eine neue Hierarchie geschaffen und die Rechte der Gemeinden vernachlässigt. Und wenn wir jetzt an das Fundament unserer Verfassung gehen und die Bildung der Kirchenvorstände und Kreissynoden neu regeln, müssen wir jener Spannung aufs neue Geltung verschaffen. Wie kann das am besten geschehen?

Die Gemeinde muß Organe haben, an deren Existenz die Tatsache Gestalt gewinnt, daß sie das Wort Gottes angenommen hat und sich zu ihm bekennt. Bekennende Gemeinde ist kein unorganischer, tumultuarisch sich äußernder Haufen, sondern gegliederte Gemeinschaft. Sie muß einen Mund haben, durch den sie sich ausspricht.

Hier hat das Ältestenamt seine Stellung in unserer Landeskirche vom Anfang ihres Bestehens an. Es ist das Amt der brüderlichen Zucht; d. h. es trägt Sorge, daß dem Bekenntnis zum Wort die Wirklichkeit des Gemeindelebens entspreche. Indem die Gemeinde das Ältestenamt aus sich heraus setzt, bringt sie zum Ausdruck, daß ihr Bekenntnis zum Wort nicht nur Lippenbekenntnis, sondern Tatbekenntnis sein soll. Indem sie sich seiner Zucht unterwirft, schafft sie dem Wort Gottes durch die Tat Raum und Geltung in ihrer Mitte. Und auch indem – nach althessischer Ordnung – der Träger des geistlichen Amtes der brüderlichen Zucht seiner Mitältesten untersteht, wird dokumentiert, daß er in der Gemeinde nicht nur der Gebende, sondern auch der Empfangende ist. So steht das Ältestenamt in der Mitte zwischen dem Amt der Wortverkündigung und Sakramentsverwaltung einerseits, der hörenden und bekennenden Gemeinde andererseits. Es repräsentiert die polare Spannung zwischen Amt und Gemeinde gleichsam in sich selbst; wie der elektrische Funke in der Bogenlampe, der zwischen den beiden Kohlenpolen leuchtet, die elektrische Spannung zugleich aufzeigt und zum Ausgleich bringt. Wir sollten deshalb sehr überlegen, wie beim Neubau der Gemeindeordnung dieses Ältestenamt in den Mittelpunkt gestellt und weiter ausgebaut werden könnte. Ihm müßten eigentlich alle Ämter zugeordnet werden, in denen die Gemeinde ihren Mund zum Bekenntnis des Wortes Gottes öffnet: Kantor und Organist, Katechet und Jugendleiter sind ihrem Wesen nach mit ihm verbunden; wer im Frauen- und Männerwerk der Gemeinde das verkündigte Wort weitergibt, hat dasselbe Amt; entsprechend den Chören der Brüdergemeinde gliedert sich die Bekennende Gemeinde nach Männern, Frauen und Jugendlichen; und wer einem solchen „Chor" vorsteht, ist ein Ältester. Daß die Bekennende Gemeinde ihr Bekenntnis in die Tat umsetzt, wird noch auf andere Weise deutlich durch die Diakonie. Im Amt der Diakonissen und Diakone – wozu nach neutestamentlicher Anschauung nicht nur Liebestätigkeit, sondern auch Ordnung und Verwaltung, also Kastenmeister und Baumeister gehören – formiert sich die Gemeinde zum Bekenntnis der Tat. Im Kosmos ihrer Ämter wird sie bekennend aktiv, bildet zum Pfarramt ein | greifbares Gegenüber und tritt dem Träger des geistlichen Amtes zugleich helfend, schützend und wachend zur Seite.

Auf diesem Wege wird die Spannung zwischen Amt und Gemeinde aus der Sphäre der Theorie in die Praxis gehoben. Und ein Kirchenvorstand, der so von verantwortlichen Amtsträgern gebildet wird, gibt die richtige Grundlage ab für Synoden, die die letzte Verantwortung in der Kirche tragen. So ist der lebendige Ausgleich geschaffen zwischen Amt und Gemeinde, Episkopalismus und Synodalismus. Und wenn der uns in

unserer hessischen Landeskirche gelingt, haben wir etwas Entscheidendes
zur Neugestaltung des gesamten deutschen Protestantismus geschaffen.

3. Das Verhältnis der evangelischen Konfessionen zueinander und die rechtliche Verwertung ihrer Bekenntnisse

In alle diese Auseinandersetzungen verfassungsrechtlicher Art, die uns
heute bewegen, greifen die überlieferten konfessionellen Gegensätze hinein. Sie bestimmen auch die widerstreitenden Auffassungen vom Bekenntnis und seiner Beziehung zum Recht. Wer die bestehenden Landeskirchen in eine neue Form ihres Daseins überführen und die bestehende
Mannigfaltigkeit des deutschen Protestantismus zu einer inneren Einheit
zusammenbinden will, darf beileibe nicht den grundsätzlichen Unterschied zwischen lutherischem und calvinischem Kirchentum bagatellisie-
ren oder gar übersehen.

Es gibt viele evangelische Christen, nicht nur sogenannte Laien, die
mit Ernst fragen, ob jene überlieferten konfessionellen Schranken noch
echte Grenzen darstellen, ob sich hinter ihrer Aufrichtung nicht kirchenpolitischer Machtwille mit theologischer Beschränktheit paart. Und es
ist ganz klar, daß wir die Formulierungen, mit denen die Konfessionen
des 16. Jahrhunderts sich gegenseitig abzugrenzen suchten, heute in ihrer
geschichtlichen Bedingtheit erkennen und vielfach nicht mehr als ganz
ausreichend betrachten können; ebenso klar aber auch dies, daß hinter
solchen Formulierungen Strukturgesetze des theologischen Denkens und
der kirchlichen Gestaltung sich verbergen, die im Laufe der Kirchengeschichte immer wieder aufgebrochen sind und auch in den gegenwärtigen Auseinandersetzungen sich geltend machen.

Es wäre ein ästhetisierender Relativismus und viel zu wenig behauptet, wollten wir sagen: Es kommen hier zwei verschiedene Stilgesetze
theologischen Denkens und kirchlicher Gestaltung zum Durchbruch, die
man nicht miteinander vermischen darf, weil sie sich gegenseitig aufheben. Denn abgesehen davon, daß auch ein Bauwerk, an dem nacheinan-
der verschiedene Generationen je nach ihren verschiedenen Stilgesetzen
gearbeitet haben, dennoch aus einer einheitlichen Baugesinnung heraus
gestaltet und darum schön sein kann: in der Kirche geht es nicht um die
Schönheit oder die Einheit um jeden Preis, sondern um die Wahrheit.
Und nur wenn mit der Bekenntnisfrage die Wahrheitsfrage gestellt ist,
ist der konfessionelle Gegensatz echt, hat er auch für den gegenseitigen

Neubau der Kirche konstitutive Bedeutung. Und der Ernst der Wahrheitsfrage darf nicht primär Einzelfragen der konfessionellen Polemik | einseitig zu entscheiden trachten, sondern muß der Grundtatsache der Christusoffenbarung selbst entgegengebracht werden. Daß jene Strukturgegensätze in diesem tiefsten Grunde der Christusoffenbarung verwurzelt sind, das gibt ihnen ihre ausschließliche Schärfe. Darum muß jeder Versuch, sie bei der Neugestaltung der Kirche zu übersehen, zu mehr als Stilwidrigkeiten, zu einer Vermehrung der Unordnung und des Chaos führen.

Wenn wir hier von Strukturgegensätzen reden, so machen wir keine untheologische Konzession an irgendwelche Gesetze eines profanen morphologischen Denkens – diesen Vorwurf kann man gegen keinen heute maßgebenden theologischen Denker erheben! –, sondern bestimmen das innere Gefüge der Konfessionen von dem Punkte aus, auf den in der christlichen Theologie alles ankommt, von ihrem Verhältnis zur Christusoffenbarung her. Es geht dabei nicht zunächst um das christologische Dogma, wie es die Alte Kirche in ihren Bekenntnissen, wenn auch nicht abschließend und alle theologischen Differenzen ausschließend, formuliert hat. Die abendländische Christenheit hat ihre verschiedene Wertung der Christusoffenbarung nicht unmittelbar in der Christologie, sondern in der Lehre von den Sakramenten und von der Kirche ausgetragen. So beruht auch die verschiedene Stellung zum geschichtlichen Bekenntnis bzw. zum aktuellen Bekennen auf einer unterschiedlichen Betrachtung der Kirche als der gegenwärtigen Manifestation der Christusoffenbarung.

Ist die Kirche Leib Christi, dann ist sie, wenn man diese Wesensbestimmung der Kirche nicht bloß symbolisch versteht, den Gesetzen des organischen Lebens unterworfen. Dann gehört es zur Leibhaftigkeit ihrer irdischen Gestalt, daß sie im Gegenwärtigen immer das Vergangene als Frucht und das Zukünftige als Keim in sich trägt, daß also ihr geschichtliches Bekenntnis in der Gegenwart aktuell und in der Zukunft sich zu entfalten bestimmt ist. Versteht man aber die Leibhaftigkeit des Leibes Christ nur bildlich, nicht so, daß Christus in der Kirche wirklich und dauernd in die Niedrigkeit geschichtlicher Existenz eingegangen ist, so kann man ihn nur in der aktuellen Bezeugung des Wortes in der Kirche gegenwärtig erblicken, dann ist sie Leib Christi nur in dem Augenblick der Sammlung der Gläubigen unter dem verkündigten Wort. Dann wird nur in diesem Augenblick das Bekenntnis aktuell, und alle formulierten Bekenntnisse der Vergangenheit – auch der jüngsten, unmittelbar vergangenen – sind Schall und Rauch, wenn sie nicht gegenwärtig vollzogen werden. Denn die Wahrheit ist ja keine allgemeine Idee, sondern nur in ihrer unmittelbaren Bezeugung ist sie wahr.

Aber darf man so von der Kirche und der ihr anvertrauten Wahrheit reden? Wenn Christus in unserer Mitte sein will alle Tage bis an der Welt Ende, dann gibt es doch in der Kirche ein Ständiges, Beharrendes, Unveränderliches; dann ist damit gesagt, daß sie sich als Leib Christi nach den Gesetzen des organischen Lebens wachstümlich entfaltet. Dann gelten diese Gesetze nicht nur für das natürliche und geistige, sondern auch für das geistliche Leben. | In seiner großen Herablassung hat der Gottessohn sich an diese Gesetze gebunden, als er Mensch ward und in das kreatürliche Leben einging. Und dieses Christusleben setzt sich fort in der Kirche als seinem Leibe. Wenn auch die Wahrheit keine allgemeine Idee ist, sondern in der Menschwerdung Gottes Geschichte geworden ist, so ist und bleibt sie doch gebunden an den, der derselbe ist gestern, heute und in alle Ewigkeit. Darum *hat* die Kirche die Wahrheit. Daß diese heute in dem Wort der Verkündigung konkret wird, schließt doch nicht aus, daß sie auch gestern war und morgen sein wird. Wenn das Bekenntnis Wahrheit ist, dann immer nur in seiner geschichtlichen Konkretheit.

Aber andererseits: Gerade wenn man den Wahrheitsanspruch des Bekenntnisses ernst nimmt, muß man ihn an der Heiligen Schrift messen. Die Wahrheit des Bekenntnisses ist nur ein Ausdruck der biblischen Wahrheit. Und es muß immer die Frage offenbleiben, ob er ihr adäquat ist. Das Bekenntnis muß sich immer von der Schrift her in Frage stellen lassen. Und es könnte wohl der Fall sein, daß in theologischen Einzelfragen das Verständnis der Schrift so gewachsen ist, daß man damit über die sich gegenseitig ausschließenden Alternativen des 16. Jahrhunderts tatsächlich hinausgekommen wäre. Noch ist es nicht so weit; aber ein exklusiver Konfessionalismus, der die Formulierungen des 16. Jahrhunderts verabsolutierte und mit der Möglichkeit einer Weiterentwicklung biblischer Wahrheitserkenntnis nicht rechnete, wäre Ungehorsam gegen Gott, gegen den Heiligen Geist, der die Christenheit in alle Wahrheit leiten will. Dieser Gehorsam verlangt, daß man die Wahrheit nicht nur als ein geschichtlich Gegebenes hinnimmt, sondern auch als ein gegenwärtig Aufgegebenes anerkennt, das in der jeweiligen Situation der Kirche neu gesucht und in dem aktuellen Wagnis gegenwärtigen Bekennens neu ausgesprochen werden muß.

30*

Mit anderen Worten: Es ist falsch, das geschichtliche Bekenntnis als
eine juristische Urkunde zu verstehen, an deren Wortlaut alle künftigen
Generationen der Kirche sklavisch gebunden sein sollten, über den sie
nie hinauskommen könnten. Es ist ebenso falsch, im aktuellen Bekennen
das geschichtliche Bekenntnis zu verleugnen und damit die Prägung, die
es der Kirche, die sich darauf gründet, verliehen hat, leichtfertig abzu-
streifen. Ein aktuelles Bekennen, das nicht sorgfältig die Kontinuität mit
dem geschichtlichen Bekenntnis wahrt, kann nicht gesegnet sein, muß
Verwirrung in die Kirche tragen. Darum sündigt ebenso der, der das aktuelle Bekennen gegen das geschichtliche Bekenntnis ausspielt, wie der,
der umgekehrt das geschichtliche Bekenntnis wie eine Reliquie aus der
Steinzeit handhabt und damit alle gegenwärtigen Lebensäußerungen des
Heiligen Geistes in der Kirche totschlägt.

Der Gegensatz zwischen geschichtlichem Bekenntnis und aktuellem
Bekennen, der gegenwärtig die Evangelische Kirche in Deutschland zu
zerreißen droht, ist also ein unechter Gegensatz und kann und muß
überwunden werden. Das hat aber zur Voraussetzung, daß die Frage
der geschichtlichen Bekenntnis|bestimmtheit der Evangelischen Landes-
kirchen in Deutschland eindeutig gelöst wird. Diese Frage muß in einer
Weise beantwortet werden, in der geschichtliche Besinnung und rechte
Verantwortung gegenüber der Gegenwart in rechter Weise ineinander
greifen. Sie ist keine *Wesens*frage, die man um der Wahrheit willen nur
so oder so beantworten könnte. Aber sie ist allgemach eine *Lebens*frage
geworden, die, wenn nicht gelöst, die Zukunft des deutschen Protestantismus vergiftet.

Hier hat uns der Territorialstaat des 16. Jahrhunderts ein schlimmes
Erbe hinterlassen, indem er eine Fülle bekenntnismäßiger Schattierungen
schuf, die er dann, als er sich später zu größeren staatlichen Gebilden
gestaltete, in theologisch ungeklärten reinen Verwaltungsunionen vereinigte. In diesen Unionskirchen ist die Frage nach der Wahrheit der geschichtlichen Bekenntnisse über ein Jahrhundert lang systematisch unterdrückt worden, einerseits durch den Einfluß der theologischen und
religiösen Zeitströmungen des 19. Jahrhunderts, andererseits, wenn sie
sich nicht als stark genug erwiesen, durch die staatliche Gewalt. Und was
wir im Kirchenkampf erlebt haben, nicht nur an Eingriffen dieser Gewalt in das bekenntnisgebundene Leben der Kirchen, sondern auch an
theologischen Unzulänglichkeiten und Übersteigerungen, war nur von
den Voraussetzungen aus möglich, die die Unionen des 19. Jahrhunderts
geschaffen hatten. Und die Brüder, die heute das geschichtliche Be-

kenntnis durch ein aktuelles Bekennen ersetzen wollen, würden nicht so
verfahren, wenn sie in echter Weise an die Wahrheit eines geschichtlichen Bekenntnisses gebunden wären, wenn sie nicht die Bekenntnisse des
16. Jahrhunderts so interpretieren müßten, daß sie ihre einander ausschließenden Teile eliminieren und im übrigen sich nur an den „Geist"
dieser einander widerstreitenden Bekenntnisse gebunden wissen. Das ist
eine Lage, in der man sich nicht in innerer Wahrhaftigkeit auf das geschichtliche Bekenntnis der Kirche berufen kann, in der man ein neues,
aktuelles zu schaffen gezwungen ist.

Nicht der Gegensatz zwischen Lutheranern und Reformierten bestimmt heute die kirchenpolitische Debatte, sondern die Angst vor der
Übermacht der Preußischen Union, in der die deutschen Lutheraner
über ein Jahrhundert lang gelebt haben und die sie jetzt durch eine Ge-
genoffensive abreagieren, und die innere Unausgeglichenheit dieser
Union, die sich im Kirchenkampf nur noch mehr kompliziert hat. Die
Verwaltungsunionen des 19. Jahrhunderts müssen, um zur Klarheit zu
kommen, danach drängen, Bekenntnisunionen zu werden. Und die Gelegenheit, die Barmer Erklärung dazu zu benutzen, ist zu verführerisch.
Geschähe das, dann wäre freilich wiederum ein im Jahre 1934 aktuelles
und jetzt noch nicht unaktuell gewordenes Bekenntnis geschichtlich und
juristisch fixiert; und es würde sein Widerstreit zu einem jetzt oder später etwa notwendig werdenden aktuellen Bekenntnis doch einmal zutage
treten. Vor allem aber würde, wenn es sich im ganzen Protestantismus
Deutschlands durchgesetzt haben würde, die Lutherische Kirche im Heimatlande der Reformation aufgehört haben, zu existieren und im we-
sentlichen auf die nordischen | Völker und Amerika beschränkt sein.
Oder aber, es würde, wenn dem Lutherischen Block ein Unierter mit der
Barmer Erklärung als Einheitsbekenntnis gegenübertäte, die Einheit des
deutschen Protestantismus unwiderruflich zerrissen.

In dieser schicksalsschweren Stunde muß unsere Landeskirche sich auf
ihr geschichtliches Bekenntnis besinnen und versuchen, es in der Gegenwart zu aktualisieren. Sie muß sich darüber klar werden, worauf ihre
innere Einheit beruht und ob sie sie ohne bekenntnismäßige Einheit auf
die Dauer wird festhalten können in einer Zeit, die sich anschickt, das
Erbe des Territorialismus auf kirchlichem Gebiet zu überwinden. Wir haben in unserer Landeskirche virtuell, aber nach der Neueinteilung in Sprengel auch wieder einigermaßen geographisch gegeneinander abgegrenzt,
drei Bekenntnisgemeinschaften nebeneinander. Es dürfen und sollen in
diesem Augenblick die geschichtlichen Bekenntnisse in unserer Landes-

kirche nicht hervorgeholt werden, um deren innere Einheit zu sprengen. Wir reden vom Bekenntnisstand unserer Landeskirche nur so, daß ihre Einheit dadurch gefestigt und ihr die Möglichkeit geschaffen werde, gegenüber den offenen Fragen der Zeit und innerhalb der Evangelischen Kirche in Deutschland eindeutig, klar und aktuell zu bekennen. Noch können wir bei der Lösung dieser geschichtlichen Fragen langsam tun; aber wir müssen uns klar sein, daß sie unaufhaltsam an uns herantreten und wir uns auf eine Antwort rüsten müssen.

Verhältnismäßig leicht wird es sein, daß die aus der gleichen geschichtlichen und bekenntnismäßigen Wurzel gewachsenen Bekenntnisgemeinschaften von Nieder- und Oberhessen wieder zueinander finden. Daß diese Einung nicht weiter vorangetrieben wird, dafür ist vor allem die Rücksicht auf die Hanauer Union maßgebend. Hier ist die Frage nach dem geschichtlichen Bekenntnis schwierig; in den vielen Gemeinden, die durch den Zusammenschluß zweier konfessionell verschiedener entstanden sind, mit rein geschichtlichen Mitteln überhaupt nicht zu lösen. Hier können wir in unserer Landeskirche nur vorankommen, wenn diese Fragen in der ganzen Evangelischen Kirche in Deutschland aufgeworfen werden sollten, und im Zusammenhang mit den Lösungen, die sich da anbieten. Bis es einmal so weit ist, muß die Frage nach dem geschichtlichen Bekenntnis unserer Landeskirche noch in der Schwebe bleiben, kann aber auch das Verhältnis zwischen geschichtlichem Bekenntnis und aktuellem Bekennen nicht über eine theoretische Lösung hinaus vorwärts getrieben werden.

Das wiederum aber hat nun seine Rückwirkungen für das Verhältnis zwischen Bekenntnis und Recht, von dem wir abschließend zu sprechen haben. Wir sahen schon, wo man vom geschichtlichen Bekenntnis ausgeht, sucht man das, was darin von den Institutionen der Kirche, besonders ihrem Kultus und ihrem Amt, gesagt ist, als rechtliche Grundlage für die Gestaltung der gegenwärtigen Kirche zu benutzen. Wo man das aktuelle Bekennen in den Mittelpunkt stellt, bevorzugt man das kirchliche Notrecht, das solche Bekenntnis|haltung ermöglichen soll, und wünscht eine Rechtsgestaltung, die die Freiheit dazu unter allen Umständen offenhält. Bei der einen Rechtsanschauung wird die Bindung des einzelnen Amtsträgers und der Einzelgemeinde an die Gesamtheit und deren geschichtliche Prägung besonders hervorgehoben, bei der anderen soll die Freiheit geistlicher Entscheidungen möglichst gefördert werden. Das Recht des geschichtlichen Bekenntnisses sichert die Gebundenheit in der Einheit, das Notrecht der aktuellen Bekenner sichert die

Freiheit in der Mannigfaltigkeit. Es ist ganz klar, daß keine dieser beiden Rechtsanschauungen die andere verdrängen darf. Sonst würde die
unbegrenzte Bindung an die Einheit die Kirchhofsruhe oder die unbegrenzte Freiheit in der Mannigfaltigkeit den Lärm des akademischen Dis-
putiersaales in die Kirche einführen; und eins wäre so schlimm wie das
andere, denn beides bedeutete den Tod der Kirche.

Es ist aber ebenso klar, daß diese beiden Rechtsanschauungen sich nur
fruchtbar ergänzen können, wenn geschichtliches Bekenntnis und aktuelles Bekennen in der rechten Weise einander zugeordnet sind. Und das
wiederum hängt daran, wie wir gesehen haben, daß die geschichtliche
Frage nach dem Bekenntnisstand klar beantwortet und nicht in einer bloßen Verwaltungsunion beiseite geschoben wird. Solange wir in den Be-
kenntnisfragen noch so wenig klar sehen, so lange ist auch das Verhältnis
von Bekenntnis und Recht nicht eindeutig bestimmbar. So lange leben
wir aber nicht nur zwischen der Szylla zu starrer rechtlicher Bindung
und der Charybdis willkürlicher Zerstörung aller kirchlichen Ordnung,
sondern stehen vor allem in der Gefahr, wiederum einem kirchen- und
bekenntnisfremden rein weltlichen Ordnungsrecht zum Opfer zu fallen.

So ist es ein unbefriedigender Ausblick, mit dem wir schließen. Die
sieben Gegensatzpaare, die wir in unseren drei Abschnitten behandelt
haben, lassen sich wohl theoretisch leicht in einer höheren Einheit auflösen. Aber hart im Raume stoßen dennoch sich die Sachen. Auch in unserer Landeskirche! Und soweit die Sache solche gegenseitigen Anstöße erfordert, wollen wir ihnen nicht aus dem Wege gehen, sondern wollen
uns durch sie vorwärts stoßen lassen. Aber wir haben unter solchen An-
stößen nie die brüderliche Einheit verloren und wollen sie uns auch
künftig nicht rauben lassen. Sondern wir wollen der Gewißheit leben,
daß in unserer Kirche im kleinen und unter der brüderlichen Gemeinschaft aller Beteiligten dieselben Fragen akut sind, die die gesamte Evangelische Kirche in Deutschland beherrschen; daß also, wie wir diese Frage an unserem kleinen Modell lösen, für die Gesamtkirche von entscheidender Bedeutung sein muß; daß darum unser Ringen um die Neugestaltung der Kirche hier in Kurhessen der bedeutsamste Dienst ist, den
wir gegenwärtig der gesamten Evangelischen Kirche in Deutschland leisten können.

Damit ist nun vom Standpunkt unserer Landeskirche aus die Antwort
auf die in unserm Thema gestellte Frage gegeben. Wir wissen, daß wir

als Lan|deskirche noch ungelöste Aufgaben vor uns haben, nicht nur für unsern Bereich, sondern auch für die gesamte Evangelische Kirche in Deutschland und durch sie innerhalb der Ökumene. Wir wissen aber auch, daß wir dieser Aufgabe nur nachkommen können, wenn wir den Neubau unserer Landeskirche und ihrer Gemeinden so vornehmen, daß dabei die heute miteinander ringenden rechtlichen und theologischen Prinzipien in rechten Einklang miteinander gebracht werden, Amtsprinzip und Gemeindeprinzip, Episkopalismus und Synodalismus einander bedingen und stützen, ebenso auch geschichtliches Bekenntnis und aktuelles Bekennen. Wer diese Spannungen gewaltsam und einseitig aufheben wollte, würde das Leben töten, das sich in ihnen auswirkt.

Wohl aber hat an einem Punkte die Vereinheitlichung des deutschen Protestantismus einzusetzen, beim Bekenntnisstand der einzelnen Landeskirchen. Die Fülle konfessioneller Spielarten, die uns der Territorialismus des 16. Jahrhunderts hinterlassen hat, muß auf einige wenige große Grundtypen zurückgeführt werden. Das bedeutet Rückgliederung bzw. Neubestimmung der bisherigen Unionskirchen. Im Blick auf das Luthertum erweisen sich dabei Confessio Augustana und Kleiner Katechismus Luthers als die entscheidenden, das kirchliche Leben tragenden Grundbekenntnisse. Alle anderen, die das Luthertum sonst hervorgebracht hat, einschließlich der Konkordienformel, haben sich nicht allgemein durchsetzen können; wo sie in rechtlicher Geltung stehen, sind sie subsidiär, aber nicht exklusiv anzuwenden.

Evangelische Kirche Augsburgischer Konfession – unter dieser Überschrift würden mehr als neun Zehntel des deutschen Protestantismus sich einheitlich zusammenschließen können zu einer großen lutherischen Kirche in Deutschland, die dem Heimatlande der Reformation in der Ökumene die Stellung zurückgewinnen könnte, die es durch eigene Schuld in den letzten Jahren verloren hat. Es verdankt sie dann nicht mehr nur wie früher seiner Theologie, sondern auch seiner Verbundenheit mit der lutherischen Kirche aller Völker und Zungen.

Ob es in dieser lutherischen Kirche in Deutschland noch Landeskirchen geben wird? Sicherlich. Nicht nur als Verwaltungseinheiten, sondern auch als Hüterinnen geschichtlich gewachsenen Lebens. Sie haben fernerhin die Mannigfaltigkeit in der Einheit des deutschen Protestantismus zu repräsentieren. Und neben ihnen stünde dann in engster sachlicher Zusammenarbeit und in dauerndem theologischen Austausch ein Bund Reformierter Gemeinden, der auf der Grundlage des Heidelberger Katechismus und der reformierten Kirchenordnungen die Eigentümlich-

keiten kalvinischer Theologie und Verfassung zur Entfaltung zu bringen
hätte. Auf diesem Wege wäre die Einheit des deutschen Protestantismus
besser gewahrt als auf dem einer erzwungenen Union. In dieser Spannung der beiden evangelischen Hauptbekenntnisse käme die eigentümliche geschichtliche Aufgabe der Evangelischen Kirche in Deutschland am
besten zum Austrag.

DIE RECHTLICHE PROBLEMATIK
DER LEBENSORDNUNGEN IN DER EVANGELISCH-LUTHERISCHEN KIRCHE DEUTSCHLANDS*

Die Arbeiten an einer Ordnung des kirchlichen Lebens gehen innerhalb der VELKD ihrem Abschluß entgegen. Begonnen wurden sie, nachdem die erste Tagung der Generalsynode 1949 in Leipzig dem schon ein Jahr vorher in Eisenach gegründeten Ausschuß für Fragen des gemeindlichen Lebens den Auftrag dazu gegeben hatte. Dieser Ausschuß hat unter Leitung von Bischof D. *Wester*-Schleswig bis Ende 1953[1] für die ersten acht Abschnitte die Genehmigung von seiten der Generalsynode erhalten. Sie tragen die Überschriften:

1. Von der Taufe
2. Vom Dienst der Gemeinde an ihrer Jugend
3. Vom Leben der Jugend in der Gemeinde
4. Vom Gottesdienst in der Gemeinde
5. Von der Beichte und Absolution
6. Vom Heiligen Abendmahl
7. Von christlicher Ehe und kirchlicher Trauung
8. Vom Sterben des Christen und vom Begräbnis[2]

Es liegen vorerst nur im Entwurf vor und werden voraussichtlich im Herbst dieses Jahres von der Generalsynode verabschiedet werden die Abschnitte 9–12:

9. Vom Amt
10. Vom Dienst der Glieder der Gemeinde
11. Vom Übertritt, von den Folgen des Austritts und von der Wiederaufnahme in die Kirche
12. Von der Zucht in der Kirche[3].

---

* Aus: ZevKR 3, 1953/54, S. 225–242.
[1] Bis etwa zu dieser Zeit habe ich die Handakten des Lutherischen Kirchenamtes in Hannover einsehen dürfen. Ich danke Herrn Präsidenten D. Brunotte für die gütige Erlaubnis. Inhaltsangaben und Zitate im Text beziehen sich auf dieses Aktenmaterial.
[2 Vgl. Lutherische Generalsynode 1950, S. 416–419; Lutherische Generalsynode 1951, S. 333–338; Lutherische Generalsynode 1952, S. 492–499; Lutherische Generalsynode 1953, S. 334–337.]
[3 Vgl. Lutherische Generalsynode 1954, S. 461–469.]

Natürlich hat diese Arbeit nicht von einer Kommission allein geleistet werden können. Man war allezeit auf die schöpferische Mitarbeit und | die positive Kritik von den einzelnen lutherischen Landeskirchen her angewiesen. Beides ist in ausreichendem Maße geschehen und von der Leitung der VELKD gefördert worden. Gleich zu Anfang der Arbeit (16. 6. 1949) richtete sie die Bitte an die Einzelkirchen, bis auf weiteres keine eigenen Ordnungen des kirchlichen Lebens zu beschließen; und diesem Wunsche ist auch im großen und ganzen entsprochen worden. Für die Zukunft ist natürlich nicht daran gedacht, die Landeskirchen zu hindern, daß sie die für die VELKD geschaffene Lebensordnung ihren örtlichen Verhältnissen anpassen. Aber die allgemeine Ordnung soll nach dem Beschluß der Rostocker Generalsynode von 1951 als „verbindliche Richtlinie" dienen, „insofern als die von den Landeskirchen verabschiedeten endgültigen Fassungen nicht unter der Linie bleiben sollen, die die Generalsynode ihrerseits festgelegt hat".

I.

Lebensordnungen gab es in einzelnen Landeskirchen schon seit den zwanziger Jahren, unter anderem Namen teilweise schon früher. In Hamburg z. B. existierte seit längerem, zuletzt 1928 redigiert, eine „Sammlung der in Hamburg gültigen Gesetze, Vereinbarungen und herkömmlichen Gebräuche". Der hier genannte Dreitakt ist charakteristisch für den vielseitigen Inhalt und die verschiedenartige Herkunft der einzelnen Stücke einer Lebensordnung. In Bayern wurde unter dem 5. 12. 1922 ein Kirchengesetz betr. kirchliche Lebensordnung erlassen; eine Arbeitstagung der bayerischen Landessynode klagt 1949 darüber, daß sie „weithin niemals praktiziert worden ist und auch heute weithin nicht praktiziert wird". Das gilt auch von den meisten anderen damaligen Lebensordnungen. Wie ist ihre Entstehung und ihr relatives Versagen zu erklären?

Der mannigfaltige Inhalt der neuzeitlichen Lebensordnungen hat seinen Ursprung in den territorialen Kirchenordnungen des 16. Jahrhunderts. Diese sind geschaffen worden von dem damals sich ausbildenden patriarchalischen konfessionellen Staat. Ihr Inhalt ist mannigfaltig und grundsätzlich verschieden von dem der Kirchengesetze und Kirchenverfassungen seit dem 19. Jahrhundert. Ihrem Kern nach sind jene Kirchenordnungen Gottesdienstordnungen, dazu bestimmt, die kultische Einheit des Territoriums zu sichern. Bei ihrer Abfassung steht das Bestreben des Landesherrn im Vordergrund, sein Territorium vor Spaltungen zu bewahren und die Integrität des von ihm durchgeführten Reformationswerkes vor Freund und Feind, vor allem auch vor Kaiser und Reich zu beweisen. Der evangelische Gottesdienst hat die Predigt zum Mittelpunkt. Kultische Einheit schließt daher die Einheit | der Lehre in sich ein. Diese wird gewährleistet durch die Bindung aller Amtsträger an das Bekenntnis, in erster Linie an die Confessio Augustana. Aber auch der Katechismusgebrauch tritt unter den Gesichtspunkt der Lehreinheit; die Katechismen, vor allem die beiden von Luther geschriebenen, gewinnen auf dem Wege über die territorialen Kirchenordnungen symbolischen Charakter.

Als *Gottesdienstordnungen* und *Lehrordnungen* stehen die Kirchenordnungen der Reformationszeit in enger Verbindung mit den offiziellen Bekenntnisschriften. Bis zum Ende des konfessionellen Zeitalters ist also das innerterritoriale Kirchenrecht – ebenso wie das reichsrechtliche! – Bekenntnisrecht. Von da aus aber muß nun die dritte Komponente verstanden werden, die uns hier besonders angeht: Die Kirchenordnungen der Reformationszeit sind nicht nur Gottesdienst- und Lehrordnungen, sie sind vor allem *Zuchtordnungen*.

Deren Ursprung liegt schon in vorreformatorischer Zeit. Die spätmittelalterlichen Territorien und freien Städte kennen „Polizeiordnungen", die das Verhalten der Untertanen bis in die Einzelheiten der Kleidung und der Familienfeste hinein, erst recht aber in bezug auf die politische und kirchliche Öffentlichkeit regeln. Diese Polizeiordnungen sind teilweise wörtlich in die evangelischen Kirchenordnungen eingegangen. Denn erst in der Reformation – und dann auch in der Gegenreformation – ist der moderne Staat ein Erziehungsstaat geworden. Das konfessionelle Zeitalter zeigt ihn uns noch in der spezifisch kirchlichen Ausprägung seiner Erziehungsarbeit; mit der Aufklärung ist sie dann inhaltlich und soziologisch ins Allgemein-Menschliche ausgeweitet worden.

Jene kirchenordnungsmäßig festgelegten Zuchtordnungen haben nun im Laufe der Jahrhunderte christliche Sitte gebildet, Volkssitte und Kirchensitte. Und von dieser sittenbildenden Kraft wird unser kirchliches Leben bis zum heutigen Tage getragen und bestimmt. Formalrechtlich gesehen besteht der konfessionelle Staat mit seinen Kirchen- und Zuchtordnungen bis zum Anfang des 19. Jahrhunderts. Bis dahin dringt auch der Staat mit seinen Machtmitteln mehr oder weniger streng auf die Innehaltung der in jenen Ordnungen begründeten Sitte.

Freilich hatte schon im 18. Jahrhundert die Aufklärung eine bedeutsame Lockerung gebracht. Während im 16. Jahrhundert – wie teilweise schon im Mittelalter – der Adel sich der Strenge kirchlicher Zucht entzogen hatte, emanzipierte sich im Jahrhundert der Aufklärung auch das schriftkundige Bürgertum. Die kirchliche Sittenzucht bleibt also nur für die unteren Volksschichten verpflichtend, verliert aber damit ihre allgemeine religiöse Verbindlichkeit und kann, wenn überhaupt, nur | mit äußeren Polizeimitteln aufrecht erhalten werden. Je mehr aber der Staat einen überkonfessionellen Charakter gewinnt und ein allgemein humanitär bestimmtes Erziehungsprogramm verfolgt, desto weniger stellt er seine Machtmittel in den Dienst einer kirchlichen Sittenzucht. Indem die Menschenrechte sich siegreich durchsetzen und die Toleranz durchgeführt wird, ist es mit jener völlig vorbei. So wird die christliche Volkssitte und die spezifisch kirchliche Sitte von innen und außen her zum Wanken gebracht. Seit Anfang des 19. Jahrhunderts ist im Blick darauf ein Zerfallsprozeß eingetreten, der den Bestand der Volkskirche aufs äußerste gefährdet.

Die kirchliche Restauration des 19. Jahrhunderts hat dem Zersetzungsvorgang Einhalt zu gebieten versucht, freilich mit unzureichenden Mitteln. Soweit sie mit dem politischen Konservatismus Hand in Hand ging, hat sie sich bemüht, inmitten der modernen Welt und ihres Staates die Kirchenordnungen der Reformationszeit zu neuem Leben zu erwecken. Man tat dabei so, als trügen sie grundsätzlich kirchlichen Charakter und als könnten sie einschließlich der darin enthaltenen Zuchtmaßnahmen rein durch die Kraft der Kirche und ihres Wortes in Geltung gehalten werden. In praxi freilich waren die Kirchen bei der gesetzlichen Stabilisierung und Durchführung solcher veralteten Bestimmungen auf staatliche Hilfe angewiesen. Und da sie solche nicht – oder doch nicht in ausreichendem Maße – erhalten konnten, traten die territorialen Kirchenordnungen infolge ihrer Nichtanwendbarkeit faktisch außer Kraft.

Soweit aber die restaurativen Kräfte evangelischen Kirchentums im 19. Jahrhundert in pietistischer Selbstgenügsamkeit sich von der modernen Welt und deren Staat zurückzogen, haben sie versucht, in ihren eigenen Konventikeln die Reste früherer kirchlicher Sitten festzuhalten und die Bindung daran zum Kriterium der Christlichkeit überhaupt zu machen. Aus diesen Kreisen stammt die Wirklichkeit und die Problematik der „Kerngemeinde", die sich in der neuzeitlichen Ausprägung des Kirchenrechtes immer wieder Geltung zu verschaffen sucht und die auch auf die gegenwärtigen Entwürfe einer Lebensordnung mehr oder weniger eingewirkt hat.

Damit sind wir wieder bei unserem eigentlichen Thema. Wir haben uns gefragt, wie es in den zwanziger Jahren unseres Jahrhunderts zur Entstehung besonderer Lebensordnungen gekommen ist. Unser geschichtlicher Rückblick hat uns verständlich gemacht, wie nach dem Wegfall des landesherrlichen Kirchenregiments die Landeskirchen *aus ihren eigenen Kräften heraus* versuchen mußten, dem Zerfall christlicher Volkssitte und spezifisch kirchlicher Sitte Einhalt zu tun. Sie | haben dabei nicht mehr, wie die Restauration des 19. Jahrhunderts, die Erhaltung der Kirchenordnungen des 16. Jahrhunderts in ganzem Umfang anstreben können; sie haben nur die Reste von dem, was aus den damaligen Zuchtordnungen in den Überlieferungen der Dorfgemeinden – in viel geringerem Maße auch der Stadtgemeinden – noch vorhanden war, geborgen, ohne ihnen doch noch einmal zu wirklichem Leben verhelfen zu können. Die Ohnmacht aller restaurativen Tendenzen beim Aufbau von Lebensordnungen hat sich damit erwiesen.

II.

Es scheint mir nun aber das Charakteristikum der nach 1945 in Gang gekommenen Versuche zu sein, daß sie – jedenfalls im wachen Bewußtsein der Beteiligten – solche restaurativen Tendenzen in den Lebensordnungen nicht mehr verfolgen, daß ihnen aber auch die soeben geschilderte geschichtliche Entwicklung nur noch sehr schwach gegenwärtig ist. Es stehen vielmehr die Erfahrungen des Kirchenkampfes vor Augen; den Beteiligten schwebt so etwas vor wie eine Neubildung des kirchlichen Rechtes. Wir fragen uns, bis zu welchem Grade man dies Ziel einer praktischen Neubegründung des kirchlichen Rechtes klar erkannt und welche Schritte man bisher zu seiner Verwirklichung getan hat.

In den grundsätzlichen Einsichten ist dabei wohl *Hans Asmussen* am weitesten gekommen. In einem ungedruckten Vortrag, dessen Einfluß auf die Lebensordnungen freilich fraglich bleiben muß, hat er hervorgehoben, daß die Kirchenordnungen des 16. Jahrhunderts nicht wie die Verfassungen des 20. irgendein weltliches Recht in die Kirche hineingetragen haben, sondern aus den praktischen, seelsorgerlichen Erfahrungen der Visitationen heraus Gottesdienstordnung, Lehrordnung und Zuchtordnung aufs engste miteinander verbanden und diese Verbindung im

Bekenntnis der Kirche begründeten. Mag *Asmussen* auch den obrigkeitlich sittenpolizeilichen Charakter jener Zuchtordnungen verkennen, seinen grundsätzlichen Forderungen wird man zustimmen müssen: Alles legitime Kirchenrecht ist Wortrecht und Sakramentsrecht. Der Mensch hat sein Existenzrecht nicht in sich selbst, weder im politischen, noch im kirchlichen Raume. Wie man die politische Ordnung nicht auf den Forderungen aufbauen kann, die zur Sicherung der menschlichen Existenz erhoben werden, sondern nur auf den Vorgegebenheiten, auf denen diese zu sichernde Existenz beruht, so kann man auch das kirchliche Recht nicht gründen auf die Rechte, die sich für den einzelnen aus seiner kirchlichen Mitgliedschaft ergeben. Zugehörigkeit zur Kirche beruht auf göttlicher Gnadengabe. Sie wird mitgeteilt durch | das Wort der Verkündigung, durch das Sakrament der Taufe und des Abendmahls. „Alles kirchliche Recht ruht also in der Darreichung des Wortes und der Darbietung der Sakramente." Es wird nicht geschaffen auf Grund allgemeiner und unveränderlicher Rechtsprinzipien. Es wird in ihm nicht ein normativ gewertetes Idealbild von der Gestalt der Kirche entworfen. Sondern da, wo Unordnung in ihr entstanden ist, die die Verkündigung des Wortes und den heilsamen Empfang der Sakramente hindert, da entsteht das kirchliche Recht von Fall zu Fall. Es gestaltet sich nicht nach einem konstruktiven Plan; sondern es ordnet das durch Wort und Sakrament Geschaffene in Ehrfurcht vor den geistlichen Kräften, die wirkend hier schon zuvor Leben gestaltet haben.

Ist diese Schau vom Wesen eines evangelischen Kirchenrechtes der Intention nach richtig, so sind in der Tat die Lebensordnungen der Wurzelboden, aus dem es erwächst. Und diese Lebensordnungen müssen noch strenger, als es im 16. Jahrhundert, geschweige denn in den zwanziger Jahren dieses Jahrhunderts geschah, auf die gottesdienstlichen Ordnungen hin ausgerichtet werden. In der Tat ist das in der neuen Lebensordnung geschehen; schon die Überschriften der einzelnen Abschnitte beweisen das, am Inhalt läßt es sich noch deutlicher zeigen. Es ist doch mehr als ein äußerliches Zusammentreffen, daß zugleich mit der Konstituierung der VELKD in Eisenach nicht nur der Ausschuß für Fragen des gemeindlichen Lebens, sondern auch der Liturgische Ausschuß gegründet wurde. In diesen beiden Ausschüssen hat sich sowohl das theologisch-geistliche Leben wie auch die praktische Arbeit der VELKD konzentriert. Und es ist ohne weiteres klar, daß in Abschnitten der Lebensordnungen wie denen über den Gemeindegottesdienst, über Taufe und Konfirmation oder über Beichte und Abendmahl die innere

Übereinstimmung zwischen beiden Ausschüssen zutage treten mußte. So geht auch die Vorbesinnung der Schleswig-Holsteinischen Lebensordnung, die die wichtigste Vorstufe der allgemeinen ist, von dem Grundsatz aus: „Alle Fragen der Ordnung des kirchlichen Lebens hängen zusammen mit der Ordnung des gottesdienstlichen Lebens der Kirche"[3a].

III.

Dabei muß nun der Begriff des gottesdienstlichen Lebens ganz weit gefaßt werden. Es spielt sich nicht nur in den kultischen Gemeindefeiern ab, sondern auch in der *Familie*. Seine Träger sind nicht nur die Gemeinden mit ihren Pfarrern, sondern auch die Familien mit ihren Hausvätern. Die Bildung einer kirchlichen Familiensitte ist eines der vornehmsten Anliegen der Lebensordnung. Damit bleibt sie wohl ihrer | seelsorgerlichen Aufgabe am meisten treu, ist sie am weitesten entfernt von jeder rechtlichen Reglementierung.

Immerhin werden hier die Pflichten der christlichen Hauseltern kräftig hervorgehoben; dazu gehören auch solche, denen ein rechtlicher Charakter innewohnt, so z. B. die rechtzeitige Anmeldung der Kinder zur Taufe und zum Konfirmandenunterricht. Im Blick auf die *Taufe* wird zwar rein indikativisch festgestellt: „Bei der Taufe *sind* die Eltern anwesend, damit sie sich mit der Gemeinde der Taufgabe freuen und zu der überkommenen Verpflichtung bekennen." Dabei gibt der Finalsatz doch eigentlich die Begründung ab; und diese besteht doch nicht nur in der Bezeugung der Freude über die Taufgabe, sondern auch in der öffentlichen Übernahme einer Bekenntnisverpflichtung. Diese aber hat zum mindesten auch eine rechtliche Seite, und zwar handelt es sich um eine erzwingbare Pflicht: im Falle, daß Eltern zur Taufe ihrer Kinder nicht erscheinen, soll der Vollzug der Taufe hinausgeschoben werden.

Ganz deutlich liegen solche rechtlichen Bindungen bei der Anmeldung und dem Vollzug der kirchlichen *Trauung* vor. Für die Festsetzung des Hochzeitstermines sind die geschlossenen Zeiten zu beachten. Bei der Anmeldung ist der Nachweis der Zugehörigkeit zu einer christlichen Kirche zu führen. Im Falle einer konfessionell gemischten Ehe wird zwar keine rechtliche Verpflichtung evangelischer Kindererziehung abgefordert, sie wird aber als Bewährungsprobe evangelischen Glaubens seelsorgerlich sehr nahe gelegt; hier ist also die schmale Grenze zwischen religiöser und kirchenrechtlicher Verpflichtung nicht überschritten.

[3a Ordnung des kirchl. Lebens, o. O. o. J., vorgelegt von Bischof *Wester*, S. 7.]

Wohl aber fallen rechtliche Entscheidungen, wenn die Tauf- und Trau-
versagung ausgesprochen oder wenn im Falle der Ehescheidung aus dem
seelsorgerlichen Bemühen um die Wiederherstellung der Ehe oder um
dauernde Ehelosigkeit der Geschiedenen der allgemeine Satz abgeleitet
wird: „Die kirchliche Trauung kann darum Geschiedenen in der Regel
nicht gewährt werden" (VII, 7) – eine Rechtsregel, von der freilich der
Geistliche „in geistlicher Entscheidung unter dem Worte Gottes" auch
abgehen kann. Man kann also im Zweifel sein, wie weit in der Lebensordnung und der darauf bezüglichen Erklärung der lutherischen Bischöfe ein kirchenrechtlich wirksames Verbot der Wiedertrauung ausgesprochen ist. Wir kommen auf die Frage in anderem Zusammenhang noch
einmal zurück.

Fragen wir nach dem *Ursprung* der familienrechtlich klingenden Vorschriften, die innerhalb der Lebensordnung zum mindesten angedeutet
sind, so werden wir bei der Berücksichtigung der geschlossenen Zeiten
des Kirchenjahres auf Bestimmungen der reformatorischen Kir-
chen|ordnungen geführt, die ehemals öffentlichen Charakter besaßen,
diesen aber vielfach schon seit dem 18. Jahrhundert faktisch, mindestens
seit dem 19. auch rechtlich verloren haben. Die Vorschriften im Scheidungsrecht beruhen aber auf Normen, die ehedem der staatlichen Gesetzgebung zugrunde lagen, aus dem staatlichen Rechtsleben in der modernen Welt aber verschwunden sind. Für die Vorschrift, daß im Nor-
malfalle beide Elternteile bei der Taufe erscheinen müssen, gibt es auch
im früheren Kirchenrechte keine Parallele; sie ist erst möglich geworden, seitdem die Kindertaufe auf mindestens drei Wochen nach der Geburt hinausgeschoben wird – was im allgemeinen nicht vor Mitte des
vorigen Jahrhunderts geschehen sein dürfte.

Daß die Lebensordnung, wenn auch unter teilweiser Übernahme früherer staatskirchlicher Rechtssätze, im Grunde hier neues kirchliches
Recht setzt, dessen sind sich ihre Väter bis zu einem gewissen Grade bewußt gewesen. Bischof *D. Wester* hat in seinem Rechenschaftsbericht vor
der Ansbacher Generalsynode im Juni 1950 eine Rechtfertigung des Stre-
bens versucht, eine schriftgemäße Handhabe der Kindertaufe kirchenordnungsmäßig zu verankern. Er hat mit diesem Streben die Verpflichtung zu christlicher Erziehung und die Möglichkeit der Taufversagung
in den Fällen, da jene nicht gewährleistet ist, begründet. Und er hat jene
Rechtsnormen als ein Zeichen verstanden, das die Kirche aufrichtet, um
die Ernsthaftigkeit ihrer Taufpraxis zu wahren[4]. Indem die Kirche in

---

[4 Vgl. Lutherische Generalsynode 1950, S. 181–184.]

bezug auf sakramentale und nichtsakramentale kirchliche Handlungen rechtlich anwendbare Grundsätze aufstellt, schützt sie die Heiligkeit ihrer Sakramente und die Glaubwürdigkeit ihrer Verkündigung. Alle kirchlichen Amtshandlungen, die in das familiäre Leben eingreifen, von der Taufe bis zur Beerdigung, tragen damit die Tendenz in sich, ein besonderes kirchliches Familienrecht aus sich herauszusetzen, das mit dem heutigen staatlichen Familienrecht nur noch in ganz losem, aus der Vergangenheit begründetem Zusammenhang steht.

Am stärksten ist dieser Zusammenhang wohl noch im kirchlichen *Beerdigungs*recht wirksam. In ihm kommt die Distanz besonders zum Ausdruck, die zwischen Kirche und öffentlichem Leben seit dem 19. Jahrhundert besteht. Das öffentliche Friedhofsrecht kreist im wesentlichen um Fragen des Bodeneigentums und der daraus resultierenden Rechte und Pflichten. Versagungen von Glockengeläut und kirchlicher Beerdigung setzten in früheren Rechtsvorschriften einen Begriff von Ehrlosigkeit voraus, der seit der Erklärung der Menschenrechte höchstens noch im Militärrecht eine Stelle finden konnte. Jetzt leitet die Kirche vom Verkündigungscharakter ihres Handelns die Fälle ab, in | denen eine kirchliche Bestattung versagt werden muß und in denen sie versagt werden kann; jetzt verweigert sie das Glockengeläut in den Fällen, da die Beerdigung nicht mit einer kirchlichen Handlung verbunden ist. Jetzt verbietet sie Formen des Nachrufes, die im Widerspruch zur kirchlichen Verkündigung stehen, und erlaubt nicht, auf den Friedhöfen „Sinnbilder sowie Inschriften unchristlichen Inhalts" anzubringen oder „übertriebenen Aufwand" zu machen. Hier wird nicht altes kirchliches Recht einfach festgehalten, sondern grundsätzlich neues geschaffen.

IV.

Hinter diesen Rechtsetzungen, die die Lebensordnung trifft, stehen ganz bestimmte Vorstellungen von der *Gemeinde*. Sie sind nicht einheitlich. Für den Anfang der Arbeit, etwa in den programmatischen Erklärungen, die Bischof *D. Wester* 1949 auf der Leipziger Generalsynode gab[⁵], könnte man noch die Meinung vermuten, als ob die fortschreitende Zerstörung der Volkskirche in der Gegenwart den Abstand vom Idealbild der neutestamentlichen Gemeinde immer deutlicher habe hervortreten lassen und als ob die Lebensordnung irgendetwas dazu beitragen könne, diese Differenz zwischen Ideal und Wirklichkeit zu verringern.

[⁵ Vgl. Lutherische Generalsynode 1949, S. 123–127.]

Wo das Programm der Kerngemeinde aufgestellt wird, ist diese Idealisierung der neutestamentlichen Gemeinde ohne Frage mitbestimmend.
Aber jenes Programm herrscht doch nicht ausschließlich. Es ist auch die
Erkenntnis wirksam, daß geistliche Entscheidungen ursprünglich immer
nur von wenigen einzelnen gefällt werden können und daß die Kraft
solcher Entscheidungen daran erkennbar wird, bis zu welchem Grade sie
die große Masse entweder spontan mitzureißen oder doch erzieherisch
zu beeinflussen vermögen. Gerade in der vorsichtig zuwartenden Art,
mit der solche geistlichen Entscheidungen in verbindlichen Normen
gleichsam zeichenhaft verfestigt werden, wird deutlich, daß die Lebensordnung die Volkskirche nicht aufgibt, sondern in ihrer Mitte die freie
Möglichkeit schaffen will zur Verkündigung des Wortes und zur Verwaltung der Sakramente.

Es bedeutet schon etwas, daß im Blick auf die Lebensordnungen gerade von einer Landeskirche wie der bayerischen die Parole von der „Mobilmachung der Laien" ausgegeben und der programmatische Satz ausgesprochen werden konnte: „Das kirchliche Handeln ist nicht ein Handeln des Amtes an der Gemeinde, sondern ein Selbsthandeln der Gemeinde." Und wenn dieser Satz auch in seiner ausschließlichen Form
nicht festgehalten werden kann, die dahinterstehende Erkenntnis darf
nicht aufgegeben werden: „Es ist der Krebsschaden der vom
Staats|kirchentum geprägten lutherischen Kirche, daß der Pfarrer die
Gemeinde nicht handeln und nicht arbeiten läßt."

Diesem Krebsschaden geht die Lebensordnung in allen ihren Abschnitten kräftig zu Leibe. Die Gemeinde wird in allen ihren Gliedern
dafür verantwortlich gemacht, „daß der Ruf zur Taufe in ihrer Mitte
lebendig bleibt". Daher die grundsätzliche Forderung, daß die Taufe
vor versammelter Gemeinde vollzogen werde; daher die Verpflichtung,
daß die ganze Gemeinde für die kirchliche Unterweisung und Erziehung
der in ihrer Mitte getauften Kinder Sorge trage. Aus dieser Verpflichtung der Gemeinde ergeben sich Rechtsformen für das innergemeindliche Leben, ergeben sich aber auch schwerwiegende Rechtsforderungen,
die die Gemeinde an die Träger der öffentlichen Erziehung in Staat und
Gesellschaft zu stellen hat.

Vom Dienst der Gemeinde an ihrer Jugend spricht die Lebensordnung
in Abschnitt 2. Von der jungen Gemeinde der heranwachsenden Glieder,
die aber schon in den aktiven Dienst innerhalb der Gemeinde und über
sie hinaus genommen werden, redet Abschnitt 3. Und die Ämter und
Dienste, die die Gemeinde zur Erfüllung ihrer pädagogischen Aufgaben

nötig hat, zählt Abschnitt 9 auf, während Abschnitt 10 die Arbeitsgebiete und -aufgaben der gesamten Gemeinde in der ökumenischen Verantwortung, in Innerer Mission, Volksmission und Heidenmission zusammenfaßt.

Im Blick auf diese Vielgestaltigkeit gemeindlichen Lebens hat sich im Lauf der Entstehung der Lebensordnungen der Begriff der Kerngemeinde immer mehr geläutert. Er wird nicht mehr als ein normativer Idealbegriff aus dem Neuen Testament abgeleitet, sondern wird „in Armut und Demut", wie es in der bayerischen Besinnung über die Lebensordnung einmal heißt, aus dem Reichtum dessen gewonnen, was sich im geistlichen Handeln des Wortes und der Sakramente darstellt. So besteht nach dem schleswig-holsteinischen Entwurf die „lebendige Gemeinde" aus denen, die sich nicht nur selbst zu Gottes Wort und Sakrament halten, sondern auch andere dazurufen und demgemäß „gemeinsam mit dem Pastor an der Sammlung und dem Aufbau der Gemeinde arbeiten" (Abschnitt 10). Und die endgültige Fassung redet (Abschnitt 2) ganz schlicht in Anlehnung an die Augustana vom Dienst der „um Wort und Sakrament versammelten Gemeinde".

Diese Kerngemeinde ist also weder soziologisch noch rechtlich faßbar. Indem sie sich mitdienend um den Pfarrer schart, bildet sie zugleich sein geistliches Gegenüber. Und indem sie so geistlich handelt, repräsentiert sie zugleich die gesamte volkskirchliche Gemeinde. In diesem Sinne kann von ihr (Entwurf Abschnitt 9) gesagt werden: „Die Verantwortung | dafür, daß das Evangelium gepredigt und die Sakramente verwaltet werden, liegt auf der Gemeinde." „Die Gemeinde ist auch gerufen, über der reinen und lauteren Verkündigung des Evangeliums zu wachen." Die rechtlichen Folgerungen aus der hier sich ergebenden polaren Spannung zwischen Gemeinde und Amt hat die Lebensordnung nicht gezogen; sie würden auch über ihren Bereich weit hinausgreifen. Wenn der Entwurf in diesem Zusammenhang den anfechtbaren Satz einfügt: „Sie (die Gemeinde) überträgt das Predigtamt durch ihre geordneten Organe", so ist dieser Satz rechtlich wertlos, weil nicht erkennbar wird, ob es sich hier nur um lokale Gemeindevorsteher handelt oder ob nicht auch die Träger des Kirchenregimentes als geordnete Organe der hier und dort um Wort und Sakrament versammelten Gemeinde anzusprechen sind.

Man muß es der Lebensordnung als ein Verdienst anrechnen, daß sie sich in der rechtlichen Fixierung und Abgrenzung der Kerngemeinde so vorsichtig zurückhält. In einer zunächst rein seelsorgerlichen Weise werden die Aufgaben umschrieben, die sich für eine um Wort und Sakrament gesammelte Gemeinde aus der Annahme der göttlichen Gnadengaben ergeben. Die rechtlichen Konsequenzen, die aus einer dienenden Aktivität hervorgehen, werden nur angedeutet, nicht ausgeführt. Aber es wird mit alledem doch auf eine rechtliche Gestaltung des kirchlichen Lebens hingewiesen, die wir teils schon haben, wenn auch kirchenrechtlich kaum oder doch ganz ungenügend fixiert, teils noch für die Zukunft erstreben müssen.

Wenn in Abschnitt 2 die einzelnen Stadien christlicher Jugendunterweisung vom Kindergarten bis zum Jugendkreis verfolgt werden, dann lassen wir uns daran erinnern, daß diese beiden Institutionen bisher nur vereinsrechtlich erfaßt sind; daß der kirchliche Jugendkatechumenat in der Staatsschule bisher nur konkordatsrechtlich geregelt ist, daß aber bisher die christlichen Religionslehrer mit ihren Rechten und Pflichten im spezifischen Kirchenrecht fast überhaupt nicht vorkommen; und daß die Rechte und Pflichten, die durch die Konfirmation gewährt und in der Lebensordnung aufgeführt werden, bisher nur gewohnheitsrechtliche und keineswegs eindeutige Bedeutung besitzen.

Vor allem aber erfordern diese Aufgaben und Dienste der Gemeinde einen ganzen Kosmos von Ämtern, deren Funktion und rechtliche Stellung noch keineswegs klar bestimmt ist. Der Entwurf zur Lebensordnung unterscheidet (Abschnitt 9, 2)

1. Ämter der Lehre,
2. Ämter der Gemeindeleitung und der Gemeindeverwaltung,
3. Ämter der Diakonie. |

Zu der ersten Gruppe werden Evangelisten, Katecheten, Lektoren, Kantoren und Organisten gerechnet. In bezug auf das *Evangelistenamt,* das die Erweckungsbewegungen um die letzte Jahrhundertwende zu neuem Leben gerufen haben und das sich gegenwärtig im Amt der Volksmissionare fortsetzt, wird gefordert – ein richtiger Grundsatz! –, daß es irgendwo in einer bestimmten Einzelgemeinde verwurzelt sein müsse, um von hier aus einen gesamtkirchlichen Auftrag wahrzunehmen.

In das *Katechetenamt,* das nur in der Ostzone eine einigermaßen gesetzlich fundierte Stellung gefunden hat, sind in unseren westlichen Verhältnissen auch die in kirchlichem Auftrag wirkenden staatlichen Religionslehrer einzubeziehen. Es wird nicht leicht sein, ihr innerkirchliches Amt mit ihrer öffentlich-rechtlichen Beamtenfunktion in Einklang zu bringen.

Die Anfänge des heutigen *Lektoren*amtes fallen in die Zeit des Kirchenkampfes. Die Kirchen des Westens haben, soweit ich sehe, die damals entwickelten Ansätze kaum weiter verfolgt. Da man nicht voraussehen kann, welche tumultuarischen Ereignisse das Lektorenamt dringend notwendig machen können, und da eine Entlastung des Pfarramtes und eine Umordnung des aus dem Mittelalter stammenden Parochialwesens vordringlich gefordert werden müssen, sollten Praktiker und Kirchenjuristen den weiteren Ausbau des Lektorats vorwärts treiben.

Im Ausbau des *kirchenmusikalischen* Amtes machen heute verschiedene Landeskirchen große Anstrengungen, vor allem auf dem Gebiete des Ausbildungswesens. Nur schade, daß die so gewonnenen Kräfte nicht überall sachgemäß untergebracht werden können. Hier haben die kirchlichen Verwaltungsjuristen noch manche ungelöste Aufgabe vor sich, um wertvollen Menschen angesichts der Fülle heutiger kirchlicher Aufgaben eine angemessene Wirkungsstätte zu bereiten.

Ein menschliches und rechtliches Problem wird von der Lebensordnung in diesem Zusammenhang noch nicht berührt, sondern harrt noch der Lösung: Was wird aus den hauptamtlichen Kräften, die nach einer entsprechenden Ausbildung in der *Jugendarbeit* der Kirche tätig sind? Diese Männer und Frauen, die auf ihrem ursprünglichen Feld nur eine relativ eng begrenzte Zeit wirken können, sind für ihre späteren Lebensjahre rechtlich und versorgungsmäßig noch ungesichert. Auch hier wird die Kirche alles tun müssen, wertvolle Kräfte ihrem Dienst zu erhalten.

Ähnlich ungelöste Fragen geben uns die Ämter der Gemeindeleitung und -verwaltung auf. Für die Gemeindeleitung führt die Lebensordnung nur die *Kirchenältesten* an, stellt ihnen freilich gleich so zentrale geistliche Aufgaben wie den Kampf gegen etwaige Irrlehren in der Gemeinde | (Abschnitt 9, 1). Man sieht, der Begriff der Gemeindeleitung ist, vor allem nach der Seite des Pfarramtes hin, noch ungeklärt, wie denn das Ältestenamt seine klassische Ausprägung nicht eigentlich auf dem Boden lutherischen Kirchentums gefunden hat. Nun darf man freilich hier nicht falsche konfessionelle Alternativen stellen, andererseits aber auch nicht unbesehen fremde Institutionen übernehmen. Ebenso wie für die größeren kirchlichen Körperschaften das Synodalprinzip von Theologen und Kirchenrechtlern überprüft werden muß, genauso bedürfen auch die Leitungsorgane der lutherischen Einzelgemeinde einer Umbildung bzw. Neubegründung.

Je mehr die Verwaltungsaufgaben der Gemeinden und Gemeindeverbände in der staatsfreien, sich selbst besteuernden Kirche zunehmen, je mehr aber andererseits die Pfarrer von der Verwaltungsarbeit entlastet werden müssen und sollen, desto größer wird Aufgabe und Verantwortung der gemeindlichen *Verwaltungsämter.* Noch behelfen wir uns mit dem allgemeinen staatlichen Angestellten- oder Beamtenrecht. Noch verzichten wir darauf, dem kirchlichen Verwaltungsbeamten – abgesehen von persönlicher Frömmigkeit und kirchlicher Haltung – ein Bewußtsein seines eigentümlichen kirchlichen Dienstes und seiner sich daraus ergebenden kirchlichen Position zu verschaffen. Die ganze Frage scheint mir eng mit dem rechten Verständnis der Diakonie zusammenzuhängen. Im Sinne des Neuen Testaments und der Alten Kirche steht die kirchliche Verwaltung im Dienste der Armenpflege und soll darüber hinaus Wortverkündigung und Sakramentsverwaltung äußerlich möglich machen; sie gehört damit recht eigentlich zur Diakonie. Demgemäß sollten wir heute aufhören, zwischen kirchlicher Verwaltung und Diakonie grundsätzlich zu unterscheiden. Von den Archidiakonen in unseren kirchlichen Zentralbehörden bis hin zu den Kastenmeistern im kleinsten Dorf sollten sich die Träger kirchlicher Verwaltungsämter mit unseren Diakonen und Diakonissen solidarisch wissen im Liebesdienste der christlichen Gemeinde.

Durch die *Diakonengesetze,* die einzelne Landeskirchen in den letzten Jahren erlassen haben, ist die männliche Diakonie in weitem Umfange in die kirchliche Gesetzgebung eingebaut. Für die weibliche Diakonie wird die heutige „Krisis" der Mutterhäuser ein ähnliches Ergebnis zeitigen. Das Amt der *Diakonissen* wird, ohne daß sie in ihren Mutterhäusern den geistlichen Mittelpunkt und die lebenslängliche Heimat verlieren dürfen, durch gesamtkirchliche Maßnahmen doch ganz anders als bisher in den Gesamtorganismus der Gemeinde eingebaut werden müssen.

Ähnliche Aufgaben erwachsen im Blick auf die *diakonischen Frauen\berufe,* die im letzten Menschenalter in immer stärkerem Maße im Dienste der Gemeinde sich entwickelt haben. Kirchliche Kindergärtnerinnen, Hortnerinnen, Fürsorgerinnen und Gemeindehelferinnen entbehren des Schutzes eines Mutterhauses und leben vielfach in sehr bedrängten und ungesicherten finanziellen und sozialen Verhältnissen. Sie bedürfen um so mehr der sie in die Einzelgemeinde einpflanzenden und sie umhegenden gesamtkirchlichen Ordnungen.

Auf alle diese rechtlichen Notwendigkeiten weist die neue Lebensordnung zunächst bloß hin. Indem sie in ihrem Entwurfe von dem Satze ausgeht: *„Zum* Predigtamt gibt der Herr seiner Kirche eine Fülle ande-

rer Ämter", stellt sie die theologische Aufgabe, alle diese Ämter als Ent-
faltungen des einen Gnadenmittelamtes im Sinne von Artikel 5 der Augustana zu verstehen. Daraus ergibt sich aber eine eminent wichtige,
noch kaum in Angriff genommene kirchenrechtliche Aufgabe, den Kosmos dieser Ämter in der rechten Weise zu erschließen, die Zuordnung, in
der jedes zu den anderen steht, zu bestimmen und Rechte und Pflichten
für jedes einzelne sachgemäß gegeneinander abzugrenzen. Nur wenn
diese Aufgaben gelöst sind, kann die Lebensordnung im praktischen Leben wirksam werden. Hier sind Theologen und Kirchenjuristen zu einer
gemeinsamen Aufgabe gerufen.

V.

Wir haben in unserer Betrachtung der Lebensordnungen einen wichtigen Sektor noch ausgespart, die Aufgabe des *geistlichen Amtes* im engeren Sinne. In weiten Bereichen stellt die Lebensordnung eine pastoral-
theologische Anweisung dar, auch wo sie nicht, wie in ihrem ersten Abschnitt von der Taufe, eine ausdrückliche Handreichung für die Hand
des Pfarrers hinzugefügt hat. Der rechtliche Gehalt dieser pastoraltheo-
logischen Anweisungen muß uns abschließend noch beschäftigen.

Der allgemeine Grundsatz, von dem Bischof *D. Wester* in seinem Rechenschaftsbericht von 1950 dabei ausgeht, enthält ein ganzes kirchenrechtliches Programm. „Die Ordnung einer Kirche", so sagt er, „wird
um so besser gestaltet, je mehr sie dem geistlichen Amte die Möglichkeit
bietet, seinen Dienst der Verkündigung und der Sakramentsverwaltung
auftragsgemäß zu vollziehen"[6]. Wir haben also in der Lebensordnung
Anweisungen zu erwarten, die den Dienstauftrag des Pfarrers an entscheidenden Punkten bestimmen.

So enthält die Lebensordnung z. B. eine Fülle von *Zuständigkeitsrege-
lungen* für die Vornahme von Amtshandlungen wie Taufe, Konfirma-
tionen, Trauungen und Beerdigungen. Das bestehende, aber viel|fach ge-
lockerte Parochialrecht wird also aufs neue begründet. Indem das Gemeindeglied Anweisung erhält, an welchen Amtsträger es sich zu wenden habe, wird dieser von anderer Seite als von seiner Dienstanweisung
aus an seine Pflicht gebunden.

In ähnlicher Weise greifen die in der Lebensordnung vorgesehenen
Versagungen einzelner Amtshandlungen in das pfarramtliche Dienstrecht ein. So heißt es in bezug auf die Taufe: „Die Versagung der Taufe

[6 Vgl. Lutherische Generalsynode 1950, S. 179.]

gehört unter die Verantwortung des zuständigen Seelsorgers." Der Kirchenvorstand besitzt in diesem Falle nur das Recht angehört zu werden, der unmittelbare kirchliche Vorgesetzte (Dekan, Superintendent, Propst) ein Vetorecht, von dem nicht gesagt ist, ob es endgültige oder nur aufschiebende Wirkung hat.

Die Versagung des Heiligen Abendmahles ist dagegen ausschließlich unter die Verantwortung des Seelsorgers gestellt (Abschnitt 6, 4). Bei der Zurückstellung vom Konfirmandenunterricht kann er die Ältesten hinzuziehen. Trauversagungen entscheidet er allein; die Betroffenen können „bei den zuständigen Stellen" Einspruch erheben. Wir hörten schon, daß das Verbot der Wiedertrauung Geschiedener Ausnahmen zuläßt. Die rechtliche Regelung dieses Ausnahmefalles ist in der allgemeinen Fassung der Lebensordnung offenbar noch den einzelnen Landeskirchen vorbehalten; ich glaube aber kaum, daß hier schon überall die gesetzlichen Grundlagen vorhanden sind. Die Lebensordnung bestimmt (Abschnitt 7, 8): „Die Gewährung der Trauung Geschiedener gehört unter die Verantwortung des zuständigen Seelsorgers. Im Interesse eines gleichmäßigen kirchlichen Handelns kann die endgültige Entscheidung von der Zustimmung vorgeordneter Organe abhängig gemacht werden. In jedem Fall muß sich der Pastor unter Wahrung des Beichtgeheimnisses mit seinem Dekan (Propst, Superintendent) beraten; er kann auch den Kirchenvorstand hören."

Wer gewahrt in diesen Bestimmungen nicht den Keim eines kirchlichen Ehescheidungsrechtes? Sie drängen direkt darauf hin, daß „die vorgeordneten Organe" aus den Erfahrungen der Praxis heraus allgemein bindende Richtlinien entwickeln, aus denen hervorgeht, in welchen Fällen die Kirche eine Ehescheidung durch die Gewährung der Wiedertrauung als tragbar anerkennt und in welchen nicht. Und so kann man abschließend vielleicht zu diesem ganzen Kapitel der Versagung kirchlicher Handlungen durch den Pfarrer sagen: Hier befinden wir uns in einem wichtigen Quellgebiet für die Entstehung bzw. Weiterbildung nicht nur eines pfarramtlichen Dienstrechtes, sondern auch eines Sakramentsrechtes, das auf den Aufbau der Volkskirche unterscheidende und | wertende Maßstäbe anwendet und in seiner Ausbildung und Anwendung die Struktur der bisherigen Volkskirche stark verändern wird.

In die gleiche Richtung weist auch die Forderung der Lebensordnung, daß die Gewährung kirchlicher Handlungen von der Teilnahme an bestimmten seelsorgerlichen Aussprachen bzw. *Prüfungen* abhängig gemacht werden soll. Eine Prüfung über den Stand der Unterweisung, bei der auch das Verständnis des Kindes, sein Wandel und seine Beteiligung am Leben der Gemeinde zu berücksichtigen sind, entscheidet über die Zulassung zum Konfirmandenunterricht und damit über die Teilnahme an der Konfirmation. Der positive Ausfall eines Taufgespräches, das der Pfarrer mit den Eltern anstellt und in dem er die Forderungen durchgeht, die die Lebensordnung als Voraussetzungen der Kindertaufe aufgestellt hat, ist Bedingung für die Spendung des Taufsakramentes.

Eine Unterweisung über Segen und Aufgaben einer christlichen Ehe wird dem Pfarrer zur Pflicht gemacht. Nur so kann er ja feststellen, ob einer der beiden Eheschließenden „das Bekenntnis zur christlichen Ehe offensichtlich nicht ernst nehmen will", – in welchem Falle er ihm die kirchliche Trauung versagen muß.

Werden diese dem Pfarrer in der Lebensordnung neu oder doch nach langem Verfall wieder auferlegten Dienstpflichten von ihm wirklich ernst genommen, dann wird nicht nur seine Stellung in der Gemeinde eine wesentlich andere als bisher, dann wird auch in die Fundamente der jetzigen Volkskirche, in die Praxis der Kindertaufe, der kirchlichen Jugendunterweisung und der Trauung ein jurisdiktionelles Element hineingelegt, das von zunächst noch nicht meßbaren Folgen sein kann.

VI.

Bischof D. *Wester* hat 1950 in seinem Rechenschaftsbericht als Forderung der Gegenwart bezeichnet, „die Ordnung des geistlichen Lebens der Kirche mit der gleichen Entschlossenheit gegen die Welt abzugrenzen, wie es die Reformatoren ihrer Verantwortung entsprechend gegenüber Rom getan haben"[⁷]. Niemand wird den Ernst dieser Forderung nach den Erfahrungen des Kirchenkampfes bestreiten, niemand leugnen können, daß die Reformatoren jene ihnen aufgetragene Abgrenzung auch auf dem Gebiete des Rechtes vollzogen haben. Daß auch heute nicht nur und nicht in erster Linie durch das Recht die Grenze zur Welt gezogen werden kann, darüber wird bei allen Verantwortlichen Einstimmigkeit herrschen. Ob es *auch* durch das Recht geschehen soll, darüber werden die Meinungen wahrscheinlich auseinander|gehen. Die neue Lebensordnung hat die Meinungsverschiedenheit schon dadurch entschieden, daß sie, wie wir gesehen haben, eine Fülle rechtlicher Bestandteile in sich hineingenommen, eine solche Fülle rechtlicher Konsequenzen aus sich entbunden hat.

[⁷ Vgl. Lutherische Generalsynode 1950, S. 180.]

Zwar hat man sich gleich bei Beginn der Arbeiten an der Lebensordnung dagegen verwahrt, „neue Gesetze zu machen durch unsere Tätigkeit und unser gemeindliches Leben unter ein Joch zu stellen"; und hat es als die eigentliche Aufgabe bezeichnet, „den Dienst am Evangelium in unserer Mitte zu fördern und uns von dem säkularen Gesetze zu befreien, unter das unser ‚kirchliches' Handeln weithin gekommen ist" (Bischof D. Wester in Leipzig 1949; aufgenommen in die Vorrede der schleswig-holsteinischen Lebensordnung[8]).

Anderswo hat man den Zweck der Lebensordnung dahin bestimmt, sie solle „die Verkündigung des Evangeliums unterstützen", „den Entscheidungsernst der christlichen Botschaft ans Licht bringen". Ja, man hat der Lebensordnung grundsätzlich den Charakter einer Rechtsordnung abgesprochen und behauptet, daß ihre Aussagen „an sich keine Rechtssätze" seien und ihre Geltung „nicht von vornherein Rechtsgeltung sein könne und sein dürfe". Andererseits aber hat man doch durch die neue Ordnung „künftig das Handeln im Dienst der Kirche normieren" wollen.

Die hier auftauchenden Unklarheiten beweisen die Unsicherheit, die auch in führenden evangelischen Kreisen im Blick auf das Wesen des evangelischen Kirchenrechtes besteht. Hinter allen diesen Unklarheiten und Unsicherheiten steht aber doch der deutliche Anspruch, mit der Lebensordnung künftiges kirchliches Recht vorzubereiten. Ihre Verfasser haben offenbar das Gefühl, daß sie neuen Ufern entgegensteuern.

Schon in der programmatischen Leipziger Erklärung von 1949 bricht dieses Gefühl durch. Bischof D. Wester stellt den Begriff der „Ordnung" in den Mittelpunkt und definiert ihn in Anlehnung an Luther als „Ordnung um der Liebe willen". Er schließt aber bei dieser Ordnung Rechtssätze nicht aus, will sie nur nicht zum Ausgangspunkt nehmen, sondern ihnen „an der inneren geistlichen Ordnung der Kirche Maß und Richtschnur" geben[9]. Deutlich wird hier nur ein von außen her übernommenes, zwangsmäßig wirkendes Recht abgelehnt. Erstrebt aber wird ein auf geistlichen Voraussetzungen aufbauendes Recht, und die Lebensordnung wird deutlich als eine Vorstufe dazu angesehen.

Noch erstrecken sich die Unklarheiten im Grundsätzlichen auch auf das einzelne. Die Redeweise erfolgt teils im Indikativ, teils im Imperativ; und durchweg waltet die Tendenz vor, die den Indikativ bevorzugt. Aber diese indikativischen Feststellungen sind doch normativ ge|meint,

---

[8 Lutherische Generalsynode 1949, S. 126 f.]
[9 Lutherische Generalsynode 1949, S. 125.]

können den Charakter des Sollens nicht verbergen. Für den Rechtscharakter einer Aussage ist doch eben nicht nur die Form, ist vor allem der Inhalt maßgebend.

Innerkirchliche Kritiker vermissen an der Lebensordnung die rechte Unterscheidung zwischen Soll- und Kann-Bestimmungen und rühren damit an den Nerv unserer Fragen. Das Lübecker Geistliche Ministerium und der Synodalausschuß von Hannover postulieren einen wesensmäßigen Unterschied zwischen Lebensordnung und Kirchengesetz. Die bayerische Landessynode von 1951 empfiehlt eine mechanische Teilung. Ein allgemeiner Teil katechismusähnlichen Charakters soll erbaulich gehalten sein; ein zweiter „etwa in Leitsätzen abgefaßter Teil, der wohl in Form eines Gesetzes angenommen und veröffentlicht werden muß", zu dem auch Ausführungsbestimmungen gegeben werden sollen, würde dann das Grundsätzlich-Rechtliche enthalten. Solche Pläne faßt die Synode ins Auge, obwohl die Vorlage des Landeskirchenrates vom 4. 5. 1950 ausdrücklich kein Gesetzbuch, sondern eine Liebesordnung gefordert hatte. Man sieht, es sind nicht die kirchlichen Verwaltungsfachleute, die auf eine Verrechtlichung der Lebensordnung drängen.

Kurzum, wir befinden uns in einer Übergangssituation, für die das Schwanken charakteristisch ist. Aber die Tendenz der Entwicklung ist klar; sie drängt hin auf neue rechtliche Normen. Äußerlich wird sie sich wohl so vollziehen, daß nach Annahme der letzten noch ausstehenden Abschnitte das Ganze noch einmal stilistisch durchgearbeitet und dann en bloc in Form eines Kirchengesetzes angenommen wird[10]. Besondere Gesetze zu den einzelnen Abschnitten, z. B. Taufgesetze, Trauungsgesetz, werden folgen.

Ein in sich abgeschlossenes Gesetzeswerk, das die Verkündigung des Evangeliums und die Verwaltung der Sakramente einheitlich regelt, wird am Ende dastehen. Das evangelische Verständnis von Wort und Sakrament wird den evangelischen Charakter dieses Kirchenrechts sicherstellen. Es wird nicht mit dem Codex Juris Canonici zu vergleichen sein, eher mit dem Decretum Gratiani; wenn anders Rudolf Sohm richtig gesehen hat, daß das altkatholische Kirchenrecht, das den sicheren Empfang des Heils durch die Vermittlung der Sakramente regelt, bei Gratian zu seiner Vollendung gekommen ist.

---

[10] Vgl. Lutherische Generalsynode 1955, S. 448 und S. 412–439.]

ZUR THEOLOGISCHEN PROBLEMATIK DES KIRCHLICHEN MITGLIEDSCHAFTSRECHTES*[1]

Kirchliches Mitgliedschaftsrecht kann nicht naturrechtlich oder aus einem theologisch interpretierten Genossenschaftsrecht begründet werden. Es ergibt sich nicht aus der grundsätzlichen Gleichheit aller Menschen – auch der Erlösten – vor Gott. Eine solche Begründung würde verkennen, wie die Erlösung zustande kommt, daß sie immer durch das göttliche Handeln in Wort und Sakrament geschieht, daß sie daher immer auf das Amt bezogen ist, dessen sich Gott bei solchem Handeln bedient. Mag auch der Amtsträger für seine Person in jene allgemeine Gleichheit mit einbezogen sein, so ist er doch ebenso wie jeder andere Christ gebend und nehmend hineingespannt in eine Fülle geistlicher Beziehungen, die sich ergeben aus den Wirkungen, die der Geist durch Wort und Sakrament vollbringt. Damit ist ein Verhältnis gegenseitiger Über- und Unterordnung gegeben, das, wenn es überhaupt rechtlich ausgedrückt werden kann, eine grundsätzliche Gleichheit als Voraussetzung eines kirchlichen Mitgliedschaftsrechtes ausschließt.

Ebensowenig kann es eine legitime Aufgabe sein, die Einbrüche, die das Genossenschaftsrecht seit dem germanischen Mittelalter in das Kirchenrecht hinein vollzogen hat, nachträglich theologisch zu begründen. Wahrscheinlich, ja sicherlich läßt sich von den Voraussetzungen reformatorischer Theologie aus ein genossenschaftliches Denken im Kir-

---

* Aus: ZevKR 4, 1955, S. 337–360.
[1] Es kann hier nicht erschöpfend die ganze Problematik entwickelt werden, wie sie durch die gegenwärtige Lage der Christenheit gegeben ist. Es entspricht dem rechtsgeschichtlich-dogmengeschichtlichen Ausgangspunkt dieser Untersuchung, daß die modernen Fragen des Ein- und Austritts in die kirchliche Mitgliedschaft nicht erörtert werden. Ausgelassen wurde auch alles, was ich früher über das Gemeindeamt im weiteren Sinne (*Maurer*, Gemeindezucht, Gemeindeamt, Konfirmation, S. 23 ff.) ausgeführt habe. Schließlich darf ich daran erinnern, daß der Versuch, aus den Gegebenheiten einer geistlichen Mitgliedschaft an der Kirche als dem Leibe Christi Mitgliedschaftsrechte abzuleiten, einer grundsätzlichen theologischen Besinnung bedarf, die im Rahmen dieses kurzen Aufsatzes nicht angestellt werden kann. Die ursprüngliche Vortragsform wurde nicht völlig verwischt.

chenrecht eher rechtfertigen als ein anstaltliches. Aber solche nachträglichen Begründungen entbehren der theologischen Relevanz. Nur was in
der Kirche innerhalb ihrer rechtlichen Ordnungen in Zusammenhang
gebracht werden kann mit dem Heilswalten Gottes, ist theologisch legitim. Gewiß können Rechtsordnungen für den einzelnen Gläubigen niemals eine Voraussetzung bilden für die Erlangung des Heils; aber sie haben keine Existenzberechtigung, wenn sie nicht irgendwie – meistens
mehr indirekt als direkt – den Weg zum Heil erleichtern. Auch evangelisches Kirchenrecht gewinnt seine Kriterien aus dem evangelischen
Verständnis des Heils; es kann nicht bestehen, wenn es sich nicht von
diesem Zusammenhange her seiner dienenden Funktionen bewußt wird.

Wir versuchen daher von dem Begriff der congregatio sanctorum aus,
der im Mittelpunkt der Aussagen von CA 7 und 8 steht, Möglichkeit
und Eigenart eines evangelischen Mitgliedschaftsrechtes zu bestimmen.
Wir verstehen dabei jenen Begriff in seinem Zusammenhang mit dem
Gnadenmittelamt, von dem nicht nur in diesen beiden Artikeln der Augustana, sondern entscheidend vor allem in CA 5 die Rede ist. Nur
wenn man jenen Begriff in diesem Zusammenhange sieht, kann man aus
ihm die theologischen Folgerungen ableiten, die ein kirchliches Mitgliedschaftsrecht begründen.

Wir versuchen also hier einen Beitrag zu liefern für die Klärung des
Verhältnisses von Gemeinde und Amt. Von der heilsamen Spannung, die
hier besteht, hängt alles Leben im evangelischen Kirchenrecht ab. Die
rechte geistliche Aktivität der Gemeinde und ihre echte Partnerschaft
gegenüber dem Amt wird sich nur dann entfalten können, wenn jene
theologischen und rechtlichen Folgerungen aus dem Begriff der congregatio sanctorum gezogen sind.

Wir verfolgen zunächst die Entwicklung des *Glied*schaftsgedankens in
der Kirche und leiten daraus die Möglichkeit eines Mitgliedschafts*rechtes* ab. Dabei werden wir 1. Gliedschaft und Gliedschaftsrecht in dem
– von Rudolph Sohm so genannten – altkatholischen Kirchenrecht behandeln, das das Decretum Gratiani noch in sich einschließt; 2. den neu-
en Gedanken kirchlicher Gliedschaft, wie ihn die Reformation gebracht
hat und wie er in den Bekenntnisschriften ausgesprochen ist, darstellen
und 3. zeigen, wie auf dieser Grundlage die bisherigen Ansätze eines
kirchlichen Mitgliedschaftsrechtes umgeformt worden sind und neue
entwickelt werden können. |

I. Communio sanctorum als Grundlage eines
sakramentalen Kirchenrechtes

Werner Elert[2] hat uns wieder den ursprünglich sakramentalen Charakter der communio sanctorum deutlich gemacht. Wie schon Ferdinand
Kattenbusch[3] so hat auch er jene Formel des Apostolikums neutrisch
verstanden: Teilnahme an den sancta, an den Heilsgaben der Sakramente. Die Gliedschaft am Leibe Christi wird durch diese Teilhabe zustande
gebracht. Das ist die Auffassung, die das ganze Mittelalter hindurch das
Verständnis kirchlicher Gliedschaft bestimmt. Durch die Initiations-
kramente von Taufe und Firmelung wird sie begründet, durch das Bußsakrament immer wieder aufs neue hergestellt; durch das Altarsakrament
wird sie genährt, durch die letzte Ölung angesichts des Todes bekräftigt.
   Grundlegend für die Wirkung aller dieser Sakramente ist das Weihe-
sakrament (sacramentum ordinis). Von seiner Gültigkeit hängt normalerweise die *heils*mäßige Wirkung aller Sakramente ab – auch der Taufe, die als ein unwiederholbares Sakrament auch außerhalb der Kirche
und im Falle der Not auch von einem Laien vollzogen werden kann.
Alle Grundfragen des sakramentalen Kirchenrechtes sind daher im Zusammenhang mit der Ordination durchgefochten worden. Die Überspannung des sakramentalen Prinzips im Investiturstreit hat, wie Rudolph Sohm[4] gezeigt hat, zur Auflösung des altkatholischen Sakraments-
rechtes und zum neukatholischen Korporationsrecht geführt. Aber auch
unter den neuen, aus den formalen Prinzipien der allgemeinen Rechtswissenschaft gewonnenen Rechtsbegründungen bleiben die elementaren
Tatbestände des ursprünglich sakramentalen Rechtes erhalten. Daß es
in latenter, oft anonymer Weise, durch Frömmigkeit und Liturgie geschützt, in den Formen des modernen Korporationsrechtes weiterge-
wirkt hat und weiterwirkt, darin scheint mir – und ich glaube, man
muß dabei über Sohm hinausgehen – die eigentümliche Problematik
des neukatholischen Kirchenrechtes zu liegen.
   Uns interessiert in unserem Zusammenhang vor allem, daß je-
nes | altkatholische Kirchenrecht fast ausschließlich *Priesterrecht* ist.
Wie die kirchliche Ordination zustande kommt, auf welchen Vorausset-

---

[2] *Elert*, Abendmahl und Kirchengemeinschaft, besonders Exkurs II, S. 170 ff.
[3] *Kattenbusch*, Das Apostolische Symbol, Bd. 2 S. 927 ff. – Kattenbusch zeigt
aber, und Elert bestätigt es, daß im Westen früh die personale mit der sachlich sakramentalen Auffassung der Symbolformel Hand in Hand ging; vgl. unten Anm. 13.
[4] *Sohm*, Altkath. KR.

zungen ihre Gültigkeit beruht und ob und in welchem Sinne eine gültige Ordination durch die Deposition außer Kraft gesetzt werden kann, das ist entscheidend wichtig für die Wirksamkeit aller übrigen Sakramente und damit für den Heilsstand aller Gläubigen. Indem sie Glieder sind an dem einen sakramentalen Leibe Christi, genährt von den Heilskräften, die ihnen aus den Sakramenten zufließen, sofern sie also in Verbindung stehen mit dem Amt, das zur Spendung dieser Sakramente durch die Weihe ausgerüstet und befugt ist, nur insoweit haben sie Anteil an dem sakramentalen Heil.

Der heilsmittlerischen Aktivität der Priester entspricht also eine passive Gliedschaft der Laien. Für die mittelalterliche Kirche gibt es zweierlei Gliedschaft, aktive und passive – nicht freilich in einer absoluten Gegensätzlichkeit. Vielmehr bedeutet in der hierarchisch geordneten Kirche eine passive Empfänglichkeit auf der höheren Stufe zugleich eine aktive Weitergabe der sakramentalen Gnaden an die nächst niedere. Und selbst der einfache Getaufte empfängt in der Firmelung besondere Geistesgaben, *ut roboretur per spiritum sanctum ad praedicandum aliis idem donum,* quod in baptismate consecutus est per gratiam vitae donatus aeternae[5].

In zwei Fällen tritt die aktive Gliedschaft des Nichtklerikers unter der Herrschaft des sakramentalen Kirchenrechtes besonders in Funktion: im Ehesakrament und im Patenamt.

Die Ehe zweier Getaufter ist ein Sakrament, das die Nupturienten sich selbst spenden, das also in seinem sakramentalen Charakter von der priesterlichen Benediktion grundsätzlich unabhängig ist. Im Vollzug oder, wenn man römisch-rechtlich denkt, im consensus eignen sich die Nupturienten gegenseitig die Gnadenwirklichkeit zu, an der sie durch die Taufe Anteil haben, und bilden damit die Liebesgemeinschaft ab, in die Christus mit der ganzen Kirche getreten ist.

Wie hier, so wird auch im Patenamt die Gliedschaft am sakramentalen Leibe der Kirche, wenn nicht in aktiver, so doch in mitaktiver Weise praktiziert. Als geistlicher Vater tritt der patrinus mit seinem geistlichen Sohne in eine geistliche Gemeinschaft, die dauernd, mindestens bis zur Firmelung hin, Bestand behält. Indem der Pate für sein geistliches Kind den Glauben bekennt, wirkt er aktiv mit bei dessen Eingliederung in den geistlichen Leib der Kirche. Als sein „fideiussor" vor Gott hat er

---

[5] Decretum Gratiani c. 5 dist. V, de consecratione – Aus Hrabanus Maurus, De institutione clericorum.

ihm den Wortlaut des Symbols und des Vaterunsers zu | übermitteln, die Minimalkenntnis also, von der später die praktizierende Teilnahme des mündig gewordenen Taufkindes an den kirchlichen Sakramenten abhängt[6]. Die sakramentale Mittlerschaft des Paten ist also nicht konstitutiv für den Heilsstand des Getauften. Aber auch die subsidiäre Funktion ist unerläßlich dafür, daß der sakramentale Lebenszusammenhang, in den der Täufling infolge seiner Taufe eingetreten ist, diesem zum Heile gereicht.

Im altkatholischen Kirchenrecht ist also der Gedanke der Gliedschaft *aller* Getauften nur sehr schwach entwickelt. Das Interesse haftet vornehmlich an der heilsmittlerischen Gliedschaftsstellung des Klerus. Immerhin, Gliedschaft aller Getauften ist vorhanden und ist von zwei Seiten her immer wieder in das kirchliche Bewußtsein getreten: einmal bei der Grenzziehung gegenüber der Ketzerei, zum anderen in der Praxis der Buße und Kirchenzucht.

Der Irrlehrer, der hartnäckig seine falsche Meinung festhält, scheidet sich dadurch selbst aus der sakramentalen Gliedschaft der Kirche. Dieser sein Selbstausschluß wird durch die Exkommunikation bestätigt, der Irrlehrer wird als ein totes Glied zugleich ein abgehauenes. Es handelt sich also hier primär weder um eine Reinigungs- noch um eine Strafmaßnahme der Kirche. Sie zieht nicht von sich aus eine Grenze, sondern stellt nur fest, daß eine längst gezogene bereits überschritten ist. Voraussetzung ist dabei, daß auch die *öffentliche* Lehre der Kirche – und nur um die handelt es sich zunächst im Ketzerverfahren, nicht um den persönlichen Glauben – ein sakramentales Handeln der Kirche ist, genauso wie die Verwaltung der Sakramente. In beiden Fällen beruht die Gültigkeit des Handelns darauf, daß es in und mit der Kirche geschieht. So ist also nicht nur die rechte Ordination, sondern auch das korrekte Glaubensbekenntnis unerläßliche Voraussetzung für den heilsamen Vollzug der Sakramente. Der Irrlehrer kann nicht heilswirksam konsekrieren. Von seiner Hand empfängt man nicht die geweihte Hostie, sondern ein Teufelssakrament.

Das hat natürlich auch seine Konsequenzen für die Anhänger, die der Irrlehrer im Laienstande besitzt. Sie feiern die Sakramente nicht in der Gemeinschaft der Kirche, sondern außerhalb derselben. Sie feiern damit nicht die wirklichen, sondern Aftersakramente, vollziehen die frevelhafteste Verkehrung des Heilsgeschehens, die denkbar ist. Sie haben sich

---

[6] C. 100–105 dist. IV, de consecratione.

selbst vom Leibe der Kirche geschieden. Und wenn ihnen das durch die solenne Exkommunikation, die ebenfalls eine sakramentale Rechtshandlung ist, deutlich gemacht wird, so wird damit nicht eine Strafmaßnahme vollzogen, sondern ein Liebesakt. Die | Kirche will in dem erstorbenen und abgehauenen Gliede ein neues Verlangen wecken, in den Lebenszusammenhang mit dem sakramentalen Leibe der Kirche zurückzukehren, will ihm die Möglichkeit eröffnen, durch Übernahme der Bußleistungen die Absolution zu erlangen und damit wieder ein lebendiges, geisterfülltes Glied der Kirche zu werden[7].

Erst als seit dem 12. Jahrhundert im Ketzerrecht die Strafbestimmungen in Kraft treten, die das römische Recht der christlichen Kaiser gegen die Ketzer festgelegt hatte, wurde den bußwilligen Irrlehrern und ihren Anhängern die Rückkehr versagt. Seitdem werden die toten Glieder der Kirche ausgemerzt, nach altgermanischem sakramentalem Recht der reinigenden Flamme des Scheiterhaufens übergeben. Bis dahin aber wird im Ketzerprozeß die gliedhafte Zugehörigkeit des einzelnen zum Leibe der Kirche erkennbar. Das Ketzerrecht ist sakramentales Recht, ebenso wie alles Kirchenrecht sakramental verstanden werden muß.

Ähnlich steht es mit den Maßnahmen der Kirchenzucht, die einen partiellen und zeitweiligen Ausschluß aus dem sakramentalen Leben der Kirche zur Folge haben. Sie sind nicht Strafmaßnahmen, sondern Liebesdienst. Sie sollen dem sündig gewordenen Glied der Kirche zeigen, daß es unwürdig ist, neue göttliche Gnadengaben zu empfangen, daß seine gliedhafte Zugehörigkeit zum sakramentalen Leibe lebensgefährlich bedroht ist, daß es sich deshalb willig den ihm von der Kirche auferlegten religiösen Zuchtübungen unterwerfen muß, um wieder in den vollen Genuß seiner Gliedhaftigkeit zu gelangen.

Nur ganz von außen gesehen schließen also diese Bußmaßnahmen einen Entzug kirchlicher Rechte in sich ein. Das Patenrecht ruht, die Teilnahme an der Kommunion ist versagt, die kirchliche Eheschließung unmöglich. Die letzte Ölung muß verweigert werden, wenn nicht zuvor die Absolution erfolgt ist. Dieser Rechtsentzug ist nicht Sinn und Inhalt des Bußverfahrens, sondern Folge. Es ist nicht ein strafrechtliches Verfahren, sondern dient, wie alles sakramentale Recht, der Erlangung bzw. Wiedererlangung des Heils.

An diesem Rechtsentzug kann man aber feststellen, welche Rechte

---

[7] Ich habe diese Probleme des Ketzerrechtes näher untersucht in meiner Arbeit: Bekenntnis und Sakrament.

dem Gliede der Kirche im Rahmen des Sakramentsrechtes im Normalfalle eigen sind. Der Getaufte hat das Recht auf ein Mindestmaß kirchlicher Unterweisung. Er muß, wenn sie erfolgt ist, zur Firmelung zugelassen werden. Er besitzt dann den Zugang zu allen sakramentalen Handlungen der Kirche, die nicht ausschließlich Priestern vorbehalten | sind. Er darf zur Kommunion gehen, so oft sein Herz ihn treibt bzw. die Kirche Gelegenheit dazu gibt. Seine Ehe muß, wenn sie den kanonischen Vorschriften entspricht, kirchlich geweiht werden. Die letzte Ölung kann ihm nicht verweigert werden. Er muß zur Absolution zugelassen werden, wenn er sich als Gebannter den kanonischen Zuchtmaßnahmen unterworfen und dadurch Zeichen seiner aufrichtigen Reue gegeben hat; Canossa ist das bekannteste Beispiel dafür, was dieses Laienrecht u. U. im politischen Kampf für Wirkungen auslösen kann. Ja, selbst solange einer von den Sakramenten ausgeschlossen ist, hat er das Recht – wenn auch im Büßerstande –, die Predigt zu hören und der Tröstungen durch das göttliche Wort teilhaftig zu werden.

Gliedschaftsrecht in der vorreformatorischen Kirche! Wohlgemerkt, kein *Mit*gliedschaftsrecht! Gewiß, in der sakramentalen Gemeinschaft wird auch eine horizontale Verbindung aller Glieder untereinander hergestellt. Aber sie hat weder für die Frömmigkeit noch für das Recht eine besondere Bedeutung. Einzig und allein die vertikale Verbindung mit den höhergestellten Gliedern der Hierarchie ist für den sakramentalen Heilszusammenhang von Belang. Und diesem passiven Charakter kirchlicher Gliedschaft entspricht es, daß die Laienglieder keine Mittel in der Hand haben, ihre Rechtsansprüche auf Teilhabe an den sakramentalen Gütern durchzusetzen. Gewiß, das kanonische Recht schützt ihren Anspruch, indem es als Priesterrecht die Kleriker in Pflicht nimmt. Aber die Laien können ihre Ansprüche nicht auf Grund dieses Priesterrechtes geltend machen; sie sind ausschließlich auf die Huld und Treue der Träger des hierarchischen Amtes angewiesen, können höchstens von der niederen Instanz an die nächst höhere appellieren. Das Gliedschaftsrecht der vorreformatorischen Christenheit ist ausschließlich auf den passiv in den sakramentalen Heilszusammenhang eingeordneten Einzelnen bezogen. Erst die Reformation hat mit der Wesensbestimmung der Kirche als einer congregatio sanctorum ein kirchliches *Mit*gliedschaftsrecht möglich gemacht.

II. Kirchliche Mitgliedschaft auf der Grundlage der evangelischen Bekenntnisschriften

CA 7 und 8 bestimmen die Kirche nicht als *communio* sanctorum, sondern als *congregatio* sanctorum. Damit ist jene neutrische Deutung des Begriffes unmöglich gemacht, die im sakramentalen Kirchenrecht die Teilhabe an den sacra, den Sakramenten, speziell den Abendmahls|gaben von Leib und Blut Christi, begründet hatte. Die congregatio sanctorum kann nur als *personale* Gemeinschaft der sancti verstanden werden. Was bedeutet diese Gemeinschaft in der lutherischen Kirche und ihrer Theologie?

Luther hat seinen Communio-Gedanken in klassischer Form in seinen Erbauungsschriften – besonders den Sakramentssermonen – aus dem Jahre 1519 dargestellt. Paul Althaus hat ihn in seiner berühmt gewordenen Untersuchung „Communio sanctorum" von 1929 entwickelt und damit für ein Programm kirchlicher Mitgliedschaft in der gegenwärtigen evangelischen Kirche theologisch die Bahn gebrochen[8]. Seitdem ist es Gemeinüberzeugung in der evangelischen Theologie, daß eine Neubesinnung auf Wesen und Funktion der Kirche am Gemeinschaftsgedanken nicht vorübergehen kann.

Schon in seinen frühesten Äußerungen aus der ersten Psalmenvorlesung versteht Luther die communio sanctorum als Personalgemeinschaft[9]. Dem entspricht es, wenn er in späteren deutschen Schriften communio mit „Haufe", „Sammlung" übersetzt. Auch in der deutschen Fassung von CA 7 und 8 wird congregatio mit „Versammlung" wiedergegeben.

Wir reden daher im Sinne Luthers und der Augustana, wenn wir die Kirche als Bruderschaft aller Gläubigen verstehen. Aber was sie zusammenbindet, ist nicht, wie im modernen Freundschafts- und Liebesgedanken, ein subjektives Wohlgefallen an den erkannten und geliebten Vorzügen des Nächsten. Das Band ist ein objektives, der Heilige Geist selbst mit seinen mannigfaltigen Gütern und Gaben. Die Gläubigen bilden einen geistlichen Leib, die Kirche, an dem allen Gliedern alles gemeinsam ist. Grundlage für diesen geistlichen Austausch bildet der fröhliche Wechsel, den Christus selbst zwischen sich und seinen Gläubigen voll-

---

[8] Auch bei *Bonhoeffer,* Sanctorum Communio, finden sich mehrfach theologische Erwägungen, die als Ausgangspunkt für die Bildung eines kirchlichen Mitgliedschaftsrechtes dienen können.

[9] Vgl. *Althaus,* Communio sanctorum, S. 39, Anm. 8.

zieht. Er schenkt ihnen seine himmlische Reinheit, Gerechtigkeit, Herrlichkeit und nimmt dafür ihre Sünde, Ungerechtigkeit, Strafe auf sich. Was das himmliche Haupt an allen seinen Gliedern getan hat, das erstatten diese einander gegenseitig wieder. In diesem admirabile commercium soll einer des anderen Christus werden, wie Luther es am Schlusse des Freiheitstraktates ausführt[10].

Wie in der mittelalterlichen Kirche ist also auch im evangelischen Sinne kirchliche Mitgliedschaft zunächst eine rein geistliche Teilhabe|an den Gaben und Kräften des Leibes Christi. Und sie ist insofern rein passiv, als sie nur dem empfangenden Glauben geschenkt wird. Aber sie ist nicht sakramental im mittelalterlichen Sinne, sie wird vielmehr vermittelt durch das Evangelium von der Gnade Gottes in Christus, das hier und dort durch die Verkündigung der Kirche die Herzen trifft, ubi et quando visum est Deo (CA 5). Die Eingliederung in den geistlichen Leib Christi ist also keine Einordnung in die Hierarchie, so daß von der rechtmäßigen Weihe des Amtsträgers das Heil der Gläubigen abhinge. Jeder Gläubige ist vielmehr selbst ein Priester, die Kirche als Gemeinschaft eine allgemeine Priesterschaft, in der jeder für den anderen sich ganz opfert, um alles von ihm zu empfangen. Während die mittelalterliche Gliedschaft am Leibe der Kirche ein Stück sakramentalen Kirchen*rechtes* ist, entzieht sich bei Luther alles einer rechtlichen Normierung. Es bleibt ganz geistlich, ist ganz spontan, ganz aus dem Glauben geschöpft, der in der Liebe tätig ist. Ja, bei aller Passivität der Empfänglichkeit ist der Glaube doch ein lebendig, geschäftig, tätig Ding. Die Mitgliedschaft am Leibe Christi, die durch den empfangenden Glauben begründet wird, bewirkt zugleich eine höchst gesteigerte Aktivität. Jedes Glied ist ganz für das Ganze und im Ganzen für jedes andere Glied da.

Während Melanchthon schon in seinen Loci von 1521[11] jenen früh-

---

[10] Vgl. *Althaus*, aaO., S. 52 ff.
[11] Vgl. den Abschnitt de lege (Melanchthon, StA 2.1, S. 40 ff., besonders S. 43,33 ff.). Ohne hier auf Melanchthons Naturrechtslehre näher eingehen zu können, muß doch betont werden, daß sie ihrer Intention nach eine christliche Umdeutung der durch Cicero von Plato her übermittelten Gedanken darstellt. Die Fehler („impia"), die an ihnen aufgewiesen werden, erklären sich nach Melanchthon folgendermaßen (S. 42,11): methodos potius et compendia *rationis* nostrae sectamur quam *divinarum literarum praescriptum*. Die von der Scholastik übernommene Entgegensetzung von Vernunft- und Schriftoffenbarung führt das legalistische Mißverständnis des Communio-Gedankens herbei. Beachtenswert, daß hier der Begriff der humana societas ausschließlich auf die menschliche Rechtsgemeinschaft angewandt wird, nicht auf die durch das göttliche Wort und Sakrament gesammelte Kultgemeinschaft; was im Hinblick hierauf für den Melanchthon von 1530/31 societas bedeutet, dazu vgl. Anm. 19.

lutherischen Communio-Gedanken verrechtlicht, nämlich ins Naturrechtliche transponiert hat, ihn mit dem Ideal der platonischen Gütergemeinschaft gleichsetzte und ihn schließlich mit der Lehre von den Kontrak-
ten kombinierte, hat Luther den rein geistlichen Charakter streng festgehalten. Später freilich, im Abendmahlsstreit, hat er das Wort communio
zurückgedrängt, hätte es am liebsten ganz fallen gelassen. Denn seine
vom Humanismus herkommenden Gegner verstanden „Gemeinschaft"
primär nicht als geistliche Teilhabe an Christus und den von ihm ge-
schenkten Heilsgütern, sondern als eine ethische | Aufgabe, die durch
sittliche Aktivität und Zucht erfüllt werden müsse und könne. Damit
wäre dann eine personale Gemeinschaft geschaffen, in der alles auf ge-
setzliche Regelung angelegt ist. Luther dagegen will die reine Glaubensgemeinschaft, da jeder an denselben Heilsgütern Anteil besitzt[12].

Wenn daher Melanchthon in CA 7 und 8 communio durch congregatio ersetzt, hat er einem Anliegen Luthers Rechnung getragen[13]. In dem
Ersatzwort bedeutet der Stamm grex die Herde, die des guten Hirten
Stimme hört und durch sein Wort und unter seinem Wort gesammelt
wird. Es ist dasselbe gemeint, wenn Luther später in den Schmalkaldischen Artikeln die Kirche beschreibt: „Denn es weiß gottlob ein Kind

---

[12] WA 26, S. 490,26 ff. zu 1 Kor 10,16 (Vom Abendmahl Christi, Bekenntnis): „Ge-
meinschafft heißt hie das gemeyne gut, des viel teilhafftig sind und genießen als das
unter sie alle ynn gemeyn gegeben wird." Vgl. auch *Elert*, Abendmahl und Kirchengemeinschaft, S. 8 f. Die konstitutive Bedeutung, die der σύναξις als sittlicher Lebensge-
meinschaft im Rahmen der Abendmahlslehre des Erasmus und seiner Schüler zukommt, wird erkennbar aus der noch ungedruckten Erlanger Dissertation von *Krodel*,
Die Abendmahlslehre des Erasmus.
[13] Melanchthon hat den Begriff nicht neu geschaffen. Schon bei Niketa von Remesiana taucht er an derselben Stelle auf, die „communio sanctorum" als Zusatz zum
Symbol zuerst kenntlich macht. Auch Augustin spricht von der congregatio sanctorum nicht nur im Blick auf die Zeit nach der Auferstehung, sondern schon in bezug
auf die gegenwärtige Kirche (*Kattenbusch*, Das Apostolische Symbol, Bd. 2, S. 930; S.
940, Anm. 132). Petrus Chrysologos (gestorben um 450) nennt die gottesdienstliche
Versammlung concilium et congregatio sanctorum, „venerandus coetus et congregatio"
(*Kattenbusch*, aaO., S. 940). *Elert*, aaO., S. 172, weist diesen gottesdienstlichen Sinn
von congregatio – abermals in enger textlicher Verbindung mit communio sanctorum
– schon in einem gegen die Anhänger des Apollinaris gerichteten kaiserlichen Reskript des Jahres 388 (Cod. Theod. XVI, 5, 14) nach. Aus der karolingischen Ära gibt
Kattenbusch (aaO., S. 946) zwei Beispiele für das Verständnis der Kirche als einer
unversalis congregatio iustorum et unanimitas fidei = congregatio omnium fidelium.
Für das Konstanzer Konzil verdanke ich Ulrich Scheuner einen Nachweis aus einer
Rede des Nikolaus von Dinkelsbühl (*Mansi*, Conciliorum Collectio, Bd. 28, S. 517 C);
danach ist die ecclesia militans „congregatio fidelium, recta fide Deum colentium". Es
ist also der Traditionalist Melanchthon, nicht in erster Linie der Lutherschüler, dem
wir die Umformung des Begriffs communio sanctorum verdanken.

von sieben Jahren, was die Kirche sei, nämlich die heiligen Gläubigen
und die ‚Schäflein, die ihres Hirten Stimme hören' (Joh. 10,3)." Der
personale Charakter der congregatio ist also nicht, wie bei den Humanisten, durch die sittliche Verantwortung bestimmt, in der ein Mitglied für
das andere einsteht und die durch einen Kodex von Rechten und Pflichten geregelt werden kann. Er spricht sich vielmehr aus in dem persönlichen Ja des Glaubens zu dem Worte der Christuskündigung.

Deshalb ist es nicht nur logisch richtig, sondern auch von der Sa-
che | her zwangsläufig, daß in CA 7 die congregatio sanctorum näher
bestimmt wird: in qua evangelium pure docetur et recte administrantur
sacramenta: Wort und Sakrament sind nicht nur Erkennungszeichen
(σημεῖα), an denen das Vorhandensein der congregatio sanctorum erkennbar wird, sondern Wahrzeichen (τεκμήρια), durch die sie konstituiert[14],
durch die das Walten des Geistes an ihr wirksam wird. Die congregatio
sanctorum als personale Glaubensgemeinschaft im Geist ist abhängig
von der Verkündigung des Wortes und der Austeilung der Sakramente.
Sie ist damit gebunden an das evangelische Gnadenmittelamt, das Gott
nach CA 5 eingesetzt hat, um den rechtfertigenden Glauben zu erwek-
ken.

Die Träger dieses Amtes sind Glieder der Kirche wie alle anderen
auch, mit ihnen allen durch den Adel und die Aufgabe des allgemeinen
Priestertums verbunden. Wort und Sakrament sind nicht darum wirksam, weil die Amtsträger ordnungsmäßig geweiht sind, sed propter ordinationem et mandatum Christi (CA 8). Die Gläubigen sind also nicht,
wie im Mittelalter, an ein sakramental begründetes, hierarchisch geord-
netes Kirchenrecht gebunden, um des Heiles teilhaftig zu werden, sondern sie stehen ohne menschliche Mittlerschaft direkt dem in seinem
Wort und Sakramente handelnden Christus gegenüber. Die Bindung an
das von Gott eingesetzte Gnadenmittelamt als solches ist heilsnotwendig, weil Wort und Sakrament nur in ihrem aktuellen Vollzug retten
können. Aber das bedeutet keine Bindung an den jeweiligen Träger des
Amtes, keine Abhängigkeit des Glaubens von den rechtlichen Voraussetzungen, unter denen er in sein Amt berufen ist. Auch in der Zuordnung
zum Amt bleibt die congregatio sanctorum eine rechtsfreie, rein geistliche Größe.

Nun wird freilich Melanchthon in der Augustana vor die Notwendigkeit gestellt, den geistlichen Charakter der congregatio sanctorum ge-

---

[14] Zu dieser Unterscheidung vgl. *Brunstäd*, Bekenntnisschriften, S. 118.

nauer abzugrenzen. Zwingli und Butzer hatten ihn im göttlichen Erwählungsratschluß begründen wollen, die Kirche also als unsichtbare Gemeinschaft der Erwählten und dem göttlichen Gericht Entzogenen verstanden und die Amts- und Sakramentskirche als Scheinkirche entlarvt. Sie hatten sich damit auf einen augustinischen Kirchenbegriff zurückgezogen, wie er in ähnlicher Form am Ausgang des Mittelalters von Wiclifiten und Hussiten vertreten worden war und der schon damals seine aufsprengende Wirkung in der Christenheit erwiesen hatte. Diese Scheidung zwischen unsichtbarer Wesenskirche und sichtbarer Amtskirche hatte Eck in seinen 404 Artikeln angeprangert und den | Protestanten als schwere Ketzerei angerechnet. Melanchthon mußte, als er nach Augsburg kam, sich mit diesen Vorwürfen auseinandersetzen. CA 7 und 8 sind also in der Ablehnung jenes prädestinatianischen Kirchenbegriffes entstanden[15].

Die Abwehr hat dazu geführt, daß der objektive, rein von Wort und Sakrament abhängige Charakter der congregatio hervorgehoben wird. Die Gemeinschaft ist ausschließlich durch jene Gnadenmittel konstituiert, hängt nicht ab von der persönlichen Beschaffenheit ihrer Glieder. Deshalb können in die congregatio auch hypocritae et mali eingemischt

---

[15] *Bornkamm* verweist in der verbesserten Auflage der Bekenntnisschriften [BSLK, S. 61, Anm. 6] aus den 404 Artikeln Ecks (vgl. *Gußmann*, Quellen und Forschungen, Bd. 2) auf Nr. 169: Solum praedestinati sunt *in* ecclesia, mali vero seu reprobi non sunt *de* ecclesia (Butzer auf der Berner Disputation von 1528) und auf Nr. 170: Quicumque est in ecclesia, non potest damnari (Zwingli, Auslegen und Gründe der Schlußreden, 1523).
Die von Butzer aus Augustin aufgenommene Unterscheidung von dem esse in ecclesia und esse de ecclesia (Augustin unterscheidet das esse in sacramentorum communione cum ecclesia von dem wahrhaften Sein in der Kirche) liegt der von Melanchthon in CA 8 angedeuteten zwischen ecclesia proprie et late dicta zugrunde. Daß ihm die Auseinandersetzung mit diesem augustinischen Erbe erst durch Eck (bzw. durch die Notwendigkeit der Abgrenzung gegenüber Zwingli und Butzer) in Augsburg aufgenötigt wurde, zeigt die Tatsache, daß die Ausführungen von CA 8 in den Schwabacher Artikeln noch keine Entsprechung haben; sie finden sich aber schon Ende Mai 1530 in Na. [vgl. BSLK, S. 34 und S. XVI f.]. Man muß – auch im Blick auf die Apologie – feststellen, daß Melanchthon sich der Auseinandersetzung mit dem so eigentümlich widerspruchsvollen augustinischen Kirchenbegriff (vgl. neben *Seeberg*, Dogmengeschichte, Bd. 2, S. 464 ff. auch die zweite der Augustinischen Studien von *Reuter*, [Kirche und Gnade] nicht gewachsen zeigt. Weder hat er – wie Eck auf der einen, Zwingli auf der anderen Seite – erkannt, daß seit Wiclif, wenn man den prädestinatianischen Kirchenbegriff bejaht, nicht nur die sakramentale Heilsanstalt, sondern auch das antidonatistische Grundgesetz aufgehoben ist; noch hat sich sein Traditionalismus klar von der humanistischen Augustinrenaissance geschieden, deren Wirkungen bei Zwingli anheben und die ihre aufspaltende Kraft an dem werdenden Protestantismus ebenso kundtun sollte, wie das im letzten Jahrhundert des Mittelalters geschehen war.

sein (CA 8). Das hindert nicht die Heilswirksamkeit von Wort und Sakrament, beschränkt also nicht das Vorhandensein der Kirche als einer congregatio sanctorum. Melanchthon denkt bei jenen bösen Gliedern vornehmlich an unwürdige Pfarrer; sie können doch die Gnadenmittel wirksam spenden. Das antidonatistische Grundgesetz der abendländischen Christenheit wird von der lutherischen Reformation in neuer Form wieder aufgenommen. Keineswegs soll dadurch die congregatio aufgesplittert werden in eine Doppelheit von wahren und lebendigen Gliedern auf der einen Seite, faulen und erstorbenen auf | der anderen. Diese Unterscheidung, die sich in der Apologie (VII, § 6) schon anbahnt und von den altprotestantischen Dogmatikern fortgeführt wird[16], bietet später den Pietisten die Grundlage für ihr Reformprogramm. Alle Forderungen, die sich auf Grund solcher Differenzierungen kirchlicher Gliedschaft für ein Mitgliedschaftsrecht erheben lassen, sind grundsätzlich abzuweisen, weil sie den objektiv in den Gnadenmitteln begründeten Charakter der congregatio sanctorum verkennen.

Man muß freilich zugeben, daß Melanchthon der Probleme, die beim Zusammenstoß mit dem prädestinatianischen Kirchenbegriff entstanden, nicht ganz Herr geworden ist. In der Auseinandersetzung mit ihm hat er zwei Begriffe wieder aufgegriffen, coetus und societas, die den Charakter der congregatio als eines (im augustinischen Sinne verstandenen) corpus mixtum näher bestimmen sollten.

Am Begriff des *coetus* (Verein, Gesellschaft) ist ihm das Moment der Sichtbarkeit besonders wichtig. Im Gegensatz zur prädestinatianischen Anschauung sieht er in der Kirche den konstatierbaren coetus alligatus ad vocem seu ministerium Evangelii[17]. Hier tut sich ein gefährlicher Abweg in dem Verständnis der congregatio sanctorum auf, eine Übersteigerung ihres objektiven, an das Amt gebundenen Momentes. Seine Gefährlichkeit enthüllt sich vor allem dann, wenn wir das zeitgenössische Verständnis von coetus als Schulklasse mit heranziehen. Die Kirche ist coetus vocatorum, d. h. die Versammlung derer, die in der Zustimmung zu

---

[16] *Gerhard,* Loci 5, S. 286.
[17] CR 21, Sp. 833; vgl. Sp. 826. – Den Begriff der Kirche als des coetus omnium sanctorum hat *Seeberg* (Dogmengeschichte, Bd. 1, S. 545) schon in der von Hieronymus veranstalteten Übersetzung aus dem Hoheliedkommentar des Origenes nachgewiesen (vgl. auch oben Anm. 13). Melanchthon benutzt also wiederum einen traditionellen, auch bei Augustin vorkommenden Begriff. Die schulmeisterliche Verengung (coetus similis scholastico coetui, CR 21, Sp. 835, Loci von 1559) ist humanistisches Erbe, der dahinterstehende Autoritätsbegriff mittelalterliches Gedankengut.

derjenigen Orthodoxie einig sind, die ihnen von dem dazu berufenen Lehrer der Kirche vorgetragen wird.

Auf die Gefahr, die die Verwendung des aristotelischen Begriffes *societas* für den evangelischen Kirchenbegriff mit sich bringt, hat Werner Elert[18] oft und nachdrücklich hingewiesen. Melanchthon scheint damit die Kirche in Analogie zu einer menschlichen Gesellschaft zu verstehen. Wäre sie das, dann wäre die Frage eines kirchlichen Mitgliedschaftsrechtes kein besonderes Problem.

Aber in der Zeit, in der Melanchthon die Apologie verfaßte, hat er nicht unmittelbar auf den aristotelischen Sozietätsbegriff zurückgegrif|fen, sondern hat sich an Augustin orientiert. Nach dessen Auffassung, wie sie auch in das Dekret Gratians übergegangen ist[19], handelt es

---

[18] *Elert*, Societas, S. 101 ff., besonders S. 109 f.

[19] C. 49, dist. IV, de consecratione; aus Augustin, Contra Petilianum. – Die Stelle des Dekretes gehört in den Zusammenhang der Canones, die in Verbindung mit dem *Tauf*sakrament das antidonatistische Grundgesetz hervorheben (vgl. c. 25 ff., 39 ff. dist. IV, de consecratione). In Verbindung mit dem *Altar*sakrament geschieht es c. 77 ff. q. I, c. 1, II und c. 67 f. dist. II, de consecratione; in Verbindung mit der Auseinandersetzung über die *Simonie* c. 32 ff., q. I, c. 1, II. Wie deutlich diese Augustinzeugnisse Melanchthon bei der Abfassung der CA vor Augen standen, zeigt der Vergleich zwischen CA 8, § 2 (Et sacramenta et verbum propter ordinationem et mandatum Christi sunt efficacia, etiamsi per malos exhibeantur) mit c. 32 aaO.: Sic autem Deus adest sacramentis et verbis suis, per quoslibet adminstrentur ... und mit c. 77 aaO.: Intra ecclesiam catholicam in ministerio corporis et sanguinis Domini nihil a bono maius, nihil a molo minus perficitur sacerdote, quia non in merito consecrantis, sed in verbo perficitur creatoris et virtute Spiritus sancti ... Credendum est enim, quod in verbis Christi sacramenta conficiantur.

Die Anwendung des Begriffes societas auf die gliedhafte Zugehörigkeit von Klerikern und Nichtklerikern zum Leibe Christi ist bei Augustin ganz gewöhnlich. Er braucht den Begriff als Synonym zu congregatio et consortium; vgl. *Kattenbusch*, Das Apostolische Symbol, S. 936 ff. und *Seeberg*, Dogmengeschichte Bd. 2, S. 464 ff., besonders S. 465, Anm. 2 die Belege aus der ausführlichen Auseinandersetzung mit Kattenbuschs Verständnis von communio sanctorum. Auch Gregor der Große verwendet societas parallel mit communio; *Kattenbusch*, aaO., S. 935, Anm. 123.

Wenn Melanchthon von societas redet, greift er also auf eine alte abendländische Tradition zurück, die sich auf das rechtliche Verständnis der sakramentalen Gliedschaft bezieht, also mit dem altkatholischen sakramentalen Verständnis des Kirchenrechtes zusammenhängt. Man darf daher nicht sofort an eine Übertragung des aristotelischen Sozietätsbegriffs auf die Kirche denken. Gerade in der Apologie will Melanchthon die Kirche nicht als „Gesellschaft" verstanden wissen; grenzt er sie doch ab als populus spiritualis (AC 7, § 13 f.), als societas eiusdem evangelii seu doctrinae et eiusdem spiritus sancti (AC 7, § 8) gegenüber jeder externa politia. In der Apologie laufen drei Auffassungen von societas nebeneinander her: 1. Die externa societas ecclesiae (AC 7, § 3) = societas externarum rerum et rituum sicut aliae politiae (AC 7, § 5) im Sinne des neukatholischen Kirchenrechtes und unter Verwendung des aristotelischen Begriffes von societas; – 2. Die externa societas signorum ecclesiae, hoc est verbi, professionis et sacramentorum (AC 7, § 3) im Sinne des altkatholischen sakramentalen Kirchen-

sich | aber um die societas et communio sacramentorum, die sowohl Gute
wie Böse umfaßt, so wie der Weizen mit Spreu vermischt ist und der Körper auch schlechte Säfte enthält, die er schließlich ausscheidet. So kennt
auch die Apologie als corpus mixtum eine externa societas signorum ecclesiae, hoc est verbi professionis et sacramentorum (VII, § 3). Nur in
ihr und durch sie gibt es die societas fidei et spiritus sancti in cordibus
(VII, § 5), also die rein geistliche Gemeinschaft im Sinne des jungen
Luther. Wir müssen also feststellen, daß bei der ursprünglichen Verwendung des Sozietätsbegriffes bei Melanchthon das mittelalterliche Verständnis, wie es dem sakramentalen Kirchenrecht zugrunde lag, ganz
unorganisch mit dem reformatorischen von congregatio sanctorum verbunden ist, daß dabei aber naturrechtliche Konsequenzen in bezug auf
die kirchliche Mitgliedschaft noch nicht gezogen sind.

Die Augustana meint also eine congregatio sanctorum, die eine aktive
Gliedschaft aller auf Grund des allgemeinen Priestertums der Gläubigen
vorsieht. Sie ist zwar an die Wirksamkeit des Gnadenmittelamtes gebunden; aber die Person des Amtsträgers ist von der aller anderen Gläubigen nicht durch eine besondere Weihe rang- oder wertmäßig geschieden.

Die Abwege, die dieser Konzeption widersprechen, zeichnen sich freilich schon bei Melanchthon ab: ein hierarchisch-lehrhafter der Orthodoxie, der die Aktivität der Mitglieder hemmt; ein pietistischer, der die
Mitglieder in lebendige und tote scheidet; ein naturrechtlich-aufgeklär-
ter, der sie einem allgemeinen Sozietätsbegriff unterstellt.

rechtes, in das das reformatorische Verständnis des Wortes – unorganisch und jenes
im Grunde sprengend – eingebaut ist; hier liegt der augustinisch-frühmittelalterliche
Begriff von societas = sakramentale Gemeinschaft zugrunde; – 3. Die (interna) societas fidei et spiritus sancti in cordibus (AC 7, § 5, vgl. AC 7, § 8), identisch mit der
lutherisch verstandenen communio sanctorum.
Ein vergebliches Bemühen, in den drei Auffassungen (von der die erste im Gegensatz steht zur zweiten und dritten, die beide sich gegenseitig fordern) ein einheitliches
Verständnis von societas zu finden! Begreiflich aber, daß die drei Momente späterhin
unter dem Vorzeichen des aristotelischen Sozietätsbegriffes vereinigt werden. Vgl. CR
16, Sp. 159 (aus der Philosophiae moralis Epitome): *Natura* enim Deus nos adiungit,
deinde coniuges, parentes et liberos consociat. *Lex* coniungit nos cum patria, *hoc est
cum ecclesia* et republica ac civibus. In allen diesen sozialen Bindungen bestehen foe-
dera mutuae benevolentiae. *Elert*, der (Morphologie, Bd. 1, S. 334) feststellt, daß Melanchthon „Staat und Kirche unter dem Begriff der societas humana zusammenfaßt",
hat in „Abendmahl und Kirchengemeinschaft" den augustinischen Sozietätsbegriff
durchaus gewürdigt (S. 10: „Augustin bezeichnet die Kirche als congregatio sanctorum, als societas sanctorum, als populus sanctorum"). Er hat damit im Blick auf den
älteren Melanchthon die Aufgabe gestellt, die Synthese nachzukonstruieren, die dieser
zwischen dem augustinischen und dem aristotelischen Sozietätsbegriff, oder sagen wir
besser, zwischen altkatholischem und neukatholischem Verständnis kirchlicher Gemeinschaft, gefunden hat.

Welche Vorstellungen von kirchlicher Mitgliedschaft liegen dem von der Augustana abgelehnten prädestinatianischen Kirchenbegriff zugrunde? Werfen wir einen Blick in reformierte Bekenntnisschriften.

In Zwinglis „Fidei ratio" von 1530 ist das, was der congregatio sanctorum entspricht, als Gemeinschaft der von Ewigkeit Erwählten völlig unsichtbar. Wer ihr Mitglied ist, ist nur Gott bekannt und wird dem Erwählten nur durch direkte Inspiration des Geistes zugänglich. Das Interesse liegt aber weder bei dieser Gemeinschaft der Erwählten noch allgemein bei dem corpus mixtum, zu dem auch mali und bloße | Namenschristen gehören. Es richtet sich vielmehr auf dessen örtliche Erscheinungsform, auf den particularis coetus, da sich das corpus mixtum in der Ortsgemeinde gestaltet. Sie fällt ihrem Umkreis nach mit der bürgerlichen Gemeinschaft zusammen. Die Mitgliedschaft beruht auf der Bürgerschaft, das kirchliche Mitgliedschaftsrecht ist ein Teil des Bürgerrechtes, das jedem zukommt. Über das Verhältnis, das zwischen der Gemeinschaft erwählter Christen und der Bürgergemeinde besteht, wird nicht reflektiert[20].

Anders liegen die Dinge, wo hier eine innere Verbindung hergestellt wird, und zwar so, daß jene unsichtbare Gemeinschaft der Erwählten, unlösbar verbunden mit der Schar der wahren Bekenner und Verehrer Gottes, in einem bürgerlichen Gemeinwesen sich zum Kampf einsetzt für die Verwirklichung der Herrschaft Christi auf Erden. Lebendige Gliedschaft – auch hier gibt es tote Glieder, wie es im Staate Verräter geben kann[21] – bewährt sich in kampfesfreudigem Einsatz für die Ehre Christi; jeder vollzieht ihn gemäß seinem Stand und Beruf in der bürgerlichen Welt. Die geistliche Gemeinschaft der Gläubigen dokumentiert sich nicht wie bei dem jungen Luther in dem Liebesaustausch aller einzelnen geistlichen Gaben und Kräfte, sondern in der gemeinsamen Hingabe an den Willen Gottes. „Obstringimur Deo ad obedientiam et mortificationem carnis vitaeque novitatem adeoque inscribimur in sanctam Christi militiam."[22] Es liegt eine imponierende Geschlossenheit über dem reformierten Gliedschaftsdenken, eine Uniformität, die die persönliche Verbundenheit des einzelnen Gläubigen mit Christus durchaus voraus-

---

[20] Vgl. Fidei ratio art. 6; *Müller*, Bekenntnisschriften, S. 84 ff.
[21] Confessio Helv. post. von 1556; *Niesel*, Bekenntnisschriften, S. 252.
[22] Confessio Helv. post., *Niesel*, Bekenntnisschriften, S. 262. Confessio Tetrapolitana: „Die Kirche Christi ist Christo gantz begeben"; *Müller*, Bekenntnisschriften, S. 71,19.

setzt, der aber alles an der Eingliederung in die Gemeinde und am gemeinsamen Dienst in der Welt gelegen ist.

Aus diesem Verständnis kirchlicher Mitgliedschaft lassen sich nun leicht theologische Folgerungen für ein kirchliches Mitgliedschaftsrecht ziehen. Die Glieder der Kirche sind durch den gleichen souveränen Ratschluß Gottes erwählt, sie unterstehen dem gleichen Herrschaftsanspruch Christi, sie sind zu gleichem Dienste verpflichtet. Es muß die Gleichheit aller Mitglieder rechtlich festgelegt werden; Gleichheit in der Brüderlichkeit ist das oberste Gesetz für die Ordnung der Kirche Christi, unter diesem Gesetz steht die ganze Ämterordnung des Calvinismus. Es ist nicht aus dem Naturrecht abgeleitet. Aber dem natürlichen Gesetz von der Gleichheit aller Menschen im Verhältnis zu | ihrem Schöpfer entspricht das Gesetz kirchlicher Mitgliedschaft. Es ließe sich leicht ein Blütenstrauß kirchlicher Grundrechte daraus ableiten. Sie wären nicht, wie die politischen Grundrechte, naturrechtlich bestimmt, aber vom Gedanken der Gleichheit aller Erwählten aus parallel zum Naturrecht konstruiert. Und es wäre ein kleiner Schritt – wie oft ist er in der reformierten Tradition gegangen worden! –, das theologisch Notwendige auch naturrechtlich zu begründen und das naturrechtlich Notwendige auch theologisch.

Das lutherische Verständnis der congregatio sanctorum hat diesen Schritt nicht vollzogen und gestattet ihn nicht zu vollziehen. Von ihm aus weist auch der reformierte Ansatzpunkt, von dem aus man zu einer theologischen Begründung kirchlichen Mitgliedschaftsrechtes kommen könnte, auf einen Irrweg. Wir müssen uns noch einmal auf die ursprüngliche Konzeption Luthers zurückbesinnen, wie sie CA 7 und 8 zugrunde gelegen hatte, wenn wir die Möglichkeit eines kirchlichen Mitgliedschaftsrechtes theologisch erfassen wollen.

III. Welche Folgen ergeben sich aus dem evangelischen Verständnis kirchlicher Gliedschaft für eine theologische Begründung des kirchlichen Mitgliedschaftsrechtes?

Das Luthertum hat mit dem antidonatistischen Grundgesetz die konstitutive Bedeutung des Gnadenmittelamtes für die congregatio sanctorum festgehalten. Es hat nicht, wie Alt- und Neukatholizismus, die Wirksamkeit dieses Amtes auf die rechtmäßige Weihe des Amtsträgers zurückgeführt, sondern unmittelbar auf ordinatio et mandatum Christi, der in Wort und Sakrament gegenwärtig mit uns handelt. Alle Rechte, die dem passiven Gliede am sakramentalen Leibe der Kirche schon nach altkatholischem Sakramentsrechte zugestanden hatten, bleiben auch auf Grund des lutherischen Ansatzes erhalten. Aber vermöge der spontanen Aktivität der zur Liebe befreiten Gläubigen und infolge der Ausscheidung der hierarchischen Zwischeninstanzen gewinnen jene Rechte neue Macht und neue Bedeutung.

1. Das Recht jedes *Getauften* beschränkt sich nicht mehr, wie in der mittelalterlichen Kirche, auf das Mindestmaß, daß er Apostolikum und Vaterunser kennenlernt. Die Katechismen der Reformationszeit gehen nicht nur stofflich über dieses Maß weit hinaus, sie bringen vor allem eine umfassende theologische Begründung und zeigen einen Weg zur persönlichen Aneignung des Glaubensgutes: „Wir sollen Gott fürchten und lieben"; „ich glaube, daß mich Gott geschaffen hat, daß Christus | sei mein Herr, daß der Heilige Geist mich berufen hat." Vor allem aber weisen sie durch die Art ihrer theologischen Begründung hin auf die *Schrift*. Die Gemeinde der Getauften hat ein Recht darauf, in die Schrift eingeführt zu werden, damit sie selbständig alle Lehre beurteilen, Lehrer berufen, ein- und absetzen kann.

Daß die Getauften lesen lernen müssen und daß die moderne Volksschule eine Folge der Durchsetzung jenes Grundrechtes im Kirchentum der Reformation ist, das sei nur am Rande vermerkt. Aber daß alles, was wir tun, um die Menschen in die der Kirche anvertraute Wahrheit einzuführen, nicht eine volksmissionarische Veranstaltung ist, deren Durchführung in unserer Willkür steht, daß alle kirchliche Jugend- und Erwachsenenunterweisung die Einlösung eines Rechtes darstellt, auf das alle Getauften auf Grund ihrer Taufe ein heiliges Anrecht haben, das sollten wir uns alle Tage vorhalten. Solche Erkenntnis stellt uns unsere unermeßliche Verantwortung vor Augen und macht uns klar, daß alle unsere kirchlichen Ordnungen und unsere ganze Finanzverwaltung schreiendes Unrecht sind, wenn sie nicht diesen Anspruch aller Getauften erfüllen helfen. Ebenso hat alle Theologie ihre kirchliche Existenz damit zu rechtfertigen, daß sie jenem Grundrecht aller Getauften entgegenkommt.

2. Der mittelalterliche Getaufte hat normalerweise das Recht auf Zulassung zur Firmelung; der evangelische Hausvater beansprucht für seine Kinder die Zulassung zur Konfirmation. Die rechtliche Ordnung der katechetischen Arbeit der Kirche, die Einstellung und Prüfung von Katecheten und Religionslehrern, die Einflußnahme der Kirche auf die

Schulpolitik des Staates – das alles ist nicht abzuleiten von dem in einer evangelischen Theologie nur schwer oder gar nicht zu begründenden Elternrecht, sondern hängt zusammen mit dem Recht des Getauften auf christliche Unterweisung und ist bezogen auf die kirchliche Konfirmation.

Man könnte sagen: Solange die Kirche und ihre Theologen sich so wenig einig sind darüber, was die Konfirmation bedeutet und wie sie katechetisch und liturgisch vorzubereiten bzw. zu gestalten ist, solange kann man darauf kein kirchliches Mitgliedschaftsrecht bauen. Sehr richtig! Aber vielleicht kann man auch umgekehrt sagen: Solange man nicht bedenkt, daß der als Kind Getaufte ein Recht auf die Konfirmation besitzt, solange wird man mit der Sache nicht fertig werden. Denn die Taufe bedeutet für uns Evangelische nicht die Eingliederung in einen hierarchisch gegliederten sakramentalen Leib der Kirche, sondern die Einfügung in die congregatio sanctorum. Da muß ich Gelegenheit haben, die Wahrheit des Wortes, von dem diese congregatio zusam|mengehalten wird, selbst zu bezeugen. Da habe ich ein Anrecht darauf, die Zulassung zum Altarsakrament zu erlangen, in dem die Heilsgemeinschaft mit dem erhöhten Herrn immer wieder neu zur Darstellung kommt, unter dessen Feier die congregatio sanctorum selbst Wirklichkeit wird.

3. Das Recht auf die *Kommunion* ist für den katholischen Christen das elementarste Anliegen seiner geistlichen Existenz; denn auf der sakramentalen Vereinigung mit Christus beruht sein Heil. Solche Bedeutung hat die Abendmahlszulassung für den konfirmierten evangelischen Christen nicht; aber sein Recht darauf ist nicht weniger groß. An der Gewährung dieses Rechtes hängt die Reife und der Adel seines Christenstandes. In der Teilnahme am Abendmahl erfährt er sich als Mitglied der congregatio sanctorum, gewinnt er Anteil an den Liebeskräften, die allen Gliedern derselben durch das Liebesopfer Christi geschenkt werden, tritt er nehmend und gebend ein in die Gemeinschaft derer, die Christi Liebesopfer opfernd und liebend bejahen. Das höchste Recht – da sein geistlicher Charakter am reinsten hervortritt –, das aus der Mitgliedschaft an der congregatio sanctorum erwächst!

Wie muß die Kirche mit ihren konfirmierten Gliedern handeln, wie muß sie die Zulassung zum Altarsakrament regeln, damit jenes Recht erkannt und begehrt werde? Das sind Fragen, denen wir hier nicht weiter nachgehen können, die tief in das Gefüge unserer volkskirchlichen Verhältnisse eingreifen, die nicht direkt zum Mitgliedschaftsrecht gehören, aber ohne seine Berücksichtigung nicht beantwortet werden können und deren Beantwortung wiederum auf die Gestaltung des Mitgliedschaftsrechtes zurückwirken wird. Hier wartet noch ein Stück eines *evangelischen* Sakramentsrechts seiner *evangelischen* Begründung und Verwirklichung.

4. Der katholische Christ des Mittelalters hat – Heinrich IV. in Canossa bezeugt es – ein Anrecht auf den Zuspruch der *Absolution,* wenn er die kanonischen Voraussetzungen dafür erfüllt hat. Hat der evangelische Christ ein ebensolches Recht? Und wenn diese Frage auf Grund der Bekenntnisschriften bejaht wird, weiß er, daß er es hat, und gibt ihm seine Kirche die Möglichkeit dazu, daß sein Anspruch erfüllt werde? Die Ordnungen, die für Beichte und Absolution aufgestellt werden, sind nicht bloß nach theologischen oder gar liturgiegeschichtlichen Gesichtspunkten zu gestalten. Sie haben jenes Recht des evangelischen Christen anzuerkennen, der Vergebung seiner Sünden unmittelbar und persönlich gewiß zu werden – ein Recht, über das in der Kirche, deren Zentralartikel die Rechtfertigung des Sünders ist, | nicht gestritten werden sollte. Warum steht aber dieses Recht nicht stärker im Mittelpunkt ihres Denkens, Handelns und ordnenden Gestaltens?

In diesen vier Stücken wäre das Gliedschaftsrecht, das schon in der mittelalterlichen Sakramentskirche bestand, auch vom evangelischen Verständnis der congregatio sanctorum her anzuerkennen und weiter auszubauen. Verachten wir diese elementaren Rechte nicht! Sie werden vielfach als so selbstverständlich angesehen, daß ihre Folgen in Gestalt und Wirksamkeit unserer Kirche nicht mehr ernst genommen werden. Und doch bilden diese selbstverständlichen Dinge die Grundlage für unseren ganzen kirchlichen Bau. Vernachlässigung aber der Fundamente bringt jedes Gebäude zum Einsturz.

Nun gibt es aber nicht nur kirchliche Mitgliedschaftsrechte, die die Glieder unserer Kirche mit denen der römischen – wenn auch in abgewandelter Form – gemeinsam haben. Aus dem evangelischen Verständnis der congregatio sanctorum ergeben sich auch neue, die in diesem Zusammenhang noch nicht alle gesehen, und wenn gesehen, noch nicht kirchenrechtlich verwirklicht worden sind.

Die congregatio sanctorum ist Sammlung unter das Wort des guten Hirten und ist insofern an das evangelische Gnadenmittelamt gewiesen. Aber der rite vocatus ist für seine Person nichts anderes als jedes andere Glied der congregatio auch. Seine Ordination entspricht nur dem Öffentlichkeitscharakter seines Auftrages, verleiht ihm aber keineswegs eine höhere Weihe und Würde. Gibt es, und wenn ja, inwieweit gibt es ein Recht der Wortverkündigung für die Glieder der congregatio sanctorum?

1. Ganz selbstverständlich gibt es ein solches Verkündigungsrecht für den christlichen *Hausvater* und, ihrer Stellung entsprechend, die Hausmutter. In diesem Zusammenhang ist es bedeutsam, daß Luthers Kleiner Katechismus die Antwort auf die einzelnen Katechismusfragen dem christlichen Hausvater in den Mund legt; der bezeugt darin vor seinen Kindern seinen Christenglauben. Ehe die Verschulung des Protestantismus einsetzte, war die Hauskirche die Urzelle für die evangelische Kirche. In ihr verwirklichte sich das Priestertum aller Gläubigen. Die Urzelle ist zugleich die Lebenszelle. Was die Hausgemeinde für Kraft in sich schließt, bezeugt die Geschichte der Synagoge. Die beruht seit dem Fortfalle des Tempelpriestertums nur zu einem Teile auf dem Rabbinat, im wesentlichen aber auf dem Hauspriestertum des jüdischen Hausvaters.

Auch für die evangelische Kirche können Zeiten kommen, wo von der Wahrnehmung jenes Verkündigungsrechtes des Hausvaters ihre | Existenz abhängt. Wie wenig sind wir auf diese Zeiten gerüstet! Die damit verbundene Pflicht – allen hier proklamierten Rechten entsprechen selbstverständlich Pflichten – wird nicht anerkannt, kaum gekannt. Nicht nur wirtschaftliche und soziale Ursachen haben diesen Verfall herbeigeführt; die evangelische Kirche hat jenes Recht selbst nicht ernst genommen. Angst vor dem Schwärmertum und schulmeisterlicher Hochmut humanistisch gebildeter Theologen haben schon im Zeitalter der Orthodoxie zu seiner Einengung geführt. Wo aus der congregatio als der freien Zusammenscharung der coetus, die Schulklasse, geworden ist, kann man nichts anderes erwarten.

Kann man dieses Recht heute wieder lebendig machen? Kann man es überhaupt noch proklamieren? Nur dann, wenn man Hilfen darbietet, es wahrzunehmen. Mit dem Verfall jenes hausväterlichen Priesterrechtes geht der Verfall der Gebets- und kirchlichen (nicht individualistischen) Andachtsliteratur Hand in Hand; und die fortschreitende Intellektualisierung der kirchlichen Unterweisung bildet das Gegenstück dazu. Ein kirchliches Mitgliedschaftsrecht aber – wie immer man es theologisch begründe, wo immer man seine rechtlichen Bestandteile hernehme –, wenn es nicht auf jenem hausväterlichen Amt der Wortverkündigung basiert, hat keinen positiven kirchlichen Wert.

2. Eine erweiterte Form dieses hausväterlichen Amtes der Verkündigung ist das Amt des *Stundenhalters*. Der schwäbische Pietismus – und

nicht nur er – kennt es als ein pneumatisches Amt. Unter polizeilichen Gesichtspunkten hat das Staatskirchentum des 18. Jahrhunderts Ordnungen erlassen, um die Konventikel, die sich selbst immer als erweiterte Hausgemeinden verstanden, einzudämmen. Zur theologischen Begründung und rechtlichen Ausgestaltung eines evangelischen Laienpredigeramtes, das auf dem hausväterlichen Priestertum aufbaut, ist nichts geschehen. Was sich da regt, wächst wild, ohne kirchliche Ordnung, oft im Gegensatz zu ihr. Inzwischen aber entstehen überall – vielfach mit kirchlicher Unterstützung – Predigerschulen: halbklerikale Prediger schaffen sich Wirkungsstätten, und manchmal bildet ihr Dienst eine notwendige Ergänzung der kirchlichen Arbeit. Nur nach der Legitimation für den Verkündigungsauftrag dieser Männer darf man nicht fragen; weder sie selbst noch die Vertreter der Kirche geben darauf eine Antwort. Und doch ist es sicher, daß es eine solche gibt und daß sie in dem recht verstandenen, auf die congregatio sanctorum zurückgeführten kirchlichen Mitgliedschaftsrecht begründet liegt. Neben den rite vocatus, dem außer der Wortverkündigung die ihrem Wesen nach öffentliche Sakramentsverwaltung obliegt, muß derjenige treten können, der in einem kleineren Kreise, in einer be|schränkten Öffentlichkeit das Wort verkündigt. Wir brauchen für ihn eine Form der Vokation, die nicht eine Abart der Ordination zum Gnadenmittelamt darstellt, sondern sich auf das priesterliche Amt des Hausvaters gründet.

3. Verkündigungsrecht als ein *Notrecht*, das jedem Gläubigen zusteht, hat es in der evangelischen Kirche immer gegeben. Bekanntlich hat Luther sich die Mohammedanermission so vorgestellt, daß die in die Türkei verschleppten Kriegsgefangenen von jenem Rechte Gebrauch machten. Krieg und Gefangenenlager haben in unseren Tagen solchem Notrecht weite Entfaltungsmöglichkeiten gegeben. Und es besteht die Klage vieler, daß mit der Rückkehr geordneter Verhältnisse die Kirche hinter dem Stacheldraht aufgehört habe zu wirken, und der lebhafte Wunsch, jenem kirchlichen Notrecht möchte auch jetzt noch entsprochen werden. Sicherlich gibt es Verhältnisse genug, die vom geordneten kirchlichen Amt nicht völlig bewältigt werden und in denen seelsorgerlich begabte und befugte Glieder der Kirche segensvoll wirken könnten. Vielleicht sollten wir im deutschen Protestantismus nicht so sehr das Vorbild der französichen Arbeiterpriester befolgen und Fabrikpfarrer bestellen, sondern Männer und Frauen kirchlich ausrüsten und legitimieren, die in Fabriken und Bergwerken einen kirchlichen Hilfsdienst durchführen und zugleich in ihren Betrieben praktisch tätig sind.

4. Die congregatio sanctorum ist als Sammlung unter das Wort zugleich die Gemeinschaft fürbittenden *Gebetes*. Kann und darf das kirchliche Mitgliedschaftsrecht auch in diese zartesten und empfindlichsten Bereiche geistlichen Lebens eingreifen? Ich glaube ja, weil nämlich zu ihm auch das *ius liturgicum* der Gemeinde gehört. Gemeinsames Gebet kann nur in geistlicher Übereinstimmung aller Beter geübt werden.

Ein solches ius liturgicum gibt es jetzt schon bei der Einführung neuer liturgischer Ordnungen. Zumal seit dem Wegfall des landesherrlichen Summepiskopats ist die Mitwirkung der Synoden bei liturgischen Änderungen kirchenrechtlich festgelegt. Aber wir wissen ja, wie es bei solchen Verhandlungen zugeht, wie wenig sachkundig die nichttheologischen Synodalen in solchen Fällen sind, wie wenig sachverständig sich auch viele Theologen fühlen, wie alle Synodalen daher von den Fachleuten abhängig sind. Auf diese Weise kommt das ius liturgicum der Gemeinde nicht richtig zum Zuge. Sie muß konkret als miteinander und füreinander betende Gemeinschaft in den Rechtsgang eingeschaltet werden.

Das heißt, neue liturgische Formulare dürften nicht kommissionswarm den Synoden unterbreitet werden, sondern müßten erst zu | mehrjähriger praktischer Erprobung freigegeben werden. Dazu sollte man solche Gemeinden auswählen, in denen nicht nur der Pfarrer liturgisches und pädagogisches Verständnis besitzt, sondern auch die Gemeinde über Gaben geistlicher Entscheidung verfügt. Hier müßten die Fragen geklärt werden im Zusammenwirken zwischen Pfarrer und Gemeinde und in brüderlichen Aussprachen, zu denen auch verschiedene, mit derselben Aufgabe der Erprobung beauftragte Gemeinden als echte „Synode" zusammenkommen sollten. Auf das, was hier angenommen oder zur Änderung vorgeschlagen wird, sollten die offiziellen Synoden hören, ehe sie bindende Beschlüsse fassen. Ein solches Verfahren würde die liturgische Willkür beschränken, setzt aber auf der anderen Seite ein größeres Maß liturgischer Freiheit und Beweglichkeit voraus, als wir es heute legitim in den meisten Landeskirchen besitzen.

5. Die congregatio sanctorum ist als Sammlung unter das Wort zugleich die Stätte brüderlicher *Zucht*. Auch das ist sie immer als Gemeinschaft fürbittender Liebe. Sie trägt die Schuld ihres gefallenen Gliedes. Sie trägt sie so, daß der, der ihm der Nächste ist, sie ihm bezeugt und ihm den Weg aufschließt, auf dem er zur Vergebung gelangen kann. Die mutua consolatio fratrum ist ein geistliches Recht jedes Mitgliedes.

Dieses Recht widerstreitet nicht der Absolutionsgewalt des rite vocatus, sondern ergänzt sie. Denn selbst wenn es in jenem brüderlichen Geschehen zum wirksamen Zuspruch der Vergebung kommen sollte, vollzieht er sich in einer nichtöffentlichen Sphäre. So wird u. U. bei dem
Gefallenen das Verlangen offenbleiben, von dem Träger des öffentlichen Amtes – der repräsentiert, auch wenn er an dem Einzelnen allein
handelt, immer die kirchliche Öffentlichkeit – die Absolution zu empfangen, um mit der gesamten Gemeinde wieder versöhnt zu werden.
Auch sofern er sich durch seinen Fall aus der Sakramentsgemeinschaft
ausgeschlossen haben sollte, wird er der Absolution bedürfen von seiten
des Trägers jenes öffentlichen Amtes, dem die Verwaltung der Sakramente vorbehalten ist.

Indem so das Recht der mutua consolatio fratrum die Vollmacht in
sich einschließt, mit wirksamer Kraft die Absolution auszusprechen, unterscheidet sie sich von der Absolutionsgewalt des Pfarrers zwar nicht
dem Wesen nach, aber in bezug auf die rechtswirksamen Folgen, die die
Stellung eines Gliedes innerhalb seiner Gemeinde betreffen. Alles, was in
der Kirchenzucht über den privaten seelsorgerlichen Bereich hinausgeht,
ist an das öffentliche Amt gebunden.

Damit wird keine neue Hierarchie begründet, vielmehr zum Aus-
druck gebracht, daß der Fall eines Gliedes die ganze Gemeinde an|geht
und darum von der ganzen Gemeinde mitgetragen werden muß. In der
vorreformatorischen Kirche geht die Zucht von der Hierarchie, in der
evangelischen geht sie von der Gemeinde aus. Sie ist Zeichen für die
Mitverantwortung aller Glieder für das Ganze, Ausdruck für die Solidarität der Schuld, die jeder mit dem anderen und für den anderen
trägt. Nur in solcher Solidarität gibt es evangelische Kirchenzucht.

Diese Regelung der Kirchenzucht ist zum erstenmal in der Ziegenhainer Kirchenzuchtordnung von 1539 verwirklicht worden; sie bildet hier
die Grundlage für das Verständnis des Ältestenamtes und der Konfirmation[23]. Aber weder in Hessen noch anderswo hat dieser Typus evangelischer Kirchenzucht sich auf die Dauer durchzusetzen vermocht; überall ist er durch eine polizeiliche Sittenzucht abgelöst worden. Sie hatte ihr
Vorbild in den Polizeiordnungen, die sich der werdende Territorialstaat
seit Ausgang des Mittelalters geschaffen hatte. Die evangelische Kirche
ist tatsächlich in den Dienst dieses patriarchalischen Territorialstaates
getreten; ihre Zucht ist mit ihm zerfallen. Eine Neubelebung ist nicht

---

[23] Vgl. *Maurer*, Gemeindezucht, Gemeindeamt, Konfirmation.

durch gesetzgeberische Maßnahmen und nicht allein vom geistlichen Amt her möglich. Sie setzt vielmehr voraus, daß das Mitwirkungsrecht, das der Gemeinde an ihr zusteht, nicht nur anerkannt, sondern auch praktiziert wird.

Damit sind wir zum Schluß an den Punkt gekommen, wo unsere Darstellung in sich selbst problematisch wird. Was nützt die mehr oder weniger gut gelungene theologische – und d. h. doch geistliche – Begründung eines kirchlichen Mitgliedschaftsrechtes, wenn dieses von der Gemeinde nicht in Anspruch genommen, nicht vom Geiste gefordert und nicht im Geiste erfüllt wird? Gerade auch im Blick auf das Mitgliedschaftsrecht kann sich evangelisches Kirchenrecht eigenständig nur als *Liebesrecht* gestalten und entfalten. Juristische und theologische Konstruktionen nützen nichts ohne die Kraft der Liebe, die sich die Ordnungen schafft, in denen sie sich betätigt. So müssen auch in dieser Frage Juristen und Theologen sich in der Bitte vereinen: Veni Creator Spiritus!

[EVANGELISCHES KIRCHENRECHT IN DEUTSCHLAND*]

1. [Zur Grundlagenproblematik]

Die Bildung und Entwicklung evangelischen Kirchenrechts mußte und muß weitergehen, auch solange | eine Übereinstimmung über die Grundlagenproblematik noch nicht erreicht ist. Daß die Jahre nach 1945 eine Fülle kirchenrechtlicher Neuregelungen hervorgebracht haben, war notwendig: nicht nur, weil der Kirchenkampf fast alle kirchlichen Ordnungen zerstört hatte und eine Anknüpfung an die Lage vor 1933 unmöglich war, sondern auch, weil die Loslösung vom Staatskirchenrecht in der Zeit von 1918 bis 1933 nur unvollkommen durchgeführt worden war, also viele Rechtslücken, die während des Kirchenkampfes schmerzhaft offenbar geworden waren, geschlossen werden mußten. Die Intensität der Grundlagenforschung ist durch diese praktischen Notwendigkeiten sicherlich gefördert worden. Andererseits hat die Divergenz der Meinungen die gesetzgeberische Tätigkeit in der EKD und ihren Gliedkirchen mannigfach beeinflußt, vielleicht auf manchen Gebieten auch gehemmt. Jedenfalls bedarf das bisher Erreichte kritischer Überprüfung, auch damit für das Erstrebenswerte größtmögliche Zielklarheit erreicht werden kann.

Dazu muß das Maß grundsätzlicher Übereinstimmungen, die als Folge des Kirchenkampfes und der kirchenrechtlichen Neubesinnung gewonnen worden sind, zusammenfassend festgestellt werden. Allgemein zugestanden ist: Das Kirchenrecht darf und kann dem Wesen der Kirche nicht widersprechen; es ist deshalb nicht einfach ein Teil der allgemeinen Rechtslehre, sondern muß vom „weltlichen" Recht irgendwie unterschieden werden, ohne dabei doch seinen Rechtscharakter zu verlieren. Der religiös neutrale Staat kann daher kein Kirchenrecht setzen,

---

* Aus: Evangelisches Staatslexikon, hrsg. von *Siegfried Grundmann*, Stuttgart 1965, Sp. 983–988.

noch weniger der atheistische; das Kirchenrecht muß innerhalb der Kirche von ihr selbst „gefunden" werden. Schrift und Bekenntnis sind dazu unerläßlich. Auch wer zu vorsichtig sein sollte, von einer Eigenständigkeit des Kirchenrechts zu reden, wird auf seine theologische Begründung nicht verzichten wollen. Auch wer Bedenken tragen sollte, ihm „biblische Weisungen" unmittelbar zugrunde zu legen, wird jeden kirchenrechtlichen Anspruch an der Heiligen Schrift messen. Auch wo man in seiner theologischen Besinnung nicht auf konfessionelle Unterschiede zurückgreift und verschiedene Anschauungen über Sinn und Funktion des Bekenntnisses in der Kirche hegt, wird man zugeben, daß Bekenntnis und Kirchenrecht in unlösbarem Zusammenhang miteinander stehen. Auch wo man sich scheut, für das Kirchenrecht den Begriff „Liebesrecht" zu verwenden, weil man darin eine untragbare Paradoxie erblickt, wird man zugestehen, daß das evangelische Kirchenrecht seine Kraft, sich durchzusetzen, nicht aus äußerem menschlichen Zwang, sondern aus dem Ernst des göttlichen Liebesgebotes gewinnt.

Das sind Übereinstimmungen, die für ein gemeinsames Handeln in kirchlicher Gesetzgebung und Verwaltung ein weites Feld bieten; vielleicht ist es größer als das, das die zeitgenössische Theologie der kirchlichen Verkündigung heute gewährt. Und es wäre unrecht, zu verkennen, daß die kirchliche Praxis den Acker der Gemeinsamkeit nach einigermaßen übereinstimmenden Regeln bebaut hat.

Man kann die Kirche und damit das Kirchenrecht von zwei Seiten aus betrachten. Einmal erscheint sie als göttliche Stiftung; das Kirchenrecht ist dann auf ein göttliches Recht bezogen, dem es auf menschliche Weise – nach bestem Wissen und Gewissen und unter sorgfältiger Entfaltung von Vernunft und Erfahrung – nachzukommen hat. Zum andern erscheint die Kirche als menschliche Gemeinschaft, deren Zusammenleben nach allgemeinen verpflichtenden Prinzipien geordnet werden muß. Im ersten Fall erscheint die Kirche als Stätte, da Gott in Wort und Sakrament gnadenvoll handelt und der Glaube das göttliche Heil annimmt, im zweiten Fall als die Stätte der Liebe, in der die einzelnen Gläubigen sich zu gemeinsamem Dienst verbinden. Beide Seiten der Kirche sind nicht voneinander zu trennen; es ist der eine göttliche Geist, der sie im Glauben und in der Liebe bewegt. So ist auch das Kirchenrecht ein und dasselbe, ob es nun den Dienst der Ver|kündigung und Sakramentsverwaltung regelt oder ob es der gliedhaften Verbundenheit der Christen in Ordnung und Verfassung einen verbindlichen Ausdruck gibt.

Vielleicht hat das evangelische Kirchenrecht bis 1933 stärker das Verfassungsrecht gepflegt und das Dienstrecht im Amt der Verkündigung und Sakramentsverwaltung zu sehr dem staatlichen Beamtenrecht einerseits, den (immer willkürlicher behandelten) gottesdienstlichen Ordnungen andererseits überlassen. Wie immer die großen Verfolger der Kirche, so hat auch der Nationalsozialismus die Stoßkraft seines Angriffs gegen die Träger des kirchlichen Dienstamtes gerichtet; der Pfarrernotbund hat daher den ersten Widerstand leisten müssen, ehe auch die Gemeinden dazu erwachten. Diesem geschichtlichen Tatbestand (und nicht einem unprotestantischen Klerikalismus) entspricht es, daß beim praktischen Neuaufbau des Kirchenrechts seit 1945 dem Dienstrecht (Amtsrecht) stärkere Aufmerksamkeit zugewandt worden ist als früher, daß es neben dem Verfassungsrecht eine selbständige Bedeutung gewonnen hat, wenn dieses auch beim Wiederaufbau nach 1945 zeitlich und sachlich voranging.

2. *[Das Dienst- oder Amtsrecht]*

a) Die Wiederherstellung eines bekenntnisgebundenen Pfarrerstandes war nach den Einbrüchen, die der Nationalsozialismus und seine deutsch-christlichen Gefolgsleute in den Landeskirchen erzielt hatten, eine dringliche Aufgabe; sie konnte nicht nur, wie es unmittelbar nach 1945 geschehen mußte, durch vorübergehende notrechtliche Maßnahmen gelöst werden. Es ist ein Kennzeichen für die sich anbahnende Überwindung des Landeskirchentums, daß hier die EKD bzw. die in ihr bestehenden Zusammenschlüsse der Gliedkirchen endgültige Regelungen trafen. Das Disziplinargesetz der EKD vom 11. März 1955 stellt sich die Aufgabe, „die Gemeinden vor Ärgernis und Unfrieden zu bewahren, eine rechte Amtsführung zu fördern und das Amt vor schlechter Ausübung, Mißbrauch und Entwürdigung zu schützen"; der Gesichtspunkt der „brüderlichen Zucht" beherrscht die Maßnahmen. Gesetze über die Dienstverhältnisse der Pfarrer in einzelnen Landeskirchen (Evangelische Kirche in Hessen und Nassau, 20. April 1956 /30. Okt. 1956 / 15. Nov. 1963) können hinzutreten; die der VELKD angehörigen Landeskirchen von Schleswig-Holstein und Lübeck haben das Disziplinargesetz der EKD übernommen.

Die VELKD hat am 14. Juni 1963 ein Pfarrergesetz erlassen, das stärker auf das evangelisch-lutherische Bekenntnis zurückgreift und sich damit deutlicher gegen das staatliche Beamtenrecht abgrenzt. Entscheidende Gesichtspunkte hatte schon während des Kirchenkampfes die Evangelisch-Lutherische Kirche in Bayern in ihrer Ordnung des geistlichen Amtes vom 27. April 1939 geltend gemacht. Ein Kirchengesetz über das Verfahren bei Lehrbeanstandungen, das die VELKD am 16. Juni 1956 erlassen hat, ergänzt die Disziplinargesetzgebung nach der Seite der Lehrzucht.

Das Dienstrecht der letzten 20 Jahre ist innerhalb der EKD weiterhin dadurch gekennzeichnet, daß das Pfarramt seinen uniformen Charakter verloren und sich sowohl aus sich selbst heraus entfaltet als auch durch verwandte Dienstämter ergänzt hat. Den Anforderungen der pluralistischen Gesellschaft entspricht es, daß neben den ortsgebundenen Gemeindepfarrer der landeskirchliche Pfarrer getreten ist, der überparochiale gesamtkirchliche Aufgaben wahrnimmt: Das Amt des Landesjugendpfarrers ist über bloße Dienstanweisungen hinaus zum Teil schon während des Kirchenkampfes (Bayern 1934) gegründet und durch Jugendkammern in den Landeskirchen, Jugendbeiräte in den Dekanaten abgestützt worden. Für den Dienst der Studentenpfarrer hat die Kirchenleitung der VELKD am 2./3. Juli 1957 Richtlinien erlassen, die das Verhältnis zu den örtlichen Studentengemeinden und der „Evangelischen Studentengemeinde in Deutschland" sowie zur Konferenz der Studentenpfarrer regeln. – Für die seminaristisch vorgebildeten Pfarrer, die in evangelischen Auslandsgemeinden | tätig sind, bestehen Vereinbarungen, die bei Rückkehr die Übernahme in den Dienst einer Gliedkirche der EKD regeln. „Kirchliche Mitarbeiter, die kein akademisches Studium nachweisen können, aber eine missionarische, volksmissionarische, diakonische oder ähnliche Ausbildung mit Erfolg durchlaufen haben", können als Pfarrverwalter in den Gemeindedienst übernommen werden. In den beiden letztgenannten Fällen, die die in den Staatsverträgen festgelegte akademische Ausbildung des theologischen Nachwuchses tangieren, hat z. B. die Bayerische Staatsregierung ihre widerrufliche Zustimmung erteilt (Evangelisch-Lutherische Kirche in Bayern, Kirchengesetz über die Übernahme von Brasilienpfarrern vom 17. Okt. 1959; über die Dienstverhältnisse von Pfarrverwaltern vom 23. Sept. 1950). „Über die Bevollmächtigung von Nichtordinierten für den Predigtdienst in der Gemeinde" hat die Evangelische Kirche in Hessen und Nassau am 30. Jan. 1961 eine Ordnung erlassen.

b) Neben den theologisch vorgebildeten Dienern im vollen Pfarramt bedarf die Kirche einer Reihe von Kräften zur Verkündigung, Seelsorge, Diakonie, Erziehung und Verwaltung, deren Dienst geordnet werden muß; hier gewinnt in einer früher kaum geahnten Weise das Priestertum aller Gläubigen im evangelischen Kirchenrecht gestaltende Kraft. Von alters her wirken im evangelischen Gottesdienst Küster und Kirchenmusiker (Kantoren, Organisten); ihr Dienst in und an der Gemeinde wird neu gewürdigt und geregelt; unter der gegenwärtigen Blüte der Kirchenmusik erschließen sich neue Gebiete des kirchlichen Dienstrechts (beispielhaft ist die „Ordnung des kirchenmusikalischen Dienstes in der Vereinigten Evangelisch-protestantischen Landeskirche Badens" vom 5. Mai 1954). – Das durch Wichern neuerweckte Amt des Diakons ist zum Teil schon während des Kirchenkampfes (Bayern, Kirchengesetz vom 25. Febr. 1942), zum Teil nachher in die landeskirchliche Ordnung übernommen worden (Hessen und Nassau, Kirchengesetz vom 28. Apr. 1960). Wenn Diakonie die geordnete Liebestätigkeit der Gemeinde ist, dann stehen nicht nur Gemeindehelfer und Katecheten, Gemeindeschwestern, kirchliche Fürsorger(innen), Leiterinnen der Kindergärten und -horte, sondern auch der Helferkreis der Gemeinde und andere Gemeindeglieder als Mitarbeiter in ihrem Dienst. In den neueren Kirchengemeindeordnungen wird die kirchliche Stellung dieser Kräfte meistens geregelt. Für die Ordnung des Dienstes der evangelischen Kindergärtnerinnen, Hortnerinnen und Jugendleiterinnen hat der Rat der EKD am 28./29. Juni 1956 Richtlinien erlassen; für die Weiterbildung und seelsorgerliche Beratung der Gemeindehelferinnen hat die Evangelische Kirche von Hessen und Nassau am 18. Dez. 1953 eine Vertrauensgemeindehelferin bestellt. Meist haben freilich bei allen diesen Regelungen Bestimmungen angestelltenrechtlicher und besoldungstariflicher Art die Vorhand; die Einordnung in das Gefüge kirchlicher Dienste läßt nach der grundsätzlichen Seite noch zu wünschen übrig. – Die dienstrechtlichen Verhältnisse der Angestellten und Arbeiter im Kirchendienst lassen nur schwer erkennen, daß es sich bei ihren Diensten um die Erfüllung diakonischer Aufgaben handelt; die bisher vorliegenden Bestimmungen befassen sich meist nur mit den Mitarbeitervertretungen, die als Ersatz für berufsorganisatorische und gewerkschaftliche Selbstverwaltungsorgane dienen (Evangelisch-Lutherische Kirche in Bayern, Kirchengesetz vom 8. Febr. 1962; Evangelische Kirche in Hessen und Nassau, Ordnung vom 18. Febr. 1963). – Ähnlich ungeklärt ist im kirchenrechtlichen Sinne die Lage der Kirchenbeamten; das Kirchenbeamtengesetz der EKD vom 18. März 1954 beschränkt sich auf allgemein rechtliche Bestimmungen. Immerhin spricht § 1, Ziff. II des Kirchenbeamtengesetzes der Evangelisch-Lutherischen Kirche in Bayern vom 30. Sept. 1948 /

20. März 1961 von einem „Dienstverhältnis besonderer Art, das bestimmt ist durch den Auftrag, den die Kirche von ihrem Herrn erhalten hat". |

c) Die Integration dieser nach Vorbildung und Wirksamkeit so verschiedenartigen Dienste in das kirchliche Dienstrecht ist nur möglich, weil und soweit die verschiedenen Werke der Kirche eingefügt sind. Die in ihnen tätig sind, stehen, auch wenn sie nicht Pfarrer sind, im Amt des allgemeinen Priestertums. Es obliegt den Mitarbeitern der Jugendpfarrämter und der landeskirchlichen Ämter für Volksmission (Gemeindedienste). Es umfaßt die Mitarbeiter der in der EKD zusammengeschlossenen Frauenwerke und Männerwerke, sowie die der Inneren Mission und des Hilfswerks der EKD mit allen ihren Untergliederungen und Einrichtungen. Die Aufgabe, dieses Heer von Menschen nicht nur zu organisieren, nicht nur im Geist des Glaubens und der Liebe zu bestärken, sondern in geistlicher Ordnung zu gemeinsamem Dienst zusammenzufassen, ist noch ungelöst.

3. *[Das Verfassungsrecht]*

Am Verfassungsrecht der EKD und ihrer Gliedkirchen läßt sich ein Wandel gegenüber den Verhältnissen in der Zeit vor 1933 feststellen, der als eine Frucht des Kirchenkampfes gewertet werden kann. Der Liberalismus des 19. Jahrhunderts und die gewaltsamen Eingliederungsversuche in eine staatliche kontrollierte Einheitskirche, die der Nationalsozialismus unternommen hatte, haben die Idee einer uniformen Nationalkirche endgültig diskreditiert.

a) Die Grundordnung der EKD vom 13. Juli 1948 versucht „die bestehende Gemeinschaft der deutschen evangelischen Christenheit" so sichtbar zu machen, daß sie sich als einen „Bund lutherischer, reformierter und unierter Kirchen" versteht, in deren Gliedkirchen und Gemeinden das jeweilige Bekenntnis in Lehre, Leben und Ordnung der Kirche wirksam werden soll (Art. 1). Das Recht der EKD und ihrer Gliedkirchen ruht auf bekenntnismäßiger Grundlage. Damit ist eine Norm gegeben, die das frühere Verfassungsrecht nicht gekannt hat. Damit ist dieses Recht von den allgemeinen Verfassungsprinzipien aus dem politischen Bereiche gelöst, so sehr es sich einzelner Modelle aus ihm im geeigneten Falle bedienen kann und so sehr es im ganzen der Forderung der Gerechtigkeit entsprechen muß. – Die Verfassung der VELKD vom 8. Juli 1948 prägt diese Bekenntnisgebundenheit des kirchlichen Rechts

noch schärfer aus. „Geeint in dem gleichen Bekenntnis" (CA Invariata
von 1530 und Kleiner Katechismus Martin Luthers) und „gerufen zum
gemeinsamen Bekennen" weiß sie sich auch zu „einheitlichem Handeln"
gefordert; so ist sie auch „in ihrer Ordnung, Leitung und Verwaltung"
an das Bekenntnis gebunden. Sie ist insofern eine Einheitskirche. –
Auch die Ordnung der EKU vom 20. Febr. 1951/12. Dez. 1953 weiß
sich als Rechtsnachfolgerin der Evangelischen Kirche der altpreußischen
Union mit ihren lutherischen, reformierten und unierten Gemeinden neben den altkirchlichen an die reformatorischen Bekenntnisse gebunden
und bejaht die Theologische Erklärung von Barmen; diese Bindung ist
ihr „für die Setzung und Anwendung ihres Rechtes grundlegend".

b) An den Gliedkirchen der EKU und ihren zwischen 1948 und 1953
in Kraft getretenen Grundordnungen läßt sich erkennen, daß hier der
Kirchenkampf die früheren Rechtsgrundlagen am radikalsten zerstört
hat. Es war hier ein völliger Neubau notwendig, der die neuen Prinzipien
evangelischen Verfassungsrechtes erkennbar macht. Sie sind beispielhaft ausgesprochen in den „Grundsätzen über Amt und Gemeinde", die
der „Grundordnung der Evangelischen Kirche in Berlin-Brandenburg"
vom 15. Dez. 1948 vorgeordnet sind: Die Gemeinde, nicht Genossenschaft von Menschen, sondern Stiftung Gottes: erweckt und gesammelt
durch den im Wort und Sakrament wirksamen Gottesgeist; erbaut durch
mannigfache Gaben und Dienste, in denen das eine Amt, das die Versöhnung predigt, sich vielgestaltig entfaltet; geleitet in demütigem, brü-
derlichem Dienste der dazu Berufenen; Amt und Gemeinde in wechsel-
seitigem Dienst aufeinander angewiesen. |

c) Von den Gliedkirchen der VELKD und den ihr bekenntnisver-
wandten Landeskirchen hat der Kirchenkampf nach 1945 zunächst nur
wenige zu einer grundsätzlichen Neuordnung geführt: Eutin (3. Nov.
1947 / 5. Okt. 1951 / 1. Okt. 1953), Lübeck (22. April 1948 / 25. April
1951 / 12. Jan. 1955), Sachsen (13. Dez. 1950 / 11. Aug. 1954), Oldenburg (20. Febr. 1950 / 28. Jan. 1957), Thüringen (2. Nov. 1951) und
Schleswig-Holstein (6. Mai 1958). Wie die hier – und anderswo –
auftretenden Abänderungen zeigen, befindet sich das Verfassungsrecht
weithin im Zustand der Erprobung, der noch nicht abgeschlossen ist.
Das gilt besonders auch von den evangelisch-lutherischen Landeskirchen, die formal noch an alte Verfassungen gebunden sind: Schaumburg-Lippe (3. Febr. 1893; Kirchengesetz vom 24. Nov. 1953), Bayern
(10. Sept. 1920), Württemberg (24. Juni 1920 / 17. April 1953), Mecklenburg (29. Sept. 1921 / 31. Dez. 1951 /2. Dez. 1952), Braunschweig

(23. Jan. 1922), Hamburg (30. Mai 1923). In fast allen diesen Landeskirchen ist die Neubearbeitung des Verfassungsrechtes im Gange; in
Hannover wurde sie 1965 abgeschlossen.

d) Von den Gliedkirchen der EKD, die keiner der beiden Untergliederungen angeschlossen sind, gelten in Anhalt, Bremen und der Pfalz noch
Verfassungsurkunden von 1920. Die Evangelisch-Reformierte Kirche in
Nordwestdeutschland hat ihre Verfassung vom 24. Sept. 1922 zuletzt
am 20. Juni 1956 überarbeitet, die Lippische Landeskirche die ihre vom
17. Febr. 1931 in den 50er Jahren durch mehrere Kirchengesetze ergänzt. Kurhessen-Waldeck hat die Verfassung vom 1. Juni 1924 durch
das Leitungsgesetz vom 27. Sept. 1945 / 4. Dez. 1947 in entscheidenden
Partien erneuert. Alle diese Kirchen bemühen sich um einen Neubau ihres Verfassungsrechts. Dieser ist zu einem gewissen Abschluß gekommen
in der Evangelischen Kirche in Hessen und Nassau (17. März 1949 / 22.
März 1957 / 28. April 1960 / 15. Nov. 1962) und in Baden (23. April
1958)[1].

---

[1] *Merzyn*, Verfassungsrecht – *Göldner/Muus*, Kirchenrecht – *Niens*, Das Recht in
Baden – Ev. Kirche in Hessen und Nassau, Rechtsquellensammlung – *Vischer*,
Neuere Rechtsquellen – *Brunotte*, Die EKD.

VERWALTUNG UND KIRCHENLEITUNG*

Über der kirchlichen Verwaltung steht seit dem Kirchenkampf die Forderung, daß sie in Bindung an das Bekenntnis zu vollziehen sei, daß sie also in ihren Entscheidungen einer theologischen Begründung bedürfe. Man mag diese Forderung bejahen oder verneinen; daß sie überhaupt gestellt wurde, mag den theologischen Versuch rechtfertigen, Fragen des kirchlichen Verwaltungsrechtes zu erörtern. Das kann natürlich nur soweit geschehen, als dabei das Gebiet der Theologie berührt wird; die eigentlich juristischen Fragen bleiben ausgeklammert. Aber wie in den kirchlichen Verwaltungsbehörden immer Juristen und Theologen in kollegialem Verhältnis zusammengearbeitet haben, so haben auch die von ihnen gemeinsam zu behandelnden Fragen eine theologische Seite. Und so gibt auch die Stellung dieser Behörde im Rahmen der kirchlichen Ordnung Probleme auf, deren Lösung der Mitarbeit der Theologen bedarf. Die Forderung, die Kirche in der Bindung an das Bekenntnis zu verwalten, hat ja nur deshalb Sinn, weil die Ordnung der Kirche selbst im Bekenntnis begründet ist.

In der Entwicklung, die das evangelische Kirchenrecht seit 1945 vollzogen hat, spielt die Frage nach der Funktion der Verwaltung keine große Rolle. Es wurde verwaltet aus einem besorgten evangelischen Gewissen heraus und so sachgemäß wie möglich; aber es wurde über die Stellung der Verwaltung im rechtlichen Gefüge kaum reflektiert. Es wurde das Erbe der kirchlichen Verwaltungstradition, das Generationen von Theologen und Juristen gesammelt hatten, treu bewahrt; aber wenn dieses Erbe in einer veränderten Welt fruchtbar gemacht und nicht – besonders von den draußen Stehenden – als Ballast empfunden werden soll, dann muß es gesichtet werden. Dabei wird sich herausstellen, daß der Rückblick auf dieses Erbe, auf die Geschichte kirchlicher Verwaltung in den letzten 150 Jahren, Entwicklungstendenzen sichtbar macht,

* Aus: Festschrift für *Erich Ruppel* zum 65. Geburtstag am 25. Januar 1968, hrsg. von *Heinz Brunotte, Konrad Müller* und *Rudolf Smend* unter Mitwirkung von *Klaus Bielitz* und *Johann Frank*, Hannover, Berlin und Hamburg 1968, S. 105–128.

denen man sich auch heute noch unbefangen anvertrauen kann, daß also
der Einbau der Verwaltung in die vom Bekenntnis bestimmte Ordnung
der Kirche sehr wohl im Zuge der bisherigen Entwicklung liegt. Die
Verwaltung hat es durchaus auch mit der geistlichen Leitung der Kirche
zu tun, sie empfängt in diesem Zusammenhang ihre theologische Begründung.

Aber es muß heute noch ein anderer Gesichtspunkt geltend gemacht
werden. Kirchliche Verwaltung ist von dem, was man sonst in der Welt
Verwaltung nennt, keineswegs zu trennen. Sie ist öffentliche, wenn auch
keine staatliche Verwaltung; und die Grenzen zwischen öffentlicher und
privater Verwaltung, wie sie in der Wirtschaft geübt wird, sind heute
fließend. Die Aufgaben, die | Methoden, sie zu lösen, und die Gefahren,
die dabei auftauchen – das alles ist weithin dasselbe. Der Begriff der
Verwaltung verliert seine klaren Umrisse. Bezeichnete er im Rechtsstaat
des 19. Jahrhunderts und unter dem Einfluß der Gewaltenteilung alles,
was nicht zur gesetzgeberischen oder richterlichen Staatstätigkeit gehörte[1], so sind jetzt, zumal in der Wirtschaft, Aufgaben mit einbegriffen,
die von der öffentlichen Werbung bis zur persönlichen Fürsorge für die
Angestellten reichen. Auch die öffentliche Verwaltung kann sich dieser
Ausweitung nicht entziehen; sie dehnt sich aus, personell und den Sach-
gebieten nach, der Geschäftsgang wird schleppend, die Papierflut
wächst. Die Verwaltung wird zur Bürokratie. Deren Gefahren liegen
nicht nur in der Arbeitsweise; sie ist zwangsläufig, durch die Umstände
bestimmt. Schlimmer ist der Eingriff in die persönliche Haltung des Beamten. Korpsgeist und Verschwiegenheit sind Tugenden. Sie führen in
der Bürokratie zum Spezialistentum, das eine eigene Denkart und eine
eigene Sprache herausbildet, die vom Außenstehenden nicht verstanden
werden kann. Selbstisolierung und unpersönliches Handeln können die
Folge sein[2].

Alle kirchliche Verwaltungstätigkeit steht heute also unter einer uner-
träglichen Spannung. Sie soll einerseits höchsten geistlichen Anforde-

---

[1] *Wagenmann*, Die kirchliche Verwaltung, S. 12 ff., lehnt mit guten Gründen die
Versuche ab, in Analogie zum Staatsrecht den Begriff der kirchlichen Verwaltung zu
bestimmen.

[2] *Morstein-Marx*, Das Dilemma des Verwaltungsmanns. Unter weltweiten Aspekten,
besonders an amerikanischen Beispielen, behandelt er das Problem der Bürokratie. „Die
Bürokratie ist nicht nur eine Erscheinung der öffentlichen Verwaltung. Sie kommt
ebenso in der Wirtschaft, beim Militär und in den Kirchen vor. Eine Großorganisation
kann nicht ohne Bürokratie funktionieren"; *Thieme*, Verwaltungslehre, S. 71. Thieme
führt einen siebenfaltigen Lasterkatalog auf, der zu denken gibt.

rungen dienen, sie ist andererseits der Gefahr ausgesetzt, daß aller Schwung in geschäftsmäßiger Routine erstarrt. Ermüdungserscheinungen innerer und äußerer Art müssen die Folge sein. Gewiß wird hier das christliche Ethos des einzelnen Amtsträgers in erster Linie zur Verantwortung gerufen. Aber das brüderliche Trostwort des Theologen darf nicht fehlen. Wenn heute die Theologie zu den ethischen Problemen der industriellen Gesellschaft ein klärendes Wort zu sagen hat, darf sie es nicht schuldig bleiben, wenn die Probleme sich in der kirchlichen Verwaltung, im eigenen Hause also, geltend machen. Sie muß denen ihrer Glieder, die unter besonderen Spannungen stehen und geistliche Forderungen anhand von praktischen Geschäften erfüllen müssen, helfen, diesen ihren besonderen Dienst recht zu verstehen und wahrzunehmen.

I.

Dabei kann schon ein Blick auf die Geschichte kirchlicher Verwaltungstätigkeit hilfreich sein. Sie ist nicht so alt, wie man gemeinhin annimmt. Und sie ist in einer Geschichte von gut 150 Jahren großen Veränderungen unterworfen worden. Sie | hat sich ihnen angepaßt und dabei ein starkes Regenerationsvermögen bewiesen. Das berechtigt zu der Hoffnung, daß sie die Spannungen, denen sie gegenwärtig ausgesetzt ist, ertragen und für die Kirche fruchtbar machen wird.

Wir würden fehlgehen, wollten wir die heutigen kirchlichen Verwaltungsbehörden mit den Konsistorien in direkte Verbindung bringen, die sich seit dem 16. Jahrhundert von Kursachsen aus im deutschen Protestantismus verbreiteten. Wir können auch nicht bei den Konsistorien anknüpfen, die sich im Zeitalter des *Episkopalismus* entwickelten und die Johann Gerhard anhand der altprotestantischen Dreiständelehre beschreibt: Sie stellten die Repräsentation der ganzen Kirche dar; neben dem evangelischen Landesherrn als membrum praecipuum Ecclesiae standen die Theologen als Vertreter des Lehrstandes und die Juristen als die Repräsentanten des hausväterlichen Standes. Schon der *Territorialismus* hatte das Konsistorium einseitig zum Organ des landesherrlichen Kirchenregiments gemacht; und der *Kollegialismus*, der Kirche nur als Zusammenschluß einzelner Gemeinden anerkannte, verstand die Konsistorien nicht als Kirchen-, sondern nur als staatliche Aufsichtsbehörden im Gegenüber zu den konfessionell gegliederten Gemeinden. Da war es kein Wunder, daß sie, vor allem in den kleineren Territorien, aber auch in neuerworbenen Landesteilen, in Personalunion mit den Verwaltungsbehörden zusammengelegt wurden und daß man höchstens den betreffenden Kollegien theologische Fachleute für das Kirchen- und Schulwesen beiordnete[3].

Die napoleonische Zeit mit ihren geistigen, politischen und kirchlichen Umbrüchen hat in den wichtigsten deutschen Ländern die letzten Reste des überkommenen Konsistorialwesens beseitigt. In Preußen machte die Stein-Hardenbergische Reform reinen Tisch, im Rheinbundstaat Bayern Graf Montgelas, der den Jakobinern im Eifer für die Gleichmacherei nicht nachstand; man hat mit Recht von einer „Zertrümmerung der alten Kirchenverfassung" geredet[4].

Nicht in allen Landeskirchen erfolgte freilich der Umsturz des alten Kirchenwesens so radikal. In Württemberg z. B. blieb der Kirchenrat, wie er in der Großen Kirchenordnung begründet war, bestehen. Seit 1698 existierten zwar das Konsistorium, das sich vornehmlich mit der Lehre, dem Gottesdienst und den Personalien befaßte, und der Kirchenrat, dem vor allem die Finanzverwaltung und die Disziplinargerichtsbarkeit oblag, getrennt voneinander. Beide Instanzen, ursprünglich dem Geheimen Rat unterstellt, gingen 1807 ziemlich ungestört in die Obhut des Kultusministers über. Ähnlich konservativ verlief die Entwicklung in Hannover; hier wurden 1815 die alten Provinzialkonsistorien wiederhergestellt. Und erst nachdem 1864 eine Kirchenvorstands- und | Synodalordnung in Kraft getreten war, nahm am 18. Juni 1866, unmittelbar vor dem Ende des selbständigen Königreichs, das evang.-lutherische Landeskonsistorium in Hannover seine Arbeit auf; ihm wurden die Provinzialkonsistorien unterstellt[5].

Bei allen territorialen Verschiedenheiten sind in der kirchlichen Verwaltungsgeschichte des 19. und des beginnenden 20. Jahrhunderts gewisse Etappen einer gleichmäßigen Entwicklung zu erkennen, in *Preußen* läßt sie sich am besten ablesen.

---

[3] *Maurer*, Geistliche Leitung der Kirche, besonders S. 57 f. [vgl. oben S. 104 ff.].

[4] So *Emil Friedberg* in seinem Quellenwerk, Verfassungsgesetze der Landeskirchen, dem wir die folgenden kirchenrechtlichen Daten entnehmen. Eine gute Verarbeitung des preußischen Materials bei *Schoen*, Kirchenrecht in Preußen, 2 Bde.

[5] In Schleswig-Holstein war die Kirchenverwaltung schon immer durch die „deutsche Kanzlei" in Kopenhagen (die seit 1848 ein eigenes Ministerium bildete) wahrgenommen worden. Die im Lande gelegenen Konsistorien waren geistliche Gerichte, deren Tätigkeit in dem Maße erlosch, als die besondere kirchliche Gerichtsbarkeit verfiel. Erst in preußischer Zeit wurde am 24. September 1867 das ev.-luth. Konsistorium in Kiel errichtet.

Mit der Neuerrichtung der Konsistorien, die für die zehn preußischen Provinzen am 30. April 1815 erfolgte, war die Bindung der kirchlichen an die staatliche Verwaltung keineswegs aufgehoben. Die neuen Behörden übten unter dem Vorsitz des Oberpräsidenten der Provinz die Staatsaufsicht über die Gemeinden aus. Konfessionelle Rücksichten spielten dabei keine Rolle. Auch den Katholiken gegenüber wurde das landesherrliche ius circa sacra wahrgenommen; ein katholischer Theologe trat deshalb in das Konsistorium ein. Erst mit dem 31. Dezember 1825 wurde es eine evangelische Behörde, die aber schon seit dem 23. Oktober 1817 auf die Interna beschränkt war, während die äußere Verwaltung direkt von den Staatsstellen ausgeübt wurde. Eine ähnliche Lage bestand in *Bayern;* der Umschwung bahnte sich hier freilich früher an. Die Sektion für kirchliche Gegenstände im Innenministerium, die am 8. September 1808 gegründet wurde, enthielt als Sonderabteilung auch das Generalkonsistorium. Im Zusammenhang mit dem Religionsedikt vom 26. Mai 1818 wurde es als „Oberkonsistorium" verselbständigt und mit der Leitung der protestantischen inneren Angelegenheiten betraut; es unterstand dem Innenministerium und hatte keinen unmittelbaren Zugang zum Summepiskopus, dem katholischen König[6]. Wenn aber in dem Edikt von der *Leitung* der inneren Angelegenheiten die Rede war, so ging man weit über die eigentliche *Verwaltung* hinaus und bezog auch ausgesprochen geistliche Aufgaben in sie ein. Dabei waren sich Gesetzgeber und kirchliche Instanzen der hier vorliegenden Unterschiede nicht bewußt, sie vermochten zwischen Verwaltung und Leitung nicht zu differenzieren[7]. |

Dieses Unvermögen entspricht der Tatsache, daß das landesherrliche Kirchenregiment, dessen Organ Konsistorien und Oberkonsistorium waren, selbst nicht zwischen Leitung und Verwaltung der Kirche zu unter-

---

[6] Das Edikt über die inneren kirchlichen Angelegenheiten der protestantischen Gesamtgemeinde in dem Königreich vom 26. Mai 1818 verfügt in § 1: „Das oberste Episcopat und die daraus hervorgehende *Leitung* der protestantischen inneren Kirchenangelegenheiten soll künftig durch ein selbständiges Oberkonsistorium ausgeübt werden, welches dem Staatsministerium des Innern unmittelbar untergeordnet ist." Zum Begriff der „protestantischen Gesamtgemeinde" vgl. *Maurer,* Die „Protestantische" Kirche in Bayern.

[7] § 11 des Edikts führt unter den „Gegenständen der inneren Kirchenpolizei" u. a. an: Aufsicht über die Lehrvorträge der Pfarrer, über „Kultus, Liturgie und Ritual"; auch § 13 gehört dazu – ein viel umstrittener Artikel, aus dem Geist der politischen Reaktion geboren und doch von starker theologischer Relevanz –, daß ihm „die Aufsicht über das protestantisch-theologische Studium auf der Universität Erlangen in Ansehung der Lehren übertragen" ist; „auch wird bei Besetzung der theologischen Lehrstellen dasselbe mit seinem Gutachten vernommen".

scheiden vermochte. Erst unter dem Zwang der praktischen Notwendigkeiten bahnte sich vor allem in Preußen eine Differenzierung an. Es zeigte sich bald, daß sich die staatlichen Verwaltungsbehörden mit den kirchlichen Anliegen ihrer Aufsichtsbehörden zu identifizieren begannen. Das Breslauer Konsistorium etwa suchte in der Agendenfrage den Unionswillen Friedrich Wilhelms III. sachte zu bremsen; im Koblenzer sympathisierte man mit den synodalen Strömungen im Rheinland. Durch die Delegation der Generalsuperintendenten als der persönlichen Vertrauensleute des Königs (1828/29) suchte dieser die Konsistorien zugleich zu überwachen und an sich zu binden. Aber abgesehen von dieser politischen Tendenz kamen unversehens geistlich-theologische Tendenzen ins Spiel, die die Generalsuperintendenten kraft ihrer freien Stellung in den Konsistorien geltend machen konnten. Der neue König Friedrich Wilhelm IV. begünstigte diese Entwicklung. Indem er am 24. Juni 1845 die Kompetenzen so weit ausdehnte, daß nur die alleräußerlichsten verwaltungsmäßigen Befugnisse bei den Staatsbehörden verblieben, und den Vorsitz der Oberpräsidenten in den Konsistorien aufhob, schuf er erst eigentlich kirchliche Leitungsbehörden; nach seinen eigenen Erklärungen war es das Ziel des Königs, die evangelische Kirche auf eigene Füße zu stellen. In dem Maße, wie das geschah, fiel den kirchlichen Verwaltungsbehörden ein starker Anteil an der Leitung der Kirche zu.

Freilich standen sie dabei unter Konkurrenz. Diese ging nicht so sehr von den Trägern geistlicher Leitungsämter aus, etwa den Generalsuperintendenten; episkopale Neigungen, wie etwa Friedrich Wilhelm IV. sie hegte, waren nicht weit verbreitet. Wohl aber fiel den Synoden die Kirchenleitung in immer größerem Ausmaße zu. In gewissem Sinne verlief die Entwicklung der kirchlichen Verwaltungsbehörden komplementär zu der des Synodalwesens. Indem sie die Synoden überwachten, hatten sie sich zugleich mit deren kirchlichen Aufgaben zu befassen; dem Willen des Summus Episcopus entsprechend übten sie auch die Aufsicht aus „über den Gottesdienst im allgemeinen, insbesondere in dogmatischer und liturgischer Beziehung zur Aufrechterhaltung desselben in seiner Reinheit und Würde"[8]. Die Konsistorien werden dabei als „evangelische Kirchenbehörden" angesprochen; „ihrer *Aufsicht und Leitung* ist im allgemeinen die Gesamtheit der evangelischen Kirchen-Angelegenheiten anvertraut". Diese totale Leitungsbefugnis wird der staatlichen Kirchenbehörde von der Staats|regierung sicherlich auch darum zuerkannt, weil

---

[8] Ressort-Reglement vom 1. Okt. 1847 I Ziff. 2.

sie die rein kirchlichen Synoden unter Kontrolle behalten soll[9]. Aber wie das auch beabsichtigt gewesen sein mag: tatsächlich haben sich Synode und kirchliche Verwaltungsbehörde in idealer Konkurrenz um dieselben Aufgaben bemüht und sind dabei tiefer in das kirchliche Wesen hineingewachsen.

In der Geschichte der evangelischen Kirchenverfassung bedeutet die Revolution von 1848 einen tiefen Einschnitt. Die Proklamierung der „Grundrechte des deutschen Volkes" in der Frankfurter Reichsverfassung hätte zur Durchführung der Bekenntnisfreiheit in den Einzelstaaten eigentlich die Trennung von Kirche und Staat zur Folge haben müssen; wenn es auch soweit nicht kam, das landesherrliche Kirchenregiment vielmehr erhalten blieb, so traten doch staatliche und kirchliche Organisation immer weiter auseinander. In Preußen vollzog sich die Bildung einer einheitlichen Landeskirche zunächst durch die Vereinheitlichung der Verwaltung: Am 29. Juni 1850 wurde der Evangelische Oberkirchenrat (EOK) errichtet, dem als einer „Zentralinstanz des Kirchenregiments" „die oberste Leitung und Verwaltung der Landeskirche" zufiel; ihm unterstanden die Provinzialkonsistorien. Solange es keine preußische Generalsynode gab, war der (juristische) Präsident des EOK, obwohl dem Minister unterstellt, der einzige Sprecher der preußischen Landeskirche. Ähnlich war es in Bayern, wo Harleß, seit 1852 Präsident des kgl. protestantischen Oberkonsistoriums, äußerlich zwar gehindert und in seinen Bemühungen um größere Freiheit der evangelischen Kirche erfolglos, mit fast bischöflicher Autorität seine Landeskirche leitete und im Oberkonsistorium geistliche Entscheidungen herbeiführte, die weit über den Bereich des Verwaltungsmäßigen hinausgingen.

Eine solche Kompetenzfülle wie in Bayern haben die Kirchenbehörden in Preußen nicht erlangen können; das ließ hier das Parteiwesen nicht zu, das wie den Staat, so auch die Kirche zerklüftete. Und doch entwickelte sich die kirchliche Verwaltung weiter; sie verselbständigte sich und verkirchlichte dabei[10]. Der *Kulturkampf* führte hier einen gro-

---

[9] Darum wird im Ressort-Reglement von 1847, das zuerst den Charakter evangelischer Kirchenbehörden feststellt, ihnen an erster Stelle (I Ziff. 1) zugeschrieben „die Sorge für Einrichtung der evangelischen Synoden, die Aufsicht über die bereits bestehenden; die Prüfung und nach Befinden die Berichtigung oder Bestätigung der Synodalbeschlüsse, auch die Berichterstattung über selbige, wo sie erforderlich ist". Schon die Rheinisch-Westfälische Kirchenordnung vom 5. März 1835 nennt in § 148 als „Aufsichts-Behörde über das Kirchenwesen" das Ministerium der geistlichen Angelegenheiten, das Provinzialkonsistorium und die Regierungen; sie fügt den Generalsuperintendenten als „dirigierendes Mitglied des Provinzial-Consistoriums" hinzu.

[10] Im Blick auf die Gründung des Ev. Oberkirchenrats sagt *Schoen*, Kirchenrecht in

ßen Schritt weiter. Das kann nur dem als paradox erscheinen, der nicht
sieht, wie hier der säkulare Staat zu sich selber kommt, die Kirchen ab-
stößt, ihnen aber damit zugleich zu größerer Selbstän|digkeit verhilft. Sie
erfolgte in Preußen durch das von Kultusminister Falk vorbereitete und
eingebrachte „Staatsgesetz betr. die evang. Kirchenverfassung in den
acht älteren Provinzen der preußischen Monarchie" vom 3. Juni 1876,
dem wiederum die Generalsynodalordnung vom 20. Januar 1876 voran-
gegangen war. Diese Synodalordnung vom König als dem Inhaber des
Kirchenregiments ohne Mitwirkung des Landtags sanktioniert, doku-
mentierte die kirchliche Selbständigkeit der Landeskirche im konstitutionellen Staate und begründete zugleich ihre Einheit von der Gemeinde
her. Der Staat verzichtete damit endgültig auf das Kirchenregiment und
begnügte sich mit der Kirchenhoheit. Von der Kirchenverwaltung hieß
es in Art. 21 des Staatsgesetzes: sie „geht, soweit solche bisher von dem
Minister der geistlichen Angelegenheiten und von den Regierungen geübt worden ist, auf den Evang. Ober-Kirchenrath und die Konsistorien
als Organe der Kirchenregierung über". „Organe" der Kirchenregierung
sind die Verwaltungsbehörden, wie auch die synodalen Instanzen solche
sind. Unter Friedrich Wilhelm IV. war jenen Behörden 1847 noch die
Gesamtheit der evangelischen Kirchenangelegenheiten anvertraut worden[11]. Die Verschiebung zeigt den Wechsel an, der in bezug auf den
Aufgabenbereich der Verwaltungsbehörden eingetreten war. Sie hatten
ihre Befugnisse mit denen der Synoden zu teilen, in regelmäßigem
Wechsel auch mit den synodalen Organen zusammenzuwirken[12]. Die Syn-
odalverhandlungen standen unter ihrer Aufsicht, die Beschlüsse erlang-
ten durch ihre Vermittlung die Genehmigung des Staates. Noch hatten
die Instanzen der Verwaltung das Übergewicht über die der Synoden;
das mochte solange bleiben, als der Landesherr Summus Episcopus war
und durch das Ministerium bei der Besetzung der leitenden kirchenregimentlichen Ämter das entscheidende Wort sprach. Noch besaßen die
Organe der Verwaltung den entscheidenden Anteil an der Kirchenleitung. Erst seit 1918 sollte das mit dem Wegfall des landesherrlichen Kirchenregiments anders werden.

Preußen, Bd. 1, S. 78: „Wichtige Veränderungen der konsistorialen Organisation haben
in der Folgezeit nicht mehr stattgefunden." Der Ton liegt hier auf „Organisation"; sie
ist aber auch bei einer Verwaltungsbehörde nicht das Leben.
[11] Oben S. 531 zu Anm. 8.
[12] §§ 36 und 37 der Generalsynodalordnung vom 30. Januar 1876.

Ehe wir uns diesem neuen Stadium der Entwicklung zuwenden, schauen wir, wie in anderen deutschen Landeskirchen sich seit den siebziger Jahren die Trennung von Staat und Kirche anbahnte. In erster Linie ist hier das Königreich *Sachsen* zu nennen. Hier hatten erst die dreißiger Jahre das völlige Aufgehen der Kirchenverwaltung in der Staatsverwaltung gebracht. Das Landesverfassungsgesetz vom 4. September 1831 unterstellte die Landeskirche ausschließlich dem Kultusminister; 1835 wurden die Befugnisse der Konsistorien von Dresden und Leipzig den dortigen Kreisdirektoren übertragen[13] und das Landeskonsistorium auf den engsten Kreis der Wirksamkeit (Prüfung, Ordination, Amtseinweisung) beschränkt. Nachdem 1868 eine Synodalordnung eingeführt worden war, wurde am 15. April 1873 ein evang.-lutherisches Landes|konsistorium errichtet, dem nach § 1 des Gesetzes „unter der Oberaufsicht der mit der landesherrlichen Kirchengewalt betrauten in Evangelicis beauftragten Staatsminister die Wahrung der Rechte und Interessen der evang.-luth. Kirche sowie die *Leitung und Verwaltung* aller ihrer Angelegenheiten obliegt". In dem von einem katholischen König regierten evangelischen Lande oblag dem Landeskonsistorium – wenn es geschickt Rücksicht nahm auf die politischen Interessen, die von den drei evangelischen Ministern wahrgenommen wurden – tatsächlich die Kirchenleitung, die zwar die Verwaltung einschloß, in erster Linie aber geistlich-theologische Anliegen betraf. Der jeweilige Oberhofprediger hatte in der sonst kollegialen Behörde, die einem juristischen Präsidenten unterstand, den „Vorrang vor den anderen Räthen" (§ 2).

In *Bayern*, wo Harleß sich jedem weiteren Ausbau des Synodalwesens widersetzte[14], blieb auch die Stellung des Oberkonsistoriums unverändert. In *Hannover* hatte sich der König zwar in der Verfassungsurkunde vom 13. April 1866 den Umfang seiner „Landesherrlichen und Oberbischöflichen Gewalt" unbeschränkt vorbehalten (§ 8), sein preußischer Nachfolger aber konnte davon aus politischen Gründen nur wenig Gebrauch machen. So hatte das evang.-luth. Landeskonsistorium in Hannover alle Freiheit geistlicher Leitung in bezug auf „das Bekenntnis und die Lehre der Kirche, die Seelsorge, den Kultus und die Kirchenzucht" (§ 3,1) und machte von dieser Freiheit auch verständigen und energi-

---

[13] *Friedberg* bemerkt dazu (Verfassungsgesetze der Landeskirchen, S. 360): „Damit war in der Heimath der Consistorial-Verfassung diese zu Grabe getragen."
[14] *Heckel,* Adolf von Harleß, S. 258. – Interessant sind Harleß' „Grundzüge und Reorganisation der Kirchenverfassung in Sachsen", die 1850 entworfen, aber nicht durchgeführt wurden, *Heckel,* aaO., S. 254 ff.

schen Gebrauch. Ähnlich wirkten sich die politischen Verhältnisse auf
die Leitungsbefugnisse aus, die dem am 24. September 1867 gegründeten
Kieler Konsistorium zur Verfügung standen, obwohl die altpreußischen
Konsistorien aus der Zeit vor 1848 als Modell dafür übernommen wor-
den waren. Freilich kann die damalige Verfassungsstruktur Schleswig-
Holsteins nicht mit der von Bayern oder Sachsen verglichen werden.

Das Ende der Monarchie im Jahre 1918 und die Weimarer Verfassung vom 14. August 1919 brachten mit ihren Auswirkungen auf die
deutschen Bundesländer die endgültige *Trennung* von *Kirche und Staat.*
Wodurch sollte in den evangelischen Landeskirchen das Landesherrliche
Kirchenregiment ersetzt werden? Waren die kirchlichen Verwaltungsbehörden, die es im Namen des bisherigen Landesherrn ausgeübt hatten,
dafür noch legitim? Es zeigte sich, daß sie inzwischen innerhalb und außerhalb der Kirche so sehr als Kirchenbehörde anerkannt worden waren, daß niemand im Ernst daran dachte, sie abzuschaffen. Aber Träger
der Kirchengewalt, wie sie es bisher de facto weithin, de iure freilich
nur stellvertretend gewesen waren, konnten sie nicht mehr sein. Nur die
Synoden konnten im demokratischen Staate die evangelische Christenheit repräsentieren. Sie haben es getan; die nach 1919 entstandenen Kir-
chenverfassungen geben Zeugnis davon. |

Im Ringen zwischen kirchlicher Verwaltungsbehörde und Synode, in
dem seit 1835 die Behörde die Oberhand besessen hatte, siegte schließlich die Synode. Es fragte sich, ob die Beziehung von Verwaltung und
Leitung der Kirche so bestehen bleiben konnte, daß die behördliche Instanz an beiden Funktionen Anteil behielt. Klar war, daß der Synode
die Kirchenleitung im eigentlichen Sinne zustand. Würde sie sie allein
ausüben, mußte aus der Verwaltungsbehörde eine Synodalbehörde werden. In einzelnen Landeskirchen, etwa in den Hansestädten Bremen und
Hamburg, hat man zunächst diese Möglichkeit verfolgt. Im allgemeinen
hat man jedoch diesen Weg nicht beschritten. Man hat eine „Kirchenleitung" geschaffen, in der synodale Vertreter mit anderen Gliedern der
Kirche, darunter auch mit hauptamtlichen Mitgliedern der kirchlichen
Verwaltungsbehörde zusammenarbeiteten.

Dabei sind natürlich die mannigfaltigsten Mischungsverhältnisse mög-
lich. Wir brauchen sie hier nicht im einzelnen aufzuführen. Die meisten
Verfassungsurkunden aus der Zeit nach 1919 sind inzwischen außer
Kraft getreten. Und wo sie noch – mehr oder weniger modifiziert – in
Gültigkeit stehen, werden sie uns später beschäftigen. Hier gilt es nur,
das grundsätzliche Verhältnis von Verwaltung und Kirchenleitung zu

erkennen, das da bestand, wo besondere Leitungsgremien, auch Kirchenregierungen genannt, neben die ehemaligen Behörden, z. T. auch an ihre
Stelle traten.

Eine gewisse Entmachtung der Behörden erfolgte auf alle Fälle. Ein
Bestätigungsrecht gegenüber Synodalbeschlüssen besaßen sie nicht mehr.
Im Gegenteil, sie waren gehalten, diese Beschlüsse loyal durchzuführen.
Auch auf dem ureigensten Gebiete der Verwaltung, im Finanzwesen,
wurden sie beschränkt: Das Bestimmungsrecht in der finanziellen Selbstverwaltung, die den Kirchen zuerkannt worden war, lag bei den Synoden; die Verwaltung besaß keine Verfügungsgewalt, konnte von sich aus
keine gesetzlichen Regelungen treffen. Auch die Kirchenregierungen
konnten hier den Verwaltungsorganen zwar gewisse Richtlinien auferle-
gen, den Synoden fachmännische Entwürfe vorlegen (die kirchenamtli-
chen Mitglieder der Leitungsgremien konnten hier sachliche Vorarbeiten
leisten); grundlegende Verwaltungsentscheidungen vermochte nur die
Synode zu treffen. Es bestand eine dreistufige Hierarchie: Synode, Kirchenleitung, Verwaltungsbehörde. In diese Stufenordnung gehörten auch
die Träger leitender geistlicher Ämter (Bischöfe, Generalsuperintendenten, Kirchenpräsidenten) irgendwie hinein. Wie das im einzelnen aussah,
hat uns hier nicht zu beschäftigen. Jedenfalls war in allen nach 1919
entstandenen Kirchenverfassungen das Verhältnis von Verwaltung und
Kirchenleitung, speziell geistlicher Leitung, ein ungelöstes Problem[15].

In diese ungeklärte Lage stieß die Forderung des Kirchenkampfes
hinein, auch die Verwaltungsorgane der Kirche hätten ihre Maßnahmen
am Bekenntnis | der Kirche und auf deren Verkündigung hin auszurich-
ten und das kirchliche[16] Verwaltungsrecht dementsprechend auf seine
Gültigkeit hin zu prüfen. Das war ein schweres, im einzelnen nicht immer erfüllbares Verlangen. Daß es gestellt wurde, brachte einen neuen
Einschnitt in die Entwicklung der kirchlichen Verwaltung. Wir stehen
noch mitten in dieser Entwicklung. Hier haben wir nur zu prüfen, wie
weit sie in den heute gültigen Kirchenordnungen schon fortgeschritten
ist.

---

[15] Ein Bild von der Ungeklärtheit der Lage liefert *Schoen*, Die Kirchenregierung.
Schoen hat die Stellung der Kirchenpräsidenten in Württemberg und Bayern bei weitem überschätzt.
[16] Die damit eintretende Verwirrung spiegelt sich in dem Aufsatz von *Jung*, Aufgaben und Grenzen kirchlicher Verwaltung. Hier wird auch erkennbar, wie wenig manche Kirchenjuristen die mit 1918 eingetretene Veränderung erfaßt hatten.

II.

Die im vorhergehenden Abschnitt nur kurz skizzierte Entwicklung der kirchlichen Verwaltung dürfte folgendes deutlich gemacht haben:

1. Die ursprünglich rein staatliche Kirchenverwaltung hat zwischen 1808 und 1948 immer mehr einen kirchlichen Charakter angenommen, sie ist spezifisch kirchliche Verwaltung geworden; ihre Träger sind Kirchenbeamte.

2. Das Gebiet der kirchlichen Verwaltung hat dabei eine größere Ausdehnung erfahren. Das geschah einmal durch die Übernahme bisher staatlicher Aufgaben, zum anderen durch die enge Bindung an die gesetzgeberische und mitverwaltende Wirksamkeit der Synoden. Die Erweiterung bezieht sich nicht nur auf die Zentralverwaltung, sondern auch auf die Aufsicht, die sie gegenüber den unteren Instanzen der Synoden, der kirchlichen Verbände und der Gemeinden ausübt.

3. Während die zentralen Verwaltungsbehörden bis 1918 als Organe des landesherrlichen Kirchenregiments den Synoden gegenüber kontrollierende Funktionen wahrzunehmen hatten, ist seitdem das Verhältnis umgekehrt: Die Synoden besitzen die oberste Kirchengewalt; die Verwaltungsbehörden sind ihnen untergeordnet.

4. Das Maß dieser Unterordnung steht zur Diskussion. Insbesondere bleibt die Frage offen, ob und wie weit die Verwaltungsbehörde Anteil an der Kirchenleitung haben soll; vor allem ist ihr Verhältnis zur geistlichen Leitung zu bestimmen.

Diesen Fragen soll jetzt nachgegangen werden. Die gegenwärtig gültigen kirchlichen Ordnungen sollen, soweit sie es vermögen, Antwort geben.

Auf den ersten Blick lassen sich im Hinblick auf unsere Fragestellung drei Verfassungstypen unterscheiden. In dem ersten, den wir als „altrechtlich" bezeichnen möchten, haben die Verwaltungsbehörden aus der Zeit des Staatskirchentums noch kirchenregimentliche Funktionen beibehalten. Beim zweiten Typ finden sich Repräsentanten der Verwaltungsbehörde mit Synodalvertretern in einer „Kirchenleitung" zu einer gemeinsamen kirchenleitenden Tätigkeit zu|sammen; hier wird das Verhältnis von Verwaltung und Kirchenleitung besonders aktuell. Beim dritten Typ trägt die Verwaltungsbehörde schlicht den Charakter einer Synodalkanzlei.

a) Wenn wir hier von einem „altrechtlichen" Typus der Kirchenverwaltung sprechen, so wollen wir ihm damit nicht ein besonders hohes

Alter, etwa gar eine reformatorische Dignität, zuerkennen. Es soll nur
zum Ausdruck gebracht werden, daß dieser Typ der relativ älteste ist;
er geht in Altpreußen auf das Jahr 1876, im allgemeinen also auf das
letzte Viertel des 19. Jahrhunderts, zurück. Er findet sich auch heute
noch in den Landeskirchen, die ihr Verfassungsleben nach 1945 keiner
grundsätzlichen Erneuerung unterzogen haben.

Beginnen wir mit der „Verfassung der Evang.-Luth. Kirche in *Bayern*" vom 10. September 1920[17]. Sie stellt heute noch den altrechtlichen
Typus am reinsten dar, natürlich in der seit 1918 gebotenen Umwand-
lung und insofern mit neuen Ansätzen ausgestattet. Danach stehen als
die obersten Organe der Landeskirche Synode und Landeskirchenrat in
polarer Spannung einander gegenüber. Die Synode setzt den Landessynodalausschuß aus sich heraus (vier geistliche und fünf weltliche Mitglieder; Art. 38, II); das prominenteste Mitglied des kollegialen Landeskirchenrates ist der Landesbischof. Wie dieser an der Spitze der Landeskirche steht (Art. 46, I), so ist der Landeskirchenrat „die oberste Behörde für die Verwaltung der Landeskirche" (Art. 49, I), „soweit nicht
Verfassung oder Kirchengesetze anders bestimmen" (Art. 49, III). Der
Begriff „Verwaltung" ist in diesem Zusammenhang so weit zu fassen,
wie die gesetzgeberischen Befugnisse der Landessynode reichen, deren
ausführendes Organ der Landeskirchenrat ist; d. h. er schließt alles ein,
was zur Leitung der Landeskirche gehört und was die Synode darüber
beschlossen hat und beschließt. Aber auch an der spezifischen geistlichen
Leitung hat der Landeskirchenrat Anteil, soweit sie durch den Landesbischof als sein kollegiales Mitglied ausgeübt wird.

Jedoch nicht an diesen Fragen geistlicher Leitung hat die bayerische
Kirchenverfassung von 1920 ihrer ursprünglichen Gestalt nach ein besonderes Interesse. Ihr kommt es offensichtlich zunächst und entscheidend darauf an, das Gleichgewicht zwischen der Landessynode bzw.
dem Landessynodalausschuß und dem Landeskirchenrat herzustellen.
Auf der einen Seite heißt es in Art. 40, I: „Der Landessynodalausschuß
ist dazu berufen, ein vertrauensvolles und ersprießliches Zusammenwirken der Kirchenleitung und der Landessynode zu fördern"; hier wird
also der Landeskirchenrat im Gegenüber zur Landessynode schlechthin
als Kirchenleitung angesprochen. Auf der anderen Seite bleibt das Ge-
setzgebungs- und Kontrollrecht der Landessynode unangefochten; die

---

[17] Hier wie in den anderen behandelten Urkunden sind spätere, inzwischen rechtsgültig gewordene Änderungen mit berücksichtigt. Die Texte sind abgedruckt bei *Merzyn*, Verfassungsrecht, Loseblattausgabe.

Kirchenleitung besteht in Durchführung und Anwendung der von der Synode | beschlossenen Gesetze. Und allgemeine kirchliche Verordnungen von größerer Tragweite kann der Landeskirchenrat nur mit Zustimmung des Landessynodalausschusses erlassen; sie kann im Notfall nachträglich eingeholt werden (Art. 50, I). Das rein formale Gleichgewicht, das hier zwischen Synode und Behörde besteht, wird bis ins einzelne bei der Vorbereitung von Kirchengesetzentwürfen durchgeführt (Art. 41). Beide Seiten können hier die Initiative ergreifen, müssen aber bei der Ausarbeitung zusammenwirken: Der Landessynodalausschuß muß seine Entwürfe so zeitig mitteilen, daß der Landeskirchenrat dazu Stellung nehmen kann; dieser wiederum hat über Entwürfe, die er einzubringen gedenkt, den Ausschuß rechtzeitig zu hören; Abweichungen sollen vor der Entscheidung der Landessynode durch gemeinsame Beratungen von Landeskirchenausschuß und Landeskirchenrat nach Möglichkeit ausgeglichen werden.

Ohne Frage besitzt die Behörde in dieser wohl abgestimmten Zusammenarbeit mit dem synodalen Organ einen wichtigen Anteil an der Leitung der Kirche; sie ist keineswegs auf die bloße Verwaltung beschränkt. Andererseits hat der Kirchenkampf mit seiner Ausschaltung der synodalen Instanzen und mit den Erfordernissen geistlicher Leitung, die er stellte, deutlich gezeigt, daß jenes bloß formale Gleichgewicht nicht ausreichte, eine ordnungsgemäße Verwaltung und Kirchenleitung zu erhalten. Durch die „Ordnung des geistlichen Amtes" vom 27. April 1939[18], die in das Verfassungsrecht eingegangen ist, hat die Evang.-Luth. Kirche in Bayern die Probleme der Kirchenleitung von Schrift und Bekenntnis her neu angefaßt und wichtige Erkenntnisse des Kirchenkampfes nutzbar gemacht. Sie geht dabei vom Amt der Wortverkündigung aus und überträgt die Funktionen, die dieses in bezug auf die Gemeindeleitung wahrnimmt, auf das Kirchenregiment. Denn „nach dem evangelisch-lutherischen Bekenntnis gibt es kein vom geistlichen Amt zu lösendes Amt des Kirchenregiments". Dieser auf CA 28 gestützte Satz hat für das Verhältnis von Verwaltung und Kirchenleitung eine immense Bedeutung. Kirchenleitung dient der Gemeinde aufgrund der göttlichen Stiftung des Amtes, sie ist damit den Trägern dieses Amtes vorbehalten. Was geschieht, wenn diese Amtsträger Kirche und Gemeinde nicht direkt durch Wort und Sakrament leiten, sondern zusammen mit dazu erwählten Gemeindegliedern (in der Einzelgemeinde) und lebenslänglich

---

[18] Abgedruckt bei *Vischer*, Neuere Rechtsquellen, B 1 C.

bestellten Beamten (in der Landeskirche) schlichte Verwaltungsarbeit treiben? Sie tun damit jedenfalls nichts Untergeordnetes, Unwesentliches, sondern etwas Notwendiges. Wenn daher die „Ordnung des geistlichen Amtes" ausführt: „Das mit dem Kirchenregiment verbundene verwaltungsmäßige Regiment ist menschlichen Rechtes; es ist von dem gottgesetzten geistlichen Amt her auszurichten", so will sie mit dieser Unterscheidung Verwaltung und Kirchenleitung nicht voneinander trennen, noch weniger eine hierarchische Ordnung aufrichten, bei der der Verwaltungsdiakonat unter das | Amt der Verkündigung zu stehen käme[19]. Es soll vielmehr die Verwaltung als Dienst an und in der Kirchenleitung proklamiert werden: „Wie in der Gemeinde, so dienen auch im Gesamtgebiet einer Kirche Aufsicht und Verwaltung, Ordnung und Recht ausschließlich dem geistlichen Aufbau der Gemeinde durch Wort und Sakrament."

So klar wie hier in Bayern ist das Verhältnis von Verwaltung und Kirchenleitung sonst nirgends in den geltenden Kirchenordnungen ausgesprochen worden, auch in den übrigen „altrechtlichen" Verfassungen nicht. Am nächsten verwandt mit der bayerischen und doch charakteristisch verschieden ist die „Verfassung der evang. Landeskirche in *Württemberg*" vom 24. Juni 1920. Auch hier setzt der Oberkirchenrat das Kirchenregiment des vor 1918 vorhandenen Evangelischen Konsistoriums fort, z. T. erweitert durch die Befugnisse der ehemaligen Evangelischen Kirchenregierung, die die landesherrlichen Kirchenregimentsrechte ausgeübt hatte. Der Oberkirchenrat ist ein Kollegium; der Kirchenpräsident, der nicht ordinierter Pfarrer zu sein braucht, ist primus inter pares. Das Verhältnis zur Landessynode ist nicht ausgewogen; zwischen Verwaltung und Kirchenleitung wird nicht klar unterschieden. „Dem Kirchenpräsidenten kommt die oberste *Leitung* der Landeskirche zu"; „der Oberkirchenrat führt die landeskirchliche *Verwaltung*" (§ 31 [1]). Der Landeskirchenausschuß, bestehend aus dem Synodalpräsidenten, einem weiteren Mitglied der Landessynode und dem Kirchenpräsidenten, übt die Dienstaufsicht über den Oberkirchenrat aus. Zum mindesten in der Person seines Präsidenten und in unklarer Verquickung mit der Synode hat der Oberkirchenrat auch Anteil an der Kirchenleitung und ist nicht nur Träger der Verwaltung.

Nach der „Verfassung der Evang.-luth. Landeskirche *Mecklenburgs*" vom 19. September 1921 hat der Oberkirchenrat als kollegiale Behörde,

---

[19] So darf die im luth. Bekenntnis legitime Unterscheidung von göttlichem und menschlichem Recht nicht mißverstanden werden.

deren erster Vorsitzender der Landesbischof und deren zweiter ein nicht geistliches Mitglied mit dem Titel „Präsident" ist, nicht nur die Synodalbeschlüsse durchzuführen, sondern auch selbständige rechtliche („die Wahrung und Fortbildung der gesamten kirchlichen Ordnung nach Maßgabe der Verfassung und der Kirchengesetze") und geistliche („die Aufsicht über Lehre und Kirchenzucht") Leitungsbefugnisse wahrzunehmen (§ 48). Er ist zwar der Synode verantwortlich und muß mit dem Synodalausschuß in ständiger Fühlung bleiben (§ 49). Aber dieser Ausschuß fungiert nur als ein „Beirat", der dem Oberkirchenrat als „der obersten Kirchenbehörde" zur Seite steht und an der Vorbereitung der Synodalvorlagen teilnimmt. In Mecklenburg hat also der Oberkirchenrat Verwaltung und geistliche Leitung ungeteilt in seinen Händen; die Synode hat beratende und kontrollierende, aber keine schöpferische Funktion.

Die „Verfassung der Evang.-Luth. Landeskirche *Sachsens*" vom 13. Dezember 1950 stellt dem Landeskirchenamt nicht nur verwaltungsmäßige, sondern auch | kirchenleitende Aufgaben. Das Landeskirchenamt besitzt dabei auch dem Landesbischof gegenüber eine bemerkenswerte Selbständigkeit. Dieser ist nicht Vorsitzender der Behörde, kann aber an der kollegialen Beschlußfassung teilnehmen, wobei seine Stimme im Falle der Stimmengleichheit den Ausschlag gibt. Er hat bei Pfarrstellenbesetzungen nur ein Vorschlagsrecht. Er kann freilich einzelne Angelegenheiten, für die an sich das Landeskirchenamt zuständig ist, für die Entscheidung durch die Kirchenleitung in Anspruch nehmen. Zur Bischofswahl bildet das Landeskirchenamt zusammen mit der Landessynode einen Wahlkörper (§ 28 f.). Auch sonst, etwa in der Zusammensetzung der Kirchenleitung[20], wird das Bestreben sichtbar, Synode und Landeskirchenamt nicht in polarer Spannung (wie in Bayern), sondern zu gemeinsamem Handeln zusammenzuführen. In dem bemerkenswert ausführlich gehaltenen Katalog der Aufgaben (§ 32) fällt die Fülle geistlicher Leitungsfunktionen auf, die dem Landeskirchenamt neben den Verwaltungsgeschäften aufgetragen sind. Es überwiegt die geistliche Leitung über die Verwaltung.

Die „Verfassung der Evang.-Luth. Kirche in *Thüringen*" vom 2. November 1951 hat darin eine ihrer besonderen Eigenarten, daß sie dem Landeskirchenrat die Leitung der Landeskirche ausschließlich anver-

---

[20] Die Kirchenleitung ist nicht synodales Organ, sondern vereinigt unter dem Vorsitz des Landesbischofs die Mitglieder des Landeskirchenamtes und dessen Präsidenten mit einer entsprechenden Zahl von Synodalen und dem Synodalpräsidenten; § 37.

traut und ihn dafür freistellt; „zur Durchführung einer geordneten Verwaltung bedient sich der Landeskirchenrat des Landeskirchenamtes" (§ 87). Die Mitglieder des Landeskirchenrates sind geborene Mitglieder der Synode (§ 69, Nr. 1); „den Vorsitz in der Synode führt der Landesbischof" (§ 75), der zugleich Vorsitzender des – kollegialen (§ 83) – Landeskirchenrates ist (§ 85). Die Spannung zwischen Kirchenleitung und Synode ist aufgehoben, wenn auch deren Gesetzgebungsrecht besteht[21]. Ein grundsätzlicher Unterschied zwischen Verwaltung und Kirchenleitung wird nicht gemacht[22]. Diese Verfassung, die ja bei der erst 1920 entstandenen Thüringer Kirche kaum an Traditionen anknüpft, hat „altrechtliche" Elemente in so eigentümlicher Weise mit episkopalen und bruderrätlichen verbunden, daß sie keine Analogien im deutschen evangelischen Verfassungsrecht besitzt. Die Ansätze, die für eine Unterscheidung von Verwaltung und Kirchenleitung in Betracht kommen könnten, sind noch nicht wirksam geworden.

b) Im Vergleich mit dem „altrechtlichen" Typus der Kirchenverfassung besteht überall da, wo zwischen Synode und Verwaltungsbehörde eine „Kirchenleitung" als besonderes Organ eingebaut ist, das Verhältnis von Verwaltung und Leitung der Kirche in einer eigentümlichen Brechung. Das Problem, wie | Verwaltung und Leitung einander zuzuordnen und voneinander zu unterscheiden sind, behält seine Wichtigkeit, seine Lösung ist komplizierter, aber damit auch dringlicher geworden.

Beginnen wir mit einem Überblick über die vier östlichen Landeskirchen der EKU (Berlin-Brandenburg, Kirchenprovinz Sachsen, Pommern, Schlesien); sie haben nach 1945 ihre Verfassungen nach verwandten Grundsätzen gebildet. Überall ist hier das Konsistorium – dessen Funktionen z. T. in fast wörtlicher Übereinstimmung beschrieben werden – als ausführende Behörde der Kirchenleitung und damit letztlich der Synode unterstellt. Es ist insofern reine Verwaltungsbehörde. An der institutionellen Kirchenleitung nimmt es nur indirekt Anteil, insofern der Konsistorialpräsident (so in Berlin-Brandenburg und Kirchenprovinz Sachsen) und ein (so in Pommern) oder zwei (so in Schlesien) seiner Mitglieder in ihr vertreten sind. Die übrigen Mitglieder können mit beratender Stimme hinzugezogen werden; in Schlesien haben sie „in Sa-

---

[21] Einer Verantwortung des Landeskirchenrates vor der Synode ist nicht gedacht; auf die laufenden Geschäfte ist sie ohne Einfluß.

[22] § 82: „Der Landeskirchenrat leitet und verwaltet die Ev.-luth. Kirche in Thüringen nach Maßgabe der geltenden Gesetze"; der angehängte Pflichtenkatalog enthält wenig Geistliches.

chen ihres Arbeitsgebietes" in der Kirchenleitung Stimmrecht (Art. 122 Abs. 2 Buchst. d). In Schlesien ist der Kirchenleitung im Zusammenwirken mit dem Bischof die Befugnis geistlicher Leitung ausdrücklich zugesprochen[23]; diese Befugnis ist in den drei anderen Kirchenordnungen der östlichen Gliedkirchen der EKU wohl vorauszusetzen, wenn davon auch nicht ausdrücklich die Rede ist. Daß auch die Beratungen, die in den Konsistorien geführt werden, sich in geistlicher Verantwortung vollziehen und damit die Vollmacht geistlicher Leitung ausgeübt wird, kommt in Sachsen und Schlesien in dem Abstimmungsmodus zum Ausdruck, in dem sich das bruderrätliche Motiv der brüderlichen Übereinstimmung Geltung zu verschaffen sucht[24]. So sind die Konsistorien dieser vier Kirchen keineswegs bloße Verwaltungsbehörden, die von den Aufgaben geistlicher Leitung ausgeschlossen wären. Über das Verhältnis zur Verwaltung, über Zusammenhang und gegenseitige Abgrenzung geistlicher Befugnisse ist freilich in den kirchlichen Ordnungen nichts gesagt[25].

In den beiden Hansestädten Lübeck und Hamburg geschah die Kirchenleitung seit alters durch das geistliche Ministerium bzw. das Kollegium der Hauptpastoren, also – vorbehaltlich der Rechte des Senats –

---

[23] „Der Bischof übt in gesamtkirchlichem Auftrag das Amt der geistlichen Leitung in brüderlicher Gemeinschaft mit der Kirchenleitung aus"; Kirchenordnung der Ev. Kirche von Schlesien vom 14. November 1951, Art. 83 Abs. 1.

[24] Grundordnung der Ev. Kirche der Kirchenprovinz Sachsen vom 30. Juni 1950, Art. 161 Abs. 1: „Das Konsistorium ist ein Kollegium, das in brüderlicher Beratung beschließt. Ist eine Abstimmung unvermeidbar, so entscheidet die Mehrheit der Stimmen . . ." Wörtlich ebenso in Schlesien, Art. 122 Abs. 1.

[25] Den nach 1945 erzielten geistlichen und theologischen Fortschritt erkennt man beim Vergleich mit der jetzt noch gültigen Verfassung der *Braunschweigischen* ev.-luth. Landeskirche vom 23. Januar 1922. Hier wird das Prinzip, daß die Landessynode Trägerin der der Landeskirche innewohnenden Kirchengewalt ist (§ 45), bis zur letzten Konsequenz durchgeführt. Man könnte das Landeskirchenamt fast als Synodalkanzlei auffassen, so stark ist es in Zusammensetzung und Amtsführung an die Synode gebunden. Was an dieser Auffassung hindert, ist die Tatsache, daß sein Vorsitzender der Landesbischof und auch dessen Stellvertreter ein Geistlicher ist (§ 54); dadurch kommt – gegen den Geist der Verfassung von 1922 – das Moment geistlicher Leitung von selbst zur Geltung. Das geschieht auch in dem sonst rein synodalen Organ der „Kirchenregierung" (§ 49): der Landesbischof ist ihr Vorsitzender, ein von der Landessynode gewähltes weltliches Mitglied des Landeskirchenamtes gehört ihr neben drei Synodalen an. Klar durchdacht sind die Verhältnisse zwischen synodaler Ordnung und behördlicher Verwaltung einerseits, geistlicher Leitung andererseits keineswegs. Auf die besonderen Verhältnisse, die in der Ev.-luth. Landeskirche *Schaumburg-Lippe* auf Grund des Kirchengesetzes betr. das Kirchenregiment vom 28. November 1919 bestehen, sei nur im Vorbeigehen hingewiesen: hier wird die Kirchenleitung („Landeskirchenrat") von der Landessynode aus Angehörigen der *Landeskirche* (nicht der Synode) gewählt; zwei weltliche Mitglieder dieses Landeskirchenrates bilden mit dem Landesbischof zusammen das Landeskirchenamt.

seit dem 19. Jahrhundert | im Zusammenwirken von Synode und geistli-
chem Amt; erst 1959 hat Hamburg daher eine kirchliche Verwaltungsbehörde bekommen. So gehört denn auch nach der „Kirchenordnung für
die evang.-luth. Kirche in *Lübeck*" vom 22. April 1948 die „Kirchen-
kanzlei" als Verwaltungsbehörde nicht zu den vier tragenden Säulen der
Verfassung (Bischof, Synode, Kirchenleitung, Geistliches Ministerium);
sie wird der Kirchenleitung untergeordnet (Art. 90), der ihr leitender
Verwaltungsbeamter angehört (Art. 81 Abs. 1). Bei der Kirchenleitung
liegt „die Gesamtführung" der Landeskirche; Verwaltung und Leitung
sind dabei ungetrennt mit eingeschlossen (Art. 84). Indem die Kirchenleitung den Bischof im Amt der geistlichen Leitung berät und unterstützt, erfüllt sie auch von sich aus Funktionen geistlicher Leitung (Art.
84 Abs. 1). Diese ist also nicht auf das leitende geistliche Amt beschränkt, noch weniger an dasselbe gebunden. „Der Bischof ist in der
Landeskirche zum Amt der geistlichen Leitung berufen, das er im Be-
nehmen mit der Kirchenleitung ausübt" (Art. 60 Abs. 1). Wir sehen, wie
Verwaltung und Kirchenleitung von allen Instanzen des kirchlichen
Verfassungslebens in wechselseitiger Zuordnung geübt werden; die eigentliche Verwaltungsbehörde ist daran nicht führend, nur ausführend
beteiligt.

Auch nach der „Verfassung der Evang.-Luth. Kirche im *Hamburgischen* Staate" vom 19. Februar 1959 ist das Landeskirchenamt nur eine
untergeordnete Verwaltungsbehörde; die Leitung geschieht durch Synode, Bischof und Kirchenrat „in gemeinschaftlicher Verantwortung"
(Art. 24). Neben einem selbständigen Synodalausschuß, dem „Haupt-
ausschuß", der wesentlich anregende und beratende Funktionen erfüllt
(Art. 33 f.), besteht der Kirchenrat; in ihm fallen Verwaltung und Kirchenleitung zusammen; auch in ihm besitzt das synodale Element den
Vorrang (Art. 40). Von Amts wegen gehören ihm an der Bischof, der
Senior und der Präsident des Landeskirchenamtes. Diese Behörde selbst
ist wie die anderen Amts- und Verwaltungsstellen der Kirche der
Dienstaufsicht des Kirchenrats unterstellt; er ist die eigentliche Verwal-
tungsinstanz. Er hat das Recht, Verwaltungsanordnungen zu erlassen
und kann dem Landeskirchenamt Verwaltungsangelegenheiten im gan-
zen oder im | einzelnen und die rechtliche Vertretung der Landeskirche
vor Gerichten und Behörden übertragen (Art. 43). Die Selbständigkeit
der Verwaltungsbehörde ist also nur gering bemessen, zumal wenn man
bedenkt, daß ihr auch die Kanzlei der Synode, des Bischofs und des Kir-
chenrates angehören (Art. 53 Abs. 5). An Verwaltung und Kirchenlei-

tung nimmt sie nur in untergeordneter Stellung teil. In der Verfassung
von 1959 hat im ganzen das Moment der Verwaltung das Übergewicht
über das der Leitung; geklärt ist das Verhältnis beider nicht.

Dasselbe gilt mutatis mutandis im Blick auf die „Rechtsordnung der
Evang.-Luth. Landeskirche *Schleswig-Holsteins*" vom 6. Mai 1958.
Auch hier ist das Landeskirchenamt eine der Kirchenleitung untergeordnete Behörde. Der Umfang seiner Zuständigkeit wird ihm ebenso wie
die zu handhabenden Verwaltungsgrundsätze von der Kirchenleitung
zudiktiert (Art. 109). Daß der Präsident des Landeskirchenamtes der
Kirchenleitung mit angehört, braucht nicht die Teilnahme der Behörde
an den Leitungsangelegenheiten zu bedeuten. Wenn der Präsident das
Landeskirchenamt leitet, die Dienstaufsicht führt und wenn seine Vertretung von der Kirchenleitung geregelt wird (Art. 112 Abs. 1), so kann
man ihn durchaus auch als das von der Kirchenleitung gesetzte, ihr ange-
hörige Aufsichtsorgan verstehen, das dem Landeskirchenamt übergeordnet ist. Das Problem des Verhältnisses von Verwaltung und Leitung
spielt also nicht zwischen Landeskirchenamt und institutioneller Kirchenleitung, sondern nur innerhalb dieses in der Hauptsache synodalen
Organs. Das Problem ist aber hier nicht erfaßt, geschweige denn gelöst.
In der Praxis besteht in bezug auf die *geistliche* Leitung ein Zusammenwirken der beiden Bischöfe (von denen einer der Vorsitzende, der andere dessen Stellvertreter ist) mit den synodalen Mitgliedern der Kirchenleitung.

Die Stellung, die dem Landeskirchenamt aufgrund der „Verfassung
der Evang.-luth. Landeskirche *Hannovers*" vom 11. Februar 1965 zukommt, ist in ihrer Bedeutung schwer zu umschreiben. Das Landeskirchenamt steht unter dem Kirchensenat als dem eigentlichen Organ der
Kirchenleitung (ein Landessynodalausschuß nimmt die Aufgaben der
nicht versammelten Synode wahr; Art. 91). Es „verwaltet die inneren
und äußeren Angelegenheiten der Landeskirche nach dem geltenden
Recht und entsprechend den vom Kirchensenat aufgestellten Grundsätzen für die kirchliche Verwaltung" (Art. 92 Abs. 1). Der Kirchensenat
entscheidet über die Zuständigkeit (Art. 92 Abs. 4); er kann außerordentliche Mitglieder des Landeskirchenamtes berufen und über ihre
Teilnahme an Sitzungen und Abstimmungen des Kollegiums bestimmen
(Art. 95 Abs. 6) sowie Referenten ernennen (Art. 97). Der Kirchensenat
entscheidet auch in den Fällen, in denen über die gegenseitige Abgrenzung der Zuständigkeiten des Landesbischofs, der Landessuperinenden-
ten und des Landeskirchenamtes Zweifel bestehen (Art. 105 Abs. 1

Buchst. m). An der geistlichen Leitung der Landeskirche, für die im Bischofsrat (bestehend aus Landesbischof und den Landessuperintendenten) ein besonderes Organ geschaf|fen wurde, hat das Landeskirchenamt insofern Anteil, als der Landesbischof sein Vorsitzender ist und die Mitglieder verpflichtet sind, ihn bei der Erledigung seiner Aufgaben zu unterstützen. Aufgaben des juristischen Präsidenten, der den Landesbischof im Vorsitz des Landeskirchenamtes vertritt, kann der Landesbischof zur Entscheidung an sich ziehen, er kann auch – ebenso wie der Präsident – Beschlüsse des Landeskirchenamtes befristet beanstanden (Art. 95 f.). Mit der Kirchenleitung, die von der Synode ausgeht, ist das Landeskirchenamt insofern verbunden, als es „über wichtige, die Leitung und Verwaltung der Landeskirche betreffende Fragen" mit dem Landessynodalausschuß gemeinsam beraten kann (Art. 99 Abs. 2). In allen diesen Bestimmungen ist das Bestreben unverkennbar, das Landeskirchenamt nicht zu einer untergeordneten Verwaltungsbehörde werden zu lassen, sondern es an der Leitung der Landeskirche zu beteiligen. Ob das in dem Umfang geschehen ist, der dem Sachverstand und dem sachlichen Arbeitsbereich der Behörde entspricht, mag offen bleiben. Auch in Hannover ist jedenfalls das Verhältnis von Verwaltung und Kirchenleitung grundsätzlich ungeklärt.

In *Kurhessen-Waldeck* war dem Landeskirchenamt in dem „Kirchengesetz betr. die Leitung und Verwaltung der Evang. Landeskirche" vom 4. Dezember 1947 eine untergeordnete Stellung zugewiesen. Die „Grundordnung der Evang. Kirche von Kurhessen-Waldeck" vom 22. Mai 1967[25a] billigt ihm eine größere Selbständigkeit zu; es ist keineswegs nur ausführende Verwaltungsbehörde (vgl. Art. 89 Abs. 2). Es führt zwar „innerhalb der kirchlichen Ordnung in eigener Verantwortung die Verwaltung aller Angelegenheiten der Landeskirche". Aber diese Verantwortung schließt eine planende und leitende Tätigkeit in sich ein. „Das Landeskirchenamt hat an der Leitung und Verwaltung der Landeskirche nach Maßgabe der Grundordnung mitzuwirken" (Art. 134). Daß es unter dem Vorsitz des Bischofs steht (Art. 135), unterstreicht seine geistliche Verantwortung. Sie kommt auch darin zum Ausdruck, daß in dem Kollegium „alle Fragen grundsätzlicher Natur oder solche, die über den Verantwortungsbereich der zuständigen Mitglieder hinausgehen oder im Einzelfall von besonderer Bedeutung sind", „der gemeinsamen brüderlichen Beratung mit dem Ziel der einmütigen Beschlußfassung" unterliegen. Dieser aus dem bruderrätlichen Denken

---

[25a] AB 1967, S. 19.

stammende Grundsatz sprengt den der Aufklärung entstammenden Kollegialismus und gehört zur geistlichen Leitung. Deren episkopale Seite enthüllt sich darin, daß, wenn es doch zu einer Mehrheitsentscheidung gekommen ist und diese der Meinung des Bischofs nicht entspricht, dieser die Entscheidung des Rates der Landeskirche herbeiführen kann (Art. 136).

Dieser „Rat der Landeskirche", das eigentliche Leitungsorgan, besteht aus sieben Synodalen und dem Synodalvorstand auf der einen Seite; auf der anderen Seite gehören ihm von Amts wegen an der Landesbischof als Vor|sitzender, sein theologischer und sein juristischer Vertreter im Landeskirchenamt, die Pröpste und der Direktor des Predigerseminars. „Der Rat ist berufen, die Einheit des kirchenleitenden Handelns zu wahren. In ihm wirken Mitglieder der Organe der Leitung und Verwaltung zusammen" (Art. 128). Die Einheit von Verwaltung und Kirchenleitung ist damit ausgesprochen, ohne daß dabei deren Verhältnis grundsätzlich geklärt ist. Aber es ist in einer bisher nirgends so klar formulierten Weise zurückgeführt auf die fruchtbare Spannung von Synode und geistlichem Amt: „Landessynode und Bischof tragen in ihrem Miteinander und Gegenüber die oberste Verantwortung für Leben und Dienst der Landeskirche" (Art. 89 Abs. 1). Das *Gegenüber* ist wesentlich mitbestimmt durch die Spannung zwischen der periodisch einsetzenden, wesentlich auf die Gesetzgebung beschränkten Tätigkeit der Synode und der ständigen, die Gesetze nicht nur handhabenden, sondern auch weiter entwickelnden und neue Gesetze vorbereitenden Verwaltungstätigkeit, die der Bischof in oberster Instanz verantwortet. Das *Miteinander* beruht auf der gemeinsamen geistlichen Leitung der Landeskirche, für die die Synode die frischen Impulse aus der Gemeinde und ihrer geistigen, sozialen und politischen Umwelt mitbringt und für die der Bischof an die rechtliche, theologische und geistliche Tradition der Landeskirche gebunden ist.

Wir haben in unserem Überblick über die Landeskirchen, die verfassungsmäßig mit einem besonderen Organ der Kirchenleitung (Kirchenrat, Kirchensenat) ausgestattet sind, ein Auf und Ab in der Wertung der Verwaltungsbehörde feststellen können. In Lübeck und Hamburg war sie am geringsten, in den Verfassungen der sechziger Jahre scheint sie wieder im Steigen begriffen. Diese Wandlungen sind wichtig für unser Thema; in ihnen spiegelt sich das unausgeglichene Verhältnis von Verwaltung und Kirchenleitung ab: Je niedriger die Verwaltungsbehörde eingeschätzt wird, desto stärker verlagert sich der Schwerpunkt der Kirchenleitung auf die Verwaltung. Je selbständiger die Verwaltungsbehörde ihre Verantwortung wahrnehmen kann, desto freier vermag die Kirchenleitung ihren geistlichen Charakter zu entfalten. Daß dabei die gegenseitige Zuordnung von Leitung und Verwaltung gewahrt bleiben muß, ist selbstverständlich. Wie sie erfolgt, darin offenbart sich der theologische und juristische Gehalt einer Kirchenverfassung. An zwei Beispielen mag das abschließend erläutert werden.

In der Evang. Landeskirche in *Baden* ist nach der Grundordnung vom 23. April 1958 der Evangelische Oberkirchenrat die Verwaltungsbehörde, der Landeskirchenrat das ständige Leitungsorgan. Beide wirken mit Landessynode und Landesbischof im Dienste der Leitung zusammen[26]. Die Verwaltung ist | hier also unmittelbar in die Kirchenleitung einbezogen. Das wird auch in den Bestimmungen, die den Evang. Oberkirchenrat betreffen, stark zum Ausdruck gebracht: Er ist „der zum Dienst an der Kirchenleitung berufene ständige Rat der Landeskirche". Ihm obliegt es, „den Landesbischof" – der in ihm den Vorsitz führt – „bei der geistlichen Leitung der Landeskirche zu unterstützen; hierbei können die theologischen Mitglieder des Evang. Oberkirchenrats in allen Gemeinden Gottesdienste und geistliche Versammlungen halten"[27]. Er ist nicht nur ausführendes Organ, sondern hat selbständig für die Weiterentwicklung der kirchlichen Ordnung zu sorgen, also planende geistliche Leitung auszuüben[28]. Der Evang. Oberkirchenrat ist dem Landeskirchenrat weder unterstellt noch durch Verwaltungsgrundsätze weisungsmäßig an ihn gebunden; die disziplinäre Aufsicht über die Mitglieder übt der Landesbischof aus. Umgekehrt ist aber der Evang. Oberkirchenrat mit allen seinen Mitgliedern, die volles Stimmrecht besitzen, im Landeskirchenrat vertreten; die Zahl der synodalen Mitglieder des Landeskirchenrates hat der Zahl der Oberkirchenräte zu entsprechen (§ 105 Abs. 1). Mit dem allen wird die Zusammengehörigkeit von Verwaltung und Kirchenleitung auch institutionell zum Ausdruck gebracht. Die traditionsbeladene Verwaltungsbehörde aus dem 19. Jahrhundert ist in

---

[26] § 90 Abs. 2: „Die Leitung der Landeskirche geschieht geistlich und rechtlich in unaufgebbarer Einheit. Im Dienste der Leitung wirken zusammen die Landessynode, der Landesbischof, der Landeskirchenrat und der Evangelische Oberkirchenrat." Denselben Satz übernimmt die neue Grundordnung von Kurhessen-Waldeck in Art. 89 Abs. 2 fast wörtlich. Er ist in der Tat ein Fundamentalsatz des neuen evangelischen Verfassungsrechtes und überwindet die Einseitigkeiten des Episkopal- und des Synodalsystems.

[27] Dasselbe Recht besitzt nach § 101 Abs. 1 der Landesbischof.

[28] § 108 Abs. 2 Buchstabe k: Er hat „die gesamten kirchlichen Ordnungen im Rahmen der Grundordnung und der Kirchengesetze zu wahren und weiterzubilden".

das neue Organ der Kirchenleitung aufgenommen worden. Die Regelung gleicht fast der oben beschriebenen „altrechtlichen" Lösung. Der Unterschied besteht nur darin, daß die Behörde nicht, wie etwa in Bayern, in polarer Spannung zur Synode und ihren Organen steht, sondern im Landeskirchenrat mit ihnen zusammenarbeitet. Die Einheit des Dienstes in Verwaltung und Leitung der Kirche ist so aufs beste gewährleistet.

Um deutlich zu machen, wie groß die Variationsbreite immer noch ist, ziehen wir abschließend die „Ordnung der Evang. Kirche in Hessen und Nassau" vom 17. März 1949 zum Vergleich heran. Hier ist die Verwaltung ganz der Kirchenleitung untergeordnet[29], die Verwaltungsbehörde bloße Kanzlei, deren Ordnung durch ein besonderes Kirchengesetz (vom 11. Mai 1949) und nicht durch die Kirchenordnung bestimmt ist. In der synodalen Kirchenleitung, deren Vorsitzender den Titel eines Kirchenpräsidenten führt, übernimmt der stellvertretende Vorsitzende die theologische Leitung der Kirchenverwaltung; der Kirchenleitung gehören außerdem der juristische Leiter der Kirchenverwaltung und je einer ihrer theologischen und juristischen Sachbearbeiter an, die beide auf die Dauer von sechs Jahren von der Kirchensynode gewählt wer|den (Art. 40)[30]. In dem Maße, wie die Kirchenverwaltung von der Kirchenleitung abhängig gemacht wird, hat diese natürlich Verwaltungsbefugnisse zu übernehmen[31].

c) Die Lösung, die in Hessen und Nassau getroffen wurde, führt nahe an den dritten Typus heran, bei dem die Synode die Kirchenleitung ausschließlich aus sich heraussetzt und dabei die Verwaltungsbehörde zu einem unselbständigen Synodalorgan macht. Wir beschränken uns dabei auf die Evang. Kirchen von Rheinland und von Westfalen[32].

Nach der „Kirchenordnung der Evang. Kirche im *Rheinland*" vom 2.

---

[29] Art. 42: „Die Kirchenverwaltung ist ausführendes Organ der Kirchenleitung."

[30] Wie stark sich der Sachverstand der Behörde in der Kirchenleitung geltend macht, zeigt sich in § 3 des Kirchengesetzes vom 11. Mai 1949: „Die Sachbearbeiter der Kirchenverwaltung, die nicht der Kirchenleitung angehören, sind in den Angelegenheiten ihres Arbeitsbereiches zur Mitarbeit bei der Kirchenleitung heranzuziehen. Auf Beschluß der Kirchenleitung steht ihnen dabei Stimmrecht zu."

[31] Art. 41 Abs. 1: „Die Kirchenleitung hat im Auftrag der Kirchensynode die Kirche zu *leiten*, zu vertreten und zu verwalten."

[32] Wir sehen hier von der „Kirchenordnung der Ev.-Luth. Kirche in Oldenburg" vom 20. Februar 1950 ab, die in Art. 78 die Synode als das oberste Organ der Kirche proklamiert, die Mitglieder des Oberkirchenrats von ihr wählen läßt und die Leitung und Verwaltung durch die Behörde an den Auftrag der Synode bindet (Art. 99 f.). Das synodale Prinzip ist hier nicht rein durchgeführt, insofern die Kirchenordnung einen synodalen Bischof kennt, der den Vorsitz im Oberkirchenrat innehat.

Mai 1952 besteht die Kirchenleitung aus dem Präses der Landessynode als Vorsitzendem und 15 von der Synode gewählten Mitgliedern, darunter sechs hauptberuflichen, die den Titel Oberkirchenrat führen und von denen vier Theologen und zwei Juristen sind (Art. 196 f.). Das Landeskirchenamt als Hilfsorgan der Kirchenleitung „ist der Kirchenleitung verantwortlich und an ihre Beschlüsse und Weisungen gebunden" (Art. 203). Es wird in der Hauptsache aus dem Präses und den hauptamtlichen theologischen und juristischen Mitgliedern der Kirchenleitung gebildet; hinzukommen theologische und nichttheologische Landeskirchenräte[33]. Wenn das Landeskirchenamt auch als ein Kollegium „in brüderlicher Beratung" beschließt, so sind doch unter seinen Mitgliedern gewisse Unterschiede nicht zu verkennen. Sie beziehen sich nicht nur auf Rang und Titel, sondern vor allem auf Wirkungskreis und Wirkungskraft. Wer als Landeskirchenrat ein beschränktes Arbeitsgebiet innehat und nur insoweit zu den Sitzungen der Kirchenleitung hinzugezogen wird, hat weniger zu bestellen als der Oberkirchenrat, der als ständiges Mitglied der Kirchenleitung die Gesamtsituation besser überschaut und den Rückhalt der Synode hinter sich hat.

Die „Kirchenordnung der Evang. Kirche von *Westfalen*" vom 1. Dezember 1953 bietet grundsätzlich dasselbe Bild: Das Landeskirchenamt ist der synodalen Kirchenleitung verantwortlich und führt die Verwaltung nach deren Richtlinien. Mit der Leitung hat es direkt nichts zu tun; sie liegt bei der Landessynode (Art. 113) und wird laufend von der Kirchenleitung wahr|genommen. Nur soweit sich diese ihrer Aufgabe nicht unmittelbar unterzieht, wird der Dienst der Leitung „in ihrem Auftrag und nach ihren Weisungen" durch das Landeskirchenamt ausgeübt (Art. 149). Verwaltung und Kirchenleitung sind also deutlich voneinander abgehoben; wenn auch beide der Gewalt der Synode unterstehen und die Leitung die Verwaltung in sich einbezieht, so stellt die Leitung der Kirche doch die höhere Aufgabe dar und wird von der höheren Instanz wahrgenommen. Das Landeskirchenamt, der Kirchenleitung verantwortlich, ist grundsätzlich auf die niederen Funktionen der Verwaltung beschränkt und dabei formal an die vorhandenen Gesetze gebunden. Der Unterschied zwischen Verwaltung und Kirchenleitung tritt dabei deutlich zutage; der Zusammenhang, der zwischen ihnen besteht, bleibt grundsätzlich und institutionell im Dunkeln.

---

[33] Alles Nähere regelt die „Dienstordnung für das Landeskirchenamt" vom 7. Februar 1963, AB EKD 1963 Nr. 155 (S. 262).

III.

Die Behandlung unseres Themas entläßt uns mit offenen Fragen. Sie liegen in der Sache, nicht primär in Mängeln unserer knapp zusammengefaßten Darstellung. Sie sind geschichtlich begründet.

1. In der Entwicklung, die die landesherrlichen Konsistorien bis 1918 genommen haben, stehen Verwaltung und Kirchenleitung unentwickelt nebeneinander. Die Verwaltung bezieht sich auf das Vermögen und die Pfründenbesetzung, die Kirchenleitung auf die Wahrung der summepiskopalen Rechte; geistliche Leitung gibt es kirchenrechtlich gesehen noch nicht. Die allmähliche Verselbständigung der Landeskirchen und der Aufbau eines synodalen Apparates bringen eine Anreicherung in doppelter Beziehung mit sich: Der Aufsicht der Konsistorien unterstellen sich synodale Körperschaften, kirchliche Anstalten und Verbände; die Selbstbesteuerung der Gemeinden gibt diesen Möglichkeiten, pädagogische und caritative Werke hervorzubringen, deren Beaufsichtigung nicht nur verwaltungstechnische Fertigkeiten, sondern auch geistliches Unterscheidungsvermögen erfordert. Was das landesherrliche Kirchenregiment an kirchenleitenden Funktionen in sich schließt, reicht längst nicht mehr aus, die kirchliche Wirklichkeit zu umspannen. Die geistlichen Entscheidungen, die der bewegte Kampf der theologischen Richtungen im 19. und beginnenden 20. Jahrhundert nach sich zieht, rufen das Kirchenregiment zur Stellungnahme auf, zu geistlicher Kirchenleitung. Ähnliche Anforderungen werden auf wirtschaftlichem, politischem und besonders auf sozialpolitischem Gebiet gestellt. Die geistlichen Würdenträger in den staatskirchlichen Behörden stehen ohne rechtliche, vielfach auch ohne geistliche Vollmacht da; sie können sich nicht auf die Verwaltung beschränken, wenn sie der Sache, die sie in der Öffentlichkeit zu vertreten haben, gerecht werden wollen. Zur Verwaltung muß die Kirchenleitung treten; beides muß richtig getrennt und richtig verbunden werden.

2. Das Jahr 1918 macht *Kirchenleitung* möglich; synodale Instanzen und die traditionellen Konsistorien, in denen jetzt die Juristen von den Theologen | überflügelt werden, greifen nach der neuen Möglichkeit. Der Kirchenkampf zeigt, daß man das synodale Element nicht gegen die herkömmlichen Institutionen und ihre geistlichen Repräsentanten ausspielen kann; auch der umgekehrte Weg erweist sich als ungangbar. Synoden und bisherige Verwaltungsorgane haben Anteil an der Kirchenleitung. Wie sie ihn miteinander teilen und gegeneinander abgrenzen, ist eine Frage, die uns hier nicht beschäftigen kann, obwohl sie sich

mit unserem Thema berührt. Denn wenn Verwaltungsgremien kirchenleitende Funktionen wahrnehmen, erhebt sich die Frage nach dem Verhältnis von Verwaltung und Kirchenleitung. Und wenn Synoden Gesetze machen, die die Verwaltung regeln, stellt sich dasselbe Problem. Das Schlimme aber ist, daß es wie vor 1918, so auch nachher nicht klar genug erkannt, nicht scharf genug festgestellt wird. Verwaltung und Kirchenleitung laufen nebeneinander her und haben doch keine rechte innere Beziehung zueinander. Im Kirchenkampf wird die Abhängigkeit der Verwaltung von der geistlichen Leitung proklamiert. Aber auch wo die Forderung praktisch durchgesetzt wird, bleibt sie theologisch und kirchenrechtlich ungeklärt. Bei den Versuchen, sie durchzuführen, kommt entweder die Verwaltung oder die Kirchenleitung zu kurz.

3. Was ist zu tun? Zunächst ist der Aufgabenbestand, den die traditionellen Verwaltungsbehörden mit sich herumschleppen, zu durchforsten. In einer kritischen Überprüfung der Pflichtenkataloge, wie sie entweder in den Kirchenverfassungen oder in den internen Verwaltungsordnungen und -anweisungen enthalten sind, sind die verwaltungsmäßigen Aufgaben – auch wenn sie immer theologische Hintergründe und geistliche Konsequenzen haben – von den geistlichen Leitungsfunktionen zu sondern. Man kann nicht Studienförderung, theologische Prüfung und pfarramtliche Ausbildung, erstmalige Installation und Pfarrstellenbesetzung überhaupt, man kann nicht Fragen der kirchlichen Unterweisung, der Diakonie und der Äußeren Mission und ähnliches als Verwaltungsangelegenheit bezeichnen; sie gehören zur geistlichen Leitung der Kirche[34]. Sie gehören aber zugleich in den Bereich der Verwaltungsbehörde; niemand kann und darf sie ihr entreißen. Das heißt aber: Ihr sind kirchenleitende Befugnisse nicht abzusprechen. Eine Kirchenverfassung, in der sie zur bloßen Kanzlei, zur technisch funktionierenden Verwaltungsstelle degradiert wird, widerspricht nicht nur einer guten alten Tradition, sondern verfehlt die heutige kirchliche Wirklichkeit. Die Verwaltungsbehörde hat Anteil an der Kirchenleitung; in ihrer Mitte muß die Spannung von Verwaltung und Kirchenleitung zunächst ausgetragen werden. Dazu hilft nicht die mechanische Aufgliederung in eine juristische und eine geistliche Abteilung. Gerade in der Brust des Juristen ist jene Spannung ja immer gegenwärtig, sie kann nicht | durch die Beschränkung auf bloße Verwaltungsaufgaben überwunden werden.

---

[34] Die Unterscheidung zwischen innerer und äußerer Verwaltung hilft hier nicht weiter. Vgl. Art. 92 Abs. 1 der Verfassung Hannovers: „Das Landeskirchenamt verwaltet die *inneren* und *äußeren* Angelegenheiten der Landeskirche . . .“

Zur Lösung der Spannung kann der Theoretiker kaum etwas beitragen. Da müssen Männer der Praxis aufstehen, Juristen und Theologen, die in ihrer Erfahrung den Zusammenhang von Verwaltung und Kirchenleitung erprobt haben und die fähig sind, daraufhin den Unterschied richtig zu definieren. Aus solcher Erfahrung geschöpfte Erkenntnis überwindet die Bürokratie in der Kirche; und durch solche Überwindung kann die Kirche eine Zeitnot verringern helfen.

4. Die Verwaltungsbehörde hat Anteil an der Kirchenleitung – dieser Grundsatz ist für das evangelische Verfassungsrecht konstitutiv. Die Behörde muß also zu den übrigen Leitungsorganen von der Praxis gemeinsamer Verantwortung aus in ein angemessenes Verhältnis gesetzt werden, in das Verhältnis gemeinsamen Dienstes. Die Landeskirchen, bei denen diese Regelung bereits getroffen ist, werden gut mit ihr fahren. Sie kann auf dem Boden des „altrechtlichen" Typus, sie kann auch da erfolgen, wo eine besondere „Kirchenleitung" zwischen Bischofsamt, Synode und Verwaltungsbehörde eingeschaltet ist.

Aber auch wo das rechte Verhältnis schon gewonnen ist, bedürfen die Beziehungen zwischen Verwaltung und Kirchenrecht im einzelnen noch mancher Klärung. Die Tendenz, Verwaltung und Kirchenleitung miteinander zu verbinden, ist überall erkennbar. Man kann jedoch nur richtig verbinden, wo man richtig scheidet.

BIBLIOGRAPHIE WILHELM MAURER (1969–1976)

Zusammengestellt von Gottfried Seebaß

(Vgl. die vorangegangenen Bibliographien Wilhelm Maurer von Ernst-Wilhelm Kohls, in: Reformatio und Confessio. Festschrift für D. Wilhelm Maurer zum 65. Geburtstag am 7. Mai 1965, hg. v. Friedrich Wilhelm Kantzenbach und Gerhard Müller, Berlin 1965, S. 447–459, und in: Wilhelm Maurer, Kirche und Geschichte. Gesammelte Aufsätze Bd. 2: Beiträge zu Grundsatzfragen und zur Frömmigkeitsgeschichte, hg. v. Ernst-Wilhelm Kohls und Gerhard Müller, Göttingen 1970, S. 403–404. Die in diesen Bibliographien vorgenommene Einteilung ist auch hier beibehalten worden.)

I. Selbständige Schriften

251. Historischer Kommentar zur Confessio Augustana. Bd. 1: Einleitung und Ordnungsfragen. Bd. 2: Theologische Probleme, Gütersloh 1976.

II. Aufsätze und Abhandlungen in Zeitschriften und Sammelwerken

252. Erasmus und das kanonische Recht. In: Vierhundertfünfzig Jahre lutherische Reformation. Festschrift für Franz Lau zum 60. Geburtstag. Hg. v. Helmar Junghans, Ingetraut Ludolphy und Kurt Meier, Berlin und Göttingen 1967, S. 222–232. (Es handelt sich um einen auszugsweisen Nachdruck von Bibliographie Wilhelm Maurer Nr. 227.)

253. Erwägungen und Verhandlungen über die geistliche Jurisdiktion der Bischöfe vor und während des Augsburger Reichstags von 1530. In: Zeitschrift der Savigny-Stiftung für Rechtsgeschichte 86, Kanonistische Abteilung 55, 1969, S. 348–394.

254. Über den Zusammenhang zwischen kirchlicher Ordnung und christlicher Erziehung in den Anfängen lutherischer Reformation. In: Praxis Ecclesiae. Praktische Theologie als Hermeneutik, Katechetik und Homiletik im Dienste der Kirche. Kurt Frör zum 65. Geburtstag am 10. Oktober 1970, in Verbindung mit Rudolf Bohren und Manfred Seitz hg. v. Dietrich Stollberg, München 1970, S. 60–85 (vgl. oben S. 254–278).

255. Humanismus und Reformation im Nürnberg Pirckheimers und Dürers. In: Jahrbuch für fränkische Landesforschung 31, 1971, S. 19–34.

256. Minderheiten, Gruppen, Bekenntnisbildung an Beispielen illustriert. In: Zeitschrift für evangelisches Kirchenrecht 17, 1972, S. 32–38.

III. Rezensionen

257. Dörries, Hermann: Wort und Stunde, Bd. I: Gesammelte Studien zur Kirchengeschichte des vierten Jahrhunderts, Bd. II: Aufsätze zur Geschichte der Kirche im Mittelalter, Bd. III: Beiträge zum Verständnis Luthers, Göttingen 1966–1970. In: Zeitschrift für evangelisches Kirchenrecht 16, 1971, S. 87–91.

VERZEICHNIS DER LITERATUR

Abh. Leipz. = Abhandlungen der philosophisch-historischen Klasse der (kgl.) Sächsischen Gesellschaft, seit 1921: Akademie der Wissenschaften zu Leipzig.

Abh. Münch. = Abhandlungen der (kgl.) bayerischen (Münchener) Akademie der Wissenschaften, philosophisch-historische Klasse.

Adam, Straßburg = Adam, Johann: Evangelische Kirchengeschichte der Stadt Straßburg bis zur Französischen Revolution, Strasbourg 1922.

Allen = Opus Epistularum Desiderii Erasmi Roterodami, hg. v. P. St. Allen, 11 Bde., Oxford 1906–1947.

Althaus, Communio sanctorum = Althaus, Paul: Communio sanctorum. Die Gemeinde im lutherischen Kirchengedanken, München 1929 (= FGLP 1. Reihe, Bd. 1).

Andersen, Das Wort Gottes = Das Wort Gottes in Geschichte und Gegenwart. Theologische Aufsätze von Mitarbeitern an der Augustana-Hochschule in Neuendettelsau anläßlich des 10. Jahrestages ihres Bestehens am 10. Dezember 1957 hg. v. Wilhelm Andersen, München 1957.

Astuti, L' humanisme chrétien = Astuti, Guido: L' humanisme chrétien dans la renaissance des droits, in: Colloques internationaux, Sciences humaines, Bd. 1: Pensée humaniste et tradition chrétienne aux XVᵉ et XVIᵉ siècles, Paris 1951, S. 121–137.

ArbGeschKK = Arbeiten zur Geschichte des Kirchenkampfes.

ArchRefG = Archiv für Reformationsgeschichte.

Bachmann, Kirchenzucht in Kurhessen = Bachmann, Karl: Geschichte der Kirchenzucht in Kurhessen von der Reformation bis zur Gegenwart. Ein Beitrag zur Kirchen- und Kulturgeschichte des Hessenlandes, Marburg 1912.

Barion, Rudolph Sohm = Barion, Hans: Rudolph Sohm und die Grundlegung des Kirchenrechts, Tübingen 1931 (= Recht und Staat in Geschichte und Gegenwart, Heft 81).

Barth, KD 4,2 = Barth, Karl: Kirchliche Dogmatik Bd. 4,2, Zürich 1955, 2. Auflage Zürich 1964.

Barth, Rechtfertigung und Recht = Barth, Karl: Rechtfertigung und Recht, Zürich 1938 (= Theologische Studien Heft 1; 4. Auflage Zürich 1970 = Theologische Studien, Heft 104).

BbKG = Beiträge zur bayerischen Kirchengeschichte.

Beckmann, Kirchenordnung = Beckmann, Joachim: Der Kampf der bekennenden Kirche im Rheinland um die Presbyterial-Synodale Kirchenordnung, in: ZevKR 1, 1951, S. 135–162 und 261–279.

Beneszewicz, Melanchthoniana = Beneszewicz, Wladimir: Melanchthoniana. Ein Beitrag zur Literaturgeschichte des byzantinischen Rechts in Westeuropa 1521/1560, München 1934 (= SB. Münch. 1934, Heft 7).

Benz, Bischofsamt und apostolische Sukzession = Benz, Ernst: Bischofsamt und apostolische Sukzession im deutschen Protestantismus, Stuttgart 1953.

BevTh = Beiträge zur evangelischen Theologie.

Bohatec, Calvins Lehre = Bohatec, Josef: Calvins Lehre von Staat und Kirche mit besonderer Berücksichtigung des Organismusgedankens, Breslau 1937 (= Untersuchungen zur Deutschen Staats- und Rechtsgeschichte, Bd. 147).

Bohatec, Territorial- u. Kollegialsystem = Bohatec, Josef: Das Territorial- und Kollegialsystem in der holländischen Publizistik des 17. Jahrhunderts, in: ZRG Kan. Abt.
35, 1948, S. 1–149.

Bonhoeffer, Sanctorum Communio = Bonhoeffer, Dietrich: Sanctorum Communio.
Eine dogmatische Untersuchung zur Soziologie der Kirche, München 1930 (erweiterter Neudruck: 3. Auflage München 1960 = ThB 3).

Bornkamm, Anfänge der sächs. Kirchenverfassung = Bornkamm, Heinrich: Das Ringen
reformatorischer Motive in den Anfängen der sächsischen Kirchenverfassung, in:
ArchRefG 41, 1948, S. 93–115 (wiederabgedruckt in: Bornkamm, Heinrich: Das
Jahrhundert der Reformation, 2. Auflage, Göttingen 1966, S. 202–219 unter dem
Titel: Das Ringen der Motive in den Anfängen der reformatorischen Kirchenverfas-
sung).

Bornkamm, Kurfürst Moritz von Sachsen = Bornkamm, Heinrich: Kurfürst Moritz
von Sachsen zwischen Reformation und Staatsräson, in: Zeitschrift für deutsche
Geisteswissenschaft 1, 1938, S. 398–412 (wiederabgedruckt in: Bornkamm, Heinrich: Das Jahrhundert der Reformation, 2. Auflage, Göttingen 1966, S. 225–242).

Bossert, Drei Briefe = Bossert, Gustav: Drei Briefe Melanchthons, in: ArchRefG 17,
1920, S. 67–70.

Bramesfeld, Kirchenordnung = Bramesfeld, Friedrich Adolf (Hg.): Kirchenordnung für
die evangelischen Gemeinden der Provinz Westfalen und der Rheinprovinz vom 5.
3. 1835, Gütersloh 1865.

Braun, Spengler = Braun, Friedrich: Lazarus Spengler und Hieronymus von Berchnishausen, in: BbKG 22, 1915, S. 1–27, 63–65 und 97–111.

Bredt, Neues evangelisches Kirchenrecht = Bredt, Johann Victor: Neues evangelisches
Kirchenrecht für Preußen, 3 Bde., Berlin 1921, 1922 und 1927.

Bredt, Verfassung in Cleve = Bredt, Johann Victor: Die Verfassung der reformierten
Kirche in Cleve–Jülich–Berg–Mark, Neukirchen 1938 (= Beiträge zur Geschichte
und Lehre der reformierten Kirche, Bd. 2).

Breit, Kirchenregiment = Breit, Thomas: Bekenntnisgebundenes Kirchenregiment, München 1936 (= Bekennende Kirche, Heft 45).

Brunner, Das Mißverständnis der Kirche = Brunner, Emil: Das Mißverständnis der
Kirche, Stuttgart 1951.

Brunner, Vom Amt des Bischofs = Brunner, Peter: Vom Amt des Bischofs, in: Fuldaer
Hefte 9, Berlin 1955, S. 5–77 (wiederabgedruckt in: Brunner, Peter: Pro Ecclesia.
Gesammelte Aufsätze zur dogmatischen Theologie, Berlin und Hamburg 1962, S.
235–292).

Brunotte, Die EKD = Brunotte, Heinz: Die Evangelische Kirche in Deutschland. Geschichte, Organisation und Gestalt der EKD, Gütersloh 1964 (= Evangelische Enzy-
klopädie Bd. 1).

Brunstäd, Bekenntnisschriften = Brunstäd, Friedrich: Theologie der lutherischen
Bekenntnisschriften, Gütersloh 1951.

BSLK = Die Bekenntnisschriften der evangelisch-lutherischen Kirche, hg. v. Deutschen Evangelischen Kirchenausschuß im Gedenkjahr der Augsburgischen Konfession 1930, 4. durchgesehene Auflage Göttingen 1959 (Neudruck: Göttingen 1967).

Bucer Bd. 2 = Martini Buceri Opera omnia, Series 1: Deutsche Schriften hg. v. Robert Stupperich, Bd. 2, Gütersloh 1962.

Burdach, Vom Mittelalter zur Reformation = Burdach, Konrad (Hg.): Vom Mittelalter zur Reformation. Forschungen zur Geschichte der deutschen Bildung, Bd. 6: Schriften Johanns von Neumarkt, hg. v. Josef Klapper, Teil 4: Gebete des Hofkanzlers und des Prager Kulturkreises Berlin 1935.

Campenhausen, Apostelbegriff = Campenhausen, Hans von: Der urchristliche Apostelbegriff, in: Studia theologica 1, 1948, S. 96–130.

Campenhausen, Kirchliches Amt und geistliche Vollmacht = Campenhausen, Hans von: Kirchliches Amt und geistliche Vollmacht in den ersten drei Jahrhunderten, Tübingen 1953 (= Beiträge zur historischen Theologie Bd. 14; 2. Auflage, Tübingen 1963).

Campenhausen, Recht und Gehorsam = Campenhausen, Hans von: Recht und Gehorsam in der ältesten Kirche, in: ThBl. 20, 1941, S. 279–295 (wiederabgedruckt in: Campenhausen, Hans von: Aus der Frühzeit des Christentums. Studien zur Kirchengeschichte des ersten und zweiten Jahrhunderts, Tübingen 1963, S. 1–29).

Campenhausen, Tradition und Geist im Urchristentum = Campenhausen, Hans von: Tradition und Geist im Urchristentum, in: Studium Generale 4, 1951, S. 351–357 (wiederabgedruckt in: Campenhausen, Hans von: Tradition und Leben. Kräfte der Kirchengeschichte, Tübingen 1960, S. 1–16).

Clemen, Melanchthons Briefwechsel = Clemen, Otto: Melanchthons Briefwechsel, Teil 1, Leipzig 1926 (= Supplementa Melanchthoniana 6. Abt., Teil 1).

Cler. = Desiderii Erasmi Roterodami Opera omnia, hg. v. Joannes Clericus, Tomus 1–10, Leiden 1703–1706, Neudruck: Hildesheim 1962.

Cohrs, Katechetische Schriften = Cohrs, Ferdinand: Philipp Melanchthons Schriften zur praktischen Theologie, Teil 1: Katechetische Schriften, Leipzig 1915 (= Supplementa Melanchtoniana 5. Abt. Beilage 1).

Cullmann, Tradition als Problem = Cullmann, Oskar: Die Tradition als exegetisches, historisches und theologisches Problem (aus dem Französischen übersetzt von Pierre Schönenberger), Zürich 1954.

Diem, Hermann: Restauration oder Neuanfang in der Evangelischen Kirche, Stuttgart 1946.

Dietzfelbinger, Bischofsamt = Dietzfelbinger, Hermann: Das Bischofsamt in der evangelisch-lutherischen Kirche heute, in: Lutherische Monatshefte 5, 1966, S. 59–66.

Dombois, Kirchenleitung = Dombois, Hans: Formen der Kirchenleitung, in: ZevKR 12, 1966, S. 39–60.

Drews, Spalatiniana = Drews, Paul: Spalatiniana, in: ZKG 19, 1899, S. 69–98.

Dülfer, Die Packschen Händel = Dülfer, Kurt: Die Packschen Händel. Darstellung und Quellen, 2 Teile, Marburg 1958 (= Veröffentlichungen der historischen Kommission für Hessen und Waldeck, Bd. 24, 3: Quellen und Darstellungen zur Geschichte des Landgrafen Philipp des Großmütigen).

Eder, Studien 2 = Eder, Karl: Studien zur Reformationsgeschichte Oberösterreichs, Bd. 2: Glaubensspaltung und Landstände in Österreich ob der Enns 1525–1602, Linz 1936.

Ehses, Campeggio = Ehses, Stephan: Kardinal Lorenzo Campegio auf dem Reichstage von Augsburg 1530, in: Römische Quartalschrift 19, 1905, S. 129–152.

Eichmann-Mörsdorf, Kirchenrecht = Eichmann, Eduard: Lehrbuch des Kirchenrechts aufgrund des Codex Iuris Canonici neu bearb. v. Klaus Mörsdorf, Bd. 1, 6. Auflage, Paderborn 1949 (11. Auflage, München, Paderborn, Wien 1964).

Elert, Abendmahl und Kirchengemeinschaft = Elert, Werner: Abendmahl und Kirchengemeinschaft in der alten Kirche hauptsächlich des Ostens, Berlin 1954.

Elert, Morphologie = Elert, Werner: Morphologie des Luthertums, 2 Bde., München 1931 und 1932 (2. Auflage, München 1953).

Elert, Societas = Elert, Werner: Societas bei Melanchthon, in: Das Erbe Martin Luthers und die gegenwärtige theologische Forschung. Festschrift für Ludwig Ihmels, hg. v. Robert Jelke, Leipzig 1928, S. 101–115 (wiederabgedruckt in: Ein Lehrer der Kirche. Kirchlich-theologische Aufsätze und Vorträge von Werner Elert, hg. v. Max Keller-Hüschemenger, Berlin und Hamburg 1967, S. 32–42).

Ellul, Die theologische Begründung des Rechts = Ellul, Jacques: Die theologische Begründung des Rechts (aus dem Französischen übersetzt von Otto Weber), München 1948 (= BevTh 10).

Erasmus, AW = Desiderius Erasmus Roterodamus, Ausgewählte Werke, hg. v. Hajo Holborn, München 1933 (= Veröffentlichungen der Kommission zur Erforschung der Geschichte der Reformation und Gegenreformation).

Evangelischer Kirche in Hessen und Nassau Rechtsquellensammlung, 3 Bde., Darmstadt 1959 ff.

EvTheol = Evangelische Theologie.

Fagerberg, Bekenntnis, Kirche und Amt = Fagerberg, Holsten: Bekenntnis, Kirche und Amt in der deutschen konfessionellen Theologie des 19. Jahrhunderts, Uppsala 1952.

Feine, Rechtsgeschichte = Feine, Hans Erich: Kirchliche Rechtsgeschichte Bd. 1: Die katholische Kirche, Weimar 1950 (3. Auflage, Weimar 1955).

FGLP = Forschungen zur Geschichte und Lehre des Protestantismus.

Ficker, Konfutation = Ficker, Johannes: Die Konfutation des Augsburgischen Bekenntnisses, ihre erste Gestalt und ihre Geschichte, Gotha und Leipzig 1891.

Förstemann, Urkundenbuch = Förstemann, Karl Eduard: Urkundenbuch zur Geschichte des Reichstages zu Augsburg im Jahre 1530, 2 Bde., Halle 1833–1835 (Neudruck: Osnabrück 1966).

Förster, Offizialgericht Köln = Förster, Hans: Die Organisation des bischöflichen Offizialgerichtes zu Köln bis auf Hermann von Wied, in: ZRG Kan. Abt. 11, 1921, S. 254–350.

Förster, Preußische Landeskirche Bd. 1 = Förster, Erich: Die Entstehung der preußischen Landeskirche unter der Regierung König Friedrich Wilhelms III. nach den Quellen erzählt. Ein Beitrag zur Geschichte der Kirchenbildung im deutschen Protestantismus, Bd. 1, Tübingen 1905.

Förster, Sohms Kritik = Förster, Erich: Rudolph Sohms Kritik des Kirchenrechts. Zur 100. Wiederkehr seines Geburtstages, 29. Oktober 1941, untersucht, Haarlem 1942.

ForschKRG = Forschungen zur kirchlichen Rechtsgeschichte und zum Kirchenrecht.

Forsthoff, Kirchengeschichte = Forsthoff, Heinrich: Rheinische Kirchengeschichte Bd. 1: Die Reformation am Niederrhein, Essen 1929.

Die fränkischen Bekenntnisse = Die fränkischen Bekenntnisse. Eine Vorstufe der Augsburgischen Konfession, hg. v. Landeskirchenrat der evang.-luth. Kirche in Bayern r. d. Rhs., bearb. v. Wilhelm Ferdinand Schmidt und Karl Schornbaum, München 1930.

Friedberg, Verfassungsgesetze der Landeskirchen = Die geltenden Verfassungsgesetze der evangelischen deutschen Landeskirchen, hg. und geschichtlich eingeleitet von Emil Friedberg, Freiburg 1885.

Friedensburg, Univ. Wittenberg = Friedensburg, Walter: Geschichte der Universität Wittenberg, Halle 1917.

Friedrich, Geist und Amt = Friedrich, Gerhard: Geist und Amt, in: Wort und Dienst, Jahrbuch der theologischen Schule Bethel, als Festschrift für Herbert Girgensohn hg. v. Johannes Fichtner, NF Bd. 3, Bethel 1952, S. 61–85.

Fuchs, Der Ordinationstitel = Fuchs, Vinzenz: Der Ordinationstitel von seiner Entstehung bis auf Innozenz III. Eine Untersuchung zur kirchlichen Rechtsgeschichte mit besonderer Berücksichtigung der Anschauungen Rudolph Sohms, Diss. Würzburg 1930.

Gelzer, Die Konzilien = Gelzer, Heinrich: Die Konzilien als Reichsparlamente, in: Gelzer, Heinrich: Ausgewählte kleine Schriften, Leipzig 1907, S. 142–155.

Gerhard, Loci = Gerhard, Johann: Loci theologici, hg. v. Eduard Preuß, 9 Bde. mit Registerbd., Leipzig 1863–1885.

Gerhardt, Theodor Fliedner = Gerhardt, Martin: Theodor Fliedner. Ein Lebensbild, Bd. 1, Düsseldorf 1933.

Gerson, De vita spirituali animae = Gerson, Jean: De vita spirituali animae, 1402 (jetzt auch in: Jean Gerson, Oeuvres complètes Bd. 3, Paris 1962, S. 113–202).

Gewieß, Grundlagen = Gewieß, Josef: Die neutestamentlichen Grundlagen der kirchlichen Hierarchie, in: Historisches Jb. 72, 1952, S. 1–24.

Giese/Hosemann, Verfassungen = Giese, Friedrich und Johannes Hosemann, Die Verfassungen der Deutschen Evangelischen Landeskirchen, 2 Bde., Berlin 1927 (= Quellen des Deutschen Evangelischen Kirchenrechts, 1. Abt.: Die Verfassungen).

Göbell, Die Rheinisch-Westfälische Kirchenordnung vom 5. März 1835 = Göbell, Walter: Die Rheinisch-Westfälische Kirchenordnung vom 5. März 1835. Ihre geschichtliche Entwicklung und ihr theologischer Gehalt, Bd. 1, Duisburg 1948.

Göldner/Muus, Kirchenrecht = Göldner, Horst und Peter Muus, Evangelisches Kirchenrecht für Schleswig-Holstein, Kiel 1957 ff.

Goltzen, Der tägliche Gottesdienst = Goltzen, Herbert: Der tägliche Gottesdienst. Die Geschichte des Tagzeitengebetes, seine Ordnung und seine Erneuerung in der Gegenwart, in: Leiturgia. Handbuch des evangelischen Gottesdienstes, hg. v. Karl Ferdinand Müller und Walter Blankenburg, Bd. 3, Kassel 1956.

Grebe, Vilmar = Grebe, Eduard Rudolf: August Fr. Chr. Vilmar als Oberhirte der Diöcese Kassel, Marburg 1904.

Greeven, Propheten = Greeven, Heinrich: Propheten, Lehrer, Vorsteher bei Paulus, in: ZNW 44, 1952/53, S. 1–43.

Greven, Cochlaeus = Johannes Cochlaeus, In obscuros viros qui decretorum volumen infami compendio theutonice corruperunt expostulatio (1530), hg. v. Joseph Greven, Münster 1929 (= Corpus Catholicorum 15).

Gurlitt, Johannes Walter = Gurlitt, Willibald: Johannes Walter und die Musik der Reformationszeit, in: LJ 15, 1933, S. 1–112.

Gußmann, Quellen und Forschungen = Gußmann, Wilhelm: Quellen und Forschungen zur Geschichte des Augsburgischen Glaubensbekenntnisses, Bd. 1,1 und 2, Leipzig und Berlin 1911, Bd. 2, Kassel 1930.

Harnack, Apostolische Kirchenordnung = Harnack, Adolf: Die Quellen der sogenannten Apostolischen Kirchenordnung nebst einer Untersuchung über den Ursprung des Lektorats und der anderen niederen Weihen, Leipzig 1886 (= Texte und Untersuchungen zur Geschichte der altchristlichen Literatur Bd. 2, Heft 5).

Harnack, Kirchenverfassung = Harnack, Adolf: Entstehung und Entwicklung der Kirchenverfassung und des Kirchenrechts in den ersten zwei Jahrhunderten. Nebst einer Kritik der Abhandlung R. Sohms ‚Wesen und Ursprung des Katholizismus‘ und Untersuchungen über ‚Evangelium‘, ‚Wort Gottes‘ und das trinitarische Bekenntnis, Leipzig 1910.

Harnack, Mission und Ausbreitung = Harnack, Adolf von: Die Mission und Ausbreitung des Christentums in den ersten drei Jahrhunderten, 4. Auflage, Leipzig 1924.

Harnack, Prolegomena = Harnack, Adolf: Die Lehre der zwölf Apostel nebst Untersuchungen zur ältesten Geschichte der Kirchenverfassung und des Kirchenrechts, Leipzig 1884 (= Texte und Untersuchungen zur Geschichte der altchristlichen Literatur Bd. 2, Heft 1 und 2).

Harnack, Rezension von E. Loening = Harnack, Adolf: Rezension von Edgar Loening, Die Gemeindeverfassung des Urchristentums. Eine kirchenrechtliche Untersuchung, in: ThLZ 14, 1889, Sp. 417–429.

Hatch, Gesellschaftsverfassung = Hatch, Edwin: Die Gesellschaftsverfassung der christlichen Kirchen im Altertum (übersetzt und mit Excursen versehen von Adolf Harnack), Gießen 1883.

Hauck, Die Synode im Mittelalter = Hauck, Albert: Die Rezeption und Umbildung der allgemeinen Synode im Mittelalter, in: Historische Vierteljahrsschrift 10, 1907, S. 465–482.

Haug, Der Dienst der Leitung = Haug, Martin: Der Dienst der Leitung in Gemeinde und Kirche, Gütersloh 1965 (= Handbücherei der Gemeindearbeit 36).

Haußdorff, Lebensbeschreibung Spenglers = Haußdorff, Urban Gottlieb: Lebensbeschreibung eines christlichen Politici, nehmlich Lazari Spenglers, weiland vördersten Rathschreibers zu Nürnberg, Nürnberg 1740.

Heckel, Adolf von Harleß = Heckel, Theodor: Adolf von Harleß. Theologie und Kirchenpolitik eines lutherischen Theologen in Bayern, München 1933.

Heckel: Cura religionis = Heckel, Johannes: Cura religionis, Ius in sacra, Ius circa sacra, in: Festschrift für Ulrich Stutz, Stuttgart 1938, S. 224–298 (= Kirchenrechtliche Abhandlungen, Heft 117 und 118; jetzt auch: Darmstadt 1962).

Heckel, Evangelische Autorität = Heckel, Theodor: Evangelische Autorität, in: Materialdienst des konfessionskundlichen Instituts Bensheim 5, 1954, S. 81–85.

Heckel, Ges. Aufsätze = Heckel, Johannes: Das blinde, undeutliche Wort ‚Kirche‘. Gesammelte Aufsätze, hg. v. Siegfried Grundmann, Köln und Graz 1964.

Heckel, Initia iuris = Heckel, Johannes: Initia iuris ecclesiastici Protestantium, München 1950 (= SB. Münch. 1949, 5; jetzt auch in: Heckel, Ges. Aufsätze, S. 132–242).

Heckel, Kirchenordnung = Heckel, Johannes: Besprechung von Walter Göbell, Die rheinisch-westfälische Kirchenordnung vom 5. März 1835. Ihre geschichtliche Entwicklung und ihr theologischer Gehalt, Bd. 1, Duisburg 1948, in: ZRG Kan. Abt. 36, 1950, S. 469–488 (wiederabgedruckt in: Heckel, Ges. Aufsätze, S. 651–671).

Heckel, Lex Charitatis = Heckel, Johannes: Lex Charitatis. Eine juristische Untersuchung über das Recht in der Theologie Martin Luthers, München 1953 (= Abh. Münch. Neue Folge 36).

Heckel, Staat und Kirche = Heckel, Martin: Staat und Kirche nach den Lehren der evangelischen Juristen Deutschlands in der ersten Hälfte des 17. Jahrhunderts, in: ZRG Kan. Abt. 42, 1956, S. 117–247 und 43, 1957, S. 202–308 (erneut gedruckt: Jus ecclesiasticum Bd. 6, München 1968).

Heckel, Summepiskopat = Heckel, Johannes: Die Entstehung des brandenburgisch-preußischen Summepiskopats, in: ZRG Kan. Abt. 13, 1924, S. 266–283 (wiederabgedruckt in: Heckel, Ges. Aufsätze, S. 371–386).

Heinemeyer, Landgraf Philipp = Heinemeyer, Walter: Landgraf Philipp des Großmütigen Weg in die Politik, in: Hessisches Jb. für Landesgeschichte 5, 1955, S. 176–192.

Herrmann, Corpus Iuris Civilis = Corpus Iuris Civilis Bd. 2, hg. v. Aemilius Herrmann u. a., Leipzig 1865.

Hilling, Die Westfälischen Diözesansynoden = Hilling, Nikolaus: Die Westfälischen Diözesansynoden bis zur Mitte des XIII. Jahrhunderts, Lingen 1898.

Hinneberg, Kultur der Gegenwart = Harnack, Adolf von: Kirche und Staat bis zur Gründung der Staatskirche, in: Die Kultur der Gegenwart, hg. v. Paul Hinneberg, Bd. 4,1: Die Geschichte der christlichen Religion, Leipzig und Berlin 1906, S. 129–158 (2. Auflage 1922, S. 132–161).

Hinschius, Kirchenrecht = Hinschius, Paul: Kirchenrecht der Katholiken und Protestanten in Deutschland, Bd. 3, Berlin 1883.

Hintze, Calvinismus und Staatsräson = Hintze, Otto: Calvinismus und Staatsräson in Brandenburg zu Anfang des 17. Jahrhunderts, in SB. Berl. 26, 1930, S. 541–556 (auch in: HZ 144, 1931, S. 229–286, und jetzt in: Hintze, Otto: Regierung und Verwaltung. Gesammelte Abhandlungen zur Staats-, Rechts- und Sozialgeschichte Preußens. Gesammelte Abhandlungen Bd. 3, Göttingen 1967, S. 255–312).

Hoffmann, Das Kirchenverfassungsrecht der niederländischen Reformierten = Hoffmann, Hermann Edler von: Das Kirchenverfassungsrecht der niederländischen Reformierten bis zum Beginn der Dortrechter Nationalsynode von 1618/19, Leipzig 1902.

Holl, Luther und das landesherrliche Kirchenregiment = Holl, Karl: Luther und das landesherrliche Kirchenregiment, in: Holl, Karl: Gesammelte Aufsätze zur Kirchengeschichte Bd. 1: Luther, 7. Auflage, Tübingen 1948, S. 279–325.

Holstein, Grundlagen = Holstein, Günther: Die Grundlagen des evangelischen Kirchenrechtes, Tübingen 1928.

Honée, Vergleichsverhandlungen = Honée, Eugène: Die Vergleichsverhandlungen zwischen Katholiken und Protestanten im August 1530, in: Quellen und Forschungen aus italienischen Archiven und Bibliotheken 42/43, 1963, S. 412–434.

Hopf, Vilmar = Hopf, Wilhelm: August Vilmar. Ein Lebens- und Zeitbild, 2 Bde., Marburg 1913.

HZ = Historische Zeitschrift.

Ißleib, Moritz von Sachsen = Ißleib, Simon: Moritz von Sachsen als evangelischer Fürst, Leipzig 1907.

Jacobson, Kirchenrecht = Jacobson, Heinrich Friedrich: Geschichte der Quellen des evangelischen Kirchenrechts der Provinzen Rheinland und Westfalen mit Urkunden und Regesten, Königsberg 1844 (= Geschichte der Quellen des Kirchenrechts des Preußischen Staats mit Urkunden und Regesten, hg. v. H. F. Jacobson, Teil 4,3).

Jacobson, Urkunden = Jacobson, Heinrich Friedrich: Urkundensammlung von bisher ungedruckten Gesetzen nebst Übersichten gedruckter Verordnungen für die evangelische Kirche von Rheinland und Westfalen, Königsberg 1844 (= Geschichte der Quellen des Kirchenrechts des Preußischen Staats mit Urkunden und Regesten, hg. v. H. F. Jacobson, Anhang zu Teil 4,3).

Jedin, Trient 1 = Jedin, Hubert: Geschichte des Konzils von Trient Bd. 1, 2. Auflage, Freiburg 1951.

Jung, Aufgaben und Grenzen kirchlicher Verwaltung = Jung, Otto: Aufgaben und Grenzen kirchlicher Verwaltung, in: Archiv für evangelisches Kirchenrecht NF 1, 1937, S. 161–168.

Käsemann, Sätze Heiligen Rechtes im Neuen Testament = Käsemann, Ernst: Sätze Heiligen Rechtes im Neuen Testament, in: New Testament Studies 1, 1954/55, S. 248–260 (jetzt auch in: Käsemann, Ernst: Exegetische Versuche und Besinnungen, Bd. 2, 2. Auflage, Göttingen 1965, S. 69–82).

Kahl, Der Rechtsinhalt des Konkordienbuches = Kahl, Wilhelm: Der Rechtsinhalt des Konkordienbuches, in: Festgabe der Berliner juristischen Fakultät für Otto Gierke zum Doktor-Jubiläum 21. Augsut 1910, Bd. 1, Breslau 1910, S. 305–354.

Kattenbusch, Das apostolische Symbol = Kattenbusch, Ferdinand: Das apostolische Symbol Bd. 2, Leipzig 1900, Neudruck: Hildesheim 1962.

Kawerau, J. Jonas = Kawerau, Gustav: Der Briefwechsel des Justus Jonas, Bd. 1, Halle 1884 (= Geschichtsquellen der Provinz Sachsen 17; Neudruck: Hildesheim 1964).

Keller, Gegenreformation = Keller, Ludwig: Die Gegenreformation in Westfalen und am Niederrhein. Aktenstücke und Erläuterungen, Bd. 3: 1609–1623, Leipzig 1895 (= Publikationen aus den k. preußischen Staatsarchiven 62).

Kisch, Erasmus = Kisch, Guido: Erasmus und die Jurisprudenz seiner Zeit. Studien zum humanistischen Rechtsdenken, Basel 1960 (= Basler Studien zur Rechtswissenschaft, Bd. 56).

Koch, Verfassungsurkunde = Koch, Friedrich: Verfassungsurkunde der ev. Kirche der altpreußischen Union vom 29. September 1922, 2. Auflage, Berlin 1932.

Köhler, Luther = Köhler Walter: Beiträge zu den Anfängen protestantischer Kirchengeschichtsschreibung. Luther und die Kirchengeschichte nach seinen Schriften, zunächst bis 1521, Bd. 1,1, Erlangen 1900.

Kohlmeyer, Charisma oder Recht? = Kohlmeyer, Ernst: Charisma oder Recht? Vom Wesen des ältesten Kirchenrechts, in: ZRG Kan. Abt. 38, 1952, S. 1–36.

Kohlmeyer, Entstehung = Kohlmeyer, Ernst: Die Entstehung der Schrift Luthers: An den christlichen Adel deutscher Nation, Gütersloh 1922.

Kolde, Redaktion = Kolde, Theodor: Die älteste Redaktion der Augsburger Konfession mit Melanchthons Einleitung zum erstenmal herausgegeben und geschichtlich gewürdigt, Gütersloh 1906.

Krodel, Die Abendmahlslehre des Erasmus = Krodel, Gottfried: Die Abendmahlslehre des Erasmus und sein Anteil an der Entstehung des Abendmahlstreites, Diss. Erlangen 1955, Maschinenschrift.

Krodel, Reformationsrecht = Krodel, Gottfried: Reformationsrecht des Fürsten und Recht der Kirche in der Religionspolitik des Markgrafen Kasimir von

Brandenburg-Kulmbach 1524–1526. Bisher nur englisch erschienen: Krodel, Gott-fried: State and Church in Brandenburg-Ansbach-Kulmbach 1524–1526, in: Studies in Medieval and Renaissance History 5, hg. v. William M. Bowsky, Lincoln 1968, S. 137–213.

Krummacher, G. D. Krummacher = Krummacher, Friedrich Wilhelm: Gottfried Daniel Krummacher und die niederrheinische Erweckungsbewegung zu Anfang des 19. Jahrhunderts, Berlin und Leipzig 1935 (= Arbeiten zur Kirchengeschichte Bd. 24).

KuD = Kerygma und Dogma.

Künneth, Politik = Künneth, Walter: Politik zwischen Dämon und Gott. Eine christliche Ethik des Politischen, Berlin 1954.

Latte, Heiliges Recht = Latte, Kurt: Heiliges Recht. Untersuchungen zur Geschichte der sakralen Rechtsformen in Griechenland, Tübingen 1920.

Lau, Die Konditional- oder Eventualtaufe und die Frage nach ihrem Recht in der lutherischen Kirche, in: LJ 25, 1958, S. 110–140.

Ledderhose, Hessen-Casselisches Kirchenrecht = Ledderhose, Konrad Wilhelm: Versuch einer Anleitung zum Hessen-Casselschen Kirchenrecht, Cassel 1785.

Lefebvre, Aequitas = Lefebvre, Charles: ‚Aequitas canonica‘ et ‚periculum animae‘ dans la doctrine de l'Hostiensis, in: Ephemerides Iuris Canonici 8, 1952, S. 305–321.

Lefebvre, La notion d'équité = Lefebvre, Charles: La notion d'équité chez Pierre Lombard, in: Ephemerides Iuris Canonici 9, 1953, S. 291–304.

Liermann, Das kanonische Recht = Liermann, Hans: Das kanonische Recht als Grundlage europäischen Rechtsdenkens, in: ZevKR 6, 1957, S. 37–51.

Liermann, Rechtsgutachten = Liermann, Hans: Rechtsgutachten über die rechtliche Bedeutung des § 1 des kirchlichen Gesetzes betreffend die Verfassung der evangelischen Landeskirche von Württemberg vom 24. Juni 1920, Beiblatt zum Amtsblatt 32, 1947, Nr. 24.

Lietzmann, Alte Kirche = Lietzmann, Hans: Geschichte der alten Kirche, Bd. 2, Berlin 1936 (3. Auflage 1961).

Linton, Das Problem der Urkirche = Linton, Olof: Das Problem der Urkirche in der neueren Forschung. Eine kritische Darstellung, Uppsala 1932 (= Uppsala Universitets Årsskrift 1932, Teologi 2).

LJ = Luther-Jahrbuch.

Löfgren, Die Theologie der Schöpfung bei Luther = Löfgren, David: Die Theologie der Schöpfung bei Luther, Göttingen 1960 (= Forschungen zur Kirchen- und Dogmengeschichte 10).

Lohse, Die Ordination = Lohse, Eduard: Die Ordination im Spätjudentum und im Neuen Testament, Göttingen 1951.

Lutherische Generalsynode 1949 = Lutherische Generalsynode 1949. Bericht über die erste Tagung der ersten Generalsynode der VELKD vom 25. bis 28. Januar 1949 in Leipzig, Berlin 1956.

Lutherische Generalsynode 1950 = Bericht über die zweite Tagung der ersten Generalsynode der VELKD vom 20.–23. Juni 1950 in Ansbach, Hamburg 1974.

Lutherische Generalsynode 1951 = Lutherische Generalsynode 1951. Bericht über die 3. Tagung der 1. Generalsynode der VELKD vom 17. bis 21. Mai 1951 in Rostock, Hamburg 1974.

Lutherische Generalsynode 1952 = Lutherische Generalsynode 1952. Bericht über die vierte Tagung der ersten Generalsynode der VELKD vom 24. bis 29. April 1952 in Flensburg, Hamburg 1975.

Lutherische Generalsynode 1953 = Lutherische Generalsynode 1953. Bericht über die 5. Tagung der 1. Generalsynode der VELKD vom 16. bis 21. April 1953 in Berlin-Spandau, Hamburg 1974.

Lutherische Generalsynode 1954 = Lutherische Generalsynode 1954. Bericht über die sechste Tagung der ersten Generalsynode der VELKD vom 9. bis 15. Oktober in Braunschweig, Hamburg 1975.

Lutherische Generalsynode 1955 = Lutherische Generalsynode 1955. Bericht über die erste Tagung der zweiten Generalsynode der VELKD vom 23. bis 27. April 1955 in Weimar, Berlin 1956.

Mabillon, MSL 182 = S. Bernardi Opera omnia, Bd. 1, hg. v. Joannes Mabillon, Paris 1862 (= Migne, J. P.: Patrologia cursus completus, Series latina, Bd. 182).

Mansi, Conciliorum collectio = Mansi, Joannes Domenicus: Sacrorum conciliorum nova et amplissima collectio, Bd. 11, Paris 1901 (Neudruck: Graz 1960); Bd. 28, Paris 1903 (Neudruck: Graz 1961).

Maurer, Aufklärung = Maurer, Wilhelm: Aufklärung, Idealismus und Restauration. Studien zur Kirchen- und Geistesgeschichte in besonderer Beziehung auf Kurhessen 1780–1850, 2 Bde., Gießen 1930.

Maurer, Bekenntnis und Sakrament = Maurer, Wilhelm: Bekenntnis und Sakrament. Ein Beitrag zur Entstehung der christlichen Konfessionen, Teil 1, Berlin 1939.

Maurer, Entstehung = Maurer, Wilhelm: Die Entstehung und erste Auswirkung von Artikel 28 der Confessio Augustana, in: Volk Gottes, Festgabe für Josef Höfer, hg. v. R. Bäumer und H. Dolch, Freiburg 1967, S. 361–394.

Maurer, Franz Lambert = Maurer, Wilhelm: Franz Lambert von Avignon und das Verfassungsideal der Reformatio ecclesiarum Hassiae von 1526, in: ZKG 48, 1929, S. 208–260 (wiederabgedruckt in: Maurer, Wilhelm: Kirche und Geschichte. Gesammelte Aufsätze Bd. 1: Luther und das evangelische Bekenntnis, hg. E.-W. Kohls und G. Müller, Göttingen 1970, S. 319–364).

Maurer, Geistliche Leitung der Kirche = Maurer, Wilhelm: Geistliche Leitung der Kirche, in: Frör, Kurt und Wilhelm Maurer, Hirtenamt und mündige Gemeinde. Ein theologisches Votum zur Kirchenreform, München 1966, S. 51–95 (wiederabgedruckt in diesem Band oben S. 99–134).

Maurer, Gemeindezucht, Gemeindeamt, Konfirmation = Maurer, Wilhelm: Gemeindezucht, Gemeindeamt, Konfirmation. Eine hessische Säkularerinnerung, Kassel 1940 (Schriftenreihe des Pfarrervereins Kurhessen-Waldeck, Heft 2).

Maurer, Harnack und Sohm = Maurer, Wilhelm: Die Auseinandersetzung zwischen Harnack und Sohm und die Begründung eines evangelischen Kirchenrechts, in: KuD 6, 1960, S. 194–213 (wiederabgedruckt in diesem Band oben S. 364–387).

Maurer, Der junge Melanchthon = Maurer, Wilhelm: Der junge Melanchthon, 2 Bde., Göttingen 1967 und 1969.

Maurer, Jurisdiktion der Bischöfe = Maurer, Wilhelm: Erwägungen und Verhandlungen über die geistliche Jurisdiktion der Bischöfe vor und während des Augsburger Reichstages von 1530, in: ZRG Kan. Abt. 55, 1969, S. 348–394 (wiederabgedruckt in diesem Band oben S. 208–253).

Maurer, Kirche und Recht bei Vilmar = Maurer, Wilhelm: Kirche und Recht bei August Vilmar und für die Gegenwart, Kassel 1931.

Maurer, Loci Melanchthons = Maurer, Wilhelm: Zur Komposition der Loci Melanchthons von 1521, in: I J 25, 1958, S. 146–180.

Maurer, Pfarrerrecht und Bekenntnis = Maurer, Wilhelm: Pfarrerrecht und Bekenntnis. Über die bekenntnismäßige Grundlage eines Pfarrerrechtes in der evangelisch-lutherischen Kirche, Berlin 1957.

Maurer, Die ‚Protestantische‘ Kirche in Bayern = Maurer, Wilhelm: Die ‚Protestantische‘ Kirche in Bayern. Studien zur Geschichte eines kirchenrechtlichen und kirchenpolitischen Begriffs, in: ZBKG 32, 1963, S. 271–295.

Maurer, Reste des kanonischen Rechtes = Maurer, Wilhelm: Reste des kanonischen Rechtes im Frühprotestantismus, in: ZRG Kan. Abt. 51, 1965, S. 190–253 (wiederabgedruckt in diesem Band oben S. 145–207).

Maurer, Sohms Ringen = Maurer, Wilhelm: R. Sohms Ringen um den Zusammenhang zwischen Geist und Recht in der Geschichte des kirchlichen Rechts, in: ZevKR 8, 1961, S. 26–60 (wiederabgedruckt in diesem Band oben S. 328–363).

Maurer, Vom Ursprung und Wesen kirchlichen Rechtes, in: ZevKR 5, 1956, S. 1–32 (wiederabgedruckt in diesem Band oben S. 44–75).

Melanchthon, StA = Melanchthons Werke in Auswahl hg. v. Robert Stupperich, Bd. 1: Reformatorische Schriften, hg. v. Robert Stupperich, Gütersloh 1951; Bd. 2,1: Loci communes von 1521, Loci praecipui theologici von 1559 (1. Teil), hg. v. Hans Engelland, Gütersloh 1952; Bd. 4: Frühe exegetische Schriften, hg. v. Peter F. Barton, Gütersloh 1963.

Merzyn, Verfassungsrecht = Merzyn, Friedrich: Das Verfassungsrecht der EKD und ihrer Gliedkirchen, Loseblattausgabe, 3 Bde., Hannover 1957 ff.

Mirbt, Quellen = Mirbt, Carl: Quellen zur Geschichte des Papsttums und des römischen Katholizismus, 5. Auflage Tübingen 1934 (jetzt 6. völlig neubearb. Auflage von Kurt Aland, Bd. 1, Tübingen 1967).

Morstein, Das Dilemma des Verwaltungsmanns = Morstein, Marx Fritz: Das Dilemma des Verwaltungsmanns, Berlin 1965.

Mosbech, Apostolos in the New Testament = Mosbech, Holger: Apostolos in the New Testament, in: Studia theologica 2, 1950, S. 166–200.

Müller, Anfänge = Müller, Karl: Die Anfänge der Konsistorialverfassung im lutherischen Deutschland, in: HZ 102, 1908, S. 1–30 (wiederabgedruckt in: Müller, Karl: Aus der akademischen Arbeit. Vorträge und Aufsätze, Tübingen 1930, S. 175–190).

Müller, Bekenntnisschriften = Müller, E. F. Karl: Die Bekenntnisschriften der reformierten Kirche, Leipzig 1903.

Müller, Eck = Müller, Gerhard: Johann Eck und die Confessio Augustana. Zwei unbekannte Aktenstücke vom Augsburger Reichstag 1530, in: Quellen und Forschungen aus italienischen Archiven und Bibliotheken 38, 1958, S. 202–242.

Müller, Kirchengeschichte Bd. 1,1 = Müller, Karl: Kirchengeschichte Bd. 1,1, 3. Auflage neubearb. von Hans Freiherr von Campenhausen, Tübingen 1941.

Müller, Nuntiaturberichte = Nuntiaturberichte aus Deutschland nebst ergänzenden Aktenstücken, 1. Abt., 1533–1559, 1. Ergänzungsbd. 1530–1531, bearb. von Gerhard Müller, Tübingen 1963.

Müller, Zehntsynodalurteile = Müller, Ernst: Zehntsynodalurteile in einer münsterländischen Rechtshandschrift des 16. Jahrhunderts, in: ZRG Kan. Abt. 8, 1918, S. 207–220.

Niemöller, ArbGeschKK 5 und 6 = Niemöller, Gerhard: Die erste Bekenntnissynode der DEK zu Barmen, 2 Bde., Göttingen 1959 (= ArbGeschKK 5 und 6).

Niemöller, Die 4. Bekenntnissynode der DEK = Niemöller, Wilhelm: Die 4. Bekenntnissynode der DEK zu Bad Oeynhausen, Texte, Dokumente, Berichte, Göttingen 1960 (= ArbGeschKK 7).

Niemöller, Die 2. Bekenntnissynode der DEK = Niemöller, Wilhelm: Die 2. Bekenntnissynode der DEK zu Dahlem, Text, Dokumente, Berichte, Göttingen 1958 (= ArbGeschKK 3).

Niens, Das Recht in Baden = Niens, Hans: Das Recht der vereinigten evangelisch-protestantischen Landeskirche Badens, Karlsruhe 1957 ff.

Niesel, Bekenntnisschriften = Bekenntnisschriften und Kirchenordnungen der nach Gottes Wort reformierten Kirche, hg. v. Wilhelm Niesel, 3. Auflage, Zürich 1938.

Niesel, Die Bekenntnissynoden = Niesel, Wilhelm: Um Verkündigung und Ordnung der Kirche. Die Bekenntnissynoden der Ev. Kirche der altpreußischen Union 1934–1943, Bielefeld 1949.

Nitzsch, Prakt. Theologie = Nitzsch, Karl Emanuel: Praktische Theologie Bd. 3,2: Die evangelische Kirchenordnung, Bonn 1867.

Nörr, Kirche und Konzil = Nörr, Knut Wolfgang: Kirche und Konzil bei Nicolaus de Tudeschis (Panormitanus), Köln und Graz 1964 (Forsch KRG 4).

Pfeilschifter, Acta Ref. Cath. 1 = Acta Reformationis Catholicae ecclesiam concernentia saeculi XVI, hg. v. Georg Pfeilschifter, Bd. 1, Regensburg 1959.

PRE = Realenzyklopädie für protestantische Theologie und Kirche, begründet von J. J. Herzog, 3. Auflage von A. Hauck, Leipzig 1896 ff.

Reber, Rechtsbegründung = Reber, Alfred: Katholische und protestantische Rechtsbegründung heute, Frankfurt 1962.

Reuter, Kirche und Gnade = Reuter, Hermann: Zur Frage nach dem Verhältnis der Lehre von der Kirche zu der Lehre von der prädestinatianischen Gnade, in: Reuter, Hermann: Augustinische Studien, Gotha 1887, S. 47–105.

Riederer, Abhandlungen = Riederer, Johann Bartholomäus: Nützliche und angenehme Abhandlungen aus der Kirchen-, Bücher- und Gelehrtengeschichte, Altdorf 1768–1769.

Rieker, Kirchenbegriff = Rieker, Karl: Die Entstehung und geschichtliche Bedeutung des Kirchenbegriffs, in: Festgabe für Rudolph Sohm, München und Leipzig 1914, S. 1–22.

Ritter, Stein Bd. 1 = Ritter, Gerhard: Stein. Eine politische Biographie Bd. 1, Stuttgart 1931 (3. Auflage Stuttgart 1958).

Roethe, Zur Geschichte der römischen Synoden = Roethe, Gerwin: Zur Geschichte der römischen Synoden im 3. und 4. Jahrhundert, in: Geistige Grundlagen römischer Kirchenpolitik, Stuttgart 1937 (= Forschungen zur Kirchen- und Geistesgesschichte, Bd. 11).

Samson, Die Kirche als Grundbegriff der theologischen Ethik Schleiermachers = Samson, Holger: Die Kirche als Grundbegriff der theologischen Ethik Schleiermachers, Zollikon 1958.

SB. Berl. = Sitzungsberichte der (Berlinger kgl.) preußischen Akademie der Wissenschaften, philosophisch-historische Klasse; seit 1946: Deutsche Akademie der Wissenschaften zu Berlin.

SB. Münch. = Sitzungsberichte der (kgl.) bayerischen (Münchener) Akademie der Wissenschaften, philosophisch-philologische und historische Klasse (bis 1930), philosophisch-historische Abteilung (seit 1931).

Schebler, Die Reordinationen = Schebler, Alois: Die Reordinationen in der katholischen Kirche, Diss. Würzburg 1936.

Scheel, Martin Luther = Scheel, Otto: Martin Luther. Vom Katholizismus zur Reformation, Bd. 1, 3. Auflage, Tübingen 1921.

Schieß, Briefwechsel = Schieß, Traugott: Briefwechsel der Brüder Ambrosius und Thomas Blaurer, Bd. 1, Freiburg 1908.

Schirrmacher, Briefe und Akten = Schirrmacher, Friedrich Wilhelm: Briefe und Acten zu der Geschichte des Religionsgespräches zu Marburg 1529 und des Reichstages zu Augsburg 1530, Gotha 1876 (Neudruck: Amsterdam 1968).

Schleiermacher, Chr. Gl. = Schleiermacher, Daniel Friedrich Ernst: Der christliche Glaube nach den Grundsätzen der evangelischen Kirche im Zusammenhang dargestellt, 2 Bde. hg. v. Martin Redeker, 7. Auflage, Berlin 1960.

Schleiermacher, Christliche Sitte = Schleiermacher, Daniel Friedrich Ernst: Die christliche Sitte nach den Grundsätzen der evangelischen Kirche im Zusammenhang dargestellt, Berlin 1843 (= Schleiermacher, D. F. E.: Sämtliche Werke 1. Abt., Bd. 12).

Schleiermacher, KD = Schleiermacher, Daniel Friedrich Ernst: Kurze Darstellung des theologischen Studiums zum Behuf einleitender Vorlesungen (1811, 1830) hg. v. Heinrich Scholz, Leipzig 1910 (= Quellenschriften zur Geschichte des Protestantismus Bd. 10; Neudruck: Darmstadt 1973).

Schleiermacher, Prakt. Theologie = Schleiermacher, Daniel Friedrich Ernst: Die praktische Theologie nach den Grundsätzen der evangelischen Kirche im Zusammenhang dargestellt, Berlin 1850 (= Schleiermacher, D. F. E.: Sämtliche Werke 1. Abt., Bd. 13).

Schleusner, Anfänge = Schleusner, G.: Zu den Anfängen protestantischen Eherechts im 16. Jahrhundert, in: ZKG 6, 1884, S. 390–428.

Schlunck, Die 43 renitenten Pfarrer = Schlunck, Rudolf: Die 43 renitenten Pfarrer. Lebensabschnitte der im Jahr 1873/74 um ihrer Treue willen des Amtes entsetzten hessischen Pfarrer. Nebst einer geschichtlichen Einleitung und einem Anhang, Marburg 1923.

Schmidt, Bekenntnisse und Äußerungen = Schmidt, Kurt Dietrich: Die Bekenntnisse und grundsätzlichen Äußerungen zur Kirchenfrage, Bd. 1: Das Jahr 1933, Bd. 2: Das Jahr 1934, Bd. 3: Das Jahr 1935, Göttingen 1934–1936.

Schmidt, Dokumente = Schmidt, Kurt Dietrich: Dokumente des Kirchenkampfes Bd. 2, Göttingen 1964/1965 (= ArbGeschKK Bd. 13/14).

Schoch, Kirchenrecht und biblische Weisung = Schoch, Max: Evangelisches Kirchenrecht und biblische Weisung, Zürich 1954.

Schoen, Der Bischof = Schoen, Paul: Der deutsche evangelische Bischof nach den neuen evangelischen Kirchenverfassungen, in: Verwaltungsarchiv 30, 1925, S. 403–431.

Schoen: Kirchenrecht in Preußen = Schoen, Paul: Das evangelische Kirchenrecht in Preußen, 2 Bde., Berlin 1903 und 1910.

Schoen, Die Kirchenregierung = Schoen, Paul: Die Kirchenregierung nach den neuen evangelischen Kirchenverfassungen, in: Verwaltungsarchiv 29, 1922, S. 229–254.

Schoen, Verfassungsrecht von 1929 = Schoen, Paul: Das neue Verfassungsrecht der evangelischen Landeskirchen in Preußen, Berlin 1929.

Schornbaum, Markgraf Kasimir = Schornbaum, Karl: Die Stellung des Markgrafen Kasimir von Brandenburg zur reformatorischen Bewegung in den Jahren 1524–1527 aufgrund archivalischer Forschungen (Diss. Erlangen 1900), Nürnberg 1900.

Schulte, Canon. Recht = Schulte, Johann Friedrich von: Die Geschichte der Quellen und Literatur des Canonischen Rechts von Gratian bis auf die Gegenwart, Bd. 2, Stuttgart 1877; Bd. 3, Stuttgart 1880 (Neudruck: 3 Teile in zwei Bänden: Graz 1956).

Schwartz, Kanones = Schwartz, Eduard: Die Kanonessammlungen der alten Reichskirche, Berlin 1936 (wiederabgedruckt in: Schwartz, Eduard: Zur Geschichte der alten Kirche und ihres Rechts. Gesammelte Schriften Bd. 4, Berlin 1960, S. 159–275).

Schwartz, Reichskonzilien = Schwartz, Eduard: Über die Reichskonzilien von Theodosius bis Justinian, in: ZRG Kan. Abt. 11, 1921, S. 208–253 (wiederabgedruckt in: Schwartz, Eduard: Zur Geschichte der alten Kirche und ihres Rechts. Gesammelte Schriften Bd. 4, Berlin 1960, S. 111–158).

Schwarz, Philipp von Hessen = Schwarz, Hilar: Landgraf Philipp von Hessen und die Packschen Händel, Leipzig 1884.

Schweizer, Das Leben des Herrn = Schweizer, Eduard: Das Leben des Herrn in der Gemeinde und ihren Diensten, Zürich 1946 (= Abhandlungen zur Theologie des Alten und Neuen Testamentes Bd. 8).

Schweizer, Die neutestamentliche Gemeindeordnung = Schweizer, Eduard: Die neutestamentliche Gemeindeordnung, in: EvTheol 6, 1946/47, S. 338–367.

Seebaß, Osiander = Seebaß, Gottfried: Das reformatorische Werk des Andreas Osiander, Nürnberg 1967 (= Einzelarbeiten aus der Kirchengeschichte Bayerns Bd. 44).

Seeberg, Dogmengeschichte = Seeberg, Reinhold: Lehrbuch der Dogmengeschichte, 3. Auflage, Bd. 1, Leipzig 1920; Bd. 2, Leipzig 1923.

Sehling = Sehling, Emil (Hg.): Die evangelischen Kirchenordnungen des 16. Jahrhunderts, Bd. 1–5, Leipzig 1902–1913; Bd. 6 ff., Tübingen 1955 ff.

Sehling, Kirchengesetzgebung = Sehling, Emil: Die Kirchengesetzgebung unter Moritz von Sachsen 1544–1549 und Georg von Anhalt, Leipzig 1899.

Simon, Movendelpfründe = Simon, Matthias: Movendelpfründe und landesherrliches Kirchenregiment, in: ZBKG 26, 1957, S. 1–30.

Simon, Vom Priestereid = Simon, Matthias: Vom Priestereid zum Ordinationsgelübde in Brandenburg–Ansbach–Bayreuth und in Bayern, in: Das Wort Gottes in Geschichte und Gegenwart, hg. v. Wilhelm Andersen, München 1957, S. 172–195.

Simon, Vom Priesterrock = Simon, Matthias: Vom Priesterrock zum Talar und Amtsrock in Bayern, in: ZBKG 34, 1965, S. 19–61.

Snethlage, Kirchenordnungen = Snethlage, Karl: Die älteren Presbyterial-Kirchenordnungen der Länder Jülich, Berg, Cleve, Mark, Leipzig 1837.

Söhngen, Theologische Grundlagen der Kirchenmusik = Söhngen, Oskar: Theologische Grundlagen der Kirchenmusik, in: Leiturgia. Handbuch des evangelischen Gottesdienstes, hg. v. Karl Ferdinand Müller und Walter Blankenburg, Bd. 4, Kassel 1961, S. 1–266.

Sohm, AltkathKR = Sohm, Rudolph: Das altkatholische Kirchenrecht und das Dekret Gratians, in: Festschrift der Leipziger Juristenfakultät für Adolf Wach am 16. November 1915, München und Leipzig 1918, S. 1–674.

Sohm, Institutionen = Sohm, Rudolph: Institutionen. Geschichte und System des römischen Privatrechts, 15. Auflage, München und Leipzig 1917 (17. Auflage, hg. v. Leopold Wenger, Berlin 1949).

Sohm, Kirchenrecht = Sohm, Rudolph: Kirchenrecht, Bd. 1, München und Leipzig 1892 (2. Auflage, München und Leipzig 1923); Bd. 2, München und Leipzig 1923.

Sohm, Territorium und Reformation = Sohm, Walter: Territorium und Reformation in der hessischen Geschichte 1526–1555, Marburg 1915; 2. Auflage, hg. v. Günther Franz, Marburg 1957 (= Urkundliche Quellen zur hessischen Reformationsgeschichte Bd. 1; = Veröffentlichungen der Historischen Kommision für Hessen und Waldeck Bd. 11,1).

Sohm, Weltliches und geistliches Recht = Sohm, Rudolph: Weltliches und geistliches Recht, in: Festgabe für Karl Binding, München und Leipzig 1914, S. 1–69.

Sohm, Wesen und Ursprung = Sohm, Rudolph: Wesen und Ursprung des Katholizismus, Leipzig 1909 (= Abh. Leipzig 27). Durch ein Vorwort vermehrter 2. Abdruck, Leipzig und Berlin 1912.

Spengler, Auszug = Spengler, Lazarus: Eyn kurtzer außzug / auß dem Bebstlichen rechten der Decret vnd Decretalen / In den artickeln / die vngeuerlich Gottes wort vnd Euangelio gemeß sein / oder zum wenigsten nicht widerstreben, Nürnberg 1530 (Universitätsbibliothek Erlangen, 4° Jur VIII, 102).

Stupperich, Humanismus und Wiedervereinigung = Stupperich, Robert: Der Humanismus und die Wiedervereinigung der Konfessionen, Leipzig 1936 (= SVRG Nr. 160).

SVRG = Schriften des Vereins für Reformationsgeschichte.

Tangl, Teilnehmer = Tangl, Georgine: Die Teilnehmer an den allgemeinen Konzilien des Mittelalters, Diss. Berlin 1916.

Telle, Erasme de Rotterdam = Telle, Emile V.: Erasme de Rotterdam et le septième sacrement, Genf 1954.

ThB. = Theologische Bücherei.

ThBl. = Theologische Blätter.

Thieme, Verwaltungslehre = Thieme, Werner: Verwaltungslehre, Köln, Berlin, Bonn, München 1967 (= Academia iuris Bd. 8).

ThLZ = Theologische Literaturzeitung.

Thomas, Summa theologica = Thomas von Aquin, Summa theologica, hg. v. St. E. Fretté und P. Maré, Bd. 3, Paris 1895.

Verhandlungsbericht von 1921/22 = Bericht über die Verhandlungen der Außerordentlichen Kirchenversammlung zur Feststellung der Verfassung für die evangelische Landeskirche der älteren Provinzen Preußens vom 24.–30. September 1921 und vom 29. August bis 29. September 1922, Bd. 1: Sitzungsverhandlungen; Bd. 2: Anlagen zu den Sitzungsverhandlungen, Berlin 1923.

Vischer, Neuere Rechtsquellen = Vischer, Gustav-Adolf: Neuere Rechtsquellen für die Evangelisch lutherische Kirche in Bayern, München 1950 (völlig neu bearb. 2. Auflage, München 1959).

WA = M. Luther, Werke, Kritische Gesamtausgabe (Weimarer Ausgabe), Bd. 1 ff., 1883 ff.

WAB = M. Luther, Werke, Kritische Gesamtausgabe, Briefwechsel, Bd. 1 ff., 1930 ff.

Wagenmann, Die kirchliche Verwaltung = Wagenmann, Karl: Die kirchliche Verwaltung, Gütersloh 1963 (= Handbücherei für Gemeindearbeit, Heft 24).

Waltz, Epistolae = Waltz, Otto: Epistolae Reformatorum, in: ZKG 2, 1878, S. 117–188.

WATR = M. Luther, Werke, Kritische Gesamtausgabe, Tischreden, Bd. 1 ff., 1912 ff.

Weber, Reformation, Orthodoxie und Rationalismus = Weber, Hans Emil: Reformation, Orthodoxie und Rationalismus, Bd. 1,2: Von der Reformation zur Orthodoxie, Gütersloh 1940, Neudruck: Darmstadt 1966 (= Beiträge zur Förderung christlicher Theologie 2. Reihe, Bd. 45).

Wette, Luthers Briefe, Bd. 2 = Dr. Martin Luthers Briefe, Sendschreiben und Bedenken, hg. v. Wilhelm Martin Leberecht de Wette, Bd. 2, Berlin 1826.

Wicke, Die hessische Renitenz = Wicke, Karl: Die hessische Renitenz. Ihre Geschichte und ihr Sinn, Kassel 1930.

Wolf, Barmen = Wolf, Ernst: Barmen. Kirche zwischen Versuchung und Gnade, München 1957 (BevTh 27).

Wolf, Ordnung der Kirche = Wolf, Erik: Ordnung der Kirche. Lehr- und Handbuch des Kirchenrechts auf ökumenischer Basis, Frankfurt/Main 1961.

Wolf, Quellenkunde der deutschen Reformationsgeschichte = Wolf, Gustav: Quellenkunde der deutschen Reformationsgeschichte Bd. 1, Gotha 1915.

Wolf, Recht des Nächsten = Wolf, Erik: Recht des Nächsten. Ein rechtstheologischer Entwurf, Frankfurt 1958 (= Philosophische Abhandlungen Bd. 15).

Wolf, Rechtsgedanke und biblische Weisung = Wolf, Erik: Rechtsgedanke und biblische Weisung, Tübingen 1948 (Forschungen der Evangelischen Akademie Bd. 5).

Wolff, Einführung = Wolff, Walther: Die Verfassung der Evangelischen Kirche der Altpreußischen Union. Einführung, Berlin 1925.

Wollenweber, Vilmar = Wollenweber, Martha: Theologie und Politik bei A. F. C. Vilmar, München 1930 (= FGLP, Reihe 3, Bd. 1).

Wolters, Wesel = Wolters, Albrecht: Reformationsgeschichte der Stadt Wesel bis zur Befestigung ihres reformierten Bekenntnisses durch die Weseler Synode, Bonn 1868.

ZBKG = Zeitschrift für bayerische Kirchengeschichte.

ZevKR = Zeitschrift für evangelisches Kirchenrecht.

ZKG = Zeitschrift für Kirchengeschichte.

ZNW = Zeitschrift für die neutestamentliche Wissenschaft.

ZRG Kan. Abt. = Zeitschrift der Savigny-Stiftung für Rechtsgeschichte, Kanonistische Abteilung.

ZThK = Zeitschrift für Theologie und Kirche.

PERSONEN- UND AUTORENREGISTER

Bearbeitet von Gerhard Simon

Abaelard 149
Adam, Johann 282
Agricola, Johann (Eisleben) 235, 259
Alber, Matthäus 249, 251, 258
Albrecht, Erzbischof von Mainz 139, 209,
  220, 236
Aleander, Hieronymus 146
Allen, P. St. 158, 162, 166, 172, 238
Altenstein, Karl Sigmund Franz von 97
Althaus, Paul 500 f.
Althusius, Johannes 282
Alvelt, Augustinus von 146, 152
Amandus, Johannes 228
Ambrosius 194, 201, 352
Andersen, Wilhelm 144
Andreae, Johannes 167
Apollinaris von Hierapolis 82
Apollinaris von Laodicea 502
Arnold, Gottfried 336
Asmussen, Hans 456 f., 478 f.
Astuti, Guido 156
Augustin, Aurelius 163, 166, 186, 194 f.,
  197, 200, 275, 502, 504–507

Bachmann, Karl 315
Barion, Hans 47
Barth, Karl 1, 4 f., 8, 25 f., 29, 31 f., 38
Baumgärtel, Friedrich 5
Baumgärtner, Hieronymus 247, 250
Beckmann, Joachim 5, 279
Beda, Natalis 155
Beham, Johann 228
Bellarmini, Robert 107
Beneszewicz, Wladimir 173
Benz, Ernst 390
Berchnishausen, Hieronymus von (Pseud-
  onym von Lazarus Spengler) 191
Bernhard von Clairvaux 152, 202, 237
Bezzel, Theodor 401

Bickell, Johann Wilhelm 317, 319
Bielitz, Klaus 526
Blaurer, Thomas 175
Bock, Heinrich 232
Bodin, Jean 282
Bohatec, Josef 281, 290
Bohren, Rudolf 254
Bonhoeffer, Dietrich 500
Bonifatius, Wynfrith 86
Bonifaz VIII. 147, 175
Bornkamm, Heinrich 144, 177, 204, 504
Bossert, Gustav 220
Brämik, Reinhold 299–301, 303
Bramesfeld, Friedrich Adolf 96 f.
Braun, Friedrich 191, 202
Bredt, Johann Victor 97, 284, 290 f., 293,
  303, 392, 396, 399, 408, 412, 431 f.
Breit, Thomas 127
Brenz, Johannes 95, 187, 239, 247, 250
Brück, Gregor 210, 230, 232, 241, 244 f.
Brunner, Emil 29
– Peter 132, 389
Brunotte, Heinz 5, 474, 525 f.
Brunstäd, Friedrich 503
Bucer, Martin 169 f., 282, 504
Buchwald, Georg Apollo 183
Büff, Georg Ludwig 323
Bugenhagen, Johannes 255, 267, 272
Bultmann, Rudolf 58, 63, 70 f.
Burdach, Konrad 268
Butzer s. Bucer

Cajetan, Jakob de Vio 149
Calixt I. 351
Calvin, Johannes 280–283, 306, 451
Camerarius, Joachim 210, 230 f., 251 f.,
  258 f.
Campeggio, Lorenzo 211, 230, 233–235,
  239, 241 f., 257 f.

Campenhausen, Hans Frhr. von 44, 50–54, 59–61, 63–75, 365
Cassiodor, Flavius Magnus Aurelius 194
Christoph von Stadion s. Stadion, Christoph von
Chrysostomus, Johannes 194
Clemen, Otto 173, 187 f., 237
Clemens V. 147
Clemens VI. 147
– Romanus 66 f., 73 f., 340
Clericus, Johannes 154–167
Cochläus, Johannes 187 f., 191
Coelestin III. 166
Cohrs, Ferdinand 259
Coornhert, Dirck Volkertszoon 286
Cullmann, Oskar 52
Cyprian 152

Darwin, Charles Robert 334
Deißmann, Adolf 55, 398
de Wette, Wilhelm Martin Leberecht 186
Diehn, Otto 5
Diem, Hermann 460
Dietrich, Veit 234, 237, 255
Dietzfelbinger, Hermann 128
Dombois, Hans 40, 128, 132
Drews, Paul 173
Dülfer, Kurt 210
Duplessis-Mornay, Philippe 282
Durandus von Mende, Wilhelm d. Ä. 167

Eberhard v. d. Marck, s. Marck, Eberhard von der
Ebner, Erasmus 252, 258
– Hieronymus 258
Eck, Johann 147 f., 152, 169, 238, 242 bis 244, 249, 504
Eder, Karl 209
Ehses, Stephan 241 f.
Eichmann, Eduard 45 f.
Elert, Werner 105, 127, 136, 144, 495, 502, 506, 507
Ellul, Jacques 1
Erasmus, Desiderius 155 f., 158–163, 165 bis 172, 174 f., 186 f., 195–198, 203 bis 206, 238, 257, 283
– – Abendmahlslehre 502
– – Absage an Luther 155
– – aequitas-Lehre 156
– – Annotationes 154
– – Enchiridion militis Christiani 154
– – Herkunft 157

Erastus, Thomas 288
Ernst, Markgraf von Brandenburg 288

Fabri, Johannes 231
Fagerberg, Holsten 2
Falk, Adalbert 533
Faventinus, Didymus (Pseudonym), s. a. Melanchthon 174
Feine, Hans Erich 45–47
Felix V. 149
Feurelius, Johannes 227
Ficker, Johannes 239
Flacius, Matthias 91
Fliedner, Theodor 307 f.
Förstemann, Karl Eduard 210, 214 f., 218, 221, 241 f.
Förster, Erich 47, 49, 87, 312, 314
Fontanus, Johannes 287
Forsthoff, Heinrich 284
Frank, Johann 526
Friedberg, Emil 529, 534
Friedensburg, Walter 173
Friedrich, Gerhard 49
Friedrich der Weise, Kurfürst von Sachsen 146, 173, 274
Friedrich Wilhelm (Gr. Kurfürst) 290 f., 304
– – III., König von Preußen 97, 305, 391 f., 531
– – IV., König von Preußen 531, 533
Froben, Johannes 155
Frör, Kurt 99, 254
Fuchs, Vinzenz 48
– Walther Peter 135

Gelasius I. 148
Gelzer, Heinrich 82
Georg von Anhalt 142
– der Fromme, Markgraf von Brandenburg-Ansbach 138, 188 f., 245, 247
– Herzog von Sachsen 189
Gerhard, Johann 92, 94 f., 101, 104–109, 117, 130, 133, 505, 528
Gerhard, Paul 291
Gerhardt, Martin 308
Gerson, Jean 149, 155, 177
Gewieß, Josef 58
Gierke, Otto von 331
Giese, Friedrich 390
Gildemeister, Johann 322
Göbell, Walter 97 f., 279–309, 393

Goedes, Henning 173
Göldner, Horst 525
Goethe, Johann Wolfgang von 318
Goltzen, Herbert 272
Gratian s. Decretum Gratiani im Sach-
    und Ortsregister
Grebe, Eduard Rudolf 322
Greeven, Heinrich 54 f.
Greven, Joseph 188 f.
Gregor I., der Große 166, 169, 506
– VII. 192
– IX. 152, 170, 191
Gillmann, Franz 48
Grimm, Jacob und Wilhelm 319
Grundmann, Siegfried 518
Gunkel, Hermann 49
Gurlitt, Willibald 274, 276
Gußmann, Wilhelm 189, 191, 226, 228,
    246, 249

Hachin, Wilhelm 289
Haller, Karl Ludwig von 320
Harleß, Adolf von 401, 532, 534
Harnack, Adolf von 45–47, 54, 58, 70,
    75, 331, 338, 346, 364–387
Harnack, Theodosius 16
Hassenpflug, Hans D. L. F. 319 f.
Hatch, Edwin 331, 365 f.
Hauck, Albert 85, 94
Haug, Martin 128
Haußdorf, Urban Gottlieb 248
Heckel, Johannes 1 f., 13, 32, 105, 143,
    144 f., 147, 150 f., 153 f., 156, 161, 167,
    176, 185, 204 f., 279, 288, 291, 372
– Martin 104
– Theodor 446, 534
Heinemeyer, Walter 144
Heinrich IV. 512
– der Fromme, Herzog von Sachsen 142
Heintze, Frhr. von 415
Heller, Sebastian 247
Heppe, Heinrich 322
Herrmann, Aemilius 169
Hermas 341
Hermelink, Heinrich 5
Heß, Johann 170, 177
Hesse, Klugkist 40, 291, 293
Hesselbein, Johann 302
Hieronymus 195, 505
Hilling, Nikolaus 86
Hinneberg, Paul 365, 370
Hinschius, Paul 81, 86

Hintze, Otto 288
Höfer, Josef 212, 217
Hoffmann, Hermann Edler von 94
Holl, Karl 5, 140 f., 144
Holstein, Günther 48, 51, 59
Honée, Eugène 241, 243
Hopf, Wilhelm 317, 321 f., 325
Hosemann, Johannes 390
Hostiensis (Henricus de Segusia) 157,
    167
Hübner, Friedrich 76, 388

Ignatius von Antiochien 66, 72 f., 340
Innozenz II. 166
– III. 85
Isenmann, Johann 250
Isidor von Sevilla 149, 331
Ißleib, Simon 144

Jacobsen, Heinrich Friedrich 287, 291–293
Jedin, Hubert 244
Jesus s. Christus Jesus im Sach- und Orts-
    register
Joachim I., Kurfürst von Brandenburg
    189
Johann der Beständige, Kurfürst von
    Sachsen 178, 211, 215–217, 223, 225,
    231, 235 f., 238, 250, 254, 270, 278
– Friedrich der Großmütige, Kurfürst
    von Sachsen 141, 276
– Sigismund, Kurfürst von Brandenburg
    288 f.
Johannes von Neumarkt 268
– der Täufer 160
Jonas, Justus 173, 225, 231 f., 234 f., 250 f.
Jung, Otto 536

Käsemann, Ernst 53, 56 f., 63, 65, 68 f.
Kaftan, Julius 395
– Theodor 415
Kahl, Wilhelm 2, 11, 331, 359 f.
Kamptz, Karl Christoph von 306
Karl der Große 84
Karl V. 201, 220, 229 f., 232, 238 f.
Kasimir, Markgraf von Brandenburg-
    Ansbach 137 f., 142
Katharina von Aragon 163
Kattenbusch, Ferdinand 495, 502, 506
Kawerau, Gustav 173, 232, 276
Keller, Michael 249
– Ludwig 286 f., 289, 293

Kisch, Guido 156
Koch, Friedrich 394
Köhler, Walther 197, 281 f.
Kohlmeyer, Ernst 54 f., 56, 63, 69 f., 88
Kohls, Ernst-Wilhelm 158
Kolbe, Georg 323
Kolde, Theodor 224
Konstantin der Große 83, 88, 356
Koolhaes, Kaspar Janszon 286
Krafft, Adam 139 f., 289
Krodel, Gottfried 144, 502
Krummacher, Gottfried Daniel 308
Künneth, Walter 1, 5

Lambert von Avignon, Franz 218, 281
Lang, Matthaeus 231 f.
Lange, Lorenz Friedrich 317
Laski, Johannes 280, 283
Latte, Kurt 57
Lau, Franz 19
Ledderhose, Konrad Wilhelm 313
Lee, Edward 155
Lefebvre, Charles 157
Leibniz, Gottfried Wilhelm 373
Leus, Eduardus 164
Liermann, Hans 3, 33, 167, 173, 388
Lietzmann, Hans 76
Linton, Olof 45, 49 f., 53, 55, 60
Löfgren, David 383
Loening, Edgar 365
Lohse, Eduard 70
Luther, Martin 3, 10–14, 32, 87, 90, 92,
    104, 129, 138, 140, 142, 146–149,
    151, 153–155, 160 f., 164 f., 167, 169 f.,
    173–177, 180–187, 193, 195, 197 f., 200,
    202 f., 206 f., 210 f., 214–223, 225,
    229–232, 235–240, 245–249, 251 f.,
    254–256, 259–261, 263–278, 281 f., 307,
    345, 354, 356 f., 362, 369, 378–380,
    383, 389, 394, 409 f., 419, 450 f., 472,
    491, 500–502, 507–509, 514, 524
– – Briefwechsel mit Melanchthon s.
    Melanchthon, Briefwechsel mit Lu-
    ther
– – Reichsacht und Bann 136 f.
– – Schriften 88, 141, 187, 260, 262 f.,
    265, 271
– – Tischreden 267
– – Vorlesungen 145, 154, 178
Mabillon, Johannes 202
Mansi, Johannes Domenicus 205, 502

Marahrens, August 123, 126
Marck, Eberhard von der 158
Maurer, Wilhelm 2, 13, 16, 37 f., 99, 144,
    171, 204, 210, 212, 217, 231, 255 f., 259,
    281 f., 313, 315 f., 318, 320, 322, 331,
    359, 365, 376, 393, 493, 516, 529 f.
Melanchthon, Philipp 9–15, 36, 91 f., 95,
    105, 141 f., 145, 169 f., 174–177, 187 f.,
    195, 205 f., 210, 212, 214–216, 220 bis
    225, 228–238 f., 241, 243, 245, 247,
    249–252, 254–259, 261, 269, 272 f.,
    306, 360, 451, 501–507
– – Briefwechsel mit Luther 231–240,
    254–256, 260
– – Einigungsverhandlungen in Augs-
    burg 1530 204, 206, 230–235, 240,
    244, 251
– – Schriften 9 f., 12–15, 88–91, 102 bis
    105, 170–172, 205 f., 259, 273, 376,
    382 f., 389, 504–507
– – Vorlesungen 173 f.
Merzyn, Friedrich 390, 525, 538
Mirbt, Carl 147 f.
Mörsdorf, Klaus 45 f.
Montgelas, Maximilian Josef Graf von
    529
Morelli, Jean 282
Moritz, Herzog von Sachsen 142 f., 259
Morstein, Marx Fritz 527
Mosbech, Holger 61
Müller, E. F. Karl 93, 508
– Ernst 87
– Gerhard 233–235, 239
– Johannes 168
– Karl 76, 253
– Konrad 526
Muus, Peter 525

Neander, August 307
Niemöller, Gerhard 6
– Martin 5
– Wilhelm 5, 7 f., 124
Niens, Hans 525
Niesel, Wilhelm 9, 291, 293, 508
Nietzsche, Friedrich 334
Niketas von Remesiana 502
Nikolaus I. 84, 148, 193, 201
– von Dinkelsbühl 502
– de Tudeschis 149, 167
Nitzsch, Karl Emmanuel 111, 115
Nörr, Knut Wolfgang 149

Optatus von Mileve 107
Origenes 167, 505
Osiander, Andreas 188, 247, 251

Panormitanus, s. Nikolaus de Tudeschis
Paphnutius 197
Petrus von Ailly 202
Petrus Chrysologos 502
– Lombardus 165 f.
Pfaff, Christoph Matthäus 306
Pfeilschifter, Georg 208, 212
Philipp, Landgraf von Hessen 139, 142, 202, 226, 239, 245 f., 289
Pius, Albert 155
Preuß, Eduard 104
Pseudo-Augustin 192
Pseudo-Chrysostomus 197
Pseudo-Isidor 193
Puchta, Georg Friedrich 331

Reber, Alfred 32
Redeker, Martin 110
Reuter, Hermann 504
Rhadinus, Thomas 145, 174
Richter, Aemilius Ludwig 331 f.
Riederer, Johann Bartholomäus 247
Rieker, Karl 281, 344 f., 412
Ritschl, Albrecht 66, 342
Ritter, Gerhard 314
Rörer, Georg 183, 268
Roethe, Gerwin 85
Ross, Wilhelm 97, 306–308
Roth, Friedrich von 401
Roth, Stephan 173 f.
Ruppel, Erich 526
Rurer, Johann 138, 232

Samson, Holger 110
Savigny, Friedrich Karl von 317, 319, 330, 332
Schebler, Alois 48
Scheel, Otto 275
Schelling, Friedrich Wilhelm Joseph 318
Schepper, Cornelius 230
Scheuner, Ulrich 502
Scheurl, Christoph Gottlieb Adolf Frhr. v. 331
Schieß, Traugott 176
Schirrmacher, Friedrich Wilhelm 241
Schleiermacher, Friedrich Daniel Ernst 101, 109–121, 125, 128, 306, 343

Schleusner, G. 187
Schlunck, Rudolf 323
Schmid, Heinrich 5
Schmidt, Kurt Dietrich 5 f., 9, 122, 125 bis 127, 422
Schnepf, Erhard 232, 246 f.
Schoch, Max 25, 28, 38
Schoen, Paul 393, 401, 413, 416, 419, 529, 532, 536
Scholz, Heinrich 110
Schornbaum, Karl 144
Schürer, Emil 370
Schürpff, Hieronymus 141, 173, 185
Schulte, Johann Friedrich von 167
Schwartz, Eduard 82, 173
Schwarz, Hilar 210
Schweitzer, Albert 345
Schweizer, Eduard 50, 53, 70
Scultetus, Abraham 287 f.
Seebaß, Gottfried 247
Seeberg, Reinhold 504–506
Sehling, Emil 144, 267, 272, 281
Seiler, Gereon 248 f.
Seitz, Manfred 254
Siegmund 88
Simon, Matthias 144, 200, 213
Smend, Rudolf 526
Snethlage, Karl 294
Soden, Hans von 50, 124, 396, 459
Söhngen, Oskar 275
Sohm, Rudolf 2 f., 45, 47–49, 53–55, 58, 61, 67, 70 f., 75 f., 78 f., 82, 144, 157, 281, 328–387, 492, 494
Spalatin, Georg 146, 173, 188, 237 f., 248
Spener, Philipp Jakob 119
Spengler, Lazarus 187–204, 227, 247 f., 261
Stadion, Christoph von 233, 240, 258
Stählin, Adolf 401
Stahl, Friedrich Julius 331
Stein, Karl Reichsfreiherr vom und zum 300
Stöcker, Adolf 144
Stollberg, Dietrich 254
Stupperich, Robert 170, 311

Tangl, Georgine 85
Telle, Emile v. 155
Tertullian 81
Thieme, Werner 527
Thomas von Aquin 158, 164, 237

Treger, Konrad 168
Troeltsch, Ernst 331, 359–361

Valdés, Alfons de 230–232
Valla, Laurentius 173
Vehus, Michael 242 f., 251
Vilmar, August Friedrich Christian 317, 319–325, 327, 412
Vischer, Gustav-Adolf 128–130, 525, 539
Voetius, Gisbert 306
Vogler, Georg 138, 188
Volz, Paul 154, 159

Wach, Adolf 331, 346
Wagenmann, Karl 527
Waldburg, Otto Truchseß von 251
Walter, Johannes 274, 276
Waltz, Otto 146
Weber, Hans Emil 288

Weiß, Johannes 345
Wendland, Heinz-Dietrich 49
Wester, Reinhard 474, 481 f., 488, 490 f.
Weyer, Justus 302
Wichern, Johann Hinrich 144, 522
Wicke, Karl 323
Wiclif, John 504
Wilhelm von Oranien 286
Wolf, Erik 4, 25 f., 28, 31
Wolf, Ernst 5 f.
Wolf, Gustav 87
Wolff, Walther 396 f., 414, 426
Wollenweber, Martha 322
Wolters, Albrecht 286
Wurm, Theophil 456 f.

Zasius, Ulrich 175 f.
Zoellner, Wilhelm 7 f., 125 f.
Zwingli, Ulrich 504, 508

SACH- UND ORTSREGISTER

Bearbeitet von Gerhard Simon

Abendmahl 10, 19, 194 f., 203, 215, 219 f., 234, 242 f., 249, 260–262, 283, 288, 337–339, 341, 343 f., 474, 479, 489, 495, 497, 500, 502, 506 f., 511
– s. a. Sakramente
– Austeilung, einerlei und beiderlei Gestalt 176, 203–205, 207, 211, 214, 218 bis 220, 230 f., 233–235, 239 f., 242 f., 245, 380, 498 f., 503, 511
Ablaß 159, 172
Absolution 14, 102, 194, 242, 262, 351, 377, 379, 386, 498 f., 512, 515 f.
Absolutismus, aufgeklärter 41, 314
Adel 209, 300, 477
Ältestenverfassung 65, 73
– s. a. Kirchenverfassung; Presbyterialverfassung
Aequitaslehre 190, 205
Agenden 114, 128, 130, 305, 392
– s. a. Gottesdienst; Kirchenordnung; Liturgie
Alte Kirche 42, 44–65, 68, 71, 75–82, 90, 94 f., 152, 162 f., 166, 174–177, 189 f., 197, 199, 203, 207, 264, 466, 487
Altes Testament 53, 56, 169, 226, 260, 271, 320, 326, 345, 366
Altkatholizismus (Sohm) 93, 329 f., 337, 341, 346, 349, 351, 357, 362, 365, 368, 372, 509
Altlutheraner 7, 343
Altprotestantismus 357
Amt, geistliches 8, 17–19, 34, 53, 58, 66, 68 f., 73, 93, 98, 103, 106, 108 f., 116 f., 125, 128–130, 132, 185, 203, 225, 263, 281, 283, 300, 314, 321, 327 f., 341, 361, 380, 392, 396 f., 399, 405, 420, 422, 427 f., 432, 434, 438, 442 f., 446, 448, 454, 461, 463 f., 474, 478,

485, 488, 494, 503, 507, 509, 512, 514, 517, 536, 539 f., 547
– kirchliches 33, 44, 51 f., 109, 250, 325, 368, 382, 388, 409, 413, 429, 483, 488, 493, 505, 520–522, 524
Amtleute, fürstliche 250
Amtseid 138
Amtskirche, -prinzip 70, 97, 455, 459 bis 465, 472, 504
Amtsträger, kirchliche 51, 95, 104, 351, 398, 430, 503
Andachtsliteratur 513
Andachtsübungen 268
Anglikaner 283
Ansbacher Landtag von 1524 137 f.
Antichrist 175, 249
Antike 195, 228, 366
Apostel 34, 52–56, 58, 61–67, 70, 73, 90, 99, 158, 161, 163, 170 f., 177, 190, 206, 227, 300, 307, 342, 344, 347, 366 f.
Aposteldekret 77
Apostelkonzil 161
Apostolische Kirchenordnung 371
Arbeiterpriester, französische 514
Archidiakon 208
Arierparagraph 5, 442
Arminianismus 286, 288
Armutsbewegung, mittelalterliche 227
Aufklärung 2, 95, 109 f., 120, 203, 270, 304–307, 310, 314–320, 330–332, 339, 355–358, 364, 377, 392, 397, 451, 476 f., 547
Augsburger Reichstag von 1530 10, 95, 178, 187–189, 201, 204, 208–255, 257, 265, 269, 278, 376, 382, 504
– – Einigungsverhandlungen 11, 208, 211, 215–224, 227–236, 238, 240–250, 255, 257 f.

– – Vorbereitungen 210–226, 248
– Religionsfriede von 1555 136, 312

Baden, Landeskirche 408, 415, 427, 434, 437, 442, 548 f.
Balhorn (Niederhessen), Kirchenwesen 1523 139
Bamberg, Bistum 137, 226
Bann 107, 140, 158, 162, 197, 208, 222 f., 241, 243, 281
Bauernkrieg 137, 139, 272, 289
Bauernstand 300
Bayern, Landeskirche 101, 123, 127–134, 401 f., 410, 412, 417, 436, 439, 441, 457, 475, 483, 521, 530, 532, 538–540
Beamtenrecht 35–37, 141, 328, 396, 520, 527
Beerdigung 482, 488
Beichte 171, 194, 242, 261, 474, 479, 489, 512
Bekennen, aktuelles 4, 10, 453–455, 460, 467–472
Bekennende Kirche 5, 7–9, 18, 124–127, 309, 452, 454 f., 457–460, 462 f.
Bekenntnis 1–21, 117, 119, 125 f., 129, 307 f., 310–327, 332, 357, 359, 362, 384, 387, 420, 438, 444–447, 451, 453 bis 457, 465–472, 479 f., 502, 519 f., 524, 526 f., 532, 536, 540
– s. a. Glaubensbekenntnis
Bekenntnisgemeinschaften 9, 469 f.
Bekenntniskirche 332
Bekenntniskonvente 9
Bekenntnissynoden 425
– von Bad Oeynhausen 8, 123 f., 126
– – Barmen 6, 9
– – Dahlem 7
Bekenntnisschriften 1, 5, 9, 11, 13, 20, 101–104, 119, 125, 281, 317, 331, 350, 355, 358, 375–377, 383, 453, 476, 494, 500–509, 512
– s. a. die einzelnen Schriften, z. B. CA, Apologie etc.
Bekenntnisstand 5, 7
Benefizium 295, 297
Bentheim 285
Berg, Großherzogtum 291 f., 294–296, 298, 302
Berlin-Brandenburg, evangelische Kirche 288, 414, 428, 442 f., 445
Bern, Disputation von 1528 504
Bettelmönche 35

Bibel s. Heilige Schrift; Altes Testament; Neues Testament
Biblizismus 15, 175
Bielefeld 292
Bilder 287
Bildung 118, 120, 195 f., 272
Bischöfe 11 f., 20, 46, 78 f., 81–83, 85, 93, 101–104, 107, 122 f., 159, 162 f., 171, 193, 196, 200, 203, 209, 212, 217 f., 227, 233, 235, 239–242, 244, 248, 256, 258, 341, 343, 351, 355, 367, 389, 410, 412, 433, 440, 541
– Aufgaben, Pflichten, Rechte 132, 205 f., 208, 211–213, 217, 219, 222–224, 227, 243, 255, 405, 410–414, 416, 420, 422, 433, 442
– geistliche Jurisdiktion 56, 104, 205, 208–253, 257, 382
Bischofsamt 65, 89, 133, 206, 221, 252, 463, 553
– evangelisches 127 f., 388–448
Brandenburg 285 f., 288, 291 f., 295 f., 298, 301
Braunschweig, Landeskirche 123, 408, 543
Breslau 177
Bruderräte der Bekennenden Kirche 8
Brüdergemeine 113
Bürgerstand 255, 269, 300, 477, 508
Bund Reformierter Gemeinden 472
Buße 153, 162, 172, 194, 350, 495, 497

Cäsaropapismus 107
Calvinismus 95, 281–283, 288, 290, 299 f., 453 f., 473, 509
Canossa 499
Charisma 49–51, 58, 62, 66–68, 72–74, 82, 338 f., 343, 357, 367 f., 373
Charismatiker 55, 62, 77, 367
– s. a. Pneumatiker
Christenheit 12, 19, 72, 89, 105 f., 109, 112, 117, 120, 127 f., 135, 143, 145, 152, 165, 171, 174, 177, 190, 206 f., 219, 227, 241, 245, 255–258, 261, 263, 342 f., 351, 362, 367, 374, 419, 466
Christentum 61, 65, 111, 113, 451
Christus Jesus 4, 15, 19, 31, 52 f., 56 f., 61 f., 64, 68, 71, 73 f., 77, 95, 99, 108, 112, 124, 157, 159 f., 163 f., 171, 181 f., 192–194, 219, 227, 260 f., 265, 275, 300, 329, 338, 340 f., 344 f., 348 f., 359, 367, 375, 442, 461, 466 f., 501 f., 506, 510 f.

– – Gegenwart 68, 342, 460 f.
– – Geist 50, 100, 161, 343, 347, 428
– – Gesetze 31, 157 f., 160, 170
– – Herrschaft 29, 68, 77, 93, 95 f., 98 f., 508 f.
Cleve, Herzogtümer 135, 282, 284, 286, 288–290, 292 f., 301–303
Cluny 84
Coburg 11 f., 178, 211, 216, 254, 260, 273
Codex Juris Canonici 492
Confessio Augustana 9 f., 12–19, 88, 101 bis 104, 109, 114, 129, 136, 204, 206, 210 f., 220 f., 224–227, 229–238, 242 bis 245, 250 f., 254 f., 257, 263, 294, 311, 358–361, 376–378, 382, 389, 395, 441, 444, 446, 457, 472, 476, 484, 488, 494, 500–509, 524, 539
– Gallicana 93
Confutatio 229, 238 f.
Corpus Juris Canonici s. Kanonisches Recht

Decretum Gratiani 13, 46, 80, 89, 148 f., 151, 155, 161, 167–170, 173, 175 f., 191 f., 195–197, 199, 203, 331, 378, 492, 506
– – s. a. Kanonisches Recht
Demokratie 17, 96–98, 127
Deposition 352
Determinismus 158
Deutsche Christen 3, 5–7, 121, 422, 425 f., 520
Deutsche Evangelische Kirche (DEK) 6 f., 124
Diakone 43, 81, 85, 282, 301, 487
Diakonie 27 f., 38, 40, 42, 144, 228, 464, 485, 487, 522, 552
Diakonissen 487
Dialektik 273
Dienst, kirchlicher 33, 267, 388, 448
– der Gemeindeglieder 474
Dienstrecht, kirchliches 29, 488, 520–523
Diözesanverfassung 12
Dispensationsgewalt 353
Disziplin, kirchliche 86, 92, 174, 233, 257
Disziplinarrecht, kirchliches 37, 55, 316, 416, 520
Donatisten 163
Domschulen 195 f.
Drei-Säulen-Theorie 7
Düsseldorf 293, 301
Duisburg 285, 287–290, 297

Ehe 16, 21, 40, 161, 163–167, 198, 223, 228, 262, 294, 296, 321, 382, 496, 499
– der Pfarrer 35, 203, 219
– s. a. Ehelosigkeit; Priesterehe
Ehebruch 163, 166, 198
Ehegericht 141, 213, 223, 241, 243, 281 f.
Ehegesetzgebung 40, 167
Ehehindernisse 148, 217, 223
Ehelosigkeit 35, 157, 162, 171 f., 197 f., 203, 214, 218–220, 253
– s. a. Ehe der Pfarrer; Priesterehe
Eherecht 163, 165–167, 172, 186 f., 223
Ehescheidung 163–165, 172, 197 f., 243
Ehescheidungsrecht 40, 164, 167, 481, 489
Eheschließung 39 f., 143, 164 f., 186, 262, 474, 498
– s. a. Trauung
Ehrlosigkeit 482
Eid, kanonische Lehre 200
Elternrecht 256, 262 f., 265, 383, 480
England 283
Episkopalismus 2, 104 f., 306, 464, 472, 528
Erastianismus 288
Erbentage 300
Erlösung 16, 267, 386 f., 493
Erweckungsbewegung 307 f., 316 f., 343, 373, 485
Erziehung 86, 158, 172, 254–278, 358, 481, 483
Erzpriester 208
Eschatologie 51–53, 56–58, 66, 68, 71, 73, 344 f.
Eßlingen 169
Ethik 1, 273
Eucharistie s. Abendmahl
Evangelische Kirche Augsburgischer Konfession 250, 472
– – der altpreußischen Union 123, 394 bis 396, 400, 417, 439 f., 456, 524
– – der Union (EKU) 524, 542 f.
– – Geschichte 430
– – in Deutschland (EKD) 6, 122, 125, 328, 440, 449, 453, 456–459, 468, 470–472, 518, 521–523, 525
– – – Hilfswerk 523
– – s. a. die einzelnen Landeskirchen
Evangelistenamt 485
Evangelium 10, 17 f., 22–24, 29, 31, 33 f., 37, 39, 41, 92, 99, 102, 124, 128, 152, 175 f., 178 f., 182, 184 f., 207, 218, 221 f., 236, 241, 245, 247 f., 250, 256,

347, 355, 357, 360–362, 377, 379 f., 382,
384, 386, 389, 420, 423, 427–429, 444,
450 f., 484, 491 f., 501, 512
– s. a. Gesetz und Evangelium
Existenzphilosophie 453
Exkommunikation 353, 497 f.
Expektanten 242
Exulantenkirche 284

Fakultät(en), juristische 1
– theologische 36, 530
Familie 178, 180, 270, 480–482
Fasten 148, 162 f., 255, 260, 262
Fegefeuer 147
Feiertage 206, 255
Festkalender 262
Finanzverwaltung, kirchliche 536, 551
Firmung 495 f., 499, 510
Franken 138, 226 f., 255
Frankenberg/Eder 302
Frankfurter Nationalversammlung und
     Reichsverfassung 320, 532
Frankreich 94, 282
Frauenwerke 523
Freiheit 12, 34, 73, 156, 158, 171, 174,
195, 206, 243, 254–257, 260–263, 265,
268 f., 271, 277, 299, 306, 334, 369, 374,
423
Frieden 181, 246, 249, 251, 258
Friedhofsrecht, öffentliches 482
Frömmigkeit 163, 196, 203, 316
Frühprotestantismus 145–207
Fürbitte 133
Fürsorge, kirchliche 41, 487, 522
Fürsten 159, 180, 182, 202, 210, 219, 225,
230, 232, 234 f., 239–241, 248 f.

Gebet, Gebetsliteratur 100, 341, 513, 515
Gebot(e) Gottes 127, 174, 182, 238, 262,
266, 269 f., 320, 338, 373, 383
Geburtenkontrolle 130
Gegenreformation 154, 476
Gehorsam 10, 12, 19, 127, 171, 186, 205 f.,
220, 225, 233 f., 237–240, 242, 254 bis
258, 260–262, 268, 270 f., 277, 370, 387
Geist 49, 51, 69, 77–80, 83, 119, 179, 194,
329, 334, 339, 361, 368, 372, 427 f.,
493, 503, 508, 517
– s. a. Heiliger Geist
– und Recht 56 f., 60, 70, 328–363, 369
     bis 374, 379, 447
– – Tradition 54

Geistliche 49, 127, 129, 137 f., 180, 186,
198, 200, 203, 239, 265, 289, 415, 426,
440
– s. a. Kleriker; Pfarrer; Prediger; Priester
Gemeinde, christliche 7 f., 12, 14, 17–21,
26, 32–34, 36–39, 41, 45 f., 50 f., 53 bis
56, 62–64, 66–68, 71, 77–83, 97–99, 103,
105, 108, 113, 120 f., 123, 128, 133, 239,
263 f., 269, 271, 278, 284, 289, 294–297,
300 f., 306–308, 314, 337 f., 340, 344,
350 f., 359, 362, 365, 371, 376, 379, 382,
390, 394, 411–416, 419–422, 426 f., 429 f.,
443, 454, 460, 462–464, 480, 482–486,
499, 507, 509, 516 f., 520, 524, 530, 539
– apostolische 158, 161
– Kern- 477, 483 f.
– Orts- 42, 343 f., 349, 365 f., 455, 460
     bis 462, 470, 486
– politische 17, 179–181, 508
Gemeindegottesdienst 266, 479, 515
Gemeindehelfer(innen) 487, 522
Gemeindeleitung 63, 129, 339, 485 f.
Gemeindeordnung 53, 280 f., 304, 328
Gemeindeorganisation 46, 96, 285, 342,
381, 441, 464, 484, 528, 540
Gemeindepfarramt 412, 442, 521
Gemeindeprinzip 455, 459–465, 472
Gemeindeschwester 522
Gemeindeversammlung 76 f.
Gemeindeverwaltung 485–487
Gemeindevorsteher 55
Gemeindewahlen, kirchliche 306
Gemeingeist (Schleiermacher) 112–116,
118–120
Generalkonzil 150
Generalsuperintendent(en) 123, 306, 391 f.,
394, 397–399, 417, 432, 435, 531 f.
Genf 281
Genossenschaftsrecht 331 f., 493
Gesangbuch 130
Geschichte 14, 17, 67, 119, 152, 158, 201,
319 f., 336
Geschlossene Zeiten 480 f.
Gesellschaft 25, 40, 203, 384, 387, 483,
508, 521
Gesetz 12, 23–25, 157, 159, 161, 219, 221,
223, 261, 270, 380, 385, 491
– biblisches 22, 31, 70, 164, 340
– und Evangelium 12, 16, 22–24, 26, 41,
102, 183–185, 264, 267, 343
– göttliches 41, 175, 177, 184 f., 201, 319

– der Liebe 175, 177
– natürliches 157
Gesetze, gottwidrige 219
Gesetzgebung, kirchliche 3, 27, 206, 223,
 420, 422, 436, 492, 519, 539
Gewalt, geistliche und weltliche 102, 105,
 108, 177, 180 f., 200, 206, 222, 228,
 239, 242, 297, 422
Gewaltenteilung 527
Gewissen 34, 171, 206, 223, 235, 254,
 276, 296, 420
Glaube 19, 31, 112, 126, 161, 170, 178,
 184–186, 192, 194, 201, 241, 257, 260 f.,
 265, 267 f., 275, 277, 294, 313, 315, 325,
 330, 336, 339, 348, 354, 356 f., 372, 377,
 380, 385 f., 442, 461, 480, 501, 503, 510,
 519, 523
– und Liebe 37, 39, 100, 171, 194, 268 f.
Glaubensbekenntnis 90, 266, 301, 495, 497,
 502, 510
Gliedschaft, kirchliche 479, 494–497, 499,
 501, 505 f., 508
Glossolalie 54
Gnade s. Gott, Gnade
– und Gericht 56
Gnadenmittel 18, 359, 504 f.
Gnosis 70, 73, 340
Gott 4, 16, 38 f., 46, 54, 56 f., 74, 100,
 151, 178, 180, 182, 203, 214, 219, 231,
 238, 254, 256, 260 f., 271, 276, 289,
 313, 318–320, 326, 340 f., 343–346, 348,
 350, 370, 372, 375, 378–381, 384 f., 387,
 493 f., 503, 506–509, 519
– Gnade 172, 294, 317, 351, 353, 479,
 485, 498, 501
– Schöpfer 67, 262, 275, 340, 377 f.,
 382 f., 385 f., 509 f.
– Geist 74, 91, 99 f., 162, 332, 335, 338,
 347, 350, 375, 379, 384, 450, 524
– – s. a. Heiliger Geist
– Wille 25, 35, 100, 175, 184–186, 189,
 270, 327, 360, 377, 387, 428, 508
– Wort s. Wort Gottes
Gottesdienst 12, 19, 39, 112, 221, 256,
 260, 263 f., 267 f., 271 f., 274, 276–278,
 305, 314, 337 f., 341, 442, 474, 476,
 479 f., 531, 548
– s. a. Agenden; Kirchenordnung; Liturgie
Gottesdienstordnung 38, 263, 265, 272,
 478
Gotteslästerung 219

Gottesrecht, eschatologisches 57, 68 f., 329,
 340, 345, 360
Gregorianik 276
Grundrechte 320
Gütergemeinschaft, platonische 502

Häretiker 102
Hamburg, Landeskirche 407, 475, 543 f.
Hannover, Landeskirche 123, 403 f., 406,
 418, 426, 436, 457, 534, 545 f.
Hausgemeinde 105, 108, 268, 273, 343,
 480, 510, 513 f.
Heidelberger Katechismus 296, 472
Heiden 179, 181, 266
Heil (des Menschen und der Welt) 22–28,
 31–33, 37 f., 41, 57, 126, 151, 157, 194,
 260, 345, 358, 385 f., 492, 494, 497 f.,
 501 f.
Heilige Schrift 5, 15, 22 f., 31, 34, 70, 72,
 91, 93, 105, 125, 148, 150 f., 168–170,
 172, 174, 176, 185 f., 189 f., 192–195,
 198, 201, 203, 205 f., 227, 263, 268,
 271 f., 274, 276, 278, 300, 361, 378 f.,
 444 f., 462, 467, 510, 519, 539
Heiliger Geist 50 f., 54, 81 f., 89, 95, 99,
 109, 111 f., 117, 160, 169, 180, 263,
 282, 328, 330, 332, 338, 340, 352 f.,
 358, 371, 373, 375, 386, 429, 467 f.,
 500, 510
– – und Ordnung 48, 50, 58
Heiligenkult 218
Heilsgeschichte 320, 326
Hellenismus 53, 67
Hessen 92, 139, 142, 226, 253, 285, 312,
 315
– Landeskirche 104, 139 f., 289, 301 f.,
 314, 317, 322 f., 325
– – Darmstadt, Kirchenverfassung von
 1922 418
– – Nassau, Landeskirche 405, 409, 549
Hierarchie, römische 378
Hierarchien, Lehre von den drei 105,
 178 f., 278
Historische Rechtsschule 2, 317–320, 330
 bis 332, 334, 337
Hitzkirchen, Vertrag von 139, 209
Hohenlimburg 285
Hohenzollern 137, 289, 295, 302
Holstein 109, 111
Hortnerinnen 487, 522
Humanismus 88, 90, 94, 152, 169, 173,
 176, 195, 198, 218, 282, 450 f., 502 f.

Hussiten 217, 504

Idealismus 310, 316, 318 f., 328, 333–336, 343, 375, 451
Ignatianen 65
Immunitätsprivilegien 172
Inquisition 208
Interim 244, 259, 312
Investiturstreit 48, 214, 353, 495
Italien 85
ius circa sacra 107 f., 292
ius talionis 56

Jakobiner 529
Jerusalem 177, 183
Judentum 52, 54 f., 161, 192, 340, 366, 370, 372 f.
Jülich 291 f., 294–296, 298, 302
– -Cleve-Berg, Landeskirche 299
Jugend 259, 263–265, 268 f., 275, 277 f., 474
Jugendleiterinnen 522
Jurisdiktion, geistliche 212, 223, 231, 244, 258, 260, 385
– – s. a. Bischöfe, geistliche Jurisdiktion
– landeskirchliche 253
Jurisprudenz 22–43

Kaiser 2, 83 f., 135 f., 145, 178, 200–202, 232, 255, 376
– und Reich im 16. Jh. 254, 311, 476
Kanon, neutestamentlicher 168
Kanonisches Recht 68, 92, 136, 145–207, 227, 262, 346 f., 349, 352, 378, 499
– – s. a. Decretum Gratiani
– – Kritik daran 135, 146–148, 150 f., 153 f., 156, 172 f., 175, 193
Kanonistik 149, 156, 158, 167 f., 201, 331
Kardinäle 159
Kassel 246
Katecheten 43, 485, 522
Katechismus 130, 259, 261 f., 265, 268 bis 270, 272–274, 277 f., 322, 457, 472, 510, 513
Katechismuspredigt 266–268, 271, 274
Katechumenat 39 f., 42, 54, 264, 480, 483, 485 f., 490, 510
– s. a. Unterweisung, kirchliche
Katholizismus 70, 101, 207, 233, 241 f., 244 f., 250, 286, 291, 296, 339, 346, 365, 367, 373, 390
– s. a. Kirche, katholische

Ketzerei 180, 188, 286, 326, 389, 486, 497, 504
Ketzerrecht 166, 199, 211, 497 f.
Kiel, Konsistorium 535
Kindergärtnerinnen 487, 522
Kirche(n) 4, 20 f., 29, 53, 75, 90–93, 95, 99 f., 102, 110 f., 114, 124, 128, 137, 150, 161, 171, 178, 190, 197, 216, 219, 239, 242, 252, 255 f., 259, 262, 269 f., 272, 278, 281, 287, 297, 307, 310, 312 f., 317 f., 329, 343, 345, 347–349, 352, 357, 362, 369 f., 377 f., 380 f., 384, 386–388, 390, 398, 422–424, 426, 431, 449, 452, 454–456, 461 f., 465 bis 468, 471, 494–516, 519, 523 f., 533
– s. a. Landeskirche; Kirche, evangelische; Kirche, katholische; Verwaltung, kirchliche
– evangelische 15, 43, 45, 93 f., 116 f., 188, 232, 284, 286, 306, 308, 315, 357 f., 361 f., 446, 454, 457, 483, 500
– Gebäude 195
– katholische 15, 18, 81, 87, 188–190, 235, 247, 315, 346, 350, 352, 355, 357 f., 509
– Lehre 308, 314, 320, 348, 497
– als Leib Christi 182, 216, 222, 326, 455, 460 f., 466 f., 493, 506
– mittelalterliche 15, 266, 496, 501, 512
– Neugestaltung 10, 99 f., 187, 206, 221, 257, 277, 321, 450, 452 f., 466
– Ordnung, geistliche 368, 384, 491
– – rechtliche 182, 257, 315, 318, 321, 326, 346, 424, 494, 509, 527
– und Recht 50, 281, 355
– – Staat 121, 144, 180, 291, 310, 315 f., 320, 532, 535
– – Welt 33, 306, 329, 332, 335, 368, 371 f., 499 f., 503 f., 506, 518
Kirchenaustritt 474
Kirchenbeamte 116, 129, 389, 487, 522, 537
Kirchenbegriff 308, 345, 361, 504–506, 508
Kirchenbehörde, staatliche 531 f.
Kirchengeschichte 91, 110, 336 f.
Kirchengewalt 105, 112, 239, 400, 402, 406
Kirchengut 40, 106, 186, 241, 320, 337, 339
Kirchenkampf 1–7, 9, 20, 50, 101, 121 bis 127, 129, 328, 331, 364, 414, 421–425,

433, 442, 447, 452, 458 f., 463, 468 f.,
478, 486, 490, 518, 520–524, 526, 536,
539, 551 f.
– Barmer Theologische Erklärung 125,
457, 469, 524
Kirchenkreise 133
Kirchenleitung 19 f., 36, 42 f., 99–134,
173, 252, 258, 392, 435, 443 f., 526 bis
553
Kirchenmusik 274–277, 486, 522
Kirchenordnung(en) 2, 9 f., 103, 153 f.,
187, 239, 256, 272, 274, 282, 291, 296,
303, 313, 373, 472, 475–478, 480 f.,
536–550
– s. a. Agenden; Gottesdienst; Kirche,
Ordnung; Kirchenverfassungen; Liturgie
– Rechtsgeltung 354, 477
– territoriale und lokale:
Basel (16. Jh.) 282
Brandenburg-Preußen (1671) 293
Cleve (1662 und 1671) 290 f., 293
Cleve-Mark (1687) 303
Emden (1571) 94
Frankreich (1559) 280
Genf (1541) 280
Hessen (1526, 1656, 1657) 281, 313, 323
Lüneburg (1535) 283
Nassau-Siegen 285
Niederlande (1550) 280
Pfalz (1563) 285
Rheinland (1952) 428
Rheinland-Westfalen (1835) 95–97,
279–309, 391, 393
Solms-Braunfels (1588) 285
Tecklenburg (1588) 285
Wied 285
Wittenberg 253
Wittgenstein 285
Ziegenhain (1539) 281 f., 302, 516
Zweibrücken (1557) 302
Kirchenpräsident, lutherischer 401
Kirchenprovinzen 414, 417
Kirchenrecht 2, 10 f., 28, 31 f., 38 f., 43,
45–47, 50, 60, 63 f., 66, 69, 73 f., 100,
155, 174, 176, 184 f., 187, 206, 244,
252, 286, 290, 297 f., 303, 328–330,
334, 336, 355, 363, 370, 378, 425, 479,
481
– s. a. Ordnung, kirchliche
– altkatholisches (Sohm) 47, 346, 348 bis
354, 360, 376, 492, 494, 497, 506
– evangelisches 1–22, 29, 59, 97, 104, 145,

163, 178, 190, 213, 303, 306, 323, 328 f.,
332, 355, 360 f., 364–387, 476, 478 f.,
491, 494, 517–525
– Geschichte 59 f., 72–74, 160, 190, 193,
328–363
– katholisches 22, 48, 69, 135, 212, 351
bis 353, 360, 370, 506
– – s. a. Kanonisches Recht
– missionarisches 29, 31, 38
– ökumenisches 28 f.
– sakramentales 495 f., 500 f., 503, 506 f.
– Theorien 2, 30, 109, 281, 283, 290
– Ursprung und Wesen 44–65, 67, 75,
159, 333, 367, 518
Kirchenregiment 92, 98, 101, 104, 110,
113, 115–117, 130, 143, 241, 281, 304,
359, 393, 436, 484, 533, 540
– s. a. Summepiskopat, landesherrlicher
– landesherrliches 104, 106 f., 135, 140,
143, 209, 226, 240, 279, 302, 312, 355,
389 f., 393, 400, 447 f., 528, 530, 532 f.,
535, 537, 551
– staatliches 7, 120, 122
Kirchenspaltung 117, 212 f., 216
Kirchenstaat 221
Kirchentum 145 f., 168, 249, 450 f., 465,
486
Kirchenväter 152, 165, 167 f., 190, 194 f.
Kirchenverfassung 4, 7 f., 43, 85 f., 112,
121, 129, 131–133, 141, 149, 208, 228,
240, 257, 289, 298 f., 301, 305–309, 314,
316, 320, 345, 356, 381, 391 f., 394 f.,
399–401, 404, 407, 414, 417, 425–432,
435, 460, 470, 478, 520, 523–525, 532,
537, 547, 552
– s. a. Kirchenordnungen
– Presbyterialverfassung 66, 78, 107, 121,
284, 296, 300, 302, 323, 356
– – s. a. Ältestenverfassung
– Superintendenten 107 f., 140, 252, 321,
389, 393 f., 412, 418
Kirchenvorstand 42, 131, 448, 489
Kirchenzucht 41, 105, 107, 153, 199,
280 f., 284 f., 287, 296, 315, 344, 453 f.,
474, 478 f., 497 f., 515 f., 520
Klassensynode 296
1. Klemensbrief 65, 67, 70 f., 78
Kleriker 82, 85 f., 110, 116, 171, 186,
196 f., 199, 202 f., 349, 351, 356, 497,
499
– s. a. Geistliche; Pfarrer; Prediger, Priester

Klöster 86, 167, 195 f., 202, 216, 234, 270
Klostergelübde 204 f., 234, 270
Köln, Erzbistum 280, 301
Kollatur 295
Kollegialismus 2, 107, 109 f., 143, 290 f., 297 f., 306, 309, 312, 318, 331, 356, 358, 366, 368, 371, 528, 547
Kommunion s. Abendmahl, Austeilung
Konfession(en) 1, 12, 104, 118 f., 131, 244, 248, 258, 279, 289, 291, 303, 311, 453–455, 465–471
Konfirmandenunterricht 480, 489 f.
Konfirmation 95 f., 479, 485, 488, 510 f., 516
Kongregationalismus 308, 460
Konkordienbuch 2, 11, 359
Konkordienformel 129, 311, 456, 472
Konsistorialverfassung 121
Konsistorien 107 f., 130, 142, 253, 285, 296, 313, 392, 398, 528–531, 533, 542 f., 551
Konstantinische Schenkung 148, 173
Konversion 294
Konzil(e) 84, 86–90, 155, 168–170, 201 f., 205, 233, 242 f., 249
– s. a. Synode(n)
– Laterankonzile 85, 94, 196, 260
– Nicaenum (325) 89, 171, 197
– Reformkonzile 87, 502
– Tridentinum 87 f., 91, 244, 345
– 2. Trullanum (692) 169
– 1. Vatikanum 345
– von Vienne (1311) 85
Konziliarismus 88, 94, 149, 151 f., 155, 167, 175, 201 f.
Korinth 55, 66, 340
Korporationsrecht, neukatholisches 47, 348, 353, 495
Kriege 12, 90, 200, 221, 236, 240, 252, 290, 302, 304, 314
Kultus 76, 111 f., 114, 305, 313, 315
Kurhessen-Waldeck, Landeskirche 310 bis 327, 434 f., 437, 444, 449, 457, 459, 463–465, 469–472, 546 f.
Kurialismus 152, 165, 169
Kurie, römische 135, 149, 176, 236, 353

Laien 107, 116, 171, 193 f., 199, 203, 227, 300, 317, 356, 499, 514
Laiensend 208
Landesjugendpfarrer 521
Landeskirchen 2, 6 f., 9 f., 12, 42, 92, 105,

125, 129, 132, 135–144, 247, 252, 258, 272, 277, 285, 292, 299, 311 f., 321, 325, 328, 391, 400, 407, 411, 419–421, 431 f., 444, 449–473, 475, 487, 489, 515, 520, 524 f., 529, 535, 551, 553
Lateinschule 259, 271
Lebensordnungen, evangelische 474–492
Legisten 201
Lehre, christliche 36, 79, 86, 92, 105 f., 111, 118 f., 136, 213 f., 233, 242, 250, 252 f., 266, 268, 276, 305, 308, 325 bis 327
Lehrfreiheit, akademische 119
Lehrstand 105, 107 f., 179, 273, 276, 337, 366
Lehrzucht 36, 443–445
Leiden (Stadt) 286
Leipziger Disputation 147, 169
Leitung, geistliche 99–134, 321, 398, 405, 407, 414–419, 424, 427, 429 f., 432–434, 436, 441, 443, 445–448, 527, 536–538, 541, 543, 546 f.
Lektorenamt 486
Liberalismus 113, 307, 314–317, 320, 332, 415, 523
Liebe, christliche 156, 162–164, 166, 172, 177, 186, 260 f., 263, 265, 267, 337, 371 f., 375, 381, 384, 515, 523
Liebesgebot 154, 157, 164, 261, 270 f., 372–374, 379, 519
Lingen 285
Liturgie 38, 169, 263, 315, 462, 479, 515
– s. a. Agenden; Gottesdienst; Kirchenordnung
London 280, 283
Lothringen 84
Lübeck, Landeskirche 407, 439 f., 443, 543 f.
Lüneburg 247
Luthertum 117–119, 126, 249, 280 f., 283, 286, 299, 301, 303–306, 308, 310, 312, 314, 322, 354, 356, 361, 453–455, 469, 472, 509, 513

Männerwerk 523
Marburg/Lahn 145
Mark, Grafschaft 292, 302 f.
Mauritianische Reform 301
Mecklenburg, Landeskirche 402 f., 409, 412–414, 436, 540 f.
Menschenrechte 424, 477, 482, 493, 509
Merseburg, Bistum 142

Messe 10, 172, 211, 214, 218, 220, 230 f.,
233 f., 242 f., 250, 253, 264, 267, 271,
341
- evangelische 211, 215, 220, 234, 239,
243
- Privat- 10, 19, 169, 171 f., 211, 220,
231, 233 f., 239 f., 243, 251
Methode, historische 151, 170, 176
Mission 29, 38, 40, 63
- äußere 484, 514, 552
- innere 40, 412, 484 f., 523
Mitgliedschaftsrecht 493–517
Mittelalter 85 f., 135, 152, 159, 197, 228,
252, 268, 299, 345 f., 348, 360, 450,
477, 493, 495, 503 f., 510, 512
Mönchtum 84, 161, 163, 171, 204 f., 242,
263
Moers, Grafschaft 285
Montanismus 79, 81
München 132
Münster/Westfalen 87

Nassau, Landeskirche 408 f., 414 f., 436
Nationalkirche 523
Nationalsozialismus 3, 5, 9, 122 f., 126,
416, 423 f., 520, 523
Naturgesetz 383
Naturrecht 13, 187, 190, 193, 282, 305
bis 307, 319, 330 f., 333 f., 339 f., 377 f.,
509
Neues Testament 3, 20, 45 f., 49, 53, 55 f.,
58, 60 f., 63, 65 f., 69 f., 73 f., 94, 154,
160, 169 f., 174, 176, 226, 243, 271,
320, 326, 340–342, 345, 372, 460, 464,
482–484, 487
Niederkatzenellenbogen, Grafschaft 285
Niederlande 94, 146, 287 f., 290
Niederrhein, evangelische Gemeinden 94,
255, 282, 284, 295, 299 f., 302–304,
395, 397
Notrecht, kirchliches 7–9, 454, 470, 514
Nürnberg 137, 194 f., 199, 202 f., 210,
216, 226, 230 f., 233, 247, 249, 251,
255, 261

Obrigkeit 106, 141–143, 145, 171, 178 f.,
182, 184, 199 f., 209, 212 f., 222 f.,
228, 244, 255 f., 263, 269–271, 281,
284 f., 287 f., 294 f., 299, 303, 306,
321, 354, 370, 382 f., 392, 409
Öffentlichkeit 113, 116, 516
Ökumene 11, 28 f., 472

Ölung, letzte 495, 498 f.
Österreich 209
Offenbarung 48, 318, 342, 347, 374 f.,
501
Officium 295
Okkamismus 87
Oldenburg, Landeskirche 409, 439 f., 549
Oranier 288
Ordalrecht 57
Ordination, kirchliche 5, 19–21, 103 f.,
108, 253, 313, 323, 351–353, 362, 389,
414, 430, 443, 446, 495–497, 512, 514
Ordnung, göttliche 46, 179, 322
- kirchliche 24, 27, 30, 32, 36, 39, 41,
51, 53, 65–67, 69 f., 72, 92, 104, 145,
177, 179, 190, 207, 221, 233, 240, 242,
252, 254–278, 307, 364, 366, 384, 425,
453, 471, 487, 510, 514, 518, 526, 541,
543
- - s. a. Kirchenordnung; Kirchenrecht
- natürliche 71, 384
- weltliche 31, 48, 70, 177, 180, 256,
269, 355, 381, 441, 471, 479
- - s. a. Recht, weltliches
Ostfriesland 280
Ostkirche 169, 203

Packsche Händel 139, 209 f.
Panentheismus 319
Papalismus 86, 149 f., 152 f., 167, 175,
177
Papst 2, 11–13, 48, 62, 85, 88, 90, 135 f.,
145–151, 153, 159, 162, 165–167, 169
bis 171, 175, 189, 198, 204–206, 212,
221, 223, 236, 239, 251, 257 f., 266,
276, 353, 375, 378, 420
Parochialwesen 410, 486, 488
Passahstreit 79, 81
Passau, 104, 209
Patenamt 496–498
Patronatsrecht 34, 213, 287, 297
Pfalz, Landeskirche 284 f., 295, 298, 402,
426
- -Neuburg 286, 291 f., 301 f.
Pfarramt 237, 359, 393, 395, 409 f., 420,
441, 486, 552
Pfarrer 20, 39, 41, 103, 105, 108, 110,
132, 182, 214, 217, 220, 225, 227, 241
bis 243, 245, 248, 250, 266, 270–273,
278, 285, 295, 317, 389, 410 f., 414,
421 f., 446, 448, 461–463, 480, 483,
487, 505, 515, 521

– s. a. Ehe der Pfarrer; Geistliche; Kleriker; Prediger; Priester
– Kompetenz 294, 394, 488 f., 516
– Rechtsverhältnisse 33–35, 95, 103, 106, 233, 248, 251, 286 f., 297, 315, 422, 490, 552
Pfarrergesetz 133, 520
Pfarrernotbund 5, 422, 458, 520
Pfarrersynoden 92
Pfarrstellenbesetzung 106, 297, 552
Pfründenwesen 138, 162, 172, 217, 287
Pietismus 109 f., 294, 300, 304 f., 308, 375, 397, 477, 505, 513
Pneumatiker 49–52, 55, 77, 337 f., 340 bis 342, 344, 348, 351
– s. a. Charismatiker
Pneumatologie 49, 345
politia ecclesiastica 181–184, 188, 257 f.
– externa 177–184
Polizeiordnungen der Städte 296, 476
Positivismus 47, 185, 451
Prager Kompaktaten von 1437 234
Prediger 32–34, 37, 39, 43, 180, 182, 186, 193, 206, 236, 243, 261, 276, 289, 313, 338, 343, 514
– s. a. Geistliche; Kleriker; Pfarrer; Priester
Predigerschulen 514
Predigt 26, 38, 103, 105, 138, 179, 202 bis 204, 212, 217, 228, 245, 261, 267 f., 444, 476, 499
Predigtamt 27, 42, 102, 169, 182, 273, 294, 359, 361 f., 443, 484, 487, 521
Presbyter 68, 81, 83, 85, 94, 96, 282–285, 301, 464, 486, 516
Preußen 97, 280, 286, 296, 302, 323
– Landeskirche 97, 306, 314, 391, 398 f., 432, 529–533, 535
Priester 159, 174, 180, 196 f., 199, 203, 212, 227, 241, 296, 337, 349, 495
– s. a. Geistliche; Kleriker; Pfarrer; Prediger
Priesterehe 10, 169, 172, 196 f., 203–205, 211–215, 218–220, 224 f., 230, 233–235, 237, 239 f., 242 f., 249
– s. a. Ehe der Pfarrer; Ehelosigkeit
Priestertum, allgemeines 503, 507, 513, 522 f.
Priesterweihe 221, 223, 352, 495 f.
Pröpste 435
Propheten 54 f., 58, 61, 69, 90, 102, 179, 366

Protestantismus 126, 143, 207, 234 f., 242–246, 332, 356, 361, 391 f., 397, 446, 449 f., 452, 456, 459, 461, 465, 468 f., 472 f., 504, 513
Protestierende Stände 237, 254

Ravensberg 302
Recht 1, 4, 21, 24, 32, 45, 49 f., 55 f., 65, 68, 160, 176, 187, 192, 319, 325, 328–331, 333, 335
– s. a. Geist und Recht
– bürgerliches 37, 160, 171, 222, 241
– geistliches 47 f., 51 f., 59, 65, 76, 79, 82, 212, 305, 340, 346, 348, 360, 362, 447
– – s. a. Sakramentsrecht
– genossenschaftliches 384
– göttliches 12–21, 23 f., 26, 46, 75, 93, 103, 192, 223, 242, 280, 283, 318–322, 324 f., 339 f., 347, 358–361, 367, 370 bis 373, 375–383, 386 f., 397, 519, 540
– kanonisches s. Kanonisches Recht
– kirchliches s. Kirchenrecht; Landeskirchen
– menschliches 17, 21, 103, 130, 170 f., 175, 184, 237, 318, 358, 375, 380–383, 387, 540
– römisches 48, 186, 193, 201, 334, 498
– weltliches 25, 71, 143, 176, 185, 205, 331, 348, 354, 360, 367, 372, 374
– – s. a. Ordnung, weltliche
Rechtfertigung(s)lehre) 1, 14, 25, 182, 189, 193 f., 237, 260, 317, 512
Rechtsgeschichte 30, 65, 74
Rechtsordnungen 29, 206, 366, 371
Rechtswissenschaft s. Jurisprudenz
Rechtszwang 71, 261, 355, 423, 447
Recklinghausen 308
Reformation 2, 5, 12, 22, 87–95, 124, 135–144, 173, 176, 188 f., 192, 198, 205, 213, 249, 254–278, 310 f., 324 f., 329 f., 348–350, 354–363, 369, 375, 378, 380, 389, 393 f., 451 f., 490, 493 f., 499, 505
Reformierte 279, 286, 288 f., 295, 298, 301, 303–305, 308, 314, 455, 469
Reformkatholizismus 197, 283
Regalienrecht 106, 242
Regensburger Konvent von 1524 211
Regimentenlehre 130, 183 f., 186, 221 bis 224, 237, 255
Reich 145 f., 178, 248, 252

Reichsdeputationshauptschluß von 1803 452

Reichskirchenausschuß 7, 104, 124 f.

Reichsverfassung 136, 169, 229, 247, 251, 299

Religion 110, 181, 252, 319

Religionsfreiheit 3, 286, 320 f., 477

Religionsgeschichtliche Schule 341

Religionsgesellschaftsrecht 331, 355

Religionskriege s. Kriege

Religionslehrer 485

Religionsunterricht 314

Renitenz, hessische 323

Repräsentationsgedanke 43, 95, 132, 306, 405, 427

Restauration 306, 310, 318, 320 f., 323, 325, 477 f.

Reue 194, 499

Reutlingen 249

Revolution(en) 30, 74, 175, 320, 401, 532

Rheda 285

Rheinland, Landeskirche 146, 297, 302, 428–430, 444, 549 f.

Rom 85, 234, 257

Romantik 114, 318 f., 320, 337, 364

Sachsen 142, 219–221, 227, 229, 232, 238, 240, 244, 269, 272, 278

– Kirchenprovinz 427, 437, 439 f., 442, 444 f., 543

– Kurfürst von 212, 214

– Landeskirche 107, 139, 142, 178, 406, 413, 534, 541

Säkularisation 137, 202, 258

Sakralrecht 56 f., 378

Sakramente 14, 17, 19, 152, 171, 194, 211, 215, 218, 242, 261 f., 269, 271, 294, 329, 338 f., 341 f., 348–350, 357, 362, 377, 379, 395, 466, 482, 484, 495–497, 500

– s. a. die einzelnen Sakramente

– Verwaltung 17, 101 f., 109, 130, 161, 212 f., 214, 222, 262, 359 f., 381 f., 389, 420, 444, 464, 483 f., 487 f., 492, 497, 499, 514, 516, 519 f.

Sakramentsrecht 46 f., 348, 495, 498, 510, 512

– s. a. Recht, geistliches

Salzburg 209

Satan 55, 88, 179, 181 f., 195, 225, 249, 255

Satisfaktionslehre 171 f.

Schaumburg-Lippe, Landeskirche 543

Scheidung s. Ehescheidung

Schismen 87, 135, 353

Schlesien, Landeskirche 543

Schleswig-Holstein, Landeskirche 407, 415–417, 480, 491, 545

Schlüsselgewalt 104, 106, 221, 350 f.

Schmalkaldische Artikel 9, 389, 502

Schmalkaldischer Bund 11, 311

– Krieg 253, 311

Schöpfung 16, 73, 180, 383–385

Schöpfungsordnungen 370

Scholastik 150, 175, 383, 501

Schulen 106, 143, 202, 270, 272–274, 278, 287

Schwäbisch Hall 250

Schwäbischer Bund 137, 226

Schwärmer 136, 513

Schweden 123

Schweinsberg 302

Seele 115, 164

Seelsorge 337, 411 f., 416, 418, 421

Sendgericht 86, 208 f., 222, 300

Sequestration 139

Simonie 200, 506

Sippe 223, 366

Sittenzucht, kirchliche 477

– polizeiliche 516

Sittlichkeit, christliche 157, 342, 476–478

Skandinavien 20

Sozialismus 113

Sozietätsbegriff, aristotelischer 377, 506 f.

– augustinischer 507

Spätmittelalter 13, 87, 93, 202 f., 213

Speyer, Reichstag von 1526 210

– – – 1529 176

Staat 3, 110, 121 f., 143–145, 180, 207, 290, 297, 306, 310, 312–316, 320, 323 bis 325, 348, 355, 364, 475–477, 483, 511, 527, 533, 535

Staatskirche 30, 111, 113, 121, 289, 315, 320, 365, 419, 481, 483, 514

Staatskirchenrecht 109, 298, 331

Staatsräson 138, 288, 291, 324

Staat und Kirche 296, 314, 321, 507, 534

Ständelehre 105–107, 109, 324, 528

Steinfurt 285

Stiftungen, kirchliche 202

Stoa 16

Strafe 14, 47, 54, 56, 162, 183, 350

Straßburg 168 f., 281 f.

Studentenpfarrer 521

Studienförderung 552
Stundenhalteramt 513
Sünde 16, 25, 112, 158, 194, 222, 254, 262, 317, 350, 377, 380
Sukzession, apostolische 82, 89, 93, 123, 367, 390
Summepiskopat, landesherrlicher 291, 396, 425, 515
– s. a. Kirchenregiment, landesherrliches
Superintendentensynoden 92, 253
Synagoge 54, 56, 366, 371, 513
Synode(n) 17 f., 20, 42, 76–98, 121, 131, 161, 195, 204, 280, 284 f., 287, 289, 295–298, 301–303, 305, 315, 345, 356, 394, 417, 419–421, 425–435, 441, 461, 463 f., 472, 486, 515, 523, 531–533, 535–537, 542, 549–553
– s. a. Bekenntnissynoden; Konzil(e)
– Provinzial- 85, 93 f., 97, 285
– territoriale und lokale:
  Ansbach (1950) 481, 488, 490
  Auxerre (585) 86
  Berg 284
  Cleve (1653) 286, 290, 293
  Dinslaken 301
  Duisburg (1610) 280, 286–288
  Eisenach (1948) 474, 479
  Elberfeld (1683) 293, 308
  Emden (1571) 280, 284
  Frankreich 93, 282
  Gangra 169
  Hessen 140, 322
  Leipzig (1949) 474, 482, 491
  Lennep 301
  Lippstadt (1819) 306
  Lyon (1254) 85
  Paris (1559) 93
  Preußen 392, 397, 399
  Rheinland 429
  – -Westfalen (1671) 292 f., 296
  Rostock (1951) 475
  Toledo (681) 205
  Unna 301
  Verona (1184) 170
  Wesel (1568) 280, 284

Taufe 19, 56, 89, 152, 195, 277, 295, 338, 344, 474, 479–483, 488–490, 492, 495 bis 497, 499, 506, 510 f.
Täufer 200, 249
Territorialismus 105, 107, 109 f., 137, 285, 290 f., 298, 303 f., 306, 331, 355, 391, 456, 469, 472, 528
Territorialstaat 178, 200–203, 244, 451, 468, 516
Territorien 145, 240, 242 f., 252, 272, 277, 299, 476
Teufel s. Satan
Theokratie 340, 370, 372 f.
Theologen 107, 110 f., 117, 142
Theologie 1, 22–43, 110, 317, 453
Theologischer Konvent Augsburgischer Bekenntnisse 388
Thüringen, Landeskirche 407 f., 415, 433 f., 438–440, 541 f.
Tod 380, 474
Todesstrafe 166
Torgau 212, 215
Torgauer Artikel 136, 210, 217, 221
Totenkult 218
Tradition 30, 50, 52, 68, 78, 94, 168, 172, 176, 191 f., 215, 236–238, 254, 283, 347, 367
Trauung 40, 172, 480 f., 488–490, 492
– s. a. Eheschließung
Trinität 75, 77
Türken 155

Union, kirchliche 7, 118, 279, 299, 304 f., 307 f., 311, 314, 395 f., 468–473
Universitäten 88, 141, 144, 155, 167, 173
Unterweisung, kirchliche 273, 483, 499, 511, 552
– s. a. Katechumenat
Urchristentum 44 f., 47, 49, 52, 55, 57, 60, 65, 70, 75, 91, 93, 307, 329–331, 335–346, 348 f., 351, 357, 361 f., 365 f., 368, 370–373

Verein 30, 40, 332, 355
Vereinigte Evangelisch-Lutherische Kirche Deutschlands (VELKD) 7, 9, 127, 129, 438, 440, 474 f., 479, 520 f., 523 f.
Verkündigung 14, 17–20, 22, 24, 26–29, 31–34, 37 f., 40 f., 70, 101, 106, 109, 123 f., 128–130, 151, 171, 180 f., 185, 193, 207, 215, 217, 220, 270, 329, 338, 356, 360–362, 379, 381, 389, 420, 423, 427, 443 f., 454, 461–464, 466 f., 479, 482–484, 487 f., 491 f., 503, 513 f., 519 f., 536, 539 f.
Verkündigungsauftrag 27 f., 30–32, 35, 41, 104, 384 f., 428

Verlobung 262, 270
Vermögen, kirchliches 42, 202, 297, 318
– s. a. Kirchengut
Verwaltung, kirchliche 29, 41, 123, 127,
  183, 252, 260, 300, 313, 335, 370, 373,
  399, 405, 416, 421 f., 424, 431–433,
  519, 526–553
– staatliche 132, 258, 424, 527, 530, 533
Visitation 92, 128, 136, 139, 142, 145,
  187, 195, 203, 208 f., 211, 228, 244,
  252, 254, 259, 267 f., 270, 272, 313,
  389, 411, 414, 430, 435, 443, 446, 478
Volk 159, 216, 249, 334
– Gottes 180–184, 196, 344 f., 347, 351,
  361, 370
Volkskirche 284, 394, 415, 431, 477, 482
  bis 484, 489, 511
– s. a. Kirche
Volksschule 274, 510
Vollmacht, amtlich-rechtliche 71
– apostolische 62, 158
– geistliche 8, 44, 61, 68, 71, 219, 362,
  420, 433
– weltliche 219
Vorstianismus 286

Wahrheit 193, 201, 274, 310 f., 336, 339,
  356, 467
Wallfahrt 225
Weimarer Verfassung von 1919 535
Weistümer 87
Werke, gute 88, 241, 260
Wesel 285 f., 291 f., 302
Westfalen, Landeskirche 302, 550

Wiclifiten 504
Widerstand 5, 199
Wien 209, 452
Wittelsbach 401
Wittenberg 103, 146, 173 f., 176, 181,
  187, 208, 215, 232, 246, 257, 267, 269,
  271 f., 275, 450
– s. a. Universitäten
Worms, Reichstag von 1521 136 f., 234,
  251
Wort Gottes 11, 14–20, 28, 35 f., 39 f., 50,
  90 f., 100, 102, 114, 119 f., 122, 124 f.,
  128–130, 138, 148, 151, 170, 172, 178
  bis 182, 184, 186, 218, 225, 227, 235,
  245, 249, 256, 260, 263–265, 269, 273,
  275–277, 286, 294 f., 308, 338, 342,
  357–359, 361 f., 378 f., 382–384, 389,
  395, 420 f., 429, 442, 454, 462–464,
  484
– – s. a. Evangelium
– und Sakrament 101, 206, 327, 354,
  357 f., 377, 395, 415, 441, 460, 484 f.,
  492 f., 501, 503–505, 510, 519, 524,
  539 f.
Württemberg, Landeskirche 426, 436, 540
Würzburg, Bistum 137, 226, 255

Zauberei 199
Zensur 302
Zeremonien 154, 170, 175, 195, 221, 242
Zisterzienser 86
Zölibat s. Ehelosigkeit
Zwei-Reiche-Lehre 177, 181–183, 356

Jus Ecclesiasticum

5   Gertrud Schwanhäusser: Das Gesetzgebungsrecht der evangelischen Kirche im 16. Jh. 1967. DM 24.–

6   Martin Heckel: Staat und Kirche in der ersten Hälfte des 17. Jh. 1968. DM 33.–

7   Martin Honecker: Cura religionis Magistratus Christiani. 1968. DM 36.–

8   Klaus Schlaich: Kollegialtheorie. Kirche, Recht und Staat in der Aufklärung. 1969. DM 28.–

9   Martin Daur: Die eine Kirche und das zweifache Recht. 1970. DM 17.–

10 Hartwig Dieterich: Das protestantische Eherecht in Deutschland bis zur Mitte des 17. Jhs. 1970. DM 28.–

11 Uvo Andreas Wolf: Jus divinum. Erwägungen zur Rechtsgeschichte und Rechtsgestaltung. 1970. DM 24.–

12 Thomas P. Wehdeking: Kirchengutsgarantien und Bestimmungen über Leistungen der öffentlichen Hand an die Religionsgesellschaften im Verfassungsrecht des Bundes und der Länder. 1971. DM 28.–

13 Ernst-Lüder Solte: Theologie an der Universität. 1971. DM 28.–

14 Kirchenrechtliche Gutachten 1946–1969. Erstattet vom Kirchenrechtl. Inst. der EKD unter Leitung von Rudolf Smend. 1972. DM 35.–

15 Ralf Dreier: Das kirchliche Amt. Eine kirchenrechtstheoretische Studie. 1972. DM 38.–

16 Achim Krämer: Gegenwärtige Abendmahlsordnung in der Evangelischen Kirche in Deutschland. 1973. DM 32.–

17 Hans Liermann: Der Jurist und die Kirche. Ausgewählte kirchenrechtliche Aufsätze und Rechtsgutachten. 1973. DM 38.–

18 Joachim Hägele: Das Geschäftsordnungsrecht der Synoden der Ev. Landeskirchen und gesamtkirchl. Zusammenschlüsse. 1973. DM 32.–

19 Joachim Sartorius: Staat und Kirchen im francophonen Schwarzafrika und auf Madagaskar. 1973. DM 36.–

20 Günter Henke: Die Anfänge der evangelischen Kirche in Bayern. 1974. DM 43.–

21 Hartmut Frommer: Die Erlanger Juristenfakultät und das Kirchenrecht 1743–1810. 1974. DM 38.–

22 Gottfried Held: Die kleinen öffentlich-rechtlichen Religionsgemeinschaften im Staatskirchenrecht der Bundesrepublik. 1974. DM 38.–

J. C. B. Mohr (Paul Siebeck) Tübingen